CURSO DE DIREITO TRIBUTÁRIO

CIP-BRASIL. CATALOGAÇÃO NA PUBLICAÇÃO
SINDICATO NACIONAL DOS EDITORES DE LIVROS, RJ

C327c
33. ed.

Carvalho, Paulo de Barros
Curso de direito tributário / Paulo de Barros Carvalho. - 33. ed., rev. - São Paulo : Noeses, 2023.

708 p. ; 23 cm.
Inclui bibliografia
ISBN 978-85-8310-153-6

1. Direito tributário - Brasil. I. Título.

23-84263 CDU: 34:351.713(81)

Meri Gleice Rodrigues de Souza - Bibliotecária - CRB-7/6439

Paulo de Barros Carvalho
Professor Emérito e Titular da
Pontifícia Universidade Católica de São Paulo-PUC/SP
Professor Emérito e Titular da Universidade de São Paulo-USP
Membro titular da Academia Brasileira de Filosofia

CURSO DE DIREITO TRIBUTÁRIO

33ª edição revista

2023

editora e livraria
NOESES

Copyright © Editora Noeses 2023
Fundador e Editor-chefe: Paulo de Barros Carvalho
Gerente de Produção Editorial: Rosangela Santos
Arte e Diagramação: Renato Castro
Revisão: Georgia Evelyn Franco
Designer de Capa: Aliá3 - Marcos Duarte

2023

editora e livraria
NOESES

Editora Noeses Ltda.
Tel/fax: 55 11 3666 6055
www.editoranoeses.com.br

Este livro é dedicado à minha mulher,

Sonia M. Falcão de Barros Carvalho.

N.S.C.

SOBRE AQUILO QUE AINDA DEVO DIZER A RESPEITO DA 33ª EDIÇÃO

Há uma diferença significativa entre os sistemas do mundo lógico-matemático e aqueles outros situados na região ôntica dos objetos culturais. Os primeiros têm configuração estável: podem ser mexidos, aumentados ou reduzidos, porém, as operações que nele se praticam hão de respeitar, estritamente, os limites rigorosos de seu desenho estrutural. Enquanto isso, os objetos culturais, vistos como sistema, crescem, se transformam ou diminuem, consoante as inflexões históricas a que estiverem submetidos. Por isso mesmo, Kant, ao voltar os olhos à Lógica, como disciplina, chegou a dizer que era algo já pronto e acabado, não sendo possível expandi-la. Mal sabia, o grande filósofo, que o advento da chamada "matematização" desse básico e fundante sistema viria a proporcionar modificações revolucionárias nos horizontes do conhecimento. Mas, atenção: de todas as alterações produzidas nos domínios da Lógica, potencializando-a, indiscutivelmente, nenhuma delas rompeu as fronteiras de sua demarcação inicial, extrapassando-a, como num salto magnífico. As transformações foram operadas interiormente, projetando-se para fora, em termos de operacionalidade funcional. Foi preservada a forma superior, mediante a qual, desde o início, o conjunto lógico se apresentara. E é precisamente na consideração desse aspecto, decisivo, que repousa uma das diferenças, bem-marcadas, com relação aos objetos da cultura: ali onde mora o Direito.

A unidirecionalidade do tempo está presente no Direito pelo seu caráter eminentemente dinâmico, fazendo-se necessário, como recurso metodológico de conhecimento, que paralisemos sua marcha, para tornar-se possível a observação atenta das unidades normativas, da compostura lógica de suas formas de associação, bem como da amplitude semântica e pragmática da linguagem em que se exprime, levando-se em conta o tom de historicidade e, sobretudo, os valores que lhe são inerentes, como objeto cultural que é. Somente assim, abrir-se-á ensejo para o domínio dos escolhidos meios de aproximação com entidade tão relevante para o mundo social. As perspectivas de análise minuciosa de seus aspectos fundamentais, vistos sob diversos ângulos, pressupõem a inevitável estagnação do ordenamento como um todo: é preciso pará-lo, surpreendê-lo em determinadas condições de espaço e de tempo. Nessa configuração de ordem estática, surgirá, diante de nós, o fenômeno jurídico, na sua pujante inteireza constitutiva.

Eis aqui a 33ª edição do *Curso de Direito Tributário*, continuando a cumprir, suponho, os propósitos de uma concepção "extensional" do sistema em vigor no Brasil. Cheguei a pensar (e a dizer) que se tratava de um texto exclusivamente científico, relatando o direito positivo, expresso, este último, com a tecnicidade que lhe é peculiar. Hoje, todavia, convicto de que não há linguagem "quimicamente" pura, é preferível falar em dominâncias ou, melhor ainda, em predominâncias. Feita a ressalva, penso existirem numerosos trechos ou movimentos linguísticos que se apresentem dotados dos pressupostos inafastáveis da coerência, da coesão, da consistência e do deliberado ajuste dos conectores, outorgando unidade e feição científica ao escrito, que convive, por sua vez, com outros, menos frequentes, de cunho técnico e, mesmo, os tecidos com a linguagem natural, utilizada no cotidiano da nossa vida. Esse tipo de organização sintática e semântica é traço fundamental para o desenvolvimento de qualquer discurso.

Aos leitores do livro e, também, a todos aqueles que tomarem suas proposições apenas como fonte de consulta, espero que o volume continue a corresponder às expectativas, não deixando de consigná-las e expressá-las, sobretudo as considerações negativas, numa contribuição importantíssima para o aprimoramento da obra.

São Paulo, 26 de maio de 2023.

Paulo de Barros Carvalho

Professor Emérito e Titular de Direito Tributário da PUC/SP e da USP.
Membro titular da Academia Brasileira de Filosofia.

APONTAMENTOS SOBRE A 32ª EDIÇÃO

O excelente poeta épico português, que usava o pseudônimo de Teixeira de Pascoaes, sem fazer, propriamente, apologia do pecado, afirmou ser ele mais fecundo do que a virtude. Esta seria o "*ponto de chegada e não caminho a percorrer; e chegar é parar*". Ora, empregando a mesma linguagem daquele autor, na sua clássica obra sobre a trajetória de São Paulo (Assírio e Alvim – Cooperativa Editora e Livreira – 1984, p. 247), e acreditando que "*a vida é um grito que Deus ouve*", confesso que muito me agrada lavrar as presentes notas sobre a 32ª (trigésima segunda) edição do Curso de Direito Tributário, novamente elaborada pela Editora Noeses. Apesar de não ser o momento de contabilizar o número atinente aos volumes em circulação no Brasil, bem como as unidades produzidas em língua italiana e espanhola, amplamente difundidas na Itália, Espanha, México e países da América Latina, o livro vem acompanhando a rápida e irrequieta dinâmica da experiência brasileira, com suas mutações às vezes surpreendentes e inusitadas. O acelerado percurso é motivado pela função autocorretiva da metodologia científica presente em toda a extensão do trabalho, mas, sobretudo pela força agregadora dos postulados da Teoria Geral do Direito e, porque não dizer, pelas luzes de processos semióticos intensamente utilizados.

Na multiplicidade finita, porém indeterminável, de normas de um sistema jurídico qualquer, impressiona-me sobremaneira o vulto onipresente da entidade *relação*, quer nas suas aparições propositadamente construídas pelo legislador, na sequência das cadeias de positivação do direito, assim como na implicitude dos variados conceitos inerentes à regulação das condutas humanas. Portanto, não me parece extravagante reconhecer que o vínculo relacional marca incisivamente sua presença nos mais singelos instantes que entretecem o convívio no intermundo social. Afinal de contas, os próprios signos que alimentam a comunicação entre os homens ostentam o indisfarçável caráter de relações triádicas ou trilaterais, ainda que, para outros, apareçam como laços diádicos ou bilaterais: *mas sempre relações*. Desse modo, não há de causar espécie a asserção enfática de Alessandro Levi, citado no Curso, ao referir-se à figura da *relação jurídica*, qualificando-a como a entidade fundamental do Direito. Todavia, por haver relações que não afloram manifestamente no texto, como figuras específicas, as preocupações da dogmática ficam circunscritas aos vínculos anunciados de maneira expressa, em detrimento dos implícitos.

Pois bem. Tais considerações dizem respeito apenas aos tópicos mencionados, ao passo que, em outros pontos do programa, foram feitos ajustes e promovidas atualizações, para que a obra possa continuar seu caminho na doutrina jurídica nacional. Mantenho a convicção de que a estática dos textos normativos não condiciona a evolução e a progressão de sentido das mensagens do direito positivo.

Que os leitores aproveitem o conteúdo desta 32ª edição, com o mesmo entusiasmo com que receberam as anteriores.

São Paulo, 27 de junho de 2022.

Paulo de Barros Carvalho

Professor Emérito e Titular de Direito Tributário da PUC/SP e da USP.
Membro titular da Academia Brasileira de Filosofia.

NOTA À 31ª EDIÇÃO

Esta é a 31ª edição do *Curso de Direito Tributário,* cuja produção veio à luz no ano de 1985. Se levarmos em conta as meras tiragens, equiparando-as ao que foi editado, são mais de quarenta cópias nos últimos 35 anos de magistério. Creio que a sequência é expressiva, dizendo alguma coisa sobre a qualidade do livro.

A presente edição, contudo, é a primeira que não acontece pela iniciativa da tradicional Editora Saraiva, por quem manifesto grande respeito e sincera admiração. Em todos esses anos essa empresa operou com enorme correção profissional, dedicando todo o carinho e os rigores de suas habilidades técnicas para elaborar volumes de excelente categoria.

Contudo, ao mesmo tempo, outras editoras foram surgindo e conquistando espaços no mercado editorial, credenciando-se, desse modo, a produzir livros da mais alta seriedade e importância doutrinária. Refiro-me à Editora Noeses que, sobre reunir autores de elevada reputação acadêmica e intelectual, entendeu por bem trabalhar a obra de seu Editor-chefe.

O texto, como um todo, além das modificações estéticas que podem ser notadas, logo no exame do primeiro instante, traz acréscimos de conteúdo indispensável, pois dizem respeito ao plano de atualização do Direito Tributário, ao exibir aquele clima de instabilidade e de certa turbulência com o qual todos nós já nos a habituamos a conviver.

A Editora Noeses, na trajetória de suas atividades, sente-se sobremaneira honrada em editar este livro, já incluído entre as clássicas e reconhecidas obras deste setor do conhecimento jurídico.

São Paulo, 24 de fevereiro de 2021.

Paulo de Barros Carvalho

Professor Emérito e Titular de Direito Tributário da PUC/SP e da USP.
Membro titular da Academia Brasileira de Filosofia.

PREFÁCIO À 29ª EDIÇÃO

Não existe aquilo que poderíamos chamar de linguagem "quimicamente pura". A qualificação de um texto como *filosófico*, *científico*, *técnico* ou *de linguagem ordinária* se rege pela dominância, apurada pelos princípios inerentes à coesão e à consistência. Associa-se a primeira às ideias de aglutinação, concentração, conexão entre argumentos, ao passo que a segunda nos conduz ao grau de sustentação que o grupamento oferece ao todo textual. Ambos os conceitos não se confundem, tendo suas especificidades. Ali onde houver a insistência de termos filosóficos, científicos, técnicos ou de linguagem natural, obviamente agrupados em porções significativas que possam caracterizá-los como prevalecentes ou preponderantes, perceberemos que o texto ficará impregnado por aquela tendência, por aquele "valor", de tal modo que se justifica chamá-lo de filosófico, científico, técnico ou vertido em linguagem ordinária ou natural.

Eis o caso das comunicações passadas com este Curso que chega à sua 29ª edição: são espaços em que predominam os termos da linguagem *científica*, pontuados por marcadores de conectividade com a linguagem da *filosofia* e da *técnica*, tecendo cadeias de referência e progressões temáticas que confirmam esse nível de qualificação textual.

Nesta nova edição, fiz consignar algumas notas de atualização legislativa, especialmente para assimilar as intensas modificações promovidas pela Lei Complementar 157/2017 e do Código de Processo Civil de 2015. Além dessas novas passagens, retomei o item sobre prescrição para nele inserir discussão relevante sobre direito intertemporal e a contagem de prazos prescricionais de créditos constituídos antes do início da vigência da Lei Complementar 118/2005.

São Paulo, 20 de outubro de 2017.

Paulo de Barros Carvalho

Professor Emérito e Titular de Direito Tributário da PUC/SP e da USP.
Membro titular da Academia Brasileira de Filosofia.

PREFÁCIO À 28ª EDIÇÃO

Neste ano de 2016, em que preparo algumas modificações para a 28ª edição do *Curso de Direito Tributário*, comemora-se o cinquentenário do Código Tributário Nacional e a comunidade jurídica brasileira se une para prestar as devidas homenagens ao Estatuto e, sobretudo, a Rubens Gomes de Sousa, o grande jurista que comandou, ao lado de Aliomar Baleeiro e Gilberto de Ulhoa Canto, o encaminhamento e a aparição pública desta verdadeira obra de sistematização que foi a Lei n. 5.172/66. Enunciei os nomes nessa ordem justamente para acentuar a autoria básica do anteprojeto (RGS), a difícil função de articulador político do projeto no Congresso Nacional (AB) e aquele que dirigiu os estudos, a discussão e o oferecimento de inestimáveis observações sobre o conteúdo e o alcance da proposta, tarefa desenvolvida no então IBDF, hoje ABDF (GUC). Além disso, houve comissões de técnicos e de advogados da mais alta qualificação empenhados na condução dos trabalhos.

Pois bem. Não há exagero em dizer que o CTN teve esse caráter sistematizador. Antes dele, havia textos importantes, de autores também eminentes, todavia, essas contribuições apresentavam caráter fragmentário, eram esparsas, sem a presença de um eixo de organização que, decididamente, pudesse suscitar um sopro de estabilidade para disciplinar condutas situadas num domínio tão delicado quanto o das relações entre fisco e contribuinte. Havia também, é bom que se diga, excelentes fontes no direito comparado, precioso material para servir de paradigma às pretensões de nossos codificadores. A despeito de tudo isso, porém, nada enfraquece o papel pioneiro do CTN no horizonte de nossas instituições. Nem mesmo as críticas que advieram da montagem final do produto legislado, que este livro – *Curso de Direito Tributário* – não se cansa de apontar. Aliás, intercalo aqui um registro histórico que me parece sobremodo importante. Em 1972, o autor destas notas, então assistente do Professor Geraldo Ataliba, dele recebeu convite para participar de reuniões semanais sobre o Código Tributário Nacional, que seriam realizadas às quartas-feiras, no prédio antigo da Pontifícia Universidade Católica de São Paulo, sob a direção de Rubens Gomes de Sousa. O objetivo era estabelecer diálogo intenso com o principal coautor do CTN, formulando-lhe perguntas e fazendo observações sobre o texto daquele Diploma. Tudo sob a competente e vigilante participação de uma taquígrafa da Editora Revista dos Tribunais, cujo trabalho seria submetido às devidas correções para, organizado e, em tempo próprio, preparar-se a edição do livro. Chamar-se-ia *Comentários ao Código Tributário Nacional* – Rubens Gomes de Sousa, Geraldo Ataliba e Paulo de Barros Carvalho. O projeto caminhou e as sessões eram animadíssimas, graças à sabedoria do Dr. Rubens e a personalidade sempre viva e cintilante do Professor Geraldo Ataliba. Chegamos a comentar 38 (trinta e oito) artigos, contudo, em atenção ao que já estava estipulado, nenhum texto sairia à luz sem que estivesse devidamente revisado pelos três participantes. Nosso programa foi interrompido com o falecimento do grande juriscultor, às vésperas de sua tão esperada conferência no II Curso de Especialização em Direito Tributário realizado pela PUCSP, motivo pelo qual o livro foi editado somente em 1975, mas apenas com os 17 primeiros artigos, únicos examinados e autorizados por ele.

Narrei esse episódio, não só para prestar outra homenagem ao CTN e ao seu principal autor, como também para ressaltar que as críticas, sejam aquelas relativas ao anteprojeto de 1953, como ao projeto encaminhado à Câmara dos Deputados pelo Presidente Getúlio Vargas em 1954, e também os atinentes à sua redação final, aprovada com a Lei 5.172/66, esses juízos, reitero, sempre foram recebidos pelo Dr. Rubens com muito entusiasmo, contestando uns, acolhendo outros, mas justificando-os todos com a força e a contundência de seus argumentos, enunciados com a serenidade que tanto marcou seu estilo. E aproveito para dizer, também, que o *Curso de Direito Tributário*, desde a primeira até esta, que é sua 28ª edição, pode ser considerado, se o reduzirmos à expressão mais simples, um produto da sistematização deste ramo do Direito, provocada pelo advento do Código Tributário Nacional.

Se a experiência jurídico-tributária brasileira é, hoje, rica e substanciosa, esteve sempre pautada pela presença desse eixo de referências, de tal modo que vale a pena debatê-lo, estudá-lo, aperfeiçoá-lo, consolidando o vigor de nossas mais legítimas tradições.

São Paulo, 29 de outubro de 2016.

Paulo de Barros Carvalho

Professor Emérito e Titular de Direito Tributário da PUC/SP e da USP.
Membro titular da Academia Brasileira de Filosofia.

PREFÁCIO À 26ª EDIÇÃO

Livro útil é aquele que deixa no espírito do leitor alguma coisa de persistente, de duradouro, irradiando suas ideias e propondo reflexões que exercitam a nobilíssima função do pensamento. Ora, se assim parece ser, um curso que chega a atravessar um quarto de século, em sucessivas tiragens, ingressando agora em sua 26ª edição, vem à luz com a energia retórica de seus enunciados, mas, sobretudo, alimentado e fortalecido com a estimulante serenidade da tradição.

Além disso, sua trajetória existencial insere-se num período especialmente importante para a evolução do direito brasileiro, pois acolhe e vivencia o *giro linguístico*, dando os primeiros passos no chamado *Construtivismo Lógico-Semântico.* Tal perspectiva, que lhe dá o tom de historicidade pode ser observada na sequência das edições, como um esforço de procura, de busca incessante de meios, categorias e formas de melhor e mais eficiente aproximação com o objeto material escolhido para estudo. Sem transpor os limites fixados para o desenvolvimento do projeto nem se sobre-exceder na finalidade de estruturar um verdadeiro *curso*, vem incorporando doutrinas, retificando posições, acrescentando comentários, tudo no afã de enriquecer uma obra voltada, quase que inteiramente, ao escopo da formação do pensar jurídico, não abrindo mão, porém, dos itens informativos que o direito posto em momento algum dispensa.

Acomoda-se como uma luva o trecho de Lourival Vilanova, lembrado aqui, no centésimo ano de seu nascimento, quando assinala que os "entes históricos são assim: num ponto do tempo, repousam todos os pontos antecedentes, que se fazem presentes sem perderem seu modo de ser pretérito. Confluem todos para o presente, que se converte em ponto de intersecção do que já se foi com o que está por vir. Com isso, o tecido histórico vai se constituindo, ponto por ponto, tornando-se cada vez mais espesso, mais resistente, mais denso".[1]

Não caberia a mim emitir juízos de valor sobre a qualidade do trabalho. Sei, todavia, que ele não é fácil. Está longe de ser um grupamento de mensagens que, logo no primeiro súbito de vista, obtenha a compreensão de quem lê. Seu objetivo, contudo, não é esse. Quem escreve pensando nutre a expectativa de que o leitor vá acompanhá-lo nesse ato de consciência, isto é, que o destinatário pense também. Trata-se de um livro de formação, repito, e não um corpo de informações simplesmente articuladas e oferecidas para atualizar o patrimônio de notícias a respeito do direito tributário positivo, sem discutir, é óbvio, o caráter de interesse que tais obras certamente desempenham com inegável teor de praticidade. Afinal de contas, teoria e prática são dois estratos linguísticos unidos por um segmento que tenho mencionado como *linguagem da experiência*.

A presente edição, para além de retificações de sentido que a marcha inexorável do tempo vai sugerindo, traz um tópico sobremodo interessante para as meditações a propósito da interpretação do direito posto: refiro-me à pretensa contraposição entre conteúdo e forma, com a doutrina da prevalência da primeira, sempre, naturalmente, que houver o descompasso entre ambas. A tese, tantas vezes invocada na pragmática da comunicação jurídico-tributária brasileira, em juízos e tribunais administrativos e judiciários, não resiste a uma análise mais séria e aturada, singelamente porque

---

1. VILANOVA, Lourival. O poder de julgar e a norma. In: *Escritos jurídicos e filosóficos*. v. 1. São Paulo: IBET/Axis Mundi, 2003. p. 354.

conteúdo e forma, pertencendo a mundos diferentes, jamais podem entrar em confronto. Eis um equívoco, cuja demonstração é pronta e imediata.

Já traduzido para o espanhol e amplamente difundido na Espanha, México, Peru, Colômbia, Uruguai e Argentina, posso dizer que este livro ganhou o mundo, expandindo seu peculiar modo de ser e de existir. E é nesse sentido que agradeço a maneira eficiente com que a Editora Saraiva, carinhosamente, com todo o lastro de sua tradição, vem zelando pelas sucessivas edições e propiciando a adequada difusão da obra.

São Paulo, 12 de junho de 2014.

Paulo de Barros Carvalho

Professor Emérito e Titular de Direito Tributário da PUC/SP e da USP.
Membro titular da Academia Brasileira de Filosofia.

PREFÁCIO À 25ª EDIÇÃO

A intertextualidade se encarrega de apressar a desvinculação dos laços que prendem o texto às suas origens. Mais ainda, quando se trata da 25ª edição de um livro — um quarto de século de existência — no qual, pode se dizer, fez vida própria, ganhando o mundo. Assim é com o *Curso de Direito Tributário* que a Editora Saraiva tão bem editou e distribuiu pelos quatro cantos deste Brasil imenso. As modificações que foram sendo introduzidas representam esforço de acompanhamento e adaptação para reduzir a distância entre a linguagem da obra e a da realidade jurídico-social que o discurso procura a todo custo abranger. Eis um exemplo forte e significativo do quadro de transformações que a pragmática da comunicação jurídica necessariamente provoca: as palavras e expressões vão adquirindo novos contornos semânticos e, pela combinatória sintática das unidades sígnicas, atingem outras formas de intercâmbio com o leitor. O rumo dessas mutações é incontrolável, e o autor, assim como o universo de seus leitores, veem-se impotentes para interferir em processo tão complexo e inexorável.

Assentar essas notas, contudo, por mais que as creia procedentes, não dispensaria acréscimos, supressões e outras alterações que o texto sem dúvida alguma iterativamente reclama. Repensei, portanto, alguns pontos e retomei o contato com categorias e formas que governam a condução do raciocínio. Vi, por exemplo, ao tratar dos princípios, que não poderia omitir o modo como temos acesso aos valores, reforçando a lembrança da intuição emocional, entre os aspectos inerentes à composição das estimativas. Afinal de contas, permito-me dizer, um livro que já mereceu traduções em línguas estrangeiras, há de reaparecer atualizado e aumentado, justificando novas edições.

São Paulo, 8 de outubro de 2012.

Paulo de Barros Carvalho

Professor Emérito e Titular de Direito Tributário da PUC/SP e da USP.
Membro titular da Academia Brasileira de Filosofia.

PREFÁCIO À 14ª EDIÇÃO

Houve alterações importantes no ordenamento jurídico tributário brasileiro, com o advento de uma série de normas inseridas por emendas constitucionais e, bem assim, por leis complementares e outros veículos normativos de hierarquia inferior. Especialmente as Leis Complementares n. 104 e 105 trouxeram mutações de relevo. O *Curso*, para manter-se atualizado, não poderia deixar de fazer tais registros, assinalando as modificações sistêmicas que deles se irradiaram. Eis o motivo desta 14ª edição, que se pretende ampliada e atualizada na conformidade do direito positivo vigente.

São Paulo, 17 de abril de 2002.

Paulo de Barros Carvalho

Professor Emérito e Titular de Direito Tributário da PUC/SP e da USP.
Membro titular da Academia Brasileira de Filosofia.

PREFÁCIO À 13ª EDIÇÃO

A interpretação é inesgotável, o que importa reconhecer que os processos de geração de sentido continuam, incessantemente, acompanhando a obra ao longo de sua existência. Os fatores pragmáticos que interferem na sequência discursiva, todavia, estarão sempre reivindicando alterações do texto, de tal sorte que convém ao autor, de tempos em tempos, rever os conteúdos de seu pensamento, objetivados em linguagem, para atualizar o trabalho.

Com a publicação do *Direito Tributário — fundamentos jurídicos da incidência*, aos cuidados desta mesma editora, ficara sobremodo patente que alguns capítulos do *Curso* haveriam de ser mexidos, senão refeitos, para manter a unidade metodológica que o escrito deve exibir, tendo ele pretensões científicas. Na edição passada já promovi adaptações, porém um tema, pelo menos, teria de ser inteiramente repensado: trata-se daquele relativo ao "crédito e lançamento", por envolver questões básicas atinentes à própria fenomenologia da percussão tributária.

De fato, sobre empreender outras modificações de ajuste, refiz aquele capítulo, outorgando-lhe as proporções de significado que me pareceram coerentes e adequadas, sustentando a ponte com o direito positivo brasileiro, mais precisamente, com o Código Tributário Nacional, aspecto importante na medida em que não acredito em teoria sem aplicação direta e imediata no plano da experiência concreta.

Espero que os leitores possam perceber esse impulso de racionalidade que procurei imprimir ao livro, para enriquecê-lo e aperfeiçoá-lo.

São Paulo, 30 de março de 2000.

Paulo de Barros Carvalho

Professor Emérito e Titular de Direito Tributário da PUC/SP e da USP.
Membro titular da Academia Brasileira de Filosofia.

PREFÁCIO À 7ª EDIÇÃO

O presente *Curso de Direito Tributário*, depois de várias tiragens, está aparecendo na sua 7ª edição, revista, atualizada e voltada cada vez mais aos objetivos para os quais a obra foi concebida. Sem concessões terminológicas e apegada à proposta metódica que preside o desenvolvimento da matéria, o livro segue seu caminho para além das expectativas desejadas, conquistando ele mesmo sua própria difusão. Desde o princípio, ostentou uma receptividade firme e expressiva, provocando o interesse de muitos estudiosos que se têm dirigido, constantemente, ao autor, formulando observações, apontando dúvidas e propondo reflexões de enorme utilidade para o aprimoramento do trabalho. É precisamente graças ao estímulo de tais comunicações que entendo necessário e oportuno este empenho de atualização, incorporando ao texto as modificações imprescindíveis e promovendo os ajustes que a sequência expositiva recomenda, tendo em vista o rigor do pensamento, mas, sobretudo, com o cuidado de preservar-lhe os traços básicos de sua fisionomia, do seu caráter.

De fato, nos domínios do social, quando o produto criado rompe os laços que o mantinham ligado ao criador, ingressando na dinâmica do processo comunicacional, passa a subordinar-se a uma série de fatores extralinguísticos que lhe vão imprimindo características peculiares, forjando uma individualidade própria, alheia, muitas vezes, às mais agudas previsões da crítica competente. A essa altura, cremos, a obra adquire identidade, não cabendo mais ao autor alterar-lhe a substância, tocando-lhe a estrutura inicial. Mesmo portando o seu nome, aquele objeto cultural já não pertence a quem o criou, e sim, agora, à comunidade para a qual foi concebido e de que o autor faz parte apenas como um dos integrantes. Em tais circunstâncias, a colaboração possível fica circunscrita a meros acréscimos de atualização ou a providências no sentido de corrigir pequenos defeitos que o tempo e o interesse sempre vivo dos estudiosos venham a sugerir. Modernizando-a e acudindo-lhe nas imperfeições apontadas, poderá o autor facilitar-lhe a trajetória, mantendo-a senhora do seu destino. Mudanças de índole radical haverão de ficar para o âmbito de trabalhos subsequentes.

São Paulo, 14 de fevereiro de 1995.

Paulo de Barros Carvalho

Professor Emérito e Titular de Direito Tributário da PUC/SP e da USP.
Membro titular da Academia Brasileira de Filosofia.

PREFÁCIO À 4ª EDIÇÃO

Eis a nova edição deste livro, ajeitado o texto e alinhadas as teorias ao modelo que a Constituição de 1988 instituiu. O tempo, que caminha com pressa, provocou intervalo considerável entre a comercialização dos últimos volumes da edição anterior e o aparecimento dos primeiros exemplares desta. Seria confortável atribuir a responsabilidade pela demora aos esforços de atualização ou às vicissitudes reconstrutivas que invariavelmente acompanham elaborações desse tope. Também não faltou interesse ou empenho por parte do autor. Quem escreve quer ser lido e a ninguém, como a ele, apraz tanto a boa difusão da obra. Os motivos determinantes foram outros. De início, a possibilidade do exercício de reflexão serena e compassada a propósito de modificações introduzidas pelo constituinte, as quais, gradativamente, foram exibindo sua presença em setores do direito positivo que o exame do primeiro momento não poderia surpreender. Ao lado disso, estudos sistemáticos que vimos empreendendo a respeito do pensamento jurídico-filosófico do Prof. Lourival Vilanova, cuja profundidade, vertida numa análise fina do fenômeno normativo, iluminando profusamente a solução de problemas práticos, é um convite reiterado à meditação e um impulso decisivo à reformulação de posições doutrinárias que a tradição nos incute, sem que tenhamos tempo de submetê-las a um juízo crítico mais severo. Acrescente-se ainda a intensa atividade desenvolvida no magistério superior, particularmente no programa de pós-graduação em Direito da Pontifícia Universidade Católica de São Paulo, onde ministramos aulas de Direito Tributário e de Filosofia do Direito (Lógica Jurídica). Por certo que experiência docente vivida nesse nível transforma-se em apelo permanente e fonte inesgotável de introversões que, devidamente amadurecidas, ensejam material precioso para suscitar reexames e alterações que vão, desde a singela modificação de vocábulos do texto, até o radical abandono de estruturas teóricas envelhecidas, ou que se mostraram imprestáveis perante a dinâmica e palpitante realidade dos fatos sociais. Afinal de contas, o direito existe para incidir (e não "coincidir") na região material da conduta, disciplinando as relações intersubjetivas. Tal lembrança é uma advertência constante que há de manter viva a atenção do cientista do Direito e do jurista prático, no sentido de buscar, incessantemente, a operacionalidade das construções dogmáticas.

Foi desse modo que o autor houve por bem repensar a temática das "Fontes do Direito Tributário", assentando-a sobre bases teóricas mais firmes e consistentes. O capítulo das "Normas Gerais de Direito Tributário", reescrito em boa parte, experimentou sensíveis modificações, como aquele referente ao "Sistema e Princípios Constitucionais Tributários".

Entrego assim, às mãos do leitor, um *Curso* que posso dizer aperfeiçoado e atualizado, mas que permanece aberto a toda sorte de refutações, integrando-se naquele dinamismo que Karl Popper entreviu como indispensável ao progresso científico.

São Paulo, 3 de setembro de 1990.

Paulo de Barros Carvalho

Professor Emérito e Titular de Direito Tributário da PUC/SP e da USP.
Membro titular da Academia Brasileira de Filosofia.

PLANO DA OBRA

SUMÁRIO

Capítulo I

DIREITO TRIBUTÁRIO

Capítulo II

TRIBUTO

Capítulo III

FONTES DO DIREITO TRIBUTÁRIO

Capítulo IV

VIGÊNCIA, APLICAÇÃO E INTERPRETAÇÃO DA LEGISLAÇÃO TRIBUTÁRIA

Capítulo V

SISTEMA E PRINCÍPIOS CONSTITUCIONAIS TRIBUTÁRIOS

Capítulo VI

IMUNIDADES TRIBUTÁRIAS

Capítulo VII

NORMAS GERAIS DE DIREITO TRIBUTÁRIO

Capítulo VIII

COMPETÊNCIA TRIBUTÁRIA

Capítulo IX

A REGRA-MATRIZ DE INCIDÊNCIA. HIPÓTESE TRIBUTÁRIA E FATO JURÍDICO TRIBUTÁRIO

Capítulo X

A REGRA-MATRIZ DE INCIDÊNCIA. O CONSEQUENTE DA NORMA E AS RELAÇÕES JURÍDICAS TRIBUTÁRIAS

Capítulo XIII

SUSPENSÃO DA EXIGIBILIDADE DO CRÉDITO TRIBUTÁRIO

Capítulo XIV

EXTINÇÃO DAS OBRIGAÇÕES TRIBUTÁRIAS

Capítulo XV

"EXCLUSÃO DO CRÉDITO" TRIBUTÁRIO

Capítulo XVI

INFRAÇÕES E SANÇÕES TRIBUTÁRIAS

Capítulo XVII

GARANTIAS E PRIVILÉGIOS DO CRÉDITO TRIBUTÁRIO

Capítulo XVIII

ADMINISTRAÇÃO TRIBUTÁRIA

INTRODUÇÃO

Este é um livro com fim específico e determinado: destina-se a transmitir os conhecimentos jurídicos que o estudante, o advogado, o juiz, o promotor, o funcionário público e tantos outros bacharéis necessitam, cada qual no seu setor de atividades, para o adequado desempenho profissional.

Pretende ser claro e efundir a segurança imprescindível ao contato do primeiro instante, mas, ao mesmo tempo, permite ver, em grande extensão, a gama de dificuldades que o estudo aprofundado do Direito suscita. Nele, há menção dos variados rumos da doutrina, se bem que o leitor vá encontrar, iterativamente, a linha que corresponda ao pensamento do autor, exposta com nitidez suficiente para poder criticá-la ou adotá-la.

Tratando-se de um "Curso", pressupõe uma visão unitária e abrangente, de tal sorte que seu desenvolvimento mantenha consonância com os programas estipulados nas Faculdades de Direito, estando apto para atendê-los de forma satisfatória. Nesse sentido, aliás, haverá de ser instrumento útil para concursos que envolvam o campo jurídico-tributário.

O objetivo didático-expositivo, contudo, não chega ao ponto de comprometer o teor metodológico do trabalho, que pode exibi-lo a qualquer momento e em cada página. Essa foi, efetivamente, a preocupação constante do autor e quem sabe até o motivo determinante da concepção da obra.

De fato, há inúmeras contribuições à doutrina do Direito brasileiro voltadas ao escopo de descrever o fenômeno jurídico-tributário. Algumas monográficas, outras no estilo de compêndios, elementos, instituições, comentários, cursos e tratados. Pouquíssimas, porém, governadas pelo método, pela coerência filosófica, pelo desdobramento uniforme das ideias, dentro de parâmetros antecipadamente estabelecidos.

Ora, se é contraditório admitir-se um trabalho científico sem metodologia, a incompatibilidade ganha proporções inusitadas quando falamos de um "Curso", posto o caráter extensional e uniforme que há de caracterizá-lo. Reside exatamente aqui a iniciativa de idealizar, empreender e dar à edição o presente *Curso de direito tributário*, que consubstancia a experiência de quinze anos de magistério, nos cursos de bacharelado, especialização, mestrado e doutorado da Faculdade de Direito da Pontifícia Universidade Católica de São Paulo, desfrutando do convívio intelectual de juristas da dimensão de Geraldo Ataliba, Celso Antônio Bandeira de Mello, Michel Temer, Celso Bastos, Adilson Dallari, José Manuel de Arruda Alvim Neto e Roque Carrazza.

Ao discorrer sobre os capítulos em que a matéria foi distribuída, tivemos o ensejo de comentar um número expressivo de disposições do Código Tributário Nacional, principalmente aqueles que ofereceram subsídios mais fecundos à consideração dos grandes princípios que regem a atividade impositiva do Estado, sempre animados pelo espírito crítico de quem enfrenta o problema substancial da realidade do texto escrito, em confronto com o fenômeno jurídico que lhe é subjacente. Para tanto, foram extremamente valiosas as lições magistrais do Prof. Lourival Vilanova, carregadas com a sedutora precisão de suas construções teóricas, de imediata e pronta aplicação prática. Não que o insigne jusfilósofo esteja comprometido com as possíveis falhas que o discurso possa apresentar. Em relação a elas, certamente, as deficiências haverão de ser debitadas ao autor. Todavia, queremos deixar claro que o estímulo constante, que prevaleceu até o derradeiro momento, foi o desejo de ver o Direito Tributário penetrado por categorias bem compostas, arrumado sintaticamente, e preparado para arrostar as infindáveis questões semânticas que martirizam o intérprete e o aplicador da lei.

Evitamos as citações abundantes, especialmente em idiomas estrangeiros, consignando, apenas, aquelas que se fizeram imprescindíveis. As representações simbólicas, que aparentemente sugerem dificuldades, foram explicitadas de modo suficiente, a ponto de não espertar embaraços ao leitor que se disponha a entendê-las.

Adscrevemos nossos agradecimentos aos mestrandos da Pontifícia Universidade Católica de São Paulo — Maria Leonor Leite Vieira, Vilma Meneguetti e Ricardo Corrêa Dalla — que colaboraram na tarefa revisora do texto.

Serão sobremaneira apreciáveis as observações críticas de todos aqueles que se propuserem ler o trabalho, compreendendo a sua metodologia. Recebê-las-á o autor como inestimável contribuição ao aperfeiçoamento da obra.

São Paulo, 1º de outubro de 1984

Paulo de Barros Carvalho

CAPÍTULO I

DIREITO TRIBUTÁRIO

Sumário: **1.** Direito positivo e Ciência do Direito. **2.** A linguagem do legislador e a linguagem do jurista. **3.** Texto de direito positivo e norma jurídica. **4.** Sistemas jurídicos — sistema do direito posto e sistema da Ciência do Direito. **5.** O conjunto das normas válidas como objeto da Ciência do Direito. **6.** Conceito e definição de Direito Tributário positivo e de Ciência do Direito Tributário — o falso problema da autonomia. **7.** Outras denominações da disciplina.

1. Direito positivo e Ciência do Direito

Muita diferença existe entre a realidade do direito positivo e a da Ciência do Direito. São dois mundos que não se confundem, apresentando peculiaridades tais que nos levam a uma consideração própria e exclusiva. São dois corpos de linguagem, dois discursos linguísticos, cada qual portador de um tipo de organização lógica e de funções semânticas e pragmáticas diversas.

Os autores, de um modo geral, não se têm preocupado devidamente com as sensíveis e profundas dissemelhanças entre as duas regiões do conhecimento jurídico, o que explica, até certo ponto, a enorme confusão de conceitos e a dificuldade em definir qualquer um daqueles setores sem utilizar notações ou propriedades do outro. São comuns, nesse sentido, definições de ramos do Direito que começam por referências ao conjunto de regras jurídicas e terminam com alusões a princípios e composições que a Ciência desenvolveu a partir da análise do direito positivo.

Por isso, não é demais enfatizar que o direito positivo é o complexo de normas jurídicas válidas num dado país. À Ciência do Direito cabe descrever esse enredo normativo, ordenando-o, declarando sua hierarquia, exibindo as formas lógicas que governam o entrelaçamento das várias unidades do sistema e oferecendo seus conteúdos de significação.

O direito positivo está vertido numa linguagem, que é seu modo de expressão. E essa camada de linguagem, como construção do homem, se volta para a disciplina do comportamento humano, no quadro de suas relações de intersubjetividade. As regras do direito existem para organizar a conduta das pessoas, umas com relação às outras. Daí dizer-se que ao Direito não interessam os problemas intrassubjetivos, isto é, da pessoa para com ela mesma, a não ser na medida em que esse elemento interior e subjetivo corresponda a um comportamento exterior e objetivo.

Toda a importância do direito posto, numa sociedade historicamente considerada, ganha força e evidência sempre que nos lembramos dessa arguta observação: *Altera-se o mundo físico mediante o trabalho e a tecnologia, que o potencia em resultados. E altera-se o mundo social mediante a linguagem das normas, uma classe da qual é a linguagem das normas do Direito.*[1]

Seja como for, a disciplina do comportamento humano, no convívio social, se estabelece numa fórmula linguística, e o direito positivo aparece como um plexo de proposições que se destinam a regular a conduta das pessoas, nas relações de inter-humanidade.

---

1. Lourival Vilanova, *As estruturas lógicas e o sistema do direito positivo*, Revista dos Tribunais, 1977, p. 3-4.

O objeto da Ciência do Direito há de ser precisamente o estudo desse feixe de proposições, vale dizer, o contexto normativo que tem por escopo ordenar o procedimento dos seres humanos, na vida comunitária. O cientista do Direito vai debruçar-se sobre o universo das normas jurídicas, observando-as, investigando-as, interpretando-as e descrevendo-as segundo determinada metodologia. Como ciência que é, o produto de seu trabalho terá caráter descritivo, utilizando uma linguagem apta para transmitir conhecimentos, comunicar informações, dando conta de como são as normas, de que modo se relacionam, que tipo de estrutura constroem e, sobretudo, como regulam a conduta intersubjetiva. Mas, ao transmitir conhecimentos sobre a realidade jurídica, o cientista emprega a linguagem e compõe uma camada linguística que é, em suma, o discurso da Ciência do Direito.

Tal discurso, eminentemente descritivo, fala de seu objeto — o direito positivo — que, por sua vez, também se apresenta como um estrato de linguagem, porém de cunho prescritivo. Reside exatamente aqui uma diferença substancial: o direito posto é uma linguagem *prescritiva* (prescreve comportamentos), enquanto a Ciência do Direito é um discurso *descritivo* (descreve normas jurídicas).

Tomada com relação ao direito positivo, a Ciência do Direito é uma sobrelinguagem ou linguagem de sobrenível. Está acima da linguagem do direito positivo, pois discorre sobre ela, transmitindo notícias de sua compostura como sistema empírico.

Entre outros traços que separam as duas estruturas de linguagem pode ser salientada a circunstância de que a cada qual corresponde uma lógica específica: ao direito positivo, a lógica deôntica (lógica do dever-ser, lógica das normas); à Ciência do Direito, a lógica apofântica (lógica das ciências, lógica alética ou lógica clássica). Em função disso, as valências compatíveis com a linguagem das normas jurídicas são diversas das aplicáveis às proposições científicas. Das primeiras, dizemos que são válidas ou não válidas; quanto aos enunciados da ciência, usamos os valores verdade e falsidade.

As proposições que o jurista formula sobre o direito positivo podem ser verdadeiras ou falsas. Paralelamente, há diferença importante no campo semântico e também no pragmático, bastando lembrar que as proposições normativas se dirigem para a região material da conduta, ao passo que as científicas simplesmente descrevem seu objeto, sem nele interferir.

É inadmissível, portanto, misturar conceitos desses dois segmentos do saber jurídico, que têm métodos próprios e distintos esquemas de pesquisa e compreensão.

Mantenhamos na memória esse critério distintivo de superior relevância, porque diz com a natureza mesma do objeto de que nos ocupamos, além de marcar, com segurança, o tipo de trabalho que havemos de desenvolver: o direito positivo forma um plano de linguagem de índole *prescritiva*, ao tempo em que a Ciência do Direito, que o relata, compõe-se de uma camada de linguagem fundamentalmente *descritiva*.

2. A linguagem do legislador e a linguagem do jurista

A linguagem do legislador é uma linguagem técnica, o que significa dizer que se assenta no discurso natural, mas aproveita em quantidade considerável palavras e expressões de cunho determinado, pertinentes ao domínio das comunicações científicas. Os membros das Casas Legislativas, em países que se inclinam por um sistema democrático de governo, representam os vários segmentos da sociedade. Alguns são médicos, outros bancários, industriais, agricultores, engenheiros, advogados, dentistas, comerciantes, operários, o que confere um forte caráter de heterogeneidade, peculiar aos regimes que se queiram representativos. E podemos aduzir que tanto mais autêntica será a representatividade do Parlamento quanto maior for a presença, na composição de seus quadros, dos inúmeros setores da comunidade social.

Ponderações desse jaez nos permitem compreender o porquê dos erros, impropriedades, atecnias, deficiências e ambiguidades que os textos legais cursivamente apresentam. Não é, de forma alguma, o resultado de um trabalho sistematizado cientificamente. Aliás, no campo tributário, os diplomas têm se sucedido em velocidade espantosa, sem que a cronologia corresponda a um plano preordenado e com a racionalidade que o intérprete almejaria encontrar. Ainda que as Assembleias nomeiem comissões encarregadas de cuidar dos aspectos formais e jurídico-constitucionais dos diversos estatutos, prevalece a formação extremamente heterogênea que as caracteriza.

Dentro de uma acepção ampla do vocábulo "legislador" havemos de inserir as manifestações singulares e plurais emanadas do Poder Judiciário, ao exarar suas sentenças e acórdãos, veículos introdutórios de normas individuais e concretas no sistema do direito positivo. O termo abriga também, na sua amplitude semântica, os atos administrativos expedidos pelos funcionários do Poder Executivo e até atos praticados por particulares, ao realizarem as figuras tipificadas na ordenação jurídica. Pois bem, a crítica acima adscrita não se aplica, obviamente, às regras produzidas por órgãos cujos titulares sejam portadores de formação técnica especializada, como é o caso, por excelência, dos membros do Poder Judiciário. Se atinarmos, porém, à organização hierárquica das regras dentro do sistema, e à importância de que se revestem as normas gerais e abstratas, como fundamento de validade sintática e semântica das individuais e concretas, poderemos certamente concluir que a mencionada heterogeneidade dos nossos Parlamentos influi, sobremaneira, na desarrumação compositiva dos textos do direito posto.

Se, de um lado, cabe deplorar produção legislativa tão desordenada, por outro sobressai, com enorme intensidade, a relevância do labor científico do jurista, que surge nesse momento como a única pessoa credenciada a construir o conteúdo, sentido e alcance da matéria legislada.

Mas, enquanto é lícito afirmar-se que o legislador se exprime numa linguagem livre, natural, pontilhada, aqui e ali, de símbolos científicos, o mesmo já não se passa com o discurso do cientista do Direito. Sua linguagem, sobre ser técnica, é científica, na medida em que as proposições descritivas que emite vêm carregadas da harmonia dos sistemas presididos pela lógica clássica, com as unidades do conjunto arrumadas e escalonadas segundo critérios que observam, estritamente, os princípios da identidade, da não contradição e do meio excluído, que são três imposições formais do pensamento, no que concerne às proposições apofânticas.

Nada obstante, cumpre lembrar que o emprego de termos técnicos e o modo científico com que se expressa o jurista não conseguem superar certas dificuldades do vocabulário especializado, como as ambiguidades e o teor de vagueza, que somente serão resolvidos à custa de ingentes esforços semânticos.

E o problema persiste no nível da Teoria Geral do Direito, a que chegamos por meio de sucessivas generalizações, pois nela remanescem as palavras e locuções plurissignificativas, que irão desaparecer apenas no altiplano da Lógica Jurídica. Naquele reduto formal, por haver uma estrutura de linguagem efetivamente unívoca, encontrará o cientista esquemas seguros e precisos para captar o arcabouço da mensagem normativa, uma vez que os termos lógicos têm uma e somente uma significação.

A ideia de sobreposição das camadas de linguagem fica mais clara quando representada neste gráfico:

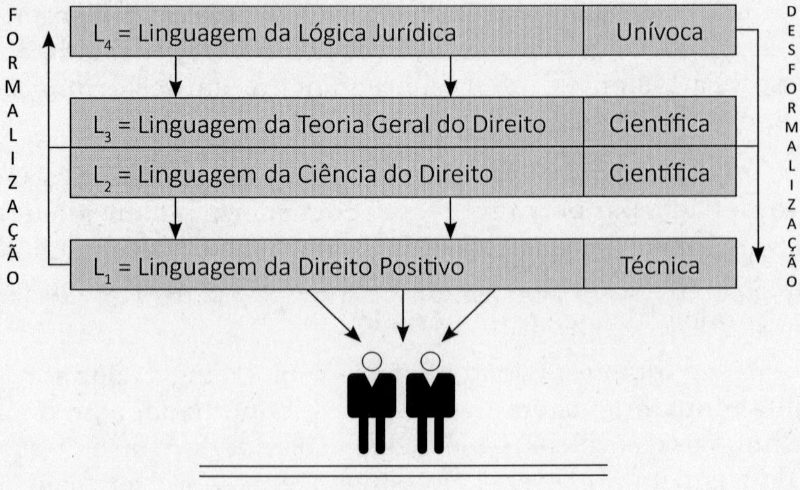

Os dois bonecos simbolizam o plano das relações humanas intersubjetivas, que ocorrem no contexto social.

L_1 é o corpo de linguagem do direito positivo, exposto em termos prescritivos e em forma técnica.

L_2 é o nível da linguagem da Ciência do Direito, descritiva de seu objeto (L_1) e vertida em termos científicos.

L_3 é o estrato de linguagem da Teoria Geral do Direito, que descreve os pontos de intersecção dos vários segmentos da Ciência do Direito. Apresenta-se também descritiva e com a utilização de termos rigorosamente científicos.

L_4 é o patamar da Lógica Jurídica. Sua linguagem é absolutamente unívoca e seus termos têm uma e somente uma significação.

Formalização é o processo de busca das estruturas lógico-formais (análise lógica). O encontro se dá no espaço da Lógica Jurídica.

Desformalização é o processo inverso. Depois de encontrado o esquema lógico correspondente à proposição de L_1, ou L_2, ou de L_3, o analista volta ao ponto de partida, substituindo as variáveis lógicas pelas constantes da linguagem do direito positivo.

3. Texto de direito positivo e norma jurídica

A norma jurídica é a significação que obtemos a partir da leitura dos textos do direito positivo. Trata-se de algo que se produz em nossa mente, como resultado da percepção do mundo exterior, captado pelos sentidos. Vejo os símbolos linguísticos marcados no papel, bem como ouço a mensagem sonora que me é dirigida pelo emissor da ordem. Esse ato de apreensão sensorial propicia outro, no qual associo ideias ou noções para formar um juízo, que se apresenta, finalmente, como proposição.

Dito de outro modo, experimentamos as sensações visuais, auditivas, tácteis, que suscitam noções. Estas, agrupadas no nosso intelecto, fazem surgir os juízos ou pensamentos que, por sua vez, se exprimem verbalmente como proposições. A proposição aparece como o enunciado de um juízo, da mesma maneira que o termo expressa uma ideia ou noção.

A norma jurídica é exatamente o juízo (ou pensamento) que a leitura do texto provoca em nosso espírito. Basta isso para nos advertir que um único texto pode originar significações diferentes, consoante as diversas noções que o sujeito cognoscente tenha dos termos empregados pelo legislador. Ao enunciar os juízos, expedindo as respectivas proposições, ficarão registradas as discrepâncias de entendimento dos sujeitos, a propósito dos termos utilizados.

Por analogia aos símbolos linguísticos quaisquer, podemos dizer que o texto escrito está para a norma jurídica tal qual o vocábulo está para sua significação. Nas duas situações, encontraremos o *suporte físico* que se refere a algum objeto do mundo (*significado*) e do qual extratamos um conceito ou juízo (*significação*). Consultemos a síntese proposta por Fabiana Del Padre Tomé: "a concepção da teoria comunicacional do direito tem como premissa que o direito positivo se apresenta na forma de um sistema de comunicação. Direito é linguagem, pois é a linguagem que constitui as normas jurídicas. Essas normas jurídicas, por sua vez, nada mais são que resultados de atos de fala, expressos por palavras e inseridos no ordenamento por veículos introdutores, apresentando as três dimensões sígnicas: suporte físico, significado e significação".[2]

Pois bem, nessa estrutura triádica ou trilateral, o conjunto dos textos do direito posto ocupa o tópico de suporte físico, repertório das significações que o jurista constrói, compondo juízos lógicos, e que se reporta ao comportamento humano, no quadro de suas relações intersubjetivas (*significado*).

Se pensarmos que a norma é um juízo hipotético-condicional (*se ocorrer o fato X, então deve ser a prestação Y*), formado por várias noções, é fácil concluir que nem sempre um

2. *A prova no direito tributário*, São Paulo, Noeses, 2005, p. 40.

só texto (de lei, p. ex.) será suficiente para transmitir a integridade existencial de uma norma jurídica. Às vezes, os dispositivos de um diploma definem uma, algumas, mas nem todas as noções necessárias para a integração do juízo e, ao tentar enunciá-lo verbalmente, expressando a correspondente proposição, encontramo-lo incompleto, havendo a premência de consultar outros textos do direito em vigor.

Isolar os termos imprescindíveis à compostura do juízo lógico, entretanto, não é tudo. Feito isso, deve o jurista examinar os grandes princípios que emergem da totalidade do sistema, para, com eles, buscar a interpretação normativa. A significação advirá desse empenho em que os termos do juízo são compreendidos na conformidade dos princípios gerais que iluminam a ordem jurídica. Assim, insistir na diferença entre texto do direito positivo e norma jurídica, sobre ser importante, é extremamente útil para o adequado entendimento do trabalho hermenêutico desenvolvido pelo cientista do Direito. Este, conhecedor que é das noções jurídicas fundamentais, bem como das formas possíveis de combiná-las, saberá, por certo, interpretar aquilo que lê, à luz dos magnos princípios, produzindo as significações (normas jurídicas) da mensagem legislada.

Acerca do fundamento de tais reflexões, podemos verificar que há enunciados expressos e enunciados implícitos. O preceito constitucional que garante o direito de propriedade, por exemplo, está expressamente contido na redação do art. 5º, XXII, da Carta Magna. Entretanto, a oração que proclama a isonomia das pessoas políticas de direito constitucional interno apresenta-se como enunciado implícito, extraído, por inferência, de duas formulações expressas: a que assegura o princípio federativo (autonomia dos Estados sob a égide da CF, art. 1º) e a que consagra a autonomia dos Municípios (arts. 18, 29, 30 e 34, VII, *c*, da CF).

Não se pode dizer o mesmo, contudo, a respeito das normas jurídicas, *porquanto estarão elas sempre, e invariavelmente, na implicitude dos textos positivados*. As regras do direito posto, pertencendo ao campo das significações, *serão necessariamente implícitas*, pelo que, de acordo com esse modelo conceitual, não caberia falar-se em *normas implícitas*, já que, por suposto, todas elas o são.

4. Sistemas jurídicos — sistema do direito posto e sistema da Ciência do Direito

Se pudermos reunir todos os textos do direito positivo em vigor no Brasil, desde a Constituição Federal até os mais singelos atos infralegais, teremos diante de nós um conjunto integrado por elementos que se inter-relacionam, formando um sistema. As unidades desse sistema são as normas jurídicas que se despregam dos textos e se interligam mediante vínculos horizontais (relações de coordenação) e liames verticais (relações de subordinação-hierarquia).

Já vimos que o plexo das normas jurídicas válidas está posto num corpo de linguagem prescritiva, que fala do comportamento do homem na comunidade social. Essa rede de construções linguísticas é o que chamamos de sistema empírico do direito positivo, justamente porque está voltado para uma específica região material: certa sociedade, historicamente determinada no espaço e no tempo.

Anotamos também, páginas atrás, que sobre esse discurso prescritivo desenvolve o cientista outra camada linguística, feita de proposições descritivas, associadas organicamente debaixo de um princípio unitário. É o sistema da Ciência do Direito. Há sistema na realidade do direito positivo e há sistema nos enunciados cognoscitivos que sobre ele emite a Ciência Jurídica. Em que se distinguem os dois sistemas?

O exame concreto dos vários sistemas de direito positivo chama a atenção para a existência de lacunas e contradições entre as unidades do conjunto. É bem verdade que os sistemas costumam trazer a estipulação de critérios com o fim de eliminar tais deficiências, no instante da aplicação da norma jurídica. Todavia, em face de dois preceitos contraditórios, ainda que o aplicador escolha uma das alternativas, com base na primazia hierárquica (norma constitucional e infraconstitucional) ou na preferência cronológica (a lei posterior revoga a anterior), remanesce a contradição, que somente cessará de haver, quando uma das duas regras tiver sua validade cortada por outra norma editada por fonte legítima do ordenamento.

Agora, se isso de fato ocorre nos diversos sistemas de direito positivo, não acontece no quadro sistemático da Ciência do Direito. Toda ciência requer a observância estrita da lei lógica da não contradição, de modo que a permanência de dois enunciados contraditórios — *A* é *B* e *A* é não *B* — destrói a consistência interior do conjunto, esfacelando o sistema. Logo, no plano científico, não devemos encontrar contradição entre as múltiplas proposições descritivas, a despeito de tais enunciados relatarem normas jurídicas algumas vezes antagônicas. O sistema da Ciência do Direito é isento de contradições. Por seu turno, o sistema do direito positivo abriga antinomias entre as unidades normativas, as quais somente desaparecem com a expedição de outras regras.

A locução *sistema jurídico* é frequentemente referida para designar as duas construções linguísticas: tanto o sistema prescritivo do direito posto quanto o sistema descritivo da Ciência do Direito.

5. O conjunto das normas válidas como objeto da Ciência do Direito

Toda a ciência pressupõe um corte metodológico. Ao analisarmos o homem do ângulo histórico, por exemplo, colocamos entre parênteses as conotações propriamente técnico-jurídicas, econômicas, sociológicas, éticas, antropológicas etc., para concentrar o estudo prioritário na evolução dos fatos que se sucedem no tempo, e que apresentam a criatura humana como entidade central. Qualquer especulação científica que pretendamos empreender trará consigo essa necessidade irrefragável, produto das ínsitas limitações do ser cognoscente.

O conhecimento jurídico não refoge a esse imperativo epistemológico. Ao observarmos o fenômeno existencial de um determinado sistema de direito positivo, somos imediatamente compelidos a abandonar outros prismas, para que se torne possível uma elaboração coerente e cheia de sentido. É certo que o mesmo objeto — um dado sistema jurídico-normativo — pode suscitar várias posições cognoscitivas, abrindo campo à Sociologia Jurídica, à Ética Jurídica, à História do Direito, à Política Jurídica e, entre outras, à Ciência do Direito ou Dogmática Jurídica. Esta última investiga a natureza do ser jurídico, firmando-se como uma atividade intelectual que postula conhecer de que maneira se articulam e de que modo funcionam as prescrições normativas.

Importa acentuar que as diversas propostas cognoscentes do direito positivo: (História do Direito, Sociologia Jurídica, Antropologia Cultural do Direito, Dogmática Jurídica etc.) têm, todas elas, a mesma dignidade científica, descabendo privilegiar uma, em detrimento das demais. Mas há um ponto que não deve ser esquecido: a cada uma das ciências jurídicas corresponde um método de investigação, com suas técnicas especiais de focalizar o objeto.

Quanto à dogmática, ou Ciência do Direito *stricto sensu*, que se ocupa em descrever o direito positivo tal como ele se apresenta, é necessário observá-lo na sua feição estática e no seu aspecto dinâmico, que se perfaz com o processo de positivação, em que a norma editada hoje será o fundamento de validade de outras regras, até o ponto terminal da cadeia de elaboração, que se consubstancia no último ato de aplicação, norma individual de máxima concretude. Para a Ciência do Direito, em seu sentido estrito, é imprescindível mais um corte metodológico, em que se despreza o direito passado, que deixou de ser válido, e o direito futuro, que ainda não sabemos qual será. Vale para a Ciência do Direito, exclusivamente, a ordem jurídica posta, isto é, o direito positivo considerado *hic et nunc*.

6. Conceito e definição de Direito Tributário positivo e de Ciência do Direito Tributário — o falso problema da autonomia

É missão penosa aquela de tracejar os limites da área que interessa ao estudo do Direito Tributário, ainda que a proposta seja fazê-lo para efeitos meramente didáticos. E o motivo desse embaraço está na necessidade de reconhecermos o caráter absoluto da unidade do sistema jurídico. Mesmo em obséquio a *finalidades didáticas*, não deixaria de ser a cisão do incindível, a seção do inseccionável.

Com efeito, a ordenação jurídica é una e indecomponível. Seus elementos — as unidades normativas — se acham irremediavelmente entrelaçados pelos vínculos de hierarquia e pelas relações de coordenação, de tal modo que tentar conhecer regras jurídicas isoladas, como se prescindissem da totalidade do conjunto, seria ignorá-lo, enquanto sistema de proposições prescritivas. Uma coisa é certa: qualquer definição que se pretenda há de respeitar o princípio da unidade sistemática e, sobretudo, partir dele, isto é, dar como pressuposto que um número imenso de preceitos jurídicos, dos mais variados níveis e dos múltiplos setores, se aglutinam para formar essa mancha normativa cuja demarcação rigorosa e definitiva é algo impossível.

Tomemos o exemplo da regra-matriz de incidência do Imposto Predial e Territorial Urbano (IPTU), de competência dos Municípios. A hipótese normativa, em palavras genéricas, é *ser proprietário, ter o domínio útil ou a posse de bem imóvel, no perímetro urbano do Município, num dia determinado do exercício*. O assunto é eminentemente tributário. E o analista inicia suas indagações com o fito de bem apreender a descrição legal. Ser proprietário é conceito desenvolvido pelo Direito Civil. A posse também é instituto versado pelos civilistas e o mesmo se diga do domínio útil. E bem imóvel? Igualmente, é tema de Direito Civil. Até agora, estivemos investigando matéria tributária, mas nos deparamos apenas com instituições características do Direito Civil. Prossigamos. A lei que determina o perímetro urbano do Município é entidade cuidada e trabalhada pelos administrativistas. Então, saímos das províncias do Direito Civil e ingressamos no espaço do Direito Administrativo. E estamos estudando Direito Tributário... E o Município? Que é senão pessoa política de Direito Constitucional interno? Ora, deixemos o Direito Administrativo e penetremos nas quadras do Direito Constitucional. Mas não procuramos saber de uma realidade jurídico-tributária? Sim. É que o direito é uno, tecido por normas que falam do comportamento social, nos mais diferentes setores de atividade e distribuídas em vários escalões hierárquicos. Intolerável desconsiderá-lo como tal.

De que maneira, entretanto, poderíamos enunciar a definição desse espaço do saber jurídico, simplesmente para o atendimento de fins didáticos, prestigiando, contudo, o cânone da unidade?

Estamos em que o direito tributário positivo é o ramo didaticamente autônomo do direito, integrado pelo conjunto das proposições jurídico-normativas que correspondam, direta ou indiretamente, à instituição, arrecadação e fiscalização de tributos. Compete à Ciência do Direito Tributário descrever esse objeto, expedindo proposições declarativas que nos permitam conhecer as articulações lógicas e o conteúdo orgânico desse núcleo normativo, dentro de uma concepção unitária do sistema jurídico vigente.

Antes de promover, com diligência analítica, a explicitação das cláusulas definitórias, impende salientar que o aspecto tautológico dado pelo vocábulo *tributo*, na parte final da última oração, fica afastado na medida em que trataremos de discuti-lo e conceituá-lo no capítulo subsequente.

Curemos das estipulações, uma a uma, utilizadas para demarcar o conceito de direito tributário positivo e, em função dele, o de Ciência do Direito Tributário.

a) É o ramo didaticamente autônomo do direito. Com isso se predica banir a pretensa *autonomia científica* que chegam a lhe conferir autores da melhor suposição. Repetimos a inadmissibilidade de tais foros de autonomia científica, sem destruir aquele que é o mais transcendental entre os princípios fundamentais do direito — o da unidade do sistema jurídico. O direito tributário está visceralmente ligado a todo o universo das regras jurídicas em vigor, não podendo dispensar, nas suas construções, qualquer delas, por mais distante que possa parecer. É preciso frisar, porém, que há um predomínio manifesto de preceitos de direito constitucional e de direito administrativo na feição estrutural do direito tributário brasileiro.

b) *Integrado pelo conjunto das proposições jurídico-normativas.* Emprega-se a locução *proposições jurídico-normativas*, genericamente, para dizer duas coisas: primeira, que nada mais contribui para a formação desse campo, senão prescrições ditadas pela ordem jurídica em vigor. Segunda, que a geografia das normas tributárias deve ser encontrada entre unidades situadas nos diversos patamares do ordenamento posto, tais como Constituição Federal, leis complementares, leis delegadas, leis ordinárias, medidas provisórias, decretos legislativos, resoluções e assim também em atos normativos de estatura infralegal, como os decretos do Executivo, instruções ministeriais, portarias, ordens de serviço etc. Incluem-se, evidentemente, nesse quadro, os atos de cunho jurisdicional, sejam eles individuais ou colegiais, que constituem as manifestações de nossos jurisprudentes.

c) *Que correspondam, direta ou indiretamente, à instituição, arrecadação e fiscalização de tributos.* Não se pode estabelecer fronteiras que isolem o campo das normas jurídico-tributárias, pois não existe aquela que, imediata ou mediatamente, deixe de interessar ao estudo do Direito Tributário. Sejam as normas conhecidas como de natureza comercial, civil, processual, constitucional, trabalhista etc., a verdade é que a existência de determinada relação jurídica pode buscar seu fundamento em qualquer dessas prescrições, atraindo-a para o terreno de estudo que se dispõe a analisar a instauração daquele vínculo. Em poucas palavras, quer afirmar-se que o tratamento científico desse ramo do direito não abrange só as proposições normativas que se referem diretamente à instituição, arrecadação e fiscalização de tributos, mas, igualmente, aquelas que de forma indireta possam vir a interessar a essa matéria, sempre que forem necessárias para integrar o conteúdo, sentido e alcance das primeiras ou na precisa dimensão em que sirvam para explicitar os efeitos jurídicos delas decorrentes.

Com instituição, arrecadação e fiscalização de tributos queremos abraçar não só o nascimento, a vida e a extinção das relações jurídico-tributárias como também momentos anteriores ao surgimento daqueles liames, quando existem apenas meros princípios a serem observados no processo de elaboração legislativa ou, ainda, sempre que tais laços vierem a ser objeto de qualquer indagação de caráter jurídico, conquanto já extintos.

Do exposto deflui que haverão de integrar o quadro de investigação do Direito Tributário, por sobejas razões, institutos como o *lançamento* e disposições relativas à arrecadação e fiscalização de tributos, mesmo que suscetíveis de serem estudados por outros segmentos didáticos do Direito. A propósito, aliás, tão absurda é a pretensa autonomia do Direito Tributário quanto descabida é a discussão a respeito de ser esse ou aquele instituto privativo desse ou daquele ramo do Direito.

d) Como já advertimos, tornar-se-ia tautológica a definição proposta, se não passássemos à explicação do que seja tributo, como elemento nuclear e noção centralizadora para a exata compreensão da ideia de Direito Tributário. O assunto, entretanto, rende espaço a meditações mais detidas, pelo que o faremos no próximo capítulo.

7. Outras denominações da disciplina

Há mais de um nome para a disciplina jurídica que vai ocupar os nossos cuidados. Se a designação adotada, nos dias atuais, é "Direito Tributário", há quem prefira "Direito Fiscal" ou, ainda, "Direito Financeiro".

A questão, parece-nos, não tem a importância que alguns autores lhe querem outorgar, desde que se possa esclarecer, com suficiente nitidez, a zona do fenômeno jurídico sobre que faremos incidir nossa atenção.

"Direito Fiscal", utilizada por doutrinadores portugueses e franceses, foi entre nós acolhida nos primeiros trabalhos que versaram o assunto. Substituíram-na, com o passar do tempo, as denominações "Direito Financeiro" e "Direito Tributário", prevalecendo esta última em quase todas as obras modernas dedicadas à matéria.

Supomos que tanto o "Direito Fiscal" como o "Direito Financeiro" apresentam campos de irradiação semântica de extensão diversa daquela que, efetivamente, tem o objeto da nossa pesquisa. "Direito Fiscal" quer, antes de tudo, enfatizar a disciplina da atuação do "Fisco", aqui entendido como a pessoa que exerce a pretensão tributária. Sua tônica reside na atividade de fiscalização e arrecadação dos tributos, enquanto promovida pelo Estado-Administração. O nome sugere e acentua a participação do sujeito ativo, se bem que, indiretamente, se desdobre para atingir o sujeito passivo e toda a relação que se instala com o acontecimento fático. É fora de dúvida que sua dimensão é mais angusta do que a de "Direito Tributário", que não polariza em qualquer dos sujeitos o foco principal das investigações, abrindo assim a possibilidade de vermos, com amplitude, toda a fenomenologia impositiva.

Por outro giro, "Direito Financeiro", hoje pouco usada, traz a nota de cobrir uma região maior do que a necessária. Quer descrever a regulamentação jurídica de toda a atividade financeira do Estado, na qual a tributária aparece como um simples tópico.

Bem adequado se nos afigura, por isso mesmo, o nome "Direito Tributário", que reflete, com assomos de razoável fidelidade, o objeto material que havemos de descrever.

CAPÍTULO II

TRIBUTO

Sumário: **1**. Acepções do vocábulo "tributo". **2**. A definição do art. 3º do Código Tributário Nacional. **3**. Tipologia tributária no Brasil — o critério constitucional para a determinação da natureza do tributo. **4**. O art. 4º do Código Tributário Nacional — denominação e destino do produto da arrecadação. **5**. Empréstimo compulsório. **6**. O imposto como tributo não vinculado à atuação do Estado. **7**. Taxas cobradas pela prestação de serviços públicos e pelo exercício regular do poder de polícia. **8**. Contribuição de melhoria. **9**. Das contribuições.

1. Acepções do vocábulo "tributo"

O vocábulo "tributo" experimenta nada menos do que seis significações diversas, quando utilizado nos textos do direito positivo, nas lições da doutrina e nas manifestações da jurisprudência. São elas:

a) "tributo" como quantia em dinheiro;

b) "tributo" como prestação correspondente ao dever jurídico do sujeito passivo;

c) “tributo” como direito subjetivo de que é titular o sujeito ativo;

d) “tributo” como sinônimo de relação jurídica tributária;

e) “tributo” como norma jurídica tributária;

f) “tributo” como norma, fato e relação jurídica.

a) Uma das mais vulgares proporções semânticas da palavra “tributo” é justamente aquela que alude a uma importância pecuniária. Indicando um volume de notas, quantas vezes não dizemos: eis aí o imposto que vou levar ao banco. Essa menção corriqueira, entretanto, não é somente a do falar comum dos leigos. Pode ser encontrada, até com frequência, no fraseado de nossas leis, regulamentos e portarias, como, por exemplo, no art. 166 do Código Tributário Nacional: *A restituição de tributos que comportem...* Surge aqui a voz “tributo”, inequivocamente, como soma de dinheiro, quantia que, na forma do dispositivo, poderá ser restituída. Em abono desse matiz, Alfredo Augusto Becker[3] traça explanações que terminam por afirmar: *O tributo é o objeto daquela prestação que satisfaz aquele dever.* E, representado graficamente, teremos:

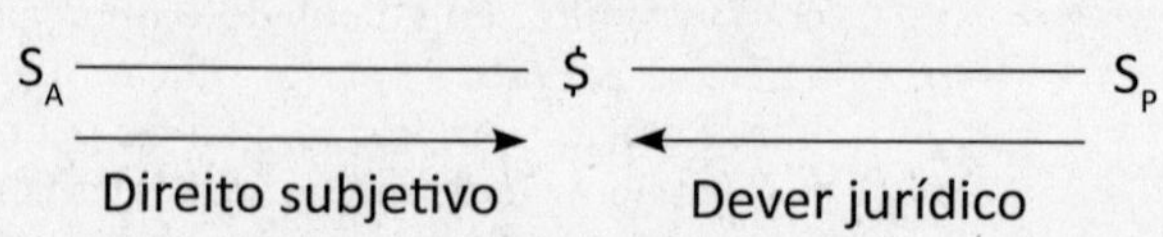

Nesta acepção, fica acentuado o objeto da prestação ou o conteúdo do dever jurídico cometido ao sujeito passivo, indicado por $.

b) Outras vezes, vamos deparar o étimo “tributo” querendo mencionar não mais uma soma em moeda, mas o comportamento de certa pessoa, física ou jurídica, que se consubstancia no pagamento de determinada importância pecuniária. A ênfase, neste passo, não incide no dinheiro em si, antes recai no proceder de conduzi-lo ao lugar preestabelecido para solver-se o débito.

---

3. *Teoria geral do direito tributário*, Saraiva, 1963, p. 237.

É com tal amplitude que Giuliani Fonrouge[4] ensina: *Los tributos son prestaciones obligatorias y no voluntarias...* A tônica da prestação pecuniária é o fator que denota o conteúdo simbólico da palavra "tributo", que assume, dessa maneira, significado bem distinto do primeiro. A conotação fica mais nítida ainda na exposição de Arnaldo Borges[5], quando afirma: *Tributo é conduta humana. Esta conduta é conceituada por uma endonorma que estabelece o dever de alguém dar ao Estado certa soma de dinheiro...*

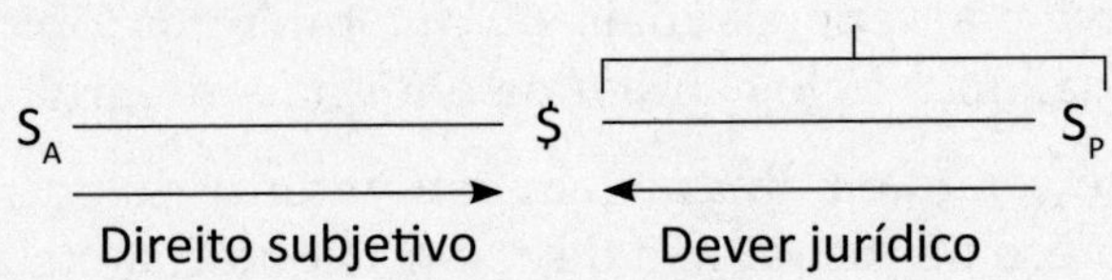

Os autores citados timbram especialmente a circunstância do comportamento do sujeito passivo, ao satisfazer o dever jurídico que lhe fora atribuído.

c) Contraposta a essa, temos a visão daqueles que põem acento no cunho de exigibilidade que o liame jurídico provoca em favor do sujeito ativo. Assim, a lição de Ernst Blumenstein:[6] *Tributos são as prestações pecuniárias que o Estado*, ou um ente por ele autorizado, em virtude de sua soberania territorial, *exige dos sujeitos econômicos que lhe estão submetidos.* (Os frisos não são do autor.) É também a linha de Rubens Gomes de Sousa,[7] que asseverou ser " 'tributo' a receita derivada que o Estado arrecada mediante o emprego da sua soberania, nos termos fixados em lei...".

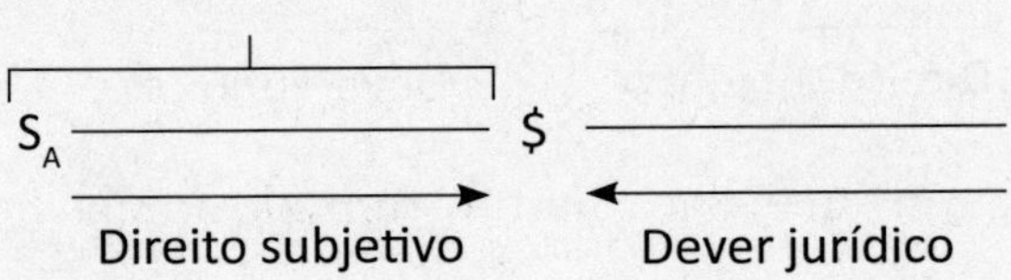

4. *Derecho financiero*, v. 1, p. 269.

5. Artigo publicado na *Revista de Estudos Tributários*, Ibet, p. 174-5.

6. *Sistema di diritto delle imposta*, trad. it. F. Forte, Milano, 1954.

7. *Compêndio de legislação tributária*, 2. ed., Rio de Janeiro, Ed. Financeiras, 1954, p. 12.

Em posição antagônica à anterior, o núcleo semântico tomado é o do direito subjetivo de que está investido o sujeito ativo para exigir o objeto da prestação [$].

d) O vocábulo "tributo" comporta um quarto âmbito de significação que, em vez de partir da indicação do conteúdo patrimonial do objeto [$], ou do dever jurídico cometido ao sujeito passivo, ou do direito subjetivo de que é titular o sujeito ativo, cogita do vínculo como um todo, isto é, "tributo" como equivalente a obrigação tributária, relação jurídica tributária. A carga significativa não repousa mais em qualquer dos tópicos do laço obrigacional, mas nele como uma entidade integral.

Com o relato em linguagem competente do evento descrito na hipótese de incidência da regra tributária, instala-se, por força da imputação deôntica, um liame de conteúdo patrimonial, pois seu objeto é expresso em termos econômicos. Assim, numerosas construções doutrinárias empregam "tributo" para designar a relação jurídica que se instaura por virtude do acontecimento daquele fato previsto no antecedente da norma.

Nessa altura, já é considerado como laço jurídico de substância patrimonial, abrangendo, desse modo, o complexo formado pelo direito subjetivo, pelo dever jurídico e pelo objeto da prestação. O magistério de Geraldo Ataliba[8] é bem elucidativo: *Com efeito, juridicamente, tributo se define como uma relação obrigacional.*

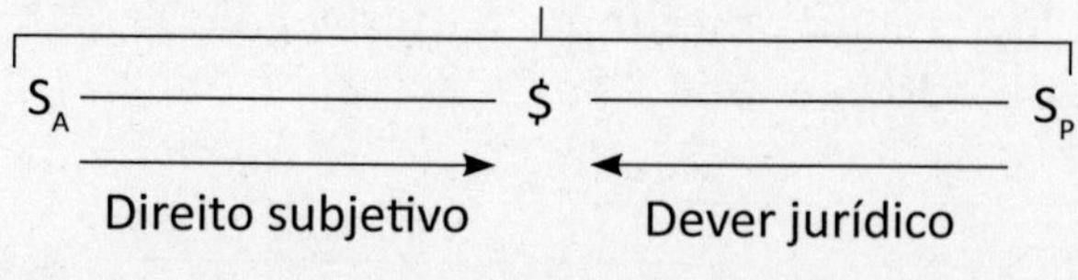

Vê-se, pelo gráfico, que o liame é tomado na sua integridade.

e) A penúltima grandeza semântica que o termo assume é a de norma jurídica, equivale a afirmar, "tributo" como regra

8. *Proposições tributárias*, Resenha Tributária, 1975, p. 140-1 (obra conjunta em homenagem a Rubens Gomes de Sousa).

de direito, como preceito normativo. Quem der revista no texto constitucional irá encontrar, à farta, prescrições que aludem àquela realidade jurídica como norma ou plexo de normas, especialmente no capítulo destinado ao Sistema Tributário. Vejamos o exemplo tirado do art. 153, III, da Constituição Federal:

> Art. 153. Compete à União instituir impostos sobre:
>
> [...]
>
> III — renda e proventos de qualquer natureza.

Que representa *instituir*, *criar*, *decretar* um tributo? Nesse instante, a fraseologia jurídica não admite digressões ou equivocidades: instituir um tributo é tarefa legislativa que se contém na edição de normas jurídicas, determinadas e peculiares, cuja estrutura antessupõe a descrição de um fato a que o legislador associa o surgimento de um vínculo jurídico. Aliás, sendo o tributo uma instituição jurídica, e tomando-se o direito como um sistema de normas, dificilmente poderíamos demonstrar que aquela realidade escapa da configuração normativa. E assim como o tributo, todas as demais entidades do universo jurídico, tais como o matrimônio, o divórcio, a desapropriação, a república etc.

f) O símbolo "tributo" admite ainda uma outra significação, sobremedida ampla. Nesse derradeiro sentido, quer exprimir toda a fenomenologia da incidência, desde a norma instituidora, passando pelo evento concreto, nela descrito, até o liame obrigacional que surde à luz com a ocorrência daquele fato. É com esse conteúdo que o art. 3º da Lei n. 5.172/66 se propõe determiná-lo. Estudemo-lo mais de espaço, já que é disposição viva do nosso direito positivo.

2. A definição do art. 3º do Código Tributário Nacional

> Art. 3º. Tributo é toda prestação pecuniária compulsória, em moeda ou cujo valor nela se possa exprimir, que não constitua sanção de ato ilícito, instituída em lei e cobrada mediante atividade administrativa plenamente vinculada.

A menção à norma jurídica que estatui a incidência está contida na cláusula "*instituída em lei*", firmando o plano abstrato das formulações legislativas. Por outro ângulo, ao explicitar que a prestação pecuniária compulsória não pode constituir sanção de ato ilícito, deixa transparecer, com hialina clareza, que haverá de surgir de um evento lícito e, por via oblíqua, faz alusão ao fato concreto, acontecido segundo o modelo da hipótese. Finalmente, por três insinuações diretas dá os elementos que integram a obrigação tributária, enquanto laço jurídico que se instala ao ensejo da ocorrência fática. Figuremos as estipulações que armam o conceito jurídico-positivo que transcrevemos, para depois explicá-las, uma a uma.

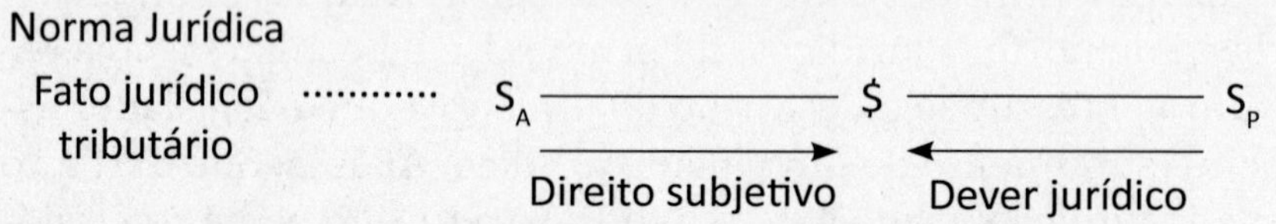

a) *Tributo é uma prestação pecuniária compulsória*

Na sua linguagem técnica, misto de linguagem comum e de linguagem científica,[9] reporta-se o legislador a uma conduta que ele regula com o dever-ser próprio do direito, numa de suas três modalidades — obrigatório. Não é precisamente essa a forma adotada no dispositivo, mas é o conteúdo. Prestação pecuniária compulsória quer dizer o comportamento obrigatório de uma prestação em dinheiro, afastando-se, de plano, qualquer cogitação inerente às prestações voluntárias (que receberiam o influxo de outro modal — o "permitido"). Por decorrência, independem da vontade do sujeito passivo, que *deve* efetivá-la, ainda que contra seu interesse. Concretizado o fato previsto na norma jurídica, nasce, automática e infalivelmente, o elo mediante o qual alguém ficará adstrito ao comportamento obrigatório de uma prestação pecuniária.

9. Lourival Vilanova, *As estruturas lógicas*, cit., p. 107.

b) *Em moeda ou cujo valor nela se possa exprimir*

A linguagem natural de que falamos fica bem evidenciada nessa estipulação, prescindível e redundante, em que o político, despreocupado com o rigor, comete dois erros grosseiros: primeiro, ao repetir o caráter pecuniário da prestação. Se já dissera que se trata de uma prestação pecuniária, para que insistir com a locução "em moeda"? Segundo, ao agregar a cláusula "*ou cujo valor nela se possa exprimir*", pois com isso ampliou exageradamente o âmbito das prestações tributárias. Note-se que quase todos os bens são suscetíveis de avaliação pecuniária, principalmente o trabalho humano que ganharia a possibilidade jurídica de formar o substrato de relação de natureza fiscal. Com base nessa premissa, alguns entenderam que o serviço militar, o trabalho nas mesas eleitorais e aquele desempenhado pelos jurados realizariam o conceito de tributo, já que satisfazem às demais condições postas pelo citado preceito.

c) *Que não constitua sanção de ato ilícito*

Traço sumamente relevante para a compreensão de "tributo" está objetivado nessa frase, em que se determina a feição de licitude para o fato que desencadeia o nascimento da obrigação tributária. Foi oportuna a lembrança, uma vez que os acontecimentos ilícitos vêm sempre atrelados a uma providência sancionatória e, fixando o caráter lícito do evento, separa-se, com nitidez, a relação jurídica do tributo da relação jurídica atinente às penalidades exigidas pelo descumprimento de deveres tributários. Como são idênticos os vínculos, isoladamente observados, é pela associação ao fato que lhe deu origem que vamos conhecer a índole da relação.

d) *Instituída em lei*

Ninguém será obrigado a fazer ou deixar de fazer alguma coisa, senão em virtude de lei, é o cânone da legalidade, inscrito peremptoriamente no art. 5º, II, da Constituição Federal. E reiterando o mandamento, agora com foros de especialização, voltou o constituinte a ferir o assunto, enunciando no art. 150, I, ser vedado à União, aos Estados, ao Distrito Federal e aos Municípios, sem prejuízo de outras garantias asseguradas ao contribuinte, instituir ou aumentar tributo sem lei que o estabeleça (princípio da estrita legalidade).

Ao mencionar *instituída em lei*, de certo que se pretendeu afastar as chamadas obrigações convencionais, que teriam fulcro, invariavelmente, numa convergência de vontades. Com isso, entretanto, abraça o legislador do Código Tributário a clássica divisão das obrigações em *ex lege* e *ex voluntate*, consoante irrompam da lei ou da vontade das partes. Essa, aliás, é a explicação que encontramos frequentemente nas elaborações da doutrina e com ela não concordamos. O primado da legalidade, que se irradia por todos os segmentos da ordem jurídica brasileira, alcança qualquer comportamento obrigatório, comissivo ou omissivo. E, se por acaso não fosse suficiente, haveria ainda o princípio específico, dirigido diretamente ao campo dos tributos. Sendo assim, não se há de imaginar obrigações, no direito brasileiro, que não sejam *ex lege*. Algumas requerem, de fato, a presença do elemento "vontade" na configuração típica do acontecimento, enquanto outras não. Entre as derradeiras estão os liames jurídico-tributários.

e) *E cobrada mediante atividade administrativa plenamente vinculada*

É a última condição estatuída pelo legislador com o escopo de definir "tributo". Devemos entendê-la sem o exagero que deflui do texto. Se é verdade que atos importantes do procedimento de arrecadação tributária pertencem à classe dos vinculados, outros muitos existem, dentro da mesma atividade, em que o administrador está autorizado, pela lei, a integrar com sua vontade ou juízo a norma jurídica, diante do caso concreto, operando com critérios subjetivos próprios, a fim de dar satisfação aos objetivos consagrados no sistema legal.[10]

---

10. Celso Antônio Bandeira de Mello, *Elementos de direito administrativo*, Revista dos Tribunais, 1980, p. 63.

3. Tipologia tributária no Brasil — o critério constitucional para a determinação da natureza do tributo

Não é suficiente a descrição hipotética do fato jurídico tributário para que conheçamos a planta fundamental do tributo. É preciso que examinemos, antes de mais nada por imposição hierárquica, a base de cálculo, a fim de que a natureza particular do gravame se apresente na complexidade de seu esquematismo formal. É o que preceitua o constituinte brasileiro no art. 145, § 2º: *As taxas não poderão ter base de cálculo própria de impostos.* E, mais adiante, no art. 154: *A União poderá instituir: I — mediante lei complementar, impostos não previstos no artigo anterior, desde que sejam não cumulativos e não tenham fato gerador ou base de cálculo próprios dos discriminados nesta Constituição.*

É bem verdade que o art. 18, § 5º, da Constituição Federal de 1967, era mais preciso, ao empregar o conjuntor "e", ao invés do disjuntor includente "ou". Esse dado, contudo, havemos de debitar às imperfeições ínsitas ao trabalho legislativo, principalmente quando se trata do legislador das normas gerais e abstratas. Nem por isso, entretanto, a mensagem constitucional deixa de ser clara: faz-se mister analisarmos a hipótese de incidência e a base de cálculo para que possamos ingressar na intimidade estrutural da figura tributária, não bastando, para tanto, a singela verificação do fato gerador, como ingenuamente supôs o legislador do nosso Código Tributário, ao indicar, no art. 4º, que *A natureza jurídica específica do tributo é determinada pelo fato gerador da respectiva obrigação...* Por certo, tomada a sentença (CTN, art. 4º) como verdadeira, não encontraríamos método para diferençar impostos de impostos e desses as taxas, entregando-nos, imbeles, aos desacertos assíduos do político. São bem comuns e muito conhecidas, entre nós, figuras de tributos cujos nomes sugerem realidades completamente distintas, mas que o legislador utiliza para burlar a rígida discriminação das competências impositivas. Estão aí, para dizê-lo, a taxa de melhoramento dos portos, o salário-educação, os depósitos, os empréstimos compulsórios e uma sorte imensa de outras denominações, seguidamente empregadas para introduzir espécies de impostos em nosso ordenamento jurídico, sem a devida autorização constitucional.

E foi para este fim, qual seja, a imediata verificação da entidade, enquanto tributo, que o constituinte fez inserir a base de cálculo na compostura do tipo tributário. O cotejo entre as duas realidades tributárias denunciará, logo no primeiro instante, a exigência de um imposto, de uma taxa ou de uma contribuição de melhoria, aplicando-se, subsequentemente, às várias espécies de cada qual.

Dois argumentos muito fortes recomendam a adoção desse critério: *a*) trata-se de diretriz constitucional, firmada num momento em que o legislador realizava o trabalho delicado de traçar a rígida discriminação de competências tributárias, preocupadíssimo em preservar o princípio maior da Federação e manter incólume a autonomia municipal; *b*) para além disso, é algo simples e operativo, que permite o reconhecimento da índole tributária, sem a necessidade de considerações retóricas e até alheias ao assunto.

Finalizemos para dizer que, no direito brasileiro, o tipo tributário se acha integrado pela associação lógica e harmônica da hipótese de incidência e da base de cálculo. O binômio, adequadamente identificado, com revelar a natureza própria do tributo que investigamos, tem a excelsa virtude de nos proteger da linguagem imprecisa do legislador.

4. O art. 4º do Código Tributário Nacional — denominação e destino do produto da arrecadação

Tivemos a oportunidade de deduzir breve crítica à disposição desse artigo, na medida em que afirma ser a natureza jurídica específica do tributo determinada pelo *fato gerador da respectiva obrigação*. É evidente que não pode prevalecer, enquanto dois mandamentos que lhe são hierarquicamente superiores falam, decididamente, em sentido contrário. Vale aqui, mais uma vez, a supremacia da interpretação sistemática do direito, com relação ao entendimento isolado de uma simples norma. Todavia, o preceito traz duas contribuições interessantes para a boa compreensão da matéria: são as circunstâncias nele consignadas como irrelevantes para influir na constituição íntima do tributo — a denominação e demais características formais adotadas pela lei; e a destinação do produto da sua arrecadação. Vamos discuti-las separadamente.

Manifesta o legislador, no inc. I, uma extraordinária lucidez, ao declarar que suas palavras não devem ser levadas ao pé da letra. Os nomes com que venha a designar prestações pecuniárias que se quadrem na definição do art. 3º do CTN hão de ser recebidos pelo intérprete sem aquele tom de seriedade e de certeza que seria de esperar. Porque, no fundo, certamente pressentiu que, utilizando uma linguagem natural, penetrada das imperfeições da comunicação cotidiana, muitas vezes iria enganar-se, perpetuando equívocos e acarretando confusões. E é justamente o que acontece. As leis não são feitas por cientistas do Direito e sim por políticos, pessoas de formação cultural essencialmente diversificada, representantes que são dos múltiplos setores que compõem a sociedade. O produto de seu trabalho, por conseguinte, não trará a marca do rigor técnico e científico que muitos almejam encontrar. Seria como se tivesse dito: *Não levem às últimas consequências as palavras que enuncio, porque não sou especialista. Compreendam-me em função da unidade sistemática da ordem jurídica.*

Em raríssimas ocasiões vimos vibrar com tamanha franqueza a sensibilidade política do legislador. Prestigiemo-la, portanto.

O inc. II vem como um aviso providencial: o destino que se dê ao produto da arrecadação é irrelevante para caracterizar a natureza jurídica do tributo. Coincide, a ponto, com o limite do campo de especulação do Direito Tributário, que não se ocupa de momentos ulteriores à extinção do liame fiscal. Aquela entidade que vier a preencher os requisitos estipulados no art. 3º do CTN será, juridicamente, um tributo, a despeito da destinação que for atribuída aos valores arrecadados. Mantenhamos na retentiva esse conselho, elucidativo e prático, aplicando-o sempre que for o caso.

5. Empréstimo compulsório

O quadro jurídico-constitucional dos empréstimos compulsórios é sensivelmente diverso daquele contido na Constituição Federal de 1967. Não pela circunstância de que, agora, o instituto esteja com sua configuração tributária nitidamente exposta, tornando-se difícil sustentar posições dissonantes, mas, sobretudo, porque a disciplina normativa é diferente. Aliás sempre entendemos que empréstimo compulsório tinha a natureza jurídica peculiar às entidades tributárias, não se justificando aquelas elaborações que o colocavam debaixo de outras rubricas, ainda que amparadas pela distinção que o próprio texto fazia entre “casos excepcionais” e “casos especiais”.

A matéria vem tratada no art. 148, I e II, com parágrafo único. A competência é exclusiva da pessoa política União e deverá ser exercida mediante lei complementar, em apenas duas hipóteses: *a*) *para atender a despesas extraordinárias, decorrentes de calamidade pública, de guerra externa ou sua iminência* (I); e *b*) *no caso de investimento público de caráter urgente e de relevante interesse nacional, observado o disposto no art. 150, III,* b (*princípio da anterioridade*) (II). Nas duas eventualidades, *a aplicação dos recursos provenientes de empréstimo compulsório será vinculada à despesa que fundamentou sua instituição* (parágrafo único). Eis o que prescreve o direito positivo.

Quanto ao inc. I, e pondo entre parêntesis metódico a situação de guerra externa ou sua iminência, cuja identificação parece suscitar poucas dúvidas, remanesce a hipótese de instituição de empréstimo compulsório para o atendimento de despesas extraordinárias, decorrentes de calamidade pública. Ora, sabemos que as palavras da lei, como unidades simbólicas de todo e qualquer sistema de linguagem, cumprem seu papel sintático, além de terem uma dimensão semântica e outra pragmática. Daí admitirmos que, por calamidade pública, se deva entender não somente as catástrofes provocadas por agentes da natureza circundante, mas também outros eventos, de caráter socioeconômico, que ponham em perigo o equilíbrio do organismo social, considerado na sua totalidade. Advirta-se, porém, que do estado de calamidade pública há de decorrer a premência do provimento de recursos para atender-se às despesas chamadas de extraordinárias. O legislador constitucional autoriza a decretação de empréstimo fundado no inc. I, sem subordinação à observância do primado da anterioridade, o que se explica, perfeitamente, pelas graves proporções dos acontecimentos nele mencionados. O mesmo não ocorre, entretanto, com a previsão do inc. II. O constituinte certamente anteviu as dificuldades que cercam o juízo sobre o controle do que venha a ser *investimento público de caráter urgente*, bem como o de *relevante interesse nacional*, tolhendo a iniciativa do legislador complementar, ao submeter o produto legislado à diretriz da anterioridade. Pode parecer um contrassentido aludir-se à urgência ou à relevância do interesse nacional e, concomitantemente, amarrar-se o expediente a um termo inicial de eficácia. Todavia, a experiência brasileira, pródiga em abusos nesse delicado campo da esquematização jurídico-social, bem recomenda a cautela imposta.

Nunca será demasiado reafirmar a índole tributária dos empréstimos compulsórios: satisfazem, plenamente, as cláusulas que compõem a redação do art. 3º do CTN, tido como expressão eloquente daquilo que o próprio sistema jurídico brasileiro entende por "tributo", de nada importando o *plus* representado pela necessidade de restituição, ínsita ao conceito de "empréstimo", porque bem sabemos que o nome atribuído à figura ou o destino que se dê ao produto da arrecadação nada acrescem à natureza jurídica do tributo (CTN, art. 4º).

Topologicamente plantado no Capítulo I do Título VI da Constituição Federal de 1988, o empréstimo compulsório há de obedecer ao regime jurídico dos tributos, sotopondo-se, com a ressalva prevista, aos princípios comuns que modelam a atividade impositiva no Brasil. Acerca do nome, como já afirmamos, dissipa a dúvida o inc. I do art. 4º do CTN; e sobre a destinação, fala mais alto a advertência do mesmo dispositivo, porém no seu inc. II. Tudo mais está contido no âmbito do art. 3º do referido Estatuto.

Tais exações poderão revestir qualquer das formas que correspondem às espécies do gênero tributo. Para reconhecê-las como imposto, taxa ou contribuição de melhoria, basta aplicar o operativo critério constitucional representado pelo binômio *hipótese de incidência/base de cálculo.*

Nesse sentido, foi tema aberto à discussão o teor jurídico das medidas baixadas com a Lei 8.024, de 12 de abril de 1990, na parte em que determina a retenção dos saldos de depósitos à vista, cadernetas de poupança e outros ativos financeiros, acima dos limites estipulados no mesmo diploma.

Afastemos, desde já, a ideia de "confisco", uma vez que a titularidade dos valores bloqueados foi mantida, inexistindo transferência para o erário. Qual seria, então, o vulto jurídico da providência legislativa, desencadeada pela Medida Provisória n. 168, mediante a qual se absorveu, temporariamente, parcelas do patrimônio financeiro dos cidadãos? Cremos que o único tipo constitucional capaz de abrigá-la seria o do empréstimo compulsório, mais precisamente aquele previsto no inc. I do art. 148: *para atender a despesas extraordinárias, decorrentes de calamidade pública, de guerra externa ou sua iminência.* Agora, daí a reconhecer a constitucionalidade das normas adventícias, vai uma distância abissal.

Expliquemos o porquê.

O veículo introdutor de normas com esse conteúdo há de ser, imperiosamente, a lei complementar, por formulação expressa do *caput* do mencionado art. 148 da Constituição Federal. Além disso, não entrevemos a possibilidade de lei complementar ser iniciada mediante medida provisória. A Lei n. 8.024/90 é ordinária. Mas, ainda que superássemos esse obstáculo, esbarraríamos nas significações da autorização constitucional: o expediente não foi adotado para o fim de atender-se a despesas extraordinárias, como prescreve o inc. I. O fim declarado da expedição da medida é o de baixar-se o nível de liquidez do mercado, ou "enxugar-se a liquidez", como preferem os economistas. Tudo isso, porém, admitindo que os altos índices inflacionários a que estava subordinada a moeda brasileira instalou no país verdadeiro estado de calamidade pública, asserção forte, contundente, mas que não pode ser tida por absurda, já porque o conceito de "calamidade pública" é mais abrangente do que aquele acolhido pela tradição do Direito Civil, já porque os especialistas nos dão conta de que a hiperinflação provoca, realmente, crises sociais agudas e insustentáveis. Tudo isso, contudo, não salva a constitucionalidade das indigitadas normas que, serenamente analisadas, mostram, a todas as luzes, flagrante incompatibilidade com os dizeres do Texto Supremo.

6. O imposto como tributo não vinculado à atuação do Estado

Muitos critérios podem orientar uma classificação dos tributos em espécies. As clássicas, mais difundidas, vêm carregadas de fortes conotações extrajurídicas, principalmente econômicas. Esse o motivo pelo qual nos inclinamos por aquela que tem como fonte inspiradora a circunstância de existir, na hipótese normativa, um vínculo entre o fato descrito e uma atuação do Estado (no sentido amplo). Trata-se da classificação dos tributos em vinculados e não vinculados a uma atuação do Poder Público, didaticamente exposta por Geraldo Ataliba.[11] Seu substrato é eminentemente jurídico, pois repousa na observação fiel das hipóteses de incidência dos vários tributos, em confronto com as respectivas bases de cálculo. Toda vez que o binômio expressar um acontecimento que envolva atuação do Estado, estaremos diante de um

11. *Hipótese de incidência tributária*, 2. ed., Revista dos Tribunais, 1975, p. 139-48.

tributo vinculado. Por exemplo: o Estado prestar serviços de assistência médica; o Estado exercitar o poder de polícia, autorizando a realização de um baile; o Estado prestar serviços de abastecimento de águas etc. A vinculação pode ser direta, como nos casos mencionados, ou indireta, como na realização de uma obra pública que suscite valorização dos imóveis adjacentes. Sempre que nos depararmos com a vinculação direta, imediata, teremos as taxas, ao passo que a vinculação indireta, mediata, indica a existência de uma contribuição de melhoria, consoante o último exemplo que enunciamos.

O interesse científico dessa classificação está no seu ponto de partida: o exame das unidades normativas, visualizadas na conjugação do suposto (hipótese de incidência), e da base de cálculo (que está na consequência da norma), mantendo plena harmonia com a diretriz constitucional que consagra a tipologia tributária no direito brasileiro. Convém aduzir, entretanto, que a acolhemos com a seguinte latitude: os tributos podem ser vinculados a uma atuação do Estado — taxas e contribuições de melhoria — e não vinculados — impostos. As outras *contribuições*, por revestirem ora o caráter de tributos vinculados, ora o de impostos, não constituem categoria à parte, pelo que hão de subsumir-se numa das espécies enumeradas.

Sendo assim, podemos definir imposto como o tributo que tem por hipótese de incidência (confirmada pela base de cálculo) um fato alheio a qualquer atuação do Poder Público. Tal enunciado concerta bem com a definição que o Código Tributário Nacional nos oferece.

> Art. 16. Imposto é o tributo cuja obrigação tem por fato gerador uma situação independente de qualquer atividade estatal específica, relativa ao contribuinte.

Com efeito, debalde procuraremos na hipótese de incidência dos impostos uma participação do Estado dirigida ao contribuinte. São fatos quaisquer — *uma pessoa física auferir renda líquida; industrializar produtos; praticar operações financeiras; ser proprietária de bem imóvel; realizar operações relativas à circulação de mercadorias; prestar serviços etc.* A formulação linguística o denuncia e a base de cálculo o comprova. É da índole do imposto, no nosso direito positivo, a inexistência de participação do Estado, desenvolvendo atuosidade atinente ao administrado.

Há lições doutrinárias que salientam a particularidade de o produto da arrecadação dos impostos convergir para as despesas gerais do Estado, sem o menor resquício de contraprestação. Reflexões dessa natureza, todavia, ainda que possam ser úteis para a Ciência das Finanças, nada acrescentam ao estudo do Direito Tributário, que tem na lei, como dado jurídico fundamental, o objeto precípuo de suas investigações. Sobremais, o art. 4º da Lei n. 5.172/66 é incisivo ao proclamar que o destino do produto arrecadado é irrelevante para dizer da natureza específica do tributo.

Têm os impostos um regime jurídico-constitucional peculiar. A Carta Magna reparte a competência legislativa para instituí-los entre as pessoas políticas de direito constitucional interno — União, Estados, Distrito Federal e Municípios — de sorte que não ficam à disposição dessas entidades, como ocorre com as taxas e a contribuição de melhoria (tributos vinculados), que podem ser criadas por qualquer uma daquelas pessoas, desde que, naturalmente, desempenhem a atividade que serve de pressuposto à sua decretação. Fala-se, por isso, em competência privativa para a instituição dos impostos, que o constituinte enumerou, nominalmente, indicando a cada uma das pessoas políticas quais aqueles que lhe competia estabelecer. E deriva dessa repartição de competências legislativas a divisão dos impostos em função do conteúdo material que há de integrar o núcleo das respectivas hipóteses normativas. São eles:

a) impostos que gravam o comércio exterior, atribuídos à União: imposto de importação e imposto de exportação;

b) impostos sobre o patrimônio e a renda: o imposto sobre a renda e proventos de qualquer natureza, o imposto sobre a propriedade territorial rural e o imposto sobre grandes fortunas ficaram para a União; o imposto sobre a propriedade de veículos automotores coube aos Estados e ao Distrito Federal; enquanto o imposto sobre a propriedade predial e territorial urbana foi entregue à competência dos Municípios;

c) *impostos sobre a transmissão, circulação e produção*: o imposto sobre a transmissão *causa mortis* e doação foi deferido aos Estados e ao Distrito Federal, mas o imposto sobre a transmissão *inter vivos*, a qualquer título, por ato oneroso, de bens imóveis, por natureza ou acessão física, e de direitos reais sobre imóveis, exceto os de garantia, bem como cessão de direitos à sua aquisição, este foi endereçado aos Municípios; o imposto sobre produtos industrializados e o imposto sobre operações de crédito, câmbio e seguro, ou relativas a títulos ou valores mobiliários, foram postos na faixa de competência federal; o imposto sobre operações relativas à circulação de mercadorias e sobre prestações de serviços de transporte interestadual e intermunicipal e de comunicação integrou a competência legislativa dos Estados e do Distrito Federal; ao passo que o imposto sobre serviços de qualquer natureza está na área reservada à legislação dos Municípios;

d) *impostos extraordinários*, que a União poderá instituir, na iminência ou no caso de guerra externa, compreendidos ou não em sua competência tributária, os quais serão suprimidos, gradativamente, cessadas as causas de sua criação;

e) *impostos previamente indeterminados*, que a União fica autorizada a criar, na porção conhecida por *residual* de sua competência, desde que o faça por lei complementar, fixando-se como parâmetros que não sejam cumulativos, nem venham a ter a mesma hipótese de incidência e a mesma base de cálculo dos impostos adjudicados aos Estados, ao Distrito Federal e aos Municípios.

Vê-se, claramente, com que cuidado o legislador constitucional distribuiu os campos materiais sobre que incidirão os impostos, apontando as pessoas jurídicas com personalidade política titulares da possibilidade legiferante. E o respeito a essa enumeração nominal será obtido na medida em que, conjugada a hipótese normativa com a base de cálculo, virmos ratificado o setor de incidência dos diversos impostos.

Dispondo a União, como de fato dispõe, da possibilidade extraordinária de instituir impostos, compreendidos ou não em sua competência tributária, entendemos, em homenagem ao rigor, que só cabe falar-se em competência *privativa* do ente federal, expressa pelos impostos mencionados nos incisos do art. 153, mais aquela, previamente indeterminada, a que alude o art. 154, I, tudo da Constituição Federal de 1988.

7. Taxas cobradas pela prestação de serviços públicos e pelo exercício regular do poder de polícia

Taxas são tributos que se caracterizam por apresentarem, na hipótese da norma, a descrição de fato revelador de uma atividade estatal, direta e especificadamente dirigida ao contribuinte. Nisso diferem dos impostos, e a análise de suas bases de cálculo deverá exibir, forçosamente, a medida da intensidade da participação do Estado. Acaso o legislador mencione a existência de taxa, mas eleja base de cálculo mensuradora de fato estranho a qualquer atividade do Poder Público, então a espécie tributária será outra, naturalmente um imposto.[12]

O direito positivo vigente prevê duas espécies de taxas: *a*) taxas cobradas pela prestação de serviços públicos; e *b*) taxas cobradas em razão do exercício do poder de polícia.

a) Taxas cobradas pela prestação de serviços públicos

Sobre tal rubrica é necessário dizer que os serviços públicos ensejadores de taxa são aqueles que se contiverem no

12. A esse respeito, merece nota a adoção, nas taxas, de algum dos elementos da base de cálculo de imposto, como é o exemplo da "testada de imóvel", não configura ofensa ao disposto no art. 145, § 2º, da Constituição, como reconhece o STF por meio da Súmula Vinculante 29: "É constitucional a adoção no cálculo do valor de taxa, de um ou mais elementos da base de cálculo própria de determinado imposto, desde que não haja integral identidade entre uma base e outra".

âmbito de atribuições da pessoa política que institui o gravame, segundo as regras constitucionais. Os serviços poderão ser efetiva ou potencialmente prestados ao contribuinte, ou postos à sua disposição, conforme anuncia o art. 77 do Código Tributário Nacional. E o parágrafo único desse dispositivo adverte que, além de não poderem ter hipóteses de incidência e bases imponíveis iguais às dos impostos, é vedado cobrá-las em função do capital das empresas, o que é óbvio, porém oportuno consignar, porque se não fora desse modo estaríamos diante de um imposto.

Acerca dos serviços públicos que habilitam a estatuição de taxas, muito elucidativas são as explicações do art. 79 da Lei n. 5.172/66:

> Art. 79. Os serviços públicos a que se refere o art. 77 consideram-se:
>
> I — utilizados pelo contribuinte:
>
> a) efetivamente, quando por ele usufruídos a qualquer título;
>
> b) potencialmente, quando, sendo de utilização compulsória, sejam postos à sua disposição mediante atividade administrativa em efetivo funcionamento;
>
> II — específicos, quando possam ser destacados em unidades autônomas de intervenção, de utilidade ou de necessidade públicas;
>
> III — divisíveis, quando suscetíveis de utilização, separadamente, por parte de cada um dos seus usuários.

b) *Taxas cobradas em razão do exercício do poder de polícia*

A mais da prestação de serviços públicos, as taxas podem ser cobradas sempre que o Estado (acepção lata) exercitar o poder de polícia.

Considera-se poder de polícia, como dispõe o art. 78 do Código Tributário Nacional, a *atividade da Administração Pública que, limitando ou disciplinando direito, interesse ou liberdade, regula a prática de ato ou abstenção de fato, em razão de interesse público concernente à segurança, à higiene, à ordem, aos costumes, à disciplina da produção e do mercado, ao exercício de atividades econômicas dependentes de concessão ou autorização do Poder Público, à tranquilidade pública ou ao respeito à propriedade e aos direitos individuais ou coletivos.* E o parágrafo único agrega ser *regular o exercício do poder de polícia quando desempenhado pelo órgão competente, nos limites da lei aplicável, com observância do processo legal e, tratando-se de atividade que a lei tenha como discricionária, sem abuso ou desvio de poder.*

Em qualquer das hipóteses previstas para a instituição de taxas — prestação de serviço público ou exercício do poder de polícia — o caráter sinalagmático deste tributo haverá de mostrar-se à evidência, como já lecionara Alberto Xavier[13] e como bem sintetiza Edvaldo Brito, em preciosa colaboração ao 43º Congresso da "International Fiscal Association".[14]

8. Contribuição de melhoria

Permite a Constituição Federal que as pessoas políticas de direito constitucional interno — União, Estados, Distrito Federal e Municípios — além dos impostos que lhes foram outorgados e das taxas previstas no art. 145, II, instituam *contribuições de melhoria*, arrecadadas dos proprietários de imóveis beneficiados por obras públicas. Na ordem jurídica anterior firmava-se a diretriz expressa de que o montante exigido não poderia exceder o valor total da obra realizada. Aliás, na vigência da Constituição de 1967, operou-se uma redução, porquanto os limites sempre foram dois: um, total — a importância final da obra; e outro individual — não se poderia cobrar de cada contribuinte quantia que superasse o acréscimo de valorização experimentado por seu imóvel. Foi a Emenda Constitucional n. 23, de 1º de dezembro de 1983, que fixou apenas o limite global.

---

13. Alberto Xavier, *Manual de direito fiscal*, Lisboa, 1974, v. 1, p. 43.

14. Edvaldo Brito, 43º Congresso da "International Fiscal Association", 10 a 15 de setembro de 1989, Rio de Janeiro, Seminário "E", in El sistema tributario brasileño, p. 29 e 30.

Hoje, no entanto, a competência é posta em termos amplos e genéricos, bastando que a obra pública acarrete *melhoria* dos imóveis circundantes, mas é óbvio que à lei complementar mencionada no art. 146 caberá estabelecer de que modo, dentro de que limites e debaixo de que condições específicas a contribuição de melhoria poderá ser criada.

Convém esclarecer que, se as taxas pressupõem serviços públicos ou o exercício do poder de polícia, as contribuições de melhoria levam em conta a realização de *obra pública* que, uma vez concretizada, determine a valorização dos imóveis circunvizinhos. A efetivação da obra pública por si só não é suficiente. Impõe-se um fator exógeno que, acrescentado à atuação do Estado, complemente a descrição factual. E a valorização imobiliária nem sempre é corolário da realização de obras públicas. Muitas há que, sobre não acarretarem incremento de valor nos imóveis adjacentes, até colaboram para a diminuição de seu preço de mercado. Por isso, do crescimento valorativo que o imóvel experimente, em razão da obra efetuada pelo Estado, quer o direito positivo brasileiro que seu proprietário colabore com o Erário, pagando a chamada *contribuição de melhoria.*

Dúvidas não existem de que o legislador complementar tem poderes para estipular minuciosa disciplina, ao tratar dessa matéria. Há algo, todavia, que deverá respeitar: o *quantum* de acréscimo patrimonial individualmente verificado. Ninguém pode ser compelido a recolher, a esse título, quantia superior à vantagem que sobreveio a seu imóvel, por virtude da realização da obra pública. Extrapassar esse limite representaria ferir, frontalmente, o princípio da capacidade contributiva, substância semântica sobre que se funda a implantação do primado da igualdade, no campo das relações tributárias.

Em comparação com as taxas, que também são tributos vinculados a uma atuação do Estado, as contribuições de melhoria se distinguem por dois pontos expressivos: pressupõem uma obra pública e não serviço público; e dependem de um fator intermediário, que é a valorização do bem imóvel. Daí dizer-se que a contribuição de melhoria é um tributo vinculado a uma atuação do Poder Público, porém indiretamente referido ao obrigado.

9. Das contribuições

Não é de agora que advogamos a tese de que as chamadas *contribuições* têm natureza tributária. Vimo-las sempre como figuras de impostos ou de taxas, em estrita consonância com o critério constitucional consubstanciado naquilo que nominamos de *tipologia tributária no Brasil*. Todo o suporte argumentativo calcava-se na orientação do sistema, visto e examinado na sua integridade estrutural. Assim, outra coisa não fez o legislador constituinte senão prescrever manifestamente que as *contribuições* são entidades tributárias, subordinando-se em tudo e por tudo às linhas definitórias do regime constitucional peculiar aos tributos.

A redação do art. 149, *caput*, está composta assim:

> Compete exclusivamente à União instituir contribuições sociais, de intervenção no domínio econômico e de interesse das categorias profissionais ou econômicas, como instrumento de sua atuação nas respectivas áreas, observado o disposto nos arts. 146, III, e 150, I e III, e sem prejuízo do previsto no art. 195, § 6º, relativamente às contribuições a que alude o dispositivo.

Certifiquemo-nos. O art. 146, III, prevê que as normas gerais sobre matéria tributária deverão ser introduzidas no ordenamento mediante lei complementar, dispondo, entre outros pontos, a respeito do "fato gerador", da base de cálculo, dos contribuintes, da obrigação, do lançamento, da prescrição e da decadência (sobre a amplitude desse dispositivo falaremos depois, ao tratarmos das normas gerais de direito tributário). O art. 150, I, veda a possibilidade de exigir-se ou aumentar-se *tributo* sem que a lei o estabeleça (princípio da legalidade estrita); enquanto o inc. III consagra os cânones da irretroatividade (letra *a*) e da anterioridade (letra *b*). Por fim, o art. 195, § 6º, cuida das contribuições para a seguridade social, excepcionando o princípio da anterioridade, e fixando o termo inicial para a vigência da lei que tenha instituído ou modificado tais contribuições para 90 (noventa) dias após a data da publicação do diploma normativo.

No § 1º deste mesmo dispositivo (art. 149), conferem-se poderes aos Estados, ao Distrito Federal e aos Municípios para criarem contribuições, cobradas de seus servidores, para o custeio, em benefício destes, de sistemas de previdência e assistência social, cuja alíquota não será inferior à da contribuição dos servidores titulares de cargos efetivos da União.

A conclusão parece-nos irrefutável: as contribuições são tributos que, como tais, podem assumir a feição de impostos ou de taxas. Excluímos, de indústria, a possibilidade de aparecerem com os caracteres de contribuição de melhoria, posto que esta espécie foi concebida em termos de estreito relacionamento com a valorização do imóvel, traço que não só prejudica como até impede seu aproveitamento como forma de exigência e cobrança das contribuições. Paulo Ayres Barreto, em seu *Contribuições: Regime jurídico, destinação e controle*, é incisivo: "as contribuições têm natureza tributária por se amoldarem ao conceito de tributo. Não é a sua submissão ao regime tributário que lhe confere tal natureza. Ao revés, é a sua natureza que define o regime jurídico ao qual deva estar submetida".[15]

O art. 149, *caput*, do texto constitucional prescreve a possibilidade da União instituir contribuições como instrumento de sua atuação no âmbito social, na intervenção no domínio econômico e no interesse das categorias profissionais ou econômicas. Três, portanto, são as espécies de contribuição: (i) social, (ii) interventiva e (iii) corporativa, tendo o constituinte empregado, como critério classificatório, a finalidade de cada uma delas, representada pela destinação legal do produto arrecadado. As contribuições sociais, por sua vez, são

15. *Contribuições: Regime jurídico, destinação e controle*, São Paulo, Noeses, 2006, p. 95.

subdivididas em duas categorias: (i) genéricas, voltadas aos diversos setores compreendidos no conjunto da ordem social, como educação, habitação etc. (art. 149, *caput*); e (ii) destinadas ao custeio da seguridade social, compreendendo a saúde, previdência e assistência social (art. 149, *caput*, e § 1º, conjugados com o art. 195).

As contribuições sociais e as de intervenção no domínio econômico poderão gravar a importação de produtos e serviços, mas não incidirão sobre as receitas decorrentes de exportação (art. 149, § 2º, I e II). Poderão ter alíquota *ad valorem*, tendo por base de cálculo o faturamento, a receita bruta ou o valor da operação e, no caso de importação, o valor aduaneiro (art. 149, § 2º, III, *a*). Com apoio nesse dispositivo, a União instituiu o PIS e a COFINS sobre a importação de produtos e serviços do exterior, elegendo o valor aduaneiro como base de cálculo (Lei n. 10.865/2004). As contribuições sociais e de intervenção no domínio econômico também poderão ter alíquotas específicas, tendo por base de cálculo a unidade de medida adotada (art. 149, § 2º, III, *b*). Serve como exemplo a Contribuição de Intervenção no Domínio Econômico instituída pela Lei n. 10.336/2001, cuja alíquota é um valor pecuniário específico para cada tipo de combustível e a base de cálculo, como regra, é o volume importado ou comercializado. A competência atribuída à União para criar contribuições sociais e de intervenção no domínio econômico, tendo por hipótese de incidência, confirmada pela base de cálculo, o faturamento, a receita bruta, o valor da operação, o valor aduaneiro e as unidades específicas de medida, não esgota as possibilidades legiferantes: outros supostos poderão ser eleitos; o elenco não é taxativo.

Apenas as contribuições para a seguridade social encontram, na Carta Magna, disciplina exaustiva das suas hipóteses de incidência, exigindo, para criação de novas materialidades, estrita observância aos requisitos impostos ao exercício da competência residual: instituição mediante lei complementar, não cumulatividade e hipótese de incidência e base de cálculo diversos dos discriminados na Constituição (art. 195, § 4º).

Isso, no entanto, não implica plena liberdade do legislador para escolher as situações que irão figurar na hipótese da regra-matriz desses tributos. Como assevera Fabiana Del Padre Tomé,[16] a análise sistemática do texto constitucional impõe ao legislador ordinário da União o dever de *respeitar a competência atribuída aos Estados, Distrito Federal e Municípios, bem como os direitos fundamentais dos contribuintes, erigidos nos princípios constitucionais em geral e, mais especificamente, nos princípios constitucionais tributários*".

Além das contribuições de competência da União, observa-se, também, no sistema constitucional tributário vigente, a possibilidade de essa espécie de tributo ser instituída pelos Municípios e Distrito Federal: trata-se da contribuição para o custeio de iluminação pública, a que se refere o art. 149-A da Carta Magna, introduzida pela Emenda Constitucional n. 39/2002. O constituinte derivado ampliou o rol de competências tributárias, criando nova modalidade de contribuição. Ao fazer uso dessa faculdade, o legislador ordinário deverá observar os limites impostos pelo Texto Supremo, respeitando as materialidades cuja competência para tributar pertence aos demais entes federativos e observando os princípios que regem a tributação no ordenamento jurídico brasileiro.

16. *Contribuições para a seguridade social à luz da Constituição Federal*, Curitiba, Ed. Juruá, 2002, p. 101.

CAPÍTULO III

FONTES DO DIREITO TRIBUTÁRIO

Sumário: 1. Fontes do direito. 2. Fontes do direito positivo e fontes da Ciência do Direito. 3. A doutrina. 4. Instrumentos introdutórios de normas tributárias no Direito brasileiro — instrumentos primários e secundários. 5. Instrumentos primários. 6. Instrumentos secundários. 7. Vício formal e vício material. 8. O conceito de legislação tributária para o Código Tributário Nacional.

1. Fontes do direito

Por *fontes do direito* havemos de compreender os focos ejetores de regras jurídicas, isto é, os órgãos habilitados pelo sistema para produzirem normas, numa organização escalonada, bem como a própria atividade desenvolvida por esses entes, tendo em vista a criação de normas. Significa dizer, por outros torneios, que não basta a existência do órgão, devidamente constituído, tornando-se necessária sua atividade segundo as regras aqui previstas no ordenamento. E órgão credenciado para legislar, entrando em movimentação, dá ensejo ao acontecimento de um fato. Eis a fonte de que promana o direito. Num exemplo singelo, não é suficiente a existência do Congresso Nacional, como órgão legiferante da União. É imprescindível que o Parlamento venha a reunir-se e, mediante os termos do chamado "processo legislativo", edite a lei. Esse fato, ainda que muito complexo, tomado numa concepção unitária, é fonte do diploma legislado. O significado da expressão *fontes do direito* implica refletirmos sobre a circunstância de que regra jurídica alguma ingressa no sistema do direito positivo sem que seja introduzida por outra norma, que chamaremos, daqui avante, de "*veículo introdutor de normas*". Isso já nos autoriza a falar em "*normas introduzidas*" e "*normas introdutoras*". Pois bem, nos limites desta proposta, as *fontes do direito* serão os acontecimentos do mundo social, juridicizados por regras do sistema e credenciados para produzir normas jurídicas que *introduzam* no ordenamento outras normas, gerais e abstratas, gerais e concretas, individuais e abstratas ou individuais e concretas. Agora, tais ocorrências serão colhidas enquanto atos de enunciação, já que os enunciados consubstanciam as próprias normas. Trata-se de um conceito sobremaneira relevante porque a validade de uma prescrição jurídica está intimamente ligada à legitimidade do órgão que a expediu, bem como ao procedimento empregado na sua produção. Sublinhando o papel da enunciação, este é o depoimento de Tárek Moussallem, em seu magnífico *Fontes de direito tributário*: "a partir da linguagem do veículo introdutor (enunciação-enunciada), reconstruímos a linguagem do procedimento produtor de enunciados (enunciação), e realizamos o confronto entre esta e a linguagem da norma de produção normativa (fundamento de validade do veículo introdutor) para aferirmos se a produção normativa se deu ou não em conformidade com o prescrito no ordenamento".[17]

Nos esquadros desse modelo, as fontes do direito positivo aparecerão como uma estrutura formada pela hierarquia de eventos previstos como conteúdo de normas, em que encontramos, no ápice, a assembleia constituinte, na condição

---

17. *Fontes do direito tributário*, 2. ed., São Paulo, Noeses, 2006, p. 141.

de fonte superior e, abaixo, os demais núcleos produtores de regras, em disposição vertical que culmina nos focos singulares de que promanam os preceitos terminais do sistema. Mas essa perspectiva nos oferece, antes de tudo, uma visão factual do direito, reduzindo-o a uma organização de acontecimentos do mundo social, capazes de elaborar normas introdutoras de outras normas, sem que estas últimas compareçam. Daí por que teremos de imaginar outro arcabouço piramidal, composto pela hierarquia dos veículos introdutores de normas, advindos da concretização daqueles eventos acima referidos. Neste passo, já teríamos diante de nós um sistema de normas, se bem que regras voltadas a introduzir outras normas na ordem total. Bastaria agora, para completar, imaginar a multiplicidade das normas "introduzidas", igualmente ordenadas e classificadas pela referência aos respectivos veículos introdutores, e teremos o sistema do direito positivo, na plenitude de sua configuração de sentido.

Não é difícil perceber que o sistema de normas, *introdutoras e introduzidas*, integra o que conhecemos por direito positivo, ao passo que o conjunto de fatos aos quais a ordem jurídica atribuiu teor de juridicidade, se tomados na qualidade de *enunciação* e não como *enunciados*, estarão formando o território das fontes do direito posto. Isso nos permitirá operar com as fontes como algo diferente do direito posto, evitando, desse modo, a circularidade ínsita à noção cediça de fontes como sendo o próprio direito por ele mesmo criado.

É preciso dizer que na ideia que reduz a ordem jurídica ao complexo das normas existentes, está contida, por certo, uma concepção normativista do direito, que identifica o órgão juridicamente legitimado ou o fato credenciado para a construção das unidades normativas, na medida estrita em que houver regras que incidem nos órgãos, qualificando-os como tais e outorgando-lhes a específica competência, assim como tipificando fatos, aos quais se atribuem a força de produzirem outras normas. Isso nos permite isolar o objeto da Ciência do Direito: o universo das normas jurídicas válidas, num espaço territorial particularmente considerado e num momento histórico certo e determinado. Repetimos aqui, com Kelsen, que o direito não se esgota somente no espaço normativo, sendo, como de fato é, um fenômeno complexo, de várias faces, para a configuração do qual muitos fatores concorrem. Mas esta seria uma preocupação ontológica sobre o direito, enquanto aqui nosso objetivo é meramente epistemológico, buscando saber como é possível uma ciência que estude o direito, assim como ele se apresenta. E, nesse caminho, temos na construção do mestre de Viena uma elaboração notável, mediante a qual nos é dado conhecer as normas de um sistema de direito positivo historicamente indicado, autorizando-nos assim a reconhecer os fatos jurídicos relevantes e as correspondentes condutas interpessoais que eles desencadeiam. É pela descrição normativa que o jurista entra em contato com o fato da realidade social e com a conduta regulada, regressando à norma num movimento dialético incessante. Desse modo, um acontecimento da vida real-social será ensejador de eficácia jurídica se, e somente se, estiver previsto em norma válida do sistema 'S', que o descreve em sua hipótese (antecedente normativo), disciplinando o comportamento humano dele irradiado no seu consequente ou prescritor. E, para imprimir o caráter de uniformidade que toda a ciência reclama, dá-se o corte metodológico da *norma fundamental*, concebida artificialmente para fazer da atividade constituinte um *factum* juridicamente hábil para instaurar nova ordem de direito positivo. Fecha-se, então, o sistema, remanescendo para o jurista dogmático tão somente as normas postas, por meio das quais vai aos fatos e aos comportamentos juridicamente regulados. Pois bem: se agregarmos a tudo isso o caráter de *bem cultural*, que o direito positivo inequivocamente exibe, enquanto objeto elaborado pelo ser humano para a realização de certa finalidade — a disciplina da conduta nas relações inter-humanas —, encontraremos então os *valores* de que todo bem cultural é portador. Daí concluir-se que é precisamente na textura da unidade normativa que vamos saber dos fatos e das condutas juridicamente relevantes, bem como é nela — norma jurídica — que o legislador deposita seus valores.

Fortes nesses pressupostos não hesitaríamos em proclamar que o estudo das fontes do direito está voltado primordialmente para o exame dos fatos enquanto enunciação que fazem nascer regras jurídicas introdutoras, advertindo desde logo que tais eventos só assumem essa condição por estarem previstos em outras normas jurídicas, tudo no âmbito daquela composição dialética que já mencionamos. A posição, admitimos, é decorrência de uma atitude cognoscente de quem toma o direito positivo qual sistema de normas, respondendo às perguntas: de onde provêm as regras do ordenamento? Como nascem? De que modo ingressam no sistema? Quadra-se, perfeitamente, na cosmovisão jurídica de Lourival Vilanova,[18] como sobressai deste excerto:

> As normas de organização (e de competência), e as normas do "processo legislativo", constitucionalmente postas, incidem em fatos e os fatos se tornam jurígenos. O que denominamos "fontes do direito" são fatos jurídicos criadores de normas: fatos sobre os quais incidem hipóteses fácticas, dando em resultado normas de certa hierarquia.

Cabe repetir a nota segundo a qual os "fatos-fontes" a que alude o insigne professor são os fatos vistos pelo ângulo da enunciação, isto é, pelo processo, e não do enunciado, pelo produto, que tomamos como as próprias normas introdutoras, construídas pelo órgão competente do sistema.

Não tem sido esse, contudo, o rumo trilhado pela doutrina, no que respeita ao estudo das fontes. Tomam-nas, muitos autores, como o próprio resultado da atividade dos vários órgãos legiferantes, falando, por isso, em leis (sentido amplo), jurisprudência (acórdãos e sentenças judiciais), atos administrativos (em toda a gama de sua hierarquia) e até no costume. Pondo de lado o costume, de natureza eminentemente factual, e que só gera efeitos jurídicos quando integrante de hipóteses normativas, percebemos que assiduamente se confunde a regra jurídica com os veículos introdutores de regras no sistema.

18. Lourival Vilanova, *Causalidade e relação no direito*, 2. ed., Saraiva, 1989, p. 24.

De fato, as normas ingressam no ordenamento por intermédio de instrumentos designados por aqueles nomes conhecidos (lei, decreto, portaria, ato de lançamento, acórdão, sentença etc.), que são de extrema relevância para alojarmos o preceito nos escalões do sistema, mas que também são regras de direito positivo. Tanto é verdade que o conceito prescritivo desses veículos introdutores de normas forma o conteúdo de outras normas, como, por exemplo, o de lei, de sentença, de ato de lançamento. São igualmente construções do direito positivo.

Aqui se demora a concepção tautológica com que elaboram celebrados doutrinadores, visto que afirmar ser a lei fonte do direito positivo não significa mais do que postular que normas criam normas, direito cria direito, numa proposição evidentemente circular, que deixa o primeiro termo como resíduo inexplicado. E da sorte desse raciocínio participa a impugnação da dicotomia *fontes formais/fontes materiais*. As primeiras são estudadas como fórmulas que a ordem jurídica estipula para introduzir regras no sistema, enquanto as últimas se ocupam dos fatos da realidade social que, descritos hipoteticamente nos supostos normativos, têm o condão de produzir novas proposições prescritivas para integrar o direito posto. Estas, sim, se tomadas como atos de enunciação, são fontes de normas, enriquecem o conjunto, modificando-o de alguma maneira. Mas, para que falarmos em *fontes materiais*, se dispomos da expressão tradicional e legítima *fatos jurídicos*? Outra coisa, bem distinta, é reconhecermos o enorme interesse de investigar os plexos de normas que estão credenciados pelo sistema para o fim de promover a inserção de novas unidades, movimentando-o no sentido de projetar-se sobre a região material da conduta, e coordenando o fluxo das interações humanas, na direção que implanta os valores fundamentais da sociedade. São normas que falam acerca de normas, regras que dizem como as regras do direito devem ser postas, alteradas ou expulsas do sistema. Eis o direito se autocompondo, se retroalimentando, para absorver as matérias que outros subsistemas do tecido social, considerado na sua inteireza (político, econômico, ético, religioso, social em sentido estrito etc.), vão paulatinamente oferecendo ao juízo do legislador, que decide o modo de aproveitá-las para a regulação do comportamento intersubjetivo. Esse estudo é relevantíssimo. Sem ele, nada poderíamos dizer a propósito da situação hierárquica de determinado preceito que, por qualquer razão, convocasse os nossos cuidados, já que todas as normas jurídicas têm idêntica estrutura sintática (homogeneidade lógica), embora dotadas de conteúdos semânticos diferentes (heterogeneidade semântica). É por aceitar que a norma N' entrou pela via constitucional, que reivindico sua supremacia com relação à norma N", posta por lei ordinária. É por saber que certa norma individual e concreta veio à luz no bojo de um acórdão do Supremo Tribunal Federal, que me atrevo a declarar sua prevalência em face de outro acórdão proferido por tribunal de menor hierarquia. Neste domínio, recolhemos material precioso para o discurso crítico-descritivo da Ciência do Direito, conquanto seja necessário enfatizar que isso nada tem que ver com a temática das fontes.

Uma vertente semântica capaz de habilitar a expressão "*fonte formal do direito*", aproveitando-a no discurso descritivo, seria aquela que toma a voz "fonte" como a regra jurídica da qual outra norma extrai seu fundamento de validade, satisfazendo um dos critérios de pertinência ao sistema. Não macula a correção expositiva do cientista declarar que a fonte de validade da norma N" está no conteúdo da norma N', que a subordina hierarquicamente. Todavia, este vector semântico é pobre para relatar o fenômeno do aparecimento de regras jurídicas na ordenação positiva, indicando apenas um aspecto da norma válida, mas deixando de lado aquilo que mais interessaria ao inquérito sobre a gênese empírica das unidades postas no sistema.

Em obséquio à clareza das proposições científicas oferecemos agora, em súmula estrita, a seguinte conclusão: o estudo das chamadas *fontes materiais do direito* circunscreve-se ao exame do processo de enunciação dos fatos jurídicos, de tal modo que neste sentido a *teoria dos fatos jurídicos* é a *teoria das fontes dogmáticas do direito.* Paralelamente, as indagações relativas ao tema das *fontes formais* correspondem à *teoria das normas jurídicas*, mais precisamente daquelas que existem no ordenamento para o fim primordial de servir de veículo introdutório de outras regras jurídicas. Posto que este campo de investigação assume caráter de grande interesse e de indiscutível utilidade para o cientista, permitindo-lhe situar as unidades prescritivas nos respectivos patamares da estrutura piramidal, nada mais razoável do que compreender o porquê da insistência dos doutos em discorrer espaçosamente sobre o assunto. A impropriedade fica registrada, mesmo sabendo que nem sempre é fácil ajeitar a linguagem à nitidez do pensamento.

2. Fontes do direito positivo e fontes da Ciência do Direito

As fontes do direito positivo são as materiais, vale dizer, os acontecimentos que se dão no plano uno e múltiplo da facticidade social, abrangendo os fatos sociais em senso estrito e os fatos naturais de que participem, direta ou indiretamente, sujeitos de direito. Para que tais eventos adquiram o predicado de fontes, mister se faz que encontrem qualificação em hipótese de normas válidas do sistema. Já por fontes da Ciência do Direito podemos, numa opção perfeitamente aceitável, congregar tudo aquilo que venha a servir para a boa compreensão do fenômeno jurídico, tomado como a linguagem prescritiva em que se verte o direito. Vem a ponto aqui notar que o fenômeno jurídico de que falamos comporta diversas posições cognoscitivas: a linguagem normativa, no seu projetar-se sobre a realidade social, enseja "n" posturas formais diferentes. São ciências do direito tanto a Sociologia do Direito, quanto a História do Direito, a Antropologia Cultural do Direito, a Política do Direito, a Psicologia Social do Direito e quantas outras, cada qual isolando o seu objeto mediante recursos metodológicos que lhe são próprios. Trata-se de falso problema aquele que discute a propósito de superioridade desta ou daquela posição cognoscente do direito. Muitos criticam a postura dogmática, também conhecida como "Ciência do Direito em sentido estrito", entendendo-a fragmentária, pois se preocupa com o direito, apenas como ele é, como se apresenta, aqui e agora, despojado de aspectos sociológicos, políticos, econômicos, históricos e outros, que levariam a uma visão total do fenômeno. Entretanto, todas as demais padecem da mesma insuficiência, uma vez que a delimitação do campo objetal de uma ciência pressupõe, necessariamente, cortes metodológicos, que vão constituir o estilo peculiar àquela proposta científica. Tudo depende do objetivo que anima o conhecimento. Quando o intento do analista voltar-se para a linguagem do direito positivo, na procura de saber de sua contextura enquanto sistema de normas; se nele existem ou não certos institutos, e de que modo tais institutos se relacionam com outros; o único caminho é a dogmática, que implica uma análise intrassistêmica, de alguém que se põe dentro do sistema e dele não sai, até que se encontre satisfeito com os motivos de sua especulação.

Regressemos ao ponto de partida. Quais as fontes da dogmática? Que sorte de informações podem nutri-la? Que materiais, no campo do conhecimento humano, ser-lhe-ão úteis? A resposta é longa, mas enumeremos alguns pontos indispensáveis, como o exame das técnicas apropriadas à natureza específica do direito; os ensinamentos da Semiologia; da Semiótica; assim como as modernas pesquisas sobre a linguagem e, dentro dela, as investigações sintáticas (Lógica Clássica para o discurso científico e Lógica Deôntico-jurídica para a linguagem normativa), semânticas e pragmáticas. Tudo isso informa o estudo do fenômeno jurídico, ofertando instrumentos valiosos ao jurista que se propõe a descrever a intrincada trama dos enunciados normativos.

3. A doutrina

Chama-se de *doutrina* ao domínio das lições, ensinamentos e descrições explicativas do direito posto, elaboradas pelos mestres e pelos juristas especializados. Sua linguagem é eminentemente *descritiva*, reproduzindo, de forma elucidativa, o conteúdo e os mecanismos de articulação próprios do direito positivo. Alude-se a uma *doutrina científica* sempre que o labor descritivo venha presidido por uma metodologia que a realidade do direito comporte, e vasado numa linguagem que se pretenda rigorosa, já que o discurso científico é artificialmente construído com a finalidade de relatar, com precisão, sua realidade-objeto. Trabalho doutrinário que não seja animado por reflexões metodológicas ou que não tenha vocação de rigor será obra meramente informativa, sem consistência e feição sistemática. Iniciativas desse jaez, ainda que possam apresentar, para alguns casos, utilidade prática, não reúnem condições para serem elevadas ao altiplano das ciências.

A doutrina não é fonte do direito positivo. Seu discurso descritivo não altera a natureza prescritiva do direito. Ajuda a compreendê-lo, entretanto não o modifica. Coloca-se como uma sobrelinguagem que fala da linguagem deôntica da ordenação jurídica vigente. Nem será admissível concebê-la como fonte da Ciência do Direito, pois ela própria pretende ser científica. Quem faz doutrina quer construir um discurso científico, reescrevendo as estruturas prescritivas do sistema normativo.

4. Instrumentos introdutórios de normas tributárias no Direito brasileiro — instrumentos primários e secundários

Queremos evitar o emprego da expressão "*fontes formais*", que utilizamos em edições anteriores, pelos argumentos já referidos, motivo pelo qual substituímo-la por "*instrumentos introdutórios de normas*". Antes, porém, de tocarmos nesse assunto, façamos breves ponderações.

Nosso direito positivo compreende quatro distintos plexos normativos: a ordem total, a das regras federais, a das regras estaduais e o feixe de preceitos jurídicos dos Municípios. As três primeiras são próprias do esquema federativo, enquanto a última revela peculiaridade do regime constitucional brasileiro. Tudo pode ser resumido na coalescência de quatro sistemas: *a*) o sistema nacional; *b*) o sistema federal; *c*) os sistemas estaduais; e *d*) os sistemas municipais.

Se as diferenças entre a ordem federal, a estadual e a municipal são claramente perceptíveis, fato idêntico não sucede entre a organização jurídica do Estado federal (sistema nacional) e a da União (sistema federal). Para tanto, em trabalho inexcedível, Oswaldo Aranha Bandeira de Mello[19] apresenta os sinais correspondentes aos dois arranjos, de forma precisa e juridicamente escorreita, dizendo que são ordens jurídicas especiais, posto que as respectivas competências se circunscrevem aos campos materiais que lhes são indicados pela ordem jurídica total. Esta, a ordem jurídica total, está na Constituição do Estado federal e sua complementação no contexto da legislação nacional. *A chamada Constituição Federal pode ser desdobrada em duas Cartas distintas: a Constituição total e a Constituição da União.*

O texto constitucional, lei suprema de nosso ordenamento jurídico, estabelece no art. 5º, II:

> Art. 5º. [...]
>
> [...]
>
> II - ninguém será obrigado a fazer ou deixar de fazer alguma coisa senão em virtude de lei.

Entenda-se "lei" no sentido amplo e teremos o quadro dos instrumentos primários de introdução de normas no direito brasileiro, válido para as quatro ordens jurídicas que compõem o sistema total. A lei e os estatutos normativos que têm vigor de lei são os únicos veículos credenciados a promover o ingresso de regras inaugurais no universo jurídico brasileiro, pelo que as designamos por "*instrumentos primários*". Todos os demais diplomas regradores da conduta humana, no Brasil, têm sua juridicidade condicionada às disposições

19. *Natureza jurídica do Estado federal*, Revista dos Tribunais, 1937, p. 40-51.

legais, quer emanem preceitos gerais e abstratos, quer individuais e concretos. São, por isso mesmo, considerados "*instrumentos secundários*" ou "*derivados*", não apresentando, por si só, a força vinculante que é capaz de alterar as estruturas do mundo jurídico-positivo. Realizam os comandos que a lei autorizou e na precisa dimensão que lhes foi estipulada. Ato normativo infralegal, que extrapasse os limites fixados pela lei que lhe dá sentido jurídico de existência, padece da coima de ilegalidade, que o sistema procura repelir.

Sintetizemos, para assertar que os instrumentos introdutórios de normas se dividem em instrumentos primários — a lei na acepção lata — e instrumentos secundários ou derivados — os atos de hierarquia inferior à lei, como os decretos regulamentadores, as instruções ministeriais, as portarias, circulares, ordens de serviço etc.

Esta classificação dos instrumentos introdutórios é aplicável ao ordenamento como um todo, valendo para a ordem jurídica do Estado federal, da mesma forma que para o sistema nacional, para os sistemas estaduais e para os sistemas municipais. Por decorrência lógica, é o critério que deve ser adotado no plano das relações tributárias.

5. Instrumentos primários

No segmento jurídico que disciplina as situações e relações tributárias, vamos encontrar, como, de resto, em todo o direito posto, instrumentos introdutórios primários e secundários. Os primeiros são:

1) *A lei constitucional*, instrumento primeiro e soberano, que se sobrepõe aos demais veículos introdutórios de normas. Abriga, em grande parte, regras de estrutura, quer dizer, normas que prescrevem como outras normas devem ser produzidas, modificadas ou extintas. São verdadeiras sobrenormas, porque falam não diretamente da conduta que suscita vínculos tributários, mas do conteúdo ou da forma que as regras

hão de conter. É na Lei das Leis que estão consignadas as permissões para os legislativos da União, dos Estados e dos Municípios instituírem seus tributos, como também é lá que estão fixados os limites positivos e negativos da atividade legiferante daquelas pessoas. Igualmente, é o texto constitucional portador dos grandes princípios que servem como diretrizes supremas a orientar o exercício das competências impositivas, consagrando os postulados que imprimem certeza e segurança às pretensões tributárias do Estado e, em contrapartida, preservam e garantem os direitos individuais dos cidadãos.

No Brasil, ocupando-se demoradamente da matéria tributária, o texto constitucional não é o núcleo jurídico adequado para a criação de tributos. Por abrigar normas de sobrenível, soaria mal, em termos de boa técnica, encontrarmos lá disposição que ferisse diretamente a conduta, regulando-a com o modal deôntico *obrigatório* (Op), para o fim de instituir alguma exação. Essa providência esdrúxula, entretanto, acabou acontecendo, pelo que se lê do art. 8º, IV, da Constituição Federal, assim escrito:

> A assembleia geral fixará a contribuição que, em se tratando de categoria profissional, será descontada em folha, para custeio do sistema confederativo da representação sindical respectiva, independentemente da contribuição prevista em lei.

E, com fundamento de validade neste comando constitucional, o Sindicato dos Advogados de São Paulo expediu notificações às empresas, comunicando a realização de Assembleia Geral, ocasião em que foi fixada a *contribuição anual* devida à entidade, para custeio do respectivo sistema confederativo, em 3% (três por cento) do salário do advogado empregado, observado o teto de 3 (três) OTNs. A importância correspondente deveria ser descontada ao ensejo do primeiro pagamento após recebida a notificação, sob pena de caracterizar-se a mora, sujeitando o empregador a correção monetária e juros moratórios, na forma da lei. O pagamento deveria ser feito mediante guia que acompanhava a notificação, até o décimo dia útil do mês seguinte ao desconto, em qualquer agência do Banco do Brasil.

Não vamos aqui ingressar no mérito da exigência. Uma coisa, porém, é certa: trata-se de norma individual e concreta, válida no sistema do direito positivo brasileiro, até que, pelas vias predicadas pelo próprio ordenamento, seja cassada sua juridicidade, fato que ainda não se verificou.

Teria o legislador constitucional criado um tributo, com a figura dessa *contribuição confederativa*? Impossibilidade jurídica ou lógica não há e as notificações foram efetivamente expedidas, gerando, muitas delas, os efeitos perseguidos. Não pode o jurista dogmático, concordando ou não com a exigência formulada, deixar de referir-se à norma fundante e à norma fundada, pois ambas pertencem ao sistema vigente. Sobra-lhe a via de insurgir-se contra a pretensão, pelos caminhos que o mesmo sistema lhe oferece, mas esse proceder não é mais do jurista dogmático e sim do político do direito que clama pela expulsão da norma que ele reputa infringir princípios fundamentais da ordem jurídica.

A ponderação sobre esses aspectos nos permite asseverar que, entre as interpretações jurídicas possíveis, uma delas há de reconhecer que, nesta hipótese, a Constituição de 1988 instituiu diretamente um tributo chamado *contribuição confederativa*. Outra, quem sabe mais consistente, entenderá que o constituinte outorgou competência aos sindicatos para instituir o tributo, completando sua regra-matriz ao estabelecer a base de cálculo e a alíquota aplicável.

2) *A lei complementar*, com sua natureza ontológico-formal, isto é, matéria especialmente prevista na Constituição e o *quorum* qualificado a que alude o art. 69 da Constituição Federal — maioria absoluta nas duas Casas do Congresso, cumpre hoje função institucional da mais alta importância para a estruturação da ordem jurídica brasileira. Aparece como significativo instrumento de articulação das normas do sistema, recebendo numerosos cometimentos nas mais diferentes

matérias de que se ocupou o legislador constituinte. Viu afirmada sua posição intercalar, submetida aos ditames da Lei Maior e, ao mesmo tempo, subordinando os demais diplomas legais. Não há como negar-lhe, agora, supremacia hierárquica com relação às outras leis que, por disposição expressa no parágrafo único do art. 59, nela terão que buscar o fundamento formal de suas validades: *Lei complementar disporá sobre a elaboração, redação, alteração e consolidação das leis.*

Para temas tributários, a Lei Básica de 1988 prescreveu muitas intervenções de legislação complementar, que vão desde a expedição de *normas gerais* (art. 146, III) até a própria instituição de tributos, como no caso da competência residual da União (art. 154, I), ou na hipótese de empréstimos compulsórios (art. 148, I e II), passando por uma série de assuntos dos mais variados matizes. Assim é que o imposto sobre heranças e doações (art. 155, I) terá regulada por lei complementar a competência para sua criação, em duas situações previstas no mesmo art. 155, § 1º, III, *a* e *b*. Esta categoria de estatuto legislativo recebe as incumbências do inc. XII, *a* a *i*, onde valiosos tópicos do ICMS são referidos. Para mais, cabe à lei complementar "*definir os serviços de qualquer natureza, não compreendidos no art. 155, II* (art. 156, III)", bem como fixar as alíquotas máximas e mínimas do imposto sobre serviços de qualquer natureza, podendo excluir da sua incidência exportações de serviços para o exterior, além de regular a forma e as condições como isenções, incentivos e benefícios fiscais serão concedidos e revogados (art. 156, § 3º, I a III).

Não excede recordar que a Lei n. 5.172/66 — o Código Tributário Nacional — foi aprovada como lei ordinária da União, visto que naquele tempo a lei complementar não apresentava o caráter ontológico-formal que só foi estabelecido com o advento da Constituição de 1967. Todavia, com as mutações ocorridas no ordenamento anterior, a citada lei adquiriu eficácia de lei complementar, pelo motivo de ferir matéria reservada, exclusivamente, a esse tipo de ato legislativo. E, com tal índole, foi recepcionada pela Constituição Federal de 1988.

3) *A lei ordinária*, que pode ser editada tanto pela União como pelos Estados e Municípios, no delineado campo de suas competências constitucionais. Sendo o Brasil uma República Federativa, o que pressupõe a autonomia dos Estados, e vigendo entre nós o princípio da autonomia dos Municípios, não há que se cogitar de supremacia da lei ordinária federal em relação à estadual e à municipal. Desfrutam do mesmo *status* jurídico, discerníveis apenas pelo âmbito da competência exercida. As pessoas titulares da possibilidade legislativa estão parificadas, naturalmente quando desempenham seus poderes jurídicos dentro da esfera que a Constituição prevê.

A lei ordinária é, inegavelmente, o item do processo legislativo mais apto a veicular preceitos relativos à regra-matriz dos tributos, assim no plano federal, que no estadual e no municipal. É o instrumento por excelência da imposição tributária. E estabelecer um tributo equivale à descrição de um fato, declarando os critérios necessários e suficientes para o seu reconhecimento no nível da realidade objetiva, além de prescrever o comportamento obrigatório de um sujeito, compondo o esquema de uma relação jurídica. Diríamos, em linguagem técnica, que criar um tributo corresponde a enunciar os critérios da hipótese — material, espacial e temporal — sobre os critérios da consequência — subjetivo (sujeitos ativo e passivo da relação) e quantitativo (base de cálculo e alíquota).

Assinale-se que à lei instituidora do gravame é vedado deferir atribuições legais a normas de inferior hierarquia, devendo, ela mesma, desenhar a plenitude da regra-matriz da exação, motivo por que é inconstitucional certa prática, cediça no ordenamento brasileiro, e consistente na delegação de poderes para que órgãos administrativos completem o perfil jurídico de tributos. É o que acontece com diplomas normativos que autorizam certos órgãos da Administração Pública federal a expedirem normas que dão acabamento à figura tributária concebida pelo legislador ordinário. Mesmo nos casos em que a Constituição dá ao Executivo Federal a prerrogativa de manipular o sistema de alíquotas, como no Imposto sobre

Produtos Industrializados (IPI), tudo se faz dentro de limites que a lei especifica.

Cabe ainda à lei ordinária preceituar os deveres instrumentais ou formais, impropriamente conhecidos como *obrigações acessórias*, que propiciam a operatividade prática e funcional do tributo. De nada adiantaria construir o legislador a regra padrão de incidência, determinando a compostura da figura típica, se não dispusesse acerca dos meios adequados e idôneos de acompanhar seu aparecimento no mundo factual, permitindo aos interessados na relação o controle do nascimento, da vida e da extinção das obrigações tributárias. Para isso é que existem os deveres formais ou instrumentais que contribuintes e não contribuintes estão compelidos a observar, tornando possível o exato conhecimento das particularidades que cercam os vínculos atinentes aos tributos. No entanto, como implicam fazer ou não fazer alguma coisa, somente a lei pode instituí-los, e essa lei quase sempre é ordinária. Outro tanto se diga a pretexto dos atos administrativos que os agentes do Poder Público celebram no desempenho das funções fiscalizadoras e arrecadadoras. Todos os atos administrativos de foro externo que possam interferir na esfera jurídica dos administrados devem estar previstos em normas de lei ordinária.

4) *A lei delegada* é mais uma exceção à regra genérica pela qual a atividade que consiste em editar diplomas legais pertence, com exclusividade, ao Poder Legislativo. De acordo com a Constituição de 1988, serão elas elaboradas pelo Presidente da República, que deverá solicitar a delegação ao Congresso Nacional (CF, art. 68), que se manifestará mediante resolução, especificando o conteúdo e os termos de seu exercício (art. 68, § 2º). Esta mesma resolução, se assim o entenderem os parlamentares, poderá estabelecer que o Presidente ofereça o projeto, que será apreciado em votação única, vedada qualquer emenda (art. 68, § 3º). A delegação que o Texto Supremo prevê é conhecida como *externa corporis*, não existindo mais aquela que se fazia para comissão do Congresso Nacional ou de qualquer de suas Casas (*interna corporis*). Além

disso, entre as matérias que não podem ser delegadas estão as reservadas à lei complementar, do que decorre o impedimento de utilizar-se aquela fórmula do processo legislativo para a instituição do empréstimo compulsório (CF, art. 148), ou para a criação de impostos, pela União, em sua faixa de competência residual (art. 154, I), e todos os demais assuntos tributários para os quais o Diploma Fundamental indique a lei complementar como estatuto adequado. Ora, na medida em que reconhecemos o número profuso de leis complementares, apontados na Constituição para atuar nos domínios tributários, é válido concluir que o emprego da lei delegada não tem a amplitude de outrora, limitando-se a setor restrito.

5) *As medidas provisórias* constituem inovação da Carta de 1988. Sob o ângulo político, diríamos que vieram compensar a União pelo desaparecimento do decreto-lei. Seu perfil jurídico, não obstante, é diverso. Bem que subordinadas aos pressupostos de relevância e urgência, são expedidas pelo Presidente da República e irradiam, de pronto, todos os efeitos para os quais estão preordenadas. O Chefe do Executivo, ao editá-las, com força de lei, submetê-las-á de imediato à apreciação do Congresso Nacional. Pode-se afirmar, por isso mesmo, que é traço imanente à fisionomia jurídica da entidade o entrar em vigor *imediatamente* quando publicada. Abriga uma contradição de ordem semântica cogitar de medida provisória publicada, mas com prazo inicial de vigência fixado em tempo posterior. E a urgência? Este é o conteúdo do *caput* do art. 62 da Constituição, na conformidade das alterações introduzidas pela Emenda n. 32, de 11 de setembro de 2001, valendo salientar que agora, por força do § 5º, "*A deliberação de cada uma das Casas do Congresso Nacional sobre o mérito das medidas provisórias dependerá de juízo prévio sobre o atendimento de seus pressupostos constitucionais*".

Parece que foi lembrada, ao ensejo dessa pequena reforma, a advertência tão sovada quanto reiteradamente esquecida: os requisitos assinalados pelo legislador constituinte são para valer. Exige-se a simultaneidade de ambos, sem o que inexistirá clima jurídico para a produção da medida. Trata-se do conectivo conjuntor expressamente representado pelo "e". A estrutura lógica da frase normativa não comporta interpretação sintática de outra ordem, reclamando que as duas proposições conjuntas se verifiquem no mundo dos fatos sociais, para que a iniciativa possa ser desencadeada. Agora, se os vocábulos *urgência* e *relevância* são portadores de grande amplitude significativa, sujeitos a padrões axiológicos cambiantes, que lhes dão timbre de forte instabilidade, isto é outro problema, cuja solução demandará esforço construtivo da comunidade jurídica, especialmente do Poder Judiciário. Aquilo que devemos evitar, como singela homenagem à integridade de nossas instituições, é que tais requisitos sejam empregados acriteriosamente, sem vetor de coerência, de modo abusivo e extravagante, como acontecera com o decreto-lei. São símbolos jurídicos que padecem de anemia semântica, com sentidos difusos, mas não deixam por isso de ter uma significação de base, um *minimum* que nos habilita a desenhar o quadro possível de suas acepções.

Quanto ao mais, as questões não se simplificam. Os §§ 3º e 7º daquele mesmo art. 62 exibem, de modo ostensivo, a existência do direito de o Congresso Nacional rejeitar, por conduta omissiva, a medida provisória comunicada pelo Presidente da República. Estamos diante de uma faculdade (Fp), consistente na permissão bilateral de fazer (Pp) e de não fazer (P-p). Em linguagem formalizada, teremos: Fp ≡ Pp . P-p, onde "≡" é a equivalência (bicondicional tautológica); "Fp", a faculdade jurídica de realizar a conduta "p"; "Pp", a permissão de concretizá-la (torná-la efetiva por comissão); "P-p", a permissão de não realizá-la (comportamento omissivo); e " . " o conectivo que exprime a conjunção lógica (que somente será verdadeira quando as duas proposições o forem). Desformalizando e adaptando a fórmula à dicção constitucional, diríamos que o Congresso está investido da permissão bilateral (faculdade) de examinar a medida provisória. Poderá empreendê-lo por comissão, isto é, legislando no sentido de aprová-la (total ou parcialmente) ou de rejeitá-la; como terá, também, a autorização de ignorá-la, sobre ela não legislando no período de cento e vinte dias, comportamento que manifestará, categoricamente, sua omissão.

É certo que a Emenda n. 32/2001 procurou estimular a apreciação da medida, mesmo que para rejeitá-la, prescrevendo a entrada no regime de urgência e o sobrestamento de todas as deliberações parlamentares, em ambas as Casas, se, decorridos quarenta e cinco dias da publicação, a providência vinda do Executivo ainda não tiver sido apreciada (§ 6º). O argumento prescritivo é poderoso, mas não impede que o Congresso permaneça silente, operando a autorização de não fazer, não legislar, conduta omissiva para a qual está habilitado. Tanto assim que o § 10, ao vedar a reedição de medida provisória na mesma sessão legislativa, inscreve as duas possibilidades: (i) rejeição e (ii) *perda da eficácia por decurso de prazo*. Se houver deliberação pela negativa, ter-se-á por rejeitada expressamente a medida. A perda da eficácia, porém, equivale à rejeição tácita.

Na verdade, o prazo de sessenta dias para a vigência da medida provisória, na forma do que dispõe o § 3º, do art. 62, será prorrogado por igual período, *uma única vez*, a contar de sua publicação, sempre que o correspondente processo legislativo de aprovação não tenha sido encerrado nas duas Casas do Congresso Nacional (§ 7º, do art. 62). Tal consideração explica o intervalo de cento e vinte dias acima referido, ficando certo que a fluência desse lapso de tempo somente será suspensa durante os períodos de recesso do Congresso (§ 4º).

É preciso não confundir a prorrogação da vigência da medida com sua reedição. Aquela é automática, toda vez que se verificar o pressuposto. Esta última (reedição) dependerá da iniciativa do Poder Executivo, vedada para a mesma sessão legislativa, tanto em caso de rejeição, quanto na hipótese de perda da eficácia por decurso de tempo (§ 10), como ficou anotado.

A experiência brasileira com esse instituto, ao menos até o advento da falada Emenda n. 32/2001, não foi das mais auspiciosas. De modo indireto, o Chefe do Executivo tolheu, no meu entender abusivamente, legítimas prerrogativas do Parlamento, que não pôde exercer a faculdade de rejeitar, por omissão, as medidas provisórias que lhe eram encaminhadas. Esgotado o tempo de vigência, o Presidente da República reeditava a medida, tantas vezes fossem necessárias para sustar a irremediável perda *ex tunc* de sua eficácia, expediente que comprometia a dinâmica prevista pela Constituição de 1988.

Em edições anteriores deste livro, expressei as razões que sustentavam meu entendimento no sentido de radical discordância com a prática das sucessivas reedições de medidas provisórias pelo Executivo. Passo a reproduzi-las:

"Dois argumentos são decisivos para afastar esta interpretação redutora de competências do Poder Legislativo: um, estritamente jurídico, nos remete ao tratamento constitucional das matérias rejeitadas, que é inequivocamente restritivo. *De fato, o art. 60, § 5º, estatui que* 'A matéria constante de proposta de emenda rejeitada ou havida por prejudicada não pode ser objeto de nova proposta na mesma sessão legislativa'. *E, para que não se diga que é restritivo por considerar as emendas à Constituição, eis a mensagem do art. 67, no que toca às demais leis do sistema:* 'A matéria constante de projeto de lei rejeitado somente poderá constituir objeto de novo projeto, na mesma sessão legislativa, mediante proposta de maioria absoluta dos membros de qualquer das Casas do Congresso Nacional'. *O outro, de cunho histórico, nos recorda que a aprovação do decreto-lei pelo Parlamento brasileiro podia dar-se tanto por legislação expressa (decreto legislativo) como por decurso de prazo (conduta omissiva do Congresso). Por que, então, imaginar-se que a medida provisória escaparia desse regime? Onde o dispositivo explícito que lhe outorgue o privilégio? Não têm elas* força de lei? *Que significa, em linguagem jurídica, afirmar que certa figura tem força de contrato, de ato administrativo, de lei? Exprime, sem necessidade de maiores divagações, que à mencionada figura se aplica o regime jurídico de contrato, de ato administrativo, de lei. Em outras palavras, assevera-se*

que os princípios constitucionais e toda a trama normativa que condicionam o contrato, o ato administrativo e a lei subordinarão, igualmente, a vida jurídica da entidade, salvo os aspectos, é óbvio, inerentes à sua própria individualidade".

a) *O § 3º do art. 62 da Constituição Federal*

A análise despreocupada do § 3º do art. 62 parece propor que, rejeitada a medida provisória, esta há de perder sua eficácia, a contar da publicação (efeito *ex tunc*), movimentando-se o Congresso Nacional para o fim de *disciplinar as relações jurídicas dela decorrentes.* Quem se ativer à leitura pura e simples do texto dificilmente deixará de entender que cabe ao Poder Legislativo regrar as situações jurídicas remanescentes, sempre que a proposta for rejeitada. Contudo, meditação mais atenta demonstrará logo que, havendo a perda da eficácia, contada de sua entrada em vigor, os efeitos da medida serão desfeitos. Isso, naturalmente, com relação àqueles que suportarem o desfazimento, visto que os já consumados ganharam definitividade, podendo-se, quando muito, estudar a composição dos danos porventura verificados. Se assim é, considerando-se que tais situações fogem por completo dos esquadros genéricos da previsão legislativa, em vista da extraordinária gama de eventos que podem assumir tal condição de imutabilidade jurídica, o remédio apropriado será invocar a prestação jurisdicional do Estado, para que, mediante a expedição de normas *individuais e concretas,* o Poder Judiciário atenda às peculiaridades de cada caso, fazendo incidir o direito positivo nos variados tipos de concreção factual insusceptíveis de desfazimento. Tomemos o exemplo de alguém que se viu privado da liberdade em virtude da aplicação de regra contida em medida provisória que não logrou aprovação (expressa ou tácita) pelo Parlamento. De evidência que a violação de seu direito à liberdade consolidou-se de tal modo que a desconstituição do ato se tornou impossível. Cumpre ao prejudicado, em face da lesão de seu direito individual, buscar decisão judiciária que, não podendo recompor a situação anterior, determine a reparação do dano efetivamente praticado.

Mas, convenhamos, isso dista de ser função do Poder Legislativo, mesmo porque, como já foi dito, os acontecimentos dessa natureza revestem-se de múltiplas e imprevisíveis colorações existenciais, reclamando grau de especificidade que só o Judiciário pode oferecer.

De mais a mais, cometida atribuição desse tope ao Legislativo, ficaria ele entretido com assuntos que julgou irrelevantes, inoportunos ou incompatíveis, representando autêntica violência contra esse Poder da República compeli-lo a restaurar a ordem jurídica arranhada por expedientes utilizados com açodo ou imprevisão pelo Executivo. Sua missão constitucional está bem longe de ser esta.

A doutrina dominante utilizou argumento que peleja contra a tese exposta, firmado na posição sintática da cláusula final do antigo parágrafo único do art. 62 da Constituição Federal e que hoje poderia ver-se espelhado no § 3º do mesmo artigo, associada que está, no conjunto frásico, à hipótese de rejeição da medida pelo Congresso Nacional. Tal fundamento, no entanto, é precário: a topologia das orações no período da linguagem normativa nunca foi critério para ponderações desse gênero, conhecido que é o desarranjo dos comandos jurídico-prescritivos, esparramados em desnexo pelo universo do sistema de normas.

Acredito que a exegese dotada de maior racionalidade aponta para o caso de acolhimento da medida provisória (total ou parcialmente) pelo Congresso. Aqui, sim, há não só campo fecundo para o desempenho da função legislativa, como necessidade de imediatas providências de teor interativo. Com efeito, ao converter-se em lei, perde a medida seu caráter provisório e ingressa, definitivamente, na ordem jurídica, suscitando adaptações imprescindíveis para que se mantenham a harmonia e o bom funcionamento do direito positivo. A mera aceitação da medida proposta pelo Presidente da República, na sua integridade, ou a hipótese de modificações que lhe alterem a substância ou a forma postulam do legislador outro esforço que virá a título de corolário ou de *decorrência*, como preferiu o constituinte. E o mencionado empenho se consubstancia em editar *outras normas jurídicas* que promovam os ajustes inerentes ao ingresso das primeiras, consolidando-se o equilíbrio e a funcionalidade do sistema. Daí concluirmos que a produção de regras disciplinadoras, por via de decreto legislativo, das *relações jurídicas delas decorrentes* se aplica às medidas que encontram apoio no Parlamento e destina-se a adaptar a nova lei (resultado da conversão) às exigências do sistema de que passou a fazer parte, o que certamente requer acertos internormativos de índole axiológica, sintática e semântica.

Bem se vê que a medida provisória, levada a sério, representará perigoso instrumento para o Poder Executivo, na proporção em que lhe caiba responder pela composição dos danos emergentes, ocorridos no intervalo que vai da edição até a rejeição expressa ou tácita pelo Legislativo. Convocada a ressarcir os prejuízos causados em eventos protocolarmente identificados, a União ver-se-á onerada, reiteradamente, por força de iniciativas mal concebidas ou propostas em termos inapropriados.

Dispensável dizer que as situações formadas nesse entremeio constituem sempre matéria social pronta para ser absorvida pelo subsistema normativo, *bastando, é claro, que desperte o interesse criativo e disciplinador do Poder Político.* Aquilo que contestamos, porém, é a relação deonticamente necessária entre a rejeição expressa ou tácita da medida e o regramento dos efeitos propagados. Opostamente, tal disciplina se afigura não só importante como até indispensável, na contingência de aprovação (integral ou parcial) da medida provisória.

É de lamentar que o próprio Congresso Nacional, numa atitude de automutilação de suas prerrogativas constitucionais, tenha adotado entendimento diverso, como se extrai da Resolução n. 1-CN, de 1989, que dispõe acerca da apreciação das medidas a que se refere o art. 62 da Constituição. No parágrafo único do art. 6º desse documento está consignado que, rejeitada a matéria, seja pela não verificação dos pressupostos, seja pelo inacolhimento do conteúdo, "*a Comissão Mista elaborará Projeto de Decreto Legislativo disciplinando as relações jurídicas decorrentes da vigência da Medida, o qual terá sua tramitação iniciada na Câmara dos Deputados".*

b) *O processo de aprovação e o veículo em que se converte a medida provisória*

Comunicadas por mensagem da Presidência da República, as medidas provisórias serão apreciadas primeiro pela Câmara dos Deputados (§ 8º) e depois pelo Senado, cabendo a uma comissão mista de deputados e de senadores examiná-las, preliminarmente, quanto ao atendimento de seus pressupostos constitucionais, mediante parecer (§§ 5º e 9º).

O instrumento de deliberação do Congresso será o decreto legislativo, quer para converter a medida em lei, quer para rejeitá-la. E o § 6º prescreve, como já foi anunciado, que o projeto ingresse em regime de urgência se a medida provisória não for apreciada em quarenta e cinco dias, ficando sobrestadas todas as demais deliberações legislativas da Casa em que estiver tramitando, até que se ultime a votação.

Veda-se a reedição, no período da mesma sessão legislativa, tratando-se de medida rejeitada ou que tenha perdido sua eficácia pelo decurso do tempo, mas se abre espaço à prorrogação de mais sessenta dias, ainda que sem iniciativa do Poder que desencadeou o processo.

O § 11 encarrega-se de elucidar que a não edição do decreto legislativo a que alude o § 3º, no prazo de até sessenta dias após a rejeição ou perda da eficácia de medida provisória, acarretará que as relações jurídicas constituídas e decorrentes de atos praticados durante sua vigência permaneçam regidas pelo inteiro teor daquela medida. Tal dispositivo interessa diretamente aos casos em que se discute a eventual restituição de valores recolhidos com fundamento em medidas ao depois rejeitadas pelo Congresso.

Curioso assinalar que a inaceitação explícita, bem como o regramento, por iniciativa parlamentar, dos mecanismos de ajuste necessários à inserção da medida provisória no ordenamento jurídico operar-se-ão por meio de decreto legislativo. E, por intermédio desse mesmo veículo, o Congresso aprovará o projeto de conversão que, uma vez sancionado pelo Chefe do Executivo, transformar-se-á em lei ordinária. Já não cabe, portanto, a exegese segundo a qual a espécie de figura legislativa resultante da conversão ficaria na dependência da matéria disciplinada na mensagem, de tal modo que, ferindo tema de lei ordinária, nesta se converteria; se o assunto fosse pertinente ao âmbito de competência de lei complementar, nesse tipo de diploma haveria de transformar-se, e assim por diante.

Outra vez, a Emenda Constitucional n. 32 veio a trazer luzes à compreensão do tema, estatuindo que é vedada a expedição de medidas provisórias sobre matéria reservada a lei complementar (§ 1º, III). Ora, como os demais itens do processo legislativo seriam incogitáveis, remanesce a lei ordinária como produto exclusivo da conversão.

c) *As relações jurídico-tributárias e a utilização de medidas provisórias*

A medida provisória tem servido de instrumento para uma série de providências jurídico-políticas, nos mais variados campos. O Poder Público federal não tem hesitado em acioná-la para fazer valer seus propósitos governamentais, sem se preocupar com os limites materiais que a rígida discriminação de competências estabelece. Tudo isso sob o olhar complacente do Judiciário e muitas vezes até com o aplauso de representantes da doutrina.

Faço questão de lembrar que desde a instalação da ordem jurídica vigente, até agora, tenho sustentado a incompatibilidade do expediente previsto no art. 62 da Constituição Federal, não só com o acatamento ao princípio da anterioridade tributária, como também com a manifestação de consentimento por parte dos administrados. Eis que a Emenda n. 32, em boa hora, veio a restabelecer o equilíbrio do sistema, dizendo por outra forma, mas deixando suficientemente claro, que a medida provisória não poderá instituir ou majorar tributos. Isso porque, nada obstante os termos da frase legislada, torna-se imprescindível que a lei de conversão tenha sido publicada antes de encerrado o exercício financeiro. A disposição, contida no § 2º do art. 62, abre apenas exceção para os impostos extraordinários, uma vez que os previstos no art. 153, I, II, IV e V, são criados por lei e podem ter suas alíquotas majoradas mediante singelo decreto do Presidente da República, nos termos em que a lei o admitir. O emprego de medida provisória, como se vê, assume caráter despiciendo para tal fim.

Penso que nos horizontes do direito constitucional tributário, do modo como está posto, a medida cumprirá a função de mera iniciativa do Chefe do Executivo, no sentido de desencadear o processo de elaboração da lei em que será convertido o projeto aprovado.

Por outro lado, é importante frisar que as relações jurídico-tributárias que veiculam deveres instrumentais ou formais, chamadas de "obrigações tributárias", continuam podendo ser instituídas e disciplinadas por esse tipo de diploma normativo.

6) *O decreto-legislativo* é o estatuto expressivo das competências exclusivas do Congresso Nacional e está no nível da lei ordinária. Aprovado por maioria simples, não tem sanção, sendo promulgado pelo Presidente do Congresso, que o manda publicar. Adquire grande relevância no direito brasileiro como veículo que introduz o conteúdo dos tratados e das convenções internacionais no sistema normativo, como se presta às assembleias legislativas estaduais para absorver o teor dos convênios celebrados entre as unidades federadas, transformando-os em regras jurídicas válidas.

Esclareça-se que os tratados e as convenções internacionais, bem como os convênios interestaduais, não são portadores de força vinculante. É imperioso, por decorrência do princípio da legalidade, que a ordem jurídica recolha a matéria desses atos multilaterais de vontade, sem o que não se dá a produção de normas válidas no direito pátrio. E é precisamente por essa razão que o decreto legislativo assume importância significativa como instrumento primário de introdução de regras tributárias.

7) *As resoluções*, tanto do Congresso Nacional como do Senado, à semelhança dos decretos legislativos, são aprovadas por maioria simples, sendo promulgadas pela Mesa do Senado ou do Congresso, conforme o caso. Ainda que não sejam leis em sentido estrito, revestem-se do *status* jurídico próprio da lei ordinária e, atuando em setores que a Constituição lhes demarca, são também instrumentos primários de introdução de normas tributárias. Nesse campo da disciplina jurídica importam mais as resoluções do Senado Federal, restando para a resolução do Congresso aprovar a delegação de poderes legislativos ao Presidente da República, que, como vimos, pode dispor sobre matéria tributária. Fica fora de dúvida, porém, que o constituinte cometeu mais atribuições ao Senado, que, por via de resolução, fixará as alíquotas máximas do imposto sobre heranças e doações (CF, art. 155, § 1º, IV), bem como estabelecerá as alíquotas de ICMS aplicáveis às operações e prestações, quer as interestaduais, quer as de exportação (CF, art. 155, § 2º, IV). Ao lado disso, conferiu-lhe a faculdade de estipular as alíquotas mínimas de ICMS nas operações internas (CF, art. 155, § 2º, V, *a*) e também as máximas, nas mesmas operações, quando houver conflito específico que envolva interesse de Estado (CF, art. 155, § 2º, V, *b*).

6. Instrumentos secundários

Os instrumentos secundários são todos os atos normativos que estão subordinados à lei. Não obrigam os particulares e, quanto aos funcionários públicos, devem-lhe obediência não propriamente em vista de seu conteúdo, mas por obra da lei que determina sejam observados os mandamentos superiores da Administração.

1) *O decreto regulamentar* é ato da competência privativa dos chefes dos poderes executivos da União, dos Estados, do Distrito Federal e dos Municípios. Não dotados de autonomia, servem para possibilitar a fiel execução das leis. Roque Carrazza[20] define o regulamento como um *ato normativo*,

---

20. *O regulamento no direito tributário brasileiro*, Revista dos Tribunais, 1981, p. 14.

unilateral, inerente à função administrativa que, especificando os mandamentos de uma lei não autoaplicável, cria normas jurídicas gerais.

Por estar adstrito ao âmbito de lei determinada, o decreto regulamentar não poderá ampliá-la ou reduzi-la, modificando de qualquer forma o conteúdo dos comandos que regulamenta. Não lhe é dado, por conseguinte, inovar a ordem jurídica, fazendo surgir novos direitos e obrigações. Daí sua condição de instrumento secundário de introdução de regras tributárias.

Pondere-se que o chefe do Poder Executivo somente está autorizado a expedir decreto regulamentar quando a lei não for autoexecutável e, obviamente, em matérias que lhe cumpra disciplinar, o que significa reconhecer o descabimento jurídico da regulamentação de leis civis, processuais, penais etc., que sejam aplicáveis diretamente pelos administrados ou pelo Poder Judiciário. Volta-se, precipuamente, aos órgãos administrativos hierarquicamente subordinados ao Presidente da República, aos Governadores dos Estados, do Distrito Federal e aos Prefeitos dos Municípios, pelo que não se admite sejam utilizados por Ministro de Estado ou Secretários estaduais ou municipais.

2) *As instruções ministeriais* estão previstas no art. 85, II, da Constituição Federal e competem aos Ministros de Estado para o fim de promover a execução das leis, decretos e regulamentos que digam respeito às atividades de sua pasta. A prerrogativa não vem sendo empregada por esses auxiliares diretos do Presidente da República, que preferem editar simples portarias, instrumentos normativos de menor expressividade. As instruções ministeriais são veículos úteis para introduzir no ordenamento regras jurídicas de nível secundário, fazendo possível a aplicação efetiva das leis e dos decretos regulamentares, e assegurando, desse modo, a uniformidade da ação administrativa. É despiciendo frisar que as disposições desses atos não podem contrariar os comandos da lei ou do regulamento, situando-se em patamar inferior.

3) *As circulares*, igualmente, encerram normas jurídicas de caráter infralegal e visam à ordenação uniforme do serviço administrativo. Seu campo de validade, porém, é restrito a setores específicos, destinando-se a orientar determinados agentes cometidos de atribuições especiais. Não desfrutam, como se vê, da generalidade própria das instruções ministeriais.

4) *As portarias*, por seu turno, consubstanciam regras gerais ou individuais que o superior edita para serem observadas por seus subalternos. Ocorrem em todos os degraus da escala hierárquica, desde os ministérios até as mais simples repartições do serviço público. Prestam-se não só para veicular comandos administrativos gerais e especiais, como também para designar funcionários para o exercício de funções menores, abrir sindicâncias e inaugurar procedimentos administrativos. E é curioso assinalar que Ministros de Estado, ao invés das instruções ministeriais expressamente mencionadas no texto da Constituição, lancem mão de portarias para realizar o importante mister de tornar efetivos os mandamentos de lei ou de decretos regulamentares, no caminho de sua fiel execução.

5) *As ordens de serviço* são autorizações ou estipulações concretas, mas para um determinado tipo de serviço a ser desempenhado por um ou mais agentes, especialmente credenciados para tal. Seu âmbito é bem delimitado, circunscrevendo-se ao serviço e aos funcionários que o prestam.

6) *Outros atos normativos estabelecidos pelas autoridades administrativas*. No direito tributário brasileiro encontramos a figura esdrúxula dos pareceres normativos, na esfera federal, que consistem em manifestações do entendimento de agentes especializados, sobre matéria tributária submetida à sua apreciação, e que adquirem foros normativos, vinculando a interpretação entre funcionários, no que concerne ao tópico debatido. Incluem-se nessa rubrica, também, as decisões dos órgãos singulares ou colegiais que controlam a legalidade dos atos administrativos e que, uma vez reiteradamente convergentes, aplicam-se com força normativa, ao feitio das emanações da jurisprudência.

7. Vício formal e vício material

Uma das decorrências com utilidade prática imediata que advém da segregação entre norma introduzida e veículo introdutor consiste na construção de critério seguro para discernir a ocorrência de vício formal e material.

Para bem fazê-lo, deve-se antes aclarar a dupla acepção de lançamento tributário.[21] No contexto das discussões sobre nulidades, costuma-se empregar tal locução ora para fazer referência ao *documento*, o *ato administrativo*, visto como instrumento introdutor de normas, ora ao *teor desse instrumento*, quer dizer, ao comando introduzido no sistema que obriga o contribuinte a pagar determinada quantia ao sujeito ativo da obrigação tributária, à *norma individual e concreta* inserida no sistema.

Com efeito, deve-se ter em mente que as marcas temporais desses dois aspectos do lançamento são distintas (indicando a data do acontecimento relatado, o tempo *no* fato, e a data da lavratura, o tempo *do* fato), como também são diferentes as normas que dizem respeito a seu teor: (i) uma dispõe sobre a matéria tributável, enunciando os traços do fato jurídico tributário e determinando, também, os sujeitos da relação jurídica e seu teor (seguindo o desenho da regra-matriz de incidência tributária); a outra (ii) diz respeito ao procedimento realizado e às formas documentais empregadas para inserir a obrigação tributária, em seu grau máximo de concretude, no ordenamento.

Duas, portanto, são as possibilidades de descompasso entre o documento produzido e as normas a que nos referimos: (i) pode ocorrer que o lançamento esteja em desacordo com as disposições que delimitam a matéria tributável e (ii) pode acontecer que a falha se verifique no descumprimento de alguma das etapas do procedimento. No primeiro caso, estaremos diante de *vício material*; no segundo, de *vício formal*.

---

21. Adiante, neste mesmo livro, em seu Capítulo XII, trataremos no item 10 de como tais perspectivas somam-se à noção de lançamento como *procedimento*, bem ao talo do art. 142 do Código Tributário Nacional, ampliando a investigação semântica aqui principiada.

É próprio das situações em que se configura o vício material a verificação do erro nos enunciados-enunciados. Já o vício formal transparece com maior nitidez na enunciação-enunciada, isto é, nas marcas vestigiais presentes no documento final que apontam o não cumprimento de uma – ou mais de uma – das fases do procedimento que a lei prescrevia para a autoridade administrativa competente. Em esforço de síntese, é possível visualizar a diferença entre essas modalidades de vício no seguinte quadro sinóptico:

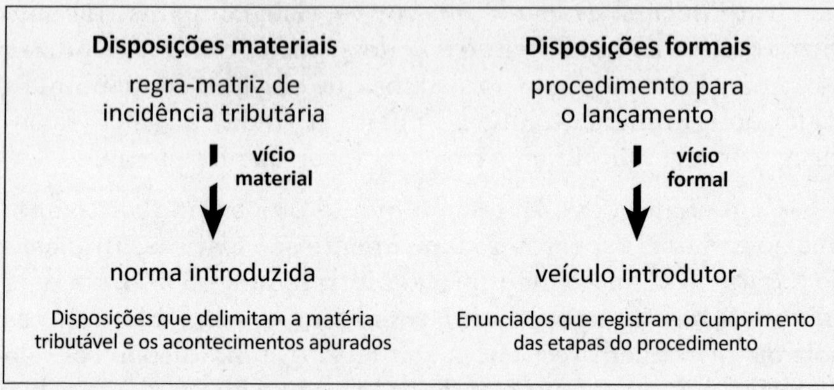

O Decreto 70.235/72, que cuida do Procedimento Administrativo Fiscal no âmbito federal, assim estipula em seu art. 10 sobre o auto de infração:

> Art. 10. O auto de infração será lavrado por servidor competente, no local da verificação da falta, e conterá obrigatoriamente:
>
> I – a qualificação do autuado;
>
> II – o local, a data e a hora da lavratura;
>
> III – a descrição do fato;
>
> IV – a disposição legal infringida e a penalidade aplicável;
>
> V – a determinação da exigência e a intimação para cumpri-la ou impugná-la no prazo de trinta dias;
>
> VI – a assinatura do autuante e a indicação de seu cargo ou função e o número de matrícula.

De ver está que nem todas as disposições concernem à enunciação-enunciada, às prescrições do veículo introdutor: a descrição do fato (inciso III), bem como a disposição legal infringida e a penalidade cabível (inciso IV) despontam como exemplos de que o Decreto não se limitou à parte procedimental e arrolou, também, requisitos materiais para apurar a higidez do ato administrativo.

À evidência, não se pode apurar fato nem mesmo descrevê-lo sem antes consultar as disposições materiais que estipulam quais as características que deve ter um determinado acontecimento para emanar seus efeitos jurídicos. Tanto no caso de violação do inciso III como do inciso IV, está-se diante de *vício material* e não de *vício procedimental*, pois diz respeito ao conteúdo prescritivo do ato administrativo e não apenas à sua forma, para fazer valer a clássica enumeração de seus elementos constitutivos.

Todas as vezes que nos aproximarmos do núcleo da regra-matriz de incidência tributária, o vício, ainda que se refira à sua indicação, será *material.*[22]

A distinção entre vício formal e material é relevante para o subdomínio do direito tributário brasileiro, pois dela sobrevêm efeitos diferentes, como, por exemplo, a contagem do prazo decadencial que, em se tratando de vício formal, será reiniciada após a decisão que anule o ato administrativo por tal razão (art. 173, II, do CTN); por outro lado, sendo a anulação feita em virtude de vício material, não há falar-se em reinício desse prazo.

8. O conceito de legislação tributária para o Código Tributário Nacional

O Código Tributário Nacional veio a lume no corpo da Lei 5.172/66, animado pelo escopo de disciplinar o sistema

22. É nesse sentido que anda a melhor jurisprudência de nossas Cortes Administrativas: "IRPJ E OUTROS – Ex(s): 1992. VÍCIO FORMAL – Não configura vício formal o erro na identificação do sujeito passivo, pois este pertence ao núcleo da regra-matriz de incidência e o equívoco em sua identificação configura vício substancial, não sendo aplicável o inciso II do art. 173 do CTN" (1º Conselho de Contribuintes, 5ª Câmara, Acórdão 105-17.139, publicado em 13.08.2008).

tributário nacional e instituir normas gerais de direito tributário aplicáveis à União, aos Estados e aos Municípios. Se rigorosamente essa é a ementa, outro não foi o plano concebido, uma vez que, dividido em dois livros, o primeiro trata do *sistema tributário nacional*, enquanto o segundo versa sobre *normas gerais de direito tributário*.

Avulta o descompasso logo no exame do primeiro instante: e as normas gerais de direito tributário não pertencem ao sistema tributário nacional? Então, a que sistema hão de pertencer? E remanesce a perplexidade de quem lê o texto da lei e se depara com a linguagem técnica do legislador, mescla de linguagem da experiência comum e da linguagem científica.

Problemas sintáticos, semânticos e pragmáticos dessa natureza vão acompanhar o intérprete sempre que se preocupar com a análise dos produtos legislados, invariavelmente inçados de tais imperfeições. É por isso que somente o domínio do sistema como um todo e a apreensão dos princípios capitais podem servir de orientação diretiva ao exegeta.

Mas as dificuldades continuam e vejamos o que acontece com o conceito de *legislação tributária*, agora que já cuidamos dos instrumentos primários e secundários de introdução de normas. Esclarece o art. 96 do CTN que:

> Art. 96. A expressão "legislação tributária" compreende as leis, os tratados e as convenções internacionais, os decretos e as normas complementares que versem, no todo ou em parte, sobre tributos e relações jurídicas a eles pertinentes.

Insere o legislador, no mesmo quadro, indiscriminadamente, atos normativos inaugurais, como as leis, ao lado dos tratados e convenções internacionais, que valem na ordem jurídica interna se e somente se acolhidos no conteúdo de decreto legislativo, como tivemos oportunidade de ver. Coloca, ombro a ombro, instrumentos introdutórios primários com entidades que não podem ser tidas sequer como instrumentos primários de introdução de regras tributárias. E, como se não bastasse, faz referência expressa às normas complementares e, dentro delas, às práticas reiteradamente observadas pelas autoridades administrativas e aos convênios que entre si celebram a União, os Estados, o Distrito Federal e os Municípios.

Em homenagem ao mínimo de rigor e coerência que o sistema deve apresentar, não nos parece correta a formulação esquematizada nesse Estatuto. Tirante as leis, os decretos e, entre as *normas complementares*, os atos normativos expedidos pelas autoridades administrativas e as decisões dos órgãos singulares ou coletivos de jurisdição administrativa a que a lei atribua eficácia normativa (art. 100, I e II), que são instrumentos introdutórios, primários ou secundários, no ordenamento positivo brasileiro, todos os outros, tratados e convenções internacionais, bem como as práticas reiteradamente observadas pelas autoridades administrativas e os convênios que entre si celebrem a União, os Estados, o Distrito Federal e os Municípios, esses últimos na qualidade de *normas complementares*, são vazios de força jurídica vinculante, não integrando o complexo normativo.

Há equívoco incontornável na dicção do art. 98, porquanto não são os tratados e as convenções internacionais que têm idoneidade jurídica para revogar ou modificar a legislação interna, e sim os decretos legislativos que os ratificam, incorporando-os à ordem jurídica brasileira. Igualmente os convênios celebrados pelas unidades políticas, entre si, deverão submeter-se à apreciação das respectivas Assembleias sem o que não se introduzem no ordenamento.

Registre-se, a propósito, que a prática dos convênios meramente firmados entre os poderes executivos dos Estados não tem observado essa providência fundamental, o que vem em detrimento do princípio da legalidade tributária.

CAPÍTULO IV

VIGÊNCIA, APLICAÇÃO E INTERPRETAÇÃO DA LEGISLAÇÃO TRIBUTÁRIA

1. O problema da existência, da validade e da eficácia das normas jurídicas

As normas jurídicas, proposições prescritivas que são, têm sua valência própria. Delas não se pode dizer que sejam verdadeiras ou falsas, valores imanentes às proposições descritivas da Ciência do Direito, mas as normas jurídicas serão sempre *válidas* ou *inválidas*, com referência a um determinado sistema "S". E ser norma válida quer significar que mantém relação de pertinencialidade com o sistema "S", ou que nele foi posta por órgão legitimado a produzi-la, mediante procedimento estabelecido para esse fim.

A validade não é, portanto, atributo que qualifica a norma jurídica, tendo *status* de relação: é o vínculo que se estabelece entre a proposição normativa e o sistema do direito posto, de tal sorte que ao dizermos que u'a norma "N" é válida, estaremos expressando que ela pertence ao sistema "S".

A ponência de normas num dado sistema serve para introduzir novas regras de conduta para os cidadãos, como também modificar as que existem ou até para expulsar outras normas, cassando-lhes a juridicidade. Uma regra, enquanto não ab-rogada por outra, continua pertencente ao sistema e, como tal, reveste-se de validade.[23] A despeito de tais esclarecimentos, continua pertinente a afirmação segundo a qual u'a norma só tem sua validade retirada através de outra norma que o determine. Confirmação eloquente desse asserto está na disposição do art. 52, X, do Texto Constitucional vigente. No caso de declaração de inconstitucionalidade de norma pela Suprema Corte, tratando-se de controle difuso, suspende-se a eficácia da regra mediante resolução do Senado, até que seja ela revogada pelo órgão competente. Dito de outro modo, significará que certa norma até então vigente na ordem jurídica nacional teve sua inconstitucionalidade declarada pelo Supremo, que comunica tal decisão ao Senado da República. Este, pela figura legislativa da "resolução", manda suspender a eficácia técnica daquela regra, que permanece vigente sem poder atuar, continuando também válida até que o órgão que a promulgou venha a expulsá-la do sistema.

---

23. Sobre validade, consultar a excelente conversação que Sônia Mendes faz acontecer entre Kelsen e Hart, em função do pensamento de Wittgeinstein, em seu *A validade jurídica e o giro linguístico* (São Paulo, Noeses, 2007).

É intuitivo crer que a validade se confunde com a existência, de sorte que afirmar que u'a norma existe implica reconhecer sua validade, em face de determinado sistema jurídico. Do que se pode inferir: ou a norma existe, está no sistema e é, portanto, válida, ou não existe como norma jurídica. Sempre que o juiz deixa de aplicar u'a norma, por entendê-la inconstitucional, opinando por outra para ele mais adequada às diretrizes do ordenamento, nem por isso a regra preterida passa a inexistir, permanecendo válida e pronta para ser aplicada em outra oportunidade.

Já a eficácia pode ser estudada sob três ângulos, que denominamos eficácia jurídica, eficácia técnica e eficácia social.

Tomamos por eficácia jurídica o próprio mecanismo lógico da incidência, o processo pelo qual, efetivando-se o fato previsto no antecedente, projetam-se os efeitos prescritos no consequente. É a chamada *causalidade jurídica*, ou seja, vínculo de implicação segundo o qual, ocorrendo o fato jurídico (relato do evento no antecedente da norma), instala-se a relação jurídica. Dá-se o fenômeno sempre e quando os fatos jurídicos acontecem, traduzindo-se numa autêntica impossibilidade lógico-semântica imaginar-se a realização do fato jurídico, na conformidade de norma vigente, sem que se propaguem os efeitos correspectivos.

Eficácia jurídica é a propriedade de que está investido o fato jurídico de provocar a irradiação dos efeitos que lhe são próprios, ou seja, *a relação de causalidade jurídica*, no estilo de Lourival Vilanova. Não seria, portanto, atributo da norma, mas sim do fato nela previsto.

Sob a rubrica de eficácia técnica vemos a condição que a regra de direito ostenta, no sentido de descrever acontecimentos que, uma vez ocorridos no plano do real-social, tenham o condão de irradiar efeitos jurídicos, já removidos os obstáculos de ordem material que impediam tal propagação. Diremos ausente a eficácia técnica de u'a norma (ineficácia técnico-sintática) quando o preceito normativo não puder juridicizar o evento, inibindo-se o desencadeamento de seus efeitos, tudo (a) pela falta de outras regras de igual ou inferior hierarquia, consoante sua escala hierárquica, ou, (b) pelo contrário, na hipótese de existir no ordenamento outra norma inibidora de sua incidência. A ineficácia técnica será de caráter semântico quando dificuldades de ordem material impeçam, iterativamente, a configuração em linguagem competente assim do evento previsto, quanto dos efeitos para ela estipulados. Em ambos os casos, ineficácia técnico-sintática ou técnico-semântica, as normas jurídicas são vigentes, os sucessos do mundo social nelas descritos se realizam, porém inocorrerá o fenômeno da juridicização do acontecimento, bem como a propagação dos efeitos que lhe são peculiares.

A eficácia social ou efetividade, por sua vez, diz respeito aos padrões de acatamento com que a comunidade responde aos mandamentos de uma ordem jurídica historicamente dada. Indicaremos como eficaz aquela norma cuja disciplina foi concretamente seguida pelos destinatários, satisfazendo os anseios e as expectativas do legislador, da mesma forma que inculcaremos de ineficaz aquel'outra cujos preceitos não foram cumpridos pelos sujeitos envolvidos na situação tipificada. Toda vez que a conduta estipulada pela norma for reiteradamente descumprida, frustrar-se-ão as expectativas, inexistindo eficácia social.

Introduzidos esses esclarecimentos acerca da eficácia jurídica, técnica e social das regras do direito, convém salientar que os dois primeiros casos de eficácia expressam conceitos jurídicos, que muito interessam à Dogmática, ao passo que o último pertence aos domínios das indagações sociológicas, mais precisamente, da Sociologia Jurídica.

2. A questão da vigência

Viger é ter força para disciplinar, para reger, cumprindo a norma seus objetivos finais. A vigência é propriedade das regras jurídicas que estão prontas para propagar efeitos, tão logo aconteçam, no mundo fático, os eventos que elas descrevem. Há normas que existem e que, por conseguinte, são válidas no sistema, mas não dispõem dessa aptidão. A despeito de ocorrerem os fatos previstos em sua hipótese, não se desencadeiam as consequências estipuladas no mandamento. Dizemos que tais regras de direito não têm vigor, seja porque já o perderam, seja porque ainda não o adquiriram. A vigência não se confunde com a eficácia. U'a norma pode estar em vigor e não apresentar eficácia técnica (sintática ou semântica) e, igualmente, não ostentar eficácia social. Pode, por outro lado, não estar em vigor, apresentando, porém, eficácia técnica e eficácia social. Todavia, é bom repetir que não cabe falar de norma válida e vigente como dotada, ou não, de eficácia jurídica, já que tal caráter é qualidade de fatos jurídicos, não de normas. A questão da eficácia social (norma vigente sem eficácia social ou norma não vigente com eficácia social) assume grande interesse para a Política do Direito, configurando o ponto de partida para o exercício de pressões sociais no sentido de suprimir a norma tida por ineficaz e introduzir, regularmente, aquela outra que a prática social vem reclamando.

Como ensinou Kant, o espaço e o tempo não existem fora do ser cognoscente, mas se apresentam como instrumentos da faculdade de conhecer e de recolher sensações. As leis, enquanto produto cultural do homem, vêm irremediavelmente impregnadas pela necessidade de tudo relacionar a essas condições *a priori* da sensibilidade. Estão por isso destinadas a cobrir um determinado setor do mundo externo, fazendo-o por certo trato de tempo que ela mesma demarca, como unidade de um sistema jurídico igualmente submetido a idênticas limitações.

De quanto se expôs deflui que a norma jurídica se diz vigente quando está apta para qualificar fatos e determinar o surgimento de efeitos de direito, dentro dos limites que a ordem positiva estabelece, no que concerne ao espaço e no que consulta ao tempo.

Ajeita-se aqui uma consideração relevante, tendo em vista o aprofundamento teórico na temática da vigência.

Distinguimos, no capítulo das fontes, os veículos introdutores das normas introduzidas no sistema de direito positivo. Mas ficou consignado, também, que os veículos introdutores são igualmente normas jurídicas, com a mesma organização lógica de todas as demais (princípio da homogeneidade sintática das proposições prescritivas conjugado com o cânone da uniformidade que o objeto da ciência deve ostentar), apenas assinalando que tais regras serão sempre do tipo das gerais e concretas, porquanto seu antecedente dá conta da ocorrência de um fato devidamente delimitado no espaço e no tempo e seu consequente estabelece uma relação jurídica em que, de um lado, comparece o titular da autorização para praticar certa conduta (legislar, expedir atos administrativos, sentenciar etc.) e, do outro, figuram os demais indivíduos da comunidade social, isto é, aqueles que devem respeito ao teor de juridicidade de tais manifestações. Esses atos normativos inserem no sistema normas gerais e abstratas, individuais e concretas e individuais e abstratas. Ora, se assim é, tanto as primeiras, normas introdutoras, como as últimas, normas introduzidas, hão de ter sua vigência, já que frisamos ser esse predicado universal da generalidade das regras jurídicas.

Os veículos introdutores terão sua vigência marcada pelo átimo da própria validade. Nesse caso específico, vigência e validade são concomitantes e não teria sentido imaginar-se que a regra geral e concreta, operando como instrumento introdutor, tivesse de esperar intervalo de tempo para, somente depois, irradiar sua vigência, dado que a finalidade exclusiva de tais normas é inserir na ordem jurídica posta outras normas. Desse modo, ao ingressarem no sistema, recebem a predicação de normas vigentes. Outro tanto, porém, não ocorre com as regras introduzidas. A vigência dessas últimas é fixada pela norma introdutora e muitas vezes não coincide com a entrada em vigor do instrumento que as introduziu. Em outras palavras, as regras introduzidas ficam na dependência do que for estipulado nos veículos introdutores, segundo o conteúdo volitivo que neles se expressa.

3. A vigência das normas tributárias no tempo

O vigor das leis, no tempo, está sob a diretriz genérica fixada pelo art. 1º da Lei de Introdução às Normas do Direito Brasileiro (Dec.-Lei n. 4.657/42, com redação dada pela Lei n. 12.376/2010). E é precisamente esse o conteúdo do art. 101 do CTN, ao firmar que a vigência da legislação tributária rege-se pelas *disposições legais aplicáveis às normas jurídicas em geral, ressalvado o previsto neste Capítulo.*

Sendo assim, as normas tributárias entram em vigor, *salvo disposição em contrário*, quarenta e cinco dias após haverem sido publicadas. O lapso que se interpõe entre a publicação e o termo inicial de vigência é a conhecida *vacatio legis*, tempo em que a regra é válida como entidade jurídica do sistema, mas não adquiriu a força que lhe é própria para alterar, diretamente, a conduta dos seres humanos, no contexto social. Nada impede ao legislador tributário que faça coincidir a vigência da norma com a data da publicação do texto, aproveitando-se da cláusula excepcionadora — *salvo disposição em contrário* — do referido art. 1º da Lei de Introdução ao Código Civil, entretanto, algum tempo de *vacatio* parece recomendável, dada a especificidade da matéria e o plexo de valores jurídicos que o impacto tributário acaba determinando.

A vigência das normas tributárias, no tempo, carrega uma particularidade que deve ser enfatizada. Aquelas que instituem ou majoram tributos hão de respeitar outro limite, qual seja, aquele sobranceiramente enunciado no corpo do art. 150, III, *b*, e que consiste na necessidade de terem sido publicadas antes do início do exercício financeiro em que se pretenda cobrar a exação. É o princípio da *anterioridade*, que comporta apenas as exceções enunciadas no § 1º do mesmo preceptivo constitucional. Ora, se bem sopesarmos a conjugação desses dois condicionantes, teremos que inferir que as normas jurídicas que decretam tributo novo, ou nova faixa de incidência para tributo já existente, ou ainda que venham a aumentá-lo, como expressão econômica, devem sujeitar-se à resultante da combinação dos dois limites.

Não advogamos a tese de que tais normas (as que criam ou aumentam tributos) entrem, efetivamente, em vigor, nas datas que estipulem, ficando a eficácia jurídica dos fatos previstos em suas hipóteses protelada até o início do próximo exercício financeiro. Não se trata de problema de eficácia, mas única e exclusivamente de vigência. Na hipótese, o que ocorre é a convergência de dois fatores condicionantes, que interagem provocando o deslocamento do termo inicial da vigência, de modo que a regra jurídica que entraria em vigor quarenta e cinco dias depois de publicada ou na data que estabelecer continua sem força vinculante, até que advenha o primeiro dia do novo exercício financeiro. Isso nos autoriza a falar numa vigência predicada pela norma e noutra imperiosamente estabelecida pelo sistema.

São reflexões dessa natureza que nos permitem entender o conteúdo do art. 104 do CTN, exarado em consonância com o art. 150, III, *b* e *c*, da CF.

4. A vigência das normas tributárias no espaço

Recolhido o fato de ser o Brasil, juridicamente, uma Federação, e o de haver Municípios dotados de autonomia, a vigência das normas tributárias ganha especial e relevante importância. Vê-se, na disciplina do Texto Constitucional, a preocupação sempre presente de evitar que a atividade legislativa de cada uma das pessoas políticas interfira nas demais, realizando a harmonia que o constituinte concebeu. É a razão de ter-se firmado a diretriz segundo a qual a legislação produzida pelo ente político vigora no seu território e, fora dele, tão somente nos estritos limites em que lhe reconheçam extraterritorialidade os convênios de que participem. Nessa linha de raciocínio, as normas jurídicas editadas por um Estado são vigentes para colher os fatos que aconteçam dentro de seus limites geográficos, o mesmo ocorrendo com os Municípios e com a própria União. Todavia, desde que se celebrem convênios entre os Estados e entre os Municípios, alguns princípios de extraterritorialidade podem ser eleitos e, nessa estrita dimensão, as normas de um serão vigentes no território do outro. Passa-se o mesmo com a União, quer na sua qualidade de pessoa política de direito constitucional interno, quer como pessoa no direito das gentes. Participando no concerto das nações, assina tratados e convenções internacionais que têm o condão de imprimir vigência às suas normas, mesmo em território estrangeiro.

5. Vigência e aplicação das normas jurídicas

Não devemos confundir vigência e aplicação das normas jurídicas. Norma vigente pode não ser aplicada, ao mesmo tempo em que nos deparamos com a aplicação de regras que já perderam seu vigor para o futuro. Exemplo da última situação temos na figura do ato jurídico do lançamento, em que, por vezes, o agente competente declara a ocorrência de um evento pretérito, aplicando-lhe a legislação que o regulava, muito embora a lei invocada tenha sido revogada, perdendo a vigência futura. Nessa hipótese, tais normas passarão a ter apenas vigor sobre acontecimentos anteriores à sua revogação, não podendo, portanto, alcançar fatos novos que porventura ocorram. Nada obstante, continuam válidas no sistema, para aplicação a sucessos passados, sobre os quais concentrarão o inteiro teor de sua vigência.

A aplicação das normas jurídicas tem íntima ligação com a eficácia social, porque a inaplicabilidade reiterada de disposições normativas representa a inoperância de suscitar as relações de direito que o legislador associou à concretização dos fatos descritos, equivalendo à ausência de efetividade para regular as condutas interpessoais. Nessa perspectiva é cabível até falar-se na aplicação como algo que se põe entre a vigência e a eficácia jurídica, técnica e social, uma vez que, vigente a norma, é de ser aplicada, e com a aplicação surdem à luz os efeitos que a ordem jurídica previu. Operando-se a inaplicação, contudo, não se promove a alteração do mundo social que o legislador prescreveu, e dizemos que a regra se mostrou socialmente ineficaz, ao menos no que se refere àquele caso concreto.

Aplicar o direito é dar curso ao processo de positivação, extraindo de regras superiores o fundamento de validade para a edição de outras regras. É o ato mediante o qual alguém interpreta a amplitude do preceito geral, fazendo-o incidir no caso particular e sacando, assim, a norma individual. É pela aplicação que se constrói o direito em cadeias sucessivas de regras, a contar da norma fundamental, axioma básico da existência do direito enquanto sistema, até as normas particulares, não passíveis de ulteriores desdobramentos, e que funcionam como pontos terminais do processo derivativo de produção do direito.

A aplicação das normas jurídicas se consubstancia no trabalho de relatar, *mediante o emprego de linguagem competente,* os eventos do mundo real-social (descritos no antecedente das normas gerais e abstratas), bem como as relações jurídicas (prescritas no consequente das mesmas regras). Isso significa equiparar, em tudo e por tudo, *aplicação* a *incidência,* de tal modo que aplicar u'a norma é fazê-la incidir na situação por ela juridicizada. E saliente-se, neste passo, que utilizo "*linguagem competente*" como aquela exigida, coercitivamente, pelo direito posto.

É no átimo da aplicação que aparece o homem, atuando por meio dos órgãos singulares ou coletivos, na sua integridade psicofísica, com seus valores éticos, com seus ideais políticos, sociais, religiosos, fazendo a seleção entre as interpretações possíveis, estimando-as axiologicamente, para eleger uma entre outras, expedindo então a nova regra jurídica. É por isso que se diz, com acerto, que a escolha que o aplicador faz, entre as várias possibilidades interpretativas, é um ato de decisão política. Mas esse ato não ingressa na literalidade do texto normativo. Aquilo que se introduz é o comando de vontade objetivado pelo ato, o que afasta das cogitações científicas, no primeiro momento, a índole política manifestada na eleição do esquema hermenêutico. E o cientista, ao descrever o ordenamento positivo, inicialmente coloca entre parênteses o ato, prescindindo de suas colorações éticas, políticas, sociais e religiosas, ficando tão somente com a descrição objetiva da regra editada, para resgatar então aqueles aspectos que estiveram presentes no processo de enunciação da norma. Com isso, pretenderá chegar à plenitude construtiva do trajeto de interpretação.

A aplicação do direito é justamente seu aspecto dinâmico, ali onde as normas se sucedem, gradativamente, tendo sempre no homem, como expressão da comunidade social, seu elemento intercalar, sua fonte de energia, o responsável pela movimentação das estruturas.

6. Aplicação das normas tributárias

A Lei 5.172/66 cuida, no Capítulo III, nos arts. 105 e 106, da "Aplicação da Legislação Tributária", prescrevendo, o primeiro deles, que:

> Art. 105. A legislação tributária aplica-se imediatamente aos fatos geradores futuros e aos pendentes, assim entendidos aqueles cuja ocorrência tenha tido início mas não esteja completa nos termos do artigo 116.

Entrando a lei em vigor, deve ser aplicada, imediatamente, a todos os *fatos geradores* que vierem a acontecer no campo territorial sobre que incida, bem como àqueles cuja ocorrência teve início, mas não se completou na forma prevista pelo art. 116. E ficam delineados, para o legislador do Código Tributário Nacional, os perfis de duas figuras que ele distingue: a de *fato gerador futuro* e a de *fato gerador pendente.*

Fato gerador futuro é o que ainda não se verificou, mas, quando acontecer, sob a égide da legislação tributária vigente, receberá seu impacto, ficando a ela submetido quanto à disciplina de seus efeitos jurídicos. E *fato gerador pendente* é o que, a despeito de não ter-se completado, iniciou seu ciclo, estando em curso de formação. Vindo a concretizar-se, será alcançado pela legislação tributária, da mesma maneira que os futuros.

Não é difícil descobrir o que teve em mente o legislador do Código ao construir esses conceitos. Levou em conta a surrada distinção entre *fatos geradores de formação instantânea, continuada e complexiva*, procurando atingir os dois últimos, sempre que se puder identificar o fluxo de sua marcha integrativa.

Trataremos de fatos jurídicos tributários em capítulo subsequente, colocando-os sob foco temático. Aí teremos a oportunidade de demonstrar a falsidade das premissas que sustentam essa classificação, ficando patente o descabimento lógico dos chamados *fatos geradores pendentes*. Por enquanto, fiquemos com os seguintes argumentos que nos parecem bastantes em si para destruírem o conteúdo de relevância jurídica que o legislador lhes outorgou.

Se, utilizando a linguagem do Código, *fato gerador* é aquele que reúne as condições necessárias e suficientes para determinar os efeitos que lhe são próprios (quer se trate de *situação de fato*, ou de *situação jurídica*), minguando qualquer elemento de sua composição intrínseca, não merecerá o nome de *fato gerador*, pois nenhum efeito virá à tona, em termos de nascimento da *obrigação tributária*.

Fato gerador pendente é aquele que não aconteceu e, se por alguma razão deixou de completar-se, não pode ser chamado de *fato gerador*. Pendente é adjetivo que qualifica a expressão *fato gerador*. Se essa inexistir, não terá o que qualificar.

Todos os acontecimentos que o sistema jurídico prevê, para a eles ligar certas e determinadas consequências, têm importância apenas e tão somente quando se realizam. Antes disso, e por mais próximos que estejam de sua concretização, representam sucessos aos quais o direito se mostra indiferente, por não contemplá-los na sua ordenação. Indiferente, repetimos, como realidade jurídica preordenada ao efeito característico, que no caso tributário é o nascimento do vínculo obrigacional.

Os *fatos geradores pendentes* são eventos jurídicos tributários que não ocorreram no universo da conduta humana regrada pelo direito. Poderão realizar-se ou não, ninguém o sabe. Acontecendo, efetivamente, terão adquirido significação jurídica. Antes, porém, nenhuma importância podem espertar, assemelhando-se, em tudo e por tudo, com os *fatos geradores futuros*. Se a contingência de haver-se iniciado uma *situação de fato* ou uma *situação jurídica* pudesse emprestar-lhe alguma dimensão significativa, na ordem do direito, seria o caso de cogitarmos de outra designação, terminologia diversa, evitando-se, por via de consequência, a ilogicidade que a presente construção engendra.

A demonstração *ad rem* da inexistência de qualquer traço diversificador entre o *fato gerador pendente e o fato gerador futuro* está exposta no próprio enunciado do art. 105 do Código, que prescreve, com clareza meridiana, que a *legislação tributária aplica-se imediatamente aos fatos geradores futuros e aos pendentes.*

7. A aplicação das normas tributárias e a retroatividade

Como expressão do imperativo da segurança do direito, as normas jurídicas se voltam para a frente, para o porvir, para o futuro, obviamente depois de oferecido ao conhecimento dos administrados seu inteiro teor, o que se dá pela publicação do texto legal. Na linha de realização desse valor supremo, estatui a Constituição do Brasil que a *lei não prejudicará o direito adquirido, o ato jurídico perfeito e a coisa julgada* (art. 5º, XXXVI). E fere a consciência jurídica das nações civilizadas a ideia de que a lei possa colher fatos pretéritos, já consolidados e cujos efeitos se canalizaram regularmente em consonância com as diretrizes da ordem institucional.

Mas ocasiões há em que se concede ao legislador a possibilidade de atribuir às leis sentido retroativo. E o Código Tributário Nacional discorre sobre o assunto, ao cristalizar, no art. 106 e seus incisos, as hipóteses em que a lei se aplica a ato ou fato pretérito.

O inc. I alude às chamadas *leis interpretativas* que, em qualquer caso, assumindo expressamente esse caráter, podem ser aplicadas a atos ou fatos pretéritos, mas excluindo-se a aplicação de penalidades à infração dos dispositivos interpretados. As leis interpretativas exibem um traço bem peculiar, na medida em que não visam à criação de novas regras de conduta para a sociedade, circunscrevendo seus objetivos ao esclarecimento de dúvidas levantadas pelos termos da linguagem da lei interpretada. Encaradas sob esse ângulo, despem-se da natureza inovadora que acompanha a atividade legislativa, retrotraindo ao início da vigência da lei interpretada, explicando com fórmulas elucidativas sua mensagem antes obscura.

Com essa estrita definição, mostram-se raros, na experiência jurídica brasileira, os casos de leis *puramente* interpretativas, sendo comuns os Diplomas que se dizem interpretativos, mas implementam mudanças significativas no ordenamento, como aconteceu com a Lei Complementar 118/2005. Esse Diploma previa, em seu art. 3º, tratar-se de disposições meramente interpretativas, mas que afetavam sobremaneira a contagem do lapso prescricional dos lançamentos por homologação, implementando orientação diversa daquela firmada pelos Tribunais brasileiros, notadamente o STJ. As cortes superiores[24] então reconheceram seu caráter modificativo do ordenamento e determinaram a impossibilidade de sua aplicação retroativa.

Atente-se para a exclusão do art. 106, I, pela qual não será apenado aquele que infringir os dispositivos que provocaram a lei interpretanda.

O inc. II trata da retroação da lei no que se refere a ato não definitivamente julgado, admitindo-a em três únicas situações: *a) quando deixe de defini-lo como infração*; *b) quando deixe de tratá-lo como contrário a qualquer exigência de ação ou omissão, desde que não tenha sido fraudulento e não tenha implicado falta de pagamento de tributo*; e *c) quando lhe comine penalidade menos severa que a prevista na lei vigente ao tempo de sua prática.*

---

24. No STF, RE 566.621/RS. No STJ, REsp nº 1.269.570/MG.

As duas primeiras alíneas dizem quase a mesma coisa. Toda a exigência de ação ou de omissão consubstancia um dever, e todo o descumprimento de dever é uma infração, de modo que foi redundante o legislador ao separar as duas hipóteses.

Sempre que a lei nova comine penalidade mais branda que aquela aplicada ao ensejo da prática da infração, há de ser observada a alínea *c* do inc. II, seja a requerimento do interessado, seja de ofício, por iniciativa da própria autoridade que intervenha no julgamento do feito. É um direito do sujeito passivo e quer-se acatado.

As possibilidades de retroação que o art. 106 consagra acabam por beneficiar o contribuinte, preservando a segurança das relações entre Administração e administrados, bem como o legítimo direito que os súditos têm de não verem agravada a situação jurídica anteriormente configurada.

8. Métodos de interpretação do direito – a interpretação sistemática

Firmemos a premissa de que o direito positivo é um corpo de linguagem, de cunho prescritivo, organizado para disciplinar o comportamento dos seres humanos no convívio social. É um plexo de proposições normativas destinado a regular a conduta das pessoas, nas suas relações de inter-humanidade.

Vimos que a aplicação do direito pressupõe a interpretação, e esse vocábulo há de ser entendido como a atividade intelectual que se desenvolve à luz de princípios hermenêuticos, com a finalidade de construir o conteúdo, o sentido e o alcance das regras jurídicas. Utilizo a palavra "hermenêutica", neste trecho, não apenas como teoria científica que se propõe estudar as técnicas possíveis de interpretação, no estilo de Emilio Betti, mas na sua acepção mais ampla, abrangendo o que ficou conhecido por "hermenêutica filosófica", consoante o pensamento de Heidegger e de Gadamer. Para este último, interpretar é criar, produzir, elaborar sentido, diferentemente do que sempre proclamou a Hermenêutica tradicional, em que os conteúdos de significação dos textos legais eram "procurados", "buscados" e "encontrados" mediante as chamadas técnicas interpretativas. Como se fora possível isolar o sentido originário e a intenção do editor da norma. A propósito, convém examinar a obra clássica de Carlos Maximiliano[25], segundo o modelo convencional, mas não deixar de compulsar os trabalhos de Raimundo Bezerra Falcão,[26] bem como a recente contribuição de Lenio Luiz Streck.[27] Afinal de contas, a interpretação é tema fundamental e, sem ela, não teremos acesso ao conhecimento do direito.

Para bem explicar a diferença que se instala entre a Hermenêutica e a interpretação, convém dizer que neste instante, enquanto tratamos, de modo genérico, dos meios, critérios e esquemas interpretativos, estamos laborando em campo nitidamente hermenêutico. Agora, se nos propusermos analisar um determinado dispositivo legal e formos aplicar os princípios, instrumentos e fórmulas preconizados pela Hermenêutica, aí, sim, estaremos certamente desenvolvendo uma atividade interpretativa.

Recomenda Carlos Maximiliano que, antes de iniciarmos a interpretação propriamente dita, promovamos a análise da autenticidade e da constitucionalidade do dispositivo que almejamos interpretar, para que se evite a perda do trabalho exegético e o desgaste de energia mental com uma busca manifesta e flagrantemente inconstitucional. É o trabalho que ele chama de *crítica* e que deve anteceder o esforço de interpretação. Todavia, ao exercitarmos essa primeira tarefa de verificar a autenticidade do preceito, a competência do juiz que prolatou a sentença, a compatibilidade da regra com mandamentos de superior hierarquia, já teremos ingressado, irremediavelmente, no terreno interpretativo. O momento de

25. *Hermenêutica e aplicação do direito*, 3. ed., Freitas Bastos, 1941, p. 59-63.

26. *Hermenêutica*, Malheiros Ed., 1997, p. 67-72.

27. *Hermenêutica e(m) crise*, Livr. do Advogado Ed., p. 185-9.

crítica, a que se refere Carlos Maximiliano, está inserido no processo de interpretação.

Outra questão de suma importância é indagar se a *integração* está contida na complexidade do processo interpretativo, ou se é atividade distinta, que se consubstancia num empenho intelectual diverso da interpretação, só cabível quando houvesse lacunas no texto interpretado. Inclinamo-nos pela primeira orientação: o recurso integrativo é um estádio no trabalho de interpretação. Se assim não fosse, haveríamos de concluir que todas as leis que apresentam lacunas não seriam interpretáveis, o que é inusitado absurdo. Mas não é essa, infelizmente, a direção do Código Tributário Nacional, que empregou separadamente os dois conceitos.

Não sobeja afirmar que muitas vezes a tarefa de produção do conteúdo, sentido e alcance da norma jurídica é o resultado de esforço breve e ligeiro. Condições há, entretanto, em que a construção do sentido da mensagem legislada só se consegue mediante intensa e profunda meditação, em que articulamos regras dos mais variados setores da experiência jurídico-positiva, cruzando-as sob o pálio de princípios implícitos, de difícil compreensão. É nessa área que surgem os obstáculos de problemática transposição, em virtude de nos depararmos com vácuos normativos, verdadeiras lacunas que a linguagem leiga do legislador plasmou no texto da lei. É a hora de integrarmos o sistema, buscando a sua plenitude e a unicidade que o caracteriza como estrutura científica. Nesse preciso instante, aparece a integração como o único meio de interpretarmos o direito, descrevendo-o na sua sistematicidade entitativa. Somos levados a acreditar, com foros de convicção, que a providência integrativa não só pertence ao processo de interpretação, como dele é parte fundamental, pois é ela que nos permite ver a ordem jurídica como um todo organizado, nos seus entrelaçamentos verticais — hierarquia — e horizontais — relações de coordenação. Por esse rumo, chegaremos a vislumbrar, finalmente, o direito posto como enorme pirâmide de proposições prescritivas, em que as normas se distribuem numa derivação escalonada.

A doutrina tem aconselhado vários métodos de interpretação. São eles: o literal ou gramatical, o histórico ou histórico-evolutivo, o lógico, o teleológico e o sistemático.

Entendem que o método literal seria aquele em que o intérprete toma em consideração a literalidade do texto, cingindo-se à construção gramatical em que se exprime o comando jurídico, procurando colher as inferências declaratórias que são o escopo do labor interpretativo. O critério histórico-evolutivo requer investigações das tendências circunstanciais ou das condições subjetivas e objetivas que cercaram a produção da norma, esmiuçando a evolução do substrato de vontade que o legislador depositou no texto da lei. Já o método lógico de interpretação jurídica, diz Carlos Maximiliano[28] que consiste em diligenciar o intérprete no caminho de desvendar o sentido das expressões do direito, aplicando o conjunto das regras tradicionais e precisas da lógica formal. O teleológico, por seu turno, tende a acentuar a finalidade da norma, antessupondo o exame da *ocasio legis*, que teria o condão de indicar a direção finalística do comando legislado. Por fim, o método sistemático, momento em que o intérprete se volta para o sistema jurídico para observar, detidamente, a regra em cotejo com a multiplicidade dos comandos normativos que dão sentido de existência ao direito positivo. É nesse intervalo que o exegeta sopesa os grandes princípios, indaga dos postulados que orientam a produção das normas jurídicas nos seus vários escalões, pergunta das relações de subordinação e de coordenação que governam a coexistência das regras. O método sistemático parte, desde logo, de uma visão grandiosa do direito e intenta compreender a lei como algo impregnado de toda a pujança que a ordem jurídica ostenta.

Pretende a doutrina convencional que a interpretação se faça pela interveniência de todos os métodos, por intermédio de aplicações sucessivas. Ao percorrê-los, terá o intérprete esgotado o estádio declarativo, devendo ingressar na fase integrativa, caso haja topado com a existência de lacunas.

---

28. *Hermenêutica*, cit., p. 155-6.

9. A interpretação do direito como um sistema de linguagem

Sejamos coerentes com a premissa escolhida. Se fixamos o pressuposto de que o direito positivo é uma camada linguística, vazada em termos prescritivos, com um vetor dirigido ao comportamento social, nas relações de intersubjetividade, nada mais natural que apresentarmos a proposta de interpretação do direito como um sistema de linguagem. E o conhecimento de toda e qualquer manifestação de linguagem pede a investigação de seus três planos fundamentais: a sintaxe, a semântica e a pragmática. Só assim reuniremos condições de analisar o conjunto de símbolos gráficos e auditivos que o ser humano emprega para transmitir conhecimentos, ordens, emoções ou formular perguntas. E a linguagem do direito positivo é transmissora de ordens, substanciadas em direitos e deveres garantidos por sanções.

O plano sintático é formado pelo relacionamento que os símbolos linguísticos mantêm entre si, sem qualquer alusão ao mundo exterior ao sistema. O semântico diz respeito às ligações dos símbolos com os objetos significados. Tratando-se da linguagem jurídica, é o modo de referência à realidade: qualificar fatos para alterar normativamente a conduta. E o pragmático é tecido pelas formas segundo as quais os utentes da linguagem a empregam na comunidade do discurso e na comunidade social para motivar comportamentos.

Exemplificando, no sistema normativo do direito temos que o aspecto sintático se apresenta nas articulações das normas entre si. É sintática a relação entre a norma da Constituição e aquela da lei ordinária, assim como puramente sintático é o vínculo entre a regra que estipula o dever e a outra que veicula a sanção. De ordem sintática, também, a estrutura intranormativa e, dentro dela, o laço condicional que une antecedente (hipótese) a consequente.

Semântica jurídica é o campo das significações do direito. É o meio de referência que as normas guardam com relação aos fatos e comportamentos tipificados. Essa relação é justamente a ponte que liga a linguagem normativa à conduta do mundo social que ela regula. O aspecto semântico nos leva ao tormentoso espaço das acepções dos vocábulos jurídicos, às vezes vagos, imprecisos e multissignificativos.

Mas, para além do estudo da arrumação dos termos jurídicos dentro da fraseologia da lei (sintaxe) e da pesquisa dos seus significados (semântica), o conhecimento da linguagem do direito supõe a indagação da maneira como os sujeitos a utilizam dentro da comunidade em que vivem (pragmática). Como motivar a conduta, realizando os valores da ordem jurídica, é o grande tema da pragmática.

Interpretar o discurso prescritivo do direito é percorrer esses planos, compondo a significação adequada do produto legislado.

Pertencem ao plano sintático todos os critérios que se detêm no arranjo dos signos jurídicos. A boa disposição das palavras, na frase normativa, é condição para o sentido da mensagem. A chamada *interpretação literal* é um passo nesse longo caminho, e o *método lógico* de interpretação também opera no nível da sintaxe. Aliás, a Lógica Jurídica ou Lógica Deôntica se desenvolve a partir das estruturas sintáticas. E não é só isso. Aquele trabalho prévio a que Carlos Maximiliano chama de *crítica* é igualmente atividade no campo da sintaxe, consistente na verificação da constitucionalidade da regra, da autenticidade do preceito, em função do procedimento legislativo que o teve como resultado, ou da competência do juiz que proferiu a sentença. São todos exercícios que o exegeta faz sob o ângulo sintático.

Não há qualquer exagero no afirmar-se que os problemas relativos à validade das normas jurídicas, à constitucionalidade de regras do sistema, são questões que têm um lado sintático e, em parte, podem ser estudadas no plano da gramática jurídica. Dizem respeito à correta posição que as unidades normativas devem manter no arcabouço do direito.

Por sua vez, situam-se no prisma semântico os importantes estudos das denotações e conotações dos termos jurídicos. Empreendemos atividade semântica quando tratamos das acepções do vocábulo *tributo*, no Capítulo II deste livro. E fazemos o mesmo sempre que discutimos acerca do sentido da palavra *direito*, ou do vocábulo *obrigação*, ou da expressão *relação jurídica*, e tantas outras que a cada momento estamos compelidos a enfrentar.

Implementa-se a investigação da linguagem pela verificação do plano pragmático. E aqui radicam muitos dos problemas atinentes à eficácia, à vigência e à aplicação das normas jurídicas, incluindo-se o próprio fato da interpretação, com seu forte ângulo pragmático. A aplicação do direito é promovida por alguém que pertence ao contexto social por ele regulado e emprega os signos jurídicos de conformidade com pautas axiológicas comuns à sociedade.

Atingindo esse ponto, não é difícil distribuir os citados *métodos de interpretação* pelas três plataformas da investigação linguística. Os métodos literal e lógico estão no plano sintático, enquanto o histórico e o teleológico influem tanto no nível semântico quanto no pragmático. O critério sistemático da interpretação envolve os três planos e é, por isso mesmo, exaustivo da linguagem do direito. Isoladamente, só o último (sistemático) tem condições de prevalecer, exatamente porque antessupõe os anteriores. É, assim, considerado o método por excelência.

De qualquer modo, a exegese dos textos legais, para ser completa, tem de valer-se de incursões nos níveis sintático, semântico e pragmático da linguagem jurídica, única forma de chegar-se ao conteúdo intelectual, lembrando-nos sempre que a interpretação é um ato de vontade e um ato de conhecimento e que, como ato de conhecimento, não cabe à Ciência do Direito dizer qual é o sentido mais justo ou correto, mas, simplesmente, apontar as interpretações possíveis.

10. O tema da interpretação na disciplina do Código Tributário Nacional

Colocamo-nos entre aqueles, como Ezio Vanoni,[29] que entendem a integração como pertinente ao processo interpretativo,

29. *Opere giuridiche*, Milano, Giuffrè, 1961, v. 1, p. 302-4.

discordando, todavia, quanto ao feitio desse processo, que se apresenta *construtivo* e não meramente *declaratório*.

O art. 108 arrola quatro itens que serão sucessivamente aplicados pela autoridade competente, na ausência de disposição expressa da lei interpretada. O preceito tem endereço certo: a autoridade competente para aplicar a legislação tributária, seja ela o funcionário da Fazenda, seja o órgão judicial que preside o feito. Na verdade, qualquer deles sentir-se-á embaraçado ao ter de empregar a analogia sem levar em consideração os princípios gerais de direito tributário, os princípios gerais de direito público e a equidade. E, da mesma forma, ficarão perplexos ao lançar mão dos outros sem ligá-los aos demais itens. Tudo porque se esqueceu o legislador do Código que essa atividade é complexa, alimentando-se de todos os recursos disponíveis no sistema, que agem simultaneamente sobre o espírito do exegeta.

Tem-se por analogia o expediente de que se serve o aplicador da lei, ao colher em norma que incide em caso semelhante a disciplina jurídica que o sistema positivo não mencionou expressamente. Bom exemplo relata Baleeiro,[30] ao referir-se ao alargamento do conceito de *produto industrializado*, para efeitos da imunidade do art. 153, § 3º, III, da Constituição Federal, acarretando a inclusão de unidades não previstas na tabela anexa à Lei do IPI, como é o caso dos peixes vivos, especialmente acondicionados para venda.

Adianta-se o § 1º do art. 108 do CTN para ressalvar que o emprego da analogia não pode determinar a exigência de tributo não previsto em lei. O corolário é admissível em face da orientação adotada, se bem que, acolhida a outra tese, na qual a integração é parte da interpretação, não estaria havendo criação de direito novo, mas tão só um ato construtivo de norma jurídica, a partir de enunciados do mesmo texto positivado. Fiquemos, porém, com a dicção prescritiva do CTN.

---

30. *Limitações constitucionais ao poder de tributar*, Rio de Janeiro, Forense, 1974, p. 240.

Princípios gerais de direito tributário

Dizem-se princípios gerais de direito tributário aqueles primados que, explícita ou implicitamente, se irradiam pelo subsistema das normas tributárias, penetrando-as e ativando-as em certa direção. São muitos os princípios gerais de direito tributário, em virtude do amplo tratamento que a matéria mereceu no texto constitucional. Enunciemos alguns, posto que o assunto será versado no capítulo subsequente: *estrita legalidade*; *anterioridade*; *competência privativa das pessoas políticas de direito constitucional interno para instituir impostos*; *competência geral para instituir taxas e contribuição de melhoria*; *indelegabilidade da competência tributária*; *isonomia recíproca entre as pessoas políticas*; *não cumulatividade do ICMS e do IPI*; *territorialidade da tributação*; *princípio da irretroatividade da lei tributária etc.*

Tais diretrizes iluminam a aplicação das normas tributárias, de sorte que hão de estar sempre presentes no trabalho hermenêutico.

Princípios gerais do direito público

São máximas que se alojam na Constituição ou que se despregam das regras do ordenamento positivo, derramando-se por todo ele. Conhecê-los é pressuposto indeclinável para a compreensão de qualquer subdomínio normativo, e o direito tributário só pode ser entendido à sombra desses princípios. Nem todos são expressos. Ei-los, num enunciado que não é exaustivo: *princípio da Federação*; *princípio da República*; *princípio da igualdade*; *princípio da legalidade*; *princípio da irretroatividade das leis*; *princípio da universalidade da jurisdição*; *princípio da ampla defesa e do devido processo legal*; *princípio da autonomia dos Municípios*; *princípio da indisponibilidade dos bens públicos*; *princípio da supremacia do interesse público ao do particular.*

Equidade

Tem vez a equidade quando o ser humano, posto na contingência de aplicar o direito, sopesa refletidamente seus valores e os da sociedade em que vive, observa os fatos sociais e examina-lhes as proporções na sua grandeza real, abrandando os rigores da lei e imprimindo-lhe ares de maior suavidade e dimensão humanitária. Não é um conceito construído pelo direito positivo, apenas mencionado. Daí a dificuldade em referi-lo com precisão. Mas a equidade, outrora já confundida com a justiça, está com ela intimamente associada, podendo dizer-se, com os romanos, *aequitas sequitur legem*, como instrumento de realização dos ideais de bem comum que a comunidade social anela.

Não quis o legislador do Código Tributário Nacional que a magnanimidade, implícita nesse valor, chegasse a ponto de comprometer a substância dos direitos por ela alcançados, estabelecendo, no § 2º do art. 108, que o emprego da equidade não poderia ocasionar a dispensa do pagamento de tributo devido.

Princípios gerais de direito privado

Não aparecem os princípios gerais de direito privado na relação dos recursos integrativos postos à disposição do aplicador da lei, nos casos de lacunas. Acolheu-se a diretiva de recomendar sua utilização para a pesquisa da definição, do conteúdo e do alcance dos institutos, conceitos e formas que componham a estrutura das normas tributárias, excluindo-se, expressamente, a demarcação dos efeitos jurídicos específicos dos tributos. Tais efeitos a legislação tributária pretende regrar com inteira primazia. Esse é o teor do art. 109.

Pondere-se, todavia, que na própria idealização das consequências tributárias o legislador muitas vezes lança mão de figuras de direito privado. Sempre que isso acontecer, não havendo tratamento jurídico-tributário explicitamente previsto, é evidente que prevalecerão os institutos, categorias e formas do direito privado.

Demais, a liberdade de que desfruta o legislador tributário para disciplinar os efeitos jurídicos inerentes aos tributos encontra um obstáculo poderoso e definitivo. É-lhe vedada a possibilidade de alterar a definição, o conteúdo e o alcance de institutos, conceitos e formas de direito privado, utilizados, expressa ou implicitamente, pela Constituição Federal, pelas Constituições dos Estados, ou pelas Leis Orgânicas do Distrito Federal ou dos Municípios, para definir ou limitar competências tributárias. Assim predica o art. 110 da Lei 5.172/66.

O imperativo não vem, diretamente, do preceito exarado no art. 110. É uma imposição lógica da hierarquia de nosso sistema jurídico. O empenho do constituinte cairia em solo estéril se a lei infraconstitucional pudesse ampliar, modificar ou restringir os conceitos utilizados naqueles diplomas para desenhar as faixas de competências oferecidas às pessoas políticas. A rígida discriminação de campos materiais para o exercício da atividade legislativa dos entes tributantes, tendo estatura constitucional, por si só já determina essa inalterabilidade. Em todo caso, não deixa de ser oportuna a lembrança que o art. 110 aviva.

Interpretação literal

Chama a atenção do observador o rumo prescrito no art. 111, onde a interpretação literal é apontada como meio de produção de sentido das mensagens da legislação tributária, quando se tratar de suspensão ou exclusão do crédito tributário (inc. I), outorga da isenção (inc. II) ou dispensa do cumprimento de obrigações acessórias (inc. III).

Nesse ponto, elegeu o Código o método literal de conhecimento do substrato do texto, como se fosse algo possível, factível e de prática execução.

Na análise literal prepondera a investigação sintática, ficando impedido o intérprete de aprofundar-se nos planos semânticos e pragmáticos. Certificamo-nos, com ela, se as palavras da oração prescritiva da lei estão bem colocadas, cumprindo os substantivos, adjetivos, verbos, advérbios e conectivos suas específicas funções na composição frásica, segundo os cânones da gramática da língua portuguesa. Só a arrumação dos signos tem a virtude de formar aquilo que se conhece por validade sintática, nada mais.

Entretanto, a consistência sintática é apenas um *prius* com relação à validade semântica. Uma construção linguística pode ser uma verdade sintática, visto que seus termos estão devidamente situados nos tópicos respectivos, cumprindo cada qual sua função no contexto, mas, ao mesmo tempo, não corresponder a uma formulação semanticamente válida.

Transportado o raciocínio para a linguagem jurídica, veremos que o estudo desenvolvido no nível sintático, por mais importante que seja, é insuficiente para cobrir toda a dimensão dos enunciados prescritivos que, vertidos em linguagem, suscitam, obrigatoriamente, além do exame sintático, investigações nos planos semântico e pragmático. E o método literal se demora na sintaxe, deixando quase intacta a verificação das significações dos vocábulos jurídicos, bem como a forma com que os utentes dessa linguagem os utilizam na comunidade.

Quer na linguagem em geral, quer na jurídica em particular, as palavras ostentam uma significação de base e uma significação contextual. O conteúdo semântico dos vocábulos, tomando-se somente a significação de base, é insuficiente para a compreensão da mensagem, que requer empenho mais elaborado, muitas vezes trabalhoso, de vagar pela integridade textual à procura de uma acepção mais adequada ao pensamento que nele se exprime.

Prisioneiro do significado básico dos signos jurídicos, o intérprete da formulação literal dificilmente alcançará a plenitude do comando legislado, exatamente porque se vê tolhido de buscar a significação contextual e não há texto sem contexto.

O desprestígio da chamada interpretação literal, como critério isolado de exegese, é algo que dispensa meditações mais sérias, bastando arguir que, prevalecendo como método interpretativo do direito, seríamos forçados a admitir que os meramente alfabetizados, quem sabe com o auxílio de um dicionário de tecnologia jurídica, estariam credenciados a elaborar as substâncias das ordens legisladas, edificando as proporções do significado da lei. O reconhecimento de tal possibilidade roubaria à Ciência do Direito todo o teor de suas conquistas, relegando o ensino universitário, ministrado nas faculdades, a um esforço estéril, sem expressão e sentido prático de existência. Daí por que o texto escrito, na singela conjugação de seus símbolos, não pode ser mais que a porta de entrada para o processo de apreensão da vontade da lei; jamais confundida com a intenção do legislador. O jurista, que nada mais é do que o lógico, o semântico e o pragmático da linguagem do direito, há de debruçar-se sobre os textos, quantas vezes obscuros, contraditórios, penetrados de erros e imperfeições terminológicas, para construir a essência dos institutos, surpreendendo, com nitidez, a função da regra, no implexo quadro normativo. E, à luz dos princípios capitais, que no campo tributário se situam no nível da Constituição, passa a receber a plenitude do comando expedido pelo legislador, livre de seus defeitos e apto para produzir as consequências que lhe são peculiares.

Tenha esse discurso alguma procedência e terá sido inócuo o intento do legislador ao determinar, no art. 111 do CTN, que a interpretação deva ser literal nos casos de suspensão ou exclusão do crédito tributário, outorga de isenção e dispensa do cumprimento de obrigações acessórias.

Interpretação mais favorável ao sujeito passivo

Diante de lei tributária que define infrações, ou lhe comina penalidades, estabelece o art. 112 que a interpretação há de ser a mais favorável ao acusado, desde que existam dúvidas quanto: à capitulação legal do fato (inc. I), à natureza ou às circunstâncias materiais do fato, ou à natureza ou extensão dos seus efeitos (inc. II), à autoria, imputabilidade ou punibilidade (inc. III) e à natureza da penalidade aplicável, ou à sua graduação (inc. IV).

Não poderia ser de outra maneira. Vigendo no direito tributário o princípio da estrita legalidade, que traz consigo a necessidade de uma tipificação rigorosa, qualquer dúvida sobre o perfeito quadramento do fato à norma compromete aquele postulado básico que se aplica com a mesma força no campo do direito penal — *in dubio pro reo.*

11. O percurso da construção de sentido — modelo de interpretação que pode ser aplicado ao direito tributário a partir da análise do discurso

Parece-me conveniente oferecer, a esta altura de nossas reflexões, um modelo de construção de sentido que pode, perfeitamente, ser empregado em qualquer segmento do direito posto. E nosso objetivo, agora, é testá-lo no quadro empírico do direito tributário.

Recordemos que, dentre os muitos traços que lhe são peculiares, o direito oferece o dado da linguagem como seu integrante constitutivo. A linguagem não só fala do objeto (Ciência do Direito), como participa de sua constituição (direito positivo), o que permite a ilação forte segundo a qual não podemos cogitar de manifestação do direito sem uma linguagem, idiomática ou não, que lhe sirva de veículo de expressão. Mantenho presente a concepção pela qual *interpretar* é atribuir valores aos símbolos, isto é, adjudicar-lhes significações e, por meio dessas, referências a objetos.

Venho assinalando, também, que a linguagem, típica realização do espírito humano, é sempre um objeto da cultura e, como tal, carregando consigo valores. Como decorrência imediata, o direito positivo se apresenta aos nossos olhos como objeto cultural por excelência, plasmado numa linguagem que porta, necessariamente, conteúdos axiológicos. Agora, esse oferecer-se em linguagem significa dizer que aparece na amplitude de um texto, fincado este num determinado *corpus* que nos permite construir o *discurso*, utilizada aqui a palavra na acepção de plano de conteúdo, a ser percorrido no processo gerativo de sentido. Surgirá o *texto* quando promovermos a união do plano de conteúdo ao plano de expressão, vale dizer, quando se *manifestar* um sentido firmado no suporte empírico objetivado, que é o plano expressional.

A proposta que se contém neste subcapítulo levanta-se igualmente sobre alguns pressupostos, como não poderia ser diferente, e procura instrumentos adequados para a exploração, em níveis mais profundos, dos textos do direito positivado, decompondo-os em quatro subsistemas, todos eles qualificados como *jurídicos*. As mencionadas incisões, como é óbvio, são de caráter meramente epistemológico, não podendo ser vistas as fronteiras dos subsistemas no trato superficial com a literalidade dos textos.

Um dos alicerces que suportam esta construção reside no discernir entre *enunciados* e *normas jurídicas*, com os diferentes campos de irradiação semântica a que já aludimos. Se bem que ambas as entidades se revistam de caráter conativo ou directivo, pois, mais que as outras, a função da linguagem apropriada à regulação das condutas intersubjetivas é verdadeiramente a prescritiva, os primeiros (os enunciados) se apresentam como frases, digamos assim soltas, como estruturas atômicas, plenas de sentido, uma vez que a expressão sem sentido não pode aspirar à dignidade de enunciado. Entretanto, sem encerrar uma unidade *completa* de significação deôntica, na medida que permanecem na expectativa de juntar-se a outras unidades da mesma índole. Com efeito, terão que conjugar-se a outros enunciados, consoante específica estrutura lógico-molecular, para formar *normas jurídicas*, estas sim, expressões completas de significação deôntico-jurídica. Por certo que também as normas ou regras do direito posto, enquanto manifestações mínimas e, portanto, irredutíveis do conjunto, permanecerão à espera de outras unidades da mesma espécie, para a composição do sistema jurídico-normativo. Entretanto, serão elas as unidades desse domínio, do mesmo modo que os enunciados também o são no conjunto próprio, que é o sistema de enunciados jurídico-prescritivos. São exemplos de enunciados expressos: *homens e mulheres são iguais em direitos e obrigações, nos termos desta Constituição* (art. 5º, inciso I, da CF); *Brasília é a Capital Federal* (art. 18, § 1º, da CF). Outros, porém, não têm forma expressa, aparecendo na implicitude do texto, fundados que são em enunciados explícitos. São os *implícitos*, obtidos por derivação lógica dos enunciados expressos, como, por exemplo, o da *isonomia jurídica entre as pessoas políticas de direito constitucional interno* (produzido a partir do enunciado expresso da Federação, combinado com o da autonomia dos Municípios); o princípio da *supremacia do interesse público ao do particular* (reconhecido pela leitura atenta dos enunciados explícitos, relativos à disciplina jurídica da atividade administrativa do Estado).

A unicidade do texto jurídico-positivo e os quatro subsistemas: a) o conjunto de enunciados, tomados no plano da expressão; b) o conjunto de conteúdos de significação dos enunciados prescritivos; c) o domínio articulado de significações normativas; e d) a forma superior do sistema normativo.

O procedimento de quem se põe diante do direito com pretensões cognoscentes há de ser orientado pela busca incessante da compreensão desses textos prescritivos. Ora, como todo texto tem um plano de expressão, de natureza material, e um plano de conteúdo, por onde ingressa a subjetividade do agente para compor as significações da mensagem, é pelo primeiro, vale dizer, a partir do contato com a *literalidade textual*, com o *plano dos significantes* ou com o chamado *plano da expressão*, como algo *objetivado*, isto é, posto intersubjetivamente, ali onde estão as estruturas morfológicas e gramaticais, que o intérprete inicia o processo de interpretação, propriamente dito, passando a construir os conteúdos significativos dos vários enunciados ou frases prescritivas para, enfim, ordená-los na forma estrutural de normas jurídicas, articulando essas entidades para constituir um domínio. Se retivermos a observação de que o direito se manifesta sempre nesses quatro planos — o das formulações literais; o de suas significações enquanto enunciados prescritivos; o das normas jurídicas, como unidades de sentido obtidas mediante grupamento de significações que obedecem a determinado esquema formal (implicação); e o das estruturas superiores constituídas por vínculos de coordenação e de subordinação que apresentam o sistema como um todo unitário — e se pensarmos que todo nosso empenho se dirige para estruturar essas normas contidas num estrato de linguagem, não será difícil verificar a gama imensa de obstáculos que se levantam no percurso gerativo de sentido ou, em termos mais simples, *na trajetória da interpretação.*

A missão do exegeta dos textos jurídico-positivos, ainda que possa parecer facilitada pela eventual coincidência da mensagem prescritiva com a sequência das fórmulas gráficas utilizadas pelo legislador (no direito escrito), oferece ingentes dificuldades, se a proposta for a de um exame mais sério e atilado. E, sendo o direito um objeto da cultura, invariavelmente penetrado por valores, teremos, de um lado, as estimativas, sempre cambiantes em função da ideologia de quem interpreta; de outro, os intrincados problemas que cercam a metalinguagem, também inçada de dúvidas sintáticas e de problemas de ordem semântica e pragmática.

Tudo isso, porém, não nos impede de declarar que conhecer o direito é, em última análise, compreendê-lo, interpretá-lo, *construindo* o conteúdo, sentido e alcance da comunicação legislada. Tal empresa, que nada tem de singela, como vimos, requer o envolvimento do exegeta com as proporções inteiras do todo sistemático, incursionando pelos escalões mais altos e de lá regressando com os vetores axiológicos ditados por juízos que chamamos de *princípios.*

A lei, vista sob certo ângulo, representa o texto na sua dimensão de veículo de prescrições jurídicas. Constituição, emenda constitucional, lei complementar, lei ordinária, lei delegada medida provisória, resoluções, decretos, sentenças, acórdãos, contratos e atos administrativos, enquanto suportes materiais de linguagem prescritiva, *no seu feitio documental*, pertencem à plataforma da expressão dos textos prescritivos e, como tais, são veículos introdutórios de enunciados e de normas jurídicas, constituindo a base empírica do conhecimento do direito posto.

Por outro giro, a norma jurídica é juízo implicacional produzido pelo intérprete em função da experiência no trato com esses suportes comunicacionais. Daí, não há que se confundir norma, como complexo de significações enunciativas, unificadas em forma lógica determinada (juízo implicacional) e a expressão literal desses enunciados, ou mesmo os conteúdos de sentido que tais enunciados apresentem, quando isoladamente considerados. O plano dos significantes (plano de expressão) é o veículo que manifesta, graficamente (no direito escrito), a mensagem expedida pelo autor. Na sua implexa totalidade, constitui o *sistema morfológico e gramatical do direito posto*, conjunto de frases prescritivas introduzidas por fatos jurídicos que a ordenação positiva para tanto credencia.

Com propósitos analíticos, entretanto, podemos isolar frase por frase, enunciado por enunciado, compondo um domínio de significações, antes de agrupar os conteúdos segundo fórmulas moleculares caracterizadas pelo conectivo implicacional. Nesse momento intermediário, estaremos diante daquilo que poderíamos chamar de *sistema de significações proposicionais*. Agora, num patamar mais elevado de elaboração, juntaremos significações, algumas no tópico de antecedente, outras no lugar sintático de consequente, tudo para constituir as entidades mínimas e irredutíveis (com o perdão do pleonasmo) de manifestação do deôntico, *com sentido completo*, uma vez que as frases prescritivas, insularmente tomadas, são também portadoras de sentido, como já frisei linhas acima. Formaremos, desse modo, as unidades normativas, regras ou normas jurídicas que, articuladas em relações de coordenação e de subordinação, acabarão compondo a forma superior do *sistema normativo*.

Colho o ensejo para reiterar que os quatro sistemas a que me refiro são constitutivos do *texto*, entendida a palavra como *produto da enunciação* e, portanto, na sua mais ampla dimensão semântica. Nunca é demais insistir que as subdivisões em sistemas respondem a cortes metódicos que os objetivos da investigação analítica impõem ao espírito do pesquisador.

Tenhamos presente que a norma jurídica é uma estrutura categorial, construída, epistemologicamente, pelo intérprete, a partir das significações que a leitura dos documentos do direito positivo desperta em seu espírito. É por isso que, quase sempre, não *coincidem* com os sentidos imediatos dos enunciados em que o legislador distribui a matéria no corpo físico da lei. Provém daí que, na maioria das vezes, a leitura de um único artigo será insuficiente para a compreensão da regra jurídica. E quando isso acontece o exegeta vê-se na contingência de consultar outros preceitos do mesmo diploma e, até, a sair dele, fazendo incursões pelo sistema. A proposição que dá forma à norma jurídica, ensina Lourival Vilanova, *é uma estrutura lógica. Estrutura sintático-gramatical é a sentença ou oração, modo expressional frástico (de frase) da síntese conceptual que é a norma. A norma não é a oralidade ou a escritura da linguagem, nem é o ato de querer ou pensar ocorrente no sujeito emitente da norma, ou no sujeito receptor da norma, nem é, tampouco a situação objetiva que ela denota. A norma jurídica é uma estrutura lógico-sintática de significação.*[31]

O plano S1: O sistema da literalidade textual, suporte físico das significações jurídicas

O texto jurídico prescritivo, na sua proporção mais angusta de significado, pode indicar (quando escrito) o conjunto das letras, palavras, frases, períodos e parágrafos, graficamente manifestados nos documentos produzidos pelos órgãos de criação do direito. Texto, aqui, é sinônimo de *corpus*, espaço que limita o âmbito dos suportes materiais utilizados na mensagem comunicacional. É a parcela do código comum empregado no fato da comunicação; é o plano de expressão ou plano dos significantes, base empírica e objetivada em documentos concretos, postos intersubjetivamente entre os integrantes da comunidade do discurso. Emitido em determinado idioma, há de seguir as regras de formação e de transformação, preceitos morfológicos e sintáticos ditados pela gramática da língua, que estarão presentes em todos os instantes do seu desenvolvimento.

O aparecimento do texto, com essa estreiteza semântica, é o primeiro contato do intérprete com a mensagem legislada e percebê-lo, como tal, marca o início da aventura exegética.

31. Norma jurídica — proposição jurídica, RDP, 61:16.

O plano de conteúdo, por mais importante que seja, tem como *prius* a boa organização sintática do texto, de tal sorte que, *sem atinência às diretrizes fundamentais de organização de frases*, sejam elas oracionais ou não, enunciativas (ou declarativas), interrogativas, expressivas ou imperativas, *não haverá enunciados e, portanto, inexistirá sentido.*

A concepção do texto como plano de expressão, como suporte físico de significações, cresce em importância na medida em que se apresenta como *o único e exclusivo dado objetivo* para os integrantes da comunidade comunicacional. Tudo mais será entregue ao teor das subjetividades. Apenas o texto, na instância de sua materialidade existencial, se oferece aos sujeitos como *algo que adquiriu foros de objetivação.*

Prosseguindo, pode-se, perfeitamente, colocar a literalidade textual como centro dos nossos interesses cognoscitivos, deixando suspensa a atenção para o plano de conteúdo, e assim focalizar a presença morfológica das unidades empregadas pelo emissor, as partículas de conexão e a maneira como se tecem as combinações sintáticas que aproximam os vocábulos, formando as frases, os períodos e os parágrafos. Os textos jurídico-positivos, nessa dimensão de análise, vão constituir conjuntos finitos de enunciados prescritivos, racionalmente organizados na forma de sistema.

Torna-se indispensável sublinhar que não operamos exclusivamente com a base material do texto, mesmo porque, ao travarmos contato com ele, já se desencadeiam os processos de elaboração de sentido, invadindo o plano do conteúdo. Mas, o objetivo é conter esses impulsos de nossa subjetividade, mantendo-nos, o mais possível, no nível físico da literalidade textual, para concretizar o fim epistemológico que nos propusemos. Só assim nos será dado apreendê-lo como sistema, ou melhor, como subsistema da totalidade discursiva.

Muito rico é o campo especulativo que se abre à investigação desse subsistema. Mesmo que admitido no vulto de sua parcialidade, numerosíssimas são as questões gramaticais que o interessado pode levantar sobre o material da comunicação jurídico-positiva, seja no domínio da Morfologia ou da Sintaxe, já que cingimos esta análise à linguagem escrita. Quanto ao quadro morfológico, por exemplo, o exegeta poderá pesquisar a estrutura e a formação dos signos jurídicos, suas flexões e classificações, examinando as peculiaridades que a mensagem prescritiva vai determinando na seleção dos vocábulos empregados nas variadas comunicações. No que tange ao âmbito sintático, também é muito vasto o horizonte do investigador, examinando a composição frásica em termos de concordância, de regência e de colocação. Por esse caminho, ingressará na análise sintática da sentença, procurando isolar seus termos essenciais, os demais integrantes, bem como os termos acessórios. Da sentença, passará ao exame do período como conjunto de uma única oração ou de duas ou mais, compondo uma formação significativa que se completa pela agregação concatenada dos sentidos isolados de cada uma das sentenças, unidas estas, geralmente, por conjunções.

É oportuno recordar que a palavra "enunciado" quer aludir tanto à forma expressional, matéria empírica gravada nos documentos dos fatos comunicacionais, como ao sentido a ele atribuído. Assim, os enunciados pertencem à plataforma da literalidade textual, suporte físico de significações, ao mesmo tempo em que participam do plano de conteúdo, com o sentido que necessariamente suscitam. Distingue-se, por isso, o *enunciado* da *proposição* por ele expressa. Muitas vezes, de um único enunciado podemos chegar a duas ou mais proposições (sentidos), circunstância que indica ambiguidade. Entretanto, a recíproca também é verdadeira, porquanto de dois ou mais enunciados podemos, em alguns casos, construir apenas uma proposição (ou sentido).

É precisamente no nível das formulações literais que o legislador, empregado aqui na sua mais ampla configuração semântica, introduz modificações, alterando o sistema total. Essa prática não impede, contudo, que a integridade sistêmica venha a transformar-se por força de mudanças ocorridas nos dois outros subsistemas, pois é sabido que a pragmática das comunicações jurídicas vai provocando, a cada passo, modificações até substanciais nas mensagens deônticas, o que implica, igualmente, transformação no todo do ordenamento.

Devemos reconhecer que as modificações introduzidas pelo plano da literalidade textual representam, usualmente, o caminho mais prático e direto, sendo, por isso mesmo, deliberado, consciente, querido pelas fontes produtoras do direito posto, em termos de alteração do ordenamento, uma vez que as oscilações ocorrentes na instância pragmática são incontroláveis. Ninguém pode prever, com visos de racionalidade, o rumo que os utentes da linguagem do direito, num dado momento histórico, vão imprimir às significações de certas palavras. Quem, por exemplo, poderia antecipar que o vocábulo "casamento", sempre ajustado a situações tradicionalmente configuradas, pudesse assumir, como nos dias atuais, a amplitude de significação que vem adquirindo? A radical mutação significativa da palavra "tributo" é outro modelo eloquente, apesar de que o processo transformativo se tenha operado num trato de tempo muito mais largo do que no primeiro caso. Com o sensível aumento na velocidade das informações, os processos de alteração significativa dos termos jurídicos vêm se desenvolvendo em intervalos cada vez mais curtos, o que valoriza a pesquisa da dimensão pragmática, na busca do reconhecimento das mudanças por que passam os sistemas jurídico-positivos. Mesmo assim, porém, não chega a ponto de roubar a primazia da plataforma física das formulações literais, como o *locus* mais adequado para que o legislador faça inserir, no sistema, as modificações que lhe parecerem mais convenientes. Afinal de contas, matérias sociais novas reivindicam, a todo instante, sua absorção pelas hipóteses normativas, passando a ser reguladas pelo direito. Isso se faz, regularmente, mobilizando-se as fontes produtoras de normas jurídicas, que se assentam por meio de enunciados expressos, em documentos formalmente concebidos para exprimi-las em linguagem técnica.

O plano S2: O conjunto dos conteúdos de significação dos enunciados prescritivos

Eis o momento do ingresso no plano do conteúdo. Tendo o intérprete isolado a base física do texto que pretende compreender, estabelecendo, por esse modo, o primeiro contato com o sistema objetivado das literalidades, avança agora disposto a atribuir valores unitários aos vários signos que encontrou justapostos, selecionando significações e compondo segmentos portadores de sentido. Claro está que os enunciados haverão de ser compreendidos isoladamente, no primeiro ímpeto, para depois serem confrontados com outros enunciados, de superior e do mesmo *status*, buscando o exegeta sua integração na totalidade do conjunto.

Advirto, agora, que estou usando *enunciado* na sua proporção de sentido, enquanto *proposição*, deixada de lado, provisoriamente, sua instância físico-material. Mas, sem esquecer que *enunciado* é o produto da atividade psicofísica de enunciação. Na linguagem escrita, apresenta-se como um conjunto de grafemas que, obedecendo a regras gramaticais de determinado idioma, consubstancia a mensagem expedida pelo sujeito emissor para ser recebida pelo destinatário, no contexto da comunicação, de tal forma que, seja qual for a função cumprida pela linguagem nesse processo, os enunciados aparecerão sempre como formações bem construídas e dotadas de referência objetiva. Todavia, a porção que nos interessa do enunciado, neste momento, é a proposicional, vale dizer, a substância significativa que se pode adjudicar à base material que lhe dá sustentação física. Proposição, não no sentido da Lógica Clássica, como expressão verbal de um juízo, mas enquanto conteúdo de significação constituído a partir da fórmula gráfica do enunciado.

O jurista que ingressa no plano de conteúdo dos documentos jurídico-prescritivos já mergulhou, por assim dizer, no mundo do direito. Lida, agora, com o significado dos signos jurídicos, associando e comparando-os, para estruturar, não simplesmente significações de enunciados, mas significações de cunho jurídico, que transmitam algo peculiar ao universo das regulações das condutas intersubjetivas. Toda a problemática que cerca a comunicação das mensagens jurídicas, no seu particularíssimo modo de existir, está presente nesse domínio em que os campos de irradiação semântica dos signos se aglutinam, se cortam, se interpenetram, com efeitos de potencialização, já que o objetivo final é levar disciplina às situações em que os comportamentos sociais se cruzam, marcando contingências de interpessoalidade.

Penso que, no âmbito desse subdomínio, não se deva falar, ainda, em normas jurídicas, dado o arcabouço lógico peculiar a tais entidades. Falemos, então, em significações que se erguem a partir de frases prescritivas, de enunciados ditados por órgãos competentes e que integram o corpo legislado. Portanto, serão requisitos para o ingresso nesse subsistema: *i*) que sejam expressões linguísticas portadoras de sentido; *ii*) produzidas por órgãos credenciados pelo ordenamento para a sua expedição; e *iii*) consoante o procedimento específico que a ordem jurídica estipular.

Sob certo aspecto, torna-se até confortável transitar por esse subsistema, dado que os enunciados prescritivos — suas unidades — encontram-se soltos, derramados por todo o conjunto, nas mais variadas estruturas frásicas. A forma, ainda que importante, não será decisiva, porque o predomínio é da função e essa estará sempre voltada para a regulação das condutas intersubjetivas. Sua prescritividade reside no modo como tal linguagem é empregada, a despeito da composição sintático-gramatical que presidir seu revestimento. Os enunciados do direito positivo não são expressões de atos de objetivação cognoscente. Não pretendem reproduzir o real-social, descrevendo-lhe os aspectos. Longe disso, o vetor semântico que os liga ao "mundo da vida" contém, invariavelmente, um *dever-ser*, assim no estado neutro, sem modalização, ou operando por intermédio dos functores *obrigatório, proibido* ou *permitido*, com o que se exaure o campo material das possíveis condutas interpessoais.

O *dever-ser*, frequentemente, comparece disfarçado na forma apofântica, como se o legislador estivesse singelamente descrevendo situações da vida social ou eventos da natureza, a ela relacionados: *A existência da pessoa natural termina com a morte...* (art. 6º do CC). *A capacidade tributária passiva independe: I — da capacidade civil das pessoas naturais...* (art. 126 do CTN).

Em outros momentos, porém, os modalizadores deônticos vêm à tona, expressando-se, ostensivamente, na linguagem do direito posto, com o que denunciam, de forma evidente, sua função prescritiva: *O tutor, antes de assumir a tutela "é obrigado" a especializar, em hipoteca legal, que será inscrita, os imóveis necessários, para acautelar, sob a sua administração, os bens do menor* (art. 418 do CC/1916 [sem correspondente no CC/2002]). *O contribuinte do ITR entregará "obrigatoriamente" em cada ano, o Documento de Informação e Apuração do ITR — DIAT, correspondente a cada imóvel, observadas datas e condições fixadas pela Secretaria da Receita Federal* (art. 8º da Lei 9.393/96).

Enquanto se movimenta entre os enunciados, para compreendê-los na sua individualidade, o intérprete dos textos jurídicos deve saber que manipula frases prescritivas, orientadas para o setor dos comportamentos estabelecidos entre sujeitos de direito. É preciso, contudo, considerá-las na forma em que se apresentam, para que seja possível, posteriormente, congregá-las e convertê-las em unidades normativas, em que o sentido *completo* da mensagem deôntica venha a aparecer com toda a força de sua juridicidade. E esse "considerá-las na forma em que se apresentam" implica, muitas vezes, a utilização da Lógica Apofântica, com o modelo clássico "S é P". Nesse intervalo, a tomada de consciência sobre a prescritividade é importante, mas o exegeta não deve se preocupar, ainda, com os cânones da Lógica Deôntico-jurídica, porque o momento da pesquisa requer, tão somente, a compreensão isolada de enunciados e estes, quase sempre, se oferecem em arranjos de forma alética.

Sobre o sentido dos enunciados, é preciso dizer que ele é construído, produzido, elaborado, a contar das marcas gráficas percebidas pelo agente do conhecimento. Desde que se mostre como manchas de tinta sobre o papel, no caso do direito escrito, insisto, assumindo a natureza de um ente físico, materialmente tangível, não se poderia imaginar, em sã consciência, que essa base empírica contivesse, dentro dela, como uma joia, o conteúdo significativo, algo abstrato, de estrutura eminentemente ideal. Muito menos, que o teor de significação estivesse envolvendo o material empírico, ou sobre ele flutuando como nuvens que recobrem os elevados rochedos. Não, o sentido é constituído ao longo de um processo, iniciado, na hipótese, pela percepção visual das letras, dos vocábulos e das partículas que unem os vocábulos, organizando formações mais amplas. *É o ser humano que, em contato com as manifestações expressas do direito positivo, vai produzindo as respectivas significações.* Daí a asserção peremptória segundo a qual é a interpretação que faz surgir o sentido, inserido na profundidade do contexto, mas sempre impulsionada pelas fórmulas literais do direito documentalmente objetivado. Sim, porque já foi dito e redito que não há texto sem contexto ou, de outro modo, não há plano de expressão sem plano de conteúdo e vice-versa.

Grande parte do trabalho do jurista se estabelece nas proporções desse subsistema que estamos tratando. Quantos preceitos de superior importância para o funcionamento da ordem jurídica se manifestam na forma de enunciados, atômicos e moleculares! Eis alguns exemplos em que o *dever-ser* não integra, declaradamente, a formação literal da Lei, mantendo-se oculto: *A língua portuguesa é o idioma oficial da República Federativa do Brasil* (art. 13 da CF). *São inelegíveis os inalistáveis e os analfabetos* (art. 14, § 4º, da CF). Nest'outros, porém, revela-se a síntese deôntica, de forma explícita, num de seus modais: *O alistamento eleitoral e o voto "são obrigatórios" para os maiores de dezoito anos* (art. 14, § 1º, I, da CF). *É "vedada" a utilização pelos partidos políticos de organização paramilitar* (art. 17, § 4º, da CF). *É "assegurado o direito" de resposta, proporcional ao agravo, além da indenização por dano material, moral ou à imagem* (art. 5º, V, da CF).

No subdomínio das significações dos enunciados, cumprem papel relevante as sentenças prescritivas implícitas, compostas, por derivação lógica, de formulações expressas do direito positivo. Além daqueles já mencionados ("isonomia das pessoas políticas de direito constitucional interno" e "supremacia do interesse público em face dos interesses dos particulares"), vários outros podem ser aduzidos, bastando lembrar que alguns dos magnos princípios manipulados pelos juristas pertencem a essa subclasse, como os primados da *justiça*, da *segurança jurídica*, da *certeza do direito* etc.

É claro que a geração de sentido de uma oração prescritiva qualquer já pressupõe a atinência a outros enunciados. Tais remissões, todavia, levam em conta sentenças igualmente soltas, consideradas na sua individualidade semântica e sem qualquer forma específica de agrupamento lógico. Somente num outro subsistema, que chamarei de *sistema normativo "stricto sensu"*, é que haverá feixes de enunciados reunidos consoante o esquema formal da implicação deôntica.

O plano S3: O conjunto articulado das significações normativas — o sistema de normas jurídicas "stricto sensu"

Travado o primeiro contato com o texto jurídico-positivo, que se dá pelo encontro com o plano da expressão, plano dos significantes ou, se parecer mais adequado, o da literalidade textual, ingressa o intérprete no universo dos conteúdos significativos, enfrentando o tantas vezes processo gerativo de sentido. Suas primeiras realizações surgirão, como vimos, no campo das significações de enunciados isoladamente considerados. Mas, é evidente que isso não basta, devendo o exegeta promover a *contextualização* dos conteúdos obtidos no curso do processo gerativo, com a finalidade de produzir unidades *completas* de sentido para as mensagens deônticas.

Vamos aos exemplos, que sempre foram ponto de apoio fundamental para o conhecimento. Imaginemos enunciado constante de lei tributária que diga, sumariamente: *A alíquota do imposto é de 3%.* Para quem souber as regras de uso dos vocábulos "alíquota" e "imposto", não será difícil construir a significação dessa frase prescritiva. Salta aos olhos, contudo, a insuficiência do comando, em termos de orientação jurídica da conduta. A primeira pergunta certamente será: mas, 3% do quê? E o interessado sairá à procura de outros enunciados do direito posto para entender a comunicação deôntica em sua plenitude significativa. Digamos que não lhe custe deparar com oração prescritiva gravada assim: *A base de cálculo é o valor da operação*. Pronto, o montante a ser recolhido a título de imposto já pode ser imediatamente apurado. Remanescem, ainda, na mente do intérprete, outras dúvidas que hão de ser esclarecidas. A quem deve pagar a quantia do tributo? Quem será o sujeito ativo dessa exação? E, novamente, continuará ele na busca de outras unidades de significação que possam completar o sentido da mensagem. Não encontrando disposição expressa no texto examinado, o interessado consultará a Lei Constitucional brasileira, investigando a quem fora outorgada a competência para legislar sobre a matéria, índice seguro, na maior parte dos casos, para identificar-se o titular do direito subjetivo público à exigência do gravame. Para que se componha a obrigação tributária, fica faltando, ainda, a indicação do sujeito passivo, quer dizer, aquele a quem foi cometido o dever jurídico de prestar o valor pecuniário. A essa altura, já é conhecido o montante da prestação e os dois sujeitos do vínculo obrigacional. Agora, por que razão se instaurou o laço, estabelecendo uma conduta obrigatória para um dos sujeitos e, correlativamente, o direito de exigi-la, para o outro? Dito de maneira diferente: qual o fundamento jurídico que suporta e justifica a instalação do liame obrigacional? Bem, aqui ingressa o enunciado de fato, pressuposto da incidência tributária e cuidadosamente selecionado pelo legislador para desencadear os efeitos disciplinadores de comportamentos intersubjetivos. Na estrutura normativa, aparece no tópico da hipótese (suposto, antecedente ou prótase do juízo condicional) ligando-se ao enunciado relacional (relação jurídica) por força da imputação deôntica, numa síntese de *dever-ser* posta pela vontade imperativa dos detentores do poder político.

Faz-se necessário advertir que o *quantum* de significação obtido com o isolamento do arcabouço da norma jurídica não é suficiente para expressar a orientação da conduta, como algo definitivo. Sua completude, perante o sistema, continua parcial, representando, apenas, o vencimento de um ciclo do processo exegético, que passa, a partir de então, a experimentar novo intervalo de indagações atinentes ao que poderíamos chamar de *esforço de contextualização*.

Se todo o trabalho desenvolvido no processo de geração de sentido tem sua importância, proposição que paira acima de qualquer dúvida, surge essa última etapa como seu aperfeiçoamento, como a coroação do desempenho construtivo levado a cabo pelo agente do conhecimento. Tendo a tarefa interpretativa caminhado pelos meandros do ordenamento, primeiramente à cata de sentidos isolados de fórmulas enunciativas, para depois agrupá-las consoante esquema lógico específico e satisfatoriamente definido, o objetivo presente é confrontar as unidades obtidas com o inteiro teor de certas orações portadoras de forte cunho axiológico, que o sistema coloca no patamar de seus mais elevados escalões, precisamente para penetrar, de modo decisivo, cada uma das estruturas mínimas e irredutíveis (vale novamente o pleonasmo) de significação deôntica, outorgando unidade ideológica à conjunção de regras que, por imposição dos próprios fins regulatórios que o direito se propõe implantar, organizam os setores mais variados da convivência social.

Ao mencionar ser esse o apogeu da missão hermenêutica, penso não haver incorrido em qualquer excesso, pois é nesse clímax, momento de maior gradação do processo gerativo, que aparece a norma jurídica em sua pujança significativa, como microssistema, penetrada, harmonicamente, pela conjunção dos mais prestigiados valores que o ordenamento consagra. Enquanto tal, representa o cruzamento, a força resultante de um sistema em que o plano dos significantes se integra ao plano de conteúdo, numa síntese que dá a autêntica profundidade do texto examinado. A regra jurídica assim apresentada terá o condão de exprimir, na sua singeleza estrutural, a orientação jurídica da conduta, precisamente do modo como determinada pela totalidade sistêmica. Não é mais um ente isolado, que pode ser visto, na sua soledade, como alguma coisa que porta os traços de pertinência a certo conjunto normativo. Mais do que isso, é o próprio domínio, reduzido a sua expressão mais simples, tanto em termos sintáticos, como nas proporções semânticas e pragmáticas.

O plano S4: Organização das normas construídas no nível S3 — Os vínculos de coordenação e de subordinação que se estabelecem entre as regras jurídicas

Da mesma maneira que o subdomínio S_3 é formado pela articulação de sentidos de enunciados, recolhidos no plano S_2, o nível S_4 de elaboração é estrato mais elevado, que organiza as normas numa estrutura escalonada, presentes laços de coordenação e de subordinação entre as unidades construídas. Em linguagem de razões e proporções, poderíamos dizer que $S_4:S_3::S_3:S_2$ (S_4 está para S_3, assim como S_3 está para S_2). Enquanto, em S_3, as significações se agrupam no esquema de juízos implicacionais (normas jurídicas), em S_4 teremos o arranjo final que dá *status* de conjunto montado na ordem superior de sistema. Preside esse trabalho de composição hierárquica um punhado de normas, em número finito, conhecidas como "regras de estruturas", mas aptas para gerar infinitas outras normas. É a "Gramática jurídica", subconjunto de regras que estabelecem como outras regras devem ser postas, modificadas ou extintas, no interior de certo sistema. São unidades da mesma espécie daquelas produzidas no Plano S_3, com a particularidade de participarem na composição do sistema jurídico-normativo como conjunto autorreferencial, ou seja, como um domínio que se autoconstitui num processo dialético interno.

O paralelismo com os sistemas idiomáticos, neste passo, é sobremodo oportuno. Neles, os controles gramaticais são, em grande parte, responsáveis pelo sentido preciso da mensagem, de tal forma que a boa construção da frase é pressuposto inafastável do entendimento comunicacional, e as regras de seu uso adequado estão na sintaxe.

Lembrando as lições de Lourival Vilanova, o direito, como técnica de modificação social, não vem para representar o mundo, mas para alterá-lo, implantando valores. E esse projetar-se sobre o fluxo do suceder humano, na sua peculiar e característica instabilidade, ocorre num contínuo processo dialético que se estabelece entre normas gerais e abstratas, de um lado, e normas individuais e concretas ou individuais e abstratas, de outro, dinâmica da qual participam, invariavelmente, as regras gerais e concretas como veículos introdutores dos comandos prescritivos (tal como o lançamento, as sentenças judiciais ou até mesmo a própria Constituição). Tudo isso se opera mediante a presença indispensável da linguagem, num contexto de crenças, ideias e convicções, a que chamamos de ideologia. Sobre este aspecto, acentua Fabiana Del Padre Tomé: "A concepção da teoria comunicacional do direito tem como premissa que o direito positivo se apresenta na forma de um sistema de comunicação. Direito é linguagem, pois é a linguagem que constitui as normas jurídicas. Essas normas jurídicas, por sua vez, nada mais são que resultados de acos de fala, expressos por palavras e inseridos no ordenamento por veículos introdutores, apresentando as três dimensões sígnicas: suporte físico, significado e significação".[32] Pondere-se, contudo, que somente tem sentido falar numa engenharia do social, se for atendido o pressuposto do respeito à ordenação causal do mundo, pois o direito não pode pretender opor-se aos efeitos da causalidade. Pelo contrário, há de observá-la para, dentro dela, causalidade física ou natural e, principalmente, a social, abrir suas possibilidades disciplinadoras de condutas intersubjetivas.

É nessa incessante movimentação empírico-dialética que se forma o conhecimento da mensagem prescritiva. Explicado de outro modo, é travando contato com o plano da expressão, onde estão montadas as estruturas morfológicas e sintáticas do texto legislado, que o enunciatário organiza a compreensão da matéria, completando o ciclo comunicacional do direito. Daí avante, a questão de saber se o expediente vai ter o condão de motivar o comportamento, em termos de fazê-lo cumprir ou

32. Fabiana Del Padre Tomé. *A prova no direito tributário*, São Paulo, Noeses, 2005, p. 40.

não a direção normativa, é algo que pertence ao campo da Sociologia e da Psicologia social e individual do direito.

Por outro lado, assim como a potência para criar frases linguísticas é infinita, dentro do âmbito de determinado idioma, as possibilidades criativas do legislador são também intermináveis, mantendo-se rigorosamente dentro dos limites da gramaticalidade própria da comunicação normativa. Tudo porque os functores deônticos são interdefiníveis e a matéria do social estende-se numa pluralidade sem fronteiras. Entretanto, se quisermos reduzir o direito à sua expressão mais simples, poderemos apresentá-lo em dois hemisférios correspondentes aos fatos lícitos e aos ilícitos, declarando que a linguagem das normas, na sua multiplicidade compositiva, verte-se sobre a realidade social, qualificando pessoas, situações e coisas, com o objetivo precípuo de constituir fatos, assinalados, por quem legisla, com a marca positiva da licitude ou com o sinal negativo do indesejável. Em seguida, o legislador faz expandir efeitos das entidades assim formadas, instaurando permissões, deveres e proibições que o instrumentalizam para desempenhar sua missão reguladora.

Sempre é bom lembrar que o processo de positivação do direito inaugura-se com os preceitos competenciais cravados no Texto Supremo e avança, gradativamente, em direção aos comportamentos inter-humanos para discipliná-los e tornar possível a convivência social. Ora, tais providências são obtidas por intermédio da linguagem das provas, de tal modo que vale a afirmação categórica segundo a qual fato jurídico é aquele, e somente aquele, que puder expressar-se em linguagem competente, isto é, segundo as qualificações estipuladas pelas normas do direito positivo.

Feitas tais operações lógicas de interpretação pelo exegeta, surgirá o texto da mensagem legislada, com a união do domínio do conteúdo dos níveis S_2, S_3 e S_4 ao de expressão do nível S_1. Já no que se refere especificamente às articulações de coordenação e de subordinação do plano S_4, presumidas na constituição semântica do texto legislado, elas apresentarão o contexto em que se insere a mesma mensagem normativa, entendido como todo o campo lógico-sistêmico do direito que permite esta construção de sentido do texto. A interpretação só se completa quando faz surgir o sentido, inserido na profundidade do contexto e sempre impulsionada pelas fórmulas literais do direito documentalmente objetivado. Esta é a razão para se concluir que "não há texto sem contexto". Para alguns autores, isto se justifica pela autopoiese do direito que, em razão de sempre manter uma autorreferenciabilidade própria, detém uma lógica presumida no texto; tal nada mais é que o próprio contexto.[33]

O processo de construção normativa e as determinações específicas impostas pelo sistema

Num quadro de pluralismo de sistemas positivos, vamos encontrar diretrizes específicas variadas para o desenvolvimento do trabalho hermenêutico de produção de normas. Com efeito, as ordenações jurídico-normativas costumam estabelecer caminhos próprios para a realização do percurso construtivo, neles fixando os valores que lhes pareçam convenientes para integrar as múltiplas unidades produzidas. Nesse sentido, a Constituição brasileira é até abundante, fazendo constar uma série de estimativas sem as quais as regras elaboradas pelo intérprete não encontrarão o devido respaldo de fundamento constitucional.

Justamente para atender a estipulações dessa índole é que o esforço de pesquisa de enunciados fica tolhido, uma vez que o exegeta não poderá recolhê-los à sua vontade, em qualquer região do direito posto, devendo circunscrever a escolha dentro de certos segmentos da ordem legislada, que o texto constitucional expressamente indica. O princípio da legalidade, entre nós, compele o agente a procurar frases prescritivas, única e exclusivamente, entre as introduzidas no ordenamento positivo por via de lei ou de diploma que tenha o mesmo *status*. Se do consequente da regra advier obrigação de dar, fazer ou

33. Paulo de Barros Carvalho. Prefácio do livro *A prova no direito tributário*, de Fabiana Del Padre Tomé, São Paulo, Noeses, 2005, p. XV a XIX.

não fazer alguma coisa, sua construção reivindicará a seleção de enunciados colhidos apenas e tão somente no plano legal, sendo vedado o aproveitamento de sentenças oriundas de decretos, portarias e outros atos de hierarquia inferior. A restrição, no entanto, não alcança patamares superiores, de tal sorte que podem ser empregados na montagem da norma quaisquer enunciados de maior gradação na escala hierárquica.

Modelo interessante para exibir esse aspecto do processo construtivo, principalmente pelo grande rigor que encerra, encontramos no direito tributário. A regra-matriz de incidência, como estrutura lógico-sintática, há que ser saturada com as significações do direito positivo. Entretanto, pela diretriz da estrita legalidade, não podem ser utilizados outros enunciados, senão aqueles introduzidos por lei. Seja a menção genérica do acontecimento factual, com seus critérios compositivos (material, espacial e temporal), seja a regulação da conduta, firmada no consequente, também com seus critérios próprios, vale dizer, indicação dos sujeitos ativo e passivo (critério pessoal), bem como da base de cálculo e da alíquota (critério quantitativo), tudo há de vir expresso em enunciados legais, não se admitindo, sob qualquer pretexto, que sequer um desses elementos possa ser retirado de orações prescritivas de hierarquias inferiores.

E, assim por diante, toparemos com determinações especiais para a formação de regras pelo Poder Judiciário, bem como sobre normas administrativas, contratuais etc., constantes do direito positivo e salientadas descritivamente pela Dogmática.

O trânsito entre os subdomínios S1, S2, S3 e S4 para a integração do sistema

Em breve resumo, o trajeto de elaboração de sentido, tendo em vista a montagem de uma unidade devidamente integrada no ordenamento posto, parte do encontro com o plano de expressão, onde estão os suportes físicos dos enunciados prescritivos. Trata-se do sistema S_1, de maneira objetiva, sendo exatamente o mesmo para todos os sujeitos, com independência do lugar e do tempo em que for submetido a exame. Sua composição morfológico-sintática lhe dá as proporções de um verdadeiro sistema e sua importância se justifica por dois motivos relevantes: *i*) marca o início do percurso de interpretação; e *ii*) é o espaço, por excelência, das modificações introduzidas no sistema total.

De seguida, inicia o intérprete a trajetória pelo conteúdo, imitindo-se na dimensão semântica dos comandos legislados, procurando lidar, por enquanto, com enunciados, isoladamente compreendidos, atividade que se passa no âmbito do sistema S_2. Aqui também o labor não se perfaz de um eito, mas requer o exaurimento de vários intervalos, sendo o primeiro desafio encontrar as significações de base, novo ponto de partida para os esforços de contextualização das palavras e das próprias frases. Ao terminar a movimentação por esse subsistema, o interessado terá diante de si um conjunto respeitável de enunciados, cujas significações já foram produzidas e permanecem à espera das novas junções que ocorrerão em outro subdomínio, qual seja o de S_3, subsistema das formações normativas, em que todo o trabalho estará voltado à composição de unidades lógicas determinadas pela presença inafastável das estruturas condicionais. Aparecerão nesse subconjunto as significações de enunciados que realizam o antecedente da regra jurídica, bem como aqueles que prescrevem condutas intersubjetivas, contidas no consequente. Mas, também nele, a tarefa se desenvolve em intervalos sequenciais, porque o contato inicial com o sentido da entidade normativa é insuficiente para a outorga derradeira de sua significação. Tornam-se imprescindíveis, nesse nível da elaboração exegética, uma série de incursões aos outros dois subsistemas, na atividade ingente de procurar significações de outras sentenças prescritivas que, por imposição da hierarquia constitucional, não podem estar ausentes do conteúdo semântico da norma produzida. É precisamente na amplitude dessas idas e venidas aos sistemas S_1 e S_2 que o sujeito gerador do sentido vai incorporando as diretrizes constitucionais. E, além disso, há que se pensar na integração das normas, nos eixos de subordinação e de coordenação, pois aquelas unidades não podem permanecer soltas, como se não pertencessem à totalidade sistêmica. Eis o plano S_4.

Muito bem. Cumpridas todas essas diligências, poderá o intérprete dizer que construiu a norma jurídica, empreendimento intelectual e emocional que não lhe custou pouca energia. Sendo ele órgão do sistema, terá agora de formalizá-la em linguagem competente, surgindo mais elementos objetivados no plano S_1. Caso não seja, terá igualmente de exará-la em linguagem própria, o que importa reconhecer que, do subsistema S_3, voltará ao subconjunto S_1, nele consignando a marca física de sua construção exegética.

Para facilitar a compreensão do que foi exposto, observe-se a representação gráfica[34] a seguir:

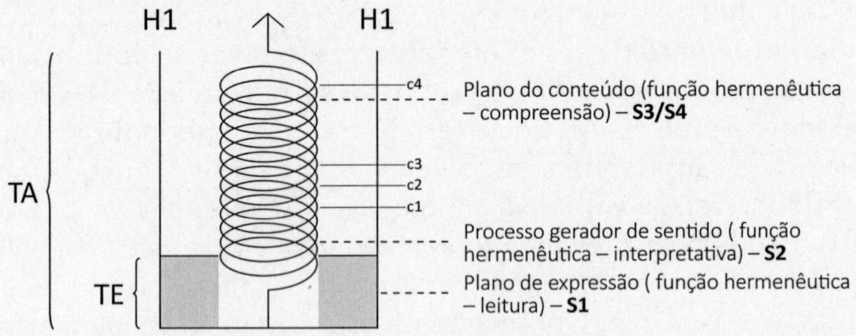

Onde: TA = texto em sentido amplo; TE = texto em sentido estrito; H1 e H2 = horizontes da nossa cultura.

Observa-se a existência dos quatro planos da linguagem, representados por S1, S2, S3 e S4, partindo a interpretação do plano da literalidade textual (S1), que compõe o texto em sentido estrito (TE), passando, mediante o processo gerador de sentido, para o plano do conteúdo dos enunciados prescritivos (S2), até atingir a plena compreensão

34. O gráfico foi por mim construído a partir das discussões em grupos de estudos em que participam mestrandos e doutorandos da USP e PUC/SP, tendo sido muito bem utilizado por Daniela Braghetta, em seu livro (*Tributação no comércio eletrônico*, São Paulo, Quartier Latin, 2003).

das formações normativas (S3), e a forma superior do sistema normativo (S4), cujo conjunto integra o texto em sentido amplo (TA). Esse processo interpretativo encontra limites nos horizontes da nossa cultura (H1 e H2), pois fora dessas fronteiras não é possível a compreensão. Na visão hermenêutica adotada, a interpretação exige uma pré-compreensão que a antecede e a torna possível.

Tais cruzamentos entre os quatro planos de elaboração, deles não saindo em qualquer dos momentos do percurso gerativo de sentido, exibem, entre outras coisas, a unidade do sistema jurídico, visto como um todo, tecido pelo intérprete numa concepção que salvaguarda, acima de tudo, o dado de sua integridade existencial, uniforme e consistente, adaptando-se o predicado de "consistência" que convém à função pragmática com que o direito positivo utiliza sua linguagem prescritiva.

12. A interpretação do direito e os limites da interdisciplinaridade

Neste esforço à busca do sentido jurídico, é importante pôr em evidência, ainda que a breve trecho, a autonomia do direito em relação a outras matérias que lhe são próximas, firmando premissas no caráter sintaticamente homogêneo que o direito positivo apresenta enquanto sistema empírico, formado por unidades atômicas — as normas jurídicas — expressas verbalmente por meio de proposições prescritivas. Descansa, portanto, em duas premissas: a) que o direito posto, como camada linguística, se estrutura em forma de sistema autônomo; e b) que os elementos desse conjunto são normas jurídicas (aqui utilizadas no sentido estrito), expressas mediante proposições hipotético-implicacionais. A partir daí, coloca-se a tese segundo a qual um dos aspectos do referido sistema é, justamente, o de ser homogêneo, em termos sintáticos, constituinte de uma *realidade propriamente sua*. Eis a disciplina do direito em sua plenitude congênita.

Agora, transportadas essas noções para os campos das Ciências descritivas da disciplina do direito, como metalinguagens da linguagem jurídica, iremos nos deparar com os limites sistêmicos de cada uma dessas "línguas científicas" e a possibilidade de elas "conversarem" entre si. A escolha do caráter disciplinar ou interdisciplinar, como estratégia para a construção do discurso científico, além de opção incontornável, continua sendo tema discutido nos círculos epistemológicos, juntamente com a própria amplitude da inter-relação das disciplinas, conteúdo de outra decisão a ser tomada pelo cientista. Tudo para perseguir aquele *quantum* de objetividade que pretende ter contraparte na carga mínima de subjetividade no agente do conhecimento.

Ele, o fato social, na sua congênita e inesgotável plurilateralidade de aspectos, reivindica, enquanto objeto, uma sequência de incisões que lhe modelem o formato para a adequada apreensão do espírito humano. Está presente nessa atividade tanto a objetivação do sujeito como a subjetivação do objeto, em pleno relacionamento dialético. Isso impede a concepção do "fato puro", seja ele econômico, histórico, político, jurídico ou qualquer outra qualidade que se lhe pretenda atribuir. Tais fatos, como bem salientou Lourival Vilanova,[35] "são elaborações conceptuais, subprodutos de técnicas de depuração de ideias seletivamente ordenadas". Não acredito ser possível, por isso mesmo, isolar-se, dentro do social, o fato jurídico, sem uma série de cortes e recortes que representem, numa ascese temporária, o despojamento daquele fato cultural maior de suas colorações políticas, econômicas, éticas, históricas etc., bem como dos resquícios de envolvimento do observador, no fluxo inquieto de sua estrutura emocional.

Sem disciplinas, é claro, não teremos as interdisciplinas, mas o próprio saber disciplinar, em função do princípio da intertextualidade, avança na direção de outros setores do conhecimento, buscando a indispensável complementaridade.

---

35. *As estruturas lógicas e o sistema do direito positivo*, p. 104.

O paradoxo é inevitável: o disciplinar leva ao interdisciplinar e este último faz retornar ao primeiro. A relação de implicação e polaridade, tão presente no pensamento de Miguel Reale, manifesta-se também aqui, uma vez que o perfil metódico que venha a ser adotado sê-lo-á, certamente, para demarcar uma porção da cultura.

Aquilo que podemos esperar de quem empreenda a aventura do conhecimento, no campo do social, a esta altura, é uma atitude de reflexão, de prudência, em respeito mesmo às intrínsecas limitações e à própria finitude do ser humano. Esta tomada de consciência, contudo, não pode representar a renúncia do seguir adiante, expressa nas decisões que lhe parecerem mais sustentáveis ao seu projeto descritivo.

CAPÍTULO V

SISTEMA E PRINCÍPIOS CONSTITUCIONAIS TRIBUTÁRIOS

1. Noção de sistema

Sistema jurídico é expressão ambígua que, em alguns contextos, pode provocar a falácia do equívoco. Com esse nome encontramos designados tanto o sistema da Ciência do Direito quanto o do direito positivo, instaurando-se certa instabilidade semântica que prejudica a fluência do discurso, de tal modo que, mesmo nas circunstâncias de inocorrência de erro lógico, a compreensão do texto ficará comprometida, perdendo o melhor teor de sua consistência. Há dúvidas no que concerne à amplitude significativa da locução, pois não faltam os que negam a possibilidade de o direito positivo apresentar-se como sistema, configurando aquele caos de sensações a ser ordenado pelas categorias do pensamento, a que aludiu Kant. A Ciência do Direito, sim, organizando descritivamente o material colhido do direito positivo, atingiria o nível de sistema. Tal não é, contudo, nosso entendimento. Enquanto conjunto de enunciados prescritivos que se projetam sobre a região material das condutas interpessoais, o direito posto há de ter um mínimo de racionalidade para ser compreendido pelos sujeitos destinatários, circunstância que lhe garante, desde logo, a condição de sistema. A questão é relevante, mas, antes de tudo, importa saber o que é sistema e quais as proporções de conteúdo que devemos atribuir a esse termo.

Não é o caso também de discutirmos as virtudes ou as deficiências do sistema como forma de conhecimento; se a abertura natural e permanente do mundo é compatível ou não com o esforço de sistematização. Nem sopesar a expedição de juízos de valor sobre o saber sistematizado, para dizê-lo impropriamente reduzido ou mutilado, em face da grandiosidade imanente ao fenômeno-objeto, na multiplicidade intensiva e extensiva do real-natural ou do real-social. Coloquemos a palavra "sistema" sob análise, procurando conhecê-la.

Já recordara Alf Ross[36] que "la mayor parte de las palabras son ambiguas, y que todas las palabras son vagas, esto es, que su campo de referencia es indefinido, pues consiste en un núcleo o zona central y un nebuloso círculo exterior de incertidumbre". Dentro dessa plurivocidade haverá sempre uma acepção de base e outra (ou outras) que podemos chamar de contextual (ou contextuais), como observa Luis Alberto Warat.[37] Surpreendido no seu significado de base, o sistema apa-

---

36. *Sobre el derecho y la justicia*, Eudeba, 1963, p. 130.

37. *O direito e sua linguagem*, Porto Alegre, Sérgio A. Fabris, Editor, 1964, p. 65.

rece como o objeto formado de porções que se vinculam debaixo de um princípio unitário ou como a composição de partes orientadas por um vetor comum. Onde houver um conjunto de elementos relacionados entre si e aglutinados perante uma referência determinada, teremos a noção fundamental de sistema. Tércio Sampaio Ferraz Jr. chama de repertório ao conjunto de elementos, e de estrutura ao complexo das relações que entre eles se estabelecem. Agora, o padrão do relacionamento interno pode ir desde as formas mais simples e precárias até atingir níveis sofisticados de organização global, cujo entendimento requer estudos mais complexos e aprofundados. Mas é a partir daquela ideia elementar de sistema que passaremos a refletir, buscando outros desdobramentos com as operações lógicas de dividir, classificar e definir.

Tratando-se de ente de complexidade máxima, como a estrutura mais elaborada do universo das formas lógicas, o sistema é a "forma das formas" a que Husserl se refere. Ora, pensando assim, alguns lógicos reivindicam ser ele o sentido primitivo, a significação de base, refutando, em linguagens com pretensão de univocidade (como as científicas), todas aquelas acepções que escapam do plano formal, aplicando-se ao mundo dos bens meramente físicos ou da região ôntica dos objetos culturais. Em discurso científico, portanto, não seria recomendável, em obséquio à precisão da mensagem expositiva, o emprego do termo para designar, por exemplo, o sistema nervoso, o sistema solar etc. A concepção é sobremaneira radical, implicando redução inaceitável do espectro semântico da palavra. Por mais importante que seja o sentido do vocábulo para a Lógica, o uso reiterado da comunidade dos que lidam iterativamente com nosso idioma tem sufragado outras proporções significativas, de modo que tais acepções não podem ser ignoradas. A dimensão pragmática da linguagem, aliás, onde se estudam as relações dos signos com seus utentes, é o campo próprio para a solução dos problemas semânticos. Sendo assim, devemos ater-nos à significação de base que mencionamos, procurando examinar, na palavra "sistema", quais as possibilidades de uso que o idioma nos oferece para expressar a conjunção de elementos governados por uma ideia comum.

2. Classificação dos sistemas

Fala-se em sistemas reais ou empíricos e sistemas proposicionais. Os primeiros, constituídos por objetos do mundo físico e social; os segundos, por proposições, pressupondo, portanto, linguagem. Os sistemas proposicionais podem ser meramente formais, onde as partes componentes são entidades ideais, como na Lógica, na Matemática etc. (fórmulas proposicionais), que chamaremos sistemas proposicionais nomológicos ou, simplesmente, sistemas nomológicos, ou formados por proposições com referência empírica, que denominaremos sistemas nomoempíricos, com base na proposta terminológica de Marcelo Neves.[38] Por sua vez, os sistemas nomoempíricos podem ser constituídos de proposições descritivas, como no caso dos sistemas de enunciados científicos (sistemas nomoempíricos descritivos ou teoréticos), ou de proposições prescritivas, como acontece com os sistemas que se dirigem à conduta social, para alterá-la (sistema das regras morais, jurídicas, religiosas etc.). Em quadro sinóptico:

- sistemas
  - reais
  - proposicionais
    - nomológicos
    - nomoempíricos
      - descritivos
      - prescritivos

Acresce frisar que os sistemas nomológicos, vertidos em simbologia severamente unívoca, não têm, como lembra Lourival Vilanova,[39] "denotação existencial", partindo de axiomas

38. *Teoria da inconstitucionalidade das leis*, Saraiva, 1988, p. 4.

39. *As estruturas lógicas*, cit., p. 17.

e desenvolvendo-se mediante operações lógico-dedutivas. Seu método é o inferencial-dedutivo.

Os sistemas reais seriam formados de objetos extralinguísticos, tanto do mundo físico ou natural como do social, da maneira mesma que eles aparecem à intuição sensível do ser cognoscente, exibindo suas relações de causalidade. Seriam grupamentos de entidades que se vinculam mediante laços constantes, e tudo subordinado a um princípio comum, unificador. Falamos, por isso, em "sistema solar", "sistema sanguíneo", "sistema hidroviário", "sistema de fatos" etc. Pouco importa, aqui, se os objetos que se aglutinam na forma de sistema foram "dados" ou "construídos", em outras palavras, se o sujeito do conhecimento os encontrou no mundo circunstante ou os produziu modificando a natureza para implantar valores. Aquilo que interessaria para efeito de classificação é sua índole extralinguística. Desse modo, aplicar-se-ia a noção de sistema, segundo a acepção de base que mencionamos, à reunião de átomos, de células vivas, de peças de escritório, de fatos da natureza ou de fatos sociais, nada obstante o relato desses conjuntos por meio de uma camada de linguagem provocar o aparecimento de outro sistema, agora da categoria dos proposicionais. É bem verdade que no fenômeno da tomada de consciência da reunião de elementos do mundo exterior, pelos sentidos, já se pressupõe a manipulação de um conjunto de signos linguísticos, pois não há conhecimento (no sentido pleno) sem linguagem. Nesse sentido, não havendo conhecimento fora do âmbito da linguagem, todo sistema seria do tipo proposicional. Entretanto, cortemos essa relação com o sujeito do conhecimento e coloquemos entre parênteses esse primeiro envolvimento do agente com o universo de signos linguísticos, para que remanesça apenas o conjunto do mundo físico ou do mundo social, enquanto fenômenos governados pelo princípio da causalidade física, na sua presença objetiva, na sua objetividade mesma, e assim possa transformar-se em foco temático do nosso estudo. A tais ajuntamentos de objetos, considerados pelas inter-relações que ostentam, exatamente como se mostram à generalidade dos que os observam, e vistos por uma perspectiva comum, chamaríamos de "sistemas reais". Reiteramos que o critério tomado como índice desta primeira classificação repousa na circunstância de as partes serem entidades linguísticas ou não: sistemas proposicionais, num caso; sistemas reais, no outro. E também queremos renovar a nota segundo a qual, na classe dos extralinguísticos, tanto faz que os objetos figurem entre os "reais-naturais" ou entre os "reais-sociais".

Oferecidos esses breves esclarecimentos acerca da classificação proposta por Marcelo Neves, necessário se faz salientar que a subespécie dos sistemas reais não pode ser aceita no âmbito do modelo que vimos desenvolvendo, posto que pressupõe objetos da experiência que extrapassam os limites da linguagem. No quadro de referências que estabelecemos como ponto de partida para a compreensão do mundo, a linguagem surge como instrumento constitutivo da realidade. Além do mais, seguindo a linha retórica, proclamamos a autorreferencialidade da linguagem, como ente autossustentável, dispensando elementos exteriores ao discurso para legitimar-se. Essa premissa é fator impeditivo de conceber-se objetos reais que seriam simplesmente captados por nossa intuição sensível, sem passar pelo filtro da linguagem, o que significa dizer que suprimimos aquela categoria, passando a considerar que todos os sistemas são proposicionais, aproveitando-se as escalas remanescentes da indigitada classificação.

3. Sistema jurídico — dois corpos de linguagem

Ora, a despeito de tomar as variações terminológicas como precioso recurso para a construção da descritividade própria do discurso científico, não vejo como se possa negar a condição de sistema a um estrato de linguagem tal como se apresenta o direito positivo. Qualquer que seja o tecido de linguagem de que tratamos, terá ele, necessariamente, aquele mínimo de racionalidade inerente às entidades lógicas, de que o ser sistema é uma das formas. Pouco importa, aqui, se o teor da mensagem é prescritivo, interrogativo, exclamativo ou, meramente, descritivo. A verdade é que o material bruto dos comandos legislados, mesmo antes de receber o tratamento hermenêutico do cientista dogmático, já se afirma como expressão linguística de um acto de fala, inserido no contexto comunicacional que se instaura entre enunciador e enunciatário. E o asserto se confirma quando pensamos que o trabalho sistematizado que a doutrina elabora, em nível de sobrelinguagem, pode, perfeitamente, ser objeto de sucessivas construções hermenêuticas porque a compreensão é inesgotável. Ali onde houver um texto, haverá sempre a possibilidade de interpretá-lo, de reorganizá-lo, de repensá-lo, dando origem a novos textos de nível linguístico superior. Não me parece sensato, portanto, atribuí-lo ao direito posto, no seu conjunto, sonegando-lhe a prerrogativa de sistema. Sistema é o discurso da Ciência do Direito, mas sistema também é o domínio finito, mas indeterminável, do direito positivo.

Já dissemos, no Capítulo I, que as normas jurídicas formam um sistema, na medida em que se relacionam de várias maneiras, segundo um princípio unificador. Trata-se do direito posto que aparece no mundo integrado numa camada de linguagem prescritiva. Produto do homem para disciplinar a convivência social, o direito pertence à região ôntica dos objetos culturais, dirigindo-se, finalisticamente, ao campo material da conduta.

O sistema do direito oferece uma particularidade digna de registro: suas normas estão dispostas numa estrutura hierarquizada, regida pela fundamentação ou derivação, que se opera tanto no aspecto material quanto no formal ou processual, o que lhe imprime possibilidade dinâmica, regulando, ele próprio, sua criação e suas transformações. Examinando o sistema de baixo para cima, cada unidade normativa se encontra fundada, *material* e *formalmente*, em normas superiores. Invertendo-se o prisma de observação, verifica-se que das regras superiores derivam, *material* e *formalmente*, regras de menor hierarquia.

Todas as normas do sistema convergem para um único ponto — a norma fundamental —, que dá fundamento de validade à constituição positiva. Sua existência imprime, decisivamente, caráter unitário ao conjunto, e a multiplicidade de normas, como entidades da mesma índole, lhe confere o timbre de homogeneidade. Isso autoriza dizermos que o sistema também empírico do direito é unitário e homogêneo, afirmação que vale para referência ao direito nacional de um país ou para aludirmos ao direito internacional, composto pela conjunção do pluralismo dos sistemas nacionais.

Não só o direito positivo se apresenta como sistema, mas a ciência que dele se ocupa também assume foros sistemáticos. O direito positivo é um sistema nomoempírico prescritivo, onde a racionalidade do homem é empregada com objetivos diretivos e vazada em linguagem técnica. A ciência que o descreve, todavia, mostra-se um sistema também nomoempírico, mas teorético ou declarativo, vertido em linguagem que se propõe ser eminentemente científica. Enquanto as ciências naturais, por exemplo, a Física e a Química, descrevem fenômenos naturais, físicos e químicos, a Ciência do Direito tem como foco temático um fenômeno linguístico — o direito posto, um plexo de enunciados prescritivos. E este último cientista anota, como dado fundamental, que nos fenômenos naturais os fatos se entreligam por uma relação de causa e efeito — *princípio da causalidade* —, ao passo que o liame que prende o fato jurídico aos seus efeitos é ditado pelo *princípio da imputação*. É o legislador que imputa certas consequências jurídicas aos eventos que ele livremente escolhe, no tecido das relações sociais. Repousa aqui uma diferença extremamente relevante, como dado peculiar à matéria jurídica.

Como sistema nomoempírico teorético que é, a Ciência do Direito tem de ter uma hipótese-limite, sobre a qual possa construir suas estruturas. Do mesmo modo que as outras ciências, vê-se o estudioso do direito na contingência de fixar um axioma que sirva de base última para o desenvolvimento do seu discurso descritivo, evitando assim o *regressus ad infinitum.* A descoberta da norma hipotética fundamental, empreendida por Hans Kelsen,[40] é o postulado capaz de dar sustentação à Ciência do Direito, demarcando-lhe o campo especulativo e atribuindo unidade ao objeto de investigação. A *norma hipotética fundamental*, entretanto, não se prova nem se explica. É uma proposição axiomática, que se toma sem discussão de sua origem genética, para que seja possível edificar o conhecimento científico de determinado direito positivo. Ela dá legitimidade à Constituição, não cabendo cogitações de fatos que a antecedam. Com ela se inicia o processo derivativo e nela se esgota o procedimento de fundamentação. É fruto de um artifício do pensamento humano, e a Filosofia do Direito a tem como *pressuposto gnosiológico do conhecimento jurídico.*

Não deve causar espécie a circunstância de a Ciência do Direito precisar de um axioma, enunciado que se dá por verdadeiro sem demonstração, para fincar a raiz do seu sistema. Tal acontece em todo o sistema científico: a Geometria, a Matemática, a Sociologia, a Psicologia e as demais ciências partem sempre de proposições escolhidas arbitrariamente ou de evidência imediata, não demonstráveis, e sobre elas desdobra a organização descritiva dos respectivos objetos.

A Ciência do Direito estuda o sistema nomoempírico do direito positivo, vendo-o como uma pirâmide que tem no ápice uma norma fundante, imaginária, que Kelsen chama de *norma hipotética fundamental*, cuja função consiste em legitimar a Lei Constitucional, outorgando-lhe validade sintática. A contar desse Texto Básico, as restantes normas do sistema distribuem-se em vários escalões hierárquicos, ficando nas bases da pirâmide as regras individuais de máxima concretude. Concepção dessa ordem propicia uma análise estática do ordenamento jurídico — *nomoestática* — e uma análise dinâmica do funcionamento do sistema positivo — *nomodinâmica.* Na primeira as unidades normativas são surpreendidas num

---

40. *Teoria pura do direito*, trad. João Baptista Machado, 3. ed., Coimbra, Arménio Amado Ed., p. 272-85.

determinado instante, como se fossem fotografadas; na segunda, é possível indagar do ordenamento nas suas constantes mutações, quer no que diz com a criação de regras novas, quer no que atina às transformações internas que o complexo de normas tem idoneidade para produzir. No plano da *nomodinâmica* nos deparamos, entre a norma fundante e a norma fundada, com o ser humano, suas crenças, seus valores, suas ideologias, atuando para movimentar o sistema, positivando-o e realizando, assim, efetivamente o direito.

4. Direito positivo: ordenamento ou sistema?

Não são poucos os autores que insistem na distinção entre ordenamento e sistema, tendo em vista o direito positivo. Os enunciados prescritivos, assim que postos em circulação, como conjunto de decisões emanadas das fontes de produção do direito, formariam matéria bruta a ser ordenada pelo cientista, à custa de ingentes esforços de interpretação e organização das unidades normativas em escalões hierárquicos, até atingir o nível apurado de sistema, entidade que apareceria como resultado desse intenso labor estruturante, sem contradições, isento de ambiguidades e pronto para ser compreendido pelo destinatário. O ordenamento seria o texto bruto, tal como meditado pelos órgãos competentes e tomado na multiplicidade das decisões concretas em que se manifesta a autoridade de quem legisla. Melhor: seria o conjunto ou a totalidade das mensagens legisladas que integrariam um domínio heterogêneo, uma vez que produzidas em tempos diversos e em diferentes condições de aparecimento.

Observado segundo esses padrões, o direito posto não alcançaria o *status* de sistema, reservando-se o termo para designar a contribuição do cientista, a atividade do jurista que, pacientemente, compõe as partes e outorga ao conjunto o sentido superior de um todo organizado. Ordenamento e direito positivo, de um lado, sistema e Ciência do Direito, de outro, seriam binômios paralelos, em que os dois últimos termos implicam os primeiros.

Gregorio Robles expressa a ideia de maneira clara: "*Hay que tener claras estas dos ideas: primera, el sistema es resultado de la elaboración doctrinal o científica del texto jurídico en bruto que es el ordenamiento; segunda, el sistema refleja el ordenamiento, pero al reflejarlo dice muchas más cosas que el ordenamiento*".[41] E, mais adiante, "*Entre ordenamiento y sistema hay una relación 'circular', o mejor dicho, 'en espiral', que se produce a lo largo del tiempo. Sobre el ordenamiento inicial se elabora el sistema inicial, el cual a su vez influye en la confección posterior del ordenamiento, que es elaborado de nuevo en sistema, el cual vuelve a influir sobre el ordenamiento... y así sucesivamente sin fin*".[42]

Na mesma linha, servindo-se de linguagem simbólica da teoria das classes, Tárek Moussallen, no seu excelente *Revogação em matéria tributária*, assinala as dissonâncias, ao predicar para ordenamento não ser ele "*um conjunto de normas, mas, sim, uma sequência temporal de conjuntos de normas*"[43]. Vejamos:

> "Fórmula (a): (SDP1 $\cup$ SDP2 $\cup$ SDP3 $\cup$ SDPn) $\equiv$ OJ;
>
> Fórmula (b): (SDP1 $\subseteq$ OJ); (SDP2 $\subset$ OJ); (SDP3 $\subset$ OJ);
>
> (SDPn $\subset$ OJ), em que cada SDP é sucessivo nos tempos t1, t2, t3, tn.
>
> Na fórmula (a), SDP1, SDP2, SDP3 e SDPn figuram sempre como classes que se interseccionam, pois devem possuir ao menos um elemento em comum (*in casu*, as regras constitutivas constitucionais) (...)".[44]

É também o pensamento de Daniel Mendonca, como se nota deste excerto:

> *(...) el concepto interesante es el del sistema jurídico como el conjunto de todos los sistemas momentáneos y no como el conjunto de todas las normas de todos los sistemas momentáneos, pues este*

---

41. Gregorio Robles Morchón, *Teoría del derecho (fundamentos de teoría comunicacional del derecho)*, Madrid, Civitas, 1998, p. 113.

42. Gregorio Robles Morchón, *Teoría del derecho*, cit., p. 120.

43. Tárek Moussallen, *Revogação em matéria tributária*, São Paulo, Ed. Noeses, 2005, p. 130.

44. Tárek Moussallen, *Revogação em matéria tributária*, cit., p. 130.

> *último conjunto sería irremediablemente inconsistente, ya que contendría todas las normas derogadas y las que fueron dictadas en su lugar. En este sentido, la distinción propuesta (sistema jurídico/orden jurídico) parece preferible, tanto desde el punto de vista conceptual, como terminológico.*[45]

Advirto que emprego, livremente, no curso desta obra, "ordenamento", como sinônimo de "ordem positiva", "direito posto" e "direito positivo".

5. Realidades sociais intrassistêmicas e a teoria autopoiética do direito

Decisivo impulso para uma nítida percepção da identidade do objeto jurídico e de sua autonomia autorreferencial adveio com a teoria da autopoiese, hoje em franco debate nos melhores salões intelectuais e acadêmicos da Europa. Foi concebida no domínio das ciências biológicas, no começo da década de 1970, com os trabalhos pioneiros de Maturana e Varela, sendo transposta para o campo do social pela obra maiúscula de Niklas Luhmann. A partir de 1984, a visão autopoiética desenvolvida no contexto dos sistemas sociais chegou ao território do jurídico.

Para a teoria dos sistemas, no modelo luhmanniano, o direito constitui um sistema autopoiético de segundo grau, tendo adquirido autonomia em face do sistema autopoiético geral, que é a sociedade. Surgem os ordenamentos jurídicos como subsistemas autônomos pela emergência de um código próprio e diferenciado (lícito/ilícito), pronto para dar estabilidade a um processo equilibrado de autoprodução recursiva, fechada e circular de comunicações *exclusivamente jurídicas*. Em outras palavras, um sistema autopoiético se qualifica por um *perpetuum móbile* autorreprodutivo, de modo que seus elementos, seus processos e suas estruturas são construídos a partir do próprio sistema, e não pela influência direta de outros sistemas. Para

45. Daniel Mendonca, *Normas y sistemas normativos*, Barcelona, Ed. Jurídicas y Sociales S.A., 2005, p. 46.

Luhmann, as unidades dos sistemas sociais não são as pessoas, mas "atos de comunicação": no direito, os atos de comunicação são os atos jurídicos. Celso Campilongo,[46] em texto elucidativo, esclarece a proposição de Luhmann, mediante a qual o direito promove a *generalização congruente das expectativas normativas*. O jusfilósofo paulista examina, palavra por palavra, as proporções semânticas daquela mensagem, deixando bem clara a manifestação do pensador alemão.

Isto posto, o repertório desse sistema é formado por atos de comunicação (que pressupõem necessariamente a linguagem), articulados recursivamente, que se autorreproduzem à luz daquele código binário (lícito/ilícito), construindo seu meio envolvente próprio (realidade jurídica) e demarcando os limites do território do direito. Opera por métodos que lhe são exclusivos, mas troca informações com outros subsistemas, emitindo atos comunicativos (normas) e, ao mesmo tempo, recebendo de outros subdomínios as notícias por eles produzidas. Fazendo cabedal de sua autonomia, como subsistema, o direito processa apenas as informações que lhe interessam, submetendo-as, então, aos critérios metodológicos de formação de normas.

Gunther Teubner, reafirmando a doutrina, esclarece: *De facto, a teoria dos sistemas autopoiéticos está ausente no pressuposto de que a unidade e identidade de um sistema deriva da característica fundamental de autorreferenciabilidade das suas operações e processos. Isso significa que só por referência a si próprios podem os sistemas continuar a organizar-se e reproduzir-se como tais, como sistemas distintos do meio envolvente. São as próprias operações sistêmicas que, numa dinâmica circular, produzem os seus elementos, as suas estruturas e processos, os seus limites, e a sua unidade essencial.*

A ideia de autorreferência e autopoiesis pressupõe que os pilares ou bases do funcionamento dos sistemas residem, não nas condições exógenas impostas pelo meio envolvente às quais tenham de se adaptar da melhor forma possível como era

46. *Política, sistema jurídico e decisão judicial*, São Paulo, Max Limonad, 2002, p. 19.

entendido pela teoria dos sistemas abertos, mas afinal no próprio seio sistêmico.[47]

E segue afirmando: *o Direito constitui um sistema autopoiético de segundo grau, autonomizando-se em face da Sociedade, enquanto sistema autopoiético de primeiro grau, graças à constituição autorreferencial dos seus próprios componentes sistêmicos e à articulação destes num hiperciclo.*[48]

Os sistemas autopoiéticos ostentam a chamada "clausura organizacional": são fechados no plano operacional, mas abertos em termos cognitivos. Isto quer significar que o direito se comunica com os outros subsistemas sociais, mas de forma exclusivamente cognoscitiva. Seu *modus operandi* é totalmente alheio a qualquer influxo do meio exterior, seja do "mundo da vida", seja de outras organizações sistêmicas de caráter autopoiético, como Economia, Política, Moral, religião etc.

A doutrina de que falamos representa uma superação das teorias dos sistemas abertos, e a procedência das colocações de Teubner se atesta pelas confirmações que delas faz o método semiótico da linguagem jurídica. Na semiótica se diz que o sistema do direito positivo é fechado sintaticamente, porém aberto em termos semânticos e pragmáticos. Explicando melhor, a dinâmica operacional do direito se dá pela combinatória dos três modais (permitido, proibido e obrigatório). Como são três e somente três (lei do quarto excluído), concluímos que há fechamento sintático. Entretanto, estando as hipóteses normativas sempre prontas para receber novos fatos que o legislador entenda relevantes, como portas abertas para a absorção de matérias sociais, políticas, econômicas, morais etc., teríamos abertura na dimensão semântica e pragmática.

É nesse fio de raciocínio que o prof. Marcelo Neves,[49] discípulo brasileiro de Luhmann, conclui:

---

47. *O direito como sistema autopoiético*, Lisboa, Fundação Calouste Gulbenkian, p. 31.

48. *O direito como sistema autopoiético*, cit., p. 53.

49. *A constitucionalização simbólica*, São Paulo: Acadêmica, 1994, p. 119/120.

> *A positivação do Direito na sociedade moderna implica o controle do código-diferença "lícito/ilícito" exclusivamente pelo sistema jurídico, que adquire dessa maneira seu fechamento operativo.* E mais adiante pondera: *Nesse contexto, o sistema jurídico pode assimilar, de acordo com os seus próprios critérios, os fatores do meio ambiente, não sendo diretamente influenciado por esses fatores. A vigência jurídica das expectativas normativas não é determinada imediatamente por interesses econômicos, critérios políticos, representações éticas, nem mesmo por proposições científicas, ela depende de processos seletivos de filtragem conceitual no interior do sistema jurídico.*[50]

De tudo quanto se expôs, cabe ressaltar que a doutrina da autopoiese, que chega timidamente ao meio jurídico nacional, ao superar a visão dos sistemas abertos, em constante intercâmbio direto, vem trazer enorme reforço à compreensão sistemática do direito positivo, chamando a atenção para sua autonomia operacional e mostrando que o único modo de apreender-lhe as mensagens prescritivas é interpretando-o juridicamente, isto é, a partir de suas estruturas, categorias, processos e formas. Não há como aceitar uma interpretação econômica do direito ou uma interpretação histórica do direito, mecanismos espúrios que ainda contaminam nossa cultura jurídica. Mais a mais, um sistema não age sobre outro sistema, modificando-o. O que pode acontecer é o sistema S' tomar conhecimento de informações do sistema S" e processar esses dados segundo seu código de diferença, vale dizer, submetendo-o ao seu peculiar critério operacional. Em linguagem jurídica, é o direito recebendo fatos econômicos, por exemplo, em suas hipóteses normativas e, a partir delas, produzindo novas relações jurídicas por meio dos operadores deônticos (V, P e O). Já se vê que a identidade autorreferencial do sistema jurídico impede qualquer esforço *externo* no sentido de seu conhecimento operacional, que somente será possível à medida que se considere o conjunto na complexidade de sua *organização interior.*

---

50. *A constitucionalização simbólica*, cit., p. 120/121.

E sobre a força e intensidade da mencionada autonomia, vale consignar a posição categórica de Gunther Teubner:[51]

> *As comunicações jurídicas constroem a "realidade jurídica" no chamado tipo ou hipótese legal de uma norma jurídica. Os elementos típicos ou* facti-species *normativos incorporam distinções intrinsecamente jurídicas, permitindo assim ao sistema jurídico produzir as suas próprias categorizações. Desse modo, nos actos legislativos, o direito como que inventa o seu próprio meio envolvente.* E, mais adiante: *Quer dizer: de um ponto de vista construtivista, as intervenções do direito na economia devem ser entendidas como observações recíprocas entre dois sistemas de comunicação hermeticamente fechados e autônomos. O direito "inventa" uma imagem da economia, formulando as respectivas normas com referência a tal imagem. A economia "inventa" uma imagem do direito, processando os actos de pagamento também com referência a esta. E embora estes modelos imaginários intrassistêmicos do mundo exterior possam ser continuamente refinados, como acontece com a moderna escola da análise econômica do direito, a verdade é que isto jamais nos conduzirá das concepções jurídicas do sistema econômico à realidade do próprio sistema econômico.*[52]

Vê-se como fica reforçada a tese da autonomia do direito, quando tratada pela Teoria dos Sistemas.

6. A impossibilidade de traduções perfeitas entre os idiomas da mesma família e a conversação que entre eles se estabelece, segundo a concepção de Vilém Flusser

No seu *Língua e realidade*, Flusser dá uma contribuição valiosa ao estudo da tradução entre idiomas. Além de estabelecer proposições sugestivas a respeito de a língua *ser* a realidade, *formar* a realidade e *criar* a realidade[53], mencionando a conversação que se institui entre tais ordens para formar as várias culturas, o pensador tcheco proclama, com bastante

51. *O direito como sistema autopoiético*, cit., p. 157.

52. *O direito como sistema autopoiético*, cit., p. 160.

53. Gustavo Bernardo, *Prefácio do livro Língua e realidade*, 2. ed., 1. reimpr., São Paulo, Annablume, p. 17.

clareza, que as Ciências são línguas, de tal modo que as observações aplicáveis aos sistemas idiomáticos se acomodam perfeitamente ao esquema organizacional das Ciências. Ouçamo-lo. *A ciência "sensu stricto", tal qual a conhecemos no Ocidente, desde o Renascimento, equivale, deste ponto de vista, ao aparecimento de uma nova língua.*[54] E Gustavo Bernardo Krause, ao prefaciar essa obra-prima, como ele mesmo reconhece, reproduz o texto de Flusser: *a ciência, longe de ser válida para todas as línguas, é ela própria uma língua a ser traduzida para as demais.*[55]

Vilém Flusser, de fato, não admite a possibilidade de uma tradução perfeita, mesmo em se tratando de línguas flexionais, com organizações parecidas. Torna-se possível *aproximadamente*, graças às semelhanças existentes entre as estruturas dos idiomas. Daí o adágio consagrado: *tradutore, traditore.* Entre as realidades criadas e formadas por duas línguas diferentes, ainda que semelhantes, há um abismo que tem de ser transposto, momento em que surgem as inevitáveis distorções.

Ora, se o Direito (tomado aqui como Ciência) e a Economia são dois sistemas cognoscentes distintos, entre eles somente poderá haver uma tradução *aproximada*, com a presença de termos e expressões intraduzíveis que determinam frequentes descompassos. Podem, contudo, manter uma *conversação* ampla, que envolva também o saber a respeito de outros segmentos do tecido social, como a Ciência Política, a Sociologia (em sentido estrito), as Ciências Contábeis, a Psicologia Social, a História etc.

7. Regras de comportamento e regras de estrutura

Os teóricos gerais do direito costumam discernir as regras jurídicas em dois grandes grupos: normas de comportamento

54. *Língua e realidade*, cit., p. 54.

55. *Língua e realidade*, cit., p. 19.

e normas de estrutura. As primeiras estão *diretamente* voltadas para a conduta das pessoas, nas relações de intersubjetividade; as de estrutura ou de organização dirigem-se igualmente para as condutas interpessoais, tendo por objeto, porém, os comportamentos relacionados à produção de novas unidades deôntico-jurídicas, motivo pelo qual dispõem sobre órgãos, procedimentos e estatuem de que modo as regras devem ser criadas, transformadas ou expulsas do sistema.

É propriedade das normas em geral e das proposições jurídico-normativas em particular expressarem-se por intermédio do conectivo *dever-ser*, o que nos leva a denominar *deôntico* o sistema do direito positivo. Umas como outras, portanto, exibem o dever-ser modalizado em *permitido*, *obrigatório* ou *proibido*, com o que se exaure a possibilidade normativa da conduta. Qualquer comportamento caberá sempre num dos três modais deônticos, não havendo lugar para uma quarta alternativa (lei deôntica do quarto excluído).

Eis um exemplo de norma de conduta no campo tributário. Em termos simplificados, diz a regra-matriz do IPTU que, se alguém for proprietário de bem imóvel no perímetro urbano do Município X, estará obrigado a pagar 1% do valor venal do imóvel à Fazenda Municipal. O *estará obrigado* revela a presença do conectivo deôntico, no modal *obrigatório*.

Com as assim chamadas "regras de estrutura", no entanto, a regulação das condutas fica na dependência da edição de outra norma cujo conteúdo é disciplinar a competência. Somente com o advento desta última, norma de competência (regra de estrutura), é que surgirá a norma de conduta dela derivada, regendo, então, diretamente os comportamentos interpessoais.

As regras de estrutura representam, para o sistema do direito positivo, o mesmo papel que as regras da gramática cumprem num idioma historicamente dado. Prescrevem estas últimas a forma de combinação dos vocábulos e das expressões para produzirmos orações, isto é, construções com sentido. À sua semelhança, as regras de estrutura determinam os órgãos do sistema e os expedientes formais necessários para que se editem normas jurídicas válidas no ordenamento, bem como o modo pelo qual serão elas alteradas e desconstituídas. Provém daí o nominar-se de Gramática Jurídica ao subconjunto das regras que estabelecem como outras regras devem ser postas, modificadas ou extintas, dentro de certo sistema. É o que transmite Lourival Vilanova,[56] ao ensinar que o sistema de proposições normativas contém, como parte integrante de si mesmo, as regras (proposições) de formação e de transformação de suas proposições. *As normas que estatuem como criar outras normas, isto é, normas de normas, ou proposições de proposições não são regras sintáticas fora do sistema. Estão no interior dele* (os grifos são do próprio autor).

A singularidade não escapou à observação crítica de A. J. Greimas,[57] ao comparar a linguagem do direito a outros códigos de linguagem: enquanto a gramática de outros sistemas está frequentemente implícita, subjacente aos discursos que produz (é o caso, p. ex., do código de boas maneiras à mesa), a gramática jurídica pretende ser explícita, exibindo, ostensivamente, o corpo de suas regras. Ela não apenas se supõe conhecida de todos, mas também se apresenta como uma gramática bem feita, que, teoricamente, não dá ensejo a qualquer ambiguidade.

8. Sistema constitucional brasileiro

Os conceitos até aqui introduzidos permitem ver a ordem jurídica brasileira como um sistema de normas, algumas de comportamento, outras de estrutura, concebido pelo homem para motivar e alterar a conduta no seio da sociedade. É composto por subsistemas que se entrecruzam em múltiplas direções, mas que se afunilam na busca de seu fundamento último de validade semântica que é a Constituição do Brasil. E esta, por sua vez, constitui também um subsistema, o mais importante,

56. *As estruturas lógicas*, cit., p. 109.

57. *Semiótica e ciências sociais*, São Paulo, Cultrix, p. 77.

que paira, sobranceiro, sobre todos os demais, em virtude de sua privilegiada posição hierárquica, ocupando o tópico superior do ordenamento e hospedando as diretrizes substanciais que regem a totalidade do sistema jurídico nacional.

O texto da Constituição é o espaço, por excelência, das linhas gerais que informam a organização do Estado, limitando-se, como adverte Celso Ribeiro Bastos,[58] a tracejar as características dominantes das várias instituições que a legislação comum posteriormente desenvolve, conferindo-lhe compostura final. No seu repertório, como decorrência, há predomínio quantitativo das regras de estrutura, que são mais numerosas que as regras de comportamento.

Nossa Constituição é da categoria das rígidas, o que significa dizer que para sua alteração existe um procedimento mais solene e complexo do que o exigido para a elaboração das leis ordinárias. Os quatro plexos normativos de que já falamos — o sistema nacional, o sistema federal, os sistemas estaduais e os sistemas municipais — estão racionalmente determinados na Carta Magna brasileira, que consagra a Federação; o voto direto, secreto, universal e periódico; a separação dos Poderes e os direitos e garantias individuais (art. 60, § 4º, I a IV), como valores jurídico-políticos intangíveis.

9. O subsistema constitucional tributário

Se é correto mencionarmos a Constituição brasileira, como sistema de proposições normativas, integrante de outro sistema de amplitude global que é o ordenamento jurídico vigente, podemos, é claro, analisar os subconjuntos que nele existem. O que nos interessa agora é a subclasse, o subconjunto ou o subsistema constitucional tributário, formado pelo quadro orgânico das normas que versem matéria tributária, em nível constitucional. A homogeneidade desse grupamento de regras está determinada, assim pela natureza lógica das

58. *Curso de direito constitucional*, Saraiva, 1980, p. 86.

entidades normativas, que pelo assunto sobre que dispõem. Atribuem-lhe unidade duas circunstâncias: estarem todas elas legitimadas pela mesma fonte — a norma hipotética fundamental — e consubstanciarem o ponto de confluência do direito positivo, no que concerne à matéria que lhes dá conteúdo. Mantêm, entre si, relações de coordenação horizontal, situadas que estão no mesmo plano da escala hierárquica, tecendo, com idêntico *status* de juridicidade, a rede do subsistema. Ainda que nele seja maior a incidência das regras de estrutura, não faltam aquelas que se dirigem, frontalmente, à disciplina da conduta, exprimindo-se, prescritivamente, nos modais deônticos *permitido*, *obrigado* e *proibido*.

Pertencendo ao estrato mesmo da Constituição, da qual se destaca por mero expediente lógico de cunho didático, o subsistema constitucional tributário realiza as funções do todo, dispondo sobre os poderes capitais do Estado, no campo da tributação, ao lado de medidas que asseguram as garantias imprescindíveis à liberdade das pessoas, diante daqueles poderes. Empreende, na trama normativa, uma construção harmoniosa e conciliadora, que visa a atingir o valor supremo da certeza, pela segurança das relações jurídicas que se estabelecem entre Administração e administrados. E, ao fazê-lo, enuncia normas que são verdadeiros princípios, tal o poder aglutinante de que são portadoras, permeando, penetrando e influenciando um número inominável de outras regras que lhe são subordinadas.

O estudo de Direito Comparado oferece-nos material valioso para percebermos aspectos da fisionomia peculiar do nosso sistema constitucional tributário. Enquanto os sistemas de outros países de cultura ocidental pouco se demoram nesse campo, cingindo-se a um número reduzido de disposições, que ferem tão somente pontos essenciais, deixando à atividade legislativa infraconstitucional a grande tarefa de modelar o conjunto, o nosso, pelo contrário, foi abundante, dispensando à matéria tributária farta messe de preceitos, que dão pouca mobilidade ao legislador ordinário, em termos de exercitar seu gênio criativo. Esse tratamento amplo e minucioso, encartado numa Constituição rígida, acarreta como consequência inevitável um sistema tributário de acentuada rigidez, como demonstrou Geraldo Ataliba[59] na sua obra *Sistema constitucional tributário brasileiro*. E a profusão de comandos relativos à tributação mereceu registro de Aliomar Baleeiro, que separou mais de cem regras tributárias insertas no texto de nossa Carta Magna.

O quadro das imposições tributárias, no Brasil, encontra-se sob o influxo de muitos princípios constitucionais. Atuam sobre essa área postulados constitucionais genéricos, que se irradiam por toda a ordem jurídica, ativando e ao mesmo tempo tolhendo o Estado nas relações com seus súditos, e princípios constitucionais especificamente canalizados para o terreno dos tributos, conhecidos como princípios constitucionais tributários.

10. Princípios constitucionais gerais

Sendo objeto do mundo da cultura, o direito e, mais particularmente, as normas jurídicas estão sempre impregnadas de valor. Esse componente axiológico, invariavelmente presente na comunicação normativa, experimenta variações de intensidade de norma para norma, de tal sorte que existem preceitos fortemente carregados de valor e que, em função do seu papel sintático no conjunto, acabam exercendo significativa influência sobre grandes porções do ordenamento, informando o vector de compreensão de múltiplos segmentos. Em Direito, utiliza-se o termo "princípio" para denotar as regras de que falamos, mas também se emprega a palavra para apontar normas que fixam importantes critérios objetivos, além de ser usada, igualmente, para significar o próprio valor, independentemente da estrutura a que está agregado e, do mesmo modo, o limite objetivo sem a consideração da norma. Assim, nessa breve reflexão semântica, já divisamos quatro usos distintos:

---

59. *Sistema constitucional tributário*, Revista dos Tribunais, 1968, p. 22-39.

a) como norma jurídica de posição privilegiada e portadora de valor expressivo; *b*) como norma jurídica de posição privilegiada que estipula limites objetivos; *c*) como os valores insertos em regras jurídicas de posição privilegiada, mas considerados independentemente das estruturas normativas; e *d*) como o limite objetivo estipulado em regra de forte hierarquia, tomado, porém, sem levar em conta a estrutura da norma. Nos dois primeiros, temos "princípio" como "norma"; enquanto nos dois últimos, "princípio" como "valor" ou como "critério objetivo".

Entrevemos na consideração do signo "princípio", distinguindo-o como "valor" ou como "limite objetivo", um passo decisivo, de importantes efeitos práticos. Isso porque, se reconhecermos no enunciado prescritivo a presença de um valor, teremos que ingressar, forçosamente, no campo da Axiologia, para estudá-lo segundo as características próprias das estimativas.

Miguel Reale, desvinculando os valores dos objetos ideais, logrou dar *status* autônomo à Axiologia ou Teoria dos Valores. Consoantes as lições do ilustre jusfilósofo, há traços que assinalam a presença de valores, permitindo-nos identificá-los em contraste com os "limites objetivos". São eles: a *bipolaridade* (*a*), apenas possível entre os objetos ideais, que é marca obrigatória nos valores. Onde houver um valor, haverá como contraponto o desvalor, de tal modo que os valores positivos e negativos implicar-se-ão mutuamente, daí a *implicação* (*b*), recíproca. A terceira nota é a necessidade de sentido ou *referibilidade* (*c*), querendo significar que o valor importa sempre uma tomada de posição do ser humano perante alguma coisa, a que está referido. Além disso, as estimativas são entidades vetoriais, apontando para uma direção determinada, para um fim, e denunciando, com isso, *preferibilidade* (*d*). Por outro lado, não sendo passíveis de medição, os valores são *incomensuráveis* (*e*), mas apresentam forte tendência à *graduação hierárquica* (*f*), o que exprime a inclinação de se acomodarem em ordem escalonada, quando se encontram em relações mútuas, tomando como referência o mesmo sujeito axiológico. O fato de não poderem ser mensurados mostra a flagrante incompatibilidade entre o reconhecimento das estimativas e sua medição, seja qual for o padrão adotado. Entenda-se por incomensurabilidade, portanto, o sem-sentido semântico que representaria estabelecer proporções de medida aos valores. Além das características lembradas, os valores requerem sempre objetos da experiência para neles assumir *objetividade* (*g*). Não se revelam sem algo que os suporte e sem uma ou mais consciência às quais se refiram. A objetividade é consequência da particular condição ontológica dos valores. Se eles se configuram como qualidades aderentes, que os seres humanos predicam dos objetos (reais e ideais), hão de requerer, invariavelmente, a presença desses mesmos objetos. Chamamos, aqui, de "objetividade" a esse atributo intrínseco a todos os valores, a despeito de sua verificação cognoscitiva processar-se mais emocional do que racionalmente.

Ainda sobre a composição lógica dos valores, é preciso dizer que eles vão sendo construídos na evolução do processo histórico e social, o que lhes dá o timbre de *historicidade* (*h*). Com efeito, os valores não caem do céu, trajetória existencial dos homens, nem aparecem do nada, de um momento para outro, mas são frutos do traço lógico que integra a estrutura de todo e qualquer valor. Outro elemento, porém, é a *inexauribilidade* (*i*), exibindo, a cada passo, que os valores sempre excedem os bens em que se objetivam. Mesmo que o belo seja insistentemente atribuído a uma obra de arte, sobrará esse valor estético para muitos outros objetos do mundo. Tal transcendência é própria às estimativas, de modo que o objeto em que o valor se manifesta não consegue contê-lo, aprisioná-lo, evitando sua expansão para os múltiplos setores da vida social.

Como derradeira marca na configuração sintática ou lógica dos valores, convém mencionar a *atributividade* (*j*), aspecto relevantíssimo que enaltece o ato de valoração, deixando acesa a lembrança de que os valores são preferências por núcleos de significação ou centros significativos que expressam uma preferibilidade por certos conteúdos de expectativa.[60] Ao mes-

---

60. Tércio Sampaio Ferraz Jr., *Introdução ao estudo do direito*, São Paulo, Atlas, 1993, p. 109.

mo tempo, acentua o caráter de não indiferença de um sujeito ou de uma consciência motivada, em face do objeto que está à sua frente. É uma relação entre o agente do conhecimento e o objeto, tal que o sujeito, movido por uma necessidade, não se comporta com indiferença, atribuindo-lhe qualidades positivas ou negativas.

A (*k*) indefinibilidade comparece como elemento que reforça, nos valores, sua condição de conceito fundante. São categorias que estão na base da existência e do conhecimento. Sabemos, outrossim, que toda definição exige da palavra *gênero próximo* e *diferença específica*, somatória que circunscreve o âmbito semântico do termo. Os valores, como categoria, são indefiníveis, na medida em que não têm *gênero próximo*, ou seja, nenhuma ideia os antecede. Sendo assim, inaugurando um novo âmbito conceitual, apresentam-se como indefiníveis.

Encontramos ainda a (*l*) *vocação para expressar-se em termos normativos*. E não poderia ser diferente, pois logo que falamos em *justiça*, em *segurança jurídica*, em *igualdade* vem à mente do exegeta aquela ideia de que *todos devem cumprir com* a *justiça*, a *segurança jurídica*, a *igualdade* etc. É esse pensamento, inerente a essas estruturas axiológicas, que demonstra esse impulso interno dos valores em se exteriorizarem na forma de norma.

Por derradeiro, é indispensável lembrar que o acesso ao mundo dos valores se dá pela via da intuição emocional. Ainda que colaborem no ato de valorar outras intuições, como a sensível e a intelectual, é no clima de emoção do sujeito empírico diante do objeto que ele se completa e se aperfeiçoa.

Há quem negue a existência de valores: são os niilistas. Estamos, todavia, entre aqueles que não aceitam a concepção niilista. Para nós, os valores existem como entidades que são, exatamente porque valores. Seu modo específico de ser é o valer. Têm, portanto, significação ontológica.

Bem se vê que o deparar com valores leva o intérprete, necessariamente, a esse mundo de subjetividades, até porque eles se entrelaçam formando redes cada vez mais complexas, que dificultam a percepção da hierarquia e tornam a análise uma função das ideologias dos sujeitos cognoscentes.

Em relação sucinta, para que possamos reter na memória essas informações sintáticas sobre valores, eis o rol dos treze elementos mencionados, sem que a ordem reflita predominância de uns diante de outros.

a) bipolaridade;

b) implicação;

c) referibilidade;

d) preferibilidade;

e) incomensurabilidade;

f) tendência à graduação hierárquica;

g) objetividade;

h) historicidade;

i) inexauribilidade;

j) atributividade;

k) indefinibilidade;

l) vocação para expressar-se em termos normativos;

m) acesso por meio da intuição emocional.

Quanto aos "limites objetivos", nada disso entra em jogo, ficando muito mais simples a construção do sentido dos enunciados. E na aplicação prática do direito, esses limites saltam aos olhos, sendo de verificação pronta e imediata. Sem pretender antecipar o exame dos princípios jurídico-tributários, queremos apenas referir alguns exemplos, para deixar mais claras as ideias. A diretriz da anterioridade, com toda a força de sua presença na sistemática impositiva brasileira, é um "limite objetivo". Sua comprovação em linguagem competente (a linguagem das provas admitidas em direito) é de uma simplicidade franciscana: basta exibir o documento oficial relativo ao veículo que introduziu normas jurídicas no sistema do direito positivo, com a comprovação do momento em que se tornou de conhecimento público, e poderemos saber, imediatamente, se houve ou não respeito ao princípio da anterioridade. E, por igual, a legalidade. Se o tributo foi introduzido por ato infralegal, o que se prova com facilidade, ficaremos seguros de que o princípio foi violado.

Atente-se, porém, para o seguinte: os "limites objetivos" são postos para atingir certas metas, certos fins. Estes, sim, assumem o porte de valores. Aqueles limites não são valores, se os considerarmos em si mesmos, mas voltam-se para realizar valores, de forma indireta, mediata.

Agora, se na pragmática da comunicação jurídica é fácil perceber e comprovar os "limites objetivos", outro tanto não se dá com os valores. Experimentemos, por exemplo, lidar com o valor "justiça", com "segurança jurídica", com "igualdade". Não é preciso dizer mais.

Cremos que a digressão foi longa, mas oportuna. Retornemos ao campo semântico do vocábulo "princípio", para acrescentar que, a par dessas significações, outras existem empregadas nos campos da Ciência, da Epistemologia, da Lógica, da Filosofia, da Metafísica e do conhecimento vulgar. Tais variações, contudo, não são muito frequentes no discurso jurídico, pelo que ficaremos com as quatro acima indicadas. Nesse sentido, para evitar ambiguidades, quando mencionarmos os princípios do sistema positivo brasileiro, e entendermos necessário, faremos consignar em que acepção foi o termo utilizado.

Seja como for, os princípios aparecem como linhas diretivas que iluminam a compreensão de setores normativos, imprimindo-lhes caráter de unidade relativa e servindo de fator de agregação num dado feixe de normas. Exercem eles uma reação centrípeta, atraindo em torno de si regras jurídicas que caem sob seu raio de influência e manifestam a força de sua presença. Algumas vezes constam de preceito expresso, logrando o legislador constitucional enunciá-los com clareza e determinação. Noutras, porém, ficam subjacentes à dicção do produto legislado, suscitando um esforço de feitio indutivo para percebê-los e isolá-los. São os princípios implícitos. Entre eles e os expressos não se pode falar em supremacia, a não ser pelo conteúdo intrínseco que representam para a ideologia do intérprete, momento em que surge a oportunidade de cogitar-se de princípios e de sobreprincípios.

Há muitos princípios constitucionais gerais, válidos para a plenitude do ordenamento e, por isso, influindo, decisivamente, no setor dos fenômenos jurídico-tributários. Consideremos, um a um, os de maior expressividade.

Princípio da justiça

O princípio da justiça é uma diretriz suprema. Na sua implicitude, penetra de tal modo as unidades normativas do ordenamento que todos o proclamam, fazendo dele até um lugar comum, que se presta para justificar interesses antagônicos e até desconcertantes. Como valor que é, participa daquela subjetividade que mencionamos, ajustando-se diferentemente nas escalas hierárquicas das mais variadas ideologias. Os sistemas jurídicos dos povos civilizados projetam-no para figurar no subsolo de todos os preceitos, seja qual for a porção da conduta a ser disciplinada.

Realiza-se o primado da justiça quando implementamos outros princípios, o que equivale a elegê-lo como sobreprincípio. E na plataforma privilegiada dos sobreprincípios ocupa o lugar preeminente. Nenhum outro o sobrepuja, ainda porque para ele trabalham. Querem alguns, por isso mesmo, que esse valor apresente-se como o sobreprincípio fundamental, construído pela conjunção eficaz dos demais sobreprincípios.

Princípio da certeza do direito

Trata-se, também, de um sobreprincípio, estando acima de outros primados e regendo toda e qualquer porção da ordem jurídica.

Como valor imprescindível do ordenamento, sua presença é assegurada nos vários subsistemas, nas diversas instituições e no âmago de cada unidade normativa, por mais insignificante que seja. A certeza do direito é algo que se situa na própria raiz do *dever-ser*, é ínsita ao deôntico, sendo incompatível imaginá-lo sem determinação específica. Na sentença de um magistrado, que põe fim a uma controvérsia, seria absurdo figurarmos um juízo de probabilidade, em que o ato jurisdicional declarasse, como exemplifica Lourival Vilanova,[61] que A *possivelmente deve reparar o dano causado por ato ilícito seu.* Não é sentenciar, diz o mestre, ou estatuir, com pretensão de validade, o *certum* no conflito de condutas. E ainda que consideremos as obrigações alternativas, em que o devedor pode optar pela prestação *A*, *B* ou *C*, sobre uma delas há de recair, enfaticamente, sua escolha, como imperativo inexorável da certeza jurídica. Substanciando a necessidade premente da segurança do indivíduo, o sistema empírico do direito elege a certeza como postulado indispensável para a convivência social organizada.

O princípio da certeza jurídica é implícito, mas todas as magnas diretrizes do ordenamento operam no sentido de realizá-lo.

Mas, além do caráter sintático dessa acepção, há outra, muito difundida, que toma "certeza" com o sentido de "previsibilidade", de tal modo que os destinatários dos comandos jurídicos hão de poder organizar suas condutas na conformidade dos teores normativos existentes. Pensamos que esse significado de certeza quadra melhor no âmbito do princípio da segurança jurídica, que examinaremos em seguida.

Princípio da segurança jurídica

Não há por que confundir a *certeza do direito* naquela acepção de índole sintática, com o cânone da *segurança jurídica*. Aquele é atributo essencial, sem o que não se produz enunciado normativo com *sentido deôntico*; este último é decorrência de fatores sistêmicos que utilizam o primeiro de modo racional e objetivo, mas dirigido à implantação de um valor específico, qual seja o de coordenar o fluxo das

---

61. *As estruturas lógicas*, cit., p. 183.

interações inter-humanas, no sentido de propagar no seio da comunidade social o sentimento de previsibilidade quanto aos efeitos jurídicos da regulação da conduta. Tal sentimento tranquiliza os cidadãos, abrindo espaço para o planejamento de ações futuras, cuja disciplina jurídica conhecem, confiantes que estão no modo pelo qual a aplicação das normas do direito se realiza. Concomitantemente, a certeza do tratamento normativo dos fatos já consumados, dos direitos adquiridos e da força da coisa julgada, lhes dá a garantia do passado. Essa bidirecionalidade *passado/futuro* é fundamental para que se estabeleça o clima de segurança das relações jurídicas, motivo por que dissemos que o princípio depende de fatores sistêmicos. Quanto ao passado, exige-se um único postulado: o da irretroatividade, que mais adiante será objeto de nossas reflexões. No que aponta para o futuro, entretanto, muitos são os expedientes principiológicos necessários para que se possa falar na efetividade do primado da segurança jurídica.

Desnecessário encarecer que a segurança das relações jurídicas é indissociável do valor *justiça*, e sua realização concreta se traduz numa conquista paulatinamente perseguida pelos povos cultos. No ordenamento jurídico brasileiro, a segurança jurídica encontra previsão expressa no corpo do preâmbulo da Constituição.

Princípio da igualdade

Está contido na formulação expressa do art. 5º, *caput*, da Constituição e reflete uma tendência axiológica de extraordinária importância. *Todos são iguais perante a lei, sem distinção de qualquer natureza, garantindo-se aos brasileiros e aos estrangeiros residentes no País a inviolabilidade do direito à vida, à liberdade, à igualdade, à segurança e à propriedade...* Seu destinatário é o legislador, entendido aqui na sua proporção semântica mais larga possível, isto é, os órgãos da atividade legislativa e todos aqueles que expedirem normas dotadas de juridicidade.

O conceito de igualdade, porém, não é de fácil determinação. Autores ilustres pretenderam demarcá-lo, encontrando acerbas dificuldades, pois os valores não podem ser objetivados.

Em função de sua plasticidade, amolda-se diferentemente aos múltiplos campos de incidência material das regras jurídicas, o que torna penosa a indicação precisa do seu conteúdo. Celso Antônio Bandeira de Mello[62] tem importante contribuição ao estudo dos obstáculos que se interpõem no caminho de um exame científico e aprofundado acerca desse tema.

Princípio da legalidade

Também explícito em nosso sistema — art. 5º, II — essa máxima assume o papel de absoluta preponderância. *Ninguém será obrigado a fazer ou deixar de fazer alguma coisa senão em virtude de lei.* Efunde sua influência por todas as províncias do direito positivo brasileiro, não sendo possível pensar no surgimento de direitos subjetivos e de deveres correlatos sem que a lei os estipule. Como o objetivo primordial do direito é normar a conduta, e ele o faz criando direitos e deveres correlativos, a relevância desse cânone transcende qualquer argumentação que pretenda enaltecê-lo. A diretriz da legalidade está naquela segunda acepção, isto é, a de norma jurídica de posição privilegiada que estipula limites objetivos.

Princípio da irretroatividade das leis

As leis não podem retroagir, alcançando o direito adquirido, o ato jurídico perfeito e a coisa julgada. É o comando do art. 5º, XXXVI. Nesse princípio, que vem impregnado de grande força, podemos sentir com luminosa clareza seu vetor imediato, qual seja a realização do primado da segurança jurídica. Qualquer agressão a essa sentença constitucional representará, ao mesmo tempo, uma investida à estabilidade dos súditos e um ataque direto ao bem da *certeza do direito.* Trata-se, outra vez, de princípio no sentido de norma superior que estabelece limites objetivos.

Princípio da universalidade da jurisdição

Está gravado na redação do art. 5º, XXXV. *A lei não excluirá da apreciação do Poder Judiciário lesão ou ameaça a direito.*

---

62. *O conteúdo jurídico do princípio de igualdade*, Revista dos Tribunais, 1978.

A função jurisdicional, no Brasil, é primazia absoluta do Poder Judiciário. A idoneidade para *dizer o direito aplicável* é disseminada entre os outros Poderes e está aberta a quem quiser fazê-lo. Inobstante isso, só o Poder Judiciário transmite às suas manifestações o peso das decisões *definitivas*. Advém daí o rigor da redação, constitucional, vedando às leis que impeçam, àquele que se viu lesado no seu direito individual, ou que se sente ameaçado de tanto, o recurso de bater às portas do Poder Judiciário, deduzindo em juízo sua pretensão. Fica assegurado a todos, sem exceção, o direito à tutela jurisdicional do Estado, com o sainete que lhe é próprio, a aptidão para fazer coisa julgada — *a definitividade.*

Princípio que consagra o direito de ampla defesa e o devido processo legal

O postulado do devido processo legal, que anima a composição de litígios promovida pelo Judiciário, e que garante ampla liberdade às partes para exibir o teor de juridicidade e o fundamento de justiça das pretensões articuladas em Juízo, se aplica com assomos de princípio capital também aos procedimentos administrativos e, entre eles, os que ferem matéria tributária. O *devido processo legal* é instrumento básico para preservar direitos e assegurar garantias, tornando concreta a busca da tutela jurisdicional ou a manifestação derradeira do Poder Público, em problemas de cunho administrativo.

É com estribo nessa orientação que não se concebe, nos dias atuais, alguém ser apenado sem que lhe seja dado oferecer as razões que justifiquem ou expliquem seu comportamento. É princípio que mereceu referência aberta em nossa Carta Constitucional, consoante se vê do art. 5º, LV, *in verbis*: *Aos litigantes, em processo judicial ou administrativo, e aos acusados em geral são assegurados o contraditório e ampla defesa, com os meios e recursos a ela inerentes.*

Torna-se útil assinalar que a presente redação eliminou, por completo, a dúvida que persistia no sistema anterior, acerca do âmbito de aplicação do princípio. A equiparação entre os litigantes no processo judicial e no procedimento administrativo emerge clara e límpida da própria dicção constitucional.

Princípio de isonomia das pessoas constitucionais

A isonomia das pessoas constitucionais — União, Estados e Municípios — é uma realidade viva da conjuntura normativa brasileira, muito embora aflore de maneira implícita. Mas a implicitude que lhe é congênita se demonstra com facilidade, uma vez que deflui naturalmente de duas máximas constitucionais da maior gravidade: a Federação e a autonomia dos Municípios.

Federação, de acordo com o clássico ensinamento de Sampaio Dória, é a autonomia recíproca da União e dos Estados sob a égide da Constituição. O Brasil é uma República Federativa (art. 1º da Lei Suprema), forma peculiar do Estado politicamente descentralizado. Convivem, harmonicamente, os Estados-membros e a União, como pessoas políticas distintas e autônomas, que encontram no Diploma Básico a fonte superior de suas prerrogativas e de suas limitações. Não há superioridade entre as unidades federadas, assim como entre elas e a pessoa União. Cada qual desfruta de autonomia legislativa, administrativa e judiciária, rigorosamente certificadas no texto constitucional, e a prova jurídica desse caráter autônomo, além das competências privativas que o constituinte lhes outorgou, pode ser extraída de *uma circunstância significativa: a intervenção federal nos Estados-Membros.*

Michel Temer[63] vê, na necessidade de previsão constitucional para que a União possa intervir nos Estados-Membros, uma afirmação de igualdade. *Fossem desiguais; existisse a subordinação dos Estados à União, não se cogitaria de autorização constitucional expressa.*

O princípio da Federação, tipo estrutural do Estado brasileiro, há de ser sempre lembrado, seja qual for a norma jurídica invocada e interpretada. Veremos, a breve trecho, que enorme repercussão determina no plano da atividade tributária.

---

63. *Elementos*, cit., p. 77.

Para mais disso, existem os Municípios, detentores também de personalidade política e gozando de autonomia. Não integram a Federação brasileira, composta pelos Estados e pela União, a despeito da fórmula literal do art. 1º, *caput*, mas recebem dignidade constitucional, como está dito nos arts. 18, 29 e 30:

> Art. 18. A organização político-administrativa da República Federativa do Brasil compreende a União, os Estados, o Distrito Federal e os Municípios, todos autônomos, nos termos desta Constituição.
>
> [...]
>
> Art. 29. O Município reger-se-á por lei orgânica, votada em dois turnos, com o interstício mínimo de dez dias, e aprovada por dois terços dos membros da Câmara Municipal, que a promulgará, atendidos os princípios estabelecidos nesta Constituição, na Constituição do respectivo Estado e os seguintes preceitos:
>
> [...]
>
> Art. 30. Compete aos Municípios:
>
> [...]

A menção do constituinte eleva os Municípios, parificando-os aos Estados-Membros e à União. Não são eles *entes menores* ou meras *comunas* subordinadas ao controle e à supervisão das unidades federadas ou mesmo da União. São pessoas jurídicas de direito constitucional interno, dotadas de representação política própria, e que vão haurir competências privativas na mesma fonte em que o fazem as outras, isto é, na Lei Fundamental. É em função desse argumento que se afigura desarrazoado falar-se em níveis de governo para indicarmos as três pessoas constitucionais. Juridicamente, nenhuma se sobrepõe às demais, ainda que em termos políticos ou econômicos possamos reconhecer que a União foi beneficiada com um plexo de competências maior do que o dos Estados-Membros e do que o dos Municípios.

Assim, nutrido pela conjugação do princípio federativo e do que consagra a autonomia municipal, deriva o reconhecimento da isonomia das pessoas constitucionais como corolário inevitável que se afirma com indestrutível certeza no contexto jurídico brasileiro.

Não poderíamos deixar sem referência explícita a circunstância de que o Distrito Federal, agora dotado de representação própria, tanto na Câmara como no Senado da República, adquiriu foros de autonomia política, ingressando no patamar de isonomia de que desfrutam a União, os Estados e os Municípios.

Princípio que afirma o direito de propriedade

Está inscrito no art. 5º, XXII e XXIV, e nele o constituinte assegura o direito de propriedade, salvo o caso de desapropriação por necessidade ou utilidade pública ou por interesse social, mediante prévia e justa indenização em dinheiro.

Alojado no cerne de todas as situações materiais que sofrem o impacto tributário, o direito de propriedade é uma preocupação constante do legislador no desempenho da tarefa legislativa e requer a contínua vigilância dos cidadãos, para vê-lo efetivamente guarnecido na conformidade da proteção constitucional.

Princípio da liberdade de trabalho

É livre o exercício de qualquer trabalho, ofício ou profissão, atendidas as qualificações profissionais que a lei estabelecer. Assim está posto o fraseado do art. 5º, XIII.

As leis sobre tributo não podem tolher o livre exercício do trabalho, a que tem direito o cidadão brasileiro. Como bem tutelado no plano da Constituição, é um limite a mais que confrange as iniciativas legislativas em matéria tributária.

Princípio que prestigia o direito de petição

O sagrado direito de petição foi objeto de explícito registro por parte do legislador constitucional brasileiro, justamente nas letras *a* e *b* do inc. XXXIV do art. 5º. A letra *a* do inc. XXXIV alude à interposição do pedido para defesa de direitos ou contra *ilegalidade ou abuso do poder.* Já a letra *b* do mesmo inciso se reporta ao *pedido de expedição de certidões para defesa de direitos e esclarecimento de situação pessoal.*

O direito de petição é das mais lídimas prerrogativas de um Estado de Direito, podendo ser exercido por qualquer do povo.

Princípio da supremacia do interesse público ao do particular

Diretriz implícita, mas de forte e profundo poder de penetração em todas as regras de direito público, exalta a superioridade dos interesses coletivos sobre os do indivíduo, como instrumento valioso e para coordenar as atividades sociais, num ambiente de ordem e respeito aos direitos de todos os súditos. É um dos postulados essenciais para a compreensão do *regime jurídico-administrativo* e está presente em capítulos importantíssimos do Direito Tributário.

Princípio da indisponibilidade dos interesses públicos

Como o anterior, não é expresso, formando com ele as duas grandes colunas do Direito Administrativo. Os interesses públicos são inapropriáveis. O titular do órgão administrativo incumbido de representá-los não tem poder de disposição, havendo de geri-los na mais estreita conformidade do que preceitua a lei. A disponibilidade dos interesses públicos está permanentemente retida no âmbito do Estado, que a manipula de modo soberano, exercitando sua função legislativa. Corolário desse princípio, no terreno dos tributos, é a premência absoluta de lei, em toda a circunstância em que ao administrador tributário cabe remitir débitos, transigir, efetuar compensações ou lidar, de algum modo, com a titularidade de bens ou interesses do Erário.

11. Princípios constitucionais tributários

Além dos princípios gerais que expusemos, o exercício do poder tributário, no Brasil, se acha jungido por uma série de máximas constitucionais, especialmente dirigidas a esse setor. São os princípios constitucionais tributários, na maioria explícitos, e que a legislação infraconstitucional deve acatar, em toda a latitude. Empreendemos aqui versá-los com sucintas considerações, sem o ânimo de um enunciado exaustivo.

Princípio da estrita legalidade

Sabemos da existência genérica do princípio da legalidade, acolhido no mandamento do art. 5º, II, da Constituição. Para o direito tributário, contudo, aquele imperativo ganha feição de maior severidade, como se nota da redação do art. 150, I: *Sem prejuízo de outras garantias asseguradas ao contribuinte, é vedado à União, aos Estados, ao Distrito Federal e aos Municípios: I — exigir ou aumentar tributo sem lei que o estabeleça.*

Em outras palavras, qualquer das pessoas políticas de direito constitucional interno somente poderá instituir tributos, isto é, descrever a regra-matriz de incidência, ou aumentar os existentes, majorando a base de cálculo ou a alíquota, mediante a expedição de lei.

O veículo introdutor da regra tributária no ordenamento há de ser sempre a lei (sentido lato), porém o princípio da estrita legalidade diz mais do que isso, estabelecendo a necessidade de que a lei adventícia traga no seu bojo os elementos descritores do fato jurídico e os dados prescritores da relação obrigacional. Esse *plus* caracteriza a *tipicidade tributária*, que alguns autores tomam como outro postulado imprescindível ao subsistema de que nos ocupamos, mas que pode, perfeitamente, ser tido como uma decorrência imediata do princípio da estrita legalidade.

Princípio da anterioridade

Ainda remanesce o hábito de mencionar-se o princípio da anualidade, no lugar da anterioridade, o que, a bem do rigor, substancia erro vitando. Aquele primeiro (anualidade) não mais existe no direito positivo brasileiro, de tal sorte que uma lei instituidora ou majoradora de tributos pode ser aplicada no ano seguinte, a despeito de não haver específica autorização orçamentária. Para tanto, é suficiente que o diploma legislativo seja publicado no tempo que antecede ao início do exercício financeiro em que se pretenda efetuar a cobrança da exação criada ou aumentada.

Continua válida no sistema a prescrição do art. 165, §§ 5º e 8º, que determina a obrigatoriedade da inclusão de todas as receitas no orçamento anual. Sua inobservância, todavia, não mais inibe a possibilidade de exigência do gravame desde que se obedeça à anterioridade fixada no art. 150, III, *b*: *Sem prejuízo de outras garantias asseguradas ao contribuinte, é vedado à União, aos Estados, ao Distrito Federal e aos Municípios:... III — cobrar tributos:... b) no mesmo exercício financeiro em que haja sido publicada a lei que os instituiu ou aumentou.*

Segundo o princípio da anterioridade, a vigência da lei que institui ou aumenta tributo deve ficar protraída para o ano seguinte ao de sua publicação, momento em que o ato se insere no contexto comunicacional do direito.

Excetuam-se dessa regra apenas as situações expressamente indicadas no Texto Constitucional, em seu art. 150, § 1º (II, IE, IPI, IOF e imposto extraordinário), além do empréstimo compulsório criado nas hipóteses de calamidade pública ou guerra externa (art. 148, I). Diversa também é a anterioridade das contribuições destinadas ao financiamento da seguridade social, arroladas pelo art. 195 da Constituição da República, as quais podem ser exigidas depois de decorridos noventa dias da data da publicação que as houver instituído ou aumentado, independentemente de tratar-se de novo exercício financeiro.

Princípio da anterioridade nonagesimal ou noventena

A anterioridade, sobre a qual acabamos de discorrer, objetiva implementar o sobreprincípio da segurança jurídica, de modo que o contribuinte não seja surpreendido com exigência tributária inesperada. A experiência brasileira, entretanto, demonstrou a incapacidade de esse princípio, sozinho, resguardar os administrados contra as providências fiscais tomadas ao final do exercício financeiro. Essa a razão pela qual o constituinte derivado, por meio da Emenda Constitucional n. 42, de 19 de dezembro de 2003, acrescentou a alínea *c* ao inciso III do art. 150 da Constituição, prescrevendo ser vedado à União, Estados, Distrito Federal e Municípios "cobrar tributos antes de decorridos noventa dias da data em que haja sido publicada a lei que os instituiu ou aumentou, observado o disposto na alínea *b*.

Trata-se de novo requisito que se cumula ao princípio da anterioridade, já existente. Um tributo recém-instituído ou aumentado é exigível apenas no exercício financeiro seguinte e depois de passados noventa dias da sua instituição ou aumento, ficando excepcionados desta última exigência os impostos previstos no art. 153, I, II, III e V, da Carta Magna (II, IE, IR e IOF), os impostos extraordinários (art. 154, II), os empréstimos compulsórios criados nas hipóteses de calamidade pública ou guerra externa (art. 148, I), bem como a fixação das bases de cálculo do imposto sobre propriedade de veículos automotores (art. 155, III) e do imposto sobre a propriedade predial e territorial urbana (art. 156, I).

Interessante observar que o Imposto sobre Produtos Industrializados não integra o rol de exceções à chamada noventena, muito embora tenha sido inserido na relação dos tributos que não precisam esperar o advento do exercício financeiro seguinte para irradiar seus efeitos. Tal condição motivou o Supremo Tribunal Federal a, recentemente, reconhecer a inconstitucionalidade de dispositivo posto por meio de Decreto que, aumentando a alíquota do imposto incidente sobre carros importados, programava sua vigência imediata (ADI 4.661).

Diante das alterações introduzidas pela Emenda Constitucional, podemos afirmar a existência de quatro regimes para a vigência das leis que instituem ou aumentam tributos, decorrentes da conjugação dos princípios da anterioridade e da noventena, bem como suas exceções: (i) a regra geral é a aplicação cumulada desses dois princípios; (ii) em se tratando de empréstimos compulsórios motivados por calamidade pública ou guerra externa, imposto de importação, imposto de exportação, imposto sobre operações de crédito, câmbio e seguro, ou relativas a títulos ou valores mobiliários, e impostos extraordinários, não se aplica a anterioridade nem o prazo nonagesimal; (iii) o imposto sobre a renda e a fixação da base de cálculo dos impostos sobre a propriedade de veículos automotores e sobre a propriedade predial e territorial urbana sujeitam-se à anterioridade, mas estão excluídos da exigência de vacância legislativa por noventa dias; e (iv) ao imposto sobre produtos industrializados e às contribuições sociais destinadas ao financiamento da seguridade social, conquanto excepcionados da anterioridade, aplica-se a noventena.

Princípio da irretroatividade da lei tributária

Entre as *limitações do poder de tributar* inscreveu o constituinte de 1988 o princípio da irretroatividade (CF, art. 150, III, *a*). Por certo que a prescrição é despicienda, visto que a diretriz contida no art. 5º, XXXVI, da Constituição Federal é portadora deste mesmo conteúdo axiológico, irradiando-se por todo o universo do direito positivo, incluindo, portanto, a região das imposições tributárias. O simples vedar que a lei não prejudique o direito adquirido, o ato jurídico perfeito e a coisa julgada, seria o bastante para obstar qualquer incursão do legislador dos tributos pelo segmento dos fatos sociais que, por se terem constituído cronologicamente antes da edição legal, ficariam a salvo de novas obrigações. Qual o motivo do zelo constitucional? Ora, sabemos que o legislador das normas gerais e abstratas, a começar por aquelas fundantes da ordem jurídica, comete seus desassisos, seja pela ausência de regras disciplinadoras — *anomia* —, seja pela ponência de normas contrárias e contraditórias, seja ainda pela impressão, juridicamente falsa, mas aparentemente útil, de que prescrevendo a mesma coisa duas ou mais vezes, outorgará a eficácia que a regra não logrou alcançar na formulação singular. Se em termos dogmáticos representa um ledo engano, nada modificando o panorama concreto da regulação das condutas, pelo ângulo histórico ou sociológico encontraram alguns escritores a explicação do fato.

Com efeito, o enunciado normativo que protege o direito adquirido, o ato jurídico perfeito e a coisa julgada, conhecido como *princípio da irretroatividade das leis*, não vinha sendo, é bom que se reconheça, impedimento suficientemente forte para obstar certas iniciativas de entidades tributantes, em especial a União, no sentido de atingir fatos passados, já consumados no tempo, debaixo de plexos normativos segundo os quais os administrados orientaram a direção de seus negócios. Tranquilos, na confiança de que tais eventos se encontravam sob o pálio daquele magno princípio, foram surpreendidos por grosseiras exações, que assumiram o nome de *empréstimo compulsório*. Isso marcou decisivamente o meio jurídico e, na primeira oportunidade, que ocorreu com a instalação da Assembleia Nacional Constituinte, fez empenho em consignar outra prescrição explícita, dirigida rigorosamente para o território das pretensões tributárias, surgindo, então, o princípio sobre que falamos.

Essa prática é nossa velha conhecida. Dá-se o mesmo com o princípio da igualdade (arts. 5º, *caput* e I, e 150, II) e com o primado da legalidade (arts. 5º, II, e 150, I).

Princípio da tipologia tributária

No direito positivo brasileiro, o tipo tributário é definido pela integração lógico-semântica de dois fatores: hipótese de incidência e base de cálculo. Ao binômio, o legislador constitucional outorgou a propriedade de diferençar as espécies tributárias entre si, sendo também operativo dentro das próprias subespécies. Adequadamente isolados os dois fatores, estaremos credenciados a dizer, sem hesitações e perplexidades, se um tributo é imposto, taxa ou contribuição de melhoria, bem como anunciar que tipo de imposto ou que modalidade de taxa.

O vulto constitucional desse princípio advém da linguagem empregada no art. 154, I, figurando, desse modo, entre os implícitos. Tudo por entendermos que a disjunção "ou" há de ser substituída pelo conjuntor "e", como imperativo do sistema.

Insinua desmentir a procedência dessa assertiva o teor do art. 4º do CTN, ao dizer que a *natureza jurídica específica do tributo é determinada pelo fato gerador da respectiva obrigação*, fazendo crer que a singularidade de um único elemento (a hipótese de incidência) teria o condão de definir o tipo do gravame fiscal. A contrariedade, porém, é facilmente contornável, bastando atinar à distribuição hierárquica das normas dentro do sistema e à inconteste superioridade do critério constitucional com relação a qualquer outro veiculado por proposições normativas subalternas, como é o caso da regra posta no citado art. 4º da Lei n. 5.172/66.

Princípio da proibição de tributo com efeito de confisco

Aqui está outro princípio que não constava expressamente da Constituição anterior, mas de difícil configuração. A ideia de confisco não tem em si essa dificuldade. O problema reside na definição do conceito, na delimitação da ideia, como limite a partir do qual incide a vedação do art. 150, IV, da Constituição Federal. Aquilo que para alguns tem efeitos confiscatórios, para outros pode perfeitamente apresentar-se como forma lídima de exigência tributária.

A temática sobre as linhas demarcatórias do confisco, em matéria de tributo, decididamente não foi desenvolvida de modo satisfatório, podendo-se dizer que sua doutrina está ainda por ser elaborada. Dos inúmeros trabalhos de cunho científico editados por autores do assim chamado direito continental europeu, nenhum deles logrou obter as fronteiras do assunto, exibindo-as com a nitidez que a relevância da matéria requer. Igualmente, as elaborações jurisprudenciais pouco têm esclarecido o critério adequado para isolar-se o ponto de ingresso nos territórios do confisco. Todas as tentativas até aqui encetadas revelam a complexidade do tema e, o que é pior, a falta de perspectivas para o encontro de uma saída dotada de racionalidade científica.

A intuição, que sabemos ser poderoso instrumento cognoscitivo, indica-nos alguns casos flagrantes. Todavia, não oferece diretriz segura. Terreno fecundo para facilitar a identificação temos nos tributos que gravam a propriedade imobiliária e mesmo a titularidade de bens móveis com características de durabilidade, em que a incidência acontece periodicamente, caindo de maneira sistemática para suscitar novas relações tributárias. Exemplo do primeiro caso é o imposto predial e territorial urbano, da competência dos Municípios, bem como a do imposto territorial rural, do âmbito da União. Modelo do segundo é o imposto sobre veículos automotores. De evidência que qualquer excesso impositivo acarretará em cada um de nós a sensação de confisco. Porém, o difícil é detectarmos os limites. Haverá sempre uma zona nebulosa, dentro da qual as soluções resvalarão para o subjetivismo.

Já com os bens de consumo, cujo gravame se incorpora no preço, permite-se cogitar de taxações altíssimas, sem que se alvitre sombras de efeitos confiscatórios. É o caso do IPI e dos impostos que oneram o mercado exterior. Também o ICMS prestar-se-ia a manifestações desse tipo, sem falar nos problemas paralelos que o expediente desencadearia no campo econômico, desdobrados que estão do quadro objetal de nossas especulações. E só para mostrar a complexidade do assunto, não custa lembrar que o ISS, dos Municípios, exibiria com facilidade o aparecimento de iniciativas confiscatórias.

Intrincado e embaraçoso, o objeto da regulação do referido art. 150, IV, da CF, acaba por oferecer unicamente um rumo axiológico, tênue e confuso, cuja nota principal repousa na simples advertência ao legislador dos tributos, no sentido de comunicar-lhes que existe limite para a carga tributária. Somente isso.

Princípio da capacidade contributiva

A capacidade contributiva do sujeito passivo sempre foi o padrão de referência básico para aferir-se o impacto da carga tributária e o critério comum dos juízos de valor sobre o cabimento e a proporção do expediente impositivo. Mensurar a possibilidade econômica de contribuir para o erário com o pagamento de tributos é o grande desafio de quantos lidam com esse delicado instrumento de satisfação dos interesses públicos e o modo como é avaliado o grau de refinamento dos vários sistemas de direito tributário. Muitos se queixam, entre nós, do avanço desmedido no patrimônio dos contribuintes, por parte daqueles que legislam, sem que haja atinência aos signos presuntivos de riqueza sobre os quais se projeta a iniciativa das autoridades tributantes, o que compromete os esquemas de justiça, de certeza e de segurança, predicados indispensáveis a qualquer ordenamento que se pretenda racional nas sociedades pós-modernas.

Ao recordar, no plano da realidade social, daqueles fatos que julga de porte adequado para fazer nascer a obrigação tributária, o político sai à procura de acontecimentos que sabe haverão de ser medidos segundo parâmetros econômicos, uma vez que o vínculo jurídico a eles atrelado deve ter como objeto uma prestação pecuniária. Há necessidade premente de ater-se o legislador à procura de fatos que demonstrem signos de riqueza, pois somente assim poderá distribuir a carga tributária de modo uniforme e com satisfatória atinência ao princípio da igualdade. Tenho presente que, de uma ocorrência insusceptível de avaliação patrimonial, jamais se conseguirá extrair cifras monetárias que traduzam, de alguma forma, valor em dinheiro. Colhe a substância apropriada para satisfazer os anseios do Estado, que consiste na captação de parcelas do patrimônio de seus súditos, sempre que estes participarem de fatos daquela natureza. Da providência contida na escolha de eventos presuntivos de fortuna econômica decorre a possibilidade de o legislador, subsequentemente, distribuir a carga tributária de maneira equitativa, estabelecendo, proporcionadamente às dimensões do acontecimento, o grau de contribuição dos que dele participaram.

Desde logo cumpre fazer observação importante e que atina ao momento da determinação do que seja a *capacidade econômica do contribuinte*, prevista no § 1º do art. 145 da Carta Magna. Havemos de considerar que a expressão tem o condão de denotar dois momentos distintos no direito tributário. Realizar o princípio pré-jurídico da *capacidade contributiva absoluta ou objetiva* retrata a eleição, pela autoridade legislativa competente, de fatos que ostentem signos de riqueza. Esta é a capacidade contributiva que, de fato, realiza o princípio constitucionalmente previsto. Por outro lado, também é *capacidade contributiva*, ora empregada em acepção *relativa ou subjetiva*, a repartição da percussão tributária, de tal modo que os participantes do acontecimento contribuam de acordo com o tamanho econômico do evento. Quando empregada no segundo sentido, embora revista caracteres próprios, sua existência está intimamente ilaqueada à realização do princípio da igualdade, previsto no art. 5º, *caput*, do Texto Supremo. Todavia, não custa reiterar que este só se torna exequível na exata medida em que se concretize, no plano pré-jurídico, a satisfação do princípio da *capacidade contributiva absoluta ou objetiva*, selecionando o legislador ocorrências que demonstrem fecundidade econômica, pois, apenas desse modo, terá ele meios de dimensioná-las, extraindo a parcela pecuniária que constituirá a prestação devida pelo sujeito passivo, guardadas as proporções da ocorrência.

Princípio da vinculabilidade da tributação

A atividade impositiva do Poder Público está toda ela regulada por prescrições jurídicas que lhe permitem exercer, concretamente, os direitos e deveres que a legislação tributária estabelece, desenvolvendo sua função administrativa mediante a expedição de atos discricionários e atos vinculados.

O magistério dominante inclina-se por entender que, nos confins da estância tributária, hão de existir somente atos vinculados, fundamento sobre o qual exaltam o chamado princípio da vinculabilidade da tributação. Entretanto, as coisas não se passam bem assim. O exercício da atuosidade administrativa, nesse setor, se opera também por meio de atos discricionários, que são, aliás, mais frequentes e numerosos. O que acontece é que os expedientes de maior importância, aqueles que dizem mais de perto aos fins últimos da pretensão tributária, são pautados por uma estrita vinculabilidade, caráter que, certamente, influenciou a doutrina no sentido de chegar à radical generalização. Podemos isolar um catálogo extenso de atos administrativos, no terreno da fiscalização dos tributos, que respondem, diretamente, à categoria dos discricionários, em que o agente atua sob critérios de conveniência e oportunidade, para realizar os objetivos da política administrativa planejada e executada pelo Estado. Compreendido com essa ressalva, nada haverá de extravagante em proclamarmos o vigor do princípio da vinculabilidade da tributação.

Princípio da uniformidade geográfica

Surge explícito na redação cristalina do art. 151, I, da Carta Magna. Colocando em termos afirmativos, se traduz na determinação imperativa de que os tributos instituídos pela União sejam uniformes em todo o território nacional. É fácil ver, nas suas dobras, mais uma confirmação do postulado federativo e da autonomia dos Municípios, posto que o constituinte vedou a eventualidade de qualquer distinção ou preferência relativamente a um Estado, a um Município ou ao Distrito Federal, em prejuízo dos demais.

Princípio da não discriminação tributária, em razão da procedência ou do destino dos bens

Significa que as pessoas tributantes estão impedidas de graduar seus tributos, levando em conta a região de origem dos bens ou o local para onde se destinem. Em consonância com essa regra constitucional (art. 152), a procedência e o destino são índices inidôneos para efeito de manipulação das alíquotas e da base de cálculo pelos legisladores dos Estados, dos Municípios e do Distrito Federal. E o dispositivo se refere a *bens e serviços de qualquer natureza.*

Vale como orientação geral, pois sobre ele exercem pressão outras linhas diretivas, igualmente de raízes constitucionais, que condicionam o aparecimento de exceções. A contingência de não ser absoluto, todavia, deixa-o intacto como eminente princípio tributário.

Princípio da territorialidade da tributação

Não se manifesta ostensivamente na fraseologia constitucional, mas se reveste de insofismável energia latente, como decorrência imediata de importantes diretrizes do sistema. O poder vinculante de uma lei ensejará os efeitos jurídicos de estilo até os limites geográficos da pessoa política que a editou.

A lei federal, por todo o território brasileiro; as estaduais, dentro de suas fronteiras regionais; e as municipais, nas lindes internas de seus espaços geográficos; assim acontecendo com as do Distrito Federal.

A observância eficaz do princípio da territorialidade da tributação é condição determinante do bom funcionamento e da harmonia que o ordenamento planificou.

Princípio da indelegabilidade da competência tributária

A faculdade legislativa de instituir tributos e sobre eles dispor, inaugurando a ordem jurídica, não pode ser delegada, devendo permanecer no corpo das prerrogativas constitucionais da pessoa que a recolher do Texto Superior. Essa regra vedatória não encontra registro expresso na Constituição. Ora, ao definir a incidência do imposto, já terá o legislador esgotado sua competência, pelo que poderá passar adiante tão somente a capacidade para ser sujeito ativo, o que é perfeitamente admissível. Transferir capacidade ativa não é transferir competência tributária, e assim o problema se resolve.

A concepção orgânica do direito positivo brasileiro aponta para essa direção. Não é possível transferir a competência recebida pelo constituinte, seja a que título for, e a essa realidade jurídica se mostrou sensível o legislador do Código Tributário Nacional, gravando no seu art. 7º:

> 7º. A competência tributária é indelegável, salvo atribuição das funções de arrecadar ou fiscalizar tributos, ou de executar leis, serviços, atos ou decisões administrativas em matéria tributária conferida por uma pessoa jurídica de direito público a outra.
>
> [...].

Nesse momento, não se pode menos que elogiar a acuidade do legislador da Lei 5.172/66, extraindo com precisão a mensagem que estava implícita nos dizeres constitucionais.

Para finalizar, dois pontos devem ser anotados: *a*) a proibição não atinge a transferência da titularidade para ser sujeito ativo de obrigações tributárias, isto é, torna-se possível que a pessoa credenciada a exercer a competência tributária, depois de fazê-lo, indique outra pessoa como titular da capacidade ativa; e *b*) ainda que o Código Tributário Nacional veicule disposição explícita, adotando o cânone da indelegabilidade, não perde ele sua magnitude de princípio constitucional tributário, e o faz integrando o subconjunto dos implícitos.

Princípio da não cumulatividade

O princípio da não cumulatividade é do tipo limite objetivo: impõe técnica segundo a qual o valor de tributo devido em cada operação será compensado com a quantia incidente sobre as anteriores, mas preordena-se à concretização de valores como o da justiça da tributação, respeito à capacidade contributiva e uniformidade na distribuição da carga tributária sobre as etapas de circulação e de industrialização de produtos. Adotado, na redação original da Constituição de 1988, apenas para o ICMS, o IPI, os impostos de competência residual e as contribuições sobre novas fontes de custeio da seguridade social (arts. 153, § 3º, II, 155, § 2º, I, 154, I, e 195, § 4º), depois das alterações promovidas pela Emenda n. 42/2003, o princípio poderá ser aplicado para determinados setores da economia em relação às contribuições para a seguridade social incidentes sobre a receita ou o faturamento (art. 195, § 12). Com fundamento nessa disposição constitucional, as Leis n. 10.637/2002 e 10.833/2003 instituíram a não cumulatividade para o PIS e a Cofins, respectivamente.

A Constituição de 1988 prevê, especificamente para o ICMS, que a isenção ou não incidência, salvo determinação de lei em contrário, não implicará crédito com o montante devido nas operações seguintes e acarretará a anulação do crédito relativo às prestações anteriores. Tal exceção ao princípio constitucional da não cumulatividade é aplicada tão somente ao ICMS, motivo pelo qual nenhuma restrição poderá ser criada no âmbito do IPI, bem como das contribuições sobre a receita ou o faturamento que adotarem o regime da não cumulatividade.

A propósito de remate, é imprescindível renovar que a lista dos princípios expostos neste capítulo circunscreve-se apenas àqueles de maior presença na arquitetura do nosso sistema. Muitos outros existem, imbuídos de idêntico teor substancial, e que se apresentam ou como intersecção dos já mencionados ou voltados a pontos específicos da organização tributária brasileira.

CAPÍTULO VI

IMUNIDADES TRIBUTÁRIAS

Sumário: **1.** A noção corrente de imunidade tributária — avaliação crítica. **2.** Conceito e definição do instituto — sua natureza jurídica. **3.** Paralelo entre imunidade e isenção. **4.** A imunidade recíproca. **5.** A imunidade dos templos de qualquer culto. **6.** A imunidade dos partidos políticos e das instituições educacionais ou assistenciais. **7.** A imunidade do livro, dos periódicos e do papel destinado à sua impressão. **8.** A imunidade das produções, fonogramas e videofonogramas musicais. **9.** Outras hipóteses de imunidade. **10.** Imunidades de taxas e de contribuições.

1. A noção corrente de imunidade tributária — avaliação crítica

Apesar de uns e a prazer de outros, cremos que o estudo científico das imunidades jurídico-tributárias não encontrou ainda uma elaboração teórica metodologicamente adequada ao conhecimento de sua fenomenologia. O menos impertinente fiscal da coerência própria às asserções doutrinárias descobrirá desvios lógicos de acentuada gravidade na descrição do instituto, ao lado de abundantes colocações de índole econômica, sociológica, ética, histórica e, em grande profusão, de cunho político. Entre os autores que mais destramente cuidaram do assunto, há poucas discrepâncias, reinando certo equilíbrio de conceitos, singular e estranho, num tema que teria tudo para provocar as mais acesas discussões acadêmicas.

Uma coleção de referências pode ser aduzida para bem ilustrar o estado de calmaria em que se detém a doutrina, todas elas colhidas em obras de argutos conhecedores desse ramo da especulação jurídica. Assim é que pregoam o caráter político das imunidades tributárias, sobre aconselhar os recursos da Ciência das Finanças para a interpretação e aplicação da Lei Fundamental[64]; salientam a condição de verdadeiras limitações constitucionais às competências tributárias, consubstanciando hipóteses de não incidência juridicamente qualificadas no Texto Supremo;[65] aludem a uma exclusão do próprio poder de tributar;[66] ou supressão da competência impositiva[67]. Todos a veem como aplicável unicamente aos impostos e, de modo invariável, lembram o importante papel da incidência, nesse ponto anulada pelo preceito que imuniza.[68] Não faltam aqueles, contudo, que lhe atribuem a qualidade de ser sempre ampla e indivisível, não admitindo restrições ou meios-termos. O instituto não comportaria fracionamentos.[69]

Há consenso entre os especialistas no consignar as diferenças entre imunidade, isenção e não incidência, convindo dizer que, ultimamente, vem prosperando a lição mediante

---

64. Aliomar Baleeiro, *Limitações constitucionais*, cit., p. 2.

65. Bernardo Ribeiro de Moraes, *Sistema tributário na Constituição de 1969*, Revista dos Tribunais, 1973, p. 467.

66. Ruy Barbosa Nogueira, *Curso de direito tributário*, 5. ed., Saraiva, p. 172.

67. Amílcar de Araújo Falcão, *Fato gerador da obrigação tributária*, 2. ed., Revista dos Tribunais, p. 117.

68. Hugo de Brito Machado, *Curso de direito tributário*, Rio de Janeiro, Forense, 1981, p. 151.

69. Fábio Leopoldo de Oliveira, *Curso expositivo de direito tributário*, Resenha Tributária, 1976, p. 50.

a qual as três categorias mereceriam considerar-se casos de não incidência, agregando-se a cada uma, pela ordem, as seguintes expressões: estabelecida na Constituição (imunidade); prevista em lei (isenção); e pura e simples (não incidência em sentido estreito).

Se nos dispusermos a conjugar os elementos que mais agudamente despertam a atenção dos estudiosos, procurando o denominador comum dos pensamentos dominantes, teremos a imunidade como um obstáculo posto pelo legislador constituinte, limitador da competência outorgada às pessoas políticas de direito constitucional interno, excludente do respectivo poder tributário, na medida em que impede a incidência da norma impositiva, aplicável aos tributos não vinculados (impostos), e que não comportaria fracionamentos, vale dizer, assume foros absolutos, protegendo de maneira cabal as pessoas, fatos e situações que o dispositivo mencione.

Avaliação crítica

A temática das imunidades há de ser sobrepensada. Um passo que nos parece importante, nesse caminho, é submetermos as cláusulas do conceito habitual ao teste de congruência lógica, perguntando do cabimento semântico de cada afirmação, à luz de seus desdobramentos sistêmicos. É o que faremos de seguida, sem que a avaliação crítica possa representar qualquer irreverência ao ingente labor expositivo dos juristas invocados.

Uma a uma, colocaremos em evidência as assertivas utilizadas no enunciado corrente na doutrina, verificando-lhe as premissas.

a) *A imunidade é uma limitação constitucional às competências tributárias*

O raciocínio não procede. Inexiste cronologia que justifique a outorga de prerrogativas de inovar a ordem jurídica, pelo exercício de competências tributárias definidas pelo legislador constitucional, para, em momento subsequente, ser mutilada ou limitada pelo recurso da imunidade. Aliás, a regra que imuniza é uma das múltiplas formas de demarcação de competência.

Congrega-se às demais para produzir o campo dentro do qual as pessoas políticas haverão de operar, legislando sobre matéria tributária. Ora, o que limita a competência vem em sentido contrário a ela, buscando amputá-la ou suprimi-la, enquanto a norma que firma a hipótese de imunidade colabora no desenho constitucional da faixa de competência adjudicada às entidades tributantes. Dirige-se ao legislador ordinário para formar, juntamente com outros mandamentos constitucionais, o feixe de atribuições entregue às pessoas investidas de poder político. Aparentemente, difere dos outros meios empregados por mera questão sintática. Enquanto o constituinte declara que compete à União instituir o imposto sobre produtos industrializados, menciona que é vedado a qualquer dos entes dotados de possibilidade legiferante gravar os livros e os periódicos, assim como o papel destinado à sua impressão. São expedientes de técnica legislativa utilizados para talhar, com zelo e segurança, a via por onde deverão fluir as medidas inovadoras daquela pessoa, no que tange aos assuntos tributários.

Mas é curioso refletir que toda atribuição de competência, ainda que versada em termos positivos e categóricos, importa uma limitação. Entretanto, nem por isso estaríamos autorizados a falar em imunidade, para os casos que ultrapassem os limites conferidos. Se assim não fosse, poderíamos declarar-nos imunes à tributação de nossas rendas e proventos de qualquer natureza pelo Município, uma vez que tal iniciativa se encontra inequivocamente defesa, nos dizeres da Constituição. Nesse mesmo rumo, todos os administrados estariam imunes a exigências tributárias não determinadas por lei, em virtude de existir princípio lapidar que consagra o cânone da estrita legalidade. E, assim por diante, cada investida do fisco, violadora dos primados da igualdade, da anterioridade, da universalidade da jurisdição e de todo o amplo catálogo de direitos e garantias que o Estatuto Maior prevê, suscitaria a invocação do *versátil* instituto da imunidade. Forçando mais o raciocínio, não seria desatino reduzir o Capítulo I do Título VI da Constituição a uma tábua de limitações, que passaríamos a denominar "Imunidades Tributárias".

A linha proposta não leva o pensamento ao miolo do problema da imunidade, deixando remanescer breve noção, que entrevemos insatisfatória, ao processo de conhecimento científico. Em última *ratio*, concebemos os dispositivos que identificam a chamada imunidade tributária como singelas regras que colaboram no desenho do quadro das competências, expostas, todavia, por meio de esquemas sintáticos proibitivos ou vedatórios. Nada mais. O constituinte estabeleceu muitas prescrições sobre o exercício da atividade impositiva. Para tanto, utilizou, indiscriminadamente, os modais deônticos na linguagem do produto legislado, isto é, *permitiu* (fazer ou omitir), *obrigou* (a fazer ou a omitir) e *proibiu* (de fazer ou de omitir). Por essa maneira, fixou a fraseologia constitucional a larga pauta de diretrizes que se vira ao legislador ordinário, demarcando-lhe a competência tributária.

Uma lembrança final encerra este arrazoado que já vai longo: dada a interdefinibilidade dos modais deônticos, o legislador pode vedar ou proibir simplesmente negando a permissão ou obrigando a não fazer, o que implica manter a mesma mensagem, com alteração da estrutura frásica do idioma. Ainda assim, permanecendo forma sintática redutível à proibição, teremos hipótese de imunidade.

b) *Imunidade como exclusão ou supressão do poder tributário*

A ideia que se contém nesse juízo hospeda idêntico absurdo, apresentado de modo mais grosseiro. A etimologia dos verbos *excluir* e *suprimir* fala mais alto que qualquer argumento. De origens latinas, o primeiro vem de *excludere* e todos os significados que se lhe atribuem guardam a acepção de *pôr de parte*, *expulsar*, *excetuar*, *afastar*, *tirar da lista*. O outro proveio de *supprimere*, com o sentido de *extinguir*, *fazer desaparecer*, *eliminar*, *anular*, *cortar*, *deitar fora*. É justamente essa a grandeza semântica que inspira o emprego de *exclusão ou supressão do poder tributário*, se bem que entre os dois verbos haja sensível diferença sematológica. Ao passo que *excluir* pressupõe a expulsão de algo que estivera *incluído*, *suprimir* traz à mente o ato de anular, de eliminar, de cancelar. O ponto de convergência é a condição de existir alguém, alguma coisa ou algum fato que se inscreva no quadro sotoposto ao *poder tributário*, razão necessária e suficiente para que seja objeto de exclusão ou de supressão.

O exame moderado e objetivo daquilo que a doutrina quer exprimir com o uso desses vocábulos sugere tratamento diferente.

De fato, só um apelo direto ao método diacrônico, inerente à investigação histórica, porém incomportável no plano da Ciência do Direito, poderia ter o condão de suster raciocínio desse quilate. Carrega dentro de si a suposição de dois instantes cronologicamente distintos: um, em que fossem definidas as faixas de competências tributárias entregues às entidades políticas; outro, posterior, quando se introduzem preceitos excludentes ou supressores de parcelas daqueles canais.

Seja como for, no trajeto de tal concepção se levanta um obstáculo intransponível: a análise do fenômeno jurídico, em termos dogmáticos, é, substancialmente, de natureza sincrônica. Vale para aqui e para agora. O direito de ontem já não existe, e o de amanhã não sabemos qual será. Cabe-nos selecionar princípios e aglutinar normas, segundo o critério associativo do entrelaçamento vertical (subordinação hierárquica) e horizontal (coordenação), para montarmos o arcabouço do sistema jurídico em vigor, descrevendo-o metodologicamente. Nisso consiste o trabalho do cientista, enunciador frio e atento da realidade que observa: o direito positivo.

Resumindo, a imunidade não exclui nem suprime competências tributárias, uma vez que estas representam o resultado de uma conjunção de normas constitucionais, entre elas, as de imunidade tributária. A competência para legislar, quando surge, já vem com as demarcações que os preceitos da Constituição fixaram.

c) *Imunidade como providência constitucional que impede a incidência tributária — hipótese de não incidência constitucionalmente qualificada*

Se as regras que imunizam são normas de competência, como todos consentem, seus destinatários exclusivos são aquelas pessoas jurídicas de direito público dotadas de personalidade política. Tais entes constituem o pequeno universo tomado como alvo e objetivo final das chamadas regras sobre tributação, que a Lei Superior sobejamente abriga. Formam o corpo das perfaladas leis sobre *leis tributárias*, que, assim consideradas, não são portadoras de alusões *diretas e imediatas* ao tópico da incidência, tema exclusivo dos enunciados normativos que criam, propriamente, os tributos. As regras de imunidade são normas de estrutura, enquanto as de incidência são preceitos de conduta. No plano constitucional, o objeto da preocupação normativa é definir os campos de competência das entidades tributantes. As prescrições editadas nesse nível não curam da problemática da percussão do gravame, que é algo inerente à regra-matriz, erigida na plataforma do legislador ordinário. Supomos não ser precisamente essa a hora adequada para pensar na fenomenologia da incidência, quando estamos tratando de fixar os parâmetros de atuosidade legiferante das três unidades políticas. Fique ressalvado, porém, que a sentença não abrange as menções indiretas, mediatas ou oblíquas, implicitamente contidas nas entrevozes dos comandos que estipulam as prerrogativas. Exatamente porque seria absurdo focalizar atribuições dessa natureza sem tocar, de modo genérico, no alvo perseguido pelo sistema, que é, em última instância, o impacto jurídico da exação. Tudo concorre para afirmar que, não sendo o específico momento de disciplinar a ocorrência do fato e o concomitante aparecimento do vínculo, também não será o tempo cientificamente correto para vermos levantados os obstáculos impeditivos do nascimento da obrigação (*que ainda não foi descrita pelo legislador*), ou imaginarmos fatores que obstruam o fato típico (*que somente virá a lume com a lei instituidora do gravame*). A sucessividade não é temporal. É lógica, do mesmo teor daquela que nos compele a examinar primeiro a prestação, para depois cogitarmos do descumprimento do dever, antecedente da regra sancionatória, ou a que nos manda verificar a premissa maior e a menor antes da conclusão, no raciocínio inferencial-dedutivo. Os preceitos que definem a adjudicação de competências tributárias hão de preceder os dispositivos editados em função dos poderes outorgados. E a proposição não admite comutatividade. Seria incompreensível analisar a norma jurídica que cria o tributo e, portanto, define a incidência, sem antes observar, atentamente, os canais que a Constituição elegeu para esse fim.

Servem bem, por analogia, os argumentos que alinhávamos para demonstrar não ser o tributo uma criatura constitucional, surgindo sempre no andaime da legislação ordinária (direito positivo brasileiro).

Cravada a premissa, não temos por que aludir às imunidades como barreiras, embaraços ou obstâncias à incidência dos tributos, como se tem copiosamente difundido.

Distrações desse gênero conduziram o pensamento mais em voga na doutrina à proclamação solene de que a imunidade representaria caso de *não incidência constitucionalmente qualificada*. Aqui, encontramos novamente rompido o fio da ideia, nos longos giros do discurso descritivo das regras imunizantes. A afirmação leva a acreditar que a norma constitucional possa não incidir, o que é inaceitável.

A censura tem procedência, mas não foi nesse sentido que a locução surgiu e vem sendo empregada. A crítica presta-se a uma de suas acepções, precisamente aquela que sugere ter inexistido o fenômeno da subsunção do fato à regra e, por conseguinte, não haveria falar-se em efeitos jurídicos. É por *incidir* que a proposição normativa qualifica pessoas, coisas e estados de coisas, bem como é *incidindo* que o sistema, como um todo, atinge a disciplina integral do relacionamento intersubjetivo. Realmente, asseverar que a regra não incide equivale a negar-lhe tom de juridicidade, marca universal das unidades jurídico-normativas. Norma que não tenha essa virtude está à margem do direito ou não foi produzida segundo os ditames do ordenamento em vigor.

Há, porém, outra porção de significado que muitas vezes aparece colorindo o verbo *incidir*, na linguagem da Ciência do

Direito: é aquela que denota o surgimento da *obrigação tributária*, no preciso instante em que se deu a realização do fato jurídico. Na sentença *ocorreu o pressuposto de fato e nasceu a obrigação tributária* vemos consubstanciada a fenomenologia da *incidência*. E foi com tal carga significativa que certos autores empregaram a dicção *não incidência*, onde o *não* prefixo muda a valência proposicional, de tal forma que poderíamos enunciá-la assim: inexistiu fato sotoposto à norma tributária, razão pela qual não se instalou o vínculo obrigacional. Exibe a incompossibilidade de exigência do tributo, pela inocorrência do fato descrito no antecedente da regra.

As duas vertentes semânticas da expressão *não incidência* mostram que, no mínimo, é uma fórmula ambígua, que pode conduzir o intérprete a lugares assimétricos, de difícil conciliação lógica. Isso não escapou ao crivo de Sacha Calmon Navarro Coelho,[70] ao predicar o disparate de admitir-se a *incidência* de regra que não *incida*. É certo que a relação formal antagônica que se estabelece entre enunciados da mesma valência, e que denominamos *contradição*, na referida hipótese pode até ser resolvida, aceitavelmente, mas daria azo ao outro entendimento, que, reputamos prescindível. Mais difícil, sem dúvida, procurarmos a essência do fenômeno e, tirado o véu que recobre as estruturas, compreendê-lo na sua intimidade existencial. Em obséquio a esse intento cumpre relegar a locução *não incidência constitucionalmente qualificada* ao espaço comum das definições impróprias, que não se hão de acomodar num corpo de linguagem de pretensões científicas.

d) *A imunidade é aplicável tão somente aos tributos não vinculados (impostos)*

Querem, quase todos, que a imunidade seja uma instituição jurídica que diga respeito unicamente aos impostos, forrando-se a ela as taxas e a contribuição de melhoria. Tudo sobre o fundamento de que o texto do Diploma Básico, ao

70. *Teoria geral do tributo e da exoneração tributária*, Revista dos Tribunais, 1982, p. 130.

transmitir as hipóteses clássicas veiculadas pelo art. 150, VI, cita, nominalmente, a espécie de tributos que Geraldo Ataliba[71] nomina de *não vinculados*. Além do mais, insistem alguns na circunstância de que os impostos são concebidos para o atendimento das despesas gerais que o Estado se propõe, ao passo que as taxas e a contribuição de melhoria, antessupondo uma prestação direta, imediata e pessoal ao interessado, não comportariam o *benefício* da imunidade, por todos os títulos incompatível com aqueles tipos impositivos.

Nada mais infundado! A redução é descabida, transparecendo como o produto de exame meramente literal (e apressado) ou como o resultado de considerações metajurídicas, que não se prendem ao contexto do direito positivo que vige. Que motivo de ordem superior ditaria o princípio de que o legislador constituinte, no exercício de suas prerrogativas, pudesse estar impedido de organizar as competências tributárias, de tal modo que tolhesse a decretação de certas taxas ou impossibilitasse a criação de contribuições de melhoria? Com assomos jurídicos, nenhum. Se a Constituição fala e refala nos impostos, tratando-os com a intimidade de quem os conhece pelo nome, é natural que utilize expedientes como a imunidade para lhes tracejar a feição. Com os gravames vinculados, sendo as menções constitucionais mais reduzidas, nem por isso deixou o constituinte de alcançá-los, como prova o versículo do art. 151, I, que estatui o primado da uniformidade. Ei-lo, na sua forma genuína:

> Art. 151. É vedado à União:
>
> I — instituir tributo que não seja uniforme em todo o território nacional ou que implique distinção ou preferência em relação a Estado, ao Distrito Federal ou a Município, em detrimento de outro, admitida a concessão de incentivos fiscais destinados a promover o equilíbrio do desenvolvimento socioeconômico entre as diferentes regiões do País.

71. *Hipótese de incidência*, cit., p. 131-48.

Em comentário ligeiro, Aliomar Baleeiro[72] evoca a lembrança de que o

> *dispositivo, que aparece em todas as Constituições desde a de 1891, refere-se a* ***tributo*** *e, portanto, compreende, por definição legal e não apenas teórica, os impostos, as taxas e a contribuição de melhoria.* (Grifo do original.)

Sabemos que a forma de apurar o valor lógico dos enunciados descritivos da Ciência do Direito é confrontá-los com o resultado da experiência; e o padrão empírico para os testes da Dogmática é o exame do direito positivo: uma vez confirmados, serão tidos por verdadeiros; mas, sempre que negados, considerar-se-ão falsos. Se assim é, bastaria o preceito constitucional estabelecido no art. 5º, XXXIV, *a* e *b*, para exibir a falsidade da proposição afirmativa, segundo a qual "a imunidade é aplicável tão somente aos tributos não vinculados (impostos)".

Ao refletirmos acerca dos modos e dos meios que o político utiliza para esboçar as competências tributárias das pessoas dotadas de poder legislativo, iremos observar que as exações vinculadas (taxas e contribuição de melhoria) mereceram escassas referências, fundamentalmente concentradas no princípio de que, em tese, poderiam ser criadas tanto pela União quanto pelos Estados, Distrito Federal e Municípios, firmando-se a legitimidade em função da pessoa que realizar a atuação específica. Isso vale para as taxas cobradas em razão do exercício do poder de polícia, como também para aquelas instituídas com fundamento na prestação de serviços públicos. E, em idêntica proporção, aplica-se às contribuições de melhoria, que poderão ser criadas por qualquer uma daquelas pessoas, desde que se verifique o pressuposto de fato, qual seja a valorização imobiliária como decorrência da realização de obra pública.

Além dessa outorga genérica, vemos que o legislador constitucional sublinha a contingência de que não se pode tomar como base de cálculo das taxas a que tenha servido para

72. *Direito tributário brasileiro*, 10. ed., Rio de Janeiro, Forense, p. 95.

dimensionar a incidência dos impostos (art. 145, § 2º), que expressa, por outra retórica, a necessidade incontornável de fixar-se base de cálculo nas taxas, imperativo que não foi ainda devidamente digerido pela nossa doutrina.

Se é verdade que assim sucede no plano das imposições vinculadas, algo completamente diverso se dá no que concerne aos impostos. Aqui, o constituinte se manteve demoradamente, traçando, retraçando, bordando, burilando e cinzelando, de forma atremada, um sistema minucioso, feito com zelo e penetrado de tantos escrúpulos que até chega a confundir o aplicador menos precatado. Não deve surpreender, então, que apareça um número significativo de referências constitucionais especialmente voltadas ao regime desse e daquele imposto.

Levemos em conta essas injunções, colhidas na linguagem do direito positivo brasileiro, e teremos explicada, por inteiro, a razão pela qual quase todas as imunidades aludem a impostos. Subsistem, contudo, alguns preceitos, como os dois a que fizemos referência, em que nos é dado ver que o instituto é perfeitamente patível com a sistemática das taxas e da contribuição de melhoria.

A proposição afirmativa de que a imunidade é instituto que só se refere aos impostos carece de consistência veritativa. Traduz exacerbada extensão de uma particularidade constitucional que pode ser facilmente enunciada mediante a ponderação de outros fatores, também extraídos da disciplina do Texto Superior. Não sobeja repetir que, mesmo em termos literais, a Constituição brasileira abriga regras de competência da natureza daquelas que se conhecem pelo nome de *imunidades tributárias*, e que trazem alusão explícita às taxas e à contribuição de melhoria, o que basta para exibir a falsidade da proposição descritiva.

Vejamos, nesse sentido, o que preceitua o art. 195, § 7º, da Constituição Federal: *São isentas de contribuição para a seguridade social as entidades beneficentes de assistência social que atendam às exigências estabelecidas em lei.* Com a ressalva do tropeço redacional, em que o legislador empregou *isenção* por *imunidade*, vê-se que há impedimento expresso para a exigência de contribuição social das entidades beneficentes referidas no dispositivo. Ora, ainda que para nós contribuição social tenha a natureza jurídica de imposto ou de taxa, sabemos que a orientação predominante é outra, discernindo essa figura, nitidamente, dos impostos.

e) *A imunidade é sempre ampla e indivisível, não comportando fracionamentos*

Como a Ciência do Direito é um sistema de linguagem, que fala de seu objeto — o direito positivo — por sua vez também expresso numa capa de linguagem, é compreensível a existência de disparidades semânticas e desencontros descritivos. Talvez por isso acabe sendo um campo sobretudo favorável a combinações de frases e jogos de palavras, capazes de desconcertar o mais prevenido observador. Entretanto, um breve instante de meditação, que a Ciência recomenda e a importância do Direito sugere, tem a força de desmanchar vetustas sentenças, que a tradição jurídica vai carregando pelos tempos afora, sem saber ao menos por quê.

Não trepidaríamos em inscrever nessa pauta de proposições levianas mais aquela que identifica a presente rubrica. Dizer que as imunidades são sempre amplas e indivisíveis, que não suportam fracionamentos, protegendo de maneira absoluta as pessoas, bens ou situações que relatam, é discorrer sem compromisso; é descrever sem cuidado; sem o desvelo necessário à construção científica. Certamente por afirmações semelhantes é que Alfredo Augusto Becker tanto insiste no chamado *sistema dos fundamentos óbvios*, tal a frequência com que pontificam no fraseado jurídico-tributário proposições gratuitas, vazias de conteúdo, de significação precária, mas com garbosa e imponente aparência de sabedoria.

Ao estender às autarquias a intangibilidade, por meio dos impostos, do patrimônio, renda e serviços atrelados às suas finalidades, ou delas decorrentes, o § 2º do art. 150 da Constituição estabeleceu um fracionamento que separa, induvidosamente, de um lado, as atividades ligadas aos objetivos primordiais daqueles entes; de outro, o exercício de funções paralelas, marginais, episódicas, que porventura as autarquias e as fundações instituídas e mantidas pelo Poder Público venham a desempenhar.

E aproximamos dessa hipótese todas aquelas em que o legislador constitucional subordina o desfrute da imunidade à observância de requisitos previstos em lei (complementar, no caso), como, por exemplo, a do art. 150, VI, *c*, da Constituição Federal de 1988.

Que da amplitude? Que da indivisibilidade?

É evidente que todo fato social que ingressa para o mundo jurídico pela porta aberta dos supostos normativos, uma vez realizado, provoca a incidência e é colhido em cheio, irradiando os efeitos jurídicos que lhe são imputados. Se a isso querem os autores denominar amplitude e indivisibilidade, operam com engano, pois o fenômeno não é atributo das imunidades, mas de todas as disposições prescritivas do direito posto. Exista uma regra que qualifique um evento, associando-lhe determinados efeitos, e a consequência propagar-se-á de modo absoluto, direto e contundente, toda vez que o fato acontecer. A incidência se dá, invariavelmente, de maneira automática e infalível, desde que seja produzida a linguagem competente. O cumprimento do dever que satisfaz o direito subjetivo correlato pode ou não verificar-se, momento em que se cogitará de outro antecedente normativo — o da regra sancionatória. A aplicação de ambas ao caso concreto, porém, no que toca à obediência e respeitabilidade dos respectivos destinatários, é algo que há de ser estudado em outra matéria, também cognoscente em relação ao direito — a Sociologia Jurídica.

2. Conceito e definição do instituto — sua natureza jurídica

O sistema jurídico positivo é formado, consoante já vimos, de regras de conduta e de regras de estrutura. As últimas, também denominadas normas de produção, de formação ou de transformação de outras normas, assumem extraordinária importância para a configuração do direito posto, e entre elas é que vamos encontrar os preceitos de imunidade.

Firmemo-nos, então, no campo eletivo das normas que estabelecem de que modo criar novas regras jurídicas válidas no sistema, para examinarmos as prescrições de imunidade tributária.

As manifestações normativas que exprimem as imunidades tributárias se incluem no subdomínio das sobrenormas, metaproposições prescritivas que colaboram, positiva ou negativamente, para traçar a área de competência das pessoas titulares de poder político, mencionando-lhes os limites materiais e formais da atividade legiferante. Chegamos até aqui com o propósito de reconhecer que espécie normativa é a figura da imunidade, e já sabemos tratar-se de regra que dispõe acerca da construção de outras regras. Além disso, salientamos que o espaço frequentado por tais normas é o patamar hierárquico da Constituição Federal, porquanto é lá que estão depositadas as linhas definidoras da competência tributária, no direito positivo brasileiro.

Ao coordenar as ponderações que até aqui expusemos, começa a aparecer o vulto jurídico da entidade. É mister, agora, demarcá-lo, delimitá-lo, defini-lo, atentos, porém, às próprias críticas que aduzimos páginas atrás, a fim de que não venhamos, por um tropeço metodológico, nelas nos enredar. Recortamos o conceito de imunidade tributária, única e exclusivamente, com o auxílio de elementos jurídicos substanciais à sua natureza, pelo que podemos exibi-la como *a classe finita e imediatamente determinável de normas jurídicas, contidas no texto da Constituição da República, e que estabelecem, de modo expresso, a incompetência das pessoas políticas de direito constitucional interno para expedir regras instituidoras de tributos que alcancem situações específicas e suficientemente caracterizadas.*

Com essa definição, que é relativamente breve, ficam bem acentuadas as linhas básicas da figura, desprezadas que foram todas as notas estranhas à compostura do raciocínio jurídico.

Senão, vejamos:

1) *É uma classe finita e imediatamente determinável*

A cláusula é relevante para demonstrar que as imunidades tributárias são somente aquelas explicitadas na Carta Magna, compondo um grupo de elementos que, a qualquer momento, pode ser determinado nas suas várias unidades. A finitude é um traço diferencial importante, se levarmos em conta a infinitude própria das proibições implícitas.

2) *De normas jurídicas*

O tópico é fundamental. Com aludir que as imunidades são normas jurídicas, estaremos afastando a ideia de imiscuirmos no seu conceito a infinidade de vedações tácitas, originadas pela lembrança do princípio ontológico mediante o qual o que *não estiver permitido estará proibido*, aplicável à disciplina do direito público. Este é um princípio implícito, utilíssimo para a compreensão do sistema positivo, como juízo enunciativo que é, mas não se reveste dos caracteres lógico-formais das regras jurídicas, como realidade que integre a região ôntica do jurídico-normativo.

3) *Contidas no texto da Constituição da República*

O universo do direito positivo brasileiro abriga muitas interdições explícitas que, num instante considerado, podem ter o condão de inibir a atividade legislativa ordinária, escala hierárquica em que nascem as regras tributárias em sentido estrito. Tão somente aquelas que irromperem do próprio texto da Lei Fundamental, entretanto, guardarão a fisionomia jurídica de normas de imunidade. O quadro das proposições normativas de nível constitucional é seu precípuo campo de eleição.

4) *E que estabelecem, de modo expresso, a incompetência das pessoas políticas de direito constitucional interno*

É imperioso que o núcleo deôntico do comando constitucional denuncie uma proibição inequívoca, dirigida aos legisladores infraconstitucionais e tolhendo-os no que tange à emissão de regras jurídicas instituidoras de tributos. O isolamento do núcleo de cada proposição normativa pressupõe o emprego do processo de formalização, pelo qual se caminha em busca das estruturas lógicas. E quando nos deparamos com a associação dos modais (VO) — *proibido obrigar* — teremos achado a *afirmação ostensiva e peremptória de incompetência*, justamente o contrário daquelas outras (PO) — *permitido obrigar* — que atribuem poderes para legislar. Daí falar-se em normas que estabelecem a incompetência.

5) *Para expedir regras instituidoras de tributos que alcancem situações específicas e suficientemente caracterizadas*

A incompetência que a edição constitucional estipula evidentemente que não há de sufocar por inteiro a atuosidade legiferante das pessoas investidas de personalidade política no campo tributário. O impedimento se refere apenas à instituição de tributos, com o que se evita sejam aquelas situações oneradas por via desse instrumento jurídico-impositivo. Em contranota, não havendo exigência de gravame, estarão livres para estatuir as providências administrativas que bem convierem aos fins públicos.

Para que fique delineado integralmente o perfil do instituto, cabe observar a necessidade premente de que a situação esteja tipificada, de tal arte que nenhum outro expediente seja preciso para sua perfeita identificação no mundo factual. A qualificação utilizada pelo comando constitucional tem de ser bastante em si mesma para compor hipótese de imunidade, o que não exclui a participação do legislador complementar na regulação dos condicionantes fáticos definidos pela norma imunizante.

3. Paralelo entre imunidade e isenção

É da tradição dos escritos da dogmática jurídico-tributária brasileira estudar os institutos da imunidade e da isenção conjuntamente, em disposições de um mesmo capítulo, ressaltando os autores pontos aproximativos entre as duas realidades normativas. Traçam, dessa maneira, linhas paralelas por onde correm os temas, mantendo as suas peculiaridades, mas, ao mesmo tempo, mostrando caracteres de similitude. Anunciam que, no final das contas, seja no caso de imunidade ou na hipótese de isenção, inexiste o dever prestacional tributário, aspecto que justifica o paralelismo entre as instituições.

Visão dessa ordem não se coaduna com a devida compreensão do papel sistemático que a norma de imunidade e a de isenção desempenham na fenomenologia jurídico-tributária em nosso país. O paralelo não se justifica. São proposições normativas de tal modo diferentes na composição do ordenamento positivo que pouquíssimas são as regiões de contato. Poderíamos sublinhar tão somente três sinais comuns: a circunstância de serem normas jurídicas válidas no sistema; integrarem a classe das regras de estrutura; e tratarem de matéria tributária. Quanto ao mais, uma distância abissal separa as duas espécies de unidades normativas. O preceito de imunidade exerce a função de colaborar, de uma forma especial, no desenho das competências impositivas. São normas constitucionais. Não cuidam da problemática da incidência, atuando em instante que antecede, na lógica do sistema, ao momento da percussão tributária. Já a isenção se dá no plano da legislação ordinária. Sua dinâmica pressupõe um encontro normativo, em que ela, regra de isenção, opera como expediente redutor do campo de abrangência dos critérios da hipótese ou da consequência da regra-matriz do tributo, como teremos a oportunidade de descrever em capítulo ulterior.

São categorias jurídicas distintas, que não se interpenetram, mantendo qualquer tipo de relacionamento no processo de derivação ou de fundamentação, a não ser em termos muito oblíquos e indiretos.

A conclusão é no sentido de que não se pode delinear paralelismo entre as mencionadas instituições, como o faz a doutrina brasileira.

4. A imunidade recíproca

A imunidade recíproca, prevista no art. 150, VI, *a*, da Constituição é uma decorrência pronta e imediata do postulado da isonomia dos entes constitucionais, sustentado pela estrutura federativa do Estado brasileiro e pela autonomia dos Municípios. Na verdade, encerraria imensa contradição imaginar o princípio da paridade jurídica daquelas entidades e, simultaneamente, conceder pudessem elas exercitar suas competências impositivas sobre o patrimônio, a renda e os serviços, umas com relação às outras. Entendemos, na linha do pensamento de Francisco Campos,[73] Oswaldo Aranha Bandeira de Mello[74] e Geraldo Ataliba,[75] que, se não houvesse disposição expressa nesse sentido, estaríamos forçados a admitir o princípio da imunidade recíproca, como corolário indispensável da conjugação do esquema federativo de Estado com a diretriz da autonomia municipal. Continuaria a imunidade, ainda que implícita, com o mesmo vigor que a formulação expressa lhe outorgou.

É em nome do cânone da supremacia do interesse público ao do particular que a atividade de administração tributária ganha foros de efetividade prática. E não poderíamos compreender como, debaixo dessa mesma linha diretiva, uma pessoa jurídica de direito público, munida de personalidade política e autonomia, pelos dizeres explícitos da Constituição, viesse a submeter-se aos poderes de fiscalização e de controle, que são ínsitos ao desempenho daquele tipo de atividade.

Problema surge no instante em que se traz ao debate a aplicabilidade da regra que imuniza a impostos cujo encargo econômico seja transferido a terceiros, como no IPI e no ICMS. Predomina a orientação no sentido de que tais fatos não seriam alcançados pela imunidade, uma vez que os efeitos econômicos iriam beneficiar elementos estranhos ao Poder Público, refugindo do espírito da providência constitucional. A relação jurídica se instala entre sujeito pretensor e sujeito devedor, sem que haja qualquer participação integrativa dos

---

73. *Direito constitucional*, Freitas Bastos, 1956, v. 1, p. 18.

74. Tributação dos bens, rendas e serviços das entidades da Federação, *Revista de Direito*, 9:124-5.

75. *Sistema constitucional*, cit., p. 54.

terceiros beneficiados. E a pessoa jurídica de direito constitucional interno não pode ocupar essa posição, no setor das exigências tributárias. A tese foi brilhantemente sustentada pelo saudoso Min. Bilac Pinto, em memoráveis acórdãos do Supremo Tribunal Federal. E a formulação teórica não pode ficar conspurcada pela contingência de a entidade tributante, comparecendo como *contribuinte de fato*, ter de arcar com o peso da exação, pois aquilo que desembolsa não é tributo, na lídima expressão de seu perfil jurídico.

A imunidade recíproca é extensiva às autarquias federais, estaduais e municipais, por obra da disposição contida no art. 150, § 2º, no que atina ao patrimônio, renda e serviços vinculados às suas finalidades essenciais[76]; não exonera, porém, o promitente comprador da obrigação de pagar o imposto que grave a promessa de venda e compra de bens imóveis.

A esse respeito, tem-se observado crescente preferência na tomada de decisão dos entes públicos pela constituição de empresas para desempenhar os serviços públicos com maior eficiência, preterindo a forma jurídica autarquia. A condição de que tais serviços não sejam desempenhados diretamente pelo Estado não se mostra suficiente para que eles percam sua condição de públicos.

Com efeito, deve-se notar que a indigitada imunidade tem ganhado contornos mais amplos à luz da doutrina e jurisprudência para, além das autarquias, abranger com a imunidade as empresas públicas e até sociedades de economia mista, desde que cumpram, cumulativamente, os seguintes requisitos: (i) prestem serviço público, (ii) cuja realização tenha sido atribuída pela Constituição exclusivamente ao Poder Público e (iii) exercida em regime de exclusividade[77], isto é, fora de

---

76. O STF tem admitido a aplicação do preceito imunizante para abranger também atividades não imunes, desde que os proventos sirvam ao "financiamento cruzado" da atividade imune.

77. A esse respeito, importante não confundir com monopólio, isto porque somente pode assumir a forma juridicamente reconhecida como monopólio as atividades empresariais, o que, decisivamente, não é o caso de serviços públicos exclusivos, como

um regime de concorrência com pessoas privadas. Ausente quaisquer destes requisitos, não estará a empresa abrangida pela imunidade recíproca em função do que dispõe o art. 173, §2º, da Constituição: "As empresas públicas e as sociedades de economia mista não poderão gozar de privilégios fiscais não extensivos às do setor privado".

Uma última ressalva deve ser feita sobre a possibilidade de entidades imunes virem a desempenhar *concomitantemente*, atividades em regime de exclusividade e em regime de concorrência. Tal situação já foi apresentada ao Supremo Tribunal Federal que, diante da existência de "financiamento cruzado" (as operações feitas em concorrência financiam parte dos custos das atividades feitas em regime de exclusividade) no âmbito da Empresa Brasileira de Correios, reconheceu a imunidade também às receitas advindas de atividades feitas em regime concorrencial.

5. A imunidade dos templos de qualquer culto

Estão imunes os templos de qualquer culto. Trata-se de reafirmação do princípio da liberdade de crença e prática religiosa, que a Constituição prestigia no art. 5º, VI a VIII. Nenhum óbice há de ser criado para impedir ou dificultar esse direito de todo cidadão. E entendeu o constituinte de eximi-lo também do ônus representado pela exigência de impostos (art. 150, VI, *b*).

Dúvidas surgiram sobre a amplitude semântica do vocábulo *culto*, pois, na conformidade da acepção que tomarmos, a outra palavra — *templo* — ficará prejudicada. Somos por uma interpretação extremamente lassa da locução *culto religioso*. Cabem no campo de sua irradiação semântica todas as formas racionalmente possíveis de manifestação organizada de religiosidade, por mais estrambóticas, extravagantes ou exóticas que sejam. E as edificações onde se realizarem esses rituais

---

reconheceu o Supremo Tribunal Federal no julgamento da ADPF 46 (STF, Pleno, ADPF 46, Rel. Min. Marco Aurélio, Rel. Acórdão Min. Eros Grau, DJe, 25.02.2010).

haverão de ser consideradas *templos*. Prescindível dizer que o interesse da coletividade e todos os valores fundamentais tutelados pela ordem jurídica concorrem para estabelecer os limites de efusão da fé religiosa e a devida utilização dos templos onde se realize. E quanto ao âmbito de compreensão destes últimos (os templos), também há de prevalecer uma exegese bem larga, atentando-se, apenas, para os fins específicos de sua utilização.

6. A imunidade dos partidos políticos e das instituições educacionais ou assistenciais

As pessoas tributantes são incompetentes para atingir com seus impostos o patrimônio, a renda e os serviços dos partidos políticos, inclusive suas fundações, das entidades sindicais dos trabalhadores, das instituições de educação e de assistência social, observados os requisitos da lei (art. 150, VI, *c*). Os partidos são células de capital relevância para a organização política da sociedade, saindo de seus quadros os representantes dos vários setores comunitários, que dentro deles discutem e aprovam os programas e as grandes teses de interesse coletivo. As instituições de educação e de assistência social desenvolvem uma atividade básica, que, a princípio, cumpriria ao Estado desempenhar. Antevendo as dificuldades de o Poder Público vir a empreendê-la na medida suficiente, o legislador constituinte decidiu proteger tais iniciativas com a outorga da imunidade. Tanto uns quanto outras, não sofrendo imposições por tributos não vinculados, mas na condição de observarem os quesitos estabelecidos em lei.

Em que pese ao entendimento contrário de alguns autores, parece-nos de cristalina evidência que a lei a que se reporta o comando constitucional é a complementar, mais precisamente aquela prevista no art. 146, II, da Constituição Federal. E o Código Tributário Nacional, extraindo com acerto o autêntico teor de sua competência, oferece, no art. 14, os pressupostos para o implemento do desígnio do constituinte. São eles:

Art. 14. [...]

I — não distribuírem qualquer parcela de seu patrimônio ou de suas rendas, a qualquer título;

II — aplicarem integralmente, no País, os seus recursos na manutenção dos seus objetivos institucionais;

III — manterem escrituração de suas receitas e despesas em livros revestidos de formalidades capazes de assegurar sua exatidão.

Neste ponto, a Lei 5.172/66 veicula uma verdadeira *norma geral de direito tributário*, na sua função reguladora das *limitações constitucionais ao poder de tributar* (CF, art. 146, II).

Importante consignar ainda que a regra imunizante abrange tanto os bens e atividades diretamente relacionados à atividade fim da instituição como aqueles que contribuam apenas indiretamente para tanto. É o que ocorre, por exemplo, com os imóveis alugados cuja receita seja revertida para a finalidade essencial (Súmula Vinculante nº 52).

Como a regra constitucional é de eficácia contida, ficando seus efeitos diferidos para o momento da efetiva comprovação das exigências firmadas no Código Tributário, pensamos que deve haver requerimento do interessado à autoridade administrativa competente, que apreciará a situação objetiva, conferindo seu quadramento às exigências da Lei 5.172/66, após o que reconhecerá a imunidade do partido político ou da instituição educacional ou assistencial.

7. A imunidade do livro, dos periódicos e do papel destinado à sua impressão

A redação do art. 150, VI, *d*, da Constituição Federal menciona *o livro, o jornal e os periódicos, e o papel destinado à sua impressão*. Há indisfarçável redundância, porquanto o jornal é um periódico, aliás, de periodicidade diária, na maioria das vezes, segundo sua própria etimologia.

Qualquer livro ou periódico, e bem assim o papel utilizado para sua impressão, sem restrições ou reservas, estarão à margem dos anseios tributários do Estado, no que concerne aos impostos. De nada vale arguir que a frequência da edição seja pequena, que o livro tenha características especiais, que o papel não seja o mais indicado para a impressão, ou ainda que se trate de livro eletrônico.[78] Provado o destino que se lhe dê, haverá a imunidade. Para essa hipótese, sendo uma disposição de eficácia plena e aplicabilidade imediata, nada tem a lei que complementar.

Discutiu-se, a propósito da inclusão das listas telefônicas no âmbito de alcance da regra imunizante do art. 150, VI, *d*. É fácil perceber o manifesto descabimento da pretensão fazendária. Certificado que as listas telefônicas têm periodicidade, que no caso é anual, não pode prosperar qualquer hesitação no reconhecimento da imunidade.

A imunidade dos livros, periódicos e do papel destinado à sua impressão é classificada, por muitos, como do tipo objetivo, pouco importando as qualificações pessoais da entidade que opera com esses bens.

8. A imunidade das produções, fonogramas e videofonogramas musicais

O Constituinte derivado acresceu, por intermédio da Emenda Constitucional n. 75, de 2013, mais uma alínea à relação de imunidades de que trata o art. 150 da Carta Magna. O enunciado coloca fora da competência tributária também as operações que envolvam: "*fonogramas e videofonogramas musicais produzidos no Brasil contendo obras musicais ou literomusicais de autores brasileiros e/ou obras em geral interpretadas por artistas brasileiros bem como os suportes materiais ou arquivos digitais que os contenham, salvo na etapa*

78. O Supremo Tribunal Federal editou o Enunciado de Súmula Vinculante n. 57, que estendeu a imunidade à importação e comercialização no mercado interno do livro eletrônico e dos suportes utilizados exclusivamente para fixá-los, ainda que tenham funcionalidades acessórias.

de replicação industrial de mídias ópticas de leitura a laser" (art. 150, VI, *e*).

Percebe-se aqui, com clareza, a influência dos valores de proteção do patrimônio cultural brasileiro e do incentivo à produção artística, estampados no art. 215 da Lei Maior, que animam tantas outras disposições de nosso ordenamento jurídico, como é o caso da Lei n. 8.313, de 1991, a chamada Lei Rouanet. Com efeito, as imunidades comparecem como importantes instrumentos à disposição do Constituinte para implementar, no quadrante da tributação, os valores mais caros à sociedade. É bem verdade que toda construção normativa justifica-se por esse intento, mas é no setor das imunidades que se faz sentir de maneira mais contundente.

Eis aqui, ainda, mais uma evidência de que as competências tributárias estão sujeitas a mudanças e até mesmo a diminuições, como, aliás, mostra-o também a Emenda Constitucional n. 33, que inseriu no ordenamento jurídico brasileiro a imunidade das receitas de exportação às Contribuições de Intervenção no Domínio Econômico.

9. Outras hipóteses de imunidade

Encetamos sucinta descrição das referências constitucionais do art. 150, VI. Outras normas há, no Texto Supremo, que definem a incompetência do legislador infraconstitucional para colher, com impostos, pessoas, coisas ou estados de coisas. Citemos, concisamente, algumas.

É preceito imunizante aquele gravado no art. 153, § 3º, III, da Constituição da República, segundo o qual o IPI *não incidirá sobre produtos industrializados destinados ao exterior.*

Outrossim, é de imunidade a previsão do art. 153, § 4º, II, ao proclamar que o imposto territorial rural *não incidirá sobre pequenas glebas rurais, definidas em lei, quando as explore, só ou com sua família, o proprietário que não possua outro imóvel.* Da mesma forma, é consagrada a imunidade do ouro, com relação a todos os impostos que não aquele previsto no art. 153, V.

Significa dizer, por outros torneios, que somente o imposto que onera as operações de crédito, câmbio e seguro, ou relativas a títulos ou valores mobiliários, pode alcançar o ouro, desde que seja ele definido em lei como ativo financeiro ou instrumento cambial. Esse o mandamento inscrito no art. 153, § 5º.

Trata-se de imunidade, também, a hipótese mencionada no art. 155, § 2º, X, *a*, envolvendo, agora, o ICMS, no que concerne às operações que destinem mercadorias para o exterior e aos serviços prestados a destinatários situados fora do território nacional. Como igualmente estarão imunes as *operações que destinem a outros Estados petróleo, inclusive lubrificantes, combustíveis líquidos e gasosos dele derivados, e energia elétrica* (art. 155, § 2º, X, *b*). Na alínea seguinte (*c*), desta vez de modo afirmativo, o legislador constitucional reitera a imunidade do ouro em relação ao ICMS, nos estritos termos do citado art. 153, § 5º. No inciso subsequente (XI), fica estabelecida a imunidade do ICMS, mas outorgada em estrutura frasal diferente. Diz o legislador que esse gravame (ICMS) "não compreenderá, em sua base de cálculo, o montante do imposto sobre produtos industrializados, quando a operação, realizada entre contribuintes e relativa a produto destinado à industrialização ou à comercialização, *configure fato gerador dos dois impostos* (grifo nosso). E, para encerrar a lista de previsões do art. 155, seu § 3º estipula que as operações relativas a energia elétrica, serviços de telecomunicações, derivados de petróleo, combustíveis e minerais do País estarão imunes a outros impostos, com exceção do ICMS, imposto de importação e exportação.

Quanto ao imposto sobre transmissão de bens e direitos, inscrito no art. 156, II, da CF, há a imunidade referida no § 2º, I, vedando a incidência desse tributo sobre a transmissão de bens ou direitos incorporados ao patrimônio de pessoa jurídica em realização de capital, ou na transmissão de bens ou direitos decorrentes de fusão, incorporação, cisão ou extinção de pessoa jurídica, *salvo se, nesses casos, a atividade preponderante do adquirente for a compra e venda desses bens ou direitos, locação de bens imóveis ou arrendamento mercantil.*

Curioso observar que a previsão do art. 156, § 3º, II, que parece ser, à primeira vista, caso de imunidade, não se configura como tal, precisamente porque remete à lei complementar e, como vimos, a proibição deve exaurir-se no altiplano da Constituição.

Por outro lado, são operações imunes aquelas previstas no § 5º do art. 184 da CF, a despeito de o legislador constituinte ter empregado o termo "*isentas*". Bem de ver que não será a atecnia do editor da regra que irá comprometer a compreensão da figura.

10. Imunidades de taxas e de contribuições

A comprovação empírica de que as imunidades transcendem os impostos, alcançando taxas e contribuições, pode ser facilmente verificada atinando-se às situações abaixo relacionadas.

— "São a todos assegurados, *independentemente do pagamento de taxas* (grifo nosso):

a) o direito de petição aos Poderes Públicos em defesa de direito ou contra ilegalidade ou abuso de poder;

b) a obtenção de certidões em repartições públicas, para defesa de direitos e esclarecimento de situações de interesse pessoal" (art. 5º, XXXIV, da CF).

— Garantindo a gratuidade do casamento civil, o art. 226, § 1º, impede a cobrança de taxa pela correspondente celebração.

— Sempre que o serviço de transporte coletivo urbano for remunerado por via de taxa, prevalecerá a imunidade para os maiores de 65 (sessenta e cinco) anos, a que alude o art. 230, § 2º, da CF.

— O cidadão que propuser ação popular, nos termos do art. 5º, LXXIII, da CF, estará imune às custas judiciais (taxas).

— Àqueles reconhecidamente pobres, nos termos da lei, é conferida a imunidade referente às taxas do registro civil de casamento e da certidão de óbito, por determinação do art. 5º, LXXVI, *a* e *b*.

— Quem impetrar *habeas corpus* e *habeas data* estará imune às custas (taxas) judiciais correspondentes, bem como todos aqueles que, na forma da lei, praticarem atos necessários ao exercício da cidadania, na conformidade do que prevê o art. 5º, LXXVII, da CF.

— A contribuição para a seguridade social somente incidirá sobre os valores dos proventos da aposentadoria e pensão, concedidos pelo regime do art. 40 da Constituição, que superem o limite máximo estabelecido para os benefícios do programa geral de previdência social de que trata o art. 201 (art. 40, § 18). Desse modo, as quantias situadas abaixo desse patamar estão imunes à referida contribuição previdenciária.

— Conquanto o legislador constitucional mencione a palavra "isentas", há imunidade à contribuição para a seguridade social por parte das entidades beneficentes de assistência social que atendam às exigências estabelecidas em lei, consoante dispõe o art. 195, § 7º.

— Nos termos do art. 149, § 2º, I (com redação dada pela Emenda Constitucional n. 33/2001), há imunidade das contribuições de intervenção no domínio econômico, relativamente às receitas oriundas de operações de exportação.

CAPÍTULO VII

NORMAS GERAIS DE DIREITO TRIBUTÁRIO

Sumário: **1.** A Lei n. 5.172/66, em face da Constituição de 1988. **2.** Normas gerais de Direito Tributário na estrutura do Código Tributário Nacional. **3.** Breve escorço histórico e as duas mais importantes interpretações do art. 18, § 1º, da Carta de 1967. **4.** A previsão do art. 146 da Constituição vigente. **5.** O tema da hierarquia da lei complementar. **6.** Hierarquia formal e hierarquia material. **7.** Exegese sistemática e compreensão do alcance das normas gerais de Direito Tributário. **8.** Conclusões.

1. A Lei 5.172/66, em face da Constituição de 1988

O Código Tributário Nacional foi incorporado à ordem jurídica instaurada com a Constituição de 5 de outubro de 1988. Quanto mais não fosse, por efeito da manifestação explícita contida no § 5º do art. 34 do Ato das Disposições Constitucionais Transitórias, que assegura a validade sistêmica da *legislação anterior*, naquilo em que não for incompatível com o novo ordenamento. É o tradicional *princípio da recepção*, meio pelo qual se evita intensa e árdua movimentação dos órgãos legislativos para o implemento de normas jurídicas que já se encontram prontas e acabadas, irradiando sua eficácia em termos de patibilidade plena com o teor dos novos preceitos constitucionais. Porventura inexistisse a aplicabilidade de tal princípio e, certamente, o Poder Legislativo não faria outra coisa, durante muito tempo, senão reescrever no seu modo prescritivo regras já conhecidas, nos vários setores do convívio social. Este trabalho inócuo e repetitivo é afastado por obra daquela orientação que atende, sobretudo, a outro primado: o da *economia legislativa*.

Ora, tratando-se do Código Tributário, formado pelo grupamento de centenas de dispositivos, nem todos seriam consonantes com as formulações básicas que passaram a constituir o fundamento da validade sintática e semântica das demais normas do direito positivo brasileiro. Cabe aqui interessante registro: a maior parte dos preceitos que se mostraram inconciliáveis figuram entre as prescrições do *Sistema Tributário Nacional* (Livro 1º) e não no corpo das *Normas Gerais de Direito Tributário* (Livro 2º), divisão essa que será objeto, logo a seguir, de curiosas observações.

2. Normas gerais de Direito Tributário na estrutura do Código Tributário Nacional

Em páginas que antecederam, ciframos a circunstância de que o legislador se exprime numa linguagem técnica, miscigenação de termos colhidos na experiência comum e de vocábulos científicos. Ao depositar nos textos do direito positivo as significações de seus atos de vontade, muito embora o faça com intenção de racionalidade, acaba por incorrer numa série de vícios, responsáveis por antinomias, pleonasmos, ambiguidades de toda ordem, falhas sintáticas, construções impróprias e até fórmulas vazias de sentido. Esse trato, de certa forma inconsequente da matéria legislada, obriga o cientista do Direito a um penoso trabalho de reconstrução, de natureza compositiva, promovendo o arranjo lógico dos preceitos nos seus escalões hierárquicos de origem, desenvolvendo ingentes pesquisas nos planos semântico e pragmático, tudo para obter, do sistema, um produto isento de contradições e idôneo para o fim a que se destina. Dista de ser verdadeira a lição, tão cediça em nossos clássicos, de que a lei não contém erros, redundâncias, palavras inúteis. A prática no meneio dos diplomas legislativos desmente, com absoluta reiteração, o vetusto e teimoso preconceito. É lícito afirmar-se que nenhum ato normativo está livre de tais defeitos, fruto que é do trabalho do homem, prisioneiro eterno de suas imanentes limitações. Nosso Código Civil, modelo excelso de linguagem escorreita, onde o zelo pela precisão da frase e a pureza na concepção dos institutos ultrapassaram as melhores expectativas, de nacionais e de estrangeiros, nem por isso se forrou aos percalços do labor humano, averbando tropeços.

Esse introito quer suavizar a gravidade com que venhamos a nos deter na questão das normas gerais de direito tributário, em face da sistematização promovida pelo Código Tributário Nacional.

Quem soabrir a Lei 5.172/66 encontrará, logo no seu art. 1º, a seguinte afirmação: *Esta lei regula... o sistema tributário nacional e estabelece... as normas gerais de direito tributário aplicáveis à União, aos Estados, ao Distrito Federal e aos Municípios, sem prejuízo da respectiva legislação complementar, supletiva ou regulamentar.* Ora, o leigo, o leitor incauto ou aquele intérprete aferrado ao ligeiro e superficial exame da tessitura gráfica dos textos jurídicos, ficará atônito diante de algo que jamais imaginara: as normas gerais de direito tributário não pertencem ao sistema tributário nacional! Certamente, irão acudir-lhe à ideia pensamentos tão absurdos como esses: hão de pertencer, então, ao sistema financeiro? ao sistema monetário? ao sistema previdenciário? E qual não será seu estado de indiscriminação quando, ao percorrer com os olhos a compostura integral do Código, o vê dividido em dois livros: *Livro Primeiro — Sistema Tributário Nacional; Livro Segundo — Normas Gerais de Direito Tributário*! Precisamente aqui, neste ponto, aquilo que lhe parecera um desassiso aflora à sua convicção com a força das confirmações manifestas. Quanto lera, com todas as letras no art. 1º da indigitada Lei, corresponde à orientação perfilhada pelo legislador, que não só disse como de fato fez, separando as duas matérias em *livros* distintos.

Quem sabe seja esse um dos exemplos mais sugestivos acerca da despreocupação do político, que joga, irrefletidamente, normas para o interior do ordenamento, alheio ao significado orgânico que nele possa representar a edição de tais regras. E o sistema resiste, com todos os pesares, mantendo-se inclinado à racionalidade.

Para suplantarmos situações desse jaez é que fizemos inserir a advertência de que não devemos esperar do legislador a edificação de um sistema logicamente bem construído, harmônico e cheio de sentido integrativo, quando a composição dos Parlamentos é profundamente heterogênea, em termos culturais, intelectuais, sociais, ideológicos e políticos. Essa tarefa difícil está reservada, única e exclusivamente, ao cientista, munido de seu instrumental epistemológico e animado para descrever o direito positivo nas articulações da sua intimidade constitutiva, transformando a multiplicidade caótica de normas numa construção congruente e cósmica.

À margem do problema de ter sido esse o real objetivo do político que editou tais regras, as normas gerais de direito tributário pertencem ao sistema tributário nacional, subordinando-se ao seu regime jurídico-constitucional e arrancando dele todas as projeções e efeitos capazes de irradiar. Afigura-se como um capítulo de enorme influência no desdobramento do sistema, com assegurar e implementar princípios capitais firmados no patamar da Constituição. Bastaria para confirmar essa importância o rol de temas que sob tal rubrica são versados pelo Código Tributário, ao desenvolver e aprofundar institutos, categorias e formas indispensáveis ao manejo do tributo. É nesse *Livro Segundo* que a Lei 5.172/66 desceu aos pormenores que tangem a incidência, prescrevendo as consequências peculiares ligadas ao impacto tributário.

3. Breve escorço histórico e as duas mais importantes interpretações do art. 18, § 1º, da Carta de 1967

Ao pé da compostura verbal do art. 18, § 1º, da superada Constituição de 1967 (art. 19, § 1º na redação anterior à Emenda Constitucional n. 1, de 1969), surgiram duas vertentes interpretativas importantes, fomentadas na experiência jurídica de então, cada uma delas, a seu modo, cercada de seríssimas implicações, que iam desde os triviais efeitos práticos, provocados pela incidência dos gravames, até o debate de elevados princípios constitucionais.

O dispositivo estava assim redigido:

> Lei complementar estabelecerá normas gerais de direito tributário, disporá sobre conflitos de competência nessa matéria entre União, os Estados, o Distrito Federal e os Municípios e regulará as limitações constitucionais ao poder de tributar.

A linha tradicional de nossos tributaristas, de formação ortodoxa, apegada à leitura pura e simples do arranjo textual do preceptivo, erigiu seu entendimento procurando respeitar todas as cláusulas, à letra, sem vislumbrar o cabimento de quaisquer outras ponderações alheias à estrutura linguística do comando. Dessa maneira, encetou processo hermenêutico, de cunho estritamente literal, para chegar à inferência de que a lei complementar, citada no art. 18, § 1º, manifestava três distintas funções: *a*) emitir normas gerais de direito tributário; *b*) dispor sobre conflitos de competência, nessa matéria, entre a União, os Estados, o Distrito Federal e os Municípios; e *c*) regular as limitações constitucionais ao poder de tributar.

Trilhando raciocínio diferente, outra facção doutrinária menos numerosa, mas edificada sobre os alicerces de abalizadas opiniões científicas, veio prosperando, enriquecida, cada vez mais, com valiosas contribuições de novos adeptos. Não se limitando à feição gramatical do texto, buscava, antes de tudo, analisá-lo em confronto com as grandes diretrizes do sistema, para obter uma compreensão que pretendia ser coerente e harmônica. O produto desse trabalho exegético contestava a afirmação da corrente tradicional e, desapegado aos símbolos linguísticos do artigo, promoveu exame sistemático que invocava a primazia da Federação e da autonomia dos Municípios, para atingir os seguintes resultados: a lei complementar do art. 18, § 1º, da Constituição anterior, tinha uma única finalidade: veicular normas gerais de direito tributário. Estas, por seu turno, exerciam duas funções: dispor sobre conflitos de competência entre as entidades tributantes e regular as limitações constitucionais ao poder de tributar.

Para efeito de uma análise mais apurada, convém reproduzir, na essência, os fundamentos das duas propostas teoréticas. Passemos à primeira, qual seja a da *interpretação singularmente literal.*

Vimos de ver, em termos gerais, a significação jurídica que a maioria de nossos autores atribuía ao art. 18, § 1º, da Constituição Federal de 1967. Contemplavam-no como uma arquitetura de linguagem *bastante-em-si*, de organização sintática bem construída, de fácil intelecção e de sentido cristalino. Tomavam-no na inteireza da oração legislada, que, por tão evidente, dispensava incursões inúteis pelas alturas do sistema, já que seu conteúdo emergia ao ensejo de breve leitura, livre de dificuldades. No pensamento desses juristas, que compõem a chamada *escola bem comportada do Direito Tributário brasileiro*, as três direções da discutida lei complementar saltavam aos olhos do menos exigente iniciado nas coisas do Direito, que se sentia municiado pela regra constitucional para enfrentar as aplicações que se fizessem necessárias.

Sem outros torneios, essa teoria permaneceu dominante. Aceita pelos tribunais e amplamente difundida no meio jurídico, postulou ser válida, simples e operativa.

Nossa discordância com relação a ela, porém, foi sempre de caráter incondicionalmente frontal. Pecava pela base, e o fio de seu raciocínio era tênue e quebradiço, rompendo-se ao leve toque de uma reflexão mais séria e profunda sobre as articulações que o direito encerra, enquanto sistema de normas jurídicas. Isolava-se na contextura verbal de um único dispositivo e, nesse clima de soledade, buscava assimilar conceitos de enorme influência, num setor significativo da organização tributária nacional. Era mais um daqueles exemplos que Alfredo Augusto Becker inscreveu no quadro do *sistema dos fundamentos óbvios*. Mostrava indisfarçável desapreço por máximas constitucionais da maior relevância, supondo admissível apreender o teor de uma regra jurídica, como se não estivesse ela comprometida com o ordenamento. Incorreu no irreparável equívoco de toda interpretação singularmente literal, a propósito do que já tratamos, e a melhor formulação crítica que se lhe pôde opor veio à tona no seio de uma análise mais abrangente, que passaremos a deduzir em sequência a esta descrição retrospectiva: *a compreensão sistemática do mandamento contido no art. 18, § 1º, da Carta de 1967.*

No itinerário da pesquisa da substância volitiva daquele dispositivo, sempre chamou a atenção dos especialistas a imprecisão e insegurança do conceito de *normas gerais de direito tributário*, que, na forma registrada pelo legislador, maculava dois princípios essenciais à existência mesma do sistema constitucional brasileiro. Sim, porque na medida em que fosse deferida à legislação complementar produzir, *indiscriminadamente*, regras jurídicas que penetrassem o recinto das competências outorgadas aos Estados-Membros, ainda que sob o pretexto de fazê-lo mediante *normas gerais*, estar-se-ia trincando o postulado federativo, encarnado, juridicamente, na autonomia recíproca da União e dos Estados, sob o pálio da Constituição. Ao mesmo tempo, se tais preceitos, protegidos pela capa da generalidade, pudessem invadir as prerrogativas constitucionais de que usufruem os Municípios, *sem limitações determinadas, precisas e antecipadamente conhecidas*, teríamos inevitável esvaziamento do princípio que assegurava autonomia àquelas pessoas políticas. Não é ocioso lembrar o grau de relevância que essas duas diretrizes assumiam na estrutura da ordem jurídica de então. Foram tidas, invariavelmente, como orientações diretivas muito caras, que o constituinte versara com grande apreço, procurando preservá-las de modo rígido e insistente. Não seria crível, portanto, que as admitisse anuladas pela via indireta de um instrumento indefinido, nebuloso e amplo, como sugere a interpretação literal das *normas gerais de direito tributário*. Ora, se pensarmos que, além disso, as duas sentenças constitucionais expressas sustentavam a máxima implícita da *isonomia das pessoas políticas — União, Estados, DF e Municípios —*, intuiríamos, com facilidade, o fator decompositivo que ela (a interpretação literal) representava, em termos de exegese do sistema constitucional que vigorava no Brasil.

É bem verdade que consistiria exagero condenável imaginar que os dois primados tivessem caráter absoluto, estando isentos de ressalvas. Seria concepção extremada e distante da realidade jurídica nacional. Aquilo que se pretendia dizer é que seu prestígio reclamava exceções determinadas dentro de parâmetros traçados com segurança e nitidez, para que a atividade legislativa complementar realizasse seu papel sob a vigilância de balizas constitucionais cuidadosamente estabelecidas.

E qual era o conteúdo das *normas gerais de direito tributário* para a interpretação singularmente literal? Ninguém chegou a anunciá-lo! Estudássemos os autores que adotaram essa posição simplista, e debalde encontraríamos qualquer esforço voltado a demarcar o significado dessa espécie jurídica. Uma verificação objetiva e imparcial teria a virtude de comprovar, imediatamente, que nenhum simpatizante dessa corrente de pensamento logrou declarar os lindes da matéria, fixando-lhe a geografia normativa. Tal doutrina, até hoje, não foi elaborada. Enquanto isso, permaneceu como um cheque branco entregue às mãos do legislador da União, meio que lhe possibilitou cometer, incólume, sem qualquer controle constitucional, as mais grosseiras agressões aos fundamentos do sistema.

Partiu daí, exatamente desse ponto, a reação dos juristas da chamada linha de interpretação sistemática. Urgia, antes de mais nada, dar sentido e alcance ao conceito de *normas gerais de direito tributário*. No entanto, como fazê-lo, preservando os princípios da Federação e da autonomia dos Municípios? A resposta a esta pergunta foi, justamente, a contribuição da tese sistemática: curvando a forma sintática do art. 19, § 1º, da Constituição Federal de 1967, à substância daqueles dois cânones, de tal arte que fosse compreendido como se estivesse escrito com as seguintes palavras:

> Art. 19. [...]
>
> [...]
>
> Lei complementar estabelecerá normas gerais de direito tributário para dispor sobre conflitos de competência, nessa matéria, entre as entidades tributantes, bem como regular as limitações constitucionais ao poder de tributar.

As consequências teóricas e práticas resultantes dessa interpretação seriam as seguintes: 1ª) À lei complementar, enunciada no art. 18, § 1º, da Constituição Federal de 1967, caberia a única função de ser o veículo introdutório das *normas gerais de direito tributário.* 2ª) Estas, por sua vez, ficariam circunscritas a dois objetivos rigorosamente determinados: *a*) dispor sobre conflitos de competência entre as entidades tributantes; e *b*) regular as limitações constitucionais ao poder de tributar. 3ª) Como decorrência imediata dos tópicos anteriores, a expressão *normas gerais de direito tributário* ganharia conteúdo jurídico definido. 4ª) Ficaria assegurada a integridade dos princípios da Federação e da autonomia dos Municípios e, por extensão, sua resultante imediata: o postulado da isonomia das pessoas políticas de direito constitucional interno. 5ª) Nenhum detrimento adviria ao sistema, porquanto tais pessoas poderiam exercer, naturalmente, as competências que a Constituição lhes dera e, nas áreas duvidosas, onde houvesse perigo de irromper conflitos, o mecanismo da lei complementar seria acionado, mantendo-se, assim, a rigidez da discriminação que o constituinte planejou. Paralelamente, a mesma espécie normativa continuaria regulando as limitações constitucionais ao poder de tributar.

4. A previsão do art. 146 da Constituição vigente

Após considerações como essas, de natureza regressiva, que já pertencem ao arquivo histórico do direito nacional, impõe-se, como reivindicação inafastável da proposta dogmática, que examinemos o teor do que foi preceituado no art. 146 da Constituição de 5 de outubro de 1988. Afinal de contas, o ponto de partida do trabalho cognoscitivo, para a Ciência do Direito em sentido estrito, é o texto jurídico-normativo válido, recolhido *hic et nunc*.

O mencionado art. 146, com seus três incisos, repartindo-se o último também em três alíneas, não representa menos do que a confirmação cabal do que predicara a chamada *escola bem comportada do Direito Tributário brasileiro*. Se nele não pudermos divisar o tino do político arguto, do legislador atento às proporções e à magnitude do sistema jurídico positivo, uma coisa ficou suficientemente clara: é o subproduto de um trabalho de pressão política, exercida sobre a Comissão de Tributos da Constituinte de 1988, e que surtiu efeitos admiráveis, porque busca reproduzir fielmente a mensagem doutrinária sustentada com tanta veemência.

Seja como for, estatui o art. 146 da Constituição Federal de 1988 que cabe à lei complementar três funções: 1ª) dispor sobre conflitos de competências entre as entidades tributantes; 2ª) regular as limitações constitucionais ao poder de tributar; e 3ª) estabelecer normas gerais em matéria de legislação tributária. Abre aqui o constituinte as três alíneas do inc. III, em tom de esclarecimento, para proclamar que, além das normas gerais propriamente ditas, a lei complementar estaria habilitada a reger, com especificidade: *a*) a definição de tributos e de suas espécies, bem como, em relação aos impostos discriminados na Constituição, a dos respectivos fatos geradores, bases de cálculo e contribuintes; e *b*) obrigação, crédito, prescrição e decadência tributários.

Não pretendemos exagerar na crítica à sensibilidade do constituinte de 1988, mas a forma escolhida para verter o comando do art. 146 sacode as estruturas do sistema, mexe com seus fundamentos e provoca fenda preocupante na racionalidade que ele, sistema, deve ostentar.

Em poucas palavras, preceituou o legislador constitucional que toda a matéria da legislação tributária está contida no âmbito de competência da lei complementar. Aquilo que não cair na vala explícita da sua "especialidade" caberá, certamente, no domínio da implicitude de sua "generalidade". Que assunto poderia escapar de poderes tão amplos? Eis aí o aplicador do direito novamente atônito! Pensará: como é excêntrico o legislador da Constituição! Demora-se por delinear, pleno de cuidados, as faixas de competência da União, dos Estados, do Distrito Federal e dos Municípios e, de entremeio, torna tudo aquilo supérfluo, na medida em que põe nas mãos do legislador complementar a iniciativa de regrar os mesmos assuntos, fazendo-o pelo gênero ou por algumas espécies que lhe aprouve consignar, esquecendo-se de que as eleitas, como as demais espécies, estão contidas no conjunto que representa o gênero.

Aliás, pouco antes, ao redigir o § 1º do art. 145, prescrevera o constituinte:

> Art. 145. [...]
>
> [...]
>
> § 1º. Sempre que possível, os impostos terão caráter pessoal e serão graduados segundo a capacidade econômica do contribuinte...

Redundância tosca, que podemos relevar da parte do político, mas inadmissível quando recebe a chancela descritiva do cientista. A cláusula *sempre que possível* está pressuposta em toda e qualquer regulação da conduta, por um motivo muito simples: as normas jurídicas incidem, exclusivamente, no campo dos comportamentos *possíveis*, representando inusitado absurdo deôntico regular a *conduta necessária* (comportamentos intersubjetivos realizados em "estado de necessidade") ou a *conduta impossível* (é *proibido*, *permitido* ou *obrigatório* ir ao planeta Marte no próximo fim de semana). A região material sobre que incide o direito para governar as relações de interpessoalidade, orientando-as no caminho da realização dos conteúdos axiológicos que a sociedade persegue, é uma e somente uma: a região da *conduta possível*. Tanto assim que a supressão radical da cláusula em nada prejudica o produto legislado. Esta é mais uma das múltiplas dissonâncias entre o que diz o editor da norma e o que constitui, de fato, a mensagem que há de ser acolhida pelo receptor ou seu destinatário. Por outro giro: não existe correspondência necessária entre a intenção do legislador e a substância semântica que o intérprete obtém pela verificação das exigências sistêmicas.

Voltaremos à tese, para oferecer um esquema hermenêutico que concerte melhor à harmonia do conjunto e que não ofenda, com tanta agressividade, valores tão preciosos ao sistema constitucional brasileiro. Antes, porém, pensemos no velho problema da hierarquia da lei complementar.

5. O tema da hierarquia da lei complementar

Entrevendo na Constituição o último reduto de validade das outras regras do sistema positivo, não seria despropositado conceber que todos os diplomas normativos assumem caráter complementar, posto que implementam e dão curso aos postulados fundamentais nela insculpidos. Essa não é, todavia, a conotação que a doutrina atribui à lei complementar e, muito menos, a inteligência que devemos extrair de sua previsão, no art. 69, bem como das insistentes referências que a ela faz a Carta Constitucional do Brasil.

Têm entendido os constitucionalistas que tais leis são aquelas necessárias ao complemento de dispositivos da Lei Básica que não sejam autoaplicáveis, qualificando-as ontologicamente pela matéria inserida no seu conteúdo. E, se dermos revista em nossa Constituição, encontraremos uma série de leis irremediavelmente ligadas ao desdobramento normativo de princípios que delas dependem em termos de realização substantiva.

Nada obstante, o direito que entre nós vigora erigiu conceito de lei complementar que nos interessa conhecer por tratar-se de noção jurídico-positiva: lei complementar é aquela que, dispondo sobre matéria, expressa ou implicitamente, prevista na redação constitucional, está submetida ao *quorum* qualificado do art. 69 (CF), isto é, maioria absoluta nas duas Casas do Congresso Nacional. É com essa porção significativa que a vemos inúmeras vezes mencionada pelo constituinte, e é assim que devemos recebê-la, numa exegese genuinamente intrassistemática.

Desse conceito jurídico-positivo sobressaem dois traços identificadores: *a*) matéria expressa ou implicitamente indicada na Constituição; e *b*) o *quorum* especial do art. 69 (CF). Ao primeiro, denominamos pressuposto material ou ontológico. Ao segundo, requisito formal. Daí o afirmar-se que a lei complementar reveste-se de natureza ontológico-formal.

Os assuntos que o constituinte reservou para o campo da lei complementar estão quase sempre expressos, inobstante possamos encontrar, em alguns passos, a simples alusão à *lei*, desacompanhada do qualificativo *complementar*. Em circunstâncias como essa, a bem empreendida análise do comando supremo apontará que a grandeza do tema somente pode ser objeto de lei complementar, visto que estão em pauta regulações diretas de preceitos da Lei Maior, que por outros estatutos não poderiam ser versadas.

A lei de que falamos é figura do repertório legislativo da ordem jurídica federal, sendo posta no ordenamento pelos órgãos legiferantes da União. Não implica afirmar, entretanto, que o âmbito de validade de suas normas cinja-se ao plano federal. É excelente instrumento de legislação nacional, alcançando, conjunta ou isoladamente, a esfera jurídica das pessoas políticas de direito constitucional interno. Talvez por isso seja frequente o magistério de que as leis complementares desfrutem de supremacia hierárquica relativamente às leis ordinárias, quer pela posição que ocupam na lista do art. 59 (CF), vindo logo abaixo das emendas à Constituição, quer pelo regime de aprovação mais severo a que se reporta o art. 69 (CF).

Foi José Souto Maior Borges[79] quem pôs a descoberto as erronias dessa tese, baseada, rudimentarmente, na topologia do enunciado legal e no procedimento legislativo preconizado para a edição dessas normas. Com argumentos sólidos, demonstrou que as leis complementares não exibem fisionomia *unitária* que propicie, em breve juízo, uma definição de sua superioridade nos escalões do sistema. De seguida, propõe critério recolhido na Teoria Geral do Direito, para discenir as leis complementares em duas espécies: *a*) aquelas que fundamentam a validade de outros atos normativos; e *b*) as que realizam sua missão constitucional independentemente da edição de outras normas.

Trazendo essa diretriz para o setor que nos interessa, ganha outro aspecto a questão da hierarquia, tornando legítimo asseverar que, em alguns casos, a lei complementar subordina a lei ordinária, enquanto noutros descabem considerações de supremacia nos níveis do ordenamento, uma vez que tanto as complementares como as ordinárias extratam seu conteúdo diretamente do texto constitucional.

Não foi vão o discurso e se presta para investigarmos a lei complementar mencionada no art. 146 (CF), à luz de informações científicas mais ricas e consistentes.

6. Hierarquia formal e hierarquia material

O problema da hierarquia não se esgota com as observações que precederam. Há a hierarquia sintática, de cunho eminentemente lógico, assim como há a hierarquia semântica, que se biparte em hierarquia formal e hierarquia material. Aliás, a subordinação hierárquica, no Direito, é uma construção do sistema positivo, nunca uma necessidade reclamada pela ontologia objetal. Dito de outra maneira, não é a regulação da conduta, *em si mesma*, que pede a formação escalonada das normas jurídicas, mas uma decisão que provém do ato de

---

79. *Lei complementar tributária*, Revista dos Tribunais, 1975, p. 54 e s.

vontade do detentor do poder político, numa sociedade historicamente dada.

Interessa-nos agora o enfoque semântico da hierarquia, que, como já dissemos, pode dar-se no aspecto formal e no aspecto material. A primeira, quando a norma superior dita apenas os pressupostos de forma que a norma subordinada há de respeitar; a segunda, sempre que a regra subordinante preceituar os conteúdos de significação da norma inferior. O modo como as leis são produzidas, seus requisitos procedimentais, desde a propositura até a sanção (quando houver); os esquemas de alteração ou modificação de umas pelas outras; como também os meios de revogação parcial ou total (ab-rogação), tudo isso concerne ao segmento de indagações da hierarquia formal entre regras jurídicas. No domínio material, porém, a hierarquia se manifesta diversamente, indo a norma subordinada colher na compostura semiológica da norma subordinante o núcleo do assunto sobre o qual pretende dispor.

Se transpusermos esses conceitos para o território com que agora lidamos, algumas ilações interessantes aparecerão. No que concerne ao campo material a situação continua a mesma da ordem jurídica anterior, vale dizer, muitas normas introduzidas no sistema por lei ordinária, da União, dos Estados, do Distrito Federal e dos Municípios deverão procurar o âmbito de validade material de seu conteúdo prescritivo em normas da legislação complementar. O exemplo eloquente está nas regras que dispõem sobre conflitos de competência entre as entidades tributantes. Instalando-se a possibilidade, o legislador complementar expedirá disposição normativa cujo conteúdo deverá ser observado e absorvido pelas pessoas políticas interessadas. Trata-se de hipótese de hierarquia material, em que a regra veiculada por lei complementar submete suas inferiores hierárquicas: as introduzidas por lei ordinária. Não nos esqueçamos, contudo, de que existem porções privativas para atuação da lei complementar tributária e o exemplo típico é o das limitações constitucionais ao poder de tributar. Neste ponto, como os campos de irradiação semântica são necessariamente diferentes, não há como e por que falar-se em relação de hierarquia. Confirma-se aqui a precisão da doutrina de Souto Maior Borges, acima referida, quanto à impossibilidade de uma visão *unitária* sobre o tema da supremacia das leis complementares tributárias.

Foi no terreno da hierarquia formal que a Constituição de 1988 trouxe uma inovação de grande alcance para o estudo e o entendimento adequado da categoria legislativa que examinamos. Logo no parágrafo único do art. 59 (CF) instituiu que

> Lei complementar disporá sobre a elaboração, redação, alteração e consolidação das leis.

Se, como dissemos, as relações de subordinação entre normas, bem como as de coordenação, são tecidas pelo sistema do direito positivo, o nosso, inaugurado em 1988, houve por bem estabelecer que as leis, todas elas, com nome ou com *status* de lei, ficam sujeitas aos critérios que o diploma complementar previsto no art. 59, parágrafo único (CF) veio a prescrever com a edição da Lei 95/98. Note-se que seu papel é meramente formal, porque nada diz sobre a matéria que servirá de conteúdo significativo às demais leis. Entretanto, nenhuma lei ordinária, delegada, medida provisória, decreto legislativo ou resolução poderá inobservar as formalidades impostas por essa lei complementar. É a consagração da superioridade hierárquica formal dessa espécie do processo legislativo com relação às previstas nos outros itens.

7. Exegese sistemática e compreensão do alcance das normas gerais de Direito Tributário

Prometêramos regressar à tese da interpretação do mandamento contido no art. 146 (CF), para apresentar uma proposta hermenêutica mais consentânea com as exigências do sistema. E aqui estamos.

A inserção do art. 146, seus incisos e alíneas, na Constituição de 1988, com a amplitude de que é portador, refletiu o desempenho de um trabalho político bem urdido, para a obtenção de finalidade específica: impor a prevalência, agora com foros normativos, daquela corrente que prosperara, a velas pandas, entre os mais tradicionais tributaristas brasileiros. Objetivaram firmar, de modo mais incisivo, que as *normas gerais de direito tributário* continuavam a ser um canal de livre interferência da União nos interesses jurídico-tributários dos Estados, do Distrito Federal e dos Municípios. Buscaram, para tanto, uma fórmula *quantitativamente mais forte* do que aquela prevista no antigo § 1º do art. 19 da Constituição Federal de 1967. Pretenderam que a repetição de vocábulos e a quantidade de termos pudessem ter o condão de vergar o sistema, deslocando suas raízes e deformando princípios fundamentais.

Fique estabelecido que esta oposição não significa reconhecer o primado da Federação e o da autonomia dos Municípios, com ares de uma plenitude que, verdadeiramente, não têm. São conceitos relativos, cuja dimensão de significado há de ser procurada nos limites internos do nosso sistema, e não fora. Entretanto, há de existir um *minimum* semântico sem o qual tais categorias, tão prestigiadas pelo próprio legislador constitucional, ficariam vazias de conteúdo e destituídas de sentido. E a interpretação que adversamos resvala, desastrosamente, em mais este obstáculo. Não lograram dizer os limites do conceito de *normas gerais de direito tributário*, além de incidirem no erro lógico trivial de afirmar a validade do gênero e, de sequência, confirmar o cabimento da espécie. Chegamos a pensar até que seria mais consistente, em termos de argumentação séria, que os sectários da doutrina ortodoxa se mantivessem atrelados à forma do preceito superado, menos ostensivo e mais defensável.

Qual a compreensão que devemos ter do papel a ser cumprido pelas *normas gerais de direito tributário*, no novo sistema?

O primeiro passo é saber que são as tão faladas *normas gerais de direito tributário*. E a resposta vem depressa: são aquelas que dispõem sobre conflitos de competência entre as entidades tributantes e também as que regulam as limitações constitucionais ao poder de tributar. Pronto: o conteúdo está firmado. Quanto mais não seja, indica, denotativamente, o campo material, fixando-lhe limites. E como fica a dicção constitucional, que despendeu tanto verbo para dizer algo bem mais amplo? Perde-se no âmago de rotunda formulação pleonástica, que nada acrescenta. Vejamos. Pode o legislador complementar, invocando a disposição do art. 146, III, *a*, definir um tributo e suas espécies? Sim, desde que seja para dispor sobre conflitos de competência. Ser-lhe-á possível mexer no fato gerador, na base de cálculo e nos contribuintes de determinado imposto? Novamente sim, no pressuposto de que o faça para dispor sobre conflitos. E quanto à obrigação, lançamento, crédito, prescrição e decadência tributários? Igualmente, na condição de satisfazer àquela finalidade primordial.

Com tal interpretação, daremos sentido à expressão *normas gerais de direito tributário*, prestigiaremos a Federação, a autonomia dos Municípios e o princípio da isonomia das pessoas políticas de direito constitucional interno, além de não desprezar, pela coima de contraditórias, as palavras extravagantes do citado art. 146, III, *a* e *b*, que passam a engrossar o contingente das redundâncias tão comuns no desempenho da atividade legislativa.

8. Conclusões

As conclusões não podem ser outras: a interpretação sistemática que adotamos com relação à ordem jurídica de 1967 continua válida para apreender a disciplina da matéria segundo as disposições da Constituição de 1988, edificada sobre os mesmos fundamentos. Quanto à hierarquia da lei complementar é que devemos registar a novidade, pois, assim que foram editados os preceitos a que alude a Lei Complementar 95/98, a lei ordinária e as que lhe forem equiparadas ficarão a eles submetidas, *sob o ângulo formal*. No que tange ao conteúdo, tudo permanece como antes.

No subcapítulo em que discorremos sobre a interpretação no Direito Tributário, fizemos questão de assinalar que se tratava de um ato de vontade e de um ato de conhecimento, e que, como ato de conhecimento, não caberia à Ciência do Direito dizer qual é o sentido mais justo ou correto de uma regra jurídica, limitando-se a indicar as interpretações possíveis, o que atende bem ao seu cunho de atividade meramente descritiva de um fenômeno.

A advertência, que é típica e estilisticamente kelseniana, nos parece carregada de uma verdade forte e, por inteiro, procedente. Julgamos, no entanto, fosse interessante para os efeitos deste *Curso*, acrescentar u'a meditação crítica acerca das teorias interpretativas do art. 146 da Constituição Federal, em voga na dogmática brasileira. E, ao empreendê-la, manifestamos positivamente nossa inclinação em favor da tese sistemática. Ora, como à Ciência do Direito não compete decidir qual delas seja a correta, o assunto permanece aberto, entregue ao criterioso juízo de cada leitor, que se sentirá livre não só para opinar entre as duas propostas, como para levantar e sugerir novas alternativas hermenêuticas que o satisfaçam. As formulações teoréticas são portadoras de maior ou de menor potencialidade de explicação dos fenômenos que descrevem, forjando o convencimento no espírito de quem as conhece. E a Ciência Jurídica, narrando o sistema empírico do direito positivo, que aparece, inexoravelmente, como um corpo de linguagem, sempre foi espaço fecundo para o surgimento de múltiplas teorias, quantas vezes agrupadas em torno de um único tema, despertando a dúvida na mente do estudioso, que se vê impelido a escolher uma, afastando as demais. A eleição é fruto da ideologia, pois o direito, antes de tudo, é um objeto cultural, região ôntica em que os entes são sempre valiosos, positiva ou negativamente.

CAPÍTULO VIII

COMPETÊNCIA TRIBUTÁRIA

1. Competência tributária e capacidade tributária ativa

Competência legislativa é a aptidão de que são dotadas as pessoas políticas para expedir regras jurídicas, *inovando* o ordenamento positivo. Opera-se pela observância de uma série de atos, cujo conjunto caracteriza o procedimento legislativo.

Por força do princípio da legalidade (CF, art. 5º, II), a ponência de normas jurídicas *inaugurais* no sistema há de ser feita, exclusivamente, por intermédio de lei, compreendido este vocábulo no seu sentido lato. Em qualquer segmento da conduta social, regulada pelo direito, é a lei o instrumento introdutor dos preceitos jurídicos que criam direitos e deveres correlatos.

No plexo das faculdades legislativas que o constituinte estabeleceu, figura a de editar normas que disciplinem a matéria tributária, desde a que contemple o próprio fenômeno da incidência até aquelas que dispõem a propósito de uma imensa gama de providências, circundando o núcleo da regra-matriz e que tornam possível a realização concreta dos direitos subjetivos de que é titular o sujeito ativo, bem como dos deveres cometidos ao sujeito passivo.

A competência tributária, em síntese, é uma das parcelas entre as prerrogativas legiferantes de que são portadoras as pessoas políticas, consubstanciada na possibilidade de legislar para a produção de normas jurídicas sobre tributos.

Mas essa é apenas uma entre as várias proporções semânticas com que a expressão se manifesta, justificando o asserto de Becker segundo o qual *o jurista é o semântico da linguagem do direito*. Não podemos deixar de considerar que têm, igualmente, *competência tributária* o Presidente da República, ao expedir um decreto sobre IR, ou seu ministro ao editar a correspondente instrução ministerial; o magistrado e o tribunal que vão julgar a causa; o agente da administração encarregado de lavrar o ato de lançamento, bem como os órgãos que irão participar da discussão administrativa instaurada com a peça impugnatória; aquele sujeito de direito privado habilitado a receber o pagamento de tributo (bancos, por exemplo); ou mesmo o particular que, por força de lei, está investido na condição de praticar a sequência procedimental que culminará com a produção de norma jurídica tributária, individual e concreta (casos de IPI, ICMS, ISS etc.). Todos eles operam revestidos de *competência tributária*, o que mostra a multiplicidade de traços significativos que a locução está pronta para exibir. Não haveria por que adjudicar o privilégio a qualquer delas, em detrimento das demais. Como sugeriram expoentes do Neopositivismo Lógico, em situações desse jaez cabe-nos tão somente especificar o sentido em que estamos empregando a dicção, para afastar, por esse modo, as possíveis ambiguidades.

No curso do presente capítulo, tomaremos *competência tributária* com a significação acima especificada, vale dizer, de legislar (pelo Poder Legislativo, já que "legislador", em sentido amplo, todos nós o somos), afirmando que não se confunde com a capacidade.

Não se confunde com a capacidade tributária ativa. Uma coisa é poder legislar, desenhando o perfil jurídico de um gravame ou regulando os expedientes necessários à sua funcionalidade; outra é reunir credenciais para integrar a relação jurídica, no tópico de sujeito ativo. O estudo da competência tributária é um momento anterior à existência mesma do tributo, situando-se no plano constitucional. Já a capacidade tributária ativa, que tem como contranota a capacidade tributária passiva, é tema a ser considerado no ensejo do desempenho das competências, quando o legislador elege as pessoas componentes do vínculo abstrato, que se instala no instante em que acontece, no mundo físico, o fato previsto na hipótese normativa.

A distinção justifica-se plenamente. Reiteradas vezes, a pessoa que exercita a competência tributária se coloca na posição de sujeito ativo, aparecendo como credora da prestação a ser cumprida pelo devedor. É muito frequente acumularem-se as funções de sujeito impositor e de sujeito credor numa pessoa só. Além disso, uma razão de ordem constitucional nos leva a realçar a diferença: a competência tributária é intransferível, enquanto a capacidade tributária ativa não o é. Quem recebeu poderes para legislar pode exercê-los, não estando, porém, compelido a fazê-lo, com exceção do ICMS, que há de ser instituído e mantido, obrigatoriamente, pelas pessoas políticas competentes (Estados-membros e Distrito Federal). Todavia, em caso de não aproveitamento da faculdade legislativa, a pessoa competente estará impedida de transferi-la a qualquer outra. Trata-se do princípio da *indelegabilidade da competência tributária*, que arrolamos entre as diretrizes implícitas e que é uma projeção daquele postulado genérico do art. 2º da

Constituição, aplicável, por isso, a todo o campo da atividade legislativa. A esse regime jurídico não está submetida a capacidade tributária ativa. É perfeitamente possível que a pessoa habilitada para legislar sobre tributos edite a lei, nomeando outra entidade para compor o liame, na condição de sujeito titular de direitos subjetivos, o que nos propicia reconhecer que a capacidade tributária ativa é transferível. Estamos em crer que esse comentário explica a distinção que deve ser estabelecida entre competência tributária e capacidade tributária ativa.

Haverá lugar, em páginas subsequentes, para pensarmos na questão da capacidade tributária, tanto pelo ângulo do sujeito ativo quanto pelo do sujeito passivo. Interessa-nos, agora, falar mais um pouco sobre a competência tributária.

Asseveramos, no livro *Teoria da norma tributária,*[80] que o sistema constitucional brasileiro houvera estipulado elementos relevantes para a compostura da fisionomia jurídica dos impostos adjudicados aos entes tributantes. Da maneira em que foi proposta a organização da matéria, entretanto, seria lícito concluir que, tirante as exações não vinculadas previstas para a competência dos Estados, do Distrito Federal (ICMS, Heranças e Doações e IPVA) e para a dos Municípios (ISS, IPTU e Transmissão *inter vivos*), todos os demais teriam sido deferidos à União, em face da competência residual mencionada no art. 154, I. Defluiria daí que a relação firmada no art. 153 (impostos da competência da União) tinha aspecto meramente exemplificativo. Dito de outro modo: com a previsão do art. 153, ou sem ela, a pessoa política União poderia instituir os impostos que bem lhe aprouvessem, excluídos aqueles nominalmente atribuídos às Unidades Federativas, ao Distrito Federal e aos Municípios.

Hoje, em obséquio ao rigor das construções dogmáticas, acrescentamos estoutra proposição afirmativa: impostos privativos existem somente os da União. Não parece inteiramente correto aludir-se a impostos privativos dos Estados, do

80. Paulo de Barros Carvalho, *Teoria da norma tributária*, 2. ed., Revista dos Tribunais, 1981.

Distrito Federal e dos Municípios, quando sabemos que o legislador federal exercita sobre eles sua competência, a título extraordinário, na conformidade do que preceitua o art. 154, II, da Constituição Federal:

> *Art. 154. A União poderá instituir:*
>
> [...]
>
> *II — na iminência ou no caso de guerra externa, impostos extraordinários, compreendidos ou não em sua competência tributária, os quais serão suprimidos, gradativamente, cessadas as causas de sua criação.* (Os destaques não constam da redação original.)

Acerca dos que lhe foram entregues, ninguém, a não ser ela — a pessoa política União — poderá legislar, seja em termos regulares, especiais ou excepcionais. A advertência mantém acesa a tese de que impostos privativos e exclusivos são apenas os federais.

2. Sobre as características da competência tributária

A boa doutrina costuma examinar a competência tributária no que diz com suas características, isto é, quanto aos aspectos que, de algum modo, poderiam conotar sua presença em face de outras categorias. Assim o faz o ilustre professor Roque A. Carrazza,[81] salientando seis qualidades, quais sejam, privatividade (i), indelegabilidade (ii), incaducabilidade (iii), inalterabilidade (iv), irrenunciabilidade (v) e, por fim, facultatividade do exercício (vi).

Dos atributos conferidos às pessoas políticas de direito constitucional interno para legislar inauguralmente, acepção pela qual focalizamos, agora, a expressão "competência tributária", penso que apenas três delas resistiriam a uma crítica mais severa: indelegabilidade, irrenunciabilidade e incaducabilidade.

81. *Curso de direito constitucional tributário*, 12. ed., São Paulo, 1999, p. 339 e s.

Por certo, se admitimos a tese de que nossa Constituição é rígida e que o constituinte repartiu, incisivamente, as possibilidades legiferantes entre as entidades dotadas de personalidade política, cuidando para que não houvesse conflitos entre as subordens jurídicas estabelecidas no Estado Federal, a ilação imediata é em termos de reconhecer a vedação da delegabilidade, bem como a impossibilidade de renúncia. Que sentido haveria numa discriminação rigorosa de competências, quando se permitisse que uma pessoa delegasse a outra as habilitações recebidas? Em pouco tempo, no manejo das utilizações concretas, quando se manifestasse o direito no dinamismo do seu estilo peculiar, o desenho das atribuições competenciais passaria por diferentes e imprevisíveis configurações, dissipando a rigidez e a estabilidade pretendidas pelo legislador constituinte. Advém daí o entendimento perante o qual a indelegabilidade e a irrenunciabilidade seriam prerrogativas inafastáveis do exercício competencial, no sistema brasileiro.

Diga-se outro tanto sobre a incaducabilidade. A Constituição existe para durar no tempo. Se o não uso da faixa de atribuições fosse perecível, o próprio Texto Supremo ficaria comprometido, posto na contingência de ir perdendo parcelas de seu vulto, à medida que o tempo fluísse e os poderes recebidos pelas pessoas políticas não viessem a ser acionados, por qualquer razão histórica que se queira imaginar. Impõe-se, portanto, a perenidade das competências, que não poderiam ficar submetidas ao jogo instável dos interesses e dos problemas por que passa determinada sociedade.

Quanto às três outras, porém, com a licença do acatado mestre da Pontifícia Universidade Católica de São Paulo, não podemos concordar.

Tenho para mim que a privatividade é insustentável, levando em conta disposição expressa da Lei das Leis que, bem ou mal, é o padrão empírico para a emissão de proposições descritivas sobre o direito posto. A União está credenciada a legislar sobre seus impostos e, na iminência ou no caso de guerra externa, sobre impostos ditos "extraordinários", *compreendidos ou não em sua competência tributária*, consoante o que prescreve o art. 154, II. Dir-se-á que se trata de exceção, mas é o que basta para derrubar proposição afirmativa colocada em termos universais, de tal sorte que impostos privativos, no Brasil, somente os outorgados à União. A privatividade fica reduzida, assim, à faixa de competência do Poder Público Federal.

O mesmo se pode averbar quanto aos dois outros qualificativos: a alterabilidade está ínsita no quadro das prerrogativas de reforma constitucional e a experiência brasileira tem sido rica em exemplos dessa natureza. Se aprouver ao legislador, investido do chamado poder constituinte derivado, promover modificações no esquema discriminativo das competências, somente outros limites constitucionais poderão ser levantados e, mesmo assim, dentro do binômio "federação e autonomia dos municípios". A prática de inserir alterações no painel das competências tributárias, no Brasil, tem sido efetivada reiteradamente, sem que seu exercício haja suscitado oposições mais graves, como exemplificam as Emendas Constitucionais n. 33 e 75.

E sobrerresta a facultatividade do exercício, que parece resistir a uma análise mais demorada. Por sem dúvida que é a regra geral. A União tem a faculdade ou permissão bilateral de criar o imposto sobre grandes fortunas, na forma do que estatui o inciso VII do art. 153 da CF. Até agora não o fez, exatamente porque tem a faculdade de instituir ou não o gravame. E o mesmo se dá com os municípios, que, em sua maioria, não produziram a legislação do imposto sobre serviços de qualquer natureza, conquanto não lhes falte, para isso, aptidão legislativa. Todavia, a exceção vem aí para solapar o caráter de universalidade da proposição: refiro-me ao ICMS. Por sua índole eminentemente nacional, não é dado a qualquer Estado-membro ou ao Distrito Federal operar por omissão, deixando de legislar sobre esse gravame. Caso houvesse uma só unidade da federação que empreendesse tal procedimento e o sistema do ICMS perderia consistência, abrindo-se ao acaso das manipulações episódicas, tentadas com tanta frequência naquele clima que conhecemos por "guerra fiscal". Seria efetivamente um desastre para a sistemática impositiva da exação que mais recursos carreia para o erário do País. O ICMS deixaria, paulatinamente, de existir.

Aliás, em parecer jurídico que me foi solicitado, tive a oportunidade de expressar:

"ICMS — princípio da solidariedade nacional ou da equiponderância ou, ainda, da homogeneidade de sua incidência".

O caráter nacional do ICMS é outra máxima que sobressai do sistema com grande vigor de juridicidade. Não se aloja na formulação expressa de qualquer dos dispositivos constitucionais tributários, mas está presente nas dobras de inúmeros preceitos, irradiando sua força por toda a extensão da geografia normativa desse imposto. Sua importância é tal que, sem atinarmos a ele, fica praticamente impossível a compreensão da regra-matriz do ICMS em sua plenitude sintática e em sua projeção semântica. Os conceitos de operação interna, interestadual e de exportação; de consumidor final, de contribuinte, de responsável e de substituição tributária; de compensação do imposto, de base de cálculo e de alíquota, bem como o de isenção, estão diretamente relacionados com diplomas normativos de âmbito nacional, válidos, por mecanismos de integração, para todo o território brasileiro. Lembremo-nos de que nosso direito positivo abrange quatro distintos plexos normativos: a ordem total, a das regras federais, a das regras estaduais e o feixe dos preceitos jurídicos dos municípios. Na latitude desses quatro conjuntos integrados de normas que formam a complexidade do sistema jurídico nacional, ponderemos que as três primeiras são próprias do esquema federativo, ao passo que a última revela peculiaridade do regime constitucional brasileiro. Tudo, aliás, pode ser resumido na coalescência de quatro sistemas: a) o sistema nacional; b) o sistema federal; c) os sistemas estaduais; e d) os sistemas municipais. Se as diferenças entre a ordem federal, a estadual e a municipal são claramente perceptíveis, fato idêntico não sucede entre a organização jurídica do Estado Federal (sistema nacional) e a da União (sistema federal).

Pois bem. Há um significativo número de preceitos normativos sobre o ICMS que pertencem ao 'sistema nacional', já que valem, indistintamente, em todo o território brasileiro. Agora, como esse subconjunto dispõe a respeito de pontos da intimidade estrutural do gravame, claro está que o conhecimento apurado da regra-matriz do imposto depende da consideração daquelas normas nacionais.

Acrescentemos também que a preservação da rigorosa discriminação de competências impositivas se dá pela ação das 'normas gerais de direito tributário', seja regulando as limitações constitucionais ao poder de tributar, seja dispondo sobre conflitos de competência entre as entidades tributantes, modo pelo qual o constituinte amarrou os domínios da possibilidade legiferante de cada um, num dispositivo apto para ser acionado tão logo apareçam sinais de violação do sistema.

A trama normativa das regras de caráter nacional sobre impostos federais, estaduais e municipais é hoje, verdadeiramente, densa e numerosa. Alcança todos os impostos, além das taxas e das contribuições, mas com relação ao ICMS excede os limites da tradição legislativa brasileira. Não há setor do quadro positivo desse tributo que não experimente forte e decidida influência de preceitos do sistema nacional. *Sua própria instituição não é faculdade dos Estados e do Distrito Federal: é procedimento regulado com o modal 'O' (obrigatório), ao contrário do que sucede com as demais figuras de tributos.* O imposto sobre grandes fortunas, previsto no inciso VII do art. 153 da Constituição Federal, por exemplo, até agora simplesmente não foi instituído, ainda que a União possa fazê-lo a qualquer instante. São muitos os municípios que não criaram o ISS, a despeito de terem competência para tanto. Se isso mostra, por um lado, que as competências se exprimem como faculdades (F) outorgadas às pessoas políticas, por outro fica evidente a posição do ICMS, em que o titular da competência impositiva não pode deixar de legislar, ficando tolhido a disciplinar o imposto consoante os traços que o constituinte esboçou. Nesse sentido, o comando da uniformização vem de cima para baixo, de tal sorte que as regras-matrizes de incidência, expedidas pelos Estados e pelo Distrito Federal, terão que manter praticamente os mesmos conteúdos semânticos. Não há como admitir legislações discrepantes, no que concerne ao núcleo da incidência, de modo que ao lado da homogeneidade sintática, qualidade de todas as normas jurídicas do sistema, constituídas da mesma forma lógica (juízo condicional), encontraremos uma pronunciada coincidência de significações, que não atinge padrões absolutos, mas que não pode deixar de ser registrada pelo descritor do direito posto. Falando pela via ordinária, os titulares da competência para instituir o ICMS não podem deixar de fazê-lo e, além disso, terão que seguir os termos estritos que as leis complementares e as resoluções do Senado prescrevem, por virtude de mandamentos constitucionais. Está aí, bem nítido, pintado com tintas fortes, em regime de severa gravidade, o caráter nacional de que falamos, surpreendido no plano da linguagem-objeto, que é a linguagem do direito positivo. São normas jurídicas válidas no sistema vigente que, entrelaçadas organicamente, apontam para a existência desse valor, exibindo-o de modo inequívoco. Sua verificação salta aos olhos do menos impertinente dos pesquisadores, pelo vigor e pela frequência com que se manifesta.

Acontece que esse tributo, recolhido historicamente em países de estrutura unitária, onde gravam, de forma não cumulativa, operações sobre mercadorias e serviços, foi transportado pura e simplesmente para a realidade brasileira e entregue às ordens normativas estaduais. Tratou-se, então, de preservar a uniformidade indispensável para o bom funcionamento de um imposto que se pretendia sobre o valor acrescentado, técnica difícil de ser implantada fora das peculiares condições de um país de administração centralizada. Sucederam-se medidas generalizadoras, numa tentativa de padronizar o fenômeno da incidência e evitar que a autonomia das pessoas competentes colocasse em risco a sistemática impositiva. Isso explica a expressiva participação da União no processo de elaboração normativa do ICMS, mediante regras de legislação complementar, ao lado de preceitos emanados do Senado da República, igualmente órgão legislativo daquela pessoa política. Como se vê, tudo foi produto de um ingente esforço de adaptação, para atender às exigências de nossa particularíssima organização jurídico-constitucional. E o custo dessa movimentação veio em detrimento do poder jurídico das entidades federadas que, ao menos nesse setor, ficaram sensivelmente diminuídas. Sacha Calmon Navarro Coelho chega até a falar em *'massacre da competência estadual, já que o imposto teve que submeter-se a um regramento unitário pela União através de leis complementares e resoluções do Senado'* ('Comentários à Constituição de 1988 — Sistema Tributário' — Forense — págs. 221/222). Os traços, porém, estão assinalados como marcas indeléveis, incisões profundas que dão uma fisionomia singular a esse tributo, seja em confronto com os demais impostos do Brasil, seja em padrões de direito comparado. É assim que os autores proclamam o princípio da uniformidade, da solidariedade nacional, da equiponderância ou da harmonia global da incidência, para indicar a propriedade que o imposto tem de manter-se o mesmo, com idênticas proporções semânticas, com uma e somente uma projeção significante para todo o território brasileiro. Firmado o modelo comum, não se concebe que nenhuma das entidades políticas venha a dele discrepar, intrometendo modificações substantivas. Por tratar-se de requisito indispensável em termos de concepção econômica, pois as várias operações de circulação hão de integrar-se em bloco para que o gravame atinja, verdadeiramente, o valor acrescido, o esquema de uma regra-matriz fixa, imutável, requer-se observado pela comunidade dos Estados e do Distrito Federal. E não é por outra razão que no antigo ICM se proibia, terminantemente, a concessão de isenções que não fossem plurilaterais, mercê de convênios celebrados e ratificados pelos Estados, na forma da lei complementar (art. 23, § 6º, da CF/67), ou concedidas pela União, também por meio de lei complementar e atendendo a relevante interesse social ou econômico nacional — isenções heterônomas (art. 19, § 2º, da CF/67). Nos dias de hoje, desapareceram aquelas últimas, entretanto é à lei complementar que cabe *'regular a forma como, mediante deliberação dos Estados e do Distrito Federal, isenções, incentivos e benefícios fiscais serão concedidos e revogados'* (art. 155, § 2º, inciso XII, letra g, da CF/88).

Essa lei complementar tão solicitada, tão requerida pelo constituinte de 1967 e, com maior empenho ainda, pelo de 1988, é a Lei n. 24/75, anterior à ordem vigente, mas por ela recepcionada para reger a temática das isenções e de quaisquer outros incentivos ou benefícios, totais ou parciais, concedidos com base no imposto sobre operações relativas à circulação de mercadorias e de serviços, dos quais resulte redução ou eliminação, direta ou indireta do respectivo ônus".

Para além do exemplo do ICMS, recentemente, o ordenamento jurídico brasileiro se viu diante de mais uma modificação que faz questionar a *facultatividade* do exercício das competências tributárias. Trata-se da Lei Complementar 157/2017, que acresceu à Lei Complementar 116/2003, o art. 8º-A, visando a implementar o comando do art. 156, §3º, I e III, da Constituição, prevendo restrições ao exercício da competência para criar benefícios fiscais no âmbito do ISS.[82]

A argumentação foi extensa, porém permite entrever a facultatividade do exercício de competências tributárias como algo que não está presente em todos os casos, não podendo, portanto, consubstanciar o caráter necessário que acompanha a identificação dos atributos.

Atento a tais reflexões, o Prof. Roque A. Carrazza não teve dúvidas em soabrir um capítulo específico para o assunto, na 5ª edição de seu excelente "ICMS" (Malheiros Editores, ps. 343/344), encimando-o com o título "COMPETÊNCIA PARA CRIAR O ICMS — OBRIGATORIEDADE DE SEU EXERCÍCIO".

3. Competência residual e extraordinária

Adotando pressuposto de que a União exerce papel de suma relevância no direito tributário, o que podemos dizer

---

82. Lê-se, já no §1º desse dispositivo: "§ 1º O imposto não será objeto de concessão de isenções, incentivos ou benefícios tributários ou financeiros, inclusive de redução de base de cálculo ou de crédito presumido ou outorgado, ou sob qualquer outra forma que resulte, direta ou indiretamente, em carga tributária menor que a decorrente da aplicação da alíquota mínima estabelecida no *caput*, exceto para os serviços a que se referem os subitens 7.02, 7.05 e 16.01 da lista anexa a esta Lei Complementar."

estar latente pelas próprias prescrições constitucionais de competência, não sobeja lembrar que parte dessa força legiferante dá-se em razão das atribuições residual e extraordinária outorgadas a ela e contidas no enunciado do art. 154, I e II.

Examinemos, neste momento, a competência residual, elucidando os aspectos que lhe são distintivos. Prescreve o mencionado art. 154, I, da Constituição brasileira:

> Art. 154. A União poderá instituir:
>
> I — mediante lei complementar, impostos não previstos no artigo anterior, desde que sejam não cumulativos e não tenham fato gerador ou base de cálculo próprios dos discriminados nesta Constituição.

Como já observado, a titularidade competencial é da pessoa política União, que deverá exercê-la por meio de lei complementar, com o *quorum* estipulado no art. 69 da Lei Maior, vale dizer, com maioria absoluta. Em outras palavras, a lei complementar deverá conter todos os elementos que compõem a regra-matriz de incidência da exação instituída nos moldes da competência residual. E a autorização delimita apenas o ponto de partida: impostos não previstos no artigo anterior. A contar daí, a área a ser explorada pela entidade tributante fica indeterminada, expandindo-se até onde puder ir o talento criativo do seu legislador. Os limites referidos, quais sejam, a não cumulatividade e a circunstância de não terem fato gerador ou base de cálculo próprios dos discriminados na Constituição, por serem requisitos de técnica jurídica, não interferem no tamanho da competência residual, mas sim no modo de realizá-la. Não sobeja repisar que tais limitações têm por destinatário o legislador infraconstitucional, encontrando-se fora de sua abrangência o poder constituinte derivado. Nestes termos, emenda à Constituição poderia tratar sobre competência residual sem tomar em conta tais enunciados limitativos, afirmativa esta já consolidada no STF em voto do Eminente Min. Carlos Velloso (julgamento da ADIn 939/DF), inclusive.

Ajeita-se aqui uma observação de cunho histórico, mas que nos parece procedente: há muito que a União dispõe de faixa residual de competência tributária. Em vez de movimentá-la, nas ocasiões em que necessitou, preferiu servir-se de expedientes desaconselháveis, como a singela mudança de nomes (chamando impostos pela designação de taxas, empréstimos compulsórios, contribuições e uma sorte de epítetos extravagantes). E a competência residual permaneceu inativa, decorando a tábua de possibilidades legiferantes desse ente federal.

Por outro lado, a disjunção fato gerador/base de cálculo não exprime bem aquilo que uma interpretação sistemática do Texto Constitucional reivindica. Ambos devem ser considerados conjuntamente. Formam, aliás, o binômio que dá a feição tipológica do tributo. É comparando a hipótese de incidência com a base de cálculo que saberemos distinguir impostos de taxas e, dessas, a contribuição de melhoria, assim como por idêntico critério apontaremos diferenças entre os impostos, entre as taxas e entre as contribuições de melhoria.

Para efeito de demarcação do espaço jurídico da competência residual, entretanto, o binômio hipótese de incidência/ base de cálculo aparece como pressuposto indeclinável, não podendo a nova exação utilizar qualquer das hipóteses ou bases de cálculo arroladas para a competência dos Estados, dos Municípios ou do Distrito Federal. Respeitados esses limites e empregado o instrumento próprio — lei complementar —, a União poderá criar o imposto que bem lhe aprouver.

Também coube à União a competência constitucional para instituir impostos extraordinários, *compreendidos ou não no campo que lhe fora outorgado*, consoante previsão do art. 154, II, da CF/88; tais impostos serão suprimidos, gradativamente, cessadas as causas de sua criação. Em outras palavras, como já observado neste livro, autorizada a União a legislar concorrentemente sobre competências de outros entes políticos, a privatividade fica reduzida tão só à faixa de competência do Poder Público Federal.

Além de ser uma pessoa política de direito constitucional interno, a União foi investida dessa competência por força de sua condição de pessoa política no concerto das nações, importa dizer, pessoa política de direito constitucional externo.

O pressuposto, porém, é explícito: na iminência ou no caso de guerra externa. De fato, para enfrentar as vicissitudes de guerra externa, ou de sua iminência, entendeu por bem o constituinte de 1988 atribuir tal autorização legiferante ao ente federal, consignando-a na redação do art. 154, II. Convém esclarecer, todavia, que por *guerra externa* haveremos de entender aquela de que participe o Brasil, diretamente, ou a situação de beligerância internacional que provoque detrimentos ao equilíbrio econômico-social brasileiro. É claro que na segunda hipótese os efeitos do conflito internacional hão de ser tais que se equiparem àqueles que seriam suscitados caso o Brasil participasse efetivamente da guerra. Diga-se o mesmo da *iminência de guerra externa*. No falar cotidiano, os impostos originários de competência extraordinária poderão vir com o qualificativo *de finalidade específica*, sendo aqueles que se determinam pela sua vinculação a um objetivo pré-fixado. Um imperativo, entretanto, deve ser observado. Cessadas as causas que determinaram a criação dos impostos extraordinários, serão eles suprimidos, gradativamente. Logo, deixando de existir a causa, deve-se extinguir a referida exação, o que se dá somente mediante a expedição de um novo enunciado jurídico-normativo que revogue o imposto instituído.

Satisfeito o pressuposto, o legislador federal poderá editar normas jurídicas que venham a instituir impostos, fora ou dentro de seu âmbito de competência, isto é, poderá servir-se daquelas exações que foram concedidas, inicialmente, aos Estados, ao Distrito Federal e aos Municípios, o que caracterizaria hipótese de bitributação constitucionalmente autorizada, como também de sua própria competência, resultando na constitucionalidade de específicas situações de *bis in idem*.

Por último, é intuitivo crer que o exercício da competência extraordinária, em decorrência do próprio pressuposto escolhido pelo Texto Maior, não enseja submissão do legislador ordinário aos ditames da anterioridade, tanto aquela prevista no inciso III, *b*, do art. 150 (exercício financeiro seguinte) quanto aquela outra enunciada na alínea *c* do mesmo inciso (nonagesimal). No entanto, o constituinte entendeu por bem prescrever expressamente não se aplicarem aos impostos extraordinários as regras da anterioridade, conforme prescrição do § 1º do art. 150.

4. Considerações a respeito da competência como objeto de disciplina do Código Tributário Nacional

O tema das competências legislativas, entre elas o da competência tributária, é, eminentemente, constitucional. Uma vez cristalizada a limitação do poder legiferante, pelo seu legítimo agente (o constituinte), a matéria se dá por pronta e acabada, carecendo de sentido sua reabertura em nível infraconstitucional.

A isso não atinou o legislador do Código Tributário, que, desordenadamente, tomou como seu o mister de bosquejar normas de tamanha grandeza e dimensão incompatível com os objetivos que se propunha desenvolver. Mas o produto dessa postura apressada veio célere: as regras jurídicas encartadas no Título II da Lei 5.172/66, arts. 6º a 15, exprimem, na sua maioria, repetições inócuas do Texto Maior, remanescendo poucas disposições aproveitáveis para a racionalidade do sistema tributário brasileiro. A essa crítica respondem certos defensores dos desacertos legislativos, exaltando os efeitos didáticos que tais preceitos encerrariam. Mas a desculpa não convence. Peleja contra ela a natureza prescritiva da linguagem do legislador e, sobretudo, a hierarquia dos escalões do direito, demarcada com linhas indeléveis na plataforma da Constituição. Espera-se da legislação complementar o cumprimento dos desígnios fixados na Constituição, nada mais. O bom desempenho dessa árdua tarefa tem o condão de esgotar a atribuição constitucional, que não reclama, em momento algum, o exercício dos pendores didáticos do legislador, ainda que expressos por amor à clareza e à fácil compreensão das disposições normativas.

Procuremos, então, analisar os mencionados preceitos, averbando, à margem, as notações críticas que julgarmos convenientes.

O art. 6º pretende fazer crer que *a atribuição constitucional de competência tributária compreende a competência legislativa plena, ressalvadas as limitações contidas na Constituição Federal, nas Constituições dos Estados e nas Leis Orgânicas do Distrito Federal e dos Municípios, e observado o disposto nesta Lei.*

Verdadeiro mosaico de impropriedades, a regra que trasladamos aspira ao impossível. Acaso estancasse o período após a cláusula *ressalvadas as limitações contidas na Constituição Federal*, e já poderíamos dizer que o político fora impreciso. As competências resultam justamente do feixe de *limitações* que a Constituição estatui. Não existe, anteriormente a elas, uma atribuição jurídica de competência legislativa plena que, por obra de ressalvas limitativas, se vai constringindo. Os mandamentos constitucionais são postos de uma só vez, de tal sorte que as faculdades e prerrogativas outorgadas surgem concomitantes, entrelaçando-se e interpenetrando-se, estranhas a qualquer cronologia. Da trama normativa nasce o perfil jurídico da competência.

Não parou ali o legislador, entusiasmado, talvez, com sua própria retórica, e consumou, então, erronias inconcebíveis. Declarou, em outras palavras, que as Constituições dos Estados, as Leis Orgânicas do Distrito Federal e dos Municípios teriam o poder de limitar a imaginária *competência legislativa plena*, encerrando por dizer, em tom peremptório: *e observado o disposto nesta Lei.*

Um argumento será bastante para afastarmos de cogitação a esdrúxula literalidade desse dispositivo: cairiam em solo estéril todas as preocupações do constituinte vertidas para modelar uma Constituição da categoria das rígidas. Prevalecendo o que lá se preconiza, as competências seriam modificáveis por intermédio de diplomas infraconstitucionais, consagrando-se a flexibilidade do sistema.

O parágrafo único revela o óbvio. Não é porque a receita de certo tributo venha a ser distribuída a outras pessoas de direito público (ou privado) que a exação deixa de pertencer à competência de quem a recebeu originariamente. Nem poderia ser diferente, dado o princípio da indelegabilidade das competências tributárias, que o artigo seguinte, logo depois, proclama.

Mas as críticas que deduzimos ao art. 6º e seu parágrafo único não se estendem ao art. 7º do Código. Nele, interpretou o legislador corretamente a sistemática constitucional, no que concerne à indelegabilidade da função legislativa. O constituinte acenara com o postulado no art. 6º (CF), admitindo as exceções expressas na Lei Maior. E o legislador da Lei 5.172/66, reconhecendo a inexistência de ressalvas, oportunamente enuncia de novo a diretriz, aplicando-a ao território das competências tributárias. E, dentro dessa linha, os §§ 1º, 2º e 3º explicitam a disciplina das atribuições de arrecadar e fiscalizar tributos, que se não confundem com o exercício da competência de legislar sobre a matéria.

Os encômios não chegam a ficar esmaecidos pela redundância que se contém no art. 8º (CTN), se bem que, havemos de convir, seja ele dispensável. Pressuposta a indelegabilidade das competências, seu não aproveitamento seria motivo insuficiente para remover o obstáculo. Apesar disso, a prescrição tem um quê confirmatório do princípio, razão atenuadora que a torna plausível.

Prossigamos na verificação tópica dos preceitos do Código Tributário Nacional, naquilo que diz com a competência, título que encima todos os comentários deste ponto.

As críticas consignadas ao art. 9º, incisos e alíneas, ficaram prejudicadas com o advento da Constituição de 1988, mas dizem respeito a reproduções, às vezes até erradas, de mandamentos constitucionais.

Acontece que o Estatuto Fundamental não precisa ser reproduzido; quer-se apenas respeitado. O trabalho legislativo que empreende tais duplicações labora no vazio, nada acrescentando à regulação da matéria, salvo, naturalmente, as dúvidas que o traslado infiel, de invariável, suscita. Outorgada a competência pelo dispositivo da Lei Maior, nada há que justifique a repetição. O pretexto didático não se casa bem com a linguagem prescritiva do direito, que se dirige a condutas humanas em interferência intersubjetiva. É uma linguagem de ordem, de comando, diante da qual as pessoas não podem ficar indiferentes. Essa ponte semântica, isto é, esse modo deôntico de alterar o comportamento das pessoas na vida social, é radicalmente diverso daquele que se prestaria a pretensões didáticas. Daí falhar o legislador toda vez que deixar seu campo próprio de atribuições para vestir-se com ares professorais, a fazer doutrina.

Os §§ 1º e 2º se encaixam bem num dos objetivos das normas gerais de direito tributário, pois regulam limitações constitucionais ao poder de tributar. Entretanto, não demorou o político a retomar seu vezo repetitório, copiando mal os textos dos arts. 151, I, e 152 do Diploma Básico, enunciativos dos princípios da uniformidade geográfica dos tributos e da impossibilidade de discriminação tributária, em razão da procedência ou do destino dos bens. Animado, quem sabe, das mais sérias intenções, pensou ele (o político) que estivesse investido de poderes reformadores da Constituição, passando, sem maiores cerimônias, a corrigir a redação daqueles incisos, com o fito de aperfeiçoá-la.

Foi, efetivamente, entre as "Disposições Especiais" — Seção II do Título II — que o legislador do Código Tributário Nacional exercitou, de maneira mais adequada, a atividade legislativa para que está constitucionalmente credenciado. Deparamos, nos arts. 12 a 15, com providências ordinatórias, que, de fato, realizam essa importante função, dando sentido de operatividade a mandamentos constitucionais carentes de desdobramentos no plano da legislação complementar. Exemplo típico é o do art. 14, com seus incisos e parágrafos, que implementa a vedação contida no art. 150, VI, *c*, em perfeita sintonia com aquilo que a própria Carta Magna reclama: *É vedado à União, aos Estados, ao Distrito Federal e aos Municípios: ... VI — instituir impostos sobre: ... c) patrimônio, renda ou serviços dos partidos políticos, ... das instituições de educação e de assistência social...* atendidos os requisitos da lei. (Sublinhamos.) Essa lei é a complementar, e tais requisitos se ajustam, comodamente, entre as normas gerais que regulam limitações ao poder de tributar.

Chegam ao fim as considerações críticas que nos propusemos expender. Perseguimos o objetivo de exibir a racionalidade do sistema, mostrando a força dos princípios e os laços que aproximam as unidades normativas, no contexto das articulações hierárquicas. Não tivemos como meta submeter os dispositivos do Código ao tribunal da lógica e, muito menos, empreender comentários explicativos para facilitar o entendimento da matéria por eles versada. As setas dirigidas ao político são objurgatórias de uma visão que pretende ser sistemática da ordem jurídica brasileira, não desmerecendo o trabalho legislativo enquanto atos de vontade expressos nas leis do direito positivo, sobretudo porque, já o dissemos em várias passagens, a linguagem do legislador é um campo referto de imprecisões, redundâncias e erros técnicos. Dele não se exige os conhecimentos científicos que façam do direito posto um sistema isento de antinomias e lacunas de múltiplas feições. Contudo, se isso favorece as escusas do político, vem em desfavor do cientista que recebe, acriticamente, o produto legislado. Aquele que pretender fazer ciência, seja qual for seu objeto, terá de enfrentar o grande desafio: armar um sistema em linguagem descritiva, apto para descrever o fenômeno que observa. E, justamente por ser um sistema nomoempírico, voltado para conhecer seu objeto, terá que exibir sua consistência interior, eliminando-se as proposições que violem as leis básicas da Lógica Clássica: identidade, não contradição e terceiro excluído.

5. Fiscalidade, extrafiscalidade e parafiscalidade

Os signos *fiscalidade*, *extrafiscalidade* e *parafiscalidade* são termos usualmente empregados no discurso da Ciência do Direito, para representar valores finalísticos que o legislador imprime na lei tributária, manipulando as categorias jurídicas postas à sua disposição. Raríssimas são as referências que a eles faz o direito positivo, tratando-se de construções puramente doutrinárias. O modo como se dá a utilização do instrumental jurídico-tributário é o fator que identifica o gravame em uma das três classes. Fala-se, assim, em *fiscalidade* sempre que a organização jurídica do tributo denuncie que os objetivos que presidiram sua instituição, ou que governam certos aspectos da sua estrutura, estejam voltados ao fim exclusivo de abastecer os cofres públicos, sem que outros interesses — sociais, políticos ou econômicos — interfiram no direcionamento da atividade impositiva.

A experiência jurídica nos mostra, porém, que vezes sem conta a compostura da legislação de um tributo vem pontilhada de inequívocas providências no sentido de prestigiar certas situações, tidas como social, política ou economicamente valiosas, às quais o legislador dispensa tratamento mais confortável ou menos gravoso. A essa forma de manejar elementos jurídicos usados na configuração dos tributos, perseguindo objetivos alheios aos meramente arrecadatórios, dá-se o nome de *extrafiscalidade*. Alguns exemplos esclarecerão bem o assunto. A lei do Imposto Territorial Rural (ITR), ao fazer incidir a exação de maneira mais onerosa, no caso dos imóveis inexplorados ou de baixa produtividade, busca atender, em primeiro plano, a finalidades de ordem social e econômica e não ao incremento de receita. A legislação do Imposto sobre a Renda e proventos de qualquer natureza (IR) permite o abatimento de verbas gastas em determinados investimentos, tidos como de interesse social ou econômico, tal o reflorestamento, justamente para incentivar a formação de reservas florestais no país. Em outras passagens, na composição de sua base de cálculo, seja entre as deduções ou entre os abatimentos da renda bruta, insere medidas que caracterizam, com nitidez, a *extrafiscalidade*. Quanto ao IPI, a própria Constituição prescreve que suas alíquotas serão seletivas em função da essencialidade dos produtos (art. 153, § 3º, I), fixando um critério que leva o legislador ordinário a estabelecer percentuais mais elevados para os produtos supérfluos. Os chamados *tributos aduaneiros* — impostos de importação e de exportação — têm apresentado relevantíssimas utilidades na tomada de iniciativas diretoras da política econômica. Haja vista para a tributação dos automóveis importados do exterior, desestimulante ao extremo, para impulsionar a indústria automobilística nacional.

Há tributos que se prestam, admiravelmente, para a introdução de expedientes extrafiscais. Outros, no entanto, inclinam-se mais ao setor da fiscalidade. Não existe, porém, entidade tributária que se possa dizer pura, no sentido de realizar tão só a fiscalidade, ou, unicamente, a extrafiscalidade. Os dois objetivos convivem, harmônicos, na mesma figura impositiva, sendo apenas lícito verificar que, por vezes, um predomina sobre o outro.

Consistindo a *extrafiscalidade* no emprego de fórmulas jurídico-tributárias para a obtenção de metas que prevalecem sobre os fins simplesmente arrecadatórios de recursos monetários, o regime que há de dirigir tal atividade não poderia deixar de ser aquele próprio das exações tributárias. Significa, portanto, que, ao construir suas pretensões extrafiscais, deverá o legislador pautar-se, inteiramente, dentro dos parâmetros constitucionais, observando as limitações de sua competência impositiva e os princípios superiores que regem a matéria, assim os expressos que os implícitos. Não tem cabimento aludir-se a regime especial, visto que o instrumento jurídico utilizado é invariavelmente o mesmo, modificando-se tão somente a finalidade do seu manejo.

Parafiscalidade

Temos insistido, reiteradamente, que só as pessoas políticas — União, Estados, DF e Municípios — dispõem de competência tributária, na acepção que especificamos, pois são as únicas dotadas de poder legislativo e, por via de consequência, com possibilidades de produzir inovações na ordem jurídica. E exercer a competência tributária nada mais é que editar leis que instituam tributos ou regulem sua funcionalidade.

A competência tributária pressupõe a capacidade ativa. Vale dizer, às três entidades a quem se outorgou a faculdade de expedir leis fiscais, atribuiu-se o poder de serem sujeitos ativos de relações jurídicas de cunho tributário. Desse modo, sendo a União competente para legislar sobre o IPI, será ela, em princípio, a pessoa capaz de integrar a relação jurídica, na condição de titular do direito subjetivo de exigir o aludido imposto. Assim ocorre com grande número de tributos, tanto vinculados como não vinculados. Omitindo-se o legislador a propósito do sujeito ativo do vínculo que irá desabrochar com o acontecimento do fato jurídico tributário, podemos perfeitamente entender que se referiu a si próprio, na qualidade de pessoa jurídica de direito público.

Em algumas oportunidades, porém, verificamos que a lei instituidora do gravame indica sujeito ativo diferente daquele que detém a respectiva competência, o que nos conduz à conclusão de que uma é a pessoa competente, outra a pessoa credenciada a postular o cumprimento da prestação. Ora, sempre que isso se der, apontando a lei um sujeito ativo diverso do portador da competência impositiva, estará o estudioso habilitado a reconhecer duas situações juridicamente distintas: *a*) o sujeito ativo, que não é titular da competência, recebe atribuições de arrecadar e fiscalizar o tributo, executando as normas legais correspondentes (CTN, art. 7º), com as garantias e privilégios processuais que competem à pessoa que legislou (CTN, art. 7º, § 1º), mas não fica com o produto arrecadado, isto é, transfere os recursos ao ente político; ou *b*) o sujeito ativo indicado recebe as mesmas atribuições do item *a*, acrescidas da disponibilidade sobre os valores arrecadados, para que os aplique no desempenho de suas atividades específicas. Nesta última hipótese, temos consubstanciado o *fenômeno jurídico da parafiscalidade*. E é novamente Paulo Ayres quem assevera: "A não coincidência entre a titularidade da competência impositiva e a indicação do sujeito ativo da relação jurídica não desnaturam o caráter tributário da exigência. Da mesma forma, a disponibilidade do recurso ao eleito para figurar no polo ativo dessa mesma relação jurídica, com o objetivo de aplicação nos propósitos que motivaram a sua exigência, não modifica a sua natureza tributária. A parafiscalidade harmoniza-se plenamente com o conceito de tributo".[83]

Colocado esse preâmbulo, podemos definir *parafiscalidade* como o fenômeno jurídico que consiste na circunstância de a lei tributária nomear sujeito ativo diverso da pessoa que a expediu, atribuindo-lhe a disponibilidade dos recursos auferidos, para o implemento de seus objetivos peculiares.

Dois aspectos, por conseguinte, hão de ser atendidos para que venhamos a isolar o chamado *tributo parafiscal*: 1) sujeito ativo indicado expressamente na lei instituidora da exação, diferente da pessoa política que exerceu a competência; e 2) atribuição, também expressa, do produto arrecadado, à pessoa apontada para figurar como sujeito ativo.

Poderão ser sujeitos ativos de *tributos parafiscais* as pessoas jurídicas de direito público, com ou sem personalidade política, e as entidades paraestatais, que são pessoas jurídicas de direito privado, mas que desenvolvem atividades de interesse público.

Inúmeros são os casos de *tributação parafiscal* no direito positivo brasileiro. O *pedágio* cobrado pelo DERSA (Desenvolvimento Rodoviário S. A. — entidade paraestatal); as quantias exigidas pela OAB (Ordem dos Advogados do Brasil — autarquia federal) e muitos outros.

Todas as espécies impositivas são instrumentos idôneos da *parafiscalidade*. Quer as exações vinculadas (taxas e contribuições de melhoria), quer as não vinculadas (impostos). O *pedágio* pago ao DERSA, pelos veículos que transitam por estradas sob a administração dessa entidade, por exemplo, tem a natureza jurídica de taxa, ocorrendo o mesmo com a contribuição previdenciária que se reclama do empregado. Já com relação ao empregador, o tributo assume a feição de imposto. Não temos notícias concretas a respeito do uso da contribuição de melhoria, dentro do esquema da *parafiscalidade*, o que

---

83. *Contribuições: Regime jurídico, destinação e controle*, São Paulo, Noeses, 2006, p. 99.

não impede sua inclusão entre as formas jurídicas disponíveis para esse fim.

Por manipular categorias próprias às espécies tributárias, seria até despiciendo lembrar que o estatuto da *parafiscalidade* está estreitamente subordinado ao regime jurídico-constitucional dos tributos. Uma advertência, contudo, não pode ficar sem registro: o tema, a bem do rigor, não pertence ao domínio especulativo do Direito Tributário, uma vez que a nota característica de sua definição jurídica reside na conjuntura de as importâncias recebidas incorporarem-se ao patrimônio do sujeito ativo, que as investe em seus objetivos primordiais, quando sabemos que o ponto terminal das investigações jurídico-tributárias é, precisamente, o instante em que se extingue a obrigação, satisfazendo o devedor o pagamento que lhe cabia perante o sujeito pretensor. Transcorrido esse momento, ingressamos no terreno do Direito Financeiro. Recordemo-nos do teor do art. 4º do CTN, que afirma ser irrelevante para a qualificação jurídica específica do tributo *a destinação legal do produto da arrecadação.*

6. Exercício da competência — a edição das normas tributárias

Manifesta-se, de fato, a competência tributária, ao desencadearem-se os mecanismos jurídicos do processo legislativo, acionado, respectivamente, nos planos federal, estadual e municipal. Por esse *iter*, rigidamente seguido em obediência às proposições prescritivas existentes, a União, os Estados, o Distrito Federal e os Municípios elaboram as leis (acepção larga), que são promulgadas e, logo depois, expostas ao conhecimento geral pelo ato da publicação. Vencidas as dificuldades desse curso formativo, ingressam os textos legislados no ordenamento em vigor, surgindo a disciplina jurídica de novas situações tributárias, no quadro do relacionamento da comunidade social. Foi exercida a competência, enriquecendo-se o direito positivo com o acréscimo de outras unidades normativas sobre tributos.

Nunca é demais repetir que as normas jurídicas são as significações que a leitura do texto desperta em nosso espírito e, nem sempre, coincidem com os artigos em que o legislador distribui a matéria, no corpo escrito da lei. Advém daí que, muitas vezes, um único dispositivo não seja suficiente para a compreensão da regra jurídica, em sua integridade existencial. Vê-se o leitor, então, na contingência de consultar outros preceitos do mesmo diploma e, até, sair dele, fazendo incursões pelo sistema.

As normas jurídicas são juízos hipotéticos, em que se enlaça determinada consequência à realização condicional de um fato. E, quanto a essa arquitetura lógica interior, nenhuma diferença há entre regras tributárias, comerciais, civis, penais, administrativas, processuais, constitucionais etc., porque pertence à própria substância formal do juízo normativo. O princípio que estabelece o elo entre antecedente e consequente das normas jurídicas é o *dever-ser*, em contraponto às leis naturais, onde encontramos o princípio da *causalidade*. O enunciado da proposição normativa, em símbolos lógicos, é este: *Se A*, *então* deve-ser *B*, ao passo que as regras da natureza se exprimem assim: *se A*, *então B*.

Resumindo o que dissemos, para ordenar a exposição, observaremos que o legislador, cumprida a marcha do processo legislativo, introduz textos de lei tributária no sistema jurídico brasileiro. Lendo-os, elabora o estudioso as significações da mensagem escrita, exibindo os juízos hipotéticos nela contidos. Foram editadas normas jurídicas tributárias.

7. Normas tributárias em sentido amplo e em acepção estrita

Classificar as realidades que descreve é um afã do trabalho científico, no sentido de transmitir, com explicitude, os conhecimentos relativos ao seu objeto. Muitas fórmulas classificatórias podem ser propostas para facilitar o entendimento das normas jurídicas tributárias. Uma, por exemplo, é aquela que as considera em função do tipo de ato que as insere no sistema. Teríamos, assim, normas tributárias constitucionais, complementares, ordinárias, delegadas, veiculadas por medida provisória, previstas em decretos legislativos, estabelecidas em resoluções e normas tributárias constantes de atos infralegais (decretos, instruções, portarias etc.).

Outro critério focaliza as regras jurídicas tributárias pelo ângulo do grupo institucional a que pertencem, separando-as em três classes:

a) normas que demarcam princípios, concebidos para dar os limites da virtualidade legislativa no campo tributário;

b) normas que definem a incidência do tributo, equivale a dizer, descrevem fatos e estipulam os sujeitos da relação, como também os termos determinativos da dívida (*norma-padrão de incidência ou regra-matriz da incidência tributária*). Cabem nessa rubrica as normas que instituem isenções, bem como as regras sancionatórias;

c) normas que fixam outras providências administrativas para a operatividade do tributo, tais como as de lançamento, recolhimento, configuração de deveres instrumentais e relativas à fiscalização.

É indiscutível a utilidade do primeiro critério, pelo sainete hierárquico próprio da nossa estrutura jurídico-positiva, mas é adequado salientar a importância da segunda orientação, sobretudo pelo amplo conteúdo científico que pode imprimir ao estudo. E é com supedâneo nesta última classificação que vamos opinar a propósito de duas acepções da expressão *normas tributárias*.

Deveras, são numerosos os postulados que regem a atividade impositiva do Estado, praticamente todos inscritos, expressa ou de modo implícito, na Constituição. Igualmente abundantes as regras tributárias que envolvem a instituição do gravame, tornando possível sua existência como instrumento efetivo de desempenho do poder político, social e econômico-financeiro. Todavia, são poucas, individualizadas e especialíssimas as regras-matrizes de incidência dos tributos. Em princípio, há somente uma para cada figura tributária, acompanhada por uma infinidade daquelas que poderíamos nominar de operativas ou funcionais (lançamento, recolhimento, deveres instrumentais, fiscalização, prazos etc.).

Baseados nessa verificação empírica, nada mais congruente do que designar por *norma tributária em sentido estrito* àquela que marca o núcleo do tributo, isto é, a regra-matriz da incidência fiscal, e de *normas tributárias em sentido amplo* a todas as demais.

8. A regra-matriz de incidência — sua estrutura lógica — hipótese e consequência

A *norma tributária em sentido estrito*, reiteramos, é a que define a incidência fiscal. Sua construção é obra do cientista do Direito e se apresenta, de final, com a compostura própria dos juízos hipotético-condicionais. Haverá uma hipótese, suposto ou antecedente, a que se conjuga um mandamento, uma consequência ou estatuição. A forma associativa é a cópula deôntica, o *dever-ser* que caracteriza a imputação jurídico-normativa. Assim, para obter-se o vulto abstrato da regra-matriz é mister isolar as proposições em si, como formas de estrutura sintática; suspender o vector semântico da norma para as situações objetivas (tecidas por fatos e por comportamentos do mundo); ao mesmo tempo em que se desconsidera os atos psicológicos de querer e de pensar a norma.

Dentro desse arcabouço, a hipótese trará a previsão de um fato (se alguém industrializar produtos), enquanto a consequência prescreverá a relação jurídica (obrigação tributária) que se vai instaurar, onde e quando acontecer o fato cogitado no suposto (aquele alguém deverá pagar à Fazenda Federal 10% do valor do produto industrializado).

A hipótese alude a um fato e a consequência prescreve os efeitos jurídicos que o acontecimento irá propagar, razão pela qual se fala em *descritor* e *prescritor*, o primeiro para designar o antecedente normativo e o segundo para indicar seu consequente.

Os modernos cientistas do Direito Tributário têm insistido na circunstância de que, tanto no *descritor* (hipótese) quanto no *prescritor* (consequência) existem referências a critérios, aspectos, elementos ou dados identificativos. Na hipótese (*descritor*), haveremos de encontrar um critério material (comportamento de uma pessoa), condicionado no tempo (critério temporal) e no espaço (critério espacial). Já na consequência (*prescritor*), depararemos com um critério pessoal (sujeito ativo e sujeito passivo) e um critério quantitativo (base de cálculo e alíquota). A conjunção desses dados indicativos nos oferece a possibilidade de exibir, na sua plenitude, o núcleo lógico-estrutural da norma-padrão de incidência tributária.

Saquemos, a título de modelo genérico, e como exemplo, a seguinte formulação jurídico-descritiva:

NJT
- HIPÓTESE (descritor)
  - 1. critério material: ser proprietário de bem imóvel
  - 2. critério espacial: no perímetro urbano do município de São Paulo
  - 3. critério temporal: no dia 1º do ano civel
- CONSEQUÊNCIA (prescritor)
  - 1. critério pessoal
    - *a)* sujeito ativo: Fazenda Municipal
    - *b)* sujeito passivo: o proprietário do imóvel
  - 2. critério quantitativo
    - *c)* base de cálculo: o valor venal do bem imóvel
    - *d)* alíquota: 1%

Por outra equação gráfica, poderíamos expressar assim a consequência tributária mencionada:

Sujeito ativo.................. [1% do valor venal do imóvel] .... *Sujeito passivo*

(Fazenda Municipal) → Direito subjetivo

(Proprietário) ← Dever jurídico

Equivale a afirmar que a Fazenda Municipal, em virtude do acontecimento do fato previsto na hipótese, ficou investida, na condição de sujeito ativo, do direito subjetivo público de exigir do proprietário, como sujeito passivo, a importância correspondente a 1% do valor venal do imóvel.

Redizemos que as leis não trazem normas jurídicas organicamente agregadas, de tal modo que nos seja lícito desenhar, com facilidade, a indigitada regra-matriz de incidência, que todo o tributo hospeda, como centro catalisador de seu plexo normativo. Pelo contrário, sem arranjo algum, os preceitos se dispersam pelo corpo do estatuto, compelindo o jurista a um penoso trabalho de composição. Visto por esse prisma, o labor científico aparece como um árduo esforço de procura, isolamento de dados, montagem e construção final do arquétipo da norma jurídica.

Estabelecidas tais colocações, julgamos oportuno retrilhar que o resultado dessa tarefa compositiva haverá de ser a obtenção de um juízo hipotético, e que seus componentes se associam pelo vínculo da imputação deôntica.

Chega-se, enfim, à *norma-padrão de incidência*, locução dotada do mesmo alcance e com a mesma força semântica de *norma tributária em sentido estrito*. Todas as demais regras que componham a disciplina do mesmo tributo, por não cuidarem, propriamente, do fenômeno da incidência, e também por motivo de acentuada superioridade numérica, ficarão sob a rubrica *normas tributárias em acepção ampla*.

CAPÍTULO IX

A REGRA-MATRIZ DE INCIDÊNCIA. HIPÓTESE TRIBUTÁRIA E FATO JURÍDICO TRIBUTÁRIO

1. Delimitação do conteúdo de "fato puro", "fato contábil" e "fato jurídico"

No degrau da hermenêutica jurídica, o grande desafio de quem pretende desvelar conteúdo, sentido e alcance das regras de direito radica na inafastável dicotomia entre a letra da lei e a natureza do fenômeno jurídico subjacente.

O desprestígio da chamada interpretação literal é algo que dispensa meditações mais profundas, bastando recordar que, prevalecendo como método de interpretação do direito, seríamos forçados a admitir que os meramente alfabetizados, quem sabe com o auxílio de um dicionário de tecnologia jurídica, estariam credenciados a identificar a substância das mensagens legisladas, explicitando as proporções de significado da lei. O reconhecimento de tal possibilidade roubaria à Hermenêutica Jurídica e à Ciência do Direito todo o teor de suas conquistas, relegando o ensino universitário a um esforço sem expressão e sentido prático de existência. Talvez por isso, e sem o perceber, Carlos Maximiliano haja sufragado, com suficiente ênfase, que todos os métodos interpretativos são válidos, desde que seus resultados coincidam com aqueles colhidos na interpretação sistemática.

Não sobeja repetir: para nós, as normas jurídicas são as significações que a leitura do texto desperta em nosso espírito e, nem sempre, coincidem com os artigos em que o legislador distribui a matéria no campo escrito da lei. Dito de outro modo, *na realidade social em que vivemos, experimentamos sensações visuais, auditivas, tácteis, que suscitam noções. Estas, agrupadas em nosso intelecto, fazem surgir os juízos ou pensamentos que, por sua vez, se exprimem verbalmente como proposições. A proposição aparece como o enunciado de um juízo, da mesma maneira que o termo expressa uma ideia ou noção.* E a norma jurídica é, exatamente, o juízo hipotético que a percepção do texto provoca no plano de nosso consciente, da mesma forma que tantas outras noções não jurídicas poderiam ter sido originadas daquele mesmo conjunto de percepções físicas. Diz-se, portanto, que a noção é jurídica, pois se enquadrou numa determinada hipótese jurídica.

Por analogia aos símbolos linguísticos quaisquer, é válida a construção segundo a qual o texto escrito está para a norma jurídica tal qual o vocábulo está para sua significação. E adotando-se a estrutura trilateral, de inspiração husserliana, falaremos em suporte físico, significado e significação.

Transportadas as ideias para o domínio do jurídico: o suporte físico é o conjunto dos textos do direito posto; significado, a conduta humana compartida, na vida social; e significação, o vasto repertório que o jurista extrai, compondo juízos lógicos, a partir do contato sensorial com o suporte físico, e com referência ao quadro dos fatos e das condutas juridicamente relevantes. É exatamente na significação e no significado que se dá a construção hermenêutica do fato jurídico e onde centralizaremos todas as nossas atenções a fim de compor estudo semântico sobre a expressão "fato jurídico".

Quer isto exprimir, por outros torneios, que a única forma de se entender o fenômeno jurídico, conclusivamente, é analisando-o como um sistema, visualizado no entrelaçamento vertical e horizontal dos inumeráveis preceitos que se congregam e se aglutinam para disciplinar o comportamento do ser humano, no convívio com seus semelhantes. O texto escrito, na singela expressão de seus símbolos, não pode ser mais do que a porta de entrada para o processo de apreensão da vontade da lei, jamais confundida com a intenção do legislador. Sem nos darmos conta, adentramos a análise do sistema normativo sob o enfoque semioticista, recortando, como sugere uma análise mais séria, a realidade jurídica em seus diferentes campos cognoscitivos: sintático, semântico e pragmático.

Bem sabido que não se pode priorizar qualquer das dimensões semióticas em detrimento das demais. Todavia, o momento semântico, num exame mais apurado sobre o tema que ora tratamos, chama a atenção pela maneira intensa como qualifica e determina as questões submetidas ao processo dialógico que prepara a decisão ou conclusão. Daí exclamar Alfredo Augusto Becker, cheio de força retórica, que o jurista *nada mais seria que o semântico da linguagem do direito*. A ele cabe a árdua tarefa de examinar os textos, quantas vezes obscuros, contraditórios, penetrados de erros e imperfeições terminológicas, para captar a essência dos institutos, surpreendendo, com nitidez, a função da regra, no implexo quadro normativo.

No processo de cognição da linguagem prescritiva de condutas, o hermeneuta esbarra em numerosos entraves que a realidade jurídica mesma lhe impõe. O primeiro obstáculo está cravado na própria matriz do direito. A produção das normas de mais elevada hierarquia no sistema, que são gerais e abstratas, está confiada aos parlamentos, casas legislativas de natural heterogeneidade, na medida em que se pretendam democráticas e representativas. Com isso, a despeito dos esforços na elaboração de uma linguagem técnica, dotada da racionalidade suficiente para atingir padrões satisfatórios de eficácia social, a verdade é que a mensagem legislada quase sempre vem penetrada de imperfeições, com problemas de ordem sintática e semântica, tornando muitas vezes difícil sua compreensão pelos sujeitos destinatários. É neste ponto que a Dogmática (Ciência do Direito em sentido estrito) cumpre papel de extrema relevância, compondo os enunciados frequentemente dispersos em vários corpos legislativos, ajeitando-os na estrutura lógica compatível e apontando as correções semânticas que a leitura contextual venha a sugerir. Com tais ponderações, a comunicação normativa flui mais facilmente do emissor ao receptor, realizando os propósitos da regulação jurídica com mais clareza e determinação.

Num segundo momento, depara-se o estudioso com uma realidade juridicamente complexa. Analisando no contexto de uma visão sistemática, onde as unidades normativas se entreligam formando uma estrutura sintática; onde há, inequivocamente, um referente semântico consubstanciado pela região material das condutas, ponto de confluência das iniciativas reguladoras do comportamento intersubjetivo; e onde se verificam as inesgotáveis manifestações dos fatores pragmáticos. Tudo isso, repito, traz ao estudo do fenômeno jurídico complexidades imensas. Na qualidade de exegeta, deve partir da literalidade do texto, e buscar as significações sistêmicas, aquelas que retratam os específicos parâmetros instituídos pelo sistema. Do mesmo modo, a consistência material das regras há de encontrar fundamento no sistema, sob pena de não prevalecerem, vindo a ser desconstituídas. Daí a tendência para cortar cerce o problema, ofertando soluções simplistas e descomprometidas, como ocorre, por exemplo, com a canhestra "interpretação literal" das formulações normativas, que leva consigo a doce ilusão de que as regras do direito podem ser isoladas do sistema e, analisadas na sua compostura frásica, desde logo "compreendidas".

Adotando tal postura, parece-nos perfeitamente justificada e coerente a adoção da afirmativa susoadotada de que as regras jurídicas são as significações que a leitura do texto desperta em nosso espírito e, nem sempre, coincidem com os dispositivos mediante os quais o legislador distribui a matéria no corpo escrito da lei. Na compreensão da norma, será necessário ao intérprete fazer incursões pelo sistema, isto é, recorrer a diversos textos de lei, buscar por entre os diferentes diplomas normativos a integridade existencial da norma.

Por fim, não nos esqueçamos de que a camada linguística do direito está imersa na complexidade do tecido social, cortada apenas para efeito de aproximação cognoscitiva. O real, com a multiplicidade de suas determinações, só é susceptível de uma representação intuitiva, porém aberta para receber inúmeros recortes cognoscitivos. Com tais ponderações, torna-se hialina a afirmativa de que de um mesmo evento poderá o jurista construir o fato jurídico; como também o contabilista, o fato contábil; e o economista, o fato econômico. Tudo, portanto, sob a dependência do corte que se quer promover daquele evento.

E quanto ao âmbito de compreensão deste fenômeno, retornando à linha de raciocínio inicial, citemos que todos os fatos são construções de linguagem, e, como tanto, são representações metafóricas do próprio evento. Seguem a gramaticalidade própria do universo linguístico a que pertencem — o jurídico — quando constituinte do fato jurídico, ou o contábil, por exemplo, quando construtores do fato contábil. As regras da gramática cumprem função linguística reguladora de um idioma historicamente dado. Prescrevem a forma de combinação dos vocábulos e das expressões para produzirmos oração, isto é, construção com sentido daquele universo linguisticamente dado. O direito, portanto, é linguagem própria compositiva de uma realidade jurídica. Provém daí o nominar-se Gramática Jurídica ao subconjunto das regras que estabelecem como outras regras devem ser postas, modificadas ou extintas, dentro de certo sistema.

Posto isso, perceberemos que a construção do fato jurídico nada mais é que a constituição de um fraseado normativo capaz de justapor-se como antecedente normativo de uma norma individual e concreta, dentro das regras sintáticas ditadas pela gramática do direito, assim como de acordo com os limites semânticos arquitetados pela hipótese da norma geral e abstrata.

Há que ter em mente, nesse caminho, uma importante informação: as palavras componentes desta frase constitutiva de realidade jurídica têm uma denotação, que é o conjunto dos significados que, posteriormente, representam o signo. Ao mesmo tempo, essas palavras classificam-se dicotomicamente, na medida em que estabelecem duas categorias: a dos objetos que representam e a dos objetos que não representam.

Tal ocorre com a expressão *fato jurídico*. Tem-se como certo, nos dias de hoje, que o conhecimento científico do fenômeno social, seja ele qual for, advém da experiência, aparecendo sempre como uma síntese necessariamente *a posteriori*. Na constituição do fato jurídico, a análise relacional entre a linguagem social e a linguagem jurídica, redutora da primeira, sobrepõe-se a esse conhecimento sinzetético, obtendo como resultado um novo signo, individualizado no tempo e no espaço do direito e recebendo qualificação jurídica: eis o fato jurídico. É, portanto, uma construção de sobrelinguagem. Há duas sínteses: (i) do fenômeno social ao fenômeno abstrato jurídico e (ii) do fenômeno abstrato jurídico ao fenômeno concreto jurídico.

Adotados estes pressupostos, verificaremos que o termo ou expressão que adquirir o qualificativo "jurídico" não somente será representativo de uma unidade do universo do direito, como também denotará seu contraponto, que são todos os outros fatos linguisticamente possíveis de serem construídos a partir daquele mesmo evento, mas que não se enquadram às regras sintáticas e semanticamente dadas pelo sistema de linguagem do direito. A demarcação do objeto implica a delimitação do corte de sua classe e, ao traçar esses limites, o exegeta obtém como resultado indireto a formação do conjunto dos fatos que não se qualificam como tal. Trata-se de singela construção resultante da lógica, pois, no universo das proposições normativas, "p" (proposição) é diferente e oposto de "n-p" (não proposição), impedindo a quem se dispõe a conhecer o sistema incluir a classe "n-p" dentro do conjunto "p". São categorias que tomam o mesmo universo mas que não se intercruzam. Ou seja, de um mesmo evento pode-se construir um fato jurídico ou um fato contábil; mas um e outro são sobremaneira diferentes, o que impede de inscrever o último como antecedente da norma individual e concreta, dado que representa unidade carente de significação jurídica. O fato capaz de implicar o consequente normativo haverá de ser sempre fato jurídico, mesmo que muitas vezes haja situações em que num e noutro estejam presentes os mesmos conteúdos denotativos. A partir desses dados é que poderemos demarcar o conjunto dos fatos jurídicos, separando-o do conjunto dos fatos não jurídicos, onde se demoram os fatos econômicos, os fatos contábeis, os fatos históricos e tantos outros quantas sejam as ciências que os constroem. O critério utilizado para a separação desses dois domínios é justamente a *homogeneidade sintática* do universo jurídico.

Com tais considerações, cabe relembrar que todo conhecimento do objeto requer cortes e mais recortes científicos, que cumprem a função de simplificar a complexa realidade existencial delimitando o campo da análise. Não nos esqueçamos de que a camada linguística do direito está imersa na complexidade do tecido social, cortada apenas para efeito de aproximação cognoscitiva. O direito positivo é objeto do mundo da cultura e, como tal, torna árdua a tarefa do exegeta em construir a plenitude de seus conteúdos de significação, obrigando-o a reduzir a complexidade empírica, ora isolando, ora selecionando caracteres do dinâmico mundo do existencial. O objeto passa a ser uma construção em linguagem do intérprete que reduz as características próprias e imanentes daquilo que se toma do universo físico-social.

Eis uma barreira intransponível à concepção do "fato puro", seja ele econômico, histórico, político, jurídico ou de qualquer outra qualidade que se lhe pretenda atribuir. Tais fatos, como acrescenta Lourival Vilanova, são elaborações conceituais, subprodutos de técnicas de depuração de ideias seletivamente ordenadas.[84]

Cumpre fazer observação importante e que atina ao momento da própria consolidação da afirmativa acima exposta. Isto porque a doutrina tradicional vem conotando certos fatos jurídicos, tal qual o fato elisivo, como construção de conteúdo econômico, com efeitos jurídicos. Assim o entende Amílcar de Araújo Falcão, que o qualifica como *fato jurídico de conteúdo econômico* ou mesmo *fato econômico de relevância jurídica.* Distrações desse gênero conduziram o pensamento à ideia de que seja necessário ao direito tomar emprestado o fato econômico para cumprir com suas funções prescritivas de conduta. O fato elisivo, em si, abstinha-se da natureza jurídica. Bem, passemos a examinar os critérios que compõem as mencionadas proposições afirmativas.

No desejo de construir um recorte da realidade que cerque o fato jurídico elisivo, pensamentos deslizam ao longo do eixo descritivo, impulsionados por uma eloquência ordenada e vigorosa, bem na medida que a Ciência recomenda. Afinal de contas, que fato é esse? Como qualificá-lo? Sob qual critério? Nunca é demais insistir que as subdivisões em sistemas respondem a cortes metódicos que os objetivos da investigação analítica impõem ao espírito do pesquisador. O critério adotado no corte é o que qualificará o fato construído por ele,

84. Confira: "O fato puro não leva, com ele, a suficiente relevância significativa para ser incluído dentro do tipo. Para ingressar, sofre uma valoração comandada por um dever-ser" (Lourival Vilanova, *As estruturas lógicas*, cit., p. 104).

quantificando-o, inclusive, em seu consequente normativo. Se adotarmos um critério jurídico, o fato será atribuído ora como jurídico ora como não jurídico, de acordo com as características instituídas em lei que determinam os contornos daquele *factum tributário*. Adotando tal pressuposto, a referência estará sempre contida nos critérios legalmente estipulados.

Ao indagarmos sobre a expressão *economia fiscal*, em olhar ligeiro, entenderemos estar nos limites entre o que é do domínio econômico e o que é do direito. Em qual desses domínios o critério se insere? Cumpre observar que, ao estabelecermos o paralelo entre o resultado de duas situações fiscais, estamos ingressando em uma análise aritmética entre duas quantias ou dois resultados numéricos. Seria esta uma análise jurídica ou econômica? Vejamos. Transportando-se isto para o quadro das prescrições legais tributárias, iremos verificar no próprio art. 3º do CTN que tributo é uma prestação pecuniária compulsória, em moeda ou cujo valor nela se possa exprimir. Em outras palavras, tributo é um valor pecuniário. O próprio art. 4º do CTN, ao dizer que a natureza específica do tributo é definida pelo fato gerador, está confirmando que a natureza do tributo é dada pela conjugação da hipótese da incidência e da base de cálculo, assumindo, nesta operação, perfil numérico.

Pelo exposto, fica a ressalva de que não há fatos jurídicos puros ou fatos econômicos puros. O que existe são cortes de linguagem. Nós, juristas, montamos a realidade jurídica que representa o corte. Desta maneira, construímos a interpretação jurídica. Nada disso impede que economistas tomem a mesma base objetiva e produzam enunciados econômicos sobre ela. Produzem-se, por sua vez, outros cortes sobre o mesmo acontecimento, compondo novo signo. E a mesma coisa ocorre para o historiador, que constitui o fato histórico; para o sociólogo, que constrói o fato sociológico, entre tantos outros recortes que se possam produzir naquela realidade. À confusão metodológica que se estabelece no instante do corte Becker chamou de "mancebia irregular" do direito tributário com outras Ciências. Aliás, foi precisamente pela pretensão de fixar como objeto a atividade financeira do Estado, passando a examiná-la sob todos os ângulos possíveis e imaginários, sem qualquer prioridade metodológica, que a Ciência das Finanças rotundamente faliu, não mais existindo como disciplina nas grades curriculares das Faculdades de Direito do Brasil.

Discorrendo acerca do modo de pensar algumas vezes irrefletido da doutrina tradicional, também conhecida como doutrina bem comportada do Direito Tributário, Alfredo Augusto esclarece: *Exemplo de carência de atitude mental jurídica é a divulgadíssima tese (aceita como coisa óbvia) que afirma ser a hipótese de incidência ("fato gerador", "fato imponível", "suporte fáctico") sempre um fato "econômico". Outro exemplo atual é a muito propagada doutrina da interpretação e aplicação do Direito Tributário segundo a "realidade 'econômica' do fenômeno social". Como se demonstrará, ambas as teorias têm como resultado a demolição da "juridicidade" do Direito Tributário e a gestação de um ser híbrido e teratológico: o Direito Tributário invertebrado*[85] (os grifos são do autor). Postuladas essas premissas, analisemos a tão discutida expressão "fato gerador".

2. O caráter exclusivamente jurídico do chamado "fato gerador"

Com apoio nos argumentos que expus acima, na forma de premissas, torna-se intuitiva a conclusão segundo a qual os fatos, assim como toda construção de linguagem, podem ser observados como jurídicos, econômicos, antropológicos, históricos, políticos, contábeis etc.; tudo dependendo do critério adotado pelo corte metodológico empreendido. Existe interpretação econômica do fato? Sim, para os economistas. Existirá interpretação contábil do fato? Certamente, para o contabilista. No entanto, uma vez assumido o caráter jurídico, o fato será, única e exclusivamente, fato jurídico; e claro, fato

85. Alfredo Augusto Becker, *Teoria geral do direito tributário*, 4. ed., Marcial Pons/ Noeses, p. 14.

de natureza jurídica, não econômica ou contábil, entre outras matérias. Como já anotado, o direito não pede emprestado conceitos de fatos para outras disciplinas. Ele mesmo constrói sua realidade, seu objeto, suas categorias e unidades de significação. O paradoxo inevitável, e que causa perplexidade no trabalho hermenêutico, justifica a circunstância do disciplinar levar ao interdisciplinar e este último fazer retornar ao primeiro. Sem disciplinas, portanto, não teremos as interdisciplinas, mas o próprio saber disciplinar, em função do princípio da intertextualidade, avança na direção dos outros setores do conhecimento, buscando a indispensável complementaridade. Tanto o jurídico quanto o econômico fazem parte do domínio social e, por ter este referente comum, justifica-se que entre um e outro haja aspectos ou áreas que se entrecruzem, podendo ensejar uma *tradução aproximada* e, em parâmetros mais amplos, uma densa e profícua *conversação.*

2.1 A respeito da doutrina que recomenda a preferência do conteúdo à forma

A teoria tradicional vem anunciando, sempre com catedrática gravidade, que havendo dúvidas na interpretação da legislação tributária, o intérprete deve fazer prevalecer o conteúdo em detrimento da forma, de tal modo que, em se tratando de tributos, o conteúdo (econômico) dos atos e fatos há de predominar sobre a forma (jurídica), técnica de compreensão conhecida, em língua inglesa, por *substance over form doctrine.*

O expediente exegético recomenda que se dê preferência à significação que "estaria no substrato dos negócios jurídicos", em face dos suportes físicos dos textos legislados. Proposição desse estilo, certamente, privilegia a corrente daqueles que pretendem inserir no discurso jurídico a conhecida e insistente *interpretação econômica do direito.*

Para além das críticas já tecidas ao longo das páginas anteriores, sobre a natureza exclusivamente jurídica dos fatos do direito, bem como o particularíssimo modo mediante o qual o legislador constrói sua própria realidade, tenho para mim que a concepção doutrinária que ocupa aqui os nossos cuidados padece de um vício de origem fundamental, que a compromete visceralmente: a falha reside na incompreensão da dicotomia hilemórfica, vale dizer, tais estudiosos contrapõem forma e conteúdo, como se a relação entre as duas entidades fosse de *contraposição* e não de *aposição,* como efetivamente é.

Com efeito, aquele que se depare com a pergunta: "que é soberania de um Estado?" poderá responder à indagação com a conhecida frase: "trata-se do poder incontrastável de mando", acrescentando: eis o conteúdo daquele enunciado. A significação que foi atribuída à pergunta, por sua vez, expressou-se por outra frase, suporte material daquele conteúdo, pois não há como manifestar-se de outra maneira. *Forma* e *conteúdo* são indissociáveis. Não há forma sem conteúdo e, bem assim, conteúdo sem forma. Em trecho admirável, Lourival Vilanova marca essa reflexão com tintas expressivas:[86]

> [...] Não há vida sem sê-lo em forma. Já o corpo é a forma limite, que contrapõe o ser vivente ao seu contorno. Pouco importa que seja a mais rudimentar espécie de vida biológica: há sempre um contorno próprio, em face do mundo circundante. Sem isso, não seria ele um microcosmo, imerso dentro do macrocosmo. A vida social não escapa a essa congênita presença da forma. Apenas há um pluralismo de formas modeladoras da existência social. O direito pré-político, ou a sociedade juridicamente sem Estado é, historicamente, a protoforma. Depois, vem o Estado e dá-se a politização do direito, forma mais potente para conter a multiplicação dos fatores sociais.

É preciso dizer que forma e conteúdo pertencem a instâncias, ordens, dimensões diferentes: a primeira aloja-se no plano físico-natural; a outra, na região dos objetos inefáveis, intangíveis, não havendo como contrapor-se. A prevalência do conteúdo sobre a forma é mais um dentre os falsos problemas

86. O poder de julgar e a norma. In: *Escritos jurídicos filosóficos*. v. 1. São Paulo: IBET/ Axis Mundi, 2003. p. 358.

que perturbam a compreensão do direito positivo. Por outro lado, longe de serem aspectos separáveis, a ponto de um preterir o outro, são projeções de um objeto incindível. Aliás, com propriedade, o crítico literário José Veríssimo anotou: "a forma é o fundo aparecendo". E, de fato, não há como conhecer a ideia, noção ou conceito, as significações, enfim, que não seja pelo contato mantido com a base empírica do suporte físico.

Que não se conhece algo a não ser por intermédio de uma forma é o que nos diz Pontes de Miranda a respeito de vontades não exteriorizadas. Vejamos o fragmento de seu texto:[87]

> Enquanto a vontade permanece íntima, não exteriorizada, não interessa ao direito. Pode interessar à religião e à moral. A expressão é a forma; só se levam em conta as vontades que se enformaram. A forma é a da vontade e dos outros elementos do suporte fáctico, que precisem exteriorizar-se, como fatos da psique. A forma mesma é elemento do suporte fáctico, razão para se preferir falar de forma da manifestação de vontade, de conhecimento ou de sentimento, em vez de forma do ato jurídico. [...] Antes de ter forma, o ato não é, para o direito; não existe.

A expressão de São Paulo "a letra mata, mas o espírito vivifica",[88] longe de refutar o argumento reforça a importância da forma. Inexiste outro meio de travar contato com o objeto senão pela forma, porquanto diante dela, não bastará a aproximação pela via da intuição sensível: é preciso que haja esforço do sujeito cognoscente para apreendê-lo e, assim, *vivificá-lo* em seu espírito. Dito de outra maneira: é necessário interpretar a forma para outorgar-lhe conteúdo.

O conhecimento só se faz presente quando exteriorizado e, para que possa romper as fronteiras do mundo intrassubjetivo, objetivando-se, tornar-se-á imprescindível exprimir o sabido, vertendo-o numa forma.

---

87. *Tratado de direito privado*. v. 3. Rio de Janeiro: Borsoi, 1962, p. 346.

88. II Coríntios 3:6.

Que tudo quanto foi mencionado até aqui não sirva para entrever nessa observação meio de solucionar o assunto de modo "formalista", banalizando-o. Mesmo porque, adjudicar mais prestígio à forma, em face do conteúdo, significaria inverter a resposta, mas persistir no erro, desprezando a *aposição* e fomentando a *contraposição* entre essas instâncias. Quando atribuímos sentido (ou conteúdo) a uma sequência expressional qualquer. Dá-se vida à forma e, pela ação de interpretar, o suporte físico passa a implicar o conteúdo (o fundo). Todavia, forma a que não se atribua conteúdo não pode aspirar ao *status* de signo, ocorrendo o mesmo com a substância ou significação que, invariavelmente, importa sua expressão num suporte físico ou material. O asserto é válido e inevitável: *num signo qualquer, forma e conteúdo coexistem e, mais do que isso, coimplicam-se.*

A forma é, a um só tempo, a porta que nos dá acesso ao plano do conteúdo e, também, representa a saída para o domínio da intersubjetividade. Um dicionário, por exemplo, ao explicitar o conteúdo de uma palavra qualquer, não tem outro meio de fazê-lo senão pelo emprego de outros termos que nada mais são do que formas para outros conteúdos. Tanto na definição de um verbete como naquela estipulativa do direito vê-se logo que o conteúdo de um signo somente pode fazer-se presente – intersubjetivo – pelo emprego de outro signo, proclamando, por esse meio, a união irredutível e invariável de forma e conteúdo.

3. A expressão equívoca "fato gerador"

Várias locuções têm sido sugeridas pelos especialistas do Direito Tributário, para bem designar o antecedente ou suposto das normas que prescrevem as prestações de índole fiscal. Fala-se em *situação-base*, *pressuposto de fato do tributo*, *suporte fáctico*, *fato imponível*, *hipótese de incidência*, *fato gerador* etc. Entre nós, esta última expressão granjeou quase que total acolhida, certamente pela influência de conhecido artigo do publicista francês Gaston Jèze, traduzido para o português e publicado na *RDA*, em seu v. 2. Tal foi a acústica obtida por essa terminologia, que muitos passaram a crer tratar-se até de particularidade do Direito Tributário.

Consultando-se as preferências dos autores de cada país, as citadas elocuções foram-se radicando, com maior ou menor intensidade, mas invariavelmente acompanhadas de um vício muito grave, qual seja a de aludirem, a um só tempo, a duas realidades essencialmente distintas: *a*) a descrição legislativa do fato que faz nascer a relação jurídica tributária; e *b*) o próprio acontecimento relatado no antecedente da norma individual e concreta do ato de aplicação.

No direito positivo brasileiro, entre os doutrinadores, e na jurisprudência, vemos reiteradamente empregado *fato gerador*, quer para mencionar-se a previsão legal do fato, elaboração tipicamente abstrata, que se situa no âmbito das ideias, no altiplano das construções normativas gerais e abstratas; quer os fatos jurídicos, enquanto enunciados denotativos que ocupam a posição sintática de antecedente das normas individuais e concretas.

Se todas as dicções propostas merecem a coima de *ambiguidade*, interessa-nos ressaltá-la naquela que viceja no nosso meio jurídico: *fato gerador*.

Manifestações de crítica a esse esquema terminológico foram deduzidas no seio de nossa melhor doutrina. Amílcar de Araújo Falcão[89] articulou restrições. Souto Maior Borges[90] salientou a distinção que deve existir entre o desenho abstrato de um evento e sua concretude factual. Foi, entretanto, Alfredo Augusto Becker[91] quem levantou, decididamente, as grandes indagações que expuseram à luz as flagrantes impropriedades que o uso daquela forma de linguagem pode ensejar, dando especial relevo ao detrimento que por certo traz ao já precário acervo da simbologia jurídica. Pouco depois, partindo das

89. *Fato gerador*, cit., 1973, p. 29.

90. *Isenções tributárias*, São Paulo, Sugestões Literárias, 1969.

91. *Teoria geral*, cit., p. 288.

candentes censuras do jurisconsulto gaúcho, Geraldo Ataliba[92] propôs a adoção de *hipótese de incidência* para denominar a descrição abstrata, contida na lei, e fato *imponível* para representar a ocorrência no mundo dos fenômenos físicos, que satisfaz os antessupostos requeridos pela norma jurídica.

Em lição memorável, assentara Norberto Bobbio[93] que o *rigoroso cuidado na terminologia não é exigência ditada pela gramática para a beleza do estilo, mas é uma exigência fundamental para construir qualquer ciência.*

Contra essa verdade, penetrada de indestrutível convicção científica, conspiram certos magistérios ao admitirem a procedência das críticas aduzidas, porém justificando a continuidade do emprego da expressão, com o simplório argumento de que, *apesar disso, como é a fórmula escolhida pelo legislador, vamos persistir no seu uso.*

Seria difícil surpreender uma postura dogmática mais desastrosa e que ostente tão acentuado desapreço pela função construtiva da Ciência do Direito. Acaso aceitemos, de maneira passiva e acrítica, os erros que os textos de lei cursivamente exprimem, de nada servirá a investigação do sistema positivo, bem como o trabalho descritivo que o explicita. Nessa linha de raciocínio, jamais apreenderemos aquilo que subjaz à letra despretensiosa com que o legislador normatiza a conduta humana, prescrevendo direitos subjetivos e deveres correlatos. Permaneceremos na superfície, desconhecendo a verdadeira e substancial organicidade que se esconde nas profundezas do direito vigente. E com essa lamentável predisposição, acabamos por destruir uma das mais sérias pretensões do cientista, qual seja a de contribuir, efetiva e decididamente, para o aperfeiçoamento das instituições jurídicas, enriquecidas, de maneira constante, pela vigilância crítica daqueles que se dedicam ao estudo sério desse objeto do mundo cultural que é o Direito.

---

92. *Hipótese de incidência*, cit., 1973, p. 51.

93. *Teoria della scienza giuridica*, Torino, 1950, p. 200-36.

4. Hipótese tributária e fato jurídico tributário

O problema nominativo não é o mais importante, se bem que haja limites semânticos para a escolha das designações que o observador atribui aos fenômenos. Tratando-se de entidades lógicas que estão presentes ali onde houver norma jurídica de qualquer espécie, tanto faz chamarmos de *hipótese*, *antecedente*, *suposto*, *antessuposto* ou *pressuposto* à previsão fáctica, pois todos esses vocábulos têm a chancela dos mais renomados cultores da Teoria Geral do Direito. Há de significar, sempre, a descrição normativa de um evento que, concretizado no nível das realidades materiais e relatado no antecedente de norma individual e concreta, fará irromper o vínculo abstrato que o legislador estipulou na consequência.

Opinamos por *hipótese tributária*, aproximando o adjetivo para qualificar o campo de atuação sobre o qual, agora, centralizamos nossas atenções.

A respeito do fato que realmente sucede no quadro do relacionamento social, dentro de específicas condições de espaço e de tempo, que podemos captar por meio de nossos órgãos sensoriais, e até dele participar fisicamente, preferimos denominar *evento jurídico tributário*, reservando a locução *fato jurídico tributário* para o relato linguístico desse acontecimento. Fato jurídico porque tem o condão de irradiar efeitos de direito. E tributário pela simples razão de que sua eficácia está diretamente ligada à instituição do tributo.

Quanto a *fato imponível*, ainda que corresponda, razoavelmente, à situação do mundo exterior que pretende simbolizar, traz um pequeno obstáculo de ordem semântica.

Em princípio, fato imponível seria aquela ocorrência que estivesse sujeita à imposição tributária, por isso imponível, quer dizer, passível de sofrer imposição. Não é, propriamente, o que se passa. Apenas surge o fato, constituído pela linguagem competente, e a incidência se dá, automática e infalível, fazendo desabrochar a relação jurídica. Não existe o fato anteriormente à incidência, de tal modo que, enquanto *imponível*, não é ainda fato e, após a incidência, de modo concomitante com seu nascimento, já assumiu, na plenitude, os dons da sua juridicidade.

Um dado decisivo para discernir a hipótese tributária do fato, aliás, reside no tempo verbal que as prescrições normativas empregam. Se bem atinarmos à fraseologia dos textos jurídicos, perceberemos que as hipóteses tributárias se costumam expressar com o verbo empregado no infinitivo, já o verbo que conforma o fato jurídico tributário está registrado sempre no pretérito. Com efeito, a expressão "fato" é a forma irregular do particípio passado do verbo fazer, justificando-se também por isso a preferência pelo termo em meio à locução "fato jurídico tributário".

Daqui para a frente utilizaremos estas duas expressões para representar, caracterizadamente, a construção de linguagem prescritiva geral e abstrata (*hipótese tributária*) e sua projeção factual (*fato jurídico tributário*).

5. A subsunção do fato à norma e a fenomenologia da incidência

Discorremos, em edições anteriores, acerca da subsunção do conceito do fato ao conceito da norma, baseados no entendimento de que a subsunção só se operaria entre iguais. A subsunção, porém, como operação lógica que é, não se verifica simplesmente entre iguais, mas entre linguagens de níveis diferentes. Em homenagem à precisão que devemos incessantemente perseguir, o certo é falarmos em subsunção do fato à norma, pois ambos configuram linguagens. E, toda vez que isso acontece, com a consequente efusão de efeitos jurídicos típicos, estamos diante da própria essência da fenomenologia do direito. Em substância, recorta o legislador eventos da vida real e lhes imputa a força de, relatados em linguagem competente, suscitar os comportamentos que entende valiosos.

O objeto sobre o qual converge o nosso interesse é a fenomenologia da incidência da norma tributária em sentido estreito ou regra-matriz de incidência tributária. Nesse caso, diremos que houve a subsunção, quando o fato (fato jurídico tributário constituído pela linguagem prescrita pelo direito positivo) guardar absoluta identidade com o desenho normativo da hipótese (hipótese tributária). Ao ganhar concretude o fato, instala-se, automática e infalivelmente, como diz Alfredo Augusto Becker, o laço abstrato pelo qual o sujeito ativo torna-se titular do direito subjetivo público de exigir a prestação, ao passo que o sujeito passivo ficará na contingência de cumpri-la.

A devida compreensão da fenomenologia da incidência tributária tem o caráter de ato fundamental para o conhecimento jurídico, posto que assim atuam todas as regras do direito, em qualquer de seus subdomínios, ao serem aplicados no contexto da comunidade social. Seja qual for a natureza do preceito jurídico, sua atuação dinâmica é a mesma: opera-se a concreção do fato previsto na hipótese, propalando-se os efeitos jurídicos prescritos na consequência. Mas esse quadramento do fato à hipótese normativa tem de ser completo, para que se dê, verdadeiramente, a subsunção. É aquilo que se tem por *tipicidade*, que no Direito Tributário, assim como no Direito Penal, adquire transcendental importância. Para que seja tido como *fato jurídico tributário*, a ocorrência da vida real, descrita no suposto da norma individual e concreta expedida pelo órgão competente, tem de satisfazer a todos os critérios identificadores tipificados na hipótese da norma geral e abstrata. Que apenas um não seja reconhecido, e a dinâmica que descrevemos ficará inteiramente comprometida.

Disséramos haver dois tipos de normas jurídicas no ordenamento do direito positivo: as regras de comportamento e as regras de estrutura. Enquanto as primeiras estavam diretamente voltadas para a conduta das pessoas, nas suas relações de intersubjetividade, as últimas (de estrutura) dispunham sobre a criação de órgãos, procedimentos e de que maneira as normas deviam ser criadas, transformadas ou expulsas do sistema. Pois bem, a regra-matriz de incidência tributária é, por excelência, uma regra de comportamento, preordenada que está a disciplinar a conduta do sujeito devedor da prestação fiscal, perante o sujeito pretensor, titular do direito de crédito.

Inexiste cronologia entre a verificação empírica do fato e o surgimento da relação jurídica, como se poderia imaginar; da mesma forma entre o momento de incidência e aquel'outro de aplicação do direito. Di-lo Gabriel Ivo de maneira interessante: "Separar os dois momentos como se um, o da incidência, fosse algo mecânico ou mesmo divino que nunca erra ou falha, e o outro, o da aplicação, como algo humano, vil, sujeito ao erro, é inadequado. É pensar que nada precisa de interpretação. E mais, a incidência automática e infalível reforça a ideia de neutralidade do aplicador. Assim, a incidência terá sempre o sentido que o homem lhe der. Melhor: a incidência é realizada pelo homem. A norma não incide por força própria: é incidida".[94] No processo de positivação, há diferentes modos de construir conceitos tendo por escopo distintas operações lógicas que ocorrem na ponência da norma individual e concreta; contudo, não esqueçamos: são momentos lógicos e não cronológicos. Em outros termos, instaura-se o vínculo abstrato, que une as pessoas, exatamente no instante em que aparece a linguagem competente que relata o evento descrito pelo legislador. Em um só tempo, constroem-se fato e relação jurídica, bem como ocorre incidência e aplicação do ordenamento posto. Para o direito são entidades simultâneas, concomitantes. Outra coisa, porém, é saber se os sujeitos entreligados na relação têm consciência do vínculo; se o credor vai exercitar os seus direitos; ou o devedor cumprir a prestação que lhe cabe. Tais problemas se alojam no campo especulativo da Sociologia do Direito Tributário e interessam também à Política do Direito Tributário, mas em nada mexem com a dinâmica inerente ao fenômeno da incidência, que permanece intacta, sejam ou não observadas as condutas estatuídas na lei.

---

94. *Norma jurídica: Produção e controle*, São Paulo, Noeses, 2006, p. 62.

Aproveita ao bom entendimento desta matéria utilizar o esquema das proporções aritméticas.

$$(1) \quad \frac{Ht}{Fjt} = \frac{Ct}{Rjt}$$

Enunciando: a hipótese tributária está para o fato jurídico tributário assim como a consequência tributária está para a relação jurídica tributária. Os antecedentes da proporção figuram no mesmo plano — o plano normativo geral e abstrato; por outro lado, os consequentes da proporção aritmética — fato jurídico e relação jurídica tributária também se acham no mesmo plano — o plano que fala do mundo material dos objetos físicos e dos seres humanos.

O recurso é válido. Vige o princípio, nesse capítulo da Aritmética, segundo o qual, se invertermos os meios ou os extremos, a proporção não se altera. Apliquemo-lo, e veremos que a concepção se mantém íntegra:

$$(2) \quad \frac{Ht}{Ct} = \frac{Fjt}{Rjt} \quad \text{(invertendo os meios)}$$

$$(3) \quad \frac{Rjt}{Fjt} = \frac{Ct}{Ht} \quad \text{(invertendo os extremos)}$$

Confirmam-se as posições. Em (2), temos a hipótese tributária (Ht) e a consequência tributária (Ct) do lado esquerdo, separadas do fato jurídico tributário (Fjt) e da relação jurídica tributária (Rjt); em (3), a relação jurídica tributária (Rjt) e o fato jurídico tributário (Fjt), ambos do lado esquerdo, isolados da consequência tributária (Ct) e da hipótese tributária (Ht), que agora passaram para o lado direito.

Ainda que outras propriedades das proporções não se adaptem ao que desejamos exprimir, pois, enfim, Direito não é Aritmética, estimamos útil o exercício, na medida em que repisa, com objetivos didáticos, a distinção sempre presente entre a plataforma das prescrições normativas gerais e abstratas (Ht e Ct) e aquela formada pelos enunciados factuais, em que é tecido o relacionamento interpessoal e onde se situam Fjt e Rjt.

6. Hipótese — sua integridade conceitual — fatos jurídicos tributários simples e complexos

O antecedente das normas representará, invariavelmente: 1) uma previsão hipotética, relacionando as notas que o acontecimento social há de ter, para ser considerado fato jurídico; ou 2) a realização efetiva e concreta de um sucesso que, por ser relatado em linguagem própria, passa a configurar o fato na sua feição enunciativa peculiar. Lá, na norma geral e abstrata, um enunciado conotativo; aqui, na norma individual e concreta, um enunciado denotativo. Ambos com a prescritividade inerente à linguagem jurídica.

Ora, enquanto enunciados que se referem aos objetos da experiência, no mundo fenomênico, seja em termos de previsão hipotética, relativos a eventos que venham a ocorrer no futuro, seja como orações determinadas sobre acontecimentos concretos, inteiramente consolidados no espaço e no tempo, os enunciados conotativos, do antecedente das normas gerais e abstratas, e os denotativos, do suposto das normas individuais e concretas, possuem a integridade lógica de todos os conceitos, jurídicos ou não. Agrupando os predicamentos, genericamente previstos ou efetivamente verificados, os enunciados existirão como exteriorização daquelas ideias, noções ou conceitos. Assim, por exemplo, no conceito jurídico de república, federação, posse, propriedade, tributo e tantos mais, forma-se em nossa mente uma representação una e incindível, que se dá pela conjunção dos traços selecionados. O mesmo não se passa, entretanto, com o "mundo da vida", com as alterações ocorridas no campo das experiências tangíveis, submetidas à nossa intuição sensível, naquele "caos de sensações" a que se referiu Kant. Todavia, o que sucede nesse domínio e não é recolhido pela linguagem social não ingressa no plano que chamamos de "realidade", e, ao mesmo tempo, tudo que dele faz parte encontra sua forma de expressão nas estruturas linguísticas com que nos comunicamos. Exatamente porque todo o conhecimento é redutor de dificuldades, e, no nosso caso, reduzir as complexidades do objeto da experiência é uma necessidade inafastável para se obter o próprio conhecimento. Desse modo, o tema da simplicidade ou da complexidade dos fatos é assunto atinente à composição dos enunciados: haverá enunciados simples ou atômicos e enunciados complexos ou moleculares, correspondendo, aliás, às categorias com que trabalha o capítulo da Ciência da Lógica conhecido como "Lógica dos Enunciados" ou "Lógica Proposicional". Trata-se de uma classificação que atende aos objetivos da Lógica e é compatível ao estudo dos fatos. Daqui para frente, podemos estabelecer que *fatos simples* serão aqueles consubstanciados por *enunciados atômicos*, e *fatos complexos*, por *enunciados moleculares*.

Cuidemos, porém, de não confundir esta complexidade de teor eminentemente linguístico com aquel'outra que se propõe observar o domínio externo à linguagem, exterior à realidade, e que vimos mencionando, até aqui, como o "mundo fenomênico", o "mundo da vida" ou o "mundo dos objetos da experiência". Pensar na complexidade desse mundo a que nos referimos e tentar, inconscientemente, trazê-lo para o hemisfério da linguagem, sem qualquer trâmite pelos processos sintáticos de formação de frases: eis uma ameaça que põe em risco a pureza do raciocínio, comprometendo os objetivos cognoscentes da Ciência do Direito que, no caso presente, é o Direito Tributário. Não podemos transformar, num passe de mágica, o reino das entidades que nos envolvem fisicamente em estruturas de linguagem, sem empregar as formas gramaticais que as leis do idioma prescrevem para organizar o mundo real, constituindo nossa "realidade". Querer investigar os acontecimentos, para além dos limites enunciativos, trazendo outros aspectos preteridos no processo de seleção conceitual, é algo que vale como experiência colateral externa, mas não serve para categorizar as entidades com que trabalha o direito positivo.

Ao refletir sobre este ponto, tive a oportunidade de rejeitar, peremptoriamente, a distinção dos fatos em simples e complexos, entrevendo nela uma fusão irregular entre o território do direito positivo, manifestado em linguagem prescritiva de condutas, e o campo em que vicejam as circunstâncias do real. Acolhendo, porém, o ponto de vista do fato como sentença, oração ou enunciado, como segmento de linguagem, enfim, nada impede que venhamos a aceitar, agora, a mesma classificação, firmada, entretanto, sobre fundamentos sólidos e coerentes. Pensados os fatos como manifestações de linguagem, como estruturas sintáticas dotadas de conteúdo semântico e de efeitos pragmáticos, tudo fica diferente, abrindo-se espaço para recebermos a classificação, como o fazemos com os próprios enunciados, na análise de seus esquemas lógicos. Por isso mesmo é importante frisar que devemos ficar no plano dos enunciados, que é, enfim, a plataforma dos fatos, como tenho insistentemente assinalado.

Com tais cautelas, os predicados de simplicidade e de complexidade poderão ser utilizados, quer para qualificar os enunciados conotativos das hipóteses, como os denotativos dos fatos jurídicos tributários, advertindo-se que, nos complexos, haverá sempre algum conectivo entrelaçando os enunciados atômicos que os compõem. Eduardo García Maynes[95] oferece como exemplos de supostos simples a aquisição da maioridade ou a morte das pessoas e, como modelo de antecedente complexo, o homicídio qualificado, frisando que, neste último, haveria a presença dos seguintes enunciados: a) o homicídio, b) a premeditação, c) o dolo e d) a vantagem. A doutrina pode aplicar-se tanto à hipótese das normas gerais e abstratas como ao antecedente das regras individuais e concretas, que são os fatos jurídicos.

---

95. *Introducción al estudio del derecho*, p. 176.

7. Os critérios da hipótese: material espacial e temporal

A hipótese, como proposição descritiva de situação objetiva real, na lição rigorosamente correta de Lourival Vilanova,[96] é construída pela vontade do legislador, que recolhe os dados de fato da realidade que deseja disciplinar (realidade social), qualificando-os, normativamente, como *fatos jurídicos*. Mas esse descritor, que é o antecedente ou suposto da norma, está imerso na linguagem prescritiva do direito positivo, porque, mesmo formulado por um conceito de teor descritivo, vem atrelado à consequência da regra, onde reside a estipulação da conduta (*prescritor*), meta finalística e razão da própria existência do direito. Por isso, os conceitos jurídicos veiculados na hipótese não estão sujeitos aos valores de verdade ou falsidade, como as proposições descritivas que os cientistas emitem. As hipóteses das normas jurídicas valem ou não valem, como também as respectivas consequências (*prescritores*) têm validade ou invalidade.

Ao escolher os fatos que lhe interessam como pretexto para desencadear efeitos jurídicos, o legislador expede conceitos que selecionam propriedades do evento. Lembra aquele ilustre professor que os conceitos, quer normativos, quer empírico-naturais ou empírico-sociais, são, invariavelmente, *seletores de propriedades*. Seria impossível cogitar de uma descrição que pudesse captar o evento na infinita riqueza de seus predicados. O vínculo natural da *consanguinidade*, pondera K. Engisch, não entra, ele todo, em sua consequência "*parentesco*". E citando o exemplo de Pontes de Miranda: *A própria morte não é fato que entre nu, em sua rudeza, em sua definitividade no mundo jurídico...*[97]

Temos de considerar assim a hipótese das normas tributárias. Ao conceituar o fato que dará ensejo ao nascimento da relação jurídica do tributo, o legislador também seleciona

96. *As estruturas lógicas*, cit., p. 46.

97. Lourival Vilanova, *As estruturas lógicas*, cit., p. 46-7.

as propriedades que julgou importantes para caracterizá-lo. E, desse conceito, podemos extrair critérios de identificação que nos permitam reconhecê-lo toda vez que, efetivamente, aconteça. No enunciado hipotético vamos encontrar três critérios identificadores do fato: *a*) critério material; *b*) critério espacial; e *c*) critério temporal.

Critério material

Cuidemos, de início, do critério material. Nele, há referência a um comportamento de pessoas, físicas ou jurídicas, condicionado por circunstâncias de espaço e de tempo (critérios espacial e temporal). Por abstração, desliguemos aquele proceder dos seus condicionantes espaço-temporais, a fim de analisá-lo de modo particular, nos seus traços de essência. Sobre esse assunto, aliás, é curioso anotar que os autores deparam com grande dificuldade para promover o isolamento do critério material, que designam por *elemento material do fato gerador*, *elemento objetivo do fato gerador* ou por *aspecto material da hipótese de incidência*. Tanto nacionais como estrangeiros tropeçam, não se livrando de apresentá-lo engastado aos demais aspectos ou elementos integradores do conceito, e acabam por desenhar, como critério material, todo o perfil da hipótese tributária. Nesse vício de raciocínio incorreram quantos se dispuseram, em trabalho de fôlego, a mergulhar no exame aprofundado do suposto. Impressionados com a impossibilidade física de separar o inseparável, confundiram o núcleo da hipótese normativa com a própria hipótese, definindo a parte pelo todo, esquecidos de que lidavam com entidades lógicas, dentro das quais é admissível abstrair em repetidas e elevadas gradações. É muito comum, por isso, a indevida alusão ao critério material, como a *descrição objetiva do fato*. Ora, a descrição objetiva do fato é o que se obtém da *compostura integral da hipótese tributária*, enquanto o critério material é um dos seus componentes lógicos.

Nosso objetivo é enxergar o critério material liberado das coordenadas de espaço e de tempo, como se fora possível um comportamento de uma pessoa desvinculado daqueles condicionantes. Subsecutivamente, trataremos do critério espacial e do critério temporal, submetendo-os a esse mesmo processo, com o que chegaremos a uma visão plena do antecedente normativo.

No livro *Teoria da norma tributária*, expusemos:

> Dessa abstração emerge o encontro de expressões genéricas designativas de comportamentos de pessoas, sejam aqueles que encerram um fazer, um dar ou, simplesmente, um ser (estado). Teremos, por exemplo, "vender mercadorias", "industrializar produtos", "ser proprietário de bem imóvel", "auferir rendas", "pavimentar ruas" etc.
>
> Esse núcleo, ao qual nos referimos, será formado, invariavelmente, por um verbo, seguido de seu complemento. Daí porque aludirmos a comportamento humano, tomada a expressão na plenitude de sua força significativa, equivale a dizer, abrangendo não só as atividades refletidas (verbos que exprimem ação) como aquelas espontâneas (verbos de estado: ser, estar, permanecer etc.).

Hoje, com a sedimentação que o passar do tempo naturalmente propicia, estimaríamos melhor considerar os procedimentos humanos em consonância com a teoria clássica dos movimentos, de origem aristotélica, que os divide em três categorias básicas: movimentos voluntários, involuntários e reflexos. A cada qual corresponderia um grupo de verbos, denotadores dos diversos comportamentos. Nesse quadro imenso, qualquer forma de manifestação estará certamente contida, possibilitando a livre escolha do objeto da disciplina jurídica.

A invariável presença do verbo, na esquematização formal do suposto normativo, que levemente sublinhamos na obra *Teoria da norma tributária*, tem adnumeráveis consequências práticas, entre outras, a de permitir o esclarecimento de casos de isenção, até aqui relatados de maneira nebulosa pela doutrina tradicional. Ressaltaremos esse aspecto ao descrever a fenomenologia das isenções tributárias no capítulo próprio.

Regressando ao tópico da transcendente importância do verbo, para a definição do antecedente da norma-padrão do tributo, quadra advertir que não se pode utilizar os da classe dos impessoais (como haver), ou aqueles sem sujeito (como chover), porque comprometeriam a operatividade dos desígnios normativos, impossibilitando ou dificultando seu alcance. Isso concerne ao sujeito, que pratica a ação, e bem assim ao complemento do predicado verbal, que, impreterivelmente, há de existir. Descabe falar-se, portanto, de verbos de sentido completo, que se expliquem por si mesmos. É forçoso que se trate de verbo pessoal e de predicação incompleta, o que importa a obrigatória presença de um complemento.

Sensível a tais ponderações, o Prof. Hector Villegas,[98] de Córdoba, Argentina, na segunda edição de seu Curso, acolhe o raciocínio que expusemos, passando a empregá-lo para descrever o sistema tributário de seu país, isolando, em cada figura impositiva, o verbo e o complemento que dão a estrutura do núcleo das hipóteses normativas.

O comportamento de uma pessoa, consistência material linguisticamente representada por um verbo e seu complemento, há de estar delimitado por condições espaciais e temporais, para que o perfil típico esteja perfeito e acabado, como descrição normativa de um fato. Seria absurdo imaginar uma ação humana, ou mesmo qualquer sucesso da natureza, que se realizasse independentemente de um lugar e alheio a determinado trato de tempo. Sobre isso, aliás, já discorremos. Faz bem recordar, entretanto, que ao conjunto de elementos indicativos, constantes dos antecedentes das normas tributárias, e que nos oferecem a ocasião de reconhecer as circunstâncias de lugar e de tempo que tolhem o conteúdo do critério material, dentro de parâmetros precisos e específicos, nominamos, respectivamente, de *critério espacial e critério temporal* da hipótese tributária.

Para demonstrar a relevância de tais fatores, bastaria dizer que dados relativos ao lugar estão estreitamente ligados à competência do ente impositivo, ao compasso em que os integrantes do critério temporal determinam o exato minuto

98. *Curso de finanzas*; derecho financiero y tributario, 2. ed., Buenos Aires, Depalma, p. 244.

ao qual se reportam os efeitos da obrigação tributária. Diante disso, entendemos até estéreis outras palavras para explicar o extraordinário valor de que se revestem tais indicações, num estudo dogmático da estrutura de qualquer tributo. E, muito embora estejamos versando as normas tributárias em sentido estrito, ou regra-padrão de incidência fiscal, a verdade é que o preceito se ajusta, igualmente, às previsões contidas nas *normas tributárias em acepção lata*, uma vez que afirmamos a validez incondicional daquela premissa que consagra a impossibilidade absoluta de algum fato concretizar-se sem referência a certas conjunturas de espaço e de tempo.

Não fora isso, e toda a problemática dos conflitos de aplicação da lei, no espaço e no tempo, estaria por justificar os mais alentados esforços no caminho de meditações profundas a respeito do tema.

Critério espacial

Há regras jurídicas que trazem expressos os locais em que o fato deve ocorrer, a fim de que irradie os efeitos que lhe são característicos. Outras, porém, nada mencionam, carregando implícitos os indícios que nos permitem saber onde nasceu o laço obrigacional. É uma opção do legislador. Aquilo que de real encontramos, no plano do direito positivo brasileiro, é uma dose maior ou menor de esmero na composição dos critérios espaciais, de tal modo que alguns são elaborados com mais cuidado que outros. Todavia, ainda que aparentemente pensemos ter o político se esquecido de mencioná-lo, haverá sempre um plexo de indicações, mesmo tácitas e latentes, para assinalar o lugar preciso em que aconteceu aquela ação, tomada como núcleo do suposto normativo.

Reportando-nos à definição do *locus facti*, nas leis brasileiras podemos divisar três níveis de elaboração, no que toca às coordenadas de espaço dos antecedentes das regras tributárias.

Com efeito, temos impostos, como o de importação, em que o acontecimento apenas se produz em pontos predeterminados, chamados de repartições alfandegárias, e de número reduzido, levando-se em conta as dimensões do território nacional. Demora-se aqui o legislador, especificando as localidades habilitadas a receber os bens importados, ocasião em que procede com mais empenho no preparo do critério espacial da hipótese tributária.

É distinto o processo quanto a impostos que oneram a propriedade predial e territorial. A descrição normativa não fixa lugares exclusivos, não se detendo por oferecer um rol limitado de postos. Antes, prevê áreas, regiões, intervalos territoriais, extensos e dilatados, dentro dos quais, em qualquer de seus pontos, pode efetivar-se o evento. É o caso, por exemplo, do IPTU, em que são alcançados somente os bens imóveis situados nos limites interiores do perímetro urbano do Município. Diríamos que o critério de espaço mereceu uma relativa elaboração, estipulado que está de forma menos minuciosa, sem o cunho de singularidade que caracteriza a primeira espécie.

Por fim, exações do estilo do IPI ou do ICMS apresentam pequena participação elaborativa, no que tange ao fator condicionante de espaço. Seja qual for o lugar em que o fato ocorra, dentro da latitude eficacial da norma, dão-se por propagados seus legítimos efeitos, não havendo falar-se de pontos particularmente determinados, ou de sub-regiões zelosamente delineadas. O critério espacial coincide, nessas hipóteses, com o âmbito de vigência territorial da lei.

Acreditamos que os elementos indicadores da condição de espaço, nos supostos das normas tributárias, hão de guardar uma dessas três formas compositivas, diretriz que nos conduz a classificar o gênero tributo na conformidade do grau de elaboração do critério espacial da respectiva hipótese tributária:

a) hipótese cujo critério espacial faz menção a determinado local para a ocorrência do fato típico;

b) hipótese em que o critério espacial alude a áreas específicas, de tal sorte que o acontecimento apenas ocorrerá se dentro delas estiver geograficamente contido;

c) hipótese de critério espacial bem genérico, onde todo e qualquer fato, que suceda sob o manto da vigência territorial da lei instituidora, estará apto a desencadear seus efeitos peculiares.

A título ilustrativo, poderíamos dizer que os tributos que gravam o comércio exterior, como os Impostos de Importação e Exportação, enquadram-se no primeiro item. Já os que incidem sobre bens imóveis — ITR e IPTU — incluem-se no segundo tópico. Todos os demais estariam sob o abrigo da terceira espécie.

Em face da grande difusão desses últimos, tornou-se frequente o embaraço dos especialistas ao conceituar o critério espacial das hipóteses tributárias. Muita vez o encontramos identificado com o próprio plano de eficácia territorial da lei, como se não pudesse adquirir feição diferente. A despeito disso, porém, percebemos, com transparente nitidez, que critério espacial da hipótese e campo de eficácia da lei tributária são entidades ontologicamente distintas. E vamos exibir a distinção com referências práticas bem visíveis. O IPI, tomado na regra que prevê a incidência sobre a importação, e o IR, ambos de competência da lei federal, apresentam critérios espaciais radicalmente diversos: o fato jurídico tributário, na primeira hipótese, há de ocorrer nas repartições aduaneiras, de número limitado e situadas em localidades determinadas. Por outro lado, o IR alcança, em linhas genéricas, não só os acontecimentos verificados no território nacional, mas até fatos, explicitamente tipificados, e que se compõem para além de nossas fronteiras.

A análise da regra-matriz de incidência do IPTU mostra o desencontro, com precisão geométrica. O tributo grava, privativamente, os imóveis localizados dentro do perímetro urbano do Município. Inobstante isso, a lei municipal efunde sua eficácia por toda a extensão do território correspondente, atingindo as zonas rurais, excluídas do impacto tributário.

Os modelos trazidos à colação propõem uma inferência que vemos iluminada com forte claridade metodológica: o critério espacial das normas tributárias não se confunde com o campo de vigência da lei. As coincidências, até certo ponto frequentes, devem ser creditadas à opção do legislador, entre os esquemas técnicos de que dispõe, sempre que pretenda apanhar, com a percussão tributária, uma quantidade inominável de eventos. Daí ser, entre as fórmulas conhecidas, a menos elaborada e, por decorrência, a mais elástica.

São pobres as pesquisas científicas atinentes ao critério espacial das hipóteses tributárias. Esbarra a doutrina, ainda, em problemas elementares, como o que ventilamos. Quem sabe fosse bom admitir a pertinência das velhas teorias do Direito Penal sobre o *locus delicti*, em termos de aprofundar-se o inquérito científico tributário, uma vez que nosso legislador, consciente ou inconscientemente, acabou recolhendo conclusões emergentes das teses da *nacionalidade*, do *resultado* (*ou do efeito típico*) e da *atividade*, para construir a estrutura orgânica dos diversos tributos. O motivo seria mais que suficiente para espertar o desenvolvimento de estudos que, por certo, viriam a enriquecer setor do Direito Tributário carente de reflexões e paupérrimo de alternativas.

Critério temporal

É satisfatório meditar no asserto de que a relação jurídica é a única fórmula com a virtude de suscitar direitos e deveres correlatos, bem como na premissa de que o direito persegue suas finalidades de disciplina do comportamento do homem, em sociedade, pelo manejo incessante e sistemático desse instrumento, para aquilatarmos a supina relevância do conhecimento preciso daquele instante em que, por instaurar-se um liame abstrato entre pessoas, surgirão direitos e obrigações. E sobressai o enorme interesse pela procura dessa realidade temporal, na medida em que atinamos que as pretensões impositivas do Estado, na esfera do Direito Tributário, atingem duas prerrogativas fundamentais do cidadão, quais sejam os direitos de propriedade e de liberdade. Instalado o vínculo, ver-se-á o sujeito passivo tolhido na sua liberdade, jungindo-se ao cumprimento de certa prestação, e, bem assim, ameaçado em seu patrimônio, porque a exigência fiscal se arma ao escopo de obter nele uma parcela pecuniária. Idêntico interesse toca ao sujeito ativo, que tem, naquele momento, a assunção de seus direitos às chamadas receitas derivadas ou coativas, com que provê o bem comum que a sociedade anela.

Sobrepensados esses aspectos, desponta a natural necessidade de que a norma tributária revele o marco de tempo em que se dá por ocorrido o fato, abrindo-se aos sujeitos da relação o exato conhecimento da existência de seus direitos e de suas obrigações.

Compreendemos o critério temporal da hipótese tributária como o grupo de indicações, contidas no suposto da regra, e que nos oferecem elementos para saber, com exatidão, em que preciso instante acontece o fato descrito, passando a existir o liame jurídico que amarra devedor e credor, em função de um objeto — o pagamento de certa prestação pecuniária.

Não se trata, aqui, de estudar as vicissitudes ligadas à aplicação da lei tributária no tempo. Diríamos até, fazendo analogia, que o âmbito eficacial da lei no tempo está para o critério temporal das hipóteses tributárias, assim como o grau de eficácia territorial da lei está para o critério de espaço dos supostos das normas fiscais.

Mantendo a linha metodológica que vem governando nossas especulações, ficaremos tão só com a análise dos critérios normativos, modo eficiente de conjurar o desconforto do ingresso em temáticas tão amplas e laboriosas.

O marco de tempo deve assinalar o surgimento de um direito subjetivo para o Estado (no sentido amplo) e de um dever jurídico para o sujeito passivo. Exacerbando a observação desse fenômeno, porém, os estudiosos, os legisladores e os jurisprudentes passaram a dar nome de fato gerador dos impostos justamente ao critério temporal estabelecido na lei para cada um, o que muito contribuiu para o desalinho teórico formado em derredor de gravames como o IPI e o ICMS, cuja consistência material sempre experimentou profundas divergências conceituais.

Por dessaber as dimensões que o produto legislado adquire, ao penetrar no sistema do direito positivo, talvez o legislador não estivesse consciente das irradiações jurídicas que adviriam do emprego desarrazoado de uma expressão por outra. O certo é que progrediu, a remo surdo, em todos os diplomas normativos de que temos conhecimento, esse vezo impróprio e descabido de tomar como *fato gerador do imposto* o critério temporal de sua hipótese de incidência. A isso havemos de debitar boa parte do atraso no esclarecimento de importantes aspectos da intimidade estrutural de alguns impostos.

A confirmação dessa tendência é denunciada ao citarmos dispositivos do Código Tributário Nacional, que definem o fato gerador de alguns impostos, como estes:

> *Art. 19. O imposto, de competência da União, sobre a importação de produtos estrangeiros tem como* fato gerador a entrada destes no território nacional. (Grifado.)
>
> [...]
>
> *Art. 23. O imposto, de competência da União, sobre a exportação, para o estrangeiro, de produtos nacionais ou nacionalizados tem como* fato gerador a saída destes do território nacional. (Grifado.)
>
> [...]
>
> *Art. 46. O imposto, de competência da União, sobre produtos industrializados tem como* fato gerador:
>
> *I* — o seu desembaraço aduaneiro, *quando de procedência estrangeira;*
>
> *II* — a sua saída *dos estabelecimentos a que se refere o parágrafo único do art. 51;*
>
> *III* — a sua arrematação, *quando apreendido ou abandonado e levado a leilão.* (Grifado.)

O Decreto-lei 406/68, ao estabelecer normas gerais sobre o antigo ICM, também declara em seu art. 1º:

> *Art. 1º. O imposto sobre operações relativas à circulação de mercadorias tem como* fato gerador:
>
> *I* — a saída de mercadorias *de estabelecimento comercial, industrial ou produtor;*

> *II* — a entrada *em estabelecimento comercial, industrial ou produtor, de mercadoria importada do exterior pelo titular do estabelecimento*;
>
> *III* — o fornecimento *de alimentação, bebidas e outras mercadorias em restaurantes, bares, cafés e estabelecimentos similares.* (Sublinhado.)

Como tais, farta messe de preceitos poderia ser colhida nos estatutos criadores dos mencionados impostos e em atos normativos de hierarquia inferior, mas de larga difusão entre os aplicadores de temas tributários.

São muitas as ocasiões em que o legislador assevera que a hipótese de incidência da exação é aquilo que denominamos critério temporal do suposto normativo. Com o emprego de circunlóquios, escolhe um momento, topicamente determinado, para situar, no tempo, o fato tributário, com a inauguração do vínculo jurídico patrimonial.

Fixemos a vista nas disposições dos artigos do Código Tributário Nacional e naquele do Decreto-lei 406/68, que transcrevemos acima. Veremos que, a pretexto de mencionarem o fato, separam um instante, ainda que o momento escolhido se contenha na própria exteriorização da ocorrência. Não passa, contudo, de uma unidade de tempo, que se manifesta, ora pela entrada de produtos estrangeiros no território nacional (Imposto de Importação), ora pela saída (Imposto de Exportação); já pelo desembaraço aduaneiro, já por deixar o produto industrializado o estabelecimento industrial ou equiparado, ou pelo ato da arrematação, tratando-se daqueles apreendidos ou abandonados e levados a leilão (IPI); seja pela saída de mercadorias dos estabelecimentos, seja pela entrada ou pelo fornecimento de alimentação, bebidas e outras mercadorias em restaurantes, bares e estabelecimentos similares.

Alude-se a um dado instante, a uma hora, a um trecho, a uma fração de tempo, mesmo que representada por um acontecimento que sirva de simples referência.

Cremos que inexistam obstáculos de lógica jurídica para compelir as autoridades legislativas a abandonar essa técnica.

Mas do reconhecimento de tal verdade a apelidar-se de fato gerador o critério temporal eleito vai uma distância imensa.

Que o legislador, na sua linguagem livre, desapegado das amarras rigorosas do falar científico, assim se manifeste, nada há que reclamar, pois já sabemos das condições em que as leis são feitas. Entretanto, admitir que os doutrinadores endossem a mensagem, incorporando-as ao seu magistério, é conceder demais, é transigir com erros graves que prejudicam, visivelmente, a compreensão da matéria.

No 3º Simpósio de Direito Tributário, realizado em São Paulo, adscrevemos nosso integral desacordo, com estas palavras:

> Lobrigar nesses átimos toda a complexidade da hipótese normativa do ICM é entregar-se, imbele, aos desacertos algumas vezes leigos e inconsequentes do legislador; é navegar em mares de escolhos; é seguir pelo caminho das dúvidas e incertezas e regressar pela vereda sombria das hesitações.
>
> Quando se recorre à perífrase é porque falta o termo próprio, e o intérprete não pode ficar sob o signo da insegurança, em assuntos desse timbre. Há de desapegar-se da estreiteza textual, para galgar o altiplano do Direito; desadorar o esquema verbal, em obséquio da organização que lhe abriga, dá sentido e tom de juridicidade.

Impõe-se à atenção da moderna doutrina do Direito Tributário, tão zelosa no preservar a pureza de suas instituições, discernir as entidades, evitando, desse modo, a mestiçagem do todo com a parte, e versar o estudo do critério temporal como um dos fatores que condicionam o procedimento-tipo, inscrito no núcleo da hipótese dos diversos gravames.

8. Crítica à classificação dos fatos geradores em função do momento de sua ocorrência

A eleição do momento adequado para a realização do fato jurídico tributário se faz no plano das elaborações legislativas. É aquela entidade que designamos, por um processo de abstração lógica, de critério temporal da hipótese, isto é, o conjunto de elementos que nos habilitam a identificar a condição que atua sobre determinado evento, subordinando-o no tempo. Tal critério, ao lado do espacial e do material, dá compostura à hipótese tributária, esboçada como a conjugação de diretrizes que nos facultam individualizar fatos que, acontecidos no campo das realidades tangíveis, suscitam o nascimento das relações jurídico-tributárias.

À voga desse conceito, a autoridade de juristas de indiscutível valor fez prevalecer uma classificação dos "fatos geradores", fundada nas variações que o político imprimia na construção do critério temporal das hipóteses. Tornou-se corrente a distinção entre fatos geradores *instantâneos*, *continuados* e *complexivos*, em grande parte pelo entusiasmo de Amílcar de Araújo Falcão, baseado nas lições de A. D. Giannini, E. Vanoni e Wilhelm Merk, no que foi seguido pela maioria dos autores contemporâneos. Essa orientação doutrinária é efeito da confusão de planos, indo além da fórmula linguística dos fatos para imitir-se na contextura real do evento.

Os fatos geradores seriam instantâneos, quando se verificassem e se esgotassem em determinada unidade de tempo, dando origem, cada ocorrência, a uma obrigação tributária autônoma. Os continuados abrangeriam todos os que configurassem situações duradouras, que se desdobrassem no tempo, por intervalos maiores ou menores. Por fim, os complexivos nominariam aqueles cujo processo de formação tivesse implemento com o transcurso de unidades sucessivas de tempo, de maneira que, pela integração dos vários fatores, surgiria o fato final.

A classificação seduziu logo os especialistas, pela facilidade de enquadramento das figuras tributárias numa das três categorias. O IPI, o ICMS e o Imposto de Importação, por exemplo, seriam casos de fatos geradores instantâneos; o IPTU e o ITR entrariam como fatos continuados; e o IR consubstanciaria a forma clássica do fato gerador complexivo.

Há mais de dez anos nos propusemos discutir as premissas desse estilo classificatório, utilizando argumentos que vemos, agora, devidamente sazonados.

Na verdade, cheios de cautela, buscávamos experimentar a procedência lógica da indigitada classificação, alertados pela *Teoria dos fundamentos óbvios*, magistralmente exposta por Alfredo Augusto Becker. E, conferindo a legitimidade dos pressupostos, começamos por pesquisar, nos léxicos considerados clássicos, o significado preciso do vocábulo "complexivo", que nos pareceu estranho. Por mais que perlutássemos os dicionários da língua portuguesa, em nenhum deles, assim modernos que antigos, obtivemos algum elemento que nos favorecesse desvendar o conteúdo do termo. Acendeu-se a curiosidade da pesquisa e encontramos a explicação: o adjetivo *complexivo* não existe em português. É palavra do vocabulário italiano — *complessivo* — que vem de *complesso* (em vernáculo, complexo), empregado no sentido de integral, inteiro, total. Apressadamente traduzido, ganhou curso com a acepção de complexo, neologismo insuportável, mas que prosperou, livremente, até 1974, ano em que, contra ele, formalizamos crítica veemente.

Brandão Machado,[99] em recente artigo doutrinário, retoma o assunto para demonstrar a inutilidade da adaptação portuguesa, seja com o significado de global, total, seja como sinônimo de complexo. De nossa parte, entendemos que se preserva a pureza da língua sempre que se repudia a palavra ou expressão que não satisfaça os dois requisitos assinalados por Ernesto Carneiro Ribeiro: *a*) inexistência de similar nacional; e *b*) adequação ao gênio de nosso idioma. E nunca será demasiado o combate a neologismos dessa natureza, que atrapalham a comunicação do pensamento e atrancavam o progresso da ciência. Daí a lição de Rui Barbosa:[100]

> Refugar os neologismos insensatos ou informes não é proscrever o neologismo.

---

99. *Fato gerador complexivo — uma questão terminológica*, Suplemento Tributário, LTr, 73:82.

100. *Réplica*, Rio de Janeiro, Imprensa Nacional, 1904, v. 2, p. 570.

Retornemos, porém, àquele ponto, para dizer que o resvalo linguístico já nos despertara, no espírito, a desconfiança. Foi desse modo que ingressamos no exame da intimidade de cada uma das espécies, onde, novamente, vimos progredir graves e incontornáveis contradições.

Nos chamados *fatos geradores complexivos*, se pudermos destrinçá-los em seus componentes fáticos, haveremos de concluir que nenhum deles, isoladamente, tem a virtude jurídica de fazer nascer a relação obrigacional tributária; nem metade de seus elementos; nem a maioria e, sequer, a totalidade menos um. O acontecimento só ganha proporção para gerar o efeito da prestação fiscal, mesmo que composto por mil outros fatores que se devam conjugar, no instante em que todos estiverem concretizados e relatados, na forma legalmente estipulada. Ora, isso acontece num determinado momento, num especial marco de tempo. Antes dele, nada de jurídico existe, em ordem ao nascimento da obrigação tributária. Só naquele átimo irromperá o vínculo jurídico que, pelo fenômeno da imputação normativa, o legislador associou ao acontecimento do suposto.

Se o chamado *fato gerador complexivo* aflora no mundo jurídico, propagando seus efeitos, apenas em determinado instante, é força convir em que, anteriormente àquele momento, não há que falar-se em obrigação tributária, pois nenhum fato ocorreu na conformidade do modelo normativo, inexistindo, portanto, os efeitos jurídico-fiscais próprios da espécie.

Nada melhor para demonstrar os fundamentos de uma tese do que recolhê-los no discurso de seus próprios opositores. Examinemos, mais de perto, a posição de dois ilustres professores paulistas — Antonio Roberto Sampaio Dória e Fábio Fanucchi — que adotam a classificação dos fatos geradores em instantâneos e complexivos. Os insignes juristas, fazendo cabedal daquela tipologia, concordam em afirmar que o fato gerador do IR, quanto ao regime de declaração, é da categoria dos complexivos. Sem embargo, divergem, de maneira frontal e categórica, no que concerne ao instante em que se considera ocorrido o evento. Para Sampaio Dória,[101] ao lado de Alfredo Augusto Becker e Amílcar de Araújo Falcão, o evento jurídico do IR tem implemento no dia 1º de janeiro de cada exercício financeiro. No outro extremo, Fábio Fanucchi[102] dá por acontecido o sucesso, quando esse fato se caracterize como complexo ou complexivo, no momento em que se verifique o termo final do período de tempo, marcado pela legislação como de base para avaliar-se a renda e os proventos tributáveis. Importa dizer que, na hipótese mais comum, o evento ocorre na última fração de tempo do ano de base, isto é, 31 de dezembro.

Seria inoportuno articular os fundamentos mediante os quais vemos a tese de Fanucchi, embora minoritária, dotada de maior consistência jurídica e força sistemática. Para nós, também, o evento que, vertido em linguagem, faz irromper a relação jurídica do IR, no regime de declaração, acontece no derradeiro instante do período de base. Aquilo que nos interessa registrar, com tintas fortes e indeléveis, é que os dois prestigiosos autores declaram, catedraticamente, ser tal "fato" da natureza dos complexivos e não dos instantâneos, mas disputam, de modo acirrado, um preciso instante para que se repute ocorrido o evento.

Ficaria bem reconhecer, em obséquio à lógica das proposições jurídico-descritivas, que a classificação engendrada por estudiosos estrangeiros e, com grande açodo, trazida para informar nossas instituições tributárias, é vazia de conteúdo e se implica nos próprios termos. A pressa se mostra pela incorporação de palavra alóctone, quando temos similar nacional, parecendo não ter havido tempo suficiente para traduzi-la. Inobstante essa observação, que não alui, propriamente, sua estrutura, somos pelo descabimento total desse *discrímen*, pois falar-se em "fatos" que não sejam instantâneos é, sob qualquer color, inadequado e incongruente, visto que todo o

101. *Da lei tributária no tempo*, São Paulo, Ed. Obelisco, p. 167.

102. *Curso de direito tributário*, 4. ed., Resenha Tributária, v. 1, p. 151 e s.

evento, seja ele físico, químico, sociológico, histórico, político, econômico, jurídico ou biológico, acontece em certas condições de espaço e de tempo (instante).

Esta crítica, que deduzimos outrora, em conferência proferida no II Curso de Especialização em Direito Tributário, promovido pela Pontifícia Universidade Católica de São Paulo, e reproduzimos no livro *Teoria da norma tributária*, foi aceita por Geraldo Ataliba,[103] que a adotou em uma de suas principais obras. Acolheu-a, também, o professor argentino Hector Villegas,[104] e J. P. Montero Traibel,[105] tributarista uruguaio, transcrevendo as razões, igualmente encampou a censura.

9. O fato gerador segundo as prescrições do Código Tributário Nacional

A Lei 5.172/66 dedica o Capítulo II do Título II do Livro Segundo ao "Fato gerador". São cinco artigos (do 114 ao 118) que firmam prescrições a propósito de como deve ser tomada, aplicada e interpretada a expressão.

Inicia o art. 114 por estatuir que *fato gerador da obrigação principal é a situação definida em lei como necessária e suficiente à sua ocorrência.*

Antes de interpretarmos o preceito, convém esclarecer que o legislador do Código chama de obrigação principal ao vínculo abstrato que une o sujeito ativo ao sujeito passivo, tendo como objeto uma prestação pecuniária. É a relação jurídica, de cunho patrimonial, estabelecida no consequente da regra-matriz de incidência. As demais relações, destituídas desse caráter, são designadas por *obrigações acessórias* na terminologia desse Estatuto, e estão previstas no artigo seguinte (art. 115).

---

103. *Hipótese de incidência*, cit., p. 103-7.

104. *Curso de finanzas*, cit., p. 249.

105. *Derecho tributario moderno*, Fundación de Cultura Universitaria, 1977, v. 2, t. 1, p. 34.

Se escandirmos as palavras, na busca das proporções semânticas do art. 114, acharemos três interpretações possíveis:

a) Numa, reporta-se o legislador ao fato jurídico, concretamente concebido. A obrigação principal seria gerada pelo acontecimento de um fato e, como tal, haveria de representar, materialmente, a situação definida em lei como necessária e suficiente à sua ocorrência. Ou, por outro giro, fato gerador da obrigação principal seria aquele específico evento do mundo físico exterior que preenche os pressupostos instituídos na lei, segundo o relato adequado em linguagem competente.

b) Noutra, o dispositivo estaria se referindo à hipótese das regras jurídicas tributárias, ao proclamar que é a situação definida em lei. De ver está que uma situação definida em lei é um conceito normativo. E é o suposto da norma que descreve os acontecimentos factuais capazes de fazer brotar direitos e deveres correlatos. Teríamos aí, então, *fato gerador da obrigação principal* como equivalente a hipótese tributária.

c) Num terceiro esforço de interpretação, o versículo relataria, a um só tempo, a conjugação das duas entidades: um acontecimento que se dá no campo real-social e um conceito que, seletor de propriedades, enuncia quais sejam as condições necessárias e suficientes para que ele possa efetivamente ocorrer.

Entra em pauta, novamente, a colocação kelseniana, no sentido de que u'a mesma unidade normativa é susceptível de várias interpretações possíveis, cabendo ao aplicador da lei, num ato de decisão política, eleger aquela que lhe pareça a mais adequada.

De nossa parte, opinamos pela terceira, e nela aparece, com meridiana clareza, a carga de equivocidade da locução "fato gerador", tão perniciosa ao bom entendimento do discurso jurídico-tributário.

Merece comentário também a dicção do artigo, quando menciona que o fato deve reunir as condições necessárias e suficientes à sua ocorrência, o que faz pensar, imediatamente, no fenômeno da subsunção e no princípio da tipicidade, já enfatizados em páginas anteriores. O preceptivo que segue (art. 115) dispõe acerca da noção de fato gerador da obrigação acessória, definindo-o por exclusão. Todo aquele que fizer nascer relações jurídicas tributárias, sem conteúdo pecuniário, mas preceituando a prática ou a abstenção de ato, provocará o surgimento de obrigações acessórias, que discutiremos melhor no capítulo destinado à consequência das normas tributárias, mais especificamente, entre as relações jurídicas correspondentes a esse setor do direito.

O art. 116 cuida do instante em que se reputa ocorrido o fato e existentes os seus efeitos. Separa duas ordens de situações, para, em cada uma, determinar o critério de eleição do marco temporal.

O inc. I versa sobre as chamadas *situações de fato*, eventos da realidade social que não foram juridicizados por outras normas do ordenamento jurídico. Toda vez que a hipótese normativa descrever fatos que não substanciam categorias jurídicas, como, por exemplo, *industrializar produtos ou prestar serviços*, considerar-se-á acontecido o fato jurídico tributário, segundo a letra da lei, no momento em que se verifiquem as circunstâncias materiais imprescindíveis para que o sucesso produza os efeitos que lhe são próprios.

Quando a previsão hipotética referir-se a situação jurídica (inc. II), ter-se-á por ocorrida no instante em que, na forma do direito aplicável, esteja definitivamente configurada.

A explicação não estaria completa se não assinalássemos a cláusula inicial do preceito — *Salvo disposição de lei em contrário*. Implica reconhecer que o marco temporal do acontecimento pode ser antecipado ou diferido tanto na contingência do inc. I (situação de fato) quanto na do inc. II (situação jurídica). São matizes de fraseologia jurídica que revelam a liberdade de que desfruta o político ao construir as realidades normativas.

Cuida salientar, aqui, a impropriedade do legislador ao afirmar que *considera-se ocorrido o fato gerador e existentes os seus efeitos* quando verificarem-se as circunstâncias materiais necessárias, em se tratando de situação de fato, ou, em se tratando de situação jurídica, quando a mesma estiver definitivamente constituída. As palavras do legislador levam ao equivocado entendimento de que com o mero evento já teria ocorrido o "fato gerador", bem como surgido seus efeitos. O fato, porém, ocorre apenas quando o acontecimento tributário for descrito no antecedente de uma norma individual e concreta. O átimo de constituição, saliente-se, não pode ser confundido com o momento da ocorrência a que ele se reporta, e que, por seu intermédio, adquire teor de juridicidade.

Para frisar a grande importância do critério temporal das hipóteses tributárias, de que já nos ocupamos, seria oportuno trazer à baila o art. 144 desta mesma Lei 5.172/66:

> *Art. 144. O lançamento reporta-se à data da ocorrência do fato gerador da obrigação* e rege-se pela lei então vigente, ainda que posteriormente modificada ou revogada.
>
> [...].

Grifamos as duas orações finais com o intuito de mostrar que o direito aplicável à obrigação tributária é exatamente aquele que estiver em vigor, no preciso instante em que o evento ocorre, ainda que, depois disso, a legislação sofra modificações ou venha a ser revogada. Note-se, de passagem, um caso de aplicação de normas que não têm vigência geral, mas conservam a específica para certas situações.

Crítica ao art. 116

Ao predicar cuidados especiais para a redação do Código Civil, aconselhava Rui Barbosa[106] que:

> A inteireza do espírito começa por se caracterizar no escrúpulo da linguagem. Medindo e pesando uma a uma as expressões da lei, outra coisa não faz o legislador que pesar e medir o pensamento.

106. *Réplica*, cit., p. 112.

E invocando a lição de Bentham:

> Os vocábulos da lei hão de pesar-se como diamantes.

É bem de ver que não foi esse o tempo escolhido pelo legislador do Código para pôr em curso as lições do grande mestre. Descurou novamente da forma, deixando prosperar erro jurídico grosseiro, ao diferenciar as situações jurídicas, sabendo que as primeiras (situações de fato), uma vez contempladas pelo direito, adquiriram a dignidade de situações jurídicas.

Da forma como prescreveu, parece até admitir que existam conjunturas de fato, disciplinadas pelo direito, mas que, mesmo assim, não podem ser consideradas situações jurídicas.

É de ciência certa a afirmação de que uma circunstância de fato, prevista em norma do direito positivo, será sempre um fato jurídico, quer em sentido lasso, quer em acepção estrita, pois consiste num *acontecimento, em virtude do qual as relações de direito nascem e se extinguem*, no conceito de Clóvis Beviláqua.[107] E não nos deparamos, ainda, com a discordância de qualquer autor, no que respeita a esse ensinamento. Sobre ele há absoluta unanimidade.

Nem por isso, contudo, é de ser desprezado o conteúdo do dispositivo que criticamos. Aquilo que se depreende das palavras da lei é que ficou estabelecida a diferença entre duas situações jurídicas: *a*) uma, não categorizada como instituto jurídico; *b*) outra, representada por entidade que o direito já houvera definido e prestigiado, sendo possível atribuir-lhe regime jurídico específico. Os primeiros, meros fatos jurídicos; os demais, atos ou negócios jurídicos.

Sobejam exemplos das duas circunstâncias diversas. Auferir renda líquida tributável (isto é, acima do limite anualmente estipulado) é fato jurídico, enquanto disciplinado normativamente, mas não consubstancia em si mesmo, um instituto jurídico, assim compreendido o plexo de disposições

---

107. *Teoria geral do direito civil*, 7. ed., Francisco Alves, 1955, p. 195.

legais, reunidas pela ação de um fator aglutinante. Agora, a hipótese do imposto de transmissão imobiliária pressupõe operação jurídica característica, em que se sucedem providências regradas pela lei, com especialidade e rigor. Esse é o caso típico do negócio jurídico, situação não só contemplada como também categorizada pelo direito, a que corresponde a figura do inc. II do art. 116. No primeiro exemplo, havemos de perquirir se os efeitos próprios foram alcançados, examinando como se processou a percepção da renda líquida oferecida à tributação. No outro, seremos instados a consultar as regras de direito atinentes às transmissões imobiliárias, para saber da consumação do fato, segundo as prescrições do regime jurídico que lhe seja peculiar.

A Lei Complementar 104/2001 acrescentou ao art. 116, o parágrafo único, dispondo que "*a autoridade administrativa poderá desconsiderar atos e negócios jurídicos praticados com a finalidade de dissimular a ocorrência do fato gerador do tributo ou a natureza dos elementos constitutivos da obrigação tributária, observados os procedimentos a serem estabelecidos em lei ordinária*".

O ordenamento brasileiro, a meu ver, já autorizava a desconsideração de negócios jurídicos dissimulados, a exemplo do disposto no art. 149, VII, do Código Tributário Nacional. O dispositivo comentado veio apenas ratificar regra existente no sistema em vigor. Por isso mesmo, assiste razão a Heleno Torres,[108] ao asseverar que a referida alteração tão só aperfeiçoa o que já se encontrava previsto, de modo genérico, afastando quaisquer dúvidas concernentes à possibilidade da Administração em desconsiderar os negócios fictícios ou dissimulados.

Há que se cuidar, todavia, para não estender demasiadamente a aplicação do novo preceito, chegando a ponto de julgar dissimulado o negócio jurídico realizado em decorrência de planejamento fiscal. Neste último caso, as partes celebram um negócio que, não obstante importe redução ou eliminação

108. Limites do planejamento tributário e a norma brasileira antissimulação (LC 104/01), in *Grandes questões atuais do direito tributário*, Dialética, v. 5, p. 101-153.

da carga tributária, é legal e, portanto, válido, diferentemente dos atos dissimulados, consistentes na ilegal ocultação da ocorrência do fato jurídico tributário. O parágrafo único do art. 116 do CTN Nacional não veio para impedir o planejamento fiscal; nem poderia fazê-lo, já que o contribuinte é livre para escolher o ato que pretende praticar, acarretando, conforme sua escolha, o nascimento ou não de determinada obrigação tributária.

Nessa linha, anota Maria Rita Ferragut:[109] "se na elisão fiscal não há fato gerador ocultado — pois o fato típico foi licitamente evitado —, não há como haver desconsideração do mesmo, com o consequente estabelecimento da verdade jurídica". Tanto quanto sempre o foi no direito brasileiro, apenas os atos fraudulentos, praticados com o único intuito de ocultar o verdadeiro negócio jurídico efetivado e, assim, reduzir ou evitar o nascimento da obrigação tributária, deverão ser desconsiderados pela autoridade fiscal, desde que, obviamente, haja indícios suficientes para tanto.

Art. 117

Vamos seguir em frente, tratando do art. 117, que assim se exprime:

> Art. 117. Para os efeitos do inciso II do artigo anterior e salvo disposição de lei em contrário, os atos ou negócios jurídicos condicionais reputam-se perfeitos e acabados:
>
> I — sendo suspensiva a condição, desde o momento de seu implemento;
>
> II — sendo resolutória a condição, desde o momento da prática do ato ou da celebração do negócio.

O comando tem por objeto as situações categorizadas pelo direito, implica dizer, aquelas sobre que dispõe o inc. II do art. 116. E foi feliz o legislador, substituindo *situação jurídica por atos ou negócios jurídicos*, ao que acrescentou o qualificativo

---

109. Evasão fiscal: o parágrafo único do artigo 116 do CTN e os limites de sua aplicação, *Revista Dialética de Direito Tributário*, 67:119.

condicionais. A mudança terminológica exibe, mais uma vez, a impropriedade vocabular do artigo precedente.

Dentro do universo da expressão "ato jurídico" cabem duas classes de manifestação de vontade: a do ato jurídico em sentido estrito e a do negócio jurídico. Caio Mário da Silva Pereira[110] e Serpa Lopes[111] dão especial relevo à sutil diferença. Está na raiz do ato jurídico a manifestação da vontade; entretanto, nem toda declaração de vontade constitui um negócio jurídico, pois nele haverá de estar presente a *finalidade jurídica*, que faria por distingui-lo do ato indiferente ou da mera submissão passiva ao preceito legal. Enquanto o ato jurídico surge limitado por um *numerus clausus*, contendo categorias de figuras típicas, isto é, previstas na lei e expressamente disciplinadas, nos negócios jurídicos a importância exercida pela vontade intencional faz com que essa intenção livre produza um desenvolvimento impossível de ser obtido com os atos jurídicos, estritamente considerados.

Se o legislador da Lei 5.172/66 teve em mente a distinção, não é coisa que nos interesse. A verdade é que utilizou as duas expressões e temos de conhecê-las para interpretar o dispositivo.

A força normativa deste preceito, contudo, não se irradia para toda a extensão dos atos ou negócios jurídicos, apanhando apenas aqueles tolhidos por *condição*, fator exógeno, estudado entre as modalidades dos atos e negócios jurídicos, que subordinam sua eficácia a acontecimento futuro e incerto. Esse o teor do art. 121 do Código Civil brasileiro.

Antes de avançar a explanação, convém explicitar as diferenças dos caracteres configuradores de "condição" e de "termo". Enquanto a condição refere-se a acontecimento futuro e incerto, como momento inicial ou final do negócio jurídico, o termo consiste em preceito que alude a acontecimento futuro e certo.

---

110. *Instituições de direito civil*, Forense, 1962, v. 2, p. 335 e s.

111. *Curso de direito civil*, 3. ed., Freitas Bastos, v. 1, p. 403 e s.

Nas "condições", a incerteza do evento futuro consiste na impossibilidade de saber se ele ocorrerá: por isso, é incerto. Nos "termos", por sua vez, o evento futuro é certo quanto à sua ocorrência, ainda que não se saiba, em definitivo quando ele ocorrerá.

Precisas são as considerações feitas por Karl Larenz e Manfred Wolf a respeito do assunto, por ocasião de seus comentários à parte geral do Código Civil alemão, o qual teve grande influência na elaboração da disciplina jurídica brasileira:

> A mais importante característica de um negócio condicionado é um estado de incerteza objetiva sobre o fato de se ocorrerá ou não a circunstância posta como condição e, com isso, o efeito jurídico dependente dessa condição. [...] Na condição, diferentemente da fixação de prazo, é incerto se o efeito jurídico finalmente ocorrerá. [...] Na fixação de prazo, pode-se contar seguramente com o advento do termo.[112]

Pontes de Miranda adverte que, muitas vezes, o vocábulo "condição" é utilizado de forma imprópria e atécnica. Exemplifica afirmando que, quando existente cláusula determinativa do conteúdo do negócio jurídico, não se está diante de verdadeira condição. E conclui:

> No sentido técnico, condição é a determinação temporal concernente à eficácia do negócio jurídico, sem ser termo (outra determinação de tempo). [...] Determinação inexa, que se não confunde, de modo nenhum, com o motivo ou móvel do negócio jurídico, pois esse não é integrante do negócio jurídico; nem com o termo, que, embora o seja, tem advento certo, seguro, ou, se é incerto, inseguro, não o é no sentido de que condicione o negócio jurídico. Daí a cláusula 'pagável contra documentos apresentados' não ser condição, mas 'termo'. Então o prazo para pagamento não é

---

112. "Das wichtigste Kennzeichen eines bedingten Geschäfts ist damit ein *Zustand objektiver Ungewissheit*, ob der als Bedingung gesetzte Umstand und damit die von der Bedingung abhängige Rechtsfolge eintreten wird oder nicht. [...] *Bei der Bedingung ist im Unterschied* zur Befristung ungewiss, ob die Rechtsfolge uberhaupt eintritt. [...] Bei der Befristung kann mit dem Eintritt des Termins sicher gerechnet werden" (Karl Larenz e Manfred Wolf, *Allgemeiner Teil des Burgerlichen Rechts*, 9. ed. Munique: Beck, 2004, p. 914 – grifei).

> condição, mas termo, quer dizer, ocasião em que o negócio surte efeitos.[113]

A distinção entre "condição" e "termo" é clara: para configurar-se condição, os requisitos são a futuridade e a incerteza do evento; no termo, tem-se a certeza do evento futuro. Eis o motivo pelo qual esclarece Pontes de Miranda[114] que a chamada "condição necessária", em verdade, nada condiciona: apenas adia, pondo um termo inicial ou final.

Firmada a extensão do conceito "condição", passo a examinar suas subespécies: a suspensiva e a resolutiva.

Por condição suspensiva deve entender-se a disposição acessória, fruto da vontade das partes, que subordina os efeitos do ato ou negócio jurídico a acontecimento futuro e incerto. Enquanto a condição não se verificar, prescreve o art. 125 do Código Civil, não se terá adquirido o direito a que ela visa, permanecendo tão só a expectativa, mas que já possibilita, ao virtual titular, o exercício de medidas preparatórias, com vistas à conservação do bem ou direito.

Havendo condição resolutiva, pelo contrário, o ato ou negócio jurídico desencadeia, desde logo, todos os efeitos para os quais está preordenado, facultando-se ao titular o cabal exercício do direito adquirido, que se incorpora, a partir da celebração, ao seu patrimônio. O acontecimento futuro e incerto, estabelecido condicionalmente, terá o condão de resolver o negócio, desfazendo o ato celebrado e extinguindo o direito.

Feita a explanação, podemos ver que é o implemento da condição suspensiva, como diz o inc. I do art. 117 (CTN), que assinala o momento ao qual reportar-se-ão os efeitos do fato jurídico tributário, quando consiste num ato ou negócio jurídico submetido a tal espécie de modalidade condicional.

---

113. Pontes de Miranda. *Tratado de direito privado*. Rio de Janeiro, Borsoi, 1967, p. 103. v. V.

114. Op. cit., p. 104.

Dessa maneira, subordinado o ato ou negócio jurídico a evento futuro e incerto, seus efeitos normais ficarão inibidos e somente por ocasião do acontecimento previsto como condição suspensiva, "vertido em linguagem", é que nascerá, com todo o vigor característico, o liame obrigacional tributário.

Todavia, celebrando-se o ato ou negócio jurídico, vinculado a disposição condicional resolutiva, o comando é no sentido de fixar o instante da prática do ato ou da celebração do negócio, para que se dê por existente o laço obrigacional, com a assunção de direitos e deveres correlatos, nada importando, para fins tributários, que posteriormente ocorra o implemento da condição.

Crítica ao art. 117

Duas pequenas anotações críticas.

O legislador já dissera, no art. 116, que ficava ressalvada disposição em contrário, quanto ao momento em que se haveria de ter por ocorrido o evento tributário, *quer na situação de fato* (inc. I), *quer na situação jurídica* (inc. II). Não precisaria, pois, repeti-lo, ao tratar desta última no art. 117.

Não se sabe por que empregou *condição resolutória* em vez de *condição resolutiva*, que é a linguagem do Código Civil e mais conforme à tradição do nosso Direito, acolhida pela doutrina e utilizada pela jurisprudência.

> Art. 118. A definição legal do fato gerador é interpretada abstraindo-se:
>
> I — da validade jurídica dos atos efetivamente praticados pelos contribuintes, responsáveis, ou terceiros, bem como da natureza do seu objeto ou dos seus efeitos;
>
> II — dos efeitos dos fatos efetivamente ocorridos.

A leitura do preceito que transcrevemos apresenta manifesta incompatibilidade com o conteúdo do art. 116 (CTN). Do cotejo, entra pelos olhos o lapso da atenção e o resvalo da pena, atraindo para si, o legislador, a coima de não ter operado com apontamento, na combinação das palavras que dão corpo a um preceptivo do Código.

Na construção do art. 116, ficara estabelecido que, para a *situação de fato* (inc. I), o critério de reconhecimento era o instante em que se verificassem as circunstâncias materiais necessárias à produção dos seus efeitos específicos. Em flagrante contradição, declara o art. 118, no inc. II, que a definição legal do *fato gerador* deve ser interpretada, abstraindo-se dos efeitos dos "fatos" efetivamente ocorridos. Como conciliá-los? Seria admissível, pela abstração dos efeitos que o fato concreto propagou, identificar o preciso tempo de seu acontecimento? As circunstâncias materiais necessárias à configuração fática estão irremediavelmente atreladas aos efeitos típicos. Não podemos abstrair umas sem também abstrair outros.

Cremos que o objetivo da norma é aludir a efeitos estranhos, vulgares, alheios aos peculiares e exclusivos que o evento propala. Transigindo assim, contornamos a contradição e outorgamos certo sentido ao inc. II do art. 118.

Muito mais difícil, porém, é compatibilizar o art. 118, I, com o art. 116, II. Nesse ponto a tarefa parece até impossível. Para o reconhecimento da situação jurídica temos de analisar sua constituição, *nos termos do direito aplicável* (art. 116, II), e, ao mesmo tempo, para compreender a definição legal do fato, sempre que se tratar de ato ou negócio jurídico, somos obrigados a fazer abstração da validade dos atos praticados. As ordens prescritas não se coadunam. Uma exclui a outra, em dimensões de contraditoriedade absoluta.

Enfrentamos, de novo, um problema de opção interpretativa e temos para nós que o privilégio deve recair no inc. II do art. 116, em detrimento do inc. I do art. 118.

CAPÍTULO X

A REGRA-MATRIZ DE INCIDÊNCIA. O CONSEQUENTE DA NORMA E AS RELAÇÕES JURÍDICAS TRIBUTÁRIAS

1. A consequência ou "prescritor" da norma tributária — seus critérios

Detivemo-nos, até então, no estudo do suposto, antecedente ou hipótese da regra-matriz de incidência tributária, examinando seus componentes lógicos, ou seja, os critérios que o conceito normativo nos fornece para a identificação do fato descrito.

O foco temático agora é outro. Vamos polarizar a atenção no consequente da norma, naquela peça do juízo hipotético que estipula a regulação da conduta, prescrevendo direitos e obrigações para as pessoas físicas ou jurídicas envolvidas, de alguma forma, no acontecimento do fato jurídico tributário.

Se a hipótese, funcionando como *descritor*, anuncia os critérios conceituais para o reconhecimento de um fato, o consequente, como *prescritor*, nos dá, também, critérios para a identificação do vínculo jurídico que nasce, facultando-nos saber quem é o sujeito portador do direito subjetivo; a quem foi cometido o dever jurídico de cumprir certa prestação; e seu objeto, vale dizer, o comportamento que a ordem jurídica espera do sujeito passivo e que satisfaz, a um só tempo, o dever que lhe fora atribuído e o direito subjetivo de que era titular o sujeito pretensor.

Ao preceituar a conduta, fazendo irromper direitos subjetivos e deveres jurídicos correlatos, o consequente normativo desenha a previsão de uma relação jurídica, que se atrela ao fato por meio de um functor neutro, que não sofre a influência dos modais deônticos.

E quais são os critérios para identificarmos o aparecimento de uma relação jurídica? São apenas dois: critério pessoal e critério quantitativo. O critério pessoal é o conjunto de elementos, colhidos no *prescritor* da norma, e que nos aponta quem são os sujeitos da relação jurídica — sujeito ativo, credor ou pretensor, de um lado, e sujeito passivo ou devedor, do outro. Enquanto isso, o critério quantitativo nos fala do objeto da prestação que, no caso da regra-matriz de incidência tributária, se consubstancia na base de cálculo e na alíquota. É no critério quantitativo que encontraremos referências às grandezas mediante as quais o legislador pretendeu dimensionar o fato jurídico tributário, para efeito de definir a quantia a ser paga pelo sujeito passivo, a título de tributo. Em síntese, investigar os critérios do consequente da regra-matriz significa descobrir o perfil da relação jurídica imputada ao fato, no enlace normativo.

2. Relação jurídica e relações jurídicas tributárias

O objetivo primordial do direito é ordenar a vida social, disciplinando o comportamento dos seres humanos, nas suas relações de intersubjetividade. Tomado por base esse caráter eminentemente instrumental do ordenamento jurídico, é curioso notar que o único meio de que dispõe, para alcançar suas finalidades precípuas, é a relação jurídica, no contexto da qual emergem direitos e deveres correlatos, pois é desse modo que se opera a regulação das condutas.

É incontestável a importância que os fatos jurídicos assumem, no quadro sistemático do direito positivo, pois, sem eles, jamais apareceriam direitos e deveres, inexistindo possibilidade de regular a convivência dos homens, no seio da comunidade. Mas, sem desprezar esse papel fundamental, é pela virtude de seus efeitos que as ocorrências factuais adquirem tanta relevância. E tais efeitos estão prescritos no consequente da norma, irradiando-se por via de relações jurídicas. Isso nos permite dizer, com inabalável convicção, que o prescritor normativo é o dado por excelência da realização do direito, porquanto é precisamente ali que está depositado o instrumento da sua razão existencial.

Relação jurídica, como tantas outras expressões usadas no discurso jurídico, prescritivo ou descritivo, experimenta mais de uma acepção. É relação jurídica o liame de parentesco, entre pai e filho, o laço processual que envolve autor, juiz e réu, e o vínculo que une credor e devedor, com vistas a determinada prestação. Iremos nos ocupar dessa derradeira espécie, que nas regras de comportamento atua decisivamente. Para a Teoria Geral do Direito, *relação jurídica* é definida como o vínculo abstrato, segundo o qual, por força da imputação normativa, uma pessoa, chamada de sujeito ativo, tem o direito subjetivo de exigir de outra, denominada sujeito passivo, o cumprimento de certa prestação. Nela se há de notar a exclusão de qualquer referência a relações do contexto social que viriam a ser juridicizadas pelo direito, o que equivale a afirmar que emerge o vínculo, apenas e tão somente por virtude da imputação normativa, indiferente à existência ou não de um laço de caráter sociológico, político, econômico, ético, religioso ou biológico, anterior à disciplina jurídica. O direito cria suas próprias realidades, não estando condicionado a atender, com foros de obrigatoriedade, à natureza das relações contidas no plano sobre o qual incide. As fórmulas e esquemas que o direito constrói independem do fenômeno real que organiza, contingência que explica disposições jurídicas que não só prescindem de vínculos subjacentes como até chegam a assumir feição indisfarçavelmente antagônica. A chamada *morte civil* do direito pretérito é manifestação significativa e eloquente dessa desvinculação. A ordem jurídica declarava a morte de determinada pessoa, que passava a ser coisa, perdendo aquela condição, tudo isso sem qualquer alteração do ser, enquanto vida animal. As ficções jurídicas, expediente largamente utilizado pelo legislador, nos diversos setores da regulação social, consubstanciam outro modelo expressivo do desapego do direito, com referência à realidade que ordena.

Não é preciso que haja relação social subjacente para que o direito exercite sua atividade normativa, instituindo o vínculo abstrato que ensejará direitos e deveres. De modo semelhante, pode o legislador imaginar a instauração de liame jurídico, onde já exista outro tipo de relação, momento em que consignaremos mera coincidência, que pouco sugere e nada acrescenta, em termos de possibilidade legislativa.

Aspecto que merece considerado, no âmbito do conceito de relação jurídica, é a circunstância de ser um vínculo entre pessoas, reflexão que abriu margem a intermináveis disputas acadêmicas. Prevalece hoje, contudo, sobre o fundamento da essencial bilateralidade do direito, a tese da necessidade impostergável de, pelo menos, dois sujeitos para que se possa configurar o liame jurídico. É incisiva, nesse sentido, a lição de Francesco Carnelutti:[115] *A noção mais ampla e singela de relação jurídica é a de uma relação constituída pelo direito, entre dois sujeitos, com referência a um objeto.* E com ela concorda o magistério da grande maioria dos teóricos gerais do Direito.

No quadro conceitual da relação jurídica, sobreleva observar, ainda, a presença de um objeto, centro de convergência do direito subjetivo e do correlato dever. Fator estrutural da entidade, qualquer modificação no objeto pode ocasionar mutações de fundo na própria composição do vínculo, suscitando, como veremos a breve trecho, as espécies em que se divide a categoria. A faculdade de exigir o objeto dá a substância do direito subjetivo, de que é titular o sujeito ativo da relação, ao passo que a conduta de prestá-lo define o dever jurídico a cargo do sujeito passivo.

Pelo prisma lógico, a relação que une os sujeitos (S' e S") é uma relação *irreflexiva*, pois representaria um sem-sentido deôntico conceber que S' está facultado, obrigado ou proibido perante si mesmo. Além disso, é *assimétrica*, quer dizer, S'R S" implica sempre S"Rc S'. Rc é a *relação conversa* de R: se R interpreta-se como *ter o direito a*, seu converso é *ter a obrigação de.* O ensinamento, extraído das preciosas lições de Lourival Vilanova,[116] é fundamental para a compreensão das relações jurídicas, que mantêm *equivalência implicacional*, da mesma forma que o enunciado *X > Y* (*X é maior do que Y*) equivale a *Y < X* (*Y é menor do que X*). E conclui o eminente professor: *No mundo do Direito, estruturado relacionalmente, quando a norma estatui que o vendedor* **deve** *dar a coisa alienada ao comprador, implica dizer que o comprador* **tem o direito** *de receber a coisa adquirida a título oneroso.*

Tenhamos presente que a linguagem do direito positivo não fornece a compostura verbal completa das relações

115. *Teoría general del derecho*, trad. F. X. Osset, Madrid, 1955, p. 184.

116. *As estruturas lógicas*, cit., p. 103.

jurídicas, salientando a relação entre o sujeito ativo e o passivo, e a relação conversa, entre sujeito passivo e sujeito ativo. As regras são postas de modo *atributivo* (*o sujeito S' tem o direito de*) ou em termos *imperativos* (*o sujeito S" tem o dever de*).

A hipótese normativa está ligada à consequência pelo elo da imputação deôntica, fixado ao talante do político, no tempo da elaboração da lei. O vínculo implicacional que se estabelece no consequente — a relação jurídica — diferentemente, é regido pelas leis lógicas. *Enquanto a primeira implicação é posta pelo sistema normativo, que livremente a constitui e desconstitui, a segunda decorre de imposições lógicas ante as quais o sistema não escapa.*[117]

Identificados os elementos definidores da organização básica das relações jurídicas, qualquer desdobramento que se empreenda no exame do sujeito ativo, do sujeito passivo ou do objeto será meio legítimo de classificá-las. Várias diretrizes, portanto, são admissíveis, desde que repousem nas alterações que se processam em um dos integrantes da composição intrínseca do liame.

De fato, tomando como pressuposto que o sujeito ativo está presente na estrutura de todas as relações jurídicas, será útil e valiosa a classificação que cogite desses vínculos, consoante seja o sujeito pretensor uma pessoa pública ou privada e, dentre as últimas, pessoa física ou jurídica. De modo análogo, têm cabimento teórico e prático aquelas discriminações que, percebendo as flutuações que se operam no polo passivo, engendrem qualificar as espécies de relações jurídicas, na conformidade da natureza específica de quem haja de cumprir a prestação. Também o objeto, dado central e nuclear, tem levantado investigações de grande teor científico, para o fim de isolar os tipos possíveis de relações jurídicas.

A escolha do caminho, é evidente, ficará ao juízo do cientista, que procurará certamente aquele dotado de maior capacidade explicativa.

---

117. Lourival Vilanova, *As estruturas lógicas*, cit., p. 104-5.

Pois bem, quanto ao objeto, descrito na sua individualidade estática, ganhou projeção interessante estudo, pelo qual o critério seletivo das espécies é o caráter patrimonial da prestação. Há de mister separar as relações jurídicas na consonância de ser ou não, seu objeto, susceptível de avaliação econômica. Em caso afirmativo, teremos as relações jurídicas de cunho obrigacional; na hipótese contrária, relações jurídicas não obrigacionais, ou veiculadoras de meros deveres. Surge, assim, a figura da *obrigação*, cujo traço característico é hospedar prestação de natureza patrimonial, na medida em que, sob diversas formas, seja passível de exprimir-se em valores economicamente apreciáveis. No extremo oposto, conhecidas como relações de índole não obrigacional, ou de simples deveres, aqueles vínculos jurídicos cujo conteúdo não se possa representar, de alguma maneira, por símbolos ou equações econômicas.

Importa esclarecer que, embora a maioria dos civilistas e dos teóricos gerais do Direito salientem o timbre da patrimonialidade como aspecto que estabelece distinção entre as relações jurídicas, separando as obrigacionais das não obrigacionais, a orientação não goza de unanimidade, havendo aqueles que a contestam. Inobstante isso, vamos adotá-la, em função de seu forte potencial explicativo.

Assim, recolhendo o vocábulo *obrigação* como sinônimo de relação jurídica de índole economicamente apreciável, podemos defini-lo como o vínculo abstrato, que surge pela imputação normativa, e consoante o qual uma pessoa, chamada de sujeito ativo, credor ou pretensor, tem o direito subjetivo de exigir de outra, denominada sujeito passivo ou devedor, o cumprimento de prestação de cunho patrimonial. Advertimos que o termo *obrigação* costuma ser empregado com outras significações, representando o dever jurídico cometido ao sujeito passivo, no seio das relações de cunho econômico (obrigacionais) e, até, o próprio dever jurídico, nos liames não obrigacionais. Vê-se que a palavra é multissignificativa, problema semântico que persegue e atormenta constantemente o cientista do Direito.

Relações jurídicas tributárias. No conjunto de prescrições normativas que interessam ao Direito Tributário, vamos encontrar os dois tipos de relações: as de substância patrimonial e os vínculos que fazem irromper meros deveres administrativos. As primeiras, previstas no núcleo da norma que define o fenômeno da incidência — *regra-matriz* — e as outras, circumpostas a ela, para tornar possível a operatividade da instituição tributária: são os deveres instrumentais ou formais.

3. A obrigação tributária e os deveres instrumentais ou formais

Por sem dúvida que a prestação pecuniária a que alude o art. 3º do Código dá uma feição nitidamente patrimonial ao vínculo tributário, pois o dinheiro — pecúnia — é a mais viva forma de manifestação econômica. Esse dado, que salta à evidência, nos autoriza a tratar o laço jurídico, que se instala entre sujeito pretensor e sujeito devedor, como uma autêntica e verdadeira *obrigação*, levando-se em conta a ocorrência do fato típico, previsto no descritor da norma. Mas é inaplicável àqueloutras relações, também de índole fiscal, cujo objeto é um *fazer* ou *não fazer*, insusceptível de conversão para valores econômicos.

Ladeando a obrigação tributária, que realiza os anseios do Estado, enquanto entidade tributante, dispõe a ordem jurídica sobre comportamentos outros, positivos ou negativos, consistentes num *fazer* ou *não fazer*, que não se explicam em si mesmos, preordenados que estão a facilitar o conhecimento, o controle e a arrecadação da importância devida como tributo.

Tais relações são conhecidas pela designação imprecisa de *obrigações acessórias*, nome impróprio, uma vez que não apresentam o elemento caracterizador dos laços obrigacionais, inexistindo nelas prestação passível de transformação em termos pecuniários. São liames concebidos para produzirem o aparecimento de deveres jurídicos, que os súditos do Estado hão de observar, no sentido de imprimir efeitos práticos à percepção dos tributos. É dever de todos prestar informações ao Poder Público, executando certos atos e tomando determinadas providências de interesse geral, para que a disciplina do relacionamento comunitário e a administração da ordem pública ganhem dimensões reais concretas. Nessa direção, o cumprimento de incontáveis deveres é exigido de todas as pessoas, no plano sanitário, urbanístico, agrário, de trânsito etc., e, também, no que entende com a atividade tributante que o Estado exerce.

Respeitar os semáforos e os sentidos estabelecidos pela administração do tráfego são deveres impostos pelo Poder Público, para a boa ordem do trânsito de veículos pelas ruas e pelas estradas. De igual maneira, haverá de respeitar-se as posturas municipais, no que atina às construções imobiliárias, a fim de que sejam assegurados princípios urbanísticos e de segurança, tidos por indispensáveis.

Semelhantemente, no território das imposições tributárias, são estipulados inúmeros deveres, que possibilitam o controle, pelo Estado-Administração, sobre a observância do cumprimento das obrigações estatuídas com a decretação dos tributos. Esses deveres são, entre muitos, o de escriturar livros, prestar informações, expedir notas fiscais, fazer declarações, promover levantamentos físicos, econômicos ou financeiros, manter dados e documentos à disposição das autoridades administrativas, aceitar a fiscalização periódica de suas atividades, tudo com o objetivo de propiciar ao ente que tributa a verificação do adequado cumprimento da obrigação tributária.

Aos nexos jurídicos que surdem à luz, sem o requisito da patrimonialidade, e que, quase sempre, circundam numerosamente a obrigação tributária, Renato Alessi[118] chamou de *deveres de contorno* e o direito positivo brasileiro de *obrigações acessórias*. Preferimos nominá-los de *deveres instrumentais ou formais*, pelos motivos que discutiremos logo abaixo. Antes, porém, cabe uma crítica às duas denominações.

---

118. *Istituzione di diritto tributario*, Torino, UTET, p. 40.

A proposta do professor italiano é sugestiva. Acontece, no entanto, que há deveres que não circundam vínculos obrigacionais. Muitas pessoas que não realizaram o fato jurídico do imposto sobre a renda e proventos de qualquer natureza são instadas a prestar declarações ao Ministério da Fazenda. Não se concretizando o fato, não há que se falar em nascimento da obrigação, e tal dever apareceria desvinculado, sem nada *contornar*.

Já no que toca à expressão do Código — *obrigações acessórias* — a objeção é mais abrangente. Atinge os dois signos da locução. Os deveres de que falamos não têm natureza obrigacional, por faltar-lhes conteúdo dimensível em valores econômicos. E, além de não serem obrigações, nem sempre são acessórias. O exemplo anterior vale para demonstrá-lo, porém, muitos outros podem ser aduzidos. Imaginemos uma série de atos, compostos dentro de um procedimento de fiscalização, armado para certificar a ocorrência de um evento tributário. Depois de exaustivas diligências, em que o sujeito passivo se viu compelido a executar atos de informação, de comprovação, de esclarecimentos, concluem as autoridades fazendárias que não se deu o evento de que cogitavam e, portanto, não nascera a relação jurídica obrigacional. Pergunta-se: as *obrigações* (que são meros deveres) seriam *acessórias* de que, se não houve aquilo que o legislador do Código chama de *obrigação principal*? Ao cabo de contas, não são obrigações e, nem sempre, são acessórias.

Nossa preferência recai, por isso, na expressão *deveres instrumentais ou formais*. Deveres, com o intuito de mostrar, de pronto, que não têm essência obrigacional, isto é, seu objeto carece de patrimonialidade. E instrumentais ou formais porque, tomados em conjunto, é o instrumento de que dispõe o Estado-Administração para o acompanhamento e consecução dos seus desígnios tributários. Ele (Estado) pretende ver atos devidamente formalizados, para que possa saber da existência do liame obrigacional que brota com o acontecimento fáctico, previsto na hipótese da norma. Encarados como providências instrumentais ou como a imposição de formalidades, tais deveres representam o meio de o Poder Público controlar o fiel cumprimento da prestação tributária, finalidade essencial na plataforma da instituição do tributo.

4. A obrigação tributária no Código Tributário Nacional

Um artigo, apenas, dispensou a Lei 5.172/66 ao tema da obrigação tributária, desdobrando-o em três parágrafos. Diz o *caput*:

> Art. 113. A obrigação tributária é principal ou acessória.

A linguagem prescritiva é suficientemente clara, e os §§ 1º, 2º e 3º explicitam o alcance da *obrigação tributária principal* e da *obrigação acessória*.

> § 1º. A obrigação principal surge com a ocorrência do fato gerador, tem por objeto o pagamento de tributo ou penalidade pecuniária e extingue-se juntamente com o crédito dela decorrente.

O comentário desse § 1º tem de começar pela correta afirmação do legislador, ao enunciar que a *obrigação principal surge com a ocorrência do fato gerador*, posto que o surgimento do referido vínculo dá-se apenas no instante em que o evento é relatado no antecedente de uma norma individual e concreta, ou seja, no átimo em que é constituído o fato jurídico tributário.

Não prosperou entre nós a vertente constitutivista, tão elaborada nas obras clássicas de Enrico Allorio e Antonio Berliri, assim como nos trabalhos de todos os seguidores italianos. Consagrou-se, isto sim, a tese da natureza declaratória do lançamento, que traduz o reconhecimento de que a obrigação nasce juntamente com a realização do evento tributário. Onde houver obrigação tributária, terá havido, certamente, o fato típico, e a recíproca é verdadeira. O acontecimento factual traz à sirga uma relação tributária que, no caso desse § 1º, reveste a natureza de uma obrigação.

Cessam, entretanto, os aplausos ao legislador, quando lemos a cláusula que segue: *tem por objeto o pagamento de tributo ou penalidade pecuniária*. Vamos dividi-la em duas partes, para efeito de análise, iniciando pelo tributo, como objeto da obrigação, para lembrar, somente, que o termo *tributo* está empregado, aqui, com a acepção de quantia em dinheiro, que o sujeito passivo, por determinação da lei, deve prestar ao sujeito ativo do vínculo, uma vez ocorrido o sucesso hipoteticamente descrito. Recordemo-nos do Capítulo II, espaço que reservamos para discutir, num esforço semântico, as acepções dessa palavra.

É na segunda parte da cláusula que topamos com o manifesto equívoco legislativo da inclusão da penalidade, como objeto possível da obrigação tributária. Incoerência vitanda e deplorável, que macula a pureza do conceito legal, sobre ferir os cânones da lógica. Para notá-la, não é preciso ter partes de bom jurista, muito menos promover estudos aprofundados de Direito Tributário. Basta acudir à mente com a definição de tributo, fixada no art. 3º desse Estatuto, em que uma das premissas é, precisamente, não constituir a prestação pecuniária sanção de ato ilícito. Ora, a prosperar a ideia de que a obrigação tributária possa ter por objeto o pagamento de penalidade pecuniária, ou multa, estará negando aquele caráter e desnaturando a instituição do tributo. O dislate é inconcebível, e todas as interpretações que se proponham respeitar a harmonia do sistema haverão de expungi-la da verdadeira substância do preceito.

Se é certo asseverar que a relação jurídica que se instala em virtude do acontecimento de um ilícito apresenta grande similitude com a obrigação tributária, na hipótese das multas, posto que em ambas há de prestar o sujeito passivo um valor pecuniário, não menos evidente que o próprio legislador do Código Tributário Nacional traçou as fronteiras que separam as duas entidades, associando-as a fatos intrinsecamente distintos: *fato lícito para a obrigação tributária*; *fato ilícito para a penalidade pecuniária*.

Examinadas isoladamente, nenhuma distinção apresentam a relação jurídica tributária e a relação jurídica sancionadora. Em ambas divisamos um sujeito ativo, titular de um direito subjetivo público de exigir, do sujeito passivo, o cumprimento de específica prestação, simbolizada em valores patrimoniais. É por isso que os elementos caracterizadores desses institutos jurídicos devem ser pesquisados em terreno alheio ao do liame obrigacional. E o legislador elegeu o critério apropriado, na exata proporção em que atrelou cada um dos vínculos a ocorrências fáticas de índoles jurídicas discrepantes: a relação sancionadora será efeito insopitável de todos os ilícitos, ao passo que o liame obrigacional tributário só poderá corresponder à realização dos fatos lícitos.

Por amor a formulações singelas e desamor ao senso jurídico, não se admite comprometer a estrutura sistêmica de tão relevantes instituições, que jamais se confundem numa única realidade, mas que operam conjugadas para dar força e expressão ao direito.

Sobrados motivos existem para dirigirmos graves censuras à composição verbal do texto analisado. É imperioso depurá-lo, suprimindo, por imposição do próprio sistema, as palavras *ou penalidade pecuniária*, salvaguardando, desse modo, a pureza e a integridade do conceito de *obrigação tributária*.

Acaso estivesse pensando o político nas vantagens de equiparar as relações, com o fito de cobrá-las conjuntamente, como de fato acontece, não se expressou bem, ingressando pelo setor perigoso das equivalências espúrias e desautorizadas.

A cláusula final — *e extingue-se juntamente com o crédito dela decorrente* — origina mais uma dose crítica, que não pode deixar de ser formulada.

Em várias passagens do texto da Lei 5.172/66 deparamos com a estranha separação entre *obrigação* e *crédito*. Posta de lado a influência que o legislador porventura tenha sofrido da velha teoria dualista da obrigação civil, que não vem ao caso debater aqui, a verdade é que não se pode cogitar de obrigação sem crédito ou de crédito sem obrigação. O direito de crédito é a outra maneira de nos referirmos ao direito subjetivo que o sujeito ativo tem para exigir a prestação. A ele se contrapõe o débito, como o dever jurídico atribuído ao sujeito passivo de cumprir o que dele se espera. Um e outro integram o vínculo obrigacional, na condição de elementos indispensáveis. Exista o crédito em estado de incerteza ou de iliquidez, de qualquer forma é uma realidade jurídica ínsita a toda obrigação. Soa mal, portanto, quando declara o legislador, ingenuamente, que a obrigação nasce com a realização do *fato gerador*, mas o crédito tributário se constitui pelo lançamento. Seria o momento de indagar: que obrigação é essa que desabrocha no mundo jurídico, sem que haja, para o sujeito pretensor, o direito subjetivo de exigir a prestação? E que liame obrigacional será esse, em que o sujeito passivo não está compelido a prestar o objeto?

Teria sido melhor se o legislador se ativesse às concepções tão bem elaboradas pela Teoria Geral do Direito, substituindo esse fraseado atécnico que acaba proclamando desaparecer a parte quando se extinguir o todo.

Havemos de assimilar a mensagem legislativa, contida no fim desse § 1º, com o seguinte conteúdo: ocorrido o fato jurídico tributário, inaugura-se a relação obrigacional, com o crédito para o sujeito ativo e o débito para o sujeito passivo.

> § 2º. A obrigação acessória decorre da legislação tributária e tem por objeto as prestações, positivas ou negativas, nela previstas no interesse da arrecadação ou da fiscalização dos tributos.

Já expusemos nossa posição relativamente às *obrigações acessórias*, que designamos como deveres instrumentais ou formais. Restaria agregar, no que toca a esse § 2º — e enfatizando o *decorre da legislação tributária* — que tais prestações, destituídas de valor patrimonial, devem observar, estreitamente, o mandamento inscrito no art. 5º, II, da Constituição, o que significa reiterar que somente poderão ser exigidas prestações positivas ou negativas, no interesse da arrecadação ou da fiscalização dos tributos, de quem quer que seja, no pressuposto de haver lei que disponha nesse sentido. Ao dizer, simplesmente, que decorre da legislação tributária, não se ressalta a gravidade que preside a instituição dos deveres instrumentais ou formais.

> § 3º. A obrigação acessória, pelo simples fato da sua inobservância, converte-se em obrigação principal relativamente a penalidade pecuniária.

No parágrafo que transcrevemos, volta o legislador a cometer desatinos lógico-jurídicos, agredindo a postulados de extraordinária relevância para a Teoria Geral do Direito.

Nele se pode vislumbrar uma relação jurídica de mero dever e, portanto, não patrimonial, em que o sujeito passivo descumpre a prestação que lhe quadra, rendendo espaço à incidência da norma sancionadora que, tendo por hipótese o não cumprimento daquele dever, imputa, ao mesmo sujeito, uma penalidade pecuniária. De seguida, por equiparação legal, o vínculo assim constituído passa a chamar-se *obrigação tributária*, sinônimo que concertamos adotar para a expressão inexata *obrigação principal*.

Que o legislador do Código pretendesse simplificar o esquema verdadeiramente complexo do nosso sistema impositivo, seria tarefa elogiável, que a todos aproveitaria. Se, porém, o preço desse trabalho estiver representado pela decomposição de institutos e categorias, enrijecidos pela tradição dos tempos, depurados no cadinho rigoroso da Ciência e aprimorados, com mão diurna e noturna, pela ação serena das manifestações jurisprudenciais, por certo que encontrará a oposição do próprio sistema do direito positivo, da Ciência e dos tribunais.

A iniciativa que se abriga no produto legislado, neste passo, não contém nenhum fundamento, salvo ao mencionar que o descumprimento do dever suscita a incidência da penalidade pecuniária. Isso, aliás, não é novidade. Dever jurídico é aquele ato que, não cumprido, perfaz o antecedente de uma sanção. Mas não é esse o ponto que ascende o espírito crítico do analista. Queremo-nos reportar à equiparação do vínculo sancionador com o laço obrigacional, que mereceu o nome de obrigação tributária. Mais uma vez o político ignora noções fundamentais, passando ao largo de temas caros e intensamente refletidos em estudos de Teoria Geral e Filosofia do

Direito. O terreno das equiparações dos conceitos jurídicos é sobremedida amplo, mas tem limites intransponíveis. Um deles é exatamente o das normas primárias (que estabelecem o dever) com outras normas primárias (que estipulam as sanções). Admitida a equiparação, perde-se a diferença substancial que existe entre o lícito e o ilícito, caindo por terra a compreensão do fenômeno normativo.

Para que não se percam as palavras da lei, de tudo o que está escrito havemos de concluir que, descumprido o dever formal, desaparece a relação que o instituíra, surgindo, em seu lugar, um vínculo sancionatório, portador de uma penalidade pecuniária que onerará o patrimônio do infrator. A multa, por uma série de razões que consultam os interesses da Administração, é cobrada por intermédio dos mesmos recursos administrativos e com o emprego de idênticos instrumentos processuais aos utilizados na cobrança dos tributos. Há indiscutíveis motivos de ordem prática que aproximam a exigência das duas pretensões. Daí, entretanto, para que se force a identificação estrutural do liame jurídico do dever com o da penalidade, entremeia um obstáculo de lógica jurídica que não pode ser transposto.

5. Critério pessoal — os sujeitos da relação — sujeito ativo

Retomemos o fio do raciocínio, regressando ao consequente da regra-matriz de incidência ou *prescritor* normativo. Nele há feixes de informações que nos oferecem critérios de identificação dos elementos constitutivos do laço obrigacional: *a*) o critério pessoal, que aponta os sujeitos (ativo e passivo) da relação; e *b*) o critério quantitativo, indicador dos fatores que, conjugados, exprimem o valor pecuniário da dívida (base de cálculo e alíquota).

É o tempo de tratarmos do critério pessoal, deixando para subdivisões ulteriores o exame do critério quantitativo.

Tecendo considerações sobre a relação jurídica, tocamos, reiteradamente, nas entidades que lhe dão vida e em função de quem, afinal de contas, existe: os sujeitos do vínculo, isto é, as pessoas que se acham atreladas, uma à outra, com vistas ao objeto, que é a prestação. Os conceitos emitidos a propósito do liame abstrato, de cunho patrimonial ou não, parecem suficientes para que cheguemos a ver duas ou mais pessoas, com interesses formalmente antagônicos, que se encontram ligadas perante o direito, para a obtenção de certos objetivos que a ordem jurídica persegue.

O sujeito ativo, que dissemos ser o titular do direito subjetivo de exigir a prestação pecuniária, no direito tributário brasileiro pode ser uma pessoa jurídica pública ou privada, mas não visualizamos óbices que impeçam venha a ser pessoa física. Entre as pessoas jurídicas de direito público, temos aquelas investidas de capacidade política — são as pessoas políticas de direito constitucional interno — dotadas de poder legislativo e habilitadas, por isso mesmo, a inovar a organização jurídica, editando normas. Há outras, sem competência tributária, mas credenciadas à titularidade de direitos subjetivos, como integrantes de relações jurídicas obrigacionais. Entre as pessoas de direito privado, sobressaem as entidades paraestatais que, guardando a personalidade jurídico-privada, exercitam funções de grande interesse para o desenvolvimento de finalidades públicas. Por derradeiro, e como já adiantamos, há possibilidade jurídica de uma pessoa física vir a ser sujeito ativo de obrigação tributária. A hipótese traz como pressuposto que tal pessoa desempenhe, em determinado momento, atividade exclusiva e de real interesse público. Concorrendo os requisitos, nada conspiraria contra a indicação de sujeito de direitos, pessoa física, para arrecadar taxas, por exemplo.

A redação do art. 119 do CTN aparenta desmentir o que foi exposto. Prescreve que *sujeito ativo da obrigação é a pessoa jurídica de direito público titular da competência para exigir o seu cumprimento*. O preceptivo suprime, descabidamente, gama enorme de possíveis sujeitos ativos, reduzindo o campo de eleição, única e tão somente, às pessoas jurídicas de direito público, portadoras de personalidade política. Estamos diante de uma formulação legal que briga com o sistema. Há mandamentos constitucionais que permitem às pessoas titulares de competência tributária a transferência da capacidade ativa, nomeando outro ente, público ou privado, para figurar na relação, como sujeito ativo do vínculo. A despeito dessas autorizações constitucionais, que já estudamos em capítulos anteriores, insiste o legislador em dizer que só a União, os Estados, o Distrito Federal e os Municípios têm legitimidade para ocupar o tópico de sujeito pretensor nas obrigações tributárias. Levada a sério a letra do art. 119, ruiriam todas as construções relativas à parafiscalidade, jogadas ao desconfortável reduto das normas eivadas de invalidade.

Não é tarde para reconhecermos que o art. 119 do CTN é letra morta no sistema do direito positivo brasileiro. Dele nada se aproveita, com exceção, naturalmente, de admitirmos a ponderação óbvia de que as pessoas jurídicas titulares de competência para instituir tributos também podem ser sujeitos ativos.

Cuida o art. 120 da questão que se abre com o desmembramento territorial de uma pessoa jurídica, investida de competência positiva, usando destas palavras:

> Art. 120. Salvo disposição de lei em contrário, a pessoa jurídica de direito público, que se constituir pelo desmembramento territorial de outra, sub-roga-se nos direitos desta, cuja legislação tributária aplicará até que entre em vigor a sua própria.

Não são poucos os problemas acerca de alterações que sucedam com os sujeitos ativos de obrigações tributárias. Pelo contrário, o tema é mais rico e complexo do que supôs o legislador. Atinge, com esse preceito, apenas uma hipótese de mutação, não se sabe por quê. Outra seria a fusão, e a experiência brasileira conhece exemplos das duas situações. É inadmissível, por isso, que, tendo cogitado expressamente do desmembramento, não mencionasse a fusão.

Permaneçamos com o conteúdo do dispositivo citado, procurando entendê-lo. De pronto, que lei seria essa, legitimada a dispor em sentido contrário? Logicamente a lei complementar a que se refere o art. 18, § 3º, da Constituição, em se tratando de Estados e Territórios Federais, e a lei estadual a que alude o art. 18, § 4º, daquele mesmo Diploma, no atinente aos Municípios.

A importância do assunto insinua que, dificilmente, diploma que trate de matéria de tamanha envergadura deixe de trazer prescrições relativas à competência legislativa da nova pessoa de direito público que surge. Dadas as peculiaridades geográficas, políticas e sociais que envolvem o desmembramento ou a fusão, certamente que a lei complementar ou a lei estadual autorizadora conterá disposições que atendam às necessidades da mudança.

Foi o que ocorreu na fusão dos Estados do Rio de Janeiro e da Guanabara, sob o manto da Lei Complementar n. 20, de 1º de julho de 1974. Aliás, é curioso notar que esse ato normativo *dispõe sobre a criação de Estados e Territórios*, funcionando como enunciador de regras gerais sobre a matéria. Todavia, correndo os olhos para o art. 18, § 3º, da Constituição, verificamos que, a qualquer momento, a generalidade dessas normas pode ser quebrada pela edição de nova lei complementar que venha a dispor acerca de outros casos de criação de Estados e Territórios.

Reserva-se a aplicação do art. 120 aos casos em que a lei editada com fundamento no art. 18, §§ 3º ou 4º, da Constituição nada esclareça sobre a iniciativa da novel pessoa jurídica, em face do imediato exercício de sua competência legislativa.

6. Critério pessoal — os sujeitos da relação — sujeito passivo

Sujeito passivo da relação jurídica tributária é a pessoa — sujeito de direitos — física ou jurídica, privada ou pública, de quem se exige o cumprimento da prestação: pecuniária, nos nexos obrigacionais; e insuscetível de avaliação patrimonial, nas relações que veiculam meros deveres instrumentais ou formais.

É no critério pessoal do consequente da regra-matriz de incidência que colhemos elementos informadores para a determinação do sujeito passivo.

Regula o art. 121, parágrafo único, do CTN, que o sujeito passivo possa assumir a feição de:

> *Art. 121. [...]*
>
> *[...]*
>
> *I — contribuinte, quando tenha relação pessoal e direta com a situação que constitua o respectivo fato gerador*; e
>
> *II — responsável, quando, sem revestir a condição de contribuinte, sua obrigação decorra de disposição expressa de lei.*

Enfraquece-se a sugestão prescrita, ao pensarmos que a figura do sujeito que deve satisfazer à pretensão fiscal vem sempre determinada, de modo expresso, no texto da lei, não consistindo, então, um predicado do responsável ter sua menção explicitamente estipulada, porquanto o *contribuinte* também a tem.

A orientação normativa teve como raiz o magistério de Rubens Gomes de Sousa,[119] que por muito tempo vingou na dogmática brasileira. A teoria de que falamos vislumbrava no sujeito passivo aquela pessoa que estava em relação econômica com o fato jurídico tributário, dele extraindo vantagens. Seus escritos esclarecem, entretanto, que, por vezes, tem o Estado interesse ou necessidade de cobrar o tributo de pessoa diferente: dá-se então a sujeição passiva indireta. A sujeição passiva indireta apresentaria duas modalidades: transferência e substituição; por sua vez a transferência comporta três hipóteses: solidariedade, sucessão e responsabilidade.

Foi útil a preleção desse jurista egrégio, para a relativa compreensão do fenômeno jurídico da sujeição tributária. Todavia, sua elaboração data dos albores do Direito Tributário no Brasil, quando os conceitos dessa Ciência se achavam fortemente impregnados pela influência negativa de categorias estranhas, principalmente de caráter econômico. Daí a procedência de uma observação crítica decisiva e fulminante: não há, em termos propriamente jurídicos, a divisão dos sujeitos

119. *Compêndio*, cit., p. 55.

em diretos e indiretos, que repousa em considerações de ordem eminentemente factuais, ligadas à pesquisa das discutíveis vantagens que os participantes do evento retiram de sua realização. Interessa, do ângulo jurídico-tributário, apenas quem integra o vínculo obrigacional. O grau de relacionamento econômico da pessoa escolhida pelo legislador, com a ocorrência que faz brotar o liame fiscal, é alguma coisa que escapa da cogitação do Direito, alojando-se no campo de indagação da Economia ou da Ciência das Finanças.

O teor pré-legislativo dessa construção aparece nitidamente ao tratar do mecanismo da *substituição.* Sustentou Rubens Gomes de Sousa[120] que se dava o fenômeno quando, *em virtude de uma disposição expressa de lei, a obrigação tributária surge desde logo contra uma pessoa diferente daquela que esteja em relação econômica com o ato, ou negócio tributado: nesse caso, é a própria lei que substitui o sujeito passivo direto por outro indireto.*

Está bem claro que, na hipótese, o legislador nada substitui, somente institui. Anteriormente à lei que aponta o sujeito passivo, inexistia, juridicamente, aquele outro sujeito que o autor chama de *direto.* Havia, sim, sob o enfoque pré-legislativo, como matéria-prima a ser trabalhada pelo político. Mas o momento da investigação jurídico-científica começa, precisamente, na ocasião em que a norma é editada, ingressando no sistema do direito positivo.

Voltaremos ao assunto do responsável. Antes, porém, cuidemos do domicílio tributário, da capacidade passiva e da solidariedade.

7. Sujeito passivo e domicílio tributário

Perante a lei civil, domicílio da pessoa natural é o lugar onde ela estabelece a sua residência com ânimo definitivo (CC, art. 70). Entretanto, tendo diversas residências onde

120. *Compêndio*, cit., p. 56.

alternadamente viva, considerar-se-á domicílio seu qualquer delas (CC, art. 71). Quando às relações profissionais, o domicílio da pessoa natural é o lugar onde a profissão é exercida, ou, exercendo-a em lugares diversos, cada um deles constitui domicílio para as relações que lhe correspondem (CC, art. 72 e parágrafo único). Quanto às pessoas jurídicas de direito privado, o lugar onde funcionarem as respectivas diretorias e administrações, ou onde elegerem domicílio especial no seu estatuto ou atos constitutivos (art. 75, IV). No caso de manterem diversos estabelecimentos em lugares diferentes, cada um será considerado domicílio para os atos nele praticados (CC, art. 75, § 1º).

Para efeitos de aplicação da legislação tributária, contudo, há modificações prescritas pelo Código Tributário Nacional, que disciplina a matéria no art. 127, com seus três incisos e dois parágrafos.

Vige a regra geral da *eleição do domicílio* que o sujeito passivo pode fazer a qualquer tempo, decidindo, espontaneamente, sobre o local de sua preferência. Todas as comunicações fiscais, de avisos e esclarecimentos, bem como os atos, propriamente, de intercâmbio procedimental — intimações e notificações — serão dirigidas àquele lugar escolhido, que consta dos cadastros das repartições tributárias, e onde o fisco espera encontrar a pessoa, para a satisfação dos mútuos interesses.

A cabeça do art. 127 do CTN, todavia, já provê a falta de eleição, por parte do contribuinte ou responsável, estipulando, então, as normas aplicáveis, posto que a entidade tributante não pode ficar à mercê da negligência do sujeito passivo em indicar seu domicílio preferido. Nessa contingência, isto é, não havendo manifesta escolha, os três incisos do mencionado dispositivo terão cabimento para suprir a omissão. O inc. I, aludindo às pessoas físicas, toma como domicílio tributário a sua residência habitual ou, sendo esta incerta ou desconhecida, o centro habitual de sua atividade. O inc. II refere-se às pessoas jurídicas de direito privado e às firmas individuais, fixando o local da sua sede ou, em relação aos atos ou fatos que derem origem à obrigação, o de cada estabelecimento. E o inc. III reporta-se às pessoas jurídicas de direito público, firmando como domicílio fiscal qualquer de suas repartições, dentro do território do ente que tributa.

Anteviu bem o legislador, ao conceber que poderiam ocorrer situações em que nenhum dos três incisos tivessem aplicação, expedindo a regra do § 1º:

> Art. 127. [...]
>
> [...]
>
> § 1º. Quando não couber a aplicação das regras fixadas em qualquer dos incisos deste artigo, considerar-se-á como domicílio tributário do contribuinte ou responsável o lugar da situação dos bens ou da ocorrência dos atos ou fatos que deram origem à obrigação.

Dessa maneira, haverá sempre para a Administração Tributária um ponto de referência para nele convocar o sujeito passivo ao cumprimento de suas obrigações e dos seus deveres instrumentais.

Pode acontecer que o domicílio eleito pelo contribuinte ou responsável traga dificuldades administrativas ligadas à cobrança e, mesmo, à fiscalização dos tributos. Em hipóteses dessa natureza, caberá ao fisco recusar o lugar escolhido pelo sujeito passivo, aplicando a regra do § 2º, vale dizer, determinando o domicílio em função do local onde estão situados os bens ou tiverem ocorrido os atos ou fatos que fizeram nascer a pretensão impositiva. É oportuno e procedente o escólio de Aliomar Baleeiro[121] a essa prerrogativa da Administração, ponderando que a recusa há de ser fundamentada, explicitando o ente público as razões pelas quais não aceita a eleição do domicílio.

Na ordem pragmática, é comum as pessoas, físicas e jurídicas, terem pluralidade de domicílios fiscais. Basta que a pessoa física seja proprietária de um imóvel em outra cidade, que não

121. *Direito tributário*, cit., p. 478.

aquela em que fixou seu domicílio para efeitos do IR e já terá dois, sendo o outro para fins de IPTU. Com as pessoas jurídicas, então, é fato corriqueiro, se houver matriz e filiais, porquanto o princípio da autonomia do estabelecimento faz de cada filial uma unidade independente, nos casos do IPI e do ICMS.

De resto, a problemática do domicílio tributário está intimamente associada ao âmbito de aplicação da lei no espaço e, se penetrarmos no interior da regra de incidência, veremos que há estreita correlação com o critério espacial da hipótese normativa. Esses limites lógicos impedem a autoridade legislativa de cogitar da fixação de domicílio, quanto a pessoas, fatos ou bens situados para além das fronteiras geográficas que a lei tem a virtude de alcançar.

8. Sujeito passivo e capacidade tributária passiva — capacidade para realizar o fato jurídico tributário e capacidade para ser sujeito passivo de obrigações tributárias

Define-se capacidade tributária como a aptidão que as pessoas têm para serem sujeitos ativos e passivos de relações jurídicas de índole tributária. Se assim é, podemos dizer que capacidade tributária passiva é a habilitação que a pessoa, titular de direitos fundamentais, tem para ocupar o papel de sujeito passivo de relações jurídicas de natureza fiscal.

Campo batido de dissensões é o de saber se tão somente as pessoas dotadas de personalidade jurídica, tal qual estipulam as regras de direito privado, reuniriam condições para figurar na posição de sujeito passivo, no contexto de relações jurídico-tributárias, ou, em concepção mais lata, entidades outras, não referidas expressa ou implicitamente como centros de imputação de direitos e deveres, em consonância com as diretrizes definidoras da capacidade jurídica, também estariam legitimadas para compor o nexo abstrato que se instala pelo acontecer do fato tributário.

Debruçados sobre o tema, autores da melhor nota já escreveram linhas que revelam a extrema importância dessa noção introdutória. Quase que unanimemente, sufragam hoje a possibilidade de atribuir-se legitimação passiva a entes não previstos entre os portadores de personalidade jurídica, pelas regras genéricas e amplas do direito privado.

Esta, precisamente, a tendência prestigiada pelo Código Tributário Nacional (Lei 5.172/66), ao disciplinar o âmbito da *capacidade tributária*, no art. 126:

> Art. 126. A capacidade tributária passiva independe:
>
> I — da capacidade civil das pessoas naturais;
>
> II — de achar-se a pessoa natural sujeita a medidas que importem privação ou limitação do exercício de atividades civis, comerciais ou profissionais, ou da administração direta de seus bens ou negócios;
>
> III — de estar a pessoa jurídica regularmente constituída, bastando que configure uma unidade econômica ou profissional.

Sem maiores dissonâncias, acolhem os tributaristas brasileiros o comando emergente desse dispositivo, engrossando o volume das manifestações europeias e latino-americanas existentes. Nada obstante, uma elucidação metodológica ainda não foi satisfatoriamente investigada, contingência que, *data venia*, impede o aprofundamento da pesquisa, tolhendo uma série de conclusões convencionais. Supomos que o problema esteja na distinção, que não foi inteiramente elaborada, entre a pessoa ou entidade que promove a realização do fato jurídico tributário, ou participa do seu acontecimento, e, propriamente, aquela pessoa, física ou jurídica, que a regra tributária indica, pelo fenômeno da imputação deôntica, para dar compostura ao laço jurídico abstrato, fazendo as vezes de sujeito passivo da obrigação tributária.

Aqui se demora a seiva das discrepâncias doutrinárias e, porque não afirmar, o verdadeiro caminho das possíveis soluções.

Com efeito, reconhece o direito tributário aptidão para realizar o fato, ou dele participar, a entes, agregados econômicos, unidades profissionais, enfim, organizações de pessoas ou de bens, não contempladas pelo direito privado com *personalidade jurídica.* A elas confere possibilidade jurídica de promover aqueles acontecimentos hipoteticamente previstos na lei, reputando-os fatos válidos e eficazes para desencadear os efeitos jurídicos característicos, significa dizer, a inauguração do *vinculum juris* que dá ao Estado o direito subjetivo público de exigir parcelas do patrimônio privado. Este é, sem outros torneios, o campo de eleição do *sujeito capaz* de realizar o fato jurídico tributário, ou dele participar, e os sucessos que nessa conformidade ocorrem assumem a magnitude própria que o direito associa aos chamados *fatos jurídicos tributários.*

Por sem dúvida que *ser capaz* de realizar o fato jurídico tributário não quer demonstrar capacidade jurídica para ser sujeito passivo de obrigações tributárias. Uma coisa é a aptidão para concretizar o êxito abstratamente descrito no texto normativo, outra é integrar o liame que se instaura no preciso instante em que adquire proporções concretas o fato previsto no suposto da regra tributária. É intuitivo que se não poderia negar legitimidade ao legislador fiscal para erigir fatos lícitos, que não acordos de vontade, considerados em si mesmos, e cogitá-los perfeitos e acabados, na estrita correspondência dos interesses e anseios da pretensão impositiva do Estado. É nesse sentido que entrevemos a desvinculação do direito tributário com relação às demais construções do direito positivo, circunstância que lhe empresta, decididamente, traço particular e foros de autonomia, não científica, como de cotio se afirma, mas autonomia meramente didática, uma vez que o direito constitui sistema unitário e indecomponível, debaixo de qualquer pretexto, que não aquele que busca meios e formas de expor a arquitetura de seus institutos, segundo métodos adequados de compreensão.

E tal virtualidade criadora ou modificadora tão só existe porque nesse plano de elaboração normativa não há preocupar-se com impedimentos ou obstáculos de ordem lógico-jurídica, o que oferece vasta latitude aos impulsos criativos do político, investido da função legislativa.

Nada haveria que opor, como o direito positivo certamente não opõe, a que a lei tributária atribuísse validade a atos ou negócios jurídicos celebrados por pessoas relativa ou absolutamente incapazes, de acordo com os critérios firmados no direito civil. E simplesmente porque a lei tributária não associa àqueles atos ou negócios jurídicos os efeitos que lhes são próprios e característicos, nos quadros disciplinados pela lei civil.

Representaria inusitada eversão de princípios outorgar ao direito tributário a prerrogativa de criar ou modificar noções, categorias ou institutos de outros ramos do direito, para a eles atrelar efeitos jurídicos imanentes ao setor de onde provêm. Modificar, por exemplo, o instituto do matrimônio, com o fim de adjudicar-lhe efeitos civis diferentes. Se tal, estaríamos diante de inconcebível disparate lógico, ultrapassando, ostensivamente, os limites racionais da linguagem normativa.

O legislador das regras tributárias está credenciado a descrever o fato que bem lhe aprouver, dentro dos parâmetros constitucionalmente previstos, mas com o objetivo específico de a eles ligar efeitos *tributários*. Nesse segmento, é extremamente lasso o campo eletivo das edificações tributárias, que não se limitam apenas ao possível da lógica comum, ingressando no terreno fértil, se bem que perigoso, das presunções, relativas e absolutas, e das ficções, instrumental singular que a lógica do direito consagra, em obséquio da plena integração do sistema normativo.

O asserto de que o legislador pode descrever fatos lícitos, que não acordos de vontade, considerados em si mesmos, e a eles atribuir efeitos fiscais, é cláusula pacífica, não havendo por que discutir-lhe os fundamentos. É assim que os vários sistemas tributários dispõem livremente das instituições jurídicas tradicionais ou, abrindo brechas ao gênio imaginativo do político, elaboram figuras inteiramente novas ou absorvem determinada categoria, com imprimir-lhe dimensão peculiar.

Tudo isso, no entanto, é válido e tem visos de inequívoca procedência, para o efeito de talhar a fisionomia e o desenho estrutural do fato que dará oportunidade ao nascimento da obrigação tributária. Não se aplica, de forma alguma, à prescrição genérica da relação jurídica, estatuída no consequente normativo. Reside aqui o critério da distinção que a doutrina não sopesou, dando curso a discussões estéreis, que giram em torno de postulados corretos, mas inadequados, e chegam a conclusões difusas e contraditórias.

Visto como foi, distância abissal separa as duas circunstâncias, sumamente relevantes para descrição do fenômeno jurídico das imposições tributárias: a possibilidade de um ente, ao qual o direito positivo não atribui personalidade jurídica, vir a concretizar situação estabelecida na lei fiscal, desencadeando efeitos tributários; e a aptidão para integrar a relação jurídico-tributária, nexo que surge, automática e infalivelmente, por força da ocorrência dos fatos descritos.

Passemos a considerá-las, separadamente.

A capacidade para promover os fatos tributários, ou deles participar, na consonância das previsões normativas, não é privilégio das pessoas físicas ou jurídicas, espécies de entidades personalizadas pelo direito privado. Para esse escopo, o legislador tributário desfruta de ampla liberdade, cerceada apenas pela consideração de dois fatores exógenos, quais sejam os limites da outorga constitucional de competência e o grau de relacionamento da entidade com o evento fático. Dentro dessa moldura, é quase infinita a legitimidade criativa do legislador fiscal, que pode atribuir *personalidade tributária* e *capacidade para realizar o fato jurídico tributário* a quem não as tenha por reconhecidas, no enredo das normas de direito civil.

Cravada a premissa, será amplamente apropriada para a caracterização de um contrato de venda e compra de mercadorias, como ensejador de efeitos tributários, a circunstância de ambas as partes serem absolutamente incapazes; a contingência de uma sociedade de fato (sem constituição jurídica válida) ou de sociedade irregular (cuja constituição foi reconhecida pelo direito, mas que, por razões diversas, deixou de manter a regularidade jurídica de sua existência) praticar operações tributáveis; a eventualidade de um agregado familiar ser alvo de pretensões fiscais por encontrar-se envolvido em situação tributada; a hipótese de um grupo de sociedades, não reconhecido em sua unidade pela ordem jurídica vigente, participar de sucesso estatuído em lei tributária; ou a conjuntura de um núcleo econômico ou profissional efetuar operações colhidas pela legislação de certo gravame.

Ora, com exceção dos menores, absoluta ou relativamente incapazes, e da sociedade irregular, pessoas dotadas de personalidade jurídica, os demais *sujeitos* acima referidos pertencem à numerosa família das entidades a que o direito privado não aceita como centro de imputação de direitos e deveres. São utilizadas, a despeito disso, para compor a situação de fato que serve de pressuposto à inauguração do vínculo tributário, o que exibe a eloquência da afirmação, segundo a qual a capacidade de realizar o fato jurídico tributário, ou dele participar, prescinde de qualquer atinência às construções do direito civil.

Se focalizarmos, agora, o consequente normativo, isto é, a prescrição de direitos e deveres, no esquema da relação jurídica, haveremos de convir em que o rol das opções do legislador se restringe sensivelmente, não lhe sendo possível indicar para sujeito passivo alguém que não tenha personalidade jurídica, nos precisos termos em que definida pelo direito civil. Minguando o requisito da personalidade jurídica, tal qual concebida na plataforma das elaborações privadas, a pretensão tributária estará inibida, em função da inaplicabilidade de cadeias de dispositivos de direito processual, que dão significado e conteúdo de coatividade às aspirações fazendárias. Falando pela via direta, só alguém que tenha personalidade jurídica pode ser sujeito passivo de obrigações tributárias, advertência que se estende para toda e qualquer relação jurídica. Só a pessoa, sujeito de direitos fundamentais, como nome, patrimônio e domicílio, tem condições de ocupar o tópico de devedor da prestação obrigacional.

Vamos reter na memória esta conclusão de superior importância: se o direito tributário é livre e suficiente em si mesmo para traçar os contornos dos fatos que elege, não o será, com certeza, para firmar os termos da chamada *obrigação tributária*. E o motivo é muito simples: a obrigação tributária é espécie de relação jurídica, da categoria das patrimoniais, instituição que informa com exclusividade toda a disciplina do comportamento humano em sociedade. Sua estrutura interior é a mesma, seja qual for a índole do direito subjetivo ou do dever jurídico que veicule. Sob pena de frustrar o manejo desse instrumento, o legislador tributário não poderá deixar de respeitá-la na plenitude da sua integridade constitutiva. A relação jurídica, como única fórmula que faz surgir direitos e correlatos deveres, tem suas raízes no seio da Teoria Geral do Direito, matéria que trata dos conceitos fundamentais que orientam a descrição do direito positivo como um todo. O emprego dessa equação instrumental, qualquer que seja o campo jurídico a que se destine, haverá de acatar o arcabouço comum e invariável, que antessupõe um sujeito ativo, titular do direito subjetivo; um sujeito passivo, de quem se pode exigir determinada prestação; e, por final, um objeto, centro de convergência do direito e do dever. À margem desse esquema inexiste relação, do que deflui a necessidade de preservá-lo, para que se mantenha a carga de juridicidade irradiada pelo acontecimento dos fatos descritos nas hipóteses normativas.

Admitida essa cláusula, seria herético afirmar que o direito tributário tem prerrogativas de modelar a organização do vínculo, atribuindo personalidade jurídica a quem o universo sistemático não confere.

Perfunctório exame que se promova nos padrões conhecidos de normas tributárias vem roborar a afirmativa de que não há exemplo de entidade, não contemplada com personalidade jurídica de direito civil, compondo o vínculo abstrato que se agrega à ocorrência do fato típico, ainda que para a realização do evento o próprio antecedente normativo haja estabelecido a efetiva participação daquela entidade. Sempre que o legislador pretende inscrever, na hipótese normativa, sujeito sem personalidade jurídica, outorgando-lhe capacidade para realizar o acontecimento tributário, prescreve o vínculo com a indicação de pessoa física ou jurídica, escolhida no quadro daquelas previstas e admitidas no segmento das regras de direito privado, para o fim de *responsabilizar* o ente que promoveu o evento. Mesmo porque seria inconcebível a composição do liame obrigacional, tendo como sujeito passivo o próprio ente sem personalidade, dado que tolheria o prosseguimento dos objetivos que acompanham a instituição do tributo, por empecer medidas processuais de que a pretensão fiscal necessita.

Alguma coisa exsurge com a veemência das afirmações verdadeiras: não se disse, ainda, com clareza e de modo peremptório, que o sujeito capaz de realizar o fato jurídico tributário, ou dele participar, pode, perfeitamente, não ter personalidade jurídica de direito privado, contudo, o sujeito passivo da obrigação tributária haverá de tê-lo, impreterivelmente.

Nosso Código Tributário Nacional omite qualquer distinção, misturando as entidades num único bloco, de tal arte que alude, no art. 126, a entes personalizados e a entes não personalizados. Assim, quando enuncia que a capacidade tributária independe da capacidade civil das pessoas naturais (inc. I) reporta-se, evidentemente, a pessoas, titulares de direitos e obrigações, posto que o direito positivo brasileiro desconhece pessoas naturais destituídas de personalidade jurídica. No inc. II volta a falar de entes personalizados, pois trata novamente das pessoas naturais, afirmando que não interessa, para seus fins, a circunstância de estarem elas sujeitas a medidas que importem privação ou limitação do exercício de atividades civis, comerciais ou profissionais, ou da administração direta de seus bens ou negócios. Finalmente, o inc. III une ao grupo de pessoas de direito entes não personalizados, como a sociedade de fato, as unidades econômicas ou profissionais, os agregados familiares, que ingressam pela porta aberta da concessão normativa.

O lamentável equívoco que deparamos na sistematização dessa parte da Lei 5.172/66 é que "Capacidade Tributária" é o título da Seção III, subordinada ao Capítulo IV, que cuida do "Sujeito Passivo", e no rol do art. 126 estão entidades que jamais poderão ser sujeitos passivos de obrigações tributárias. Em termos de arrumação racional, ficaria bem que o legislador separasse, em tópicos diferentes, a capacidade para realizar o fato jurídico tributário e a capacidade de ser sujeito passivo de obrigações fiscais.

9. Sujeito passivo e solidariedade

No direito tributário, o instituto da solidariedade é um expediente jurídico eficaz para atender à comodidade administrativa do Estado, na procura da satisfação dos seus direitos. Sempre que haja mais de um devedor, na mesma relação jurídica, cada um obrigado ao pagamento da dívida integral, dizemos existir solidariedade passiva, na traça do que preceitua o art. 264 do Código Civil brasileiro.

Firma o art. 124 do CTN que:

> Art. 124. São solidariamente obrigadas:
>
> I — as pessoas que tenham interesse comum na situação que constitua o fato gerador da obrigação principal;
>
> II — as pessoas expressamente designadas por lei.
>
> Parágrafo único. A solidariedade referida neste artigo não comporta benefício de ordem.

O *interesse comum* dos participantes na realização do fato jurídico tributário é o que define, segundo o inc. I, o aparecimento da solidariedade entre os devedores. A expressão empregada, sobre ser vaga, não é um roteiro seguro para a identificação do nexo que se estabelece entre os devedores da prestação tributária. Basta refletirmos na hipótese do imposto que onera as transmissões imobiliárias. No Estado de São Paulo, a lei indica o comprador como o sujeito passivo do gravame.

Entretanto, quer ele quer o vendedor estão diretamente ligados à efetivação do negócio, havendo indiscutível interesse comum. Numa operação relativa à circulação de mercadorias, ninguém afirmaria inexistir convergência de interesses, unindo comerciante e adquirente, para a concretização do fato, se bem que o sujeito passivo seja aquele primeiro. Da mesma forma, nas prestações de serviços, tanto o prestador quanto o tomador do serviço têm interesse comum no evento, e nem por isso o sujeito passivo deixa de ser o prestador.

Aquilo que vemos repetir-se com frequência, em casos dessa natureza, é que algum *interesse comum* dos participantes no acontecimento factual não representa um dado satisfatório para a definição do vínculo da solidariedade. Em nenhuma dessas circunstâncias cogitou o legislador desse elo que aproxima os participantes do fato, o que ratifica a precariedade do método preconizado pelo inc. I do art. 124 do Código. Vale, sim, para situações em que não haja *bilateralidade* no seio do fato tributado, como, por exemplo, na incidência do IPTU, em que duas ou mais pessoas são proprietárias do mesmo imóvel. Tratando-se, porém, de ocorrências em que o fato se consubstancie pela presença de pessoas, em *posições contrapostas*, com objetivos antagônicos, a solidariedade vai instalar-se apenas entre os sujeitos que estiveram no mesmo polo da relação, se e somente se for esse o lado escolhido pela lei para receber o impacto jurídico da exação. É o que se dá no imposto de transmissão de imóveis, quando dois ou mais são os compradores; no ICMS, sempre que dois ou mais forem os comerciantes vendedores; no ISS, toda vez que dois ou mais sujeitos prestarem um único serviço ao mesmo tomador.

As obrigações tributárias, cujo objeto é uma prestação pecuniária e, por isso mesmo, essencialmente divisível, não seguem a sorte das relações obrigacionais disciplinadas pelo direito civil. Para efeitos jurídico-tributários tais obrigações são indivisíveis, de modo que, havendo solidariedade passiva, cada um dos devedores solidários, em princípio, é obrigado pelo total da dívida e o pagamento feito por qualquer deles aproveita aos demais (art. 125, I). Também a isenção ou remissão do crédito faz com que se exonerem todos os obrigados, ressalvada a hipótese de ser outorgada, pessoalmente, a um deles apenas, circunstância que faz subsistir a solidariedade entre os demais, pelo saldo remanescente (art. 125, II). Interrompendo-se o curso do prazo que culmina com a prescrição, em favor ou contra um dos devedores solidários, o benefício ou o prejuízo conta para todos os obrigados (art. 125, III). As três prescrições do art. 125 são regras gerais, que podem ser excepcionadas por disposição da lei instituidora do tributo, como se lê no *caput* do preceito.

Propositadamente, deixamos para o final a menção ao inc. II do art. 124, que declara solidariamente obrigadas *as pessoas expressamente designadas por lei.*

Ajeita-se aqui uma advertência sutil, mas de capitular relevo. O território de eleição do sujeito passivo das obrigações tributárias e, bem assim, das pessoas que devam responder solidariamente pela dívida, está circunscrito ao âmbito da situação factual contida na outorga de competência impositiva, cravada no texto da Constituição.

A lembrança desse obstáculo sobranceiro impede que o legislador ordinário, ao expedir a regra-matriz de incidência do tributo que cria, traga para o tópico de devedor, ainda que solidário, alguém que não tenha participado da ocorrência do fato típico. Falta a ele, legislador, competência constitucional para fazer recair a carga jurídica do tributo sobre pessoa alheia ao acontecimento gravado pela incidência. Diante de óbice de tal porte, incontornável sob qualquer pretexto, devemos entender que os devedores solidários, instituídos pela lei, e estranhos ao evento jurídico-tributário, não são, na verdade, componentes daquele liame obrigacional, mas de outro, de cunho sancionatório, que irrompe à luz pelo descumprimento de algum dever. Ninguém pode ser compelido a pagar tributo sem que tenha realizado, ou participado da realização de um fato, definido como tributário pela lei competente. E a prova *ad rem* dessa afirmação está nos numerosos exemplos que o direito positivo brasileiro oferece. Simplesmente em todas as hipóteses de responsabilidade solidária, veiculadas pelo Código Tributário Nacional, em que o coobrigado não foi escolhido no quadro da concretude fática, peculiar ao tributo, ele ingressa como tal por haver descumprido dever que lhe cabia observar. Pondere-se, contudo, que se falta ao legislador de um determinado tributo competência para colocar alguém na posição de sujeito passivo da respectiva obrigação tributária, ele pode legislar criando outras relações, de caráter administrativo, instituindo deveres e prescrevendo sanções. É justamente aqui que surgem os sujeitos solidários, estranhos ao acontecimento do fato jurídico tributário. Integram outro vínculo jurídico, que nasceu por força de uma ocorrência tida como ilícita. A lei, estruturada para garantir a eficácia de suas disposições, entrelaça os dois nexos obrigacionais, sugerindo, à primeira vista, a existência de uma única relação, com dois sujeitos que se aproximam pelas ligações da solidariedade jurídica. E ainda prescreve, dificultando mais a compreensão do assunto, que o pagamento efetuado pelo devedor solidário tem o condão de extinguir a obrigação tributária.

Fiquemos, por enquanto, com essas noções, que serão revolvidas no subcapítulo destinado à *responsabilidade*, mas mantenhamos na retentiva esta distinção que é de grande e substancial interesse: solidariedade, mesmo, no campo da obrigação tributária, haverá tão somente na circunstância de existir *uma* relação jurídica obrigacional, em que dois ou mais sujeitos de direito se encontram compelidos a satisfazer a integridade da prestação. Ali, onde encontrarmos *duas* relações, entretecidas por preceitos de lei, para a segurança do adimplemento prestacional de uma delas, não teremos, a bem do rigor jurídico, o laço de solidariedade que prende os sujeitos passivos da obrigação tributária.

10. Sujeito passivo e responsabilidade tributária

O Capítulo V do Título III da Lei 5.172/66 é feito de quatro seções, consistindo a primeira numa "Disposição Geral", que se presume, ao primeiro súbito de vista, venha a influenciar as divisões que lhe seguem. Coube ao art. 128 proclamá-la:

> Art. 128. Sem prejuízo do disposto neste Capítulo, a lei pode atribuir de modo expresso a responsabilidade pelo crédito tributário a terceira pessoa, vinculada ao fato gerador da respectiva obrigação, excluindo a responsabilidade do contribuinte ou atribuindo-a a este em caráter supletivo do cumprimento total ou parcial da referida obrigação.

Ao ler o versículo, vertido numa linguagem suficientemente clara, prepara-se o intérprete para assimilar um princípio genérico, que o ajude a compreender as mensagens subsequentes, reguladoras da *responsabilidade dos sucessores*, *da responsabilidade de terceiros e da responsabilidade por infrações*. E sua expectativa não se vê frustrada, porquanto há, verdadeiramente, um enunciado geral, firmando diretriz, acompanhado de ressalva que serve de suporte aos arts. 129 *usque* 138. Anotemos o teor e a amplitude dessa *disposição geral* (art. 128), para saber o que dela é possível concluir.

Quanto à fixação da responsabilidade pelo crédito tributário há dois rumos bem definidos: um interno à situação tributada; outro externo. Diremos logo que o externo tem supedâneo na frase excepcionadora, que inicia o período — *Sem prejuízo do disposto neste Capítulo* — e se desenrola no conteúdo prescritivo daqueles artigos que mencionamos (129 até 138). O caminho da eleição da responsabilidade pelo crédito tributário, depositada numa terceira pessoa, vinculada ao *fato gerador*, nos conduz à pergunta imediata: mas quem será essa terceira pessoa? A resposta é pronta: qualquer uma, desde que não tenha relação pessoal e direta com o fato jurídico tributário, pois essa é chamada pelo nome de *contribuinte*. Sem embargo, haverá de ser colhida, obrigatoriamente, dentro da moldura do sucesso descrito pela norma. É o que determina o legislador.

As duas orientações para a indicação da responsabilidade pelo crédito tributário abrem, para o intérprete, uma série de especulações. Comecemos pela terceira pessoa, vinculada ao fato jurídico tributário.

A Constituição não aponta quem deva ser o sujeito passivo das exações cuja competência legislativa faculta às pessoas políticas. Invariavelmente, o constituinte se reporta a um evento (operações relativas a circulação de mercadorias; transmissão de bens imóveis; importação; exportação; serviços de qualquer natureza etc.) ou a bens (produtos industrializados; propriedade territorial rural; propriedade predial e territorial urbana etc.), deixando a cargo do legislador ordinário não só estabelecer o desenho estrutural da hipótese normativa, que deverá girar em torno daquela referência constitucional, mas, além disso, escolher o sujeito que arcará com o peso da incidência fiscal, fazendo as vezes de devedor da prestação tributária. Saquemos o exemplo do IPI. A atribuição constitucional da competência foi elaborada pelo constituinte nestes termos:

> Art. 153. Compete à União instituir impostos sobre:
>
> [...]
>
> IV — produtos industrializados.

O legislador da União, ao fazer uso da competência que lhe foi adjudicada, toma o ponto de referência — *produto industrializado* — construindo, em seu derredor, três faixas de incidência: *a*) uma, que onera a industrialização de produtos; *b*) outra, que grava a importação de produtos industrializados, do exterior; e *c*) uma terceira, que colhe a arrematação de produtos industrializados, levados a leilão por terem sido apreendidos ou abandonados (a atual legislação do IPI revogou esse canal de incidência, podendo restabelecê-lo a qualquer momento). Para cada um dos eventos, compostos na forma de situação jurídica, a autoridade legislativa apanha um sujeito, segundo o critério de sua participação direta e pessoal com a ocorrência objetiva, e passa a chamá-lo de contribuinte, fazendo-o constar da relação obrigacional, na qualidade de sujeito passivo. Em algumas oportunidades, porém, outras pessoas participam do acontecimento descrito, mantendo uma proximidade apenas indireta com aquele ponto de referência em redor do qual foi formada a situação jurídica. Está entre tais sujeitos a opção do legislador, em ordem à escolha do responsável pelo crédito tributário, em caráter supletivo do adimplemento total ou parcial da prestação. Eis o autêntico responsável, surpreendido no próprio campo da concretização do fato, embora ligado a ele por laços indiretos, e trazido ao contexto da relação jurídica para responder subsidiariamente pelo *debitum*. Agora, quando houver a exclusão do participante direto (contribuinte) e assumir aquele a postura de sujeito passivo da obrigação, não se pode falar em responsável e impõe-se o abandono do nome de *contribuinte* para o ser excluído, uma vez que tudo isso se passou no momento pré-legislativo, inteiramente fora do território especulativo do Direito. A propósito, o depoimento de Maria Rita Ferragut: "*Contribuinte é a pessoa que realizou o fato jurídico tributário, e que cumulativamente encontra-se no polo passivo da relação obrigacional. Se uma das duas condições estiver ausente, ou o sujeito será o responsável, ou será o realizador do fato jurídico, mas não o contribuinte. Praticar o evento, portanto, é condição necessária para essa qualificação, mas insuficiente*".[122]

Acreditamos ser essa a fisionomia jurídica do problema da responsabilidade, sempre que o sujeito escolhido saia da compostura interna do fato tributário. Em ambas as hipóteses teremos uma relação obrigacional, de natureza tributária, visto que os sujeitos passivos foram retirados do interior da realidade objetiva descrita no suposto da norma.

Não sucede o mesmo quando o legislador deixa os limites factuais, indo à procura de pessoa estranha àquele acontecimento do mundo, para fazer dele o *responsável* pela prestação tributária, quer de forma supletiva, quer na condição de sujeito passivo exclusivo. Não é demasia repetir que a obrigação tributária só se instaura com sujeito passivo que integre a ocorrência típica, seja direta ou indiretamente unido ao núcleo objetivo da situação tributada. A ênfase afirmativa está fundamentada

---

122. *Responsabilidade tributária e o Código Civil de 2002*, São Paulo, Noeses, 2005, p. 29-30.

num argumento singelo, mas poderoso: o legislador tributário não pode refugir dos limites constitucionais da sua competência, que é oferecida de maneira discreta, mediante a indicação de meros eventos ou de bens. Aproveitando-se dessas referências, a autoridade legislativa exerce suas funções, autolimitando-se ao compor a descrição normativa. Feito isso, não pode transpor as fronteiras do fato que ele mesmo (legislador ordinário) demarcou, a não ser que venha a refazer a regra-matriz, mexendo no arcabouço do tributo, o que também só é possível se mantiver o núcleo de referência que a Constituição lhe atribuiu. Sendo assim, coloca-se a indagação, cheia de mistério e curiosidade: não se tratando de obrigação tributária, que índole teria esse vínculo, de que tantas vezes se socorre nosso legislador? Reuniria ele, porventura, poderes constitucionais para prescrever relações de outro jaez?

Nosso entendimento é no sentido de que as relações jurídicas integradas por sujeitos passivos alheios ao fato tributado apresentam a natureza de sanções administrativas. Empreendamos breve revista em alguns artigos do Código Tributário Nacional, que aludem à responsabilidade dos sucessores ou de terceiros. O art. 130, por exemplo, comete o dever tributário aos adquirentes de bens imóveis, no caso de imposto que grave a propriedade, o domínio útil ou a posse, e bem assim quanto a taxas e contribuições de melhoria. Ora, de ver está que o adquirente não participou e, muitas vezes, nem soube da ocorrência do fato jurídico tributário. É elemento estranho. O único motivo que justifica sua desconfortável situação de responsável é não ter curado de saber, ao tempo da aquisição, do regular pagamento de tributos devidos pelo alienante até a data do negócio. Por descumprir esse dever, embutido na proclamação de sua responsabilidade, é que se vê posto na contingência de pagar certa quantia. No art. 131, temos a responsabilidade pessoal: I — do adquirente ou remitente, pelos tributos relativos aos bens adquiridos ou remidos; II — do sucessor a qualquer título e do cônjuge meeiro, pelos tributos devidos pelo *de cujus* até a data da partilha ou adjudicação, limitada esta responsabilidade ao montante do quinhão do legado ou da meação; III — do espólio, pelos tributos devidos pelo *de cujus* até a data da abertura da sucessão. Nos três incisos, repete-se idêntica problemática, pressupondo a lei um dever de cooperação para que as prestações tributárias venham a ser satisfeitas. Em caso contrário, atua a sanção que, por decisão política do legislador, é estipulada no valor da dívida tributária e seu pagamento tem a virtude de extinguir aquela primeira relação.

O mecanismo se renova para as hipóteses de fusão, transformação e incorporação (art. 132). A pessoa jurídica de direito privado que resultar desses processos é responsável pelo pagamento dos tributos devidos até a data do ato. Não é difícil verificar o dever implícito de forçar a regularização do débito, antes da operação, ou de assumir o ônus na qualidade de responsável.

O art. 133 nos leva, também, ao mesmo fenômeno, se bem que a situação seja diferente: uma pessoa natural ou jurídica de direito privado que adquire de outra, a qualquer título, fundo de comércio ou estabelecimento comercial, industrial ou profissional, e continua a respectiva exploração, sob a mesma ou outra razão social, ou sob firma ou nome individual. A pessoa adquirente será responsável pelos tributos devidos até a data do ato. A responsabilidade será integral (inc. I) se o alienante cessar a exploração do comércio, indústria ou atividade; e subsidiariamente com o alienante, se este prosseguir na exploração ou iniciar, dentro de seis meses, a contar da data da alienação, nova atividade, no mesmo ou em outro ramo de comércio, indústria ou profissão (inc. II). O § 1º, no entanto, ressalva que o *caput* do artigo não se aplica às hipóteses de alienação em processos de falência ou de recuperação judicial, incluindo-se, aqui, a venda de filial ou unidade produtiva isolada. Não obstante, a responsabilidade se mantém quando o adquirente for sócio ou parente dos sócios da empresa falida ou em recuperação judicial, ou havendo certificação de intuito fraudulento na sucessão tributária. As ressalvas a esse artigo, implementadas pela Lei Complementar 118/2005, vieram na esteira da criação do mecanismo de recuperação judicial da Lei nº 11.101/2005 e tem como propósito preservar a atratividade do ativo negociado para a satisfação dos credores da pessoa recuperanda ou em falência.

Tudo fica mais evidente, porém, quando atinamos ao disposto na Seção II — "Responsabilidade de Terceiros". Sob o manto jurídico da *solidariedade*, esconde-se a providência sancionatória, de maneira nítida e insofismável. Vamos conferir.

> Art. 134. Nos casos de impossibilidade de exigência do cumprimento da obrigação principal pelo contribuinte, respondem solidariamente com este nos atos em que intervierem ou pelas omissões de que forem responsáveis:
>
> I — os pais, pelos tributos devidos por seus filhos menores;
>
> II — os tutores e curadores, pelos tributos devidos por seus tutelados ou curatelados;
>
> III — os administradores de bens de terceiros, pelos tributos devidos por estes;
>
> IV — o inventariante, pelos tributos devidos pelo espólio;
>
> V — o síndico e o comissário, pelos tributos devidos pela massa falida ou pelo concordatário;
>
> VI — os tabeliães, escrivães e demais serventuários de ofício, pelos tributos devidos sobre os atos praticados por eles, ou perante eles, em razão do seu ofício;
>
> VII — os sócios, no caso de liquidação de sociedade de pessoas.
>
> Parágrafo único. O disposto neste artigo só se aplica, em matéria de penalidades, às de caráter moratório.

A transcrição foi longa, mas valeu a pena. Denuncia, com força e expressividade, o timbre sancionatório que vimos salientando. A cabeça do artigo já diz muita coisa e fizemos questão de grifar *nos atos em que intervierem ou pelas omissões de que forem responsáveis* porque revela a existência de um indisfarçável ilícito e do *animus puniendi* que inspirou o legislador, ao construir a prescrição normativa. Não fora isso, e todos os incisos confirmariam a presença de um dever descumprido, na base da responsabilidade solidária. Para evitar o comprometimento, as pessoas arroladas hão de intervir com zelo e não praticar omissões: tal é o dever que lhes compete. A inobservância acarreta a punição.

Para rematar, o parágrafo único fortalece ainda mais a convicção, restringindo a *responsabilidade* unicamente às penalidades moratórias, que têm caráter de sanção civil. E por que não estendeu às multas punitivas? Logicamente, porque haveria sobreposição de penalidades...

Cremos haver demonstrado a natureza do vínculo que se instala, sempre que pessoa externa ao acontecimento do fato jurídico tributário é transportada para o tópico de sujeito passivo. Teremos uma relação jurídica, de cunho obrigacional, mas de índole sancionatória — sanção administrativa.

Alguns autores invocam a extinção da obrigação tributária, quando o responsável paga a dívida, como um argumento contrário à tese que advogamos. O argumento, todavia, é inconsistente. Nada obsta a que o legislador declare extinta a obrigação tributária, no mesmo instante em que também se extingue a relação sancionatória. Dá-se por satisfeito, havendo conseguido seu objetivo final. Nem por isso, contudo, poderá impedir que o *responsável* procure ressarcir-se junto ao sujeito passivo tributário, aparecendo, perante ele, como credor no âmago de uma relação de direito privado.

11. O critério quantitativo — a definição da dívida tributária

O centro de convergência do direito subjetivo, de que é titular o sujeito ativo, e do dever jurídico cometido ao sujeito passivo, é um valor patrimonial, expresso em dinheiro, no caso das obrigações tributárias. Este, o sainete próprio da categoria obrigacional, em confronto com as demais relações jurídicas, cujo objeto não é dimensível em proporções econômicas.

Pois bem. O grupo de notícias informativas que o intérprete obtém da leitura atenta dos textos legais, e que lhe faz possível precisar, com segurança, a exata quantia devida a título de tributo, é aquilo que chamamos de critério quantitativo do consequente das normas tributárias. Há de vir sempre explícito pela conjugação de duas entidades: base de cálculo e alíquota, e sua pesquisa esperta inusitado interesse, posto que é de suma relevância para desvelar peculiaridades ínsitas à natureza do gravame.

Muito se fala nos *tributos fixos*, onde o valor da dívida viria determinado nas expressões da lei, tornando-se dispensáveis maiores esforços de interpretação e, de conseguinte, afastando-se a procura de uma base de cálculo ou de uma alíquota. Em casos desse tipo, a importância a ser recolhida pelo devedor estará estipulada, em termos definitivos e invariáveis, mostrando-se ao conhecimento dos interessados, mesmo que o fato jurídico tributário ainda não tenha ocorrido.

Pelo que sabemos, todos os tratadistas, assim estrangeiros que nacionais, dedicam explicação à espécie, relacionando-a como edificação legítima, no quadro das imposições tributárias. Têm-na como opção de técnica legislativa, ensejando-se ao político, no estádio de elaboração da lei fiscal, duas alternativas: mensurar a intensidade da ação-tipo, inserta no miolo da hipótese de incidência, ou oferecer a quantia devida, sem quaisquer outros cuidados ancilares. A última escolha, por certo, eximirá o legislador da busca de uma grandeza dimensionadora do fato tributado, porquanto se resume no estabelecer valor constante, seja qual for o tamanho do evento típico.

Curvados diante da conformação rígida do nosso sistema constitucional, pensamos que descabem alusões aos denominados *tributos fixos*, sobretudo porque a Constituição brasileira elegeu a hipótese normativa e a base de cálculo como o binômio diferenciador dos tributos, na estrita conformidade do que já estudamos no Capítulo II deste Curso.

O meio jurídico especializado não se tem mostrado sensível à tese que adotamos, prevalecendo entre nós alguns *tributos fixos*, como, por exemplo, o ISS, na faixa de incidência que atinge os profissionais liberais, e grande quantidade de taxas.

Vemos nisso uma inconstitucionalidade vitanda, embora os tribunais não se hajam manifestado na apreciação específica desse problema.

Uma das funções da base de cálculo é medir a intensidade do núcleo factual descrito pelo legislador. Para tanto, recebe a complementação de outro elemento que é a alíquota, e da combinação de ambos resulta a definição do *debitum* tributário. Sendo a base de cálculo uma exigência constitucionalmente obrigatória, a alíquota, que com ela se conjuga, ganha, também, foros de entidade indispensável. Carece de sentido a existência isolada de uma ou de outra.

Qualquer esforço retórico seria inútil para o fim de exibir a extraordinária importância de que se reveste o exame pormenorizado do critério quantitativo, bastando assinalar que nele reside a chave para a determinação do objeto prestacional, isto é, qual o valor que o sujeito ativo pode exigir e que o sujeito passivo deve pagar.

12. A base de cálculo na Teoria Geral do Direito Tributário

Ostensiva vem sendo a evolução doutrinária sobre a base de cálculo. As obras de nível científico dão, a cada instante, crescente prestígio às introspecções relativas ao tema, rendendo espaço a elogiáveis padrões de aprofundamento teórico. Nas mais recentes obras sobre Direito Tributário encontramos a curiosidade invulgar de autores europeus de grande influência, onde vemos essa entidade adquirir porte de indiscutível significação para todo o estudo da matéria.

No Brasil, com Alfredo Augusto Becker,[123] assistimos, também, a uma superlativa valorização dessa categoria jurídica, elevada à condição de único elemento apropriado para exprimir o gênero do tributo.

---

123. *Teoria geral*, cit., p. 338 e s.

Escreveu o reputado jurisscultor:

> *Resumindo, o espectro atômico da hipótese de incidência da regra de tributação revela que em sua composição existe um* núcleo *e um, ou mais,* elementos adjetivos*.* O núcleo *é a base de cálculo e confere o* gênero *jurídico ao tributo.*
>
> *Os* elementos adjetivos *são* todos os demais *elementos que integram a composição da hipótese de incidência. Os elementos adjetivos conferem a espécie àquele gênero jurídico de tributo*. (Os grifos são do autor.)

Posição a tal ponto extremada, quer-nos parecer, exsurgiu de uma reação contundente à envelhecida *teoria de glorificação do fato gerador*, mas relega a plano secundário os dados descritores da hipótese de incidência, que passam a representar peças de inferior expressividade, circumpostas ao núcleo, matéria central para o interesse exegético.

Estamos convictos no reconhecer à base de cálculo toda a importância necessária a um fator imprescindível para a fisionomia de qualquer tributo. Entretanto, não iremos ao limite de subtrair, com isso, à hipótese normativa, a enorme dimensão que ocupa nos esquadros lógicos da regra-matriz.

Redizemos que hão de compaginar-se os dois elementos, segundo a diretriz constitucional a que já nos referimos, para que assome o tipo impositivo, em toda a pujança e na completude de seus componentes últimos e irredutíveis.

Becker percebeu, com muita acuidade, a importantíssima função da base de cálculo, na intimidade existencial da proposição jurídica que institui o tributo. Da obra do jurista gaúcho, pioneira em quase todos os sentidos, até os nossos dias, vários trabalhos de conteúdo analítico foram sendo tecidos pela doutrina, em termos de oferecer um panorama altamente elucidativo sobre o assunto. Nesse entremeio, não se pode olvidar a valiosa contribuição de Rubens Gomes de Sousa, Amílcar de Araújo Falcão e Geraldo Ataliba que, com lucidez científica, imprimiram ao tratamento da base de cálculo uma elogiável perspectiva de praticidade jurídica.

O professor espanhol Juan Ramallo Massanet,[124] há poucos anos, enriqueceu a doutrina com excelente ensaio, que retoma a visão por assim dizer eclética, associando, sutilmente, a base de cálculo àquilo que denominamos critério material da hipótese tributária. O fecundo magistério a que fazemos referência frisa de maneira admirável com os postulados do sistema constitucional brasileiro.

Temos para nós que a base de cálculo é a grandeza instituída na consequência da regra-matriz tributária, e que se destina, primordialmente, a dimensionar a intensidade do comportamento inserto no núcleo do fato jurídico, para que, combinando-se à alíquota, seja determinado o valor da prestação pecuniária. Paralelamente, tem a virtude de confirmar, infirmar ou afirmar o critério material expresso na composição do suposto normativo. A versatilidade categorial desse instrumento jurídico se apresenta em três funções distintas: *a*) medir as proporções reais do fato; *b*) compor a específica determinação da dívida; e *c*) confirmar, infirmar ou afirmar o verdadeiro critério material da descrição contida no antecedente da norma. Explicitemo-las, uma a uma.

a) *Medir as proporções reais do fato*

Ponderamos, no capítulo precedente, que o legislador constituinte se reporta a eventos ou a bens, ao conferir possibilidade legiferante às pessoas políticas, no campo tributário. Para exercitá-la, os titulares da competência estabelecem o esboço estrutural da hipótese normativa, que deverá circunscrever aquela indicação emitida pelo preceito superior. Debuxados os contornos genéricos do acontecimento, inicia o político por fixar a fórmula numérica de estipulação do conteúdo econômico do dever jurídico a ser cumprido pelo sujeito passivo. É aí que escolhe, dentre os múltiplos atributos valorativos que o fato exibe, aquele que servirá de suporte mensurador do êxito descrito, e sobre o qual atuará outro fator, nominado

124. Hecho imponible y quantificación de la prestación tributaria, *Revista Española de Derecho Financiero*, Ed. Civitas, 20:614 e s.

de alíquota. Para atender a esse objetivo, qualquer predicado factual pode ser útil, desde que, naturalmente, seja idôneo para anunciar a grandeza efetiva do evento. Está claro que os fatos não são, enquanto tais, mensuráveis na sua integralidade, no seu todo. Quando se fala em anunciar a grandeza efetiva do acontecimento, significa a captação de aspectos inerentes à conduta ou ao objeto da conduta que se aloja no miolo da conjuntura do mundo físico. E o legislador o faz apanhando as manifestações exteriores que pode observar e que, a seu juízo, servem de índices avaliativos: o valor da operação, o valor venal, o valor de pauta, o valor de mercado, o valor presumido, o valor arbitrado, o peso, a largura, a altura, a profundidade, a testada, a área, o volume, o perímetro, o número de cilindradas do motor, o número de cavalos-vapor, a capacidade de voo, o calado, enfim, todo e qualquer padrão dimensível ínsito ao núcleo da incidência.

Certo que, por vezes, dois ou mais atributos são eleitos, surgindo a base de cálculo como a resultante da conjugação desses elementos (caso da Taxa Rodoviária Única — TRU). Noutras ocasiões, assistimos à menção de uma realidade jurídica, firmada na condição de base, e uma série de esclarecimentos técnicos que prescrevem como chegar a ela (renda líquida tributável — IR-pessoa física).

O espaço de liberdade do legislador, nesse ponto, é vastíssimo, deparando, apenas, o obstáculo lógico de não extrapassar as fronteiras do fato, indo à caça de propriedades estranhas à sua contextura. Há de cingir-se às qualidades possíveis, buscando a medição do sucesso mediante dado compatível com sua natureza.

Quase sempre a base de cálculo é um valor em dinheiro. Isso, contudo, não é um imperativo, como pudemos verificar. Acontece que, sendo a dívida tributária essencialmente expressa em pecúnia, quando a base não se exprimir em símbolos monetários, a alíquota forçosamente o será. Ilustramos a nota com a lembrança do extinto imposto de consumo incidente nos casos de industrialização de tecidos, em que a base de cálculo era o número de metros lineares de comprimento, e a alíquota uma quantia em dinheiro (p. ex.: $ 1,20 por metro de comprimento).

b) *Compor a específica determinação da dívida*

Simplesmente medir a intensidade do fato não esgota o intento da autoridade legislativa, ao promover a instituição do gravame. A escolha de uma perspectiva dimensível é o primeiro passo para a estipulação da importância correspondente ao tributo. A providência imediata é apontar que fator deve unir-se a ela para que apareça o *quantum* da prestação que pode ser exigida pelo sujeito ativo. A base de cálculo desponta aqui naquela função que os cientistas espanhóis chamam de *projectiva*, porque se projeta para a frente, demarcando o conteúdo do objeto da relação obrigacional. Contrapõe-se, por esse prisma, à função *retrospectiva*, em que o aplicador da lei, olhando para trás, isto é, para o fato que já ocorreu, trata de medi-lo.

Seja a grandeza escolhida um único atributo comensurável, ou um conjunto deles, no momento em que a analisamos na sua função compositiva do débito (*prejectiva*) ela comparece no caráter de mero fator integrante de uma operação aritmética de multiplicação. No tópico de multiplicando, ao revestir feitio de valor pecuniário; de multiplicador, nas demais circunstâncias. A despeito da posição que assuma na conta, concorre para formar o produto. Nessa dinâmica, não se deve atribuir-lhe maior ou menor relevo que à alíquota, porque ambas cumprem um papel eminentemente objetivo, não representando mais que números justapostos que se preparam para um processo de cálculo matemático. É a base na sua função objetiva, pronta para compor a específica determinação da dívida tributária.

c) *Confirmar, infirmar ou afirmar o verdadeiro critério material da hipótese tributária*

Já estamos precatados contra as palavras utilizadas pelo legislador, que nem sempre acerta na compostura da fórmula disciplinadora da incidência. Que de vezes, empregando meios desazados, põe em curso signos impróprios e cria figuras canhestras, as quais, compreendidas na sua estreiteza, induzem o intérprete a erros grosseiros e imperdoáveis. Bem sabemos que muitos impostos já passaram por taxas, e estas, por aqueles. Há prestações fiscais, como a contribuição previdenciária recolhida pela empresa, que exibem a natureza intrínseca de autêntico imposto, a despeito do nome *contribuição*. No caso do valor pago pelo empregado, muito embora tenha a índole de taxa, o tributo é conhecido pelo mesmo epíteto. Isso sem falar no desajeitado *salário-educação*, que nada mais é que um imposto embuçado em título curioso e atópico. Segue farta cópia de exemplos, oportunos e esclarecedores, nas entidades lassas e atraentes dos *empréstimos compulsórios*.

Abundam motivos para que recebamos com prudência e certa desconfiança o texto cru do nosso direito positivo. As elaborações da Ciência, todavia, encontraram na base de cálculo índice seguro para identificar o genuíno critério material da hipótese, ofertando-nos instrumento sólido e eficiente para confirmar, infirmar ou afirmar o enunciado da lei, surpreendendo o núcleo lídimo da incidência jurídica.

Não foi por menos que Alfredo Augusto Becker divisou nesse elemento a pedra angular das investigações em torno da natureza jurídica dos tributos.

Demasiadas razões existem, portanto, para que o pesquisador, cintado de cautelas diante dos frequentes defeitos da redação legal, procure comparar a medida estipulada como base de cálculo com a indicação do critério material, explícito na regra de incidência. A grandeza haverá de ser mensuradora adequada da materialidade do evento, constituindo-se, obrigatoriamente, de uma característica peculiar ao fato jurídico tributário. Eis a base de cálculo, na sua função comparativa, confirmando, infirmando ou afirmando o verdadeiro critério material da hipótese tributária. Confirmando, toda vez que houver perfeita sintonia entre o padrão de medida e o núcleo do fato dimensionado. Infirmando, quando for manifesta a incompatibilidade entre a grandeza eleita e o acontecimento que o legislador declara como a medula da previsão fática. Por fim, afirmando, na eventualidade de ser obscura a formulação legal, prevalecendo, então, como critério material da hipótese, a ação-tipo que está sendo avaliada.

Introduzimos uma noção de induvidosa operatividade, para a qual convocamos todas as atenções: havendo desencontro entre os termos do binômio (hipótese de incidência e base de cálculo), a base é que deve prevalecer. Por isso, tem o condão de infirmar o critério material oferecido no texto, que será substituído por aqueloutro que percebemos medido.

Para mostrar que não se trata de uma colocação de timbre acadêmico ou de mero color teorético, trazemos a ilustração de notável parecer proferido por Geraldo Ataliba,[125] a propósito do caráter tributário da *taxa de melhoramento dos portos*. Enveredando, justamente, pela rota de provar que a base de cálculo denunciava a presença de um imposto, em detrimento do nome que o legislador lhe houvera atribuído, concluiu por reconhecer, em empenho sintético, que:

> À vista de todo o exposto [...]
>
> [...]
>
> e) que o essencial e decisivo dado a ser considerado — numa análise jurídico-científica da lei tributária — para o fim de reconhecer as espécies tributárias, é a base imponível, que, no caso, é tipicamente de imposto (valor da mercadoria).

Esse modelo de integração hermenêutica é eloquente para que descartemos a possibilidade lógica de figuras tributárias arquitetadas com a ausência de base de cálculo. Diremos mais, que o raciocínio desenvolvido pelo acatado jurista não seria possível, acaso inexistisse referência àquele fator essencial.

Às três funções da base de cálculo, sobre que até agora discorremos, convém os seguintes nomes indicativos: a) função mensuradora, *pois mede as proporções reais do fato*; b) função objetiva, *porque compõe a específica determinação da dívida*; e

125. *Estudos e pareceres de direito tributário*, Revista dos Tribunais, 1978, v. 2, p. 128.

c) função comparativa, *porquanto, posta em comparação com o critério material da hipótese, é capaz de confirmá-lo, infirmá-lo ou afirmar aquilo que consta no texto da lei, de modo obscuro.*

Bases de cálculo normativas e fáticas

Reveste-se também de grande utilidade a distinção entre bases de cálculo normativas e fáticas, que é objeto de reflexões por parte de Juan Ramallo Massanet.[126] Após invocar a intuição de Giannini e de Jarach, que anteviram a diferença, traz à coleção o testemunho de Sainz de Bujanda que, no seu entender, percebeu, com maior nitidez, a realidade consistente na pluralidade normativa: normas que definem as bases de cálculo (bases de cálculo *in abstracto* ou bases de cálculo normativas) e bases de cálculo fáticas, *que não são mais que o resultado a que se chega para um contribuinte concreto.*

Sobre a dicotomia, Alberto Xavier já houvera falado, em inúmeras intervenções, nos últimos cursos de especialização em Direito Tributário promovidos pela Pontifícia Universidade Católica de São Paulo, salientando a analogia que mantém com o discrímen entre hipótese tributária e fato jurídico tributário.

De feito, devemos buscar no plano normativo, única e tão somente, duas determinações: a do sujeito ativo da pretensão e a da alíquota. Tudo mais está previsto em linguagem larga e genérica, para que o intérprete, conhecedor do fato jurídico efetivamente realizado, possa individualizar os dados remanescentes do comando, aplicando de maneira correta a vontade da lei.

A base de cálculo nunca vem determinada no plano normativo. Lá teremos só uma referência abstrata — o valor da operação, o valor venal do imóvel etc. É com a norma individual do ato administrativo do lançamento que o agente público, aplicando a lei ao caso concreto, individualiza o valor, chegando a uma quantia líquida e certa — a base de cálculo fática.

126. *Hecho imponible*, cit., p. 618.

Merece registro acurado parecer de Aires Fernandino Barreto[127] que desenvolve a questão em elevado nível, precisando o alcance dessas duas categorias, ao estudar problema relativo ao IPTU.

A expressão "base de cálculo"

A locução base de cálculo não é aceita com unanimidade entre os especialistas. Bem que alguns a empreguem, indiferentemente, como sinônima de *base imponível*, *matéria tributável*, *pressuposto valorativo do tributo* e outras mais, há aqueles que a impugnam, como Geraldo Ataliba,[128] por entenderem que existem *tributos cuja determinação quantitativa independe de cálculo e cuja base, portanto, não pode ser corretamente designada como "de cálculo"* (*além dos impostos fixos, isto se dá com a maioria das taxas*).

Achamos que a crítica do ilustre professor não tem visos de procedência, por razões que passaremos a expor.

Primeiramente, a instituição de tributo sem base de cálculo agrediria de maneira frontal os comandos constitucionais a que já nos referimos, tornando-os disposições imprestáveis. Depois, faria ruir a tipologia dos tributos, armado sobre o binômio hipótese de incidência/base de cálculo, impedindo ao estudioso discernir a legítima natureza jurídica das figuras impositivas. E o terceiro motivo, de ordem lógica, pode ser enunciado assim: admitindo-se a existência de *impostos fixos* e de grande quantidade de taxas edificadas dessa forma, o que aceitamos porque verdadeiramente existem, por certo que não se há de falar em cálculo, posto que a quantia a ser paga a título de prestação final vem imediatamente consignada no texto normativo. Mas, se não há de falar-se em cálculo, em casos que tais, não poderemos também aludir a qualquer tipo de base, pois o valor da dívida está integralmente definido. Em contrapartida, nas hipóteses de tributos, *que não os fixos*,

---

127. IPTU — base de cálculo e base calculada. *Suplemento Tributário*, LTr, 30:81.

128. *Hipótese de incidência*, cit., p. 113.

sempre haverá base e, por conseguinte, sempre haverá cálculo, do que inferimos ser plenamente apropriada a expressão *base de cálculo.*

Base de cálculo e capacidade contributiva

Um dos temas que mais atormenta a dogmática é a discussão sobre a natureza jurídica da famosa *capacidade contributiva*, em função do que, na Constituição de 1946, e na atual Constituição Federal de 1988, em seu art. 145, § 1º, as cargas tributárias haveriam de ser dosadas pelo legislador. Vimo-nos manifestando, há muito tempo, no sentido de que, mesmo em tempos em que aquele imperativo não constava mais em nossa Constituição, tal como ocorreu em 1967, o princípio da capacidade contributiva persiste no direito brasileiro, não como formulação expressa, porém implícito nas dobras do primado da igualdade. E o estudo da base de cálculo talvez apresente o material mais propício à reabertura do assunto, como forcejaremos por demonstrar.

Ao recortar, no plano da realidade social, aqueles fatos que julga de porte adequado para fazerem nascer a obrigação tributária, o político sai à procura de acontecimentos que sabe haverão de ser medidos segundo parâmetros econômicos, uma vez que o vínculo jurídico a eles atrelado deve ter como objeto uma prestação pecuniária. Tem presente que, de uma ocorrência insusceptível de avaliação patrimonial, jamais conseguirá extrair cifras monetárias que traduzam, de alguma forma, um valor em dinheiro. Lembra-se dos exemplos clássicos que a doutrina relata, acerca da tentativa de exigências fiscais fundadas no pressuposto de um prédio ter mais ou menos janelas, ou das caricaturas inerentes à tributação de pessoas físicas, em virtude da cor dos olhos, da tez ou do tamanho do nariz. Passa, então, a derivar seu interesse para o lado dos eventos que ostentem signos de riqueza, passíveis, por vários ângulos, de ser comensurados e, por esse caminho, colhe a substância apropriada para satisfazer os anseios do Estado, que consiste na captação de parcelas do patrimônio de seus súditos, sempre que estes participarem de fatos daquela natureza. Nesse preciso instante, dizemos que a autoridade legislativa cumpriu o processo de seleção de eventos idôneos ao fim precípuo que o Poder Público almejava alcançar, abrindo-se as portas à pretensão de uma parte da riqueza exibida no acontecimento factual. A circunstância indica que o legislador levou em consideração a *capacidade contributiva* manifestada pelas pessoas que deram ensejo à ocorrência do mundo físico exterior. É a *capacidade contributiva absoluta ou objetiva*, que se consubstancia na singela participação das pessoas em fatos que denotem sinais de riqueza.

Por sem dúvida que a iniciativa que narramos se opera no nível pré-jurídico dos cogitares legislativos, mas o resultado aparece estampado no texto da lei, que há de ser o ponto de partida para as indagações da Ciência do Direito. Da providência contida na escolha de fatos presuntivos de fortuna econômica decorre a possibilidade de o legislador, subsequentemente, distribuir a carga tributária de maneira equitativa, estabelecendo, proporcionadamente às dimensões do evento, o grau de contribuição dos que dele participaram. Exsurge aqui a chamada *capacidade contributiva relativa ou subjetiva*, fator lógico de discriminação que atua decisivamente para que se realize o princípio jurídico da igualdade tributária.

Podemos resumir o que dissemos em duas proposições afirmativas bem sintéticas: realizar o princípio pré-jurídico da *capacidade contributiva absoluta ou objetiva* retrata a eleição, pela autoridade legislativa competente, de fatos que ostentem signos de riqueza; por outro lado, tornar efetivo o princípio da *capacidade contributiva relativa ou subjetiva* quer expressar a repartição do impacto tributário, de tal modo que os participantes do acontecimento contribuam de acordo com o tamanho econômico do evento.

A segunda proposição, transportada para a linguagem técnico-jurídica, significa a realização do princípio da igualdade, previsto no art. 5º, *caput*, do Texto Supremo. Todavia, só se torna exequível na exata medida em que se concretize, no plano pré-jurídico, a satisfação do princípio da *capacidade contributiva absoluta ou objetiva*, selecionando o legislador ocorrências que demonstrem fecundidade econômica, pois, apenas desse modo, terá ele meios de dimensioná-las, extraindo a parcela pecuniária que constituirá a prestação devida pelo sujeito passivo, guardadas as proporções do acontecimento.

No terreno do direito tributário, a igualdade impositiva está irremediavelmente ligada ao conteúdo econômico dos fatos escolhidos pela lei, que são comedidos pela entidade que conhecemos por *base de cálculo*. A simples contingência de um êxito do mundo físico não ter qualquer atributo apto para quantificá-lo já diz de sua imprestabilidade para fins impositivos, visto que o cânone da igualdade é um imperativo constitucional, que ficará tolhido à míngua da possibilidade de seleção de um dado capaz de avaliá-lo na sua intensidade.

No Brasil, o sistema do direito positivo exibe, em todas as figuras tributárias conhecidas, a observância do princípio da *capacidade contributiva absoluta*, uma vez que os fatos escolhidos denotam signos de riqueza. Como decorrência, em todos eles há uma base de cálculo e, com isso, campo para o exercício da diretriz da igualdade.

Sobremais, o § 1º do art. 145 da Constituição Federal de 1988 é incisivo ao determinar que os impostos serão graduados segundo a capacidade econômica do contribuinte.

13. A alíquota

No direito tributário brasileiro, a alíquota é matéria submetida ao regime de reserva legal, integrando a estrutura da regra-modelo de incidência. Congregada à base de cálculo, dá a compostura numérica da dívida, produzindo o valor que pode ser exigido pelo sujeito ativo, em cumprimento da obrigação que nascera pelo acontecimento do fato típico. E por manter elo tão íntimo com a base de cálculo, sua presença no contexto normativo é obrigatória, visto que a grandeza mensuradora do critério material da hipótese é exigência constitucional inarredável, consoante se vê dos arts. 145, § 2º, e 154, I. A despeito disso, entretanto, não entra na configuração tipológica das entidades tributárias, cingidas que estão ao binômio *hipótese de incidência/base de cálculo.* É bem provável que a verificação desse aspecto não tenha animado a Ciência, no sentido de empreender investigações mais profundas, sendo sobremodo escassa a literatura nacional ou estrangeira que desenvolve o assunto.

Realmente, se da análise da base de cálculo podemos recolher imenso material explicativo da fenomenologia impositiva, do exame da alíquota pouco mais se apanha que um componente aritmético para a determinação da quantia que será objeto da prestação tributária. Compagina-se à base de cálculo, na sua função eminentemente objetiva, como tivemos oportunidade de acentuar, e diríamos esgotar-se aí o interesse que pode suscitar, não exercesse a alíquota outro papel importantíssimo no que atina à própria legitimidade da imposição tributária. Antes de penetrarmos mais fundo na pesquisa desse item, focalizemos a etimologia da palavra.

Etimologicamente, *alíquota*, vocábulo latino da primeira declinação, quer dizer *parte*, a parcela que se contém no todo um número exato de vezes. Esse deve ser o motivo pelo qual a doutrina insiste em considerá-la como a *quota, fração ou parte* que o Estado chama para si, do valor dimensível (base de cálculo) manifestado pelo fato jurídico tributário. Por certo que na maioria das vezes é isso que ocorre. Mas não se pode tomar como regra geral. Se frequentemente a alíquota se apresenta em forma de percentagem, nada impede que seja concebida em termos monetários, como aludimos em páginas anteriores (no exemplo: $ 1,20 por metro linear de comprimento, no caso da fabricação de tecidos). Soaria deveras estranho vê-la aqui como parte, parcela ou fração pretendida pela Fazenda Pública. A verificação etimológica da palavra atende só a uma espécie do gênero, o que sugere sua impropriedade.

Não custa recordar a equação do objeto prestacional dos liames tributários. No critério quantitativo há dois fatores: base de cálculo e alíquota, que se combinam para traduzir um resultado que, obrigatoriamente, haverá de ter cunho pecuniário. Se assim é, tanto a base como a alíquota podem revestir esse caráter. Agora, se a base de cálculo não for uma importância em dinheiro, a alíquota certamente o será. Nessa hipótese, o nome *alíquota* briga com a sua etimologia.

Infere-se do exposto que as alíquotas podem assumir duas feições: *a*) um valor monetário fixo, ou variável em função de escalas progressivas da base de cálculo (p. ex.: $ 1,20 por metro linear, até 100 metros; $ 2,40 por metro linear, de 100 a 300 metros, e assim por diante); ou *b*) uma fração, percentual ou não, da base de cálculo (que neste caso será representada por quantia monetária).

Aparecendo em forma de fração (*b*), a alíquota pode ser *proporcional invariável* (p. ex.: 1/25 da base de cálculo, seja qual for seu valor monetário); *proporcional progressiva* (aumentando a base de cálculo, aumenta a proporção) ou *proporcional regressiva* (aumentando a base, diminui a proporção). Além disso, as alíquotas proporcionais progressivas podem aumentar por degraus ou escalões (caso do nosso IR — pessoa física) ou de maneira contínua e ininterrupta, até o limite máximo que a lei indicar.

Especulamos, nesse discurso, a função objetiva da alíquota, como elemento compositor, ao lado da base de cálculo, do *quantum debeatur*. Contudo, asseveramos que não se exauria apenas nesse teor a figura da alíquota, dentro da moldura da regra-matriz de incidência. Com efeito. É por mantê-la constante, sob a forma de fração, ou por fazê-la progredir, continuamente, ou por degraus, que o legislador busca realizar e assegurar o princípio da igualdade tributária. É também por contê-la dentro de certos limites que a autoridade legislativa evita que a tributação ganhe ares de confisco. Ao manipular os sistemas de alíquotas, implementa o político suas intenções extrafiscais e, por reduzi-las a zero (alíquota zero), realiza uma das modalidades de isenção. Essa afirmativa será bem explorada no ponto concernente às isenções.

Terminamos por aqui a exposição relativa às alíquotas, ao mesmo tempo em que concluímos o estudo do critério quantitativo do consequente da regra-matriz de incidência tributária que, assim, fica inteiramente delineada na sua arquitetura interior.

CAPÍTULO XI

SÍNTESE DA REGRA-MATRIZ DE INCIDÊNCIA

Sumário: **1.** Visão da regra-matriz de incidência na sua integridade constitutiva. **2.** Esquema lógico de representação formal — explicação dos símbolos. **3.** A função operativa e prática do esquema da regra-matriz de incidência — exemplos de aplicação no direito positivo brasileiro.

1. Visão da regra-matriz de incidência na sua integridade constitutiva

Percorremos os meandros da hipótese ou *descritor*, especulando sobre seus critérios. Dedicamos, também, várias páginas ao estudo do consequente ou *prescritor*, ocasião em que pudemos examinar os inúmeros aspectos relevantes que dele emergem. É hora de juntarmos essas duas peças do juízo hipotético, para ver a norma jurídica na sua integridade constitutiva. Todas as divisões e subdivisões que empreendemos para conhecê-la foram ditadas pelo imperativo metodológico de penetrar na sua essência e vasculhar, até onde foi possível, as articulações que seus elementos intrínsecos mantinham entre si. Para tanto, fizemos muitas abstrações, devassando e decompondo algo que sabíamos, de antemão, apresentar indiscutíveis assomos de unicidade. A norma jurídica é um fenômeno que se processa em nossa mente, alguma coisa que escapa, decididamente, da apreensão sensorial, sendo elaborada por recursos do intelecto. Chegou a hora, entretanto, de reagruparmos os critérios normativos nos tópicos correspondentes, exercendo cada qual o papel que lhe compete, para apreciarmos a unidade da regra que define a incidência fiscal, na harmonia do seu equilíbrio interno.

A obra reconstrutiva da norma não estará acabada se não insistirmos no elo que se estabelece entre a proposição hipótese e a proposição tese, ou, em outros signos, entre o antecedente e o consequente. Repousa aí o nexo especialíssimo, a marca indelével do jurídico-normativo, o *dever-ser*, o *deôntico*, que faz com que as leis do direito sejam substancialmente diferentes das leis naturais. Além disso, respeitados os limites da linguagem normativa, dá poderes à autoridade política que legisla, para descrever os fatos que bem entenda, atrelando-lhes preceitos de conduta que ele, legislador, tem como valiosos. Entre a descrição factual e o regramento da conduta incide o laço imputativo — *a imputação deôntica*. Se A ocorrer, *deve-ser* B, ou se A, então *deve-ser* B. Diverso é o que se passa com as leis da natureza, guiadas pelo princípio da causalidade — se A for, B também será, ou se A, então B.

O *dever-ser* que une a hipótese e a consequência, na arquitetura lógica da norma jurídica, recebe o nome de *conectivo deôntico* ou *operador deôntico*, ou ainda *dever-ser interproposicional*, porque vem *entre* a proposição hipótese e a proposição consequente. Sua ação é fulminante e inapelável. Realizando-se o fato previsto no suposto, instaura-se a consequência, de modo automático e infalível (Becker), mesmo que as pessoas cuja conduta foi regulada propositadamente não a observem, em flagrante desrespeito à ordem jurídica e sobre elas não atuem as sanções vigorantes.

Empregamos a expressão *dever-ser interproposicional* porque nas regras de comportamento existe um outro *dever-ser*, embutido no consequente. Referimo-nos àquele que enlaça o sujeito pretensor ao sujeito devedor, no contexto da relação jurídica; àquele vínculo que obriga uma pessoa perante outra, em função de um objeto prestacional. A esse *dever-ser* interno no consequente das normas de comportamento chamamos de *dever-ser intraproposicional*, por estar dentro da proposição tese (ou consequência). Não aparece, ostensivamente, nas regras de estrutura por uma razão muito simples: tais normas jurídicas não se dirigem, diretamente, para a conduta, dispondo acerca da instituição de órgãos, procedimentos e, também, da elaboração, das modificações e da extinção de outras normas do sistema.

Mas a distinção entre o *dever-ser interproposicional* e o *dever-ser intraproposicional* adquire grande importância quando observamos que o último (o dever-ser intraproposicional) se triparte nos modais *obrigado, permitido e proibido*, enquanto o primeiro (o dever-ser interproposicional) permanece sempre neutro, não se modalizando.

O modelo prático facilita a compreensão teórica. Atinemos para o exemplo: ocorrendo a hipótese de alguém realizar operações relativas à circulação de mercadorias, no Estado de Pernambuco, então *deve-ser* a consequência: esse alguém estará *obrigado* a pagar 17% do valor da operação à Secretaria da Fazenda daquele Estado. Vê-se, com meridiana clareza, que o segundo *dever-ser* se apresenta na modalidade *obrigado*, ao passo que o primeiro não varia, mantendo-se neutro.

Ora, a regra-matriz de incidência tributária é, por excelência, u'a norma de conduta, vertida imediatamente para disciplinar a relação do Estado com seus súditos, tendo em vista contribuições pecuniárias. Concretizando-se os fatos descritos na hipótese, deve-ser a consequência, e esta, por sua vez, prescreve uma obrigação patrimonial. Nela, encontraremos uma pessoa (sujeito passivo) *obrigada* a cumprir uma prestação em dinheiro. Eis o *dever-ser* modalizado.

2. Esquema lógico de representação formal — explicação dos símbolos

No Capítulo VIII, item n. 6, expusemos, num arranjo sintético, o esboço da regra-matriz de incidência, utilizando-a para traduzir o cerne da percussão jurídica do IPTU do Município de São Paulo. Na oportunidade, estávamos introduzindo o conceito, vivamente preocupados em mostrar-lhe a utilidade, numa aplicação pronta e direta para o caso do tributo da competência municipal. Não tínhamos, ainda, ingressado na análise pormenorizada de seus elementos integrantes, apenas anunciados de modo genérico e superficial. Fizemo-lo, por isso, numa linguagem não formalizada, quer dizer, usando expressões conhecidas, mas abreviadas, em homenagem aos objetivos daquele instante, que eram meramente didáticos. Agora, podemos dar um passo adiante, procurando formalizar a linguagem, o que se consegue pela substituição das palavras por símbolos que as representem. Feito isso, teremos a regra-matriz de incidência nuamente exposta no seu esquematismo formal e plenamente apta para retratar o fenômeno do impacto jurídico de todo e qualquer tributo. Para tanto, será suficiente substituir as variáveis lógicas pelas constantes do direito positivo, na operação inversa (desformalização). Vejamos como fica.

$$N_{jt}\left\{\begin{array}{l} H_t \equiv C_{m(v \bullet c)} \bullet C_e \bullet C_t \\ \downarrow DS_n \qquad\qquad \overset{DS_m}{\longleftrightarrow} \\ Cs_t \equiv C_p\,(S_a \bullet S_p) \bullet C_{q\,(b_c \bullet a_1)} \end{array}\right.$$

Explicação dos símbolos

N_{jt} = norma jurídica tributária — regra-matriz de incidência

H_t = hipótese tributária, antecedente, suposto normativo, proposição hipótese ou descritor

$\equiv$ = equivalência

C_m = critério material da hipótese — núcleo da descrição fáctica

v = verbo — sempre pessoal e de predicação incompleta

• = conectivo lógico conjuntor

c = complemento do verbo

C_e = critério espacial da hipótese — condicionante de lugar

C_t = critério temporal da hipótese — condicionante de tempo

Cs_t = consequência tributária, consequente, proposição consequente, prescritor normativo

C_p = critério pessoal do consequente, onde estão os sujeitos da relação jurídica obrigacional

S_a = sujeito ativo da obrigação tributária, credor, sujeito pretensor

S_p = sujeito passivo da obrigação tributária, devedor

C_q = critério pessoal do consequente, onde estão os sujeitos da relação jurídica obrigacional

b_c = base de cálculo — grandeza mensuradora de aspectos da materialidade do fato jurídico tributário

a_l = alíquota — fator que se conjuga à base de cálculo para a determinação do valor da dívida pecuniária

DS_n = dever-ser neutro — conectivo deôntico interproposicional. É representado por um vetor e significa que, ocorrida a hipótese, deve-ser a consequência

DS_m = dever-ser modalizado — operador deôntico intraproposicional. É representado por dois vetores sobrepostos, com a mesma direção, porém em sentidos contrários. Significa a obrigação do sujeito devedor de cumprir a prestação e, ao mesmo tempo, o direito subjetivo de que é titular o sujeito pretensor $\longleftrightarrow$

3. A função operativa e prática do esquema da regra-matriz de incidência — exemplos de aplicação no direito positivo brasileiro

A esquematização formal da regra-matriz de incidência tem-se mostrado um utilíssimo instrumento científico, de extraordinária fertilidade e riqueza para a identificação e conhecimento aprofundado da unidade irredutível que define a fenomenologia básica da imposição tributária. Seu emprego, sobre ser fácil, é extremamente operativo e prático, permitindo, quase que de forma imediata, penetrarmos na secreta intimidade da essência normativa, devassando-a e analisando-a de maneira minuciosa. Em seguida, experimentando o binômio *base de cálculo/hipótese de incidência*, colhido no texto constitucional para marcar a tipologia dos tributos, saberemos dizer, com rigor e presteza, da espécie e da subespécie da figura tributária que investigamos.

Cremos que o esboço simbólico apresentado encontra plena justificação nos mais sérios e atilados ensinamentos dos modernos filósofos e teóricos gerais do Direito. Decorre daí todo o teor de sua segurança e expressividade.

O trajeto de sua utilização não oferece maiores dificuldades, como exibiremos logo depois. É preciso ter presente, no entanto, que pressupõe uma tarefa de *desformalização*, que consiste em substituir os símbolos da hipótese e da consequência pelas palavras e expressões da lei que examinamos. É, portanto, um trabalho eminentemente semântico, pois se consubstancia na busca das acepções dos vocábulos que o legislador depositou nos textos do direito positivo, para descrever fatos e prescrever comportamentos.

Temo-nos servido largamente desse modelo funcional para estudar os mais variados problemas tributários, sempre com resultados práticos satisfatórios. Com esse método, pudemos verificar uma série de vicissitudes que tributos como o ICMS, o IPI, o ISS, o IPTU e o IR encerram, mas nos foi dado certificar também que inúmeras entidades impositivas, que o legislador não chama de tributo, revestem, inequivocamente, esse feitio. Tudo isso ao lado de taxas e contribuições que, no fundo, são verdadeiros impostos.

Seguem alguns exemplos.

O Imposto sobre Produtos Industrializados proporciona curiosas conclusões, quando submetido a esse processo de conhecimento. É que deparamos, não com uma, mas com duas regras-matrizes ou duas faixas autônomas de incidência. Uma atinge o fato da própria industrialização, enquanto a outra percute sobre a importação de produtos industrializados. Havia ainda uma terceira que onerava as arrematações, em leilões, de produtos industrializados, mas que se acha revogada.

Focalizemos a primeira. Isolando os critérios da hipótese, teremos: *a*) critério material — industrializar produtos (o verbo é industrializar e o complemento é produtos); *b*) critério espacial — em princípio, qualquer lugar do território nacional; *c*) critério temporal — o momento da saída do produto do estabelecimento industrial. Quanto aos critérios da consequência: *a*) critério pessoal — sujeito ativo é a União e sujeito passivo o titular do estabelecimento industrial; *b*) critério quantitativo — a base de cálculo é o preço da operação, na saída do produto, e a alíquota, a percentagem constante da tabela.

No que tange ao IPI na importação de produtos industrializados, a regra-matriz ficaria assim composta: hipótese: *a*) critério material — importar produto industrializado do exterior (o verbo é importar e o complemento é produto industrializado do exterior); *b*) critério espacial — repartições alfandegárias do país; *c*) critério temporal — momento do desembaraço aduaneiro. A consequência: *a*) critério pessoal — sujeito ativo é a União e sujeito passivo o importador; *b*) critério quantitativo — a base de cálculo é o valor que servir de base para o cálculo dos tributos aduaneiros, acrescido do montante desses e dos encargos cambiais devidos pelo importador. A alíquota é a percentagem constante da tabela.

Afirmamos que as duas regras são juridicamente distintas, com fundamento na diretriz constitucional que estabelece a diferença, sempre que os impostos tenham hipóteses de incidência e bases de cálculo dessemelhantes (CF, art. 154, I). Ora, é evidente que as hipóteses são diversas, quer no critério material (verbos e complementos que não coincidem), quer no critério espacial (no primeiro caso, qualquer lugar do território nacional; no segundo, apenas os locais específicos das repartições aduaneiras), seja, por fim, no critério temporal (o IPI da industrialização incide no instante em que o produto deixa o estabelecimento industrial, ao passo que na importação se dá no momento do ato de desembaraço aduaneiro). Além disso, as bases de cálculo são bem diferentes: enquanto na industrialização é o preço da operação na saída do produto, no fato da importação é o valor que servir de base para o cálculo dos tributos aduaneiros, acrescido do montante desses e dos encargos cambiais devidos pelo importador.

O binômio *hipótese de incidência/base de cálculo* indica tratar-se de impostos diferentes, sob a mesma denominação — IPI. As grandezas escolhidas para dimensionar a materialidade de ambos os fatos são compatíveis, pelo que confirmam o critério material enunciado na lei. Restaria, então, perguntar se o legislador da União dispunha de competência constitucional para fazer o que fez. E a resposta, acreditamos, deve ser afirmativa, porque o constituinte se refere, no art. 153, IV, a instituir IPI, não adscrevendo o verbo a ser agregado a esse complemento, o que possibilitou ao legislador ordinário fazê-lo. Aliás, convém memorar que havia outra regra, distinta das duas primeiras, em que se utilizava o verbo *arrematar*, revestindo-se, no nosso entender, de cabal legitimidade perante a Constituição.

Imposto sobre Operações Relativas à Circulação de Mercadorias. Com as categorias que já dominamos, podemos estruturar a regra-matriz de incidência do antigo ICM:

Hipótese: realizar operações relativas à circulação de mercadorias, dentro dos limites geográficos do Estado, reputando-se acontecido o evento no instante em que as mercadorias deixarem o estabelecimento.

Consequência: aquele que realizou a operação relativa à circulação de mercadorias deverá pagar 17% do valor da operação à Fazenda do Estado.

Separando os critérios: hipótese: *a*) critério material — realizar operações relativas à circulação de mercadorias (o verbo é realizar e o complemento é toda a locução "operações relativas à circulação de mercadorias"); *b*) critério espacial — qualquer lugar do território do Estado que editou a lei; *c*) critério temporal — o átimo da saída das mercadorias do estabelecimento. E a consequência: *a*) critério pessoal — sujeito ativo é o Estado e sujeito passivo, aquele que promoveu a realização do evento; *b*) critério quantitativo — base de cálculo é o valor da operação que ensejou a saída das mercadorias e a alíquota é percentual fixa — 17%.

Lançando mão do teste que a Carta Magna preceitua, vimos que a base de cálculo, realmente, confirma o critério material apresentado pelo legislador. Há compatibilidade. Ao nos certificarmos dessa congruência, porém, surgiu uma observação muito interessante: não é verdade que o ICM fosse um imposto sobre o valor agregado, acrescido ou acrescentado. A prova evidente é que a base de cálculo media o valor global da operação e não a quantia que nela o sujeito passivo acrescia para obter seu lucro. As normas reguladoras da não cumulatividade operavam num outro momento, que dissemos arrecadatório, quando o devedor abatia da importância efetivamente devida os créditos que a legislação lhe faculta, recolhendo tão só o saldo porventura existente.

Convocamos a atenção dos leitores para a advertência de que a regra-matriz é uma fórmula simplificadora. Obviamente não esgota as especulações que a leitura do texto legal suscita. Somos cientes de que a própria norma-padrão depara variações, assim na hipótese como na consequência. O legislador lida com múltiplos dados da experiência, promovendo mutações que alcançam o sujeito passivo, o tempo da ocorrência factual, as condições de espaço, a alíquota e as formas de medir o núcleo do acontecimento (base de cálculo). Essa gama de liberdade legislativa, contudo, não pode ultrapassar os limites lógicos que a regra-matriz comporta. Se o legislador chegar ao ponto de modificar os dados essenciais da hipótese e, indo além, imprimir mutação na base de cálculo, estaremos, certamente, ao pé de outra figura impositiva.

Imposto sobre Serviços de qualquer natureza. Em estudo que nos foi solicitado pela Prefeitura Municipal de São Paulo, a pretexto da incidência do ISS sobre diversões públicas, desenvolvemos longa argumentação, respondendo, ao final, aos quesitos formulados. O caminho que empreendemos não foi outro que o de começar pela investigação da regra-matriz de incidência do gravame municipal. Nesse sentido, armamos o arcabouço da norma-padrão do ISS, que adquiriu esta fisionomia:

Hipótese: prestação a terceiros de utilidades, materiais ou imateriais, de conteúdo econômico e com caráter reiterado, sob regime de direito privado, realizada dentro dos limites territoriais do Município, dando-se por acontecido o evento no momento da entrega do serviço, pronto e acabado, à pessoa interessada.

Consequência: o prestador do serviço deverá recolher aos cofres da municipalidade X% do valor do serviço prestado.

O critério material da hipótese está mais elaborado. Entretanto, para a economia do pensamento, poderíamos resumi-lo em, simplesmente, prestar serviços, onde aparece o verbo prestar e o complemento serviços. O critério espacial é qualquer ponto situado dentro do território do Município. E o temporal, o instante em que o serviço, pronto e acabado, é entregue ao tomador. Na consequência está a prescrição do vínculo obrigacional: critério pessoal — sujeito ativo é a Fazenda do Município e sujeito passivo, o prestador do serviço; o critério quantitativo está expresso pela base de cálculo — valor do serviço prestado — e pela alíquota X% (percentagem apontada pela legislação em vigor).

Percebe-se que a base de cálculo está em perfeita sintonia com o critério material da hipótese, o que confirma a dicção do legislador.

Reproduzimos, numa versão prática, a funcionalidade do esquema preconizado, para três impostos do sistema tributário brasileiro. Muitas outras aplicações, todavia, foram feitas. Em recente estudo, decompusemos a legislação atinente ao Fundo Nacional de Telecomunicações, para pesquisar a procedência jurídica da *sobretarifa*, cobrada na proporção de 30% das tarifas que incidem sobre os serviços de telecomunicações. Qual foi nossa surpresa ao verificarmos: 1º) que a chamada *sobretarifa* tem manifesta natureza tributária; 2º) que sua regra-matriz revela a existência de um imposto; 3º) que esse imposto fora criado mediante singela Portaria do Conselho Nacional de Telecomunicações (Contel); 4º) e que se tratava, portanto, de uma exigência flagrantemente inconstitucional.

Também a antiga TRU foi submetida a esse tipo de análise. Todas as conclusões derivaram para um único resultado: tratava-se de um imposto que gravava a circunstância de ser proprietário de veículo automotor. A base de cálculo, completamente inadequada para avaliar a possível prestação de serviços públicos, que sustentaria a implantação de taxa deixava tudo bem claro. Media, sim, o veículo automotor, já que todas as grandezas que se congregavam para formá-la eram atributos dimensionadores do veículo, nenhuma relação guardando com serviços públicos prestados pela Administração.

Nada mais achamos necessário acrescentar, para efeito de enaltecer esse método de indagação do fenômeno jurídico tributário. Os exemplos, mesmo expostos de forma simplificada, como não poderia deixar de ser, põem à calva toda a fecundidade que envolve sua utilização. Tem ele a virtude de levantar um material precioso para a crítica e para o debate, ferindo o tema central da imposição tributária. Ademais, é de fácil manejo, requerendo um mínimo de atenção e cuidado. E, complementando tudo isso, foi erguido sobre os fundamentos sólidos e consistentes de uma visão reflexiva, de cunho filosófico, com a chancela da autoridade de renomados teóricos da Ciência do Direito.

O esquema da regra-matriz de incidência tem sido utilizado com bom êxito na elaboração de livros, artigos e trabalhos profissionais e acadêmicos acerca das espécies tributárias, no Brasil e no exterior, demonstrando, uma vez mais, a operatividade dessa construção teórica.

CAPÍTULO XII

CRÉDITO TRIBUTÁRIO E LANÇAMENTO

Sumário: **1.** Enunciados e objetos da experiência — "fato" como enunciado protocolar — a constituição jurídica do "fato". **2.** O evento previsto em norma e a chamada "relação jurídica efectual". **3.** O fato jurídico tributário e seu efeito peculiar: instaurar o vínculo obrigacional. **4.** A natureza do crédito tributário — crédito e obrigação. **5.** O crédito tributário no Código Tributário Nacional. **6.** Sobre a norma individual e concreta que documenta a incidência. **7.** Os sujeitos credenciados a emitir a norma individual e concreta relativa à percussão tributária. **8.** Lançamento tributário — o problema semântico. **9.** Demarcação conceitual do vocábulo "lançamento". **10.** Lançamento tributário: norma, procedimento e ato. **11.** Lançamento e a teoria dos atos administrativos. **12.** Definição de lançamento tributário. **13.** As cláusulas da definição satisfazendo a estrutura do ato. **14.** A norma jurídica do ato de lançamento e a norma que figura como seu conteúdo. **15.** O velho problema da natureza declaratória ou constitutiva do lançamento tributário. **16.** Sobre o conteúdo do ato de lançamento. **17.** Os atributos do ato jurídico administrativo de lançamento. **18.** Lançamento provisório e definitivo. **19.** Lançamento e auto de infração. **20.** Do erro de fato e do erro de direito no lançamento tributário. **21.** Alterabilidade do lançamento no direito positivo brasileiro. **22.**

1. Enunciados e objetos da experiência — "fato" como enunciado protocolar — a constituição jurídica do "fato"

Jurgen Habermas[129] trabalha com a distinção entre fatos e objetos da experiência. Os fatos seriam os enunciados linguísticos sobre as coisas e os acontecimentos, sobre as pessoas e suas manifestações. Os objetos da experiência são *aquilo acerca do que fazemos afirmações,* aquilo sobre que emitimos enunciados. Deriva dessas observações que o *status* dos fatos é diferente do *status* dos objetos a que se referem. *Con los objetos hago experiencias, los hechos los afirmo; no puedo experimentar hechos ni afirmar objetos (o experiencias con los objetos).* E Robert Alexy,[130] expondo a crítica de Habermas à teoria da verdade como correspondência, para afirmar a adoção da "verdade consensual", esclarece que a condição para a verdade das proposições é o acordo potencial de todos os demais, querendo significar que alguém poderá atribuir um predicado a um objeto se qualquer outro, que com esse alguém estabeleça diálogo, viesse a atribuir o mesmo predicado ao mesmo objeto.

Essa também é a perspectiva de Tércio Sampaio Ferraz Jr.[131] com relação ao conceito de fato: "É preciso distinguir entre fato e evento. A travessia do Rubicão por Cesar é um evento. Mas 'Cesar atravessou o Rubicão' é um fato. Quando, pois, dizemos que 'é um fato que Cesar atravessou o Rubicão'

---

129. *Teoría de la acción comunicativa: complementos y estudios previos*, Ediciones Catedra, 1994, p. 117.

130. *Teoría de la argumentación jurídica*, Centro de Estudios Constitucionales, 1989, p. 111.

131. *Introdução ao estudo do direito*, Atlas, 1991, p. 253.

conferimos realidade ao evento. 'Fato' não é pois algo concreto, sensível, mas um elemento linguístico capaz de organizar uma situação existencial como realidade".

Ao mesmo tempo, é importante acrescentar, como faz este autor, que o elemento de linguagem "é fato que", constituindo em realidade o evento que ele atesta ter ocorrido, há de assumir as proporções de um enunciado verdadeiro, assim entendido aquele que expressa o uso competente da linguagem. Se o discurso de quem expede a oração manifestar-se de tal modo que alguém que domine o idioma também o faça, então o enunciado será considerado verdadeiro. Daí a conclusão de que a realidade constituída por um enunciado é função da verdade ou do uso competente do idioma. Tenhamos presente que a realidade, o mundo real, para Tércio, *não é um dado, mas uma articulação linguística mais ou menos uniforme num contexto existencial.*[132]

Não é qualquer função pragmática da linguagem que propicia a composição de um enunciado factual. Além da linguagem descritiva, indicativa ou declarativa, muito usada na comunicação diária e no discurso científico, torna-se possível emitir enunciados fácticos também em linguagem prescritiva e em linguagem operativa ou performativa. Obviamente que os valores lógicos de tais enunciados serão os inerentes ao uso empregado: verdadeiro e falso, para o descritivo; válido e não válido para o prescritivo; e eficaz e ineficaz para o performativo. A despeito da função, porém, em todos eles haverá, necessariamente, um *quantum* de *referencialidade*, uma vez que são formações linguísticas voltadas para o mundo fenomênico das coisas, projetando-se no domínio dos objetos da experiência. Na composição de tais enunciados, sobre as regras que orientam a boa formação sintática, hão de observar-se os usos do idioma, sem o que o sentido daquelas estruturas não será apto para fins denotativos. E esses fins reclamam a identificação da ocorrência num intervalo de tempo e num ponto do espaço. Serão, portanto, necessariamente, *determinativos*. Por isso, o

132. *Introdução*, cit., p. 245.

verbo há de estar no presente ou no passado, excluindo-se o futuro. Como salienta Tércio Sampaio Ferraz Jr.,[133] não teria cabimento afirmar-se como fato acontecimento futuro. Por outro lado, tal afirmação não significa a impossibilidade de construir conjuntos que possam receber, um a um, as ocorrências factuais que venham a suceder. É bom lembrar que se constrói uma classe ou conjunto enumerando os indivíduos que a compõem, ou indicando as notas ou nota que o indivíduo precisa ter para pertencer à classe ou conjunto. A primeira é a forma tabular; a segunda, forma de construção. A modalidade em que, quase sempre, se manifesta a proposição normativa geral e abstrata não é a forma tabular, mas a forma de construção. Nela se estatuem as notas (conotação) que os sujeitos ou as ações devem ter para pertencerem ao conjunto. A relação de pertinencialidade é determinada conotacionalmente. Este o modo mais frequente no direito positivo. Seria infindável formar classes pela enumeração dos indivíduos ou ações, já que o real é irrepetível e a experiência é infinita e inesgotável. São assim as previsões hipotéticas: "dado que alguém realize operações relativas à circulação de mercadorias, no território do Estado de São Paulo, reputando-se acontecido o fato no momento em que as mercadorias deixarem o estabelecimento do contribuinte, então...". Cada enunciado que venha a ser formado, contendo os caracteres selecionados na composição típica da hipótese, subsumir-se-á naquele conjunto que, dessa maneira, poderá receber um número infinito de ocorrências fáticas. É bom ter presente que a formação desses segmentos linguísticos com sentido completo pressupõe um processo seletivo, com a eleição dos traços julgados mais relevantes para a identificação do objeto da experiência, refletindo, não o real, mas um ponto de vista sobre o real, como salienta Samira Chalhub.[134]

A esta altura, já podemos dizer que o enunciado factual é *protocolar*, surpreendendo uma alteração devidamente

133. *Introdução*, cit., p. 253.

134. *Funções da linguagem*, Ática, 1991, p. 14.

individualizada do mundo fenomênico, com a clara determinação das condições de espaço e de tempo em que se deu a ocorrência. Articulação de linguagem organizada assim, com esse teor de denotatividade, chamaremos de fato, fato político, econômico, biológico, psicológico, histórico, jurídico etc. No direito positivo, correspondem ao antecedente das normas individuais e concretas.

Nos enunciados que se projetem para o futuro, selecionando marcas, aspectos, pontos de vista, linhas, traços, caracteres, que não se refiram a um acontecimento isolado, mas que se prestem a um número indeterminado de situações, reconheceremos as previsões típicas que aparecem nos antecedentes normativos, de feição predominantemente *conotativa*. Chamá-los-emos "enunciados conotativos" e diremos que frequentam as normas jurídicas gerais e abstratas. Vamos ter, então, enunciados denotativos ou fatos e enunciados conotativos ou classes formadas com os predicados que os enunciados factuais deverão conter. Convém advertir, portanto, que essas orações conotativas não abrigam propriamente fatos, mas elementos caracterizadores de eventuais ocorrências fácticas, pelo que, em termos rigorosos, *não devemos dizer que o fato jurídico esteja contido na hipótese*.

Os enunciados das normas gerais e abstratas, por isso que lidam com uma acentuada carga de indeterminação (vaguidade), necessitam dos enunciados denotativos das normas individuais para atingirem a concretude da experiência social.

Pois bem. Tais reflexões, de fora parte as implicações que certamente provocam no âmbito da teoria geral do conhecimento, adquirem uma importância enorme para fundamentar o ponto de vista deste trabalho, porquanto nossa proposta epistemológica descansa precisamente na circunstância de que há uma linguagem, que nominamos de social, constituidora da realidade que nos cerca. Sobre essa camada, a "linguagem do direito positivo", como discurso prescritivo de condutas, vai suscitar aquele plano que tratamos como sendo da "facticidade jurídica": fatos jurídicos não são simplesmente os fatos do mundo social, constituídos pela linguagem de que nos servimos no dia a dia. Antes, *são os enunciados proferidos na linguagem competente do direito positivo, articulados em consonância com a teoria das provas*. Quem quiser relatar com precisão os fatos jurídicos, nomeando-lhes os efeitos, que use a teoria das provas, responsável pelo estilo competente para referência aos acontecimentos do mundo do direito.

Com efeito, se as mutações que se derem entre os objetos da experiência vierem a ser contadas em linguagem social, teremos os fatos, no seu sentido mais largo e abrangente. Aquelas mutações, além de meros "eventos", assumem a condição de "fatos". Da mesma forma, *para o ponto de vista do direito*, os fatos da chamada realidade social serão simples eventos, enquanto não forem constituídos em linguagem jurídica própria. Pensemos num exemplo singelo: nasce uma criança. Isto é um evento. Os pais, entretanto, contam aos vizinhos, relatam os pormenores aos amigos e escrevem aos parentes de fora para dar-lhes a notícia. Aquele evento, por força dessas manifestações de linguagem, adquiriu também as proporções de um fato, num de seus aspectos, *fato social*. Mas não houve o fato jurídico correspondente. A ordem jurídica, até agora ao menos, não registrou o aparecimento de uma nova pessoa, centro de imputação de direitos e de deveres. A constituição jurídica desse fato vai ocorrer quando os pais ou responsáveis comparecerem ao cartório de registro civil e prestarem declarações. O oficial do cartório expedirá norma jurídica, em que o antecedente é o fato jurídico do nascimento, na conformidade das declarações prestadas, e o consequente é a prescrição de relações jurídicas em que o recém-nascido aparece como titular dos direitos subjetivos fundamentais (ao nome, à integridade física, à liberdade etc.), oponíveis a todos os demais da sociedade. Eis uma relação jurídica em que o sujeito ativo está determinado, e o passivo, em estado de indeterminação.

É que, muitas vezes, o direito posto não se satisfaz com a linguagem ordinária que utilizamos em nossas comunicações corriqueiras: exige uma forma especial, fazendo adicionar declarações perante autoridades determinadas, requerendo a presença de testemunhas e outros requisitos mais. Justamente o que sucede no caso do nascimento. A linguagem do direito não aceita as comunicações que os pais fazem aos vizinhos, amigos e parentes. Impõe, para que o fato se dê por ocorrido juridicamente, um procedimento específico. Eis a *linguagem do direito positivo* (Ldp) incidindo sobre a *linguagem da realidade social* (Lrs) para produzir uma unidade na *linguagem da facticidade jurídica* (Lfj).

Um trecho da obra de San Tiago Dantas cai como uma luva para ilustrar o que acaba de ser dito:

> Se o Registro Civil diz que alguém já morreu, nem mesmo exibindo a pessoa, é possível provar que esse alguém está vivo.
>
> O registro cria, por conseguinte, uma presunção a respeito do estado civil das pessoas, não podendo ser atacada por nenhuma outra prova.
>
> Como, porém, é claro que pode estar errado, tem-se que admitir a retificação dos assentos de registro civil e até mesmo a anulação dos assentos quando eles forem integralmente falsos. De sorte que, se quiser-se provar a respeito do estado civil de uma pessoa algo diverso do que diz o registro civil, preliminarmente, há voltar-se contra o próprio assento de registro civil e, depois de anulado, ou retificado, é que se poderá trazer a sua prova a juízo. Aliás, nesse momento, não haverá nenhuma outra, senão aquela, porque a anterior estará destruída pelo processo que se moveu. Portanto, vê-se que o registro civil é algo de extraordinário alcance.[135]

Esta é a linguagem competente para dizer do estado das pessoas, delimitando o universo do direito positivo e construindo a realidade jurídica.

2. O evento previsto em norma e a chamada "relação jurídica efectual"

Predomina a concepção segundo a qual a situação verificada no mundo físico-social, ocorrida em estrita conformidade

135. *Programa de direito civil*, Parte Geral, 4. tir., Rio de Janeiro, Editora Rio, p. 184.

com a previsão da lei, faria surgir, inapelavelmente, a relação jurídica, por força da imputação normativa. No campo dos tributos, teríamos o "fato gerador" provocando o nascimento da obrigação tributária, independentemente de qualquer ato específico de reconhecimento de seus destinatários. Daí a tradicional distinção entre o fenômeno da incidência, fulminante e infalível, e o posterior ato de aplicação, confiado à competência dos vários agentes do poder público ou privado e mediante o qual os comandos prescritivos adquiririam eficácia social, cumprindo os objetivos últimos do direito positivo.

No âmbito do sistema de referência com que operamos, nem o evento, isto é, a singela ocorrência que envolve a presença direta ou indireta de sujeitos de direito, mas que, por qualquer motivo, não foi ainda relatada em linguagem competente, nem a chamada "relação efectual", propagada por efeito daquele acontecimento, teriam significação jurídica, como entidades a serem estudadas pela Dogmática.

Poder-se-á objetar que o "fato", vale dizer, o enunciado de linguagem produzido segundo os rigores da lei, reporta-se à data e às condições do evento, proposição que em parte é verdadeira, mas que não é suficiente para elevar aquela transformação do mundo social à condição de "fato jurídico". Realizadas as provas (que são também enunciados de linguagem) exigidas pelo ordenamento jurídico, dá-se o fato por existente, pronto para desencadear direitos e deveres correlatos, pouco importando se o evento ocorreu ou não ocorreu. É sabido que o juiz há de julgar pelas provas dos autos, desvinculando-se das ocorrências que, conquanto verificadas nos domínios da experiência social, não lograram ingressar na linguagem integrante do processo.

É preciso dizer que não se está predicando o abandono do "evento" e da correspondente "relação efectual". Tão só advertindo para a circunstância de que o fato jurídico e a relação jurídica, na configuração plena de suas integridades constitutivas, como entidades do universo normativo, inserindo-se no processo de positivação do direito para alterar as condutas intersubjetivas, vão comparecer como objetos de nossa indagação apenas quando revestirem a forma de linguagem, e linguagem competente, significa referir aquela que o sistema prescritivo estabelecer como adequada ao relato do evento e do correlativo vínculo entre sujeitos. Pouco importa, desse modo, se o acontecimento se verificou efetivamente ou não. Havendo construção de linguagem própria, como o direito preceitua, dar-se-á por juridicamente ocorrido. Por outro lado, não sendo possível relatá-lo, seja por não ter-se realizado concretamente, seja por inexistirem provas que a ordem positiva admite como válidas, nada aconteceu.

Para a metodologia de nossa análise faz-se necessário relegar o evento e sua relação efectual ao território dos meros objetos da experiência, ao menos até o momento em que, ingressando no grande processo de comunicação que é o direito, tenham assumido a simbologia própria do jurídico. A partir desse marco falaremos, então, em fato jurídico e relação jurídica; "fato gerador" e obrigação tributária.

3. O fato jurídico tributário e seu efeito peculiar: instaurar o vínculo obrigacional

Concretizando-se o fato previsto no descritor da regra de incidência, inaugura-se, como vimos, uma relação jurídica de conteúdo patrimonial, que conhecemos por "obrigação tributária". Tudo, evidentemente, nos termos dos instrumentos comunicacionais que o direito estipula.

Na verdade, tanto é fato o enunciado protocolar que satisfaz as condições de pertinencialidade à classe do descritor da norma geral e abstrata, como é fato a relação jurídica que se compõe em decorrência (lógica, não cronológica) daquele acontecimento relatado em linguagem. Apenas, um é fato predicativo (o que está no tópico de antecedente da norma individual e concreta), ao passo que outro é fato relacional (o que se encontra na posição sintática de prescritor). Ambos, porém, são construídos a partir dos critérios da hipótese e da consequência da regra-matriz de incidência, que é norma geral e abstrata.

A composição interna do liame obrigacional já foi estudada, mas não custa recordar que é integrada pela presença de três elementos — sujeito ativo, sujeito passivo e objeto — que se entrelaçam num vínculo abstrato. Renovemos a representação.

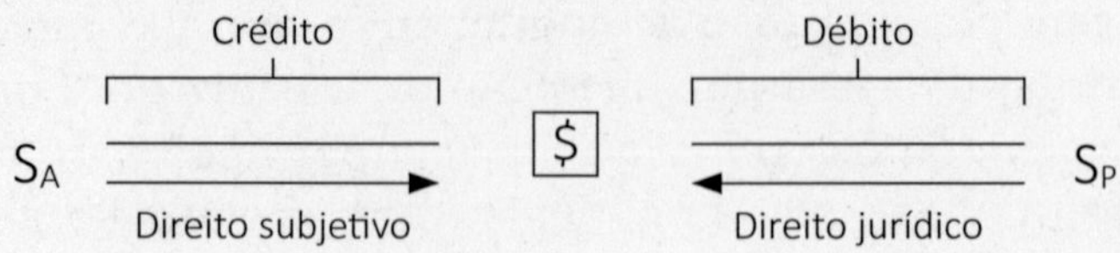

O gráfico expõe a obrigação tributária na sua completude sintática. Todos os componentes que nele consignamos são elementos ínsitos, necessários e, portanto, imprescindíveis à existência da relação jurídica obrigacional. O objeto é o centro de convergência, para onde afluem as atenções e preocupações dos sujeitos. Diz-se que o sujeito ativo tem o direito subjetivo de exigir a prestação pecuniária. Em contranota, o sujeito passivo tem o dever jurídico de cumpri-la. Reproduzimos essa contraposição de interesses mediante dois vetores, de mesma intensidade, com a mesma direção, porém de sentidos contrários, justamente para mostrar que, satisfeito o dever jurídico, desaparece o direito subjetivo e vice-versa. Ao se anularem mutuamente, extingue-se a relação jurídica, que não pode subsistir, repetimos, à míngua de qualquer dessas entidades integrantes de sua estrutura.

Pois bem. Ao direito subjetivo de que está investido o sujeito ativo de exigir o objeto, denominamos *crédito*. E ao dever jurídico (ou também dever subjetivo) que a ele se contrapõe, de prestar o objeto, designamos *débito*. Revela, por isso, inominável absurdo imaginar-se obrigação sem crédito. No domínio dos desatinos, equipara-se à concepção do vínculo obrigacional sem sujeito ativo, ou sem sujeito passivo, ou sem objeto. Todos, conjugados e coalescentes, mantendo, entre si, os nexos que salientamos, outorgam ao liame o porte e a dignidade categorial de obrigação.

Definimos *crédito tributário* como o direito subjetivo de que é portador o sujeito ativo de uma obrigação tributária e que lhe permite exigir o objeto prestacional, representado por uma importância em dinheiro.

É oportuno expressar, com o propósito de amarrar melhor os conceitos, que uma coisa é o objeto da obrigação: no caso, a conduta prestacional de entregar uma porção de moeda; outra, o objeto da prestação, representado aqui pelo valor pecuniário pago ao credor ou por ele exigido.

4. A natureza do crédito tributário — crédito e obrigação

Nasce o crédito tributário no exato instante em que irrompe o laço obrigacional, isto é, ao acontecer, no espaço físico exterior em que se dão as condutas inter-humanas, aquele evento hipoteticamente descrito no suposto da regra-matriz de incidência tributária, mas desde que relatado em linguagem competente para identificá-lo.

O direito positivo brasileiro, atrelado ao preconceito da chamada "verdade por correspondência", e crendo que o sistema normativo operasse por conta própria, detendo mecanismos que o fizessem incidir em situações concretas, independentemente da ação humana de aplicá-lo, utiliza signos diferentes, fazendo acreditar que a obrigação surgiria com a ocorrência do simples evento, mas que o crédito seria constituído pelo ato de lançamento, prerrogativa dos funcionários da Administração. Por esse modo, distingue o momento da incidência, na realização do evento, daquele da aplicação, em que o agente administrativo, tomando conhecimento da ocorrência, firmasse em linguagem específica os termos que presidiram o acontecimento, bem como os traços que identificam o laço obrigacional.

Talvez, por ter trilhado esse caminho, teve de incorrer em outra impropriedade, qual seja a de separar o crédito da obrigação, como se pudesse haver esse desnexo. Passou por alto pela indissociabilidade dessas figuras básicas do fenômeno jurídico, tratando-as isoladamente, como se fora isso possível. Sim, porque o crédito nada mais é que o direito subjetivo de que o sujeito ativo se vê investido de exigir a prestação, enquanto *débito*, seu contraponto, é o dever jurídico de cumprir aquela conduta. E não pode haver vínculo jurídico de cunho obrigacional se inexistir um sujeito de direito, na condição de credor, em face de outro sujeito de direito, na qualidade de devedor, de tal forma que subtrair o crédito da estrutura obrigacional significa pulverizá-la, fazê-la desaparecer, desmanchando a organização interna que toda relação jurídica há de exibir, como instrumento de direitos e deveres correlatos.

O crédito é elemento integrante da estrutura lógica da obrigação, de tal sorte que ostenta a relação de parte para com o todo. A natureza de ambas as entidades é, portanto, rigorosamente a mesma.

Agora, assunto de outra índole, pouco importando para a compreensão dessa matéria é a circunstância de o titular do crédito vir a exigir aquilo a que tem direito, bem como a situação do devedor que se nega a cumprir a prestação devida. São problemas inerentes à eficácia social do direito, que muito interessam à Sociologia Jurídica, mas que não se incluem nos domínios da "Ciência do Direito em sentido estrito".

5. O crédito tributário no Código Tributário Nacional

A Lei 5.172/66 contempla o crédito tributário no Título III, consagrando-lhe seis capítulos. Cuidaremos aqui das *Disposições Gerais* (Cap. I), onde vêm firmados os conceitos que o legislador emprega no desenvolvimento disciplinar da matéria.

> Art. 139. O crédito tributário decorre da obrigação principal e tem a mesma natureza desta.

Eis a redação do art. 139. O dispositivo demonstra reconhecer a inerência de que falamos e imprime à dualidade *crédito/obrigação* um tom explicativo que pode até espertar alguma dúvida, pois, se o crédito decorre da obrigação, é possível supor que haja obrigação sem crédito, o que a Teoria Geral do Direito não concebe. Seja como for, a segunda afirmação prescritiva (*e tem a mesma natureza desta*) ratifica a identidade essencial, conduzindo à ilação de que devem ser considerados numa relação de todo (obrigação) para parte (crédito).

O preceito não merece, em si, uma crítica mais acesa, se bem que nele já se note a inclinação reprovável de separar-se a obrigação do crédito, cristalizada em vários preceptivos que, a seu tempo, iremos examinando.

O art. 140 introduz a ideia, correta a nosso ver, de que as mutações porventura experimentadas pelo crédito tributário, do seu nascimento à extinção, não afetam o vínculo que lhe deu origem. E, de fato, as circunstâncias modificadoras do crédito, no que toca à sua extensão, a seus efeitos, ou às garantias e privilégios a ele atribuídos, não chegam a abalar o laço obrigacional. Há um limite, contudo, que não poderia ser ultrapassado: a exclusão de sua exigibilidade, que equivale, ontologicamente, à extinção. Pecou nisso a proposição normativa que comentamos, porque a exclusão do crédito implica mutilar a obrigação tributária num ponto fundamental à sua existência como figura jurídica. De que modo imaginaríamos um liame em que o sujeito passivo é cometido do dever jurídico de cumprir a prestação, mas o sujeito ativo não detém a titularidade do direito subjetivo de postular aquele mesmo comportamento? E a bilateralidade ingênita à relação jurídica obrigacional, que é, antes de tudo, um vínculo entre sujeitos — o pretensor e o devedor?

Excedeu-se a autoridade legislativa ao consignar que a exclusão da exigibilidade do crédito não mexe com a estrutura da obrigação. Mexe a ponto de desarmá-la, de destruí-la. Excluir o crédito quer dizer excluir o débito, com existências simultâneas, numa correlação antagônica. E modificação de tal vulto extingue a obrigação tributária. Mais para a frente, retomaremos o fio desse raciocínio, uma vez que o Código Tributário Nacional, deploravelmente, enveredou por esse caminho que criticamos, erigindo a exclusão do crédito como instituto jurídico.

Vamos ao art. 141:

> Art. 141. O crédito tributário regularmente constituído somente se modifica ou extingue, ou tem sua exigibilidade suspensa ou excluída, nos casos previstos nesta Lei, fora dos quais não podem ser dispensadas, sob pena de responsabilidade funcional na forma da lei, a sua efetivação ou as respectivas garantias.

Ao referir-se a crédito regularmente constituído, o comando do art. 141 quis aludir ao crédito líquido, já devidamente determinado no seu *quantum*, estando, portanto, em condições de ser reclamado do devedor. Sempre que o legislador do Código menciona *constituir o crédito* reporta-se ao ato jurídico administrativo do lançamento, em que o agente público, aplicando a lei ao caso concreto, formaliza a obrigação tributária.

Desse modo, fica patente que as modificações verificadas no crédito já formalizado (única maneira que nos parece possível cogitar de sua existência) hão de ser promovidas, exclusivamente, sob o manto da Lei 5.172/66. O funcionário da Administração Tributária está impedido de dispensar a efetivação do crédito ou as respectivas garantias, sob pena de responsabilidade funcional, na forma da lei. Na implicitude dessa mensagem prescritiva, vemos o magno princípio da indisponibilidade dos interesses públicos, um dos fundamentos do direito administrativo.

É bom enfatizar que a dispensa de créditos ou de suas garantias e privilégios não se inscreve apenas àqueles que tiverem sido formalizados pela via do ato de lançamento, como veremos mais adiante. Todavia, aquilo que o legislador pretendeu exprimir, nessa parte do dispositivo, é que à margem das autorizações expressas na legislação tributária, o funcionário, em qualquer hipótese, não está autorizado a abrir mão da exigência.

Por defeito de estilo, a porção final do mandamento ficou obscura. A cláusula intercalada — *sob pena de responsabilidade funcional na forma da lei* — devia ter sido deixada para o fim, ganhando o período maior clareza e precisão. Além disso, foi esquecida a partícula reflexiva *se*, anteposta ao verbo *extingue*. Mantendo as palavras que o preceptivo contém, ficaria melhor desta maneira:

> O crédito tributário regularmente constituído somente se modifica ou se extingue, ou tem sua exigibilidade suspensa ou excluída, nos casos previstos nesta Lei, fora dos quais não podem ser dispensadas a sua efetivação ou as respectivas garantias, sob pena de responsabilidade funcional, na forma da lei.

6. Sobre a norma individual e concreta que documenta a incidência

A mensagem deôntica, emitida em linguagem prescritiva de condutas, não chega a atingir, diretamente, os comportamentos interpessoais, já que partimos da premissa de que não se transita livremente do mundo do "dever-ser" ao do "ser". Interpõe-se entre esses dois universos a vontade livre da pessoa do destinatário, influindo decisivamente na orientação de sua conduta perante a regra do direito. Além do mais, qualquer que seja a forma, a função e o tipo da linguagem utilizada no fenômeno comunicacional, nunca chega ela a tocar os objetos a que se refere, por força do princípio da autorreferencialidade da linguagem, que se retroalimenta, prescindindo dos dados exteriores da experiência. É a linha das teorias retóricas, em oposição às teses ontológicas sobre a linguagem, segundo as quais o discurso linguístico manteria relação de correspondência com a realidade por ele mencionada.

Aquilo que está ao alcance do legislador é aproximar os comandos normativos, cada vez mais, estimulando de maneira crescente as consciências, para determinar as vontades na direção do cumprimento das condutas estipuladas. E isso se faz com o processo de positivação das normas jurídicas, numa trajetória que vai da mais ampla generalidade e abstração, para chegar a níveis de individualidade e concreção.

Esse caminho, em que o direito parte de concepções abrangentes, mas distantes, para se aproximar da região material das condutas intersubjetivas, ou, na terminologia própria, iniciando-se por normas jurídicas gerais e abstratas, para chegar às individuais e concretas, e que é conhecido por "processo de positivação", deve ser necessariamente percorrido, a fim de que o sistema alimente suas expectativas de regulação efetiva dos comportamentos sociais. E tudo se faz como um problema imediato de realização de normas e mediato de realização de valores, visto que estes é que funcionam como fundamentos daquelas, como agudamente nos alerta Lourival Vilanova.[136]

Penso ser inevitável, porém, insistir num ponto que se me afigura vital para a compreensão do assunto: a norma geral e abstrata, para alcançar o inteiro teor de sua juridicidade, reivindica, incisivamente, a edição de norma individual e concreta. Uma ordem jurídica não se realiza de modo efetivo, motivando alterações no terreno da realidade social, sem que os comandos gerais e abstratos ganhem concreção em normas individuais.

O objetivo deste subcapítulo será a análise desse ato de aplicação da lei ao caso particular, com a expedição de u'a norma individual e concreta, no que concerne às condições em que deve ser concebida, os sujeitos que podem emiti-la, seus efeitos determinativos e toda a gama de consequências que seu aparecimento no hemisfério do direito pode suscitar.

7. Os sujeitos credenciados a emitir a norma individual e concreta relativa à percussão tributária

Quando se fala em expedição de norma jurídica individual e concreta vem, desde logo, à nossa mente, o desempenho de um órgão da Administração ou do Poder Judiciário. E, se passarmos apressadamente, sem refletir, essa ideia equivocada irá provocar um bloqueio, fixando o preconceito de que

136. *O problema do objeto da teoria geral do Estado*, Universidade Federal de Pernambuco, 1953, p. 202.

o administrado, na esfera de suas múltiplas possibilidades de participação social, reguladas pelo direito, esteja impedido de produzir certas normas individuais e concretas. Mas, não é assim no direito brasileiro. Basta soabrirmos os textos do ordenamento positivo, no que concerne aos tributos, para verificarmos esta realidade empírica indiscutível: o subsistema prescritivo das regras tributárias prevê a aplicação por intermédio do Poder Público, em algumas hipóteses, e, em outras, outorga esse exercício ao sujeito passivo, de quem se espera, também, o cumprimento da prestação pecuniária.

Diga-se de passagem, aliás, que tem havido crescimento significativo na participação dos súditos do Estado, instados a praticar uma série de expedientes para a produção de normas individuais e concretas nesse campo. A transferência de atividades relativas à apuração do débito tributário, para a esfera dos deveres instrumentais ou formais do sujeito passivo, mediante severo controle da entidade tributante, tornou-se viva realidade dos nossos dias. A maior parte dos tributos, hoje, assim no Brasil como em outros países que seguem o modelo do direito continental europeu, estão cometidos ao sujeito passivo da obrigação tributária, cabendo-lhes estabelecer em fatos os eventos tributados e relatar os dados componentes da relação jurídica.

Ramon Valdes Costa,[137] examinando as tendências da doutrina latino-americana, quanto à admissibilidade de que o contribuinte efetue *la determinación*, acrescenta que *Esa corriente parte de la base, indudablemente cierta, de que el cumplimiento de la obligación tributaria requiere necesariamente la aplicación de la norma general al caso concreto y que esa operación está confiada en muchos casos, en mayor o menor grado, al propio obligado*. Mas, ressalva logo adiante: *Son actos jurídicos de naturaleza y efectos diferentes y por lo tanto no se percibe la razón para darles la misma denominación.*

Por sem dúvida que são atos diversos, porque praticados por sujeitos diferentes, debaixo de normas competenciais

137. *Estudios de derecho tributario latinoamericano*, Editorial Amalio M. Fernandez, 1982, p. 152.

também distintas e, desse modo, sotopondo-se a regimes jurídicos que não são exatamente os mesmos, o que legitima a imposição de nomes aptos para discerni-los. No fundo, porém, apesar das dessemelhanças, ambos os atos são ponentes de normas individuais e concretas no ordenamento do direito positivo, e disso não podemos nos esquecer.

Quando celebrado pelo Poder Público, mediante iniciativa que a lei prevê, seja de modo originário, seja em caráter substitutivo daquele que o contribuinte não fez em tempo hábil, como também a lei estabeleceu, utilizaremos o nome "lançamento", empregando "autolançamento" para as circunstâncias em que a expedição da norma individual e concreta fique por conta do sujeito passivo. E, mais adiante, discutiremos o lado semântico dessas atribuições terminológicas.

8. Lançamento tributário — o problema semântico

Na sequência das ideias que venho expondo, o problema semântico está sempre presente, e disso não poderia escapar o termo "lançamento". Passemos em revista as regras de uso desse vocábulo, para precisarmos melhor os conceitos que serão trabalhados daqui para frente.

Eurico Marcos Diniz de Santi[138] empreendeu esse estudo. Aproveitemos, portanto, suas conclusões:

> *Assim, no uso técnico-comercial-contábil temos o emprego da expressão lançamento como: (i) ação ou (ii) efeito de escriturar uma verba em livros de escrituração comercial; (iii) a própria verba que se escritura; e (iv) efetuar o cálculo, conferir liquidez a um crédito ou débito.*
>
> *Em seu desenvolvimento, a legislação e a técnica dogmática incorporaram aos textos legais e à doutrina o termo lançamento, acrescentando, com estas novas aplicações, novo matiz de significados à plurivocidade de sentidos de que já gozava o vocábulo, empregando-o assim: (v) como procedimento administrativo da autoridade competente (art. 142*

138. *Lançamento tributário*, cit., p. 124-6.

do CTN), processo, com o fim de constituir o crédito tributário mediante a postura de (vi) um ato-norma administrativo, norma individual e concreta (art. 145 do CTN, caput), produto daquele processo; (vii) como procedimento administrativo que se integra com o ato-norma administrativo de inscrição da dívida ativa; (viii) lançamento tributário como o ato-fato administrativo derradeiro da série em que se desenvolve um procedimento com o escopo de formalizar o crédito tributário; (ix) como atividade material do sujeito passivo de calcular o montante do tributo devido, juridicizada pela legislação tributária, da qual resulta uma (x) norma individual e concreta expedida pelo particular que constitui o crédito tributário no caso dos chamados lançamentos por homologação (Art. 150 do CTN e §§).

Como são muitas as possibilidades de sentido, impõe-se, novamente, o processo de elucidação, que o Código Tributário Nacional, no art. 142, em decisiva intervenção prescritiva, empregou, optando pela alternativa (v), para conceber a figura como procedimento administrativo e acrescentando, no parágrafo único, que a atividade administrativa de lançamento é vinculada e obrigatória sob pena de responsabilidade funcional.

Entre as decisões tomadas pelo legislador brasileiro, nesse campo, releva acentuar o caráter privativo da realização do lançamento para as autoridades administrativas, o que implicaria admitir a impossibilidade do particular desincumbir-se dessa tarefa. Intuindo, contudo, que isso não seria possível, porque a experiência jurídica efetiva revela o empenho dos administrados, editando, também, normas individuais e concretas no âmbito dos tributos, aquele mesmo legislador determinou que essa atividade do sujeito passivo, bem como seu produto, serão "lançamentos por homologação", uma vez que ficam sujeitos ao controle do Poder Tributante. E dar-se-ia esse controle por atos de homologação, expressa ou tácita, praticados por agentes investidos de competência específica. Veremos, logo mais, que esta solução não serve. A figura canhestra do "lançamento por homologação" é um mero disfarce que o direito positivo criou para atender ao capricho de não reconhecer, na atividade do sujeito passivo, o mesmo ato que costuma celebrar, de aplicação da norma geral e abstrata para o caso concreto. E pretendeu, com isso, ver superado o problema da dualidade aplicativa da regra-matriz de incidência.

Retomemos a mensagem do art. 142, do CTN, para lembrar que esse Estatuto faz uma distinção, no meu entender improcedente, entre crédito e obrigação, como se fora possível, à luz da Teoria Geral do Direito, separar essas duas entidades. A obrigação nasceria com o acontecimento do "fato gerador", mas surgiria sem crédito que somente com o "procedimento de lançamento" viria a ser "constituído". Que obrigação seria essa, em que o sujeito ativo nada tem por exigir (crédito) e o sujeito passivo não está compelido a qualquer conduta? O isolamento do crédito em face da obrigação é algo que atenta contra a integridade lógica da relação, condição mesma de sua existência jurídica. Agora, se o legislador pretendeu dizer que havia um direito subjetivo de exigir a prestação (crédito), mas que o implemento dessa pretensão ficava na dependência de procedimentos ulteriores, o que se pode afirmar é que não utilizou bem a linguagem, provocando dificuldades perfeitamente dispensáveis.

Ao estatuir, no parágrafo único, que *a atividade administrativa de lançamento é vinculada e obrigatória, sob pena de responsabilidade funcional*, reitera nosso Código Tributário a opção pelo sentido procedimental do termo "lançamento", sobre fixar dois outros aspectos: um, para referir-se ao caráter vinculado com que tal atividade deve ser conduzida; outro, para firmar o relacionamento entre o órgão e o funcionário, como um dever jurídico que cumpre seja satisfeito por este último, numa relação de direito administrativo, de que o sujeito passivo da obrigação tributária não participa. Adviria daí o "dever-poder" do agente, ao realizar o lançamento, para aqueles que priorizam o aspecto interno (Fazenda — funcionário); e o "poder-dever" da Administração para atuar o lançamento, com ênfase na competência a ser exercida perante o administrado (Fazenda — contribuinte). Ambas as locuções ("dever-poder" e "poder-dever"), entretanto, não resistem a uma análise mais paciente. Sob o ponto de vista lógico, todo dever implica um poder: (Op $\supset$ Pp), que se pode interpretar: se uma conduta "p" é obrigatória, então está permitido cumpri-la. Seja como for, retendo-se a conduta obrigatória, sua permissibilidade estará necessariamente implícita, sendo redundante a construção. Por outro lado (Pp $\supset$ Op), querendo afirmar que, se uma conduta "p" é permitida, então ela é obrigatória, não se sustenta, uma vez que da permissão não se extrai a obrigação.

Se tentarmos outro trajeto para imaginar o "poder-dever", chegaremos igualmente a soluções absurdas: (Pp. Op) significaria uma conduta "p", simultaneamente, permitida e obrigatória. Como em toda obrigação está embutida a permissão, bastaria registrar a conduta obrigatória ("Op"), sendo despicienda a referência à permissão ("Pp").

Não encontrando fundamentação lógica, as expressões supracitadas justificar-se-iam no plano semântico e pragmático. Todavia, não será esse o melhor caminho na construção de uma linguagem científica, que se quer forte nas instâncias sintática e semântica, para ter a potência de descrever o objeto que se propõe, com o máximo rigor possível.

A título de remate, aproveita-se aqui, por procedente, a sutil distinção lembrada pelo Prof. Walter Barbosa Correa,[139] entre *poder de tributar* e *direito de tributar*, atividades em constante *tensão* nesse setor da disciplina jurídica.

Se nem sempre andou bem o legislador do CTN, ao disciplinar a matéria tributária, não merece censuras ao apontar como vinculada a atividade de lançamento e não o ato de lançamento. Vinculado é o *processo*, não o *produto*. É o ato-fato, não o ato-norma que, uma vez expedido, ingressa no sistema como uma regra jurídica qualquer, apenas discriminada em função do instrumento que a introduziu no conjunto. O

139. Tensão entre direito de tributar e poder de tributar no direito tributário brasileiro, in Direito tributário — *Estudos em homenagem ao Prof. Ruy Barbosa Nogueira*, Saraiva, 1984, p. 203-18.

conceito de procedimento vinculado à lei vem experimentando acentuada degradação de ordem semântica. Os administrativistas discutem, procurando oferecer conteúdo seguro à expressão, sem que, até o momento, lograssem obter resultados positivos. Dá-nos conta dessa preocupação a Professora Lúcia Valle Figueiredo:[140] *Verifica-se, portanto, que se encontra em crise, como brilhantemente afirma Satta, o próprio conceito de vinculação.*

Com as devidas reservas, continuo operando com a definição oferecida por Celso Antônio Bandeira de Mello,[141] segundo a qual *ato vinculado é aquele em que, por existir prévia e objetiva tipificação legal do único possível comportamento da Administração em face de situação igualmente prevista em termos de objetividade absoluta, a Administração, ao expedi-lo, não interfere com apreciação subjetiva alguma.* Dentre as disponíveis na melhor doutrina, penso ser a mais bem composta e por isso dela me sirvo. Todavia, não concordo com a tendência ao absoluto que inspira essa definição. Parto de outras premissas, que não concedem garantias de unissignificação, a não ser para os termos das linguagens formalizadas (Lógica, Matemática etc.), entendendo que todos os vocábulos das linguagens de objetos não ideais são vagos e, ao menos potencialmente, ambíguos. Para mais, não creio possa existir comportamento da Administração destituído de apreciação subjetiva. Tomo a liberdade, por conseguinte, de relaxar um pouco os termos dessa construção doutrinária, para poder mobilizá-la, adequadamente, no terreno dos tributos.

A vinculação do ato administrativo, que, no fundo, é a vinculação do procedimento aos termos estritos da lei, assume as proporções de um limite objetivo a que deverá estar atrelado o agente da Administração, mas que realiza, mediatamente, o valor da segurança jurídica. Se a vinculação não é, em si mesma, nesse hemisfério do direito, um valor, persegue-o de

140. *Curso de direito administrativo*, Malheiros Ed., 1994, p. 135.

141. *Curso de direito administrativo*, Malheiros Ed., 1993, p. 203.

perto, assumindo a feição bipolar característica dos valores. Na outra ponta está a discricionariedade que, volto a repetir, nesse setor da disciplina jurídica aparece como um desvalor, algo indesejado nos procedimentos administrativos que lidam com tributos. Para imprimir teor de estabilidade nas relações do Estado-administração com o contribuinte, requer-se, nos tempos modernos, uma estreita aderência aos textos legais. E o sistema brasileiro adotou o princípio da reserva legal absoluta que, no dizer de Yonne Dolacio de Oliveira,[142] *implica reservar exclusivamente à lei a definição dos elementos ou notas características do tipo legal tributário*. E anota que, sendo assim, *obviamente esse tipo é cerrado, exige a subsunção do fato à norma legal, vez que a decisão do legislador é exaustiva e definitiva, vedando que o aplicador do Direito substitua o legislador, inclusive pelo emprego da analogia*. Fique consignado que a autora citada usa "tipo" na acepção de "fato gerador", o que suscitou a crítica de Misabel Derzi,[143] ao ferir o tema do tipo, no sentido impróprio de "Tatbenstand", do seu aprofundado e valioso estudo sobre a matéria.

9. Demarcação conceitual do vocábulo "lançamento"

Esse dilema, "ato ou procedimento", que pode se transformar num trilema: "ato ou procedimento, ou ambos", reflete uma dúvida sem a solução da qual uma pesquisa mais séria ficaria sensivelmente prejudicada. Perante a Dogmática do Direito Administrativo, sabemos, essas entidades são diferentes e os efeitos práticos a que dão ensejo também apontam para direções distintas. Vejamos um exemplo bem simples. Diante das proposições afirmativas (1) lançamento é procedimento e (2) instaurou-se o procedimento de lançamento, poderíamos concluir: já que existe o procedimento, existe também o lançamento; e se o lançamento existe, vamos começar a

142. Princípios da legalidade e da tipicidade, in *Curso de direito tributário*, Cejup, 1993, p. 155.

143. *Direito tributário, direito penal e tipo*, Revista dos Tribunais, 1989, p. 191.

contar o prazo que culmina com o fato da prescrição. O interlocutor certamente responderia: sim, existe o procedimento, porque foi regularmente instalado, mas ainda não está concluído, devendo aguardar-se o termo final. Vê-se, então, que não basta haver procedimento administrativo de lançamento para que possamos falar em "lançamento". Em que instante, então, surgiria essa figura, no direito brasileiro? Quando a sequência procedimental atingir seu objetivo, expresso pelo ato conclusivo, que é o "ato de lançamento". Ora, além do "procedimento de lançamento", temos, também, o "ato administrativo de lançamento". Pronto. O mal está diagnosticado: "lançamento" é palavra que padece do problema semântico da ambiguidade, do tipo "processo/produto", como tantas outras nos discursos prescritivo e descritivo do direito. É lançamento o processo de determinação do sujeito passivo e apuração da dívida tributária, como é lançamento, também, a norma individual e concreta, posta no sistema com a expedição do "ato de lançamento". Eis, novamente, a imperativa necessidade do esforço de elucidação, de tal modo que o jurista, ao empregar o vocábulo, possa indicar em qual dos dois sentidos ele o fez. Se pensarmos que ato e procedimento são signos distintos, com elaborações teóricas próprias, dentro do Direito Administrativo, importa muito conhecer esse aspecto para decidir qual a doutrina que vai ser aplicada às situações empíricas.

Por evidente que não convém esperar esses requintes de precisão por parte do legislador tributário, nem sempre afeito às necessidades da boa linguagem. Cabe aos cientistas do direito exigi-lo, na construção do rigor discursivo que o relato de seu objeto, o direito positivo, reclama.

A Lei 5.172/66, no art. 142, inclinou-se decididamente pelo "processo", enunciando, com expressividade, que "lançamento" é *o procedimento administrativo tendente a verificar...* Mas a doutrina vacilou, versando a figura ora como ato, ora como procedimento, ora como ambos.

Animada pelas elaborações continentais europeias, advindas da Alemanha, Itália e Espanha, que discutiam, calorosamente, acerca da eficácia declaratória ou constitutiva do lançamento, a doutrina brasileira ingressou no debate, inclinando-se, de modo entusiástico, pela primeira opção, o que importou relevar a plano secundário tema do mais elevado interesse científico, qual seja, o de determinar se o lançamento seria um mero ato jurídico administrativo ou, algo diferente, uma sequência procedimental, formada pela combinação orgânica de uma série de atos e termos, voltados para a produção de objetivo específico. E, breve revista na obra dos bons autores brasileiros vem por demonstrar, de maneira candente, que as preocupações foram polarizadas naquela *querela fradesca*, no dizer de Becker, razão determinante de haver prosperado, entre nós, a concepção procedimentalista do lançamento, plasmada no citado artigo do Código Tributário Nacional.

É curioso notar que os principais autores do anteprojeto que se transformou na Lei 5.172/66 haviam manifestado opinião diversa, em trabalhos que antecederam a edição daquele Diploma.

Rubens Gomes de Sousa,[144] ao pronunciar-se a respeito do conceito jurídico de lançamento, em estudo publicado dezesseis anos antes da divulgação do Código, já encarecia, esforçado na doutrina de Seabra Fagundes, tratar-se de ato. Algum tempo depois, porém, o notável jurista veio a admitir que a entidade tanto poderia ser representada por ato, como por série deles (procedimento).[145] Gilberto de Ulhôa Canto[146] não destoava da primeira ideia, ao exprimir-se, categoricamente, no sentido de que o lançamento era *o ato através do qual se procede à verificação da ocorrência do fato gerador do imposto, à respectiva avaliação e consequente criação do débito fiscal individualizado.*

Também Aliomar Baleeiro,[147] embora aceitasse a feição procedimental do lançamento, em seus comentários ao Código

---

144. *Estudos de direito tributário*, São Paulo, Saraiva, 1950, p. 228.

145. Rubens Gomes de Sousa, *Compêndio*, cit., p. 63-4.

146. *Temas de direito tributário*, Ed. Alba, 1964, v. 1, p. 171.

147. *Direito tributário*, cit., p. 443.

Tributário Nacional, já expressara sua convicção, tempos atrás, segundo a qual *é ato administrativo de competência vinculada...*

Para Amílcar de Araújo Falcão,[148] o lançamento é ato declaratório e, como tal, não cria a obrigação tributária, no que é seguido por Geraldo Ataliba[149] que o toma também por ato declaratório que conferiria liquidez ao crédito. E, dessa orientação não divergiu José Souto Maior Borges,[150] ao distinguir a norma individual, expedida com o ato de lançamento, do procedimento administrativo que prepara sua expedição. Já Alberto Xavier,[151] por seu turno, insiste na importância de tomar-se o lançamento como ato e o danoso engano de aceitá-lo como procedimento.

Do lado oposto, temos o magistério de Alfredo Augusto Becker[152] e de Antônio Roberto Sampaio Dória,[153] que adotam a concepção de procedimento, e Ruy Barbosa Nogueira[154] que, em monografia sobre o tema, igualmente defende a natureza procedimental, invocando os ensinamentos de Emílio Betti e o escólio de José Frederico Marques ao art. 168 do Anteprojeto do Código Tributário.

Agora, uma comprovação decisiva e que compromete a configuração do lançamento como procedimento, pode ser recolhida no magistério dos próprios seguidores dessa fórmula.

É assim que Antônio Roberto Sampaio Dória,[155] após oferecer seu conceito de lançamento como procedimento admi-

---

148. *Fato gerador*, cit., p. 115.

149. *Apontamentos de ciência das finanças, direito financeiro e tributário*, Revista dos Tribunais, 1969, p. 277.

150. Lançamento tributário, in *Tratado de direito tributário*, Rio de Janeiro, Forense, 1981, v. 4, p. 103-4.

151. *Conceito e natureza do acto tributário*, Coimbra, Livr. Almedina, 1972, cap. 1.

152. *Teoria geral*, cit., p. 325.

153. *Da lei tributária*, cit., p. 321.

154. *Teoria do lançamento tributário*, Resenha Tributária, 1973, p. 32-3.

155. *Da lei tributária*, cit., p. 321-2.

nistrativo, e curando de especular em torno da lei aplicável à formalização do crédito tributário, não esconde o pequeno lapso de adotar, por um instante, a tese oposta:

> A determinação do crédito tributário se baseia, pois, na lei material contemporânea ao fato tributado e toda a problemática do direito transitório se cifra em torno dela e não do *lançamento, que é ato meramente formalizador de uma situação preexistente*. (Grifamos.)

Ruy Barbosa Nogueira,[156] prosélito da teoria, não se forra de cometer o mesmo engano, ao discutir o problema da eficácia jurídica produzida pelo lançamento. São suas palavras:

> Aliás, *a concepção do lançamento como ato declaratório, conforma-se perfeitamente com nosso direito positivo tributário*, como já vimos do próprio art. 53 da Lei n. 4.320.
>
> Mas, desde logo, podemos acentuar a verdadeira natureza de ato declaratório do lançamento, tendo em vista [...]
>
> *O lançamento como ato declaratório*, uma vez concluído, permite a atuação administrativa para a [...]. (Grifado.)

Decididamente, é problemática a tese do lançamento como procedimento administrativo, lamentando-se que o legislador do Código haja inserido esse conceito no dispositivo do art. 142, agravando a incoerência com permitir que o agente público possa vir a propor a aplicação de penalidades, nas hipóteses de descumprimento das prestações tributárias. Tal aspecto será examinado mais de espaço, ao verificarmos a natureza do *auto de infração*, depois de extrairmos as conclusões a propósito do perfil jurídico do lançamento.

Há, ainda, uma outra dificuldade. Tanto a legislação como a doutrina utilizam a voz "procedimento" em duas acepções bem distintas: (1) "procedimento" como conjunto ordenado de atos administrativos e termos que evoluem, unitariamente, para a consecução de ato específico, que é sua finalidade

---

156. *Teoria do lançamento*, cit., p. 39-40.

(exemplos: procedimento administrativo tributário, procedimento de consulta, procedimento de licitação etc.); e (2) "procedimento" como qualquer atividade físico-material e intelectual para a produção de ato jurídico administrativo (exemplo: o funcionário, verificando o quadramento do fato à norma, redige breve autorização, num ato jurídico administrativo isolado).

Afirmei tratar-se de outra dificuldade porque há casos de lançamento em que o "procedimento" se reduz a um único ato. Em outras palavras, opera-se o ato numa atividade monádica de um só funcionário. Depreende-se, dessa breve reflexão, que "procedimento", no sentido de série regrada de atos e termos, não é algo imprescindível para a celebração do lançamento. Este ato pode verificar-se apenas com as providências físicas e mentais da autoridade competente, sem o concurso de qualquer outro ato administrativo.

Recomenda-se até, em obséquio ao rigor das construções científicas, que passemos a nos referir a "procedimento", pura e simplesmente, nessa acepção mais livre e descomprometida, e reservando para as circunstâncias em que se cogita de uma sucessão de atos e termos, associados para se obter um determinado resultado, o mesmo nome, mas acompanhado da especificação: "procedimento de fiscalização", "procedimento de inquérito administrativo", "procedimento de discussão do lançamento perante os órgãos da Administração", "procedimento de consulta" etc.

Para terminar este item do presente subcapítulo, vale a pena mostrar uma indicação objetiva, no mundo da *praxis*, que a distinção entre ato e procedimento oferece: consoante ficou assinalado, linhas acima, *a vinculação que se predica diz respeito ao procedimento e não ao ato. O caráter de vinculado ou de discricionário mora na atividade procedimental, não no seu produto: o ato de lançamento*. Acaso nos deparássemos com dois documentos atestatórios de atos jurídicos administrativos, sendo um proveniente de atividade vinculada e outro oriundo de atividade discricionária, nenhum traço específico remanesceria para denunciar a vinculação ou discrição com que o expediente foi realizado, a não ser, é claro, que conheçamos as regras que presidiram sua celebração.

A solução estaria bem simplificada, se "ato" não sofresse, também, da mesma enfermidade semântica. O signo "ato" tanto representa o processo, a atividade, como seu resultado, seu produto. Mesmo assim, dúvidas não tenho de que as separações de sentido, na medida em que forem cabíveis e procedentes, enriquecem o discurso, imprimindo-lhe maior potencialidade descritiva.

Como providência epistemológica de bom alcance, podemos tomar "procedimento" como atividade, como processo de preparação, e "ato" como o produto final, composto por enunciados de teor prescritivo, consubstanciados num documento que passa a integrar o sistema do direito positivo. A partir da leitura desses enunciados, reconstruindo a norma individual e concreta que os tem como suporte físico, receberemos a mensagem deôntica que representa a adequação da regra-matriz de incidência tributária a uma situação efetiva do mundo social. No ato, consoante a proposta semântica com que iremos trabalhar, não encontraremos mais do que as duas peças do enlace implicacional das normas jurídicas individuais e concretas: antecedente e consequente, com seus elementos constitutivos.

Não se exaure nessa polêmica (ato/procedimento) a tentativa da doutrina brasileira de conceituar o lançamento tributário. Alcides Jorge Costa,[157] aplaudido por Fábio Fanucchi,[158] cogita da entidade na condição de ônus *que a lei impõe ao Estado para que este possa exercitar o direito que lhe advém da relação de responsabilidade, que deriva, também ela, da ocorrência do fato gerador*. Para o reputado autor, o lançamento deve ser considerado como um elemento da relação jurídico-tributária, expresso por ato administrativo.

Estamos em que, de lado o agudo raciocínio do ilustre professor e o manifesto teor atrativo das conclusões eduzidas,

---

157. *Contribuição ao estudo da obrigação tributária*, p. 57 e 60 (Tese de doutoramento — USP).

158. *A decadência e a prescrição no direito tributário*, Resenha Tributária, 1976, p. 33.

um obstáculo difícil de ser transposto se entrepõe no curso dessa elaboração: a figura do ônus só tem cabimento na plataforma dos direitos disponíveis, e o lançamento é obrigatório e vinculado, sob pena de responsabilidade funcional do agente. Não vemos, portanto, em que medida se possa compaginar o cumprimento de um dever e a remoção de um óbice, representado pela existência de um ônus.

Não merece encômios de juridicidade, igualmente, a ideia de que o lançamento seria uma condição legal, que submeteria o nascimento ou a eficácia da obrigação tributária. Condição legal, no caso, estaria justaposta à condição voluntária, que subordina a eficácia de negócio jurídico. Sem o implemento da condição estipulada pelas partes, como acontecimento futuro e incerto, não haverá irradiação de efeitos jurídicos e o negócio será inapto para fazer surdir, por força própria, os direitos e deveres que lhe são peculiares. Processar-se-ia o mesmo fenômeno, na eventualidade de condição legal, apenas que a vontade das partes estaria substituída pela determinação da lei, ao fazer a previsão de evento futuro e incerto para submeter a eficácia do fato jurídico. Dada a ocorrência factual, descrita no antecedente da regra-matriz, não surgiria o vínculo obrigacional, até que se desse o implemento da *conditio juris* representada pelo lançamento.

Como a primeira, tal concepção tropeça em dificuldade fundamental. A condição ditada pela lei não é verdadeira *conditio*, pois, nos exatos termos do art. 121 do Código Civil brasileiro, considera-se condição apenas a cláusula que derive *exclusivamente* da vontade das partes.

E o estilo terso e elegante que presidiu a redação desse artigo não dá espaço a qualquer dúvida. A chamada condição legal define tão somente os elementos que compõem o desenho descritivo do fato jurídico tributário. Sem eles, o próprio evento não se constitui. E Pontes de Miranda[159] explicita: *Se a circunstância incerta é elemento do chamado suporte fáctico*

159. Tratado de direito privado, v. 5, p. 112.

"legal", necessária é para que a eficácia se dê: a morte não é condição do testamento; é "conditio juris"; e as "conditiones juris", segundo a técnica jurídica do art. 117,[160] *não são condições.*

Sendo assim, relatar o lançamento como condição legal que submete o nascimento da obrigação tributária poderia sugerir, se tal fosse o ânimo dos que a adotaram, intuição de que o próprio *factum* estaria por requerer a linguagem como elemento indispensável à sua constitutividade e, por via de consequência, a instalação mesma da obrigação tributária. Mas não foi exatamente essa a tônica da proposta doutrinária. Aquilo que se focalizou, em toda a extensão do debate, foi o evento e a chamada "relação jurídica efectual".

10. Lançamento tributário: norma, procedimento e ato

A compreensão da figura do lançamento fica mais nítida quando refletimos sobre a convergência das palavras "norma", "procedimento" e "ato", tomadas como aspectos semânticos do mesmo objeto. Importa dizer, se nos detivermos na concepção de que *o ato é, sempre, o resultado de um procedimento* e que tanto ato quanto procedimento hão de estar, invariavelmente, previstos em normas do direito posto, torna-se intuitivo concluir que *norma, procedimento e ato são momentos significativos de uma e somente uma realidade.* Aliás, como soe acontecer, a construção jurídica não destoa das situações comuns da existência de que participamos. Pensemos num bolo cuidadosamente preparado para ser servido como sobremesa. Há uma receita, formulada por escrito ou passada de pessoas para pessoas pelos múltiplos canais por onde flui a cultura. Eis aí a norma, no caso, não positivada pelo direito, mas fixando um conjunto de providências, como a previsão de quantidades de substâncias, misturadas segundo certas proporções e maneiras específicas, e obedecendo a uma ordem sequencial, tudo realizado em determinadas condições de

160. Na atual redação do Código Civil brasileiro, o assunto é disciplinado pelo art. 121.

temperatura e pressão, procedimento que há de ser percorrido para que, encerrado o processo, apareça, como resultado, o produto final, no nosso exemplo, o bolo.

Se transpusermos o raciocínio para a região das entidades jurídicas, direcionando-o ao campo que nos interessa, podemos aludir ao "lançamento", concebido como norma, como procedimento ou como ato. Norma, no singular, para reduzir as complexidades de referência aos vários dispositivos que regulam o desdobramento procedimental para a produção do ato (i); procedimento, como a sucessão de atos praticados pela autoridade competente, na forma da lei (ii); e ato, como o resultado da atividade desenvolvida no curso do procedimento (iii). Isto significa afirmar que são semanticamente válidos os três ângulos de análise. Tanto será "lançamento" a norma do art. 142 do CTN, como a atividade dos agentes administrativos, desenvolvida na conformidade daquele preceito, como o documento que a atesta, por eles assinado, com a ciência do destinatário. A prevalência de qualquer das três acepções dependerá do interesse protocolar de quem se ocupe do assunto. Uma coisa, porém, deve ficar bem clara: *não pode haver ato de lançamento sem que o procedimento tenha sido implementado*. Da mesma forma, não haverá ato nem procedimento sem que uma regra do direito positivo estabeleça os termos das respectivas configurações.

Sobre "ato", utilizado neste texto como sinônimo de "ação", algumas ponderações se tornam oportunas. Vêmo-lo como a significação de um movimento ou de um plexo deles, mas enquanto unidade de sentido que os tem por referente. *O movimento é, digamos assim, o suporte físico da significação*. Gregório Robles serve-se do exemplo, já conhecido, de alguém que levanta o braço. Como interpretar esse gesto que pressupõe comandos cerebrais, mobilização de ossos, músculos e nervos, sendo, portanto, algo complexo? Será que significa chamar um táxi ou saudar alguém que passa? Mas, pode ser, também, um aceno de despedida. De que modo decidir? A despeito de tratar-se do mesmo fenômeno psicofísico, cada opção representa um ato diferente, pois os sentidos são diversos. E o filósofo espanhol acrescenta que sem movimentos inexiste ação. Entretanto, "movimentos" na sua dimensão ampla: exteriores ou interiores. O puro ato de pensamento constitui movimento, contudo de caráter interno, porque não se manifesta exteriormente. Lembremo-nos de que os atos meramente internos não têm relevância para o direito, todavia sim para a moral ou para a religião. Do ato puro de pensamento só tem consciência o sujeito pensante, o que também sucede com outros tipos de atos internos, como desejar, fantasiar, recordar, sentir, perceber, imaginar, ter a intenção etc. Ao dizer que os atos internos não ingressam na esfera de preocupação do direito, saliento que os eventos são objetos de percepção, permanecendo no âmbito da subjetividade de cada qual, até que, mediante a linguagem, venham a ser transmitidos para terceiros, no contexto social.

Por outro lado, continua aquele autor, há também atos que são meramente externos, sem abrigar elementos internos, como acontece com os atos reflexos, ou aqueles outros que uma pessoa realiza dormindo ou em estado de hipnose, ou ainda em todas aquelas situações em que o sujeito "não é dono de seus atos".

Agora, "procedimento" é termo com outras projeções semânticas, para além daquela de "lançamento tributário". Aproxima-se de "atividade", que supõe pluralidade de atos, com habitualidade ou sem habitualidade, organizada no modo de conjuntos ou mediante ações desconexas, que se repetem irrefletidamente, escapando de nossas possibilidades de captação mental. Essa movimentação, que chamaremos de "mera atividade", não interessa para a demarcação semiológica da figura procedimental, pois o *procedimento é sempre desenvolvido e caminha na direção de um objetivo adredemente estipulado. Não tem, em si mesmo, sentido unitário, como o ato, contudo se preordena para obtê-lo*. Isso não quer dizer que não se lhe possa atribuir nome (procedimento de adoção, de licitação, de "lançamento"). Também não se apresenta como mero punhado de ações em desnexo, sem vínculos associativos que possam denunciar seus fins. Pelo contrário, ali onde houver procedimento haverá sucessão organizada de ações, praticadas sequencialmente, com o escopo de atingir determinado resultado, de tal modo que é possível promover a decomposição analítica do todo, tendo em vista o exame pormenorizado de ato específico que, por qualquer razão, venha a nos interessar. Outro elemento importante para a compreensão da atividade procedimental é o tempo. A cronologia faz parte integrante da noção de procedimento, a tal ponto que, se não detectamos a presença do fator temporal, intrometido entre os atos, estaremos diante de ações simultâneas destituídas de sentido enquanto categoria definida de atuosidade. Intercalo, aqui, uma observação relevante. É claro que o ato somente pode realizar-se em precisas condições de espaço e de tempo. O que pretendo significar, entretanto, é que no caso do procedimento, além do desdobrar-se no tempo, que é algo próprio desse tipo de atividade, o fluxo temporal se interpõe na sucessão organizada das ações praticadas, o que não ocorre com os atos. Há o tempo *interno*, digamos assim, e o tempo *externo*, que marca a duração do procedimento, vale dizer, seu início e seu término, que se dá com o aparecimento de qualquer um dos resultados previstos.

Quanto às normas, são enunciados de teor prescritivo que se projetam sobre a região material das condutas intersubjetivas, para discipliná-las, implementando os valores que a sociedade pretende ver realizados e, com isso, possibilitando o convívio social. As normas qualificam pessoas, situações e coisas, mas, fique bem estabelecido, com o objetivo precípuo de regular os comportamentos inter-humanos. Daí por que não se possa dizer, em linguagem científica, que as normas incidam sobre objetos do mundo circunstante ao ser humano. É impropriedade, e grave, o asseverar que há normas que incidem sobre bens móveis ou imóveis, fungíveis ou infungíveis. Mesmo sobre pessoas isoladamente consideradas. A regra que dá o direito ao nome, por exemplo, não percute sobre o indivíduo da comunidade social, mas qualifica-o dessa maneira para que possa ingressar em relações jurídicas com os demais participantes da coletividade. Adicione-se a essas notas a circunstância de que todo o espaço social está coberto por normas jurídicas, de tal sorte que, se algo refugir a esse domínio, certamente não poderá ser levado em conta como dado jurídico. Dito de maneira mais lacônica e objetiva, no direito, toda a vida social, excluídas as manifestações meramente subjetivas, está contida na projeção semântica do sistema de normas.

É com esse tom que devemos recolher os significados das ações intersubjetivas para lidar com o "lançamento tributário". Há unidades normativas que o mencionam, instituem o regime procedimental para sua produção e o contemplam como ato jurídico administrativo com funções relevantíssimas para que o Estado-Administração realize a missão constitucional que lhe foi atribuída.

Tratar o "lançamento" como norma, como procedimento ou como ato passa a ser, então, singela decisão de quem vá examiná-lo, valendo a asserção para o jurista prático e para o jurista teórico, tanto faz. Aquilo que não se justifica, sob o ponto de vista da Epistemologia do Direito, é o caráter emulativo que se difundiu pela doutrina, com a disputa entre a primazia das três possibilidades cognoscitivas.

11. Lançamento e a teoria dos atos administrativos

Não tivesse havido tanta hesitação a propósito da identidade do lançamento (ato ou procedimento), e as investigações científicas sobre esse ente do direito positivo teriam experimentado, há muito tempo, sensível progresso. Isso porque a teoria dos atos administrativos, tradicionalmente discutida, acha-se estruturada em bases sólidas, a despeito das dissenções acadêmicas que as construções da doutrina acabam sempre suscitando. Aplicando-se as lições dogmáticas existentes sobre a organização e as potencialidades jurídicas do ato administrativo ao instituto do lançamento teremos condições de compreendê-lo em tópicos que se mantêm obscuros até hoje, justamente pela ausência de instrumental científico idôneo e eficiente. O instrumento a que nos referimos é a teoria dos atos administrativos.

Com efeito, a visualização jurídica do lançamento como ato administrativo abre perspectivas riquíssimas à pesquisa do assunto, possibilitando admirável ingresso nas profundezas do instituto, campo em que o cientista descobrirá, certamente, caminhos novos para a solução das intermináveis testilhas acadêmicas que vêm afligindo tributaristas nacionais, impotentes ante a necessidade de narrar algumas das consequências práticas que o lançamento produz.

É o que nos propomos fazer: empregar a teoria dos atos administrativos para surpreender a entidade "lançamento". Primeiro, colocá-lo-emos sob foco temático, à luz da doutrina convencional, para, depois, em tom de exercício, examiná-lo segundo os auspícios de moderna contribuição científica ao estudo do tema.

Movidos pelo intuito de facilitar essa construção, que é de ordem teorética, mas de imediatas repercussões pragmáticas, partiremos da definição de "lançamento", elucidando suas cláusulas no direito positivo brasileiro, pela aplicação das duas posturas dogmáticas, na ordem em que indicamos.

12. Definição de lançamento tributário

Lançamento tributário é o ato jurídico administrativo, da categoria dos simples, constitutivos e vinculados, mediante o qual se insere na ordem jurídica brasileira u'a norma individual e concreta, que tem como antecedente o fato jurídico tributário e, como consequente, a formalização do vínculo obrigacional, pela individualização dos sujeitos ativo e passivo, a determinação do objeto da prestação, formado pela base de cálculo e correspondente alíquota, bem como pelo estabelecimento dos termos espaço-temporais em que o crédito há de ser exigido.

a) *Ato jurídico administrativo*

Lançamento é ato jurídico e não procedimento, como expressamente consigna o art. 142 do CTN. Consiste, muitas vezes, no resultado de um procedimento, mas com ele não se confunde. É preciso dizer que o procedimento não é imprescindível para o lançamento, que pode consubstanciar ato isolado, independente de qualquer outro. Quando muito, o procedimento antecede e prepara a formação do ato, não integrando com seus pressupostos estruturais, que somente nele estarão contidos.

À margem do procedimento, e polarizando no ato administrativo o centro de suas indagações, Oswaldo Aranha Bandeira de Mello[161] firma as características de essência da entidade, concebida no sentido material, ou objetivo, *como manifestação de vontade do Estado, enquanto Poder Público, individual, concreta, pessoal, na consecução do seu fim, de criação de utilidade pública, de modo direto e imediato, para produzir efeitos de direito.* São aqueles atos jurídicos praticados, segundo o direito administrativo, pelas pessoas administrativas, a que alude Ruy Cirne Lima,[162] adicionando ao conceito anterior a acepção orgânico-formal que Oswaldo Aranha Bandeira de Mello refere em definição apartada. De modo análogo, Caio Tácito[163] separa os atos administrativos formais — *todos aqueles praticados por um órgão administrativo* — dos materiais — *os que representam, substancialmente, o exercício da função administrativa do Estado, independentemente do órgão de sua execução.*

Mas, ao acolhermos o lançamento como ato jurídico administrativo, vem ao pensamento distinção de relevo, que M. Seabra Fagundes[164] expõe com muita nitidez, ao lembrar que os atos administrativos podem ser ou não jurídicos. Quando modificam

---

161. *Princípios gerais de direito administrativo*, Forense, v. 1, p. 413-4.

162. *Princípios de direito administrativo*, 2. ed., Porto Alegre, Globo, p. 73.

163. *Direito administrativo*, Saraiva, 1975, p. 55.

164. *O controle dos atos administrativos pelo Poder Judiciário*, 4. ed., Forense, 1967, p. 37.

situações jurídicas, como a nomeação de um funcionário, a expedição de um título de habilitação profissional, a imposição de multa etc., são atos administrativos jurídicos ou atos administrativos com efeitos jurídicos. Quando, porém, o ato praticado no exercício da administração não cria, modifica ou extingue direitos, é destituído de efeito jurídico, no sentido preciso da expressão. Será um ato administrativo sem efeito jurídico. É o que se dá quando a declaração de vontade não visa a produzir determinados efeitos, ficando aqueles dependentes de ato ulterior.

A lição do preclaro jurista sugere o emprego cuidadoso da expressão *ato jurídico administrativo* para aludir aos atos jurídicos praticados pela Administração Pública, no exercício da função administrativa. É o caso do lançamento, com seus indiscutíveis efeitos de direito.

Assentadas essas posições, quais seriam, para a corrente convencional dos nossos autores, os traços de identificação do ato jurídico administrativo, mantendo-se a premissa de que o lançamento seria uma espécie dessa categoria?

No ato jurídico administrativo encontramos os requisitos de essência do gênero *atos jurídicos*, isto é, agente capaz, objeto lícito, possível, determinado ou determinável, e forma prescrita ou não defesa em lei (CC, art. 104), além de elementos que lhe dão especificidade, quais sejam os motivos e a finalidade do ato. Haverá, dessa forma, cinco elementos integrativos na estrutura interior de todo ato jurídico administrativo: *a*) motivo ou pressuposto; *b*) agente competente; *c*) forma prescrita em lei; *d*) objeto ou conteúdo; e *e*) finalidade.

Atente-se para que a capacidade do agente se presume, em direito público, assumindo conotação específica, expressa na regra da *competência*, ou seja, o poder legal de realizar determinada parcela da função administrativa, e tal competência não adere à pessoa do agente, visto que pertine ao conteúdo da função pública.

Também quanto ao objeto, não se pode adotar, sem a devida reserva, o requisito genérico dos atos jurídicos. Sobre a condição geral da licitude, deve o objeto, na conformidade do ensinamento de Caio Tácito,[165] estar relacionado com a competência especial da autoridade e com o grau de opção que lhe tenha sido atribuído. Nos atos vinculados, o objeto estará determinado no preceito legal, enquanto nos atos de competência discricionária deverá quadrar-se nos limites legais da liberdade apreciativa outorgada à Administração.

Tornam-se imprescindíveis tais adaptações ao reconhecimento da intimidade estrutural dos atos jurídicos administrativos que, além disso, reivindicam dois outros elementos para completar sua existência: motivo ou pressuposto e finalidade.

O *motivo* está atrelado aos fundamentos que ensejaram a celebração do ato. Pode vir expresso em lei ou ficar a critério do administrador. Tratar-se-á, então, de ato vinculado ou discricionário, segundo a hipótese. No primeiro caso, terá o agente que houver de exará-lo de justificar a existência do motivo, sem o que o ato será inválido ou, pelo menos, invalidável por ausência de motivação. Deixado ao talante do agente, no entanto, poderá ele expedi-lo sem motivação expressa, mas, caso venha a mencioná-la, ficará jungido aos motivos aduzidos.

A *finalidade* é o objetivo que se pretende com a celebração do ato ou o resultado prático que se procura alcançar pela modificação trazida à ordem jurídica. É o sentido teleológico do ato; é o fim jurídico a que se dirige, em última análise, a ação administrativa.

Simultaneamente agrupados os cinco elementos que lhe dão substância, estaremos diante de um ato jurídico administrativo, na sua completude existencial. Contudo, nem todo ato jurídico administrativo realiza a figura típica do lançamento tributário, porque outras estipulações singulares estão alojadas no seu conceito.

b) *Da categoria dos simples, constitutivos ou modificativos e vinculados*

165. *Direito administrativo*, cit., p. 58-9.

Atos jurídicos administrativos simples são aqueles que resultam da emanação de vontade de um único órgão ou, como prefere Themístocles Brandão Cavalcanti,[166] *os atos que se completam pela manifestação de uma só vontade, e produzem as suas consequências jurídicas independentemente da manifestação de outra vontade.* É também o pensamento de Oswaldo Aranha Bandeira de Mello,[167] para quem a categoria dos atos simples poderia ainda comportar a subdivisão em ato simples individual (ato jurídico da Presidência da República, lavrado pelo Presidente) e ato simples colegial, produzido por órgãos colegiais, isto é, constituídos por vários titulares, que atuam em conjunto e decidem em colégio. Nesse caso, a manifestação de vontade é a resultante das diversas vontades individuais. O ato jurídico administrativo do lançamento tributário estaria contido na primeira espécie: ato simples individual.

Tendo em vista o critério do fim imediato a que se preordenam os atos, Ruy Cirne Lima[168] os classifica em cinco grupos: constitutivos, assecuratórios, alienativos, modificativos e extintivos de direitos.

Os *constitutivos* carregam a premissa da criação de relações jurídicas novas, vale dizer, vínculos até então inexistentes e que passam, agora, a ligar pessoas, mediante o aparecimento de direitos subjetivos e deveres correlatos. E quando cabe ao Fisco, em caráter inaugural, montar a linguagem competente, será ele constitutivo, tanto do fato jurídico tributário como da obrigação que se irradia pelo liame lógico da imputação normativa ("causalidade jurídica", na terminologia de Lourival Vilanova).

Acontece, porém, que o lançamento é lavrado, muitas vezes, em substituição àquele ato de linguagem emitido com deficiência pelo sujeito passivo, no exercício de competência

---

166. *Tratado de direito administrativo*, Freitas Bastos, 1960, v. 1, p. 243.

167. *Princípios gerais*, cit., p. 474.

168. *Princípios de direito*, cit., p. 73-4.

legal. Sempre que isso ocorrer, não havendo o traço inovador referido acima, apresentar-se-á como ato *modificativo*. Sim, porque a manifestação competencial do contribuinte já fizera nascer o crédito e seu correlativo débito. O ato administrativo celebrado pela Fazenda Pública terá apenas o condão de *modificar* o expediente inicialmente confiado ao sujeito passivo, que o produziu com defeito de fundo ou de forma.

A título de escólio, torna-se evidente que o *fim imediato* mencionado por Ruy Cirne Lima repousa no conteúdo do ato administrativo ou, por outros signos, na norma jurídica por ele introduzida no sistema de direito posto. Tratando-se de ato de lançamento, recai sobre a norma individual e concreta que institui o fato jurídico tributário, associando-lhe o efeito de desencadear o vínculo obrigacional correspondente.

O tema do aspecto *constitutivo* ou *modificativo* de que se reveste o lançamento dá margem a uma série de comentários, uma vez que vem ocupando espaço significativo no corpo da doutrina especializada. Antes, contudo, de retornarmos ao assunto, até agora sem solução satisfatória, prossigamos na sequência da matéria que vínhamos desenvolvendo, mais propriamente sobre a definição dessa entidade tão importante para a implantação dos tributos.

O ato jurídico administrativo do lançamento é *vinculado*, significando afirmar que se coloca entre aqueles para a celebração dos quais não atua o agente com qualquer grau de subjetividade. Há de ater-se ao único e objetivo caminho que o tipo legal prescreve, não lhe sendo outorgada qualquer porção de liberdade para sopesar, avaliativamente, os dados concretos de que dispõe, decidindo sobre a conveniência ou oportunidade da prática do ato. Pelo contrário, o representante do Poder Público, nos atos vinculados, há de pautar sua atuação nos estritos termos que a lei estipula, guardando-lhe plena e integral aderência. Exatamente assim o ato de lançamento tributário, onde não se permite atuação discricionária. Declara-o, prescritivamente, o art. 142 do Código Tributário Nacional, e o sistema do direito positivo o confirma.

c) *Mediante o qual se insere na ordem jurídica brasileira u'a norma individual e concreta*

Eis o conteúdo ou objeto do ato jurídico administrativo do lançamento tributário: introduzir no ordenamento positivo u'a norma individual e concreta que guarde subsunção à regra-matriz de incidência, isto é, à norma geral e abstrata instituidora do gravame.

Com efeito, sem norma individual e concreta as prescrições gerais e abstratas não chegam às condutas intersubjetivas, e o direito não atinge seus propósitos reguladores. Torna-se preciso, como vimos na teoria das fontes, que um veículo introdutor (ato jurídico-administrativo do lançamento, no caso) faça a inserção da regra no sistema. Significa dizer: unidade normativa alguma entra no ordenamento sem outra norma que a conduza. O preceito introduzido é a disciplina dos comportamentos inter-humanos pretendida pelo legislador, ao passo que a entidade introdutora é igualmente norma, porém concreta e geral. Lembremo-nos de que a regra incumbida de conduzir a prescrição para dentro da ordenação positiva é de fundamental importância para montar a hierarquia do conjunto.

Intuitivamente, os estudiosos não se esquivaram de identificar essa norma introduzida com a própria substância da norma introdutora, chamando-a de conteúdo ou objeto. Implica reconhecer que, sem tal núcleo de significação, o veículo introdutor fica oco, vazio, perdendo o sentido de sua existência.

d) *Que tem como antecedente o fato jurídico tributário*

O ato jurídico administrativo de lançamento deve trazer alusão a um fato, equivale a dizer, a um enunciado protocolar, denotativo, referente a alteração do mundo econômico-social, devidamente individualizada no espaço e no tempo, com o verbo no pretérito. E mais: que satisfaça os padrões do antecedente de regra-matriz de incidência tributária. Tal descrição fáctica terá de coincidir, à justa, com aquela previsão hipotética, qualificada por critérios e aberta para cobrir infinitos enunciados factuais.

A menção ao aspecto é algo imprescindível, dado que o enunciado empregado para relatar o evento é pressuposto do nascimento do nexo jurídico tributário e, por via de consequência, do direito subjetivo à percepção do tributo. Consubstancia o que os administrativistas chamam de *motivo* ou *pressuposto*, que no campo das competências vinculadas deverá vir sempre expresso para propiciar o cotejo de sua identidade com o tipo legal. Por isso mesmo, não há como dispensar a autoridade lançadora de registrar, na edição do ato, o motivo que lhe deu ensejo, corresponde a dizer, a referência objetiva do fato jurídico tributário, reportando-se, como já foi dito, às coordenadas de tempo e de espaço que o condicionaram no mundo da experiência físico-social.

e) *E, como consequente, a formalização do vínculo obrigacional, pela individualização dos sujeitos ativo e passivo e pela determinação do objeto da prestação, formado pela base de cálculo e alíquota correspondente*

Bem, constituído o fato-causa (fato tributário), a consequência será a instauração do fato-efeito (a obrigação tributária), por força da relação de causalidade jurídica (imputação normativa). Requer-se, porém, que o vínculo obrigacional apareça objetivado, vale dizer, seja posto em termos intersubjetivos, o que só é possível pela comunicação entre sujeitos, promovida pela linguagem. Mas não toda e qualquer linguagem: a linguagem competente, assim indicada pelo direito positivo em vigor.

Realmente, para que se dê por instalada a relação jurídica do tributo faz-se necessário utilizar as formas de linguagem previstas na legislação, indicando os sujeitos do vínculo (ativo e passivo), determinando a base de cálculo (grandeza apta para dimensionar as proporções jurídicas do fato), bem como apontando para a alíquota que há de conjugar-se com a matéria imponível, para compor o *quantum debeatur*. É claro que somente após esse empenho de formalização em linguagem própria é que o titular do direito subjetivo terá condições de exercitá-lo, reivindicando-o perante o sujeito passivo, já agora devidamente identificado no consequente da norma individual e concreta.

Quanto ao sujeito ativo, vem quase sempre na implicitude do texto legislado, como a pessoa política de direito constitucional interno portadora da competência para editar as normas do tributo. Algumas vezes, no entanto, sempre que houver o fenômeno da parafiscalidade, o sujeito pretensor comparecerá explicitamente, como aquela pessoa jurídica de direito público ou privado nomeada pelo titular da competência para fazer as vezes de credor. No que diz respeito ao sujeito passivo, todavia, a formalização do laço obrigacional compele a autoridade a identificá-lo com rigor, enunciando-lhe o nome (pessoa física ou jurídica), seu domicílio, assim como os dados de seu registro ou inscrição, segundo os controles do órgão fiscal.

Por outro lado, a determinação da base de cálculo e da alíquota aplicável são atividades jurídicas imprescindíveis à operação material que define a compostura numérica do crédito tributário. Mas, por que tais determinações assumem aspecto de atividades jurídicas, ao mesmo tempo em que a definição do *quantum* devido consiste em operação material? Antes de responder à indagação cumpre advertir que *atividade jurídica* não está empregada na acepção de prática de ato jurídico. Significa, tão somente, que o administrador público, a quem compete a realização do ato de lançamento, haverá de procurar, no contexto da lei adequada, os critérios para medir a intensidade do fato jurídico tributário — base de cálculo — e, em seguida, buscar também a alíquota correspondente, determinando-a.

Bem, se atinarmos à circunstância de que, até esse momento, a autoridade administrativa nada mais fez do que analisar o fato concreto, confrontando-o com os preceptivos legais, teremos de admitir a existência de uma atividade jurídica, de teor interpretativo, para efeito da aplicação do direito posto às realidades que a ele se conformam. Contudo, não é suficiente a singela determinação da base de cálculo e da alíquota para a composição monetária do crédito. Atividades que tais são pressupostos de outra, que chamamos de material, mas que igualmente se desenvolve sob os ditames da lei: a operação matemática cujo resultado é obtido pela conjugação da base de cálculo e da alíquota. Esse resultado precisará a importância correspondente ao crédito tributário.

Resumimos, para deixar patente que o lançamento tributário tomado como ato jurídico administrativo que põe no ordenamento u'a norma individual e concreta, tem no antecedente, o relato do evento tributário, estabelecendo-o como fato; no consequente, a prescrição do vínculo que nasce unindo dois sujeitos em torno de uma prestação pecuniária. Visto na sua integridade, apresenta caráter declaratório do fato e constitutivo da relação, ainda que possamos rematar que o "declaratório do fato" representa sua própria composição no plano das objetividades, aparecendo exatamente assim para o conhecimento jurídico.

f) *Bem como pelo estabelecimento dos termos espaço-temporais em que o crédito há de ser exigido*

Se, por acaso, não fossem imprescindíveis à configuração do crédito tributário a declaração do acontecimento factual, a identificação do sujeito passivo da obrigação correspondente e a determinação da base de cálculo e da alíquota aplicável, com a consequente formalização do crédito tributário, e diríamos, mesmo, que estipular os termos da exigibilidade seria a mais relevante função do ato de lançamento.

Por estranho que possa parecer, os conceitos de lançamento, quer o constante na fórmula verbal do art. 142 do CTN, quer os propostos pela doutrina brasileira especializada, não dão importância a esse aspecto fundamental.

De que serviria a formalização do crédito se o destinatário da notificação de lançamento não pudesse conhecer o momento ou o prazo em que deve fazer cumprir a prestação? Em que átimo reputar-se-ia descumprido o dever pecuniário? Em que instante surgiria para o sujeito ativo a possibilidade de invocar a prestação jurisdicional do Estado, para ver respeitado seu direito subjetivo? Essas questões, de indisputável cabimento teórico e prático, ficariam sem resposta se não inscrevêssemos nos quadros dos antessupostos necessários ao lançamento o período de tempo, dentro do qual o sujeito passivo deverá cumprir a prestação que lhe é exigida. E o lapso de tempo vem demarcado pela menção aos *termos da exigibilidade*, isto é, ao termo inicial e ao termo final.

E tão grande é o teor de relevância dos *termos da exigibilidade* que o termo final é o marco, a partir do qual se dá por descumprida a prestação, abrindo-se espaço à incidência dos dispositivos sancionatórios que as normas tributárias associam ao desrespeito de suas obrigações.

Se pensarmos que a demarcação dos termos em que a prestação será exigida é indissociável da fixação do próprio dever, veremos que o esquecimento de considerações como essa mostra o índice de superficialidade com que opinados juristas examinaram a realidade jurídica do lançamento. Agrava-se a omissão, na medida em que basta deitarmos os olhos numa notificação de lançamento e lá estarão as datas-limites entre as quais a prestação pode ser efetuada em regime de licitude.

Termo é determinação temporal inexa, usando a terminologia sempre original de Pontes de Miranda. Os termos, juntamente com as condições, *inexam-se às manifestações de vontade, para que o efeito ou os efeitos dos atos jurídicos somente durem até que acontecimento futuro e certo se dê (termo final).*[169]

Essa determinação inexa não pode deixar de figurar no ato jurídico administrativo do lançamento, proposição que estimamos do maior interesse e sobre a qual vale insistir a cada passo.

13. As cláusulas da definição satisfazendo a estrutura do ato

A definição do conceito de lançamento, tal qual a expusemos, preenche inteiramente os elementos estruturais do ato

169. Pontes de Miranda, *Tratado*, cit., v. 5, p. 97.

jurídico administrativo, segundo a teoria tradicional. Vejamos: a) O *motivo* ou *pressuposto* é a realização do *evento*, do qual tem notícia o agente da Administração. Não é ainda o "fato jurídico tributário" que vai surgir na forma de um enunciado linguístico, integrado no conteúdo do ato. É aquele acontecimento do mundo que feriu a sensibilidade de um sujeito de direitos e está à espera da linguagem própria que lhe dê foros de objetividade. b) O *agente competente* é o funcionário que a lei indicar para o exercício de tal função, dependendo de cada espécie legislada. c) A *forma* é a organização de linguagem que a lei entendeu adequada para o tributo, variando, também, caso a caso. d) *Conteúdo* ou *objeto* é a norma individual e concreta inserida no sistema pelo ato de lançamento. e) E *finalidade* é o objetivo colimado pelo expediente, qual seja o de, introduzindo a norma no ordenamento positivo, tornar juridicamente possível o exercício do direito subjetivo à prestação tributária.

Submetendo-se agora o ato que acabamos de definir às categorias do pensamento de Celso Antônio Bandeira de Mello, teremos, igualmente, quadramento satisfatório. Estuda esse autor os atos administrativos, esmiuçando-os no plano de sua existência estrutural e no que concerne a seus pressupostos. Para o publicista, compõem a intimidade do ato tão somente dois elementos: conteúdo e forma.[170] Conteúdo é aquilo que o ato dispõe, isto é, o que o ato decide, enuncia, certifica, opina ou modifica na ordem jurídica. É a própria substância do ato. Já a forma é o modo como o ato se exterioriza, o revestimento externo da manifestação de vontade nele contida.

Além do conteúdo e da forma, elementos necessários à existência jurídica do ato, faz menção a seis pressupostos que permitem analisá-lo no âmbito de sua validade. São eles: a) o pressuposto objetivo — a razão de ser, o motivo que justifica a celebração do ato; b) o pressuposto subjetivo — qual o agente credenciado a expedi-lo; c) o pressuposto teleológico — a

170. Celso Antônio Bandeira de Mello, *Elementos de direito administrativo*, Revista dos Tribunais, 1980, p. 42.

finalidade que o ato procura alcançar ou o bem jurídico colimado pelo Estado; d) o pressuposto procedimental — o conjunto de atos organicamente previsto para que possa surgir o ato final; e) o pressuposto causal — a causa, como correlação lógica entre o motivo e o conteúdo, em função da finalidade do ato; e, por derradeiro, f) o pressuposto formalístico, quer dizer, o modo específico estabelecido para sua exteriorização ou as singularidades formais que o ato deve revestir.

Observemos como o ato de lançamento tributário se encaixa nessas categorias. Comecemos pelos elementos intrínsecos. O *conteúdo* do lançamento é a norma individual e concreta que ele introduz no sistema, significa afirmar, o enunciado factual ("fato gerador"), no tópico de antecedente, e a relação jurídica tributária, com seus sujeitos e seu objeto (base de cálculo e alíquota), na posição sintática de consequente. A *forma* é a escrita, outro modo de referência à linguagem como instrumento da comunicação jurídica. Sem linguagem não haverá ato.

À busca de subsunção da figura do lançamento às lições do ilustre professor da PUC/SP, teríamos como pressupostos do lançamento:

a) *Objetivo* — o motivo da celebração do ato é a ocorrência do evento descrito no suposto da regra-matriz. Somente quando souber acontecido o evento, haverá razão para exarar-se o ato.

b) *Subjetivo* — a autoridade lançadora cuja competência está definida em lei.

c) *Teleológico* — a finalidade do ato de lançamento é, como se disse, tornar possível exigir, juridicamente, a prestação do tributo.

d) *Procedimental* — se bem que não ocorra em alguns casos, deve ser observado sempre que a lei assim o dispuser. São aqueles atos chamados preparatórios, cometidos ao Poder Público ou ao próprio particular e tidos como necessários à lavratura do lançamento.

e) *Causal* — na hipótese do lançamento é o nexo lógico que há de existir entre o suceder do evento jurídico (motivo), a atribuição desse evento a certa pessoa, bem como a mensuração do acontecimento típico (conteúdo), tudo em função da finalidade, qual seja o exercício possível do direito de o Estado exigir o *quantum* do tributo.

f) *Formalístico* — está devidamente consignado em cada uma das legislações dos diversos tributos. Cada qual tem suas particularidades, variando na consonância da espécie de exação (vinculada ou não vinculada) e, ainda mais, em função de suas subespécies.

Em esforço de prova, procuramos justificar a proposição científica de que o lançamento é um ato jurídico administrativo, que pode ser visto tanto pela óptica tradicional como pela contribuição científica de Celso Antônio Bandeira de Mello. Ambas têm o condão de explicar todos os matizes da definição que expusemos, o que demonstra, sem outros argumentos, sua boa procedência. Ao lado da sedimentação dos conceitos, pelo exercício do confronto e da adaptação, nosso objetivo voltou-se para afastar a ideia de procedimento, tão detrimentosa ao exame sério e aprofundado do instituto. Para mais, divisamos no enfoque do lançamento, como ato, o ponto de partida para uma série de soluções pragmáticas que, como dissemos, não encontraram encaminhamento adequado nas doutrinas até agora elaboradas.

14. A norma jurídica do ato de lançamento e a norma que figura como seu conteúdo

Numa visão exclusivamente normativa, façamos desde logo a distinção entre a norma consubstanciada pelo ato administrativo de lançamento tributário e aquel'outra posta como seu *conteúdo* ou *objeto*.

A norma que configura o ato ou a regra de conduta que o expediente visa a inserir no sistema tem feições internas diversas: enquanto a de lançamento é concreta e geral, a que reside em seu conteúdo é concreta, mas individual. A primeira, tem como suposto ou antecedente um acontecimento devidamente demarcado no espaço e no tempo, identificada a autoridade que a expediu. Muitas vezes vêm numeradas, como é o caso das leis, dos decretos, das portarias, ou referidas diretamente ao número do processo, do procedimento ou da atuosidade administrativa que lhe deu ensejo. A verdade é que a hipótese dessa norma alude a um fato efetivamente acontecido. Já o consequente revela o exercício de conduta autorizada a certo e determinado sujeito de direitos e que se pretende respeitada por todos os demais da comunidade. Nesse sentido é geral.

Quando faço alusão ao conteúdo do ato, estou me referindo àquilo que a conduta autorizada do sujeito ativo da primeira norma produziu, isto é, a norma ou as normas gerais e abstratas, individuais e concretas ou individuais e abstratas, inseridas no ordenamento por força da juridicidade da regra introdutora. Eis o campo onde residem a regra-matriz de incidência (norma geral e abstrata) e a norma individual e concreta, objeto do ato jurídico-administrativo do lançamento.

Vale a pena reiterar que os veículos introdutores de normas no sistema são, também, normas jurídicas, mas sempre gerais e concretas. Sua importância, em termos sistemáticos, aloja-se em dois pontos: a) são os instrumentos apropriados para inserir regras jurídicas no sistema positivo; e, além disso, b) funcionam como referencial para montar a hierarquia do conjunto. Afinal de contas, temos de ser coerentes com as premissas que declaramos. Se o direito é tomado como conjunto de normas válidas, num determinado território e num preciso momento do tempo histórico, tudo dentro dele serão normas, em homenagem ao princípio epistemológico da uniformidade do objeto. Daí por que as entidades "leis", "contratos", "atos administrativos", "desapropriação", "matrimônio", "tributo" etc., reduzidos à expressão mais simples, assumem a condição de normas jurídicas. E a prova está na circunstância segundo a qual a instituição, a modificação e a extinção dessas figuras se operam por regras de direito.

15. O velho problema da natureza declaratória ou constitutiva do lançamento tributário

Não foram poucos os que deram por superada a testilha acadêmica sobre a natureza do lançamento, com a vitória contundente da tese declarativista. Mestre Valdes Costa, dedicando várias décadas ao estudo de temas tributários, no direito comparado, e grande autoridade na codificação da matéria, presta um depoimento eloquente, depois de passar em revista os sistemas de todos os países latino-americanos: *En cuanto a la naturaleza declarativa o constitutiva todas las legislaciones consideradas se deciden por la primera solución.*[171]

Nada obstante, já deixamos assentado que tudo depende do sistema de referência, do modelo com que o cientista opera as categorias do direito. As proposições teoréticas derivadas hão de guardar coerência com as premissas eleitas e, deslocando-se o ângulo de análise, muitas vezes mexemos com as premissas, de tal modo que as proposições originárias poderão tornar-se diferentes, possibilitando uma revisão substanciosa nas conclusões até então obtidas. E é exatamente o que acontece com a temática que estamos versando.

Para uma reflexão mais detida sobre esse ponto, recuperemos algumas noções acerca do fato jurídico tributário, localizado no antecedente de uma norma individual e concreta, que tanto pode ser a do ato de lançamento como a do ato exarado pelo sujeito passivo a quem a lei outorgou a devida competência.

Pudemos verificar que o fato jurídico tributário é constituído por um enunciado protocolar, denotativo, relatando um evento pretérito que se consolidou numa unidade de tempo e num ponto do espaço social. Apesar da referencialidade direta ao acontecimento do mundo, guardando, portanto, forte similitude com as orações meramente descritivas de situações objetivas, fizemos questão de frisar, enfaticamente, que o fato

171. *Estudios de derecho tributario latinoamericano*, cit., p. 151.

jurídico tributário se apresentava como um enunciado de teor prescritivo e não cognoscente do real. Os valores lógicos a que está submetido, por isso mesmo, são os da Lógica Deôntico-Jurídica (válido ou não válido), nunca os da Lógica Alética (verdadeiro ou falso).

Meditemos sobre a construção desse segmento de linguagem. Seu conteúdo semântico será o relato de um evento do passado, devidamente caracterizado no tempo e no espaço. Dizendo de outro modo, o enunciado de que tratamos declara ter ocorrido uma alteração no plano físico-social. Nesse sentido, vale dizer que o fato jurídico tributário tem caráter declaratório. Aí está o motivo pelo qual se aplica ao fato a legislação em vigor no momento em que o evento ocorreu. Entretanto, não podemos esquecer que o relato do acontecimento pretérito é exatamente o modo como se constitui o fato, como essa entidade aparece e é recebida no recinto do direito, o que nos autoriza a proclamá-lo como constitutivo do evento que, sem esse relato, quedaria à margem do universo jurídico. Por outros torneios, o enunciado projeta-se para o passado, recolhe o evento e, ao descrevê-lo, constitui-se como fato jurídico tributário. Retenhamos esses dois aspectos: o enunciado do antecedente da norma individual e concreta que analisamos se *constitui* como fato ao *descrever* o evento.

Passemos, sem demora, ao consequente da mesma regra individual e concreta. Diferentemente do fato, que recua no tempo para surpreender o evento, o enunciado relacional institui uma relação jurídica de cunho patrimonial, perfeitamente individualizada quanto aos termos-sujeitos (ativo e passivo) e quanto à conduta-prestação, que é seu objeto. Temos aqui outro enunciado, de índole relacional, que se arma para o futuro, que se programa para frente, constituindo, no hemisfério jurídico, um direito subjetivo e um dever jurídico que, até então, inexistiam.

Ora, sabemos que o consequente da norma individual e concreta é o efeito jurídico próprio do acontecimento fático previsto no antecedente. É a chamada eficácia jurídica do fato, instalando-se, automática e infalivelmente, tão só aconteça o relato do evento, em linguagem competente. Não há intervalo qualquer entre o fato jurídico e a relação jurídica que, por virtude dele, fato, se instaura. A sucessão não é cronológica; é simplesmente lógica. Disso, advém uma conclusão importante: *todos os elementos utilizados para a composição do enunciado relacional são extraídos do fato e não do evento, que já se consumiu ao transformar-se no enunciado do antecedente normativo*. A montagem da relação jurídica não retroage ao instante da verificação do evento, para dele retirar os dados de que necessite, em ordem à qualificação dos sujeitos e à quantificação do débito tributário, pois tudo está no enunciado factual e, o que lá não estiver, foi desprezado pelo editor da norma, ao selecionar as propriedades do evento, sendo, dessa maneira, irrelevantes juridicamente. Só numa formulação apressada poderíamos supor que o autor da regra volta ao passado para vasculhar a ocorrência e dela extrair ingredientes que venha a utilizar na relação obrigacional. Isso é mera aparência sugerida pelo exame do primeiro instante. *Todas as informações necessárias à compostura do liame obrigacional do consequente serão recolhidas ao lado, na linguagem do antecedente*. Se o sujeito que vai expedir a norma tem ao seu alcance todos os elementos que foram filtrados do evento para constituir o fato jurídico tributário, que contingência poderia compeli-lo a regressar àquela ocorrência? Não se pode menos do que concluir, de modo peremptório, que o consequente é, todo ele, constitutivo de um vínculo que passou a existir, para o direito, com o correspondente enunciado relacional.

Façamos uma consideração. Tanto o antecedente como o consequente das normas jurídicas são igualmente importantes, porque, sem eles, não há regra de direito. A decomposição é um imperativo da postura analítica de quem se propõe investigar com maior profundidade o fenômeno que observa. Entretanto, se priorizarmos o direito pelo ângulo da regulação efetiva das condutas intersubjetivas, tendo em vista encaminhá-las para a realização de certos valores, é no consequente da norma que esse resultado pode ser obtido. O antecedente cumpriria a função de pretexto objetivo para, a contar dele, passar-se à disciplina dos comportamentos sociais. Sobre tais fundamentos, e com as ressalvas iniciais, é no consequente que estaria a tônica do direito, já que é por meio dele que o direito persegue suas finalidades precípuas.

Pensando assim, a natureza da norma individual e concreta, veiculada pelo ato de lançamento tributário, ou pelo ato produzido pelo sujeito passivo para apurar seu débito, nos casos estabelecidos em lei, assumirá a feição significativa de *providência constitutiva de direitos e deveres subjetivos.*

Até porque, se pensarmos bem, que haveria anteriormente à edição dessas normas individuais e concretas? De quem exigiria o Estado-administração o cumprimento da dívida tributária? Qual seria o montante do débito? Por que motivo haveria a cobrança? E em que condições o devedor poderia implementar sua "obrigação"? É sumamente curioso verificar que absolutamente nenhuma dessas perguntas encontrará resposta adequada, que não seja esta: tudo dependerá da norma individual e concreta, seja ela praticada pelo Poder Público (lançamento), seja realizada pelo particular. Demais disso, em harmonia com os pressupostos fixados neste trabalho, as realidades jurídicas se manifestam, exclusivamente, em linguagem, mais propriamente, na linguagem prescrita pelo sistema do direito positivo.

Amílcar de Araújo Falcão[172] expõe sete índices (a, b, c, d, e, f, g) "concludentes" da eficácia declaratória do lançamento. Todos eles mostrando a retro-operação à data do evento para efeito de pesquisa e determinação dos elementos com base nos quais será fixado o *an*, o *si* e o *quantum debeatur*. O saudoso professor, como pode ser confirmado, parte de outros pressupostos, quais sejam o da ocorrência do "fato gerador" e o do nascimento da relação jurídica tributária para, depois, advir o ato de lançamento, declarando aqueles sucessos e, neles, buscando as informações necessárias à formalização do vínculo

172. *Fato gerador da obrigação tributária*, cit., p. 115-7.

obrigacional. É a vertente da tradição, em perfeita coerência com seus pontos de partida.

Américo Lacombe[173] abraça a tese constitutiva, mas constitutiva da *obligatio*, pois adota a posição dualista da obrigação. Há mais de duas décadas, entretanto, vem trabalhando o lançamento como ato administrativo introdutor de norma individual e concreta, ao lado de José Souto Maior Borges. De minha parte, porém, fincado em outras premissas, como já ficou sobejamente esclarecido, não vejo como é possível dizer-se existente um fato jurídico, relacional ou não, sem manifestação adequada em linguagem competente. Tenho procurado, incessantemente, no plano da experiência jurídica brasileira, sem o menor sinal de sua existência. Seria o "fato gerador", enquanto evento, o único? Decididamente, não posso acreditar.

16. Sobre o conteúdo do ato de lançamento

O ato jurídico administrativo de lançamento é ponente de u'a norma individual e concreta no sistema do direito positivo, funcionando como veículo introdutor. O conteúdo do ato é a própria norma que, por sua vez, tem também seu conteúdo, que consiste em indicar o fato jurídico tributário, cujas notas se subsumem aos critérios da regra-matriz de incidência, bem como instituir a obrigação tributária, tomada, neste passo, como equivalente nominal de relação jurídica de caráter patrimonial.

O assunto terminaria por aqui, não fosse a orientação de outros sistemas positivos, no sentido de considerar ato de lançamento tributário decisões administrativas ou judiciais que declaram a inocorrência do fato imponível e, como resultado, a inexistência de relação jurídica de tributo.

Os países que seguiram o Modelo de Código Tributário para a América Latina, entre eles o Uruguai, aceitam a declaração de inexistência como lançamento. Não é, todavia, o caso do direito brasileiro. Ato dessa natureza, dizendo exatamente

173. *Obrigação tributária*, Revista dos Tribunais, 1977, p. 71-4.

que não aconteceu o evento, estaria constituindo, por oposição, a negativa do fato jurídico tributário que, como é evidente, não poderia irradiar efeitos nesse campo. Há de valer como ato administrativo ou como ato jurisdicional, suscitando eficácia inclusive para desconstituir outras manifestações administrativas ou judiciais, contudo sem revestir as características jurídicas de lançamento tributário.

17. Os atributos do ato jurídico administrativo de lançamento

Quatro são os qualificativos tradicionalmente postos pelos administrativistas, como predicados que podem acompanhar, isolada ou conjuntamente, a expedição dos atos administrativos pelo Poder Público: a) presunção de legitimidade, b) exigibilidade, c) imperatividade e d) executoriedade.

Vejamos quais deles são atributos do ato de lançamento tributário.

a) A presunção de legitimidade está presente em todos os atos praticados pela Administração e, certamente, também qualifica o lançamento. Dado a conhecer ao sujeito passivo, será tido como autêntico e válido, até que se prove o contrário, operando em seu benefício a presunção *juris tantum*. Por mais absurda que se apresente a pretensão tributária nele contida, o ato se sustenta, esperando que outra decisão da própria autoridade ou de hierarquia superior o desconstitua, quer por iniciativa do sujeito passivo, quer por providência de ofício, nos sucessivos controles de legalidade a que os atos administrativos estão subordinados.

b) A exigibilidade é outro predicado que inere ao ato de lançamento tributário. Intimado o administrado do seu teor, o crédito nele formalizado passa a ser exigível em termos administrativos, nesse sentido diligenciando as autoridades fazendárias. Se o contribuinte não satisfizer a prestação, nos limites e nas condições estipuladas no próprio ato, investe-se a entidade tributante da competência para lavrar outro ato jurídico administrativo, de caráter sancionatório, exarando norma, também individual e concreta, que terá como antecedente a descrição da conduta delituosa (infração) e, como consequente, a estatuição de vínculo obrigacional, em que o sujeito ativo reivindica certo valor pecuniário, a título de multa.

Entretanto, se o lançamento desfruta das prerrogativas de presunção de legitimidade e de exigibilidade, o mesmo não acontece com as duas outras propriedades: imperatividade e executoriedade.

c) Entende-se por imperatividade a iniciativa do Poder Público de editar provimentos que, interferindo na esfera jurídica do particular, constituam obrigações, de modo unilateral. Essa virtude, entretanto, o lançamento não tem. Mesmo que o fato jurídico tributário seja constituído pelo antecedente da norma individual e concreta, expedida pela Administração, ela assim o faz na conformidade de mandamentos gerais e abstratos, inscritos em normas de hierarquia superior, nunca para atender a deliberações de sua vontade, de tal arte que não se pode atribuir à autoridade lançadora o poder de gravar a conduta do administrado, quando bem lhe aprouver. Sua atividade, nesse campo, sendo vinculada à lei, não deixa espaço a expedientes animados com esse tipo de imperatividade.

d) E menos ainda a executoriedade. Se o lançamento tributário fosse portador desse atributo, a Fazenda Pública, sobre exigir seu crédito, teria meios de promover a execução patrimonial do obrigado, com seus próprios recursos, compelindo-o materialmente. E o lançamento dista de ser ato dotado dessa qualidade constrangedora. Não satisfeita a prestação, em tempo hábil, a Administração aplicará a penalidade prevista em lei. Se vencido o prazo para recolhimento do tributo e da multa correspondente sem que o sujeito passivo compareça para solver o débito, a entidade tributante não terá outro caminho senão recorrer ao Poder Judiciário, para lá deduzir sua pretensão impositiva. Por determinação de princípios constitucionais expressos, é-lhe vedado, terminantemente, imitir-se na esfera patrimonial do devedor, para sacar os valores que postula como seus.

18. Lançamento provisório e definitivo

Estamos diante de uma distinção que vem grassando na doutrina e na jurisprudência, mas que não suporta uma investigação mais detida. Lançamento provisório seria aquele susceptível de alterações, no seio da própria Administração, assim por iniciativa do sujeito passivo, na sequência do procedimento administrativo tributário, como por diligência de ofício, nos controles de legalidade promovidos pela Fazenda Pública.

Breve observação denunciará logo a improcedência dessa dicotomia insustentável. Se o lançamento é ato administrativo, instrumento introdutório de norma individual e concreta no ordenamento positivo, desde que atinja os requisitos jurídicos para seu acabamento, dado a conhecer ao destinatário seu inteiro teor, ingressa no sistema, passando a integrá-lo. Outra coisa, porém, é a possibilidade de vir a ser modificado, consoante as técnicas previstas para esse fim. A susceptibilidade a impugnações é predicado de todos os atos administrativos, judiciais e legislativos, com exceção somente daqueles que se tornaram imutáveis por força de prescrições do próprio sistema do direito positivo, como é o caso da decisão administrativa irreformável e da decisão judicial transitada em julgado, não mais podendo ser atacada por ação rescisória. Entre os atos legislativos, bem o sabemos, existem enunciados constitucionais que não podem ser alterados, sequer por meio de Emendas à Constituição. De fora parte esses casos, especialíssimos, todos os outros atos, administrativos, judiciais ou legislativos, estão prontos para receber contestações, podendo ser modificados.

Se tais argumentos tiverem procedência, não haverá o menor cabimento em estabelecer a dualidade "provisório/definitivo", como critério de referência a tais atos. Quase tudo no direito seria provisório. Os Ministros de Estado, por exemplo, seriam provisórios, porquanto os respectivos atos de nomeação poderiam ser impugnados. Todas as sentenças seriam provisórias, uma vez que delas a parte vencida poderia recorrer. Os acórdãos dos tribunais também seriam provisórios, na medida em que pudessem suscitar novos apelos. E assim por diante. O direito seria um corpo de manifestações interinas, meramente transitórias, com número reduzido de exceções.

Um ato administrativo tem-se por pronto e acabado quando, reunindo os elementos que a ordem jurídica prescrever como indispensáveis à sua compostura, vier a ser oficialmente comunicado ao destinatário. A contingência de estar aberto a refutações é algo que o próprio sistema prevê e disciplina, mas que não elide a definitividade da figura.

Se o ato de lançamento tem por fim intrometer no ordenamento positivo norma individual e concreta, cientificando-se o sujeito passivo desse provimento, assim que estejam satisfeitos seus requisitos competenciais e procedimentais, saturadas adequadamente as peças do juízo lógico de toda norma, antecedente e consequente, e sendo tal conteúdo transmitido ao destinatário, nada mais há que fazer. Esse lançamento assumiu foros de ato jurídico administrativo, com a definitividade que os traços de sua índole revelam, mesmo que no dia seguinte venha a ser alterado por quem de direito. Perfez, em suma, as cláusulas indicadas por Celso Antônio Bandeira de Mello[174] para a configuração da espécie: *Declaração unilateral do Estado no exercício de prerrogativas públicas, manifestada mediante comandos concretos complementares da lei a título de lhes dar cumprimento, e sujeitos a controle de legitimidade do órgão jurisdicional.* Apesar disso, entretanto, pondera bem J. A. Lima Gonçalves[175] que *a legalidade e a indisponibilidade da coisa pública impõem a revisibilidade do ato de lançamento se e quando — (i) antes de operar-se a decadência e (ii) sem desvio de finalidade — demonstrar-se que ela é necessária para o atendimento cabal dos referidos princípios.*

Façamos justiça ao Código Tributário Nacional que, nesse passo, não deu qualquer pretexto a essa esdrúxula construção

---

174. *Curso de direito administrativo*, cit., p. 179.

175. *Faculdades da administração no lançamento tributário*, cit., p. 30.

doutrinária. Demonstrou-o, com argumentos irretorquíveis, o Prof. José Souto Maior Borges,[176] no seu já clássico "Lançamento Tributário".

19. Lançamento e auto de infração

Tomando-se o ato jurídico administrativo na sua intimidade estrutural, a distinção entre lançamento e auto de infração transparece logo no primeiro instante.

Vou empreender a distinção de ambos, fazendo-a por meio do exame da norma individual e concreta posta pelo ato de lançamento, em face daquela introduzida pelo auto de infração. Os resultados obtidos exibem que a análise pela via normativa é mais fecunda, mais precisa e, portanto, cientificamente mais recomendável.

A regra jurídica individual e concreta veiculada pelo ato de lançamento vem sendo investigada no curso destes estudos, o que me permite dispensar, por enquanto, outras considerações. Mas é preciso dizer que por "auto de infração" se entende também um ato administrativo que consubstancia a aplicação de uma providência sancionatória a quem, tendo violado preceito de conduta obrigatória, realizou evento inscrito na lei como ilícito tributário. Trata-se, igualmente, de u'a norma individual e concreta em que o antecedente constitui o fato de uma infração, pelo relato do evento em que certa conduta, exigida pelo sujeito pretensor, não foi satisfeita segundo as expectativas normativas. Por força da eficácia jurídica, que é propriedade de fatos, o consequente dessa norma, que poderemos nominar de "sancionatória", estabelecerá uma relação jurídica em que o sujeito ativo é a entidade tributante, o sujeito passivo é o autor do ilícito, e a prestação, digamos, o pagamento de uma quantia em dinheiro, a título de penalidade.

---

176. Lançamento Tributário, in *Tratado de direito tributário*, cit., p. 542.

Aquilo que permite distinguir a norma sancionatória, em presença da regra tributária, é precisamente o exame do suposto. Naquela, sancionatória, temos um fato delituoso, caracterizado pelo descumprimento de um dever estabelecido no consequente de norma tributária. Neste, um fato lícito, em que não encontraremos a violação de qualquer preceito, simplesmente uma alteração no mundo social a que o direito atribui valoração positiva.

Consignemos que entre os axiomas com que trabalham os modelos descritivos conhecidos, o binômio lícito/ilícito figura em todos eles. Mesmo em sistemas de referência de maior espectro, como o de Luhman, esse código binário comparece como fator identificativo do direito.

Com efeito, o fato da infração se apresenta, invariavelmente, com a seguinte compostura redacional: "dado que o contribuinte X deixou de cumprir a obrigação prevista no consequente da norma N". Vê-se que a matéria semântica do antecedente dessas regras alude a um evento caracterizado, sempre, pelo desatendimento de um dever. É o modelo iterativo dos antessupostos de normas sancionatórias. Daí mencionar-se o fato assim composto como "delito", "infração", "ilícito".

Faz-se necessário advertir que a única diferença perceptível, em termos analíticos, se dá no antecedente da estrutura normativa, porquanto, no consequente, tudo se processa da mesma maneira, servindo-se o autor da regra, inclusive, de alíquota e de base de cálculo para determinar o valor da multa (20% do valor do imposto não recolhido). Optando, porém, por sanção de caráter não pecuniário, a prestação ficará semelhante a um dever instrumental ou formal. Entretanto, é óbvio que o regime a que se submete a relação jurídica do tributo está longe de ser o mesmo dos vínculos sancionatórios. Esta sorte de reflexão, todavia, é ulterior ao instante em que identificamos a figura. Somente após associarmos a relação jurídica patrimonial ao antecedente normativo, que qualifica um fato como delituoso, é que nos será dado pensar no regime jurídico a ser atribuído ao vínculo.

Em súmula, dois atos administrativos, ambos introdutores de norma individual e concreta no ordenamento positivo: um, de lançamento, produzindo regra cujo antecedente é fato lícito e o consequente uma relação jurídica de tributo; outro, o auto de infração, veiculando u'a norma que tem, no suposto, a descrição de um delito e, no consequente, a instituição de liame jurídico sancionatório, cujo conteúdo da prestação tanto pode ser um valor pecuniário (multa), como uma conduta de fazer ou de não fazer.

Tudo seria mais simples, realmente, se o auto de infração apenas conduzisse para o ordenamento a mencionada regra individual e concreta que mencionei. Nem sempre é assim. Que de vezes, sob a epígrafe "auto de infração", deparamo-nos com dois atos: um de lançamento, exigindo o tributo devido; outro de aplicação de penalidade, pela circunstância de o sujeito passivo não ter recolhido, em tempo hábil, a quantia pretendida pela Fazenda. Dá-se a conjunção, num único instrumento material, sugerindo até possibilidades híbridas. Mera aparência. Não deixam de ser duas normas jurídicas distintas postas por expedientes que, por motivos de comodidade administrativa, estão reunidos no mesmo suporte físico.

Pela frequência com que ocorrem essas conjunções, falam, alguns, em "auto de infração" no sentido largo (dois atos no mesmo instrumento) e "auto de infração" *stricto sensu*, para denotar a peça portadora de norma individual e concreta de aplicação de penalidade a quem cometeu ilícito tributário.

20. Do erro de fato e do erro de direito no lançamento tributário

Entre os assuntos que tive a oportunidade de examinar no livro *Direito tributário — fundamentos jurídicos da incidência* (2. ed., Saraiva, 1999), alguns propiciaram uma tomada de posição firme, decisiva, abrindo espaço ao seu aproveitamento na sistematização de outras matérias. Quero referir-me às concepções de erro de fato e de erro de direito aplicadas ao tema do lançamento. Lembremo-nos de que o erro de fato é um problema intranormativo, um desajuste interno na estrutura do enunciado, por insuficiência de dados linguísticos informativos ou pelo uso indevido de construções de linguagem que fazem as vezes de prova. Esse vício na composição semântica do enunciado pode macular tanto a oração do fato jurídico tributário como aquela do consequente, em que se estabelece o vínculo relacional. Ambas residem no interior da norma e denunciam a presença do erro de fato.

Já o erro de direito é também um problema de ordem semântica, mas envolvendo enunciados de normas jurídicas diferentes, caracterizando-se como um descompasso de feição externa, *internormativa.*[177]

Ora, sendo o lançamento ato administrativo que introduz na ordem positiva u'a norma individual e concreta, por sem dúvida que tanto o fato jurídico, fórmula enunciativa, como o fato relacional, que também se põe como segmento de linguagem, em ambos podem ocorrer desacertos linguísticos, além do que tais descontroles afetam, muitas vezes, os laços semânticos que entreligam antecedente e consequente, prejudicando, nas três hipóteses, a boa harmonia da mensagem legislada.

O erro do lançamento, entretanto, pode ser de direito. Quer os elementos do fato jurídico tributário, no antecedente, quer os elementos da relação obrigacional, no consequente, quer ambos, podem, perfeitamente, estar em desalinho com os enunciados da hipótese ou da consequência da regra-matriz do tributo, acrescendo-se, naturalmente, a possibilidade de inadequação com outras normas gerais e abstratas, que não a regra-padrão de incidência.

Ilustremos o discurso com alguns exemplos de erro de fato: o evento, que ocorreu no território do Município M, é consignado como tendo acontecido no Município M'. Uma vez provado o engano, diremos que houve erro de fato localizado no

177. Vide Paulo de Barros Carvalho, *Direito tributário — fundamentos jurídicos da incidência*, 2. ed., Saraiva, 1999, p. 96-7.

elemento espacial. A operação foi tida como de prestação de serviços, mas novas averiguações indicaram que o tomador do serviço foi o próprio prestador: erro de fato quanto ao elemento material do antecedente. A base de cálculo, para efeito do IPTU, foi registrada como sendo o valor do imóvel vizinho: erro de fato verificado no elemento quantitativo do consequente da norma, mais precisamente, no fator base de cálculo.

Alguns exemplos, agora, de erro de direito. A autoridade administrativa, ao invés de exigir o ITR do proprietário do imóvel rural, entende que o sujeito passivo pode ser o arrendatário: erro de direito apurado no cotejo do elemento subjetivo do enunciado factual, com o critério subjetivo da regra-matriz de incidência. A contribuição social incide sobre o lucro e, no ato de lançamento, o funcionário, mal interpretando, elabora seus cálculos com base no faturamento da empresa: erro de direito, envolvendo o elemento material do fato com o critério material da hipótese normativa. A base de cálculo de certo imposto é o valor da operação, acrescido do frete, enquanto o agente, ao lavrar o ato de lançamento, registra apenas o valor da operação, por assim interpretar a previsão legal: erro de direito, pela dissonância entre o enunciado do consequente da norma individual e concreta (elemento quantitativo) e o enunciado do consequente da regra-matriz de incidência (critério quantitativo).

Posso oferecer algumas conclusões:

1) A linha divisória entre erro de fato e erro de direito fica bem nítida: se o desajuste de linguagem verificar-se no interior de uma única norma, seja no antecedente ou no consequente, teremos erro de fato.

2) Para que se trate de erro de fato, essa norma tem de ser individual e concreta.

3) Quando os desacertos de linguagem envolverem duas ou mais normas, sendo uma delas, obrigatoriamente, regra individual e concreta, e outra, também necessariamente, geral e abstrata, teremos erro de direito.

4) Como particularidade das normas jurídicas tributárias, qualquer desalinho com relação à "alíquota" ou ao "sujeito ativo" será *sempre* erro de direito, porquanto são esses os únicos fatores compositivos da estrutura normativa que não podem ser encontrados *na contextura do fato jurídico tributário*. Sua consideração supõe, necessariamente, o trajeto que vai da norma geral e abstrata à norma individual e concreta.

21. Alterabilidade do lançamento no direito positivo brasileiro

Coalescendo os dados imprescindíveis que lhe integram a estrutura e ingressando no processo comunicacional do direito, ser-nos-á lícito asseverar que existe o ato jurídico administrativo de lançamento tributário, o que significa dizer que é válido no nosso sistema. Outra coisa, no entanto, é testar essa validade consoante os padrões estabelecidos pela ordenação em vigor. Nessa hora é tempo de confrontar o ato, cuja existência pudemos certificar, com o plexo de normas jurídicas que o disciplinam. Da comparação, percorridos os trâmites legais, resultará a validade ou invalidade do ato, mediante declaração prescritiva exarada por órgão do sistema. Com efeito, recebido pela ordem posta, será dado como válido até que se prove o contrário. Para tanto, não importa que o ato administrativo haja sido celebrado e que nele se conjuguem os elementos tidos como substanciais. Insta que seus requisitos estejam *conformados* às prescrições da lei. Da subsunção do ato ao feixe de regras, se houver adequação e harmonia, falaremos de validade, mas agora não simplesmente presumida e sim experimentada segundo os canais competentes que o próprio sistema preconiza. A mera conjunção existencial dos elementos, em expediente recebido pela comunidade jurídica com a presunção de validade, já não basta para sustentar o ato que ingressa nesse intervalo de teste. Para ser confirmado, ratificando-se aquilo que somente fora tido por presumido, há de suportar o confronto decisivo. Caso contrário, será juridicamente desconstituído ou modificado para atender às determinações que o subordinam.

O lançamento, como ato jurídico administrativo que é, pode ser tido por nulo ou anulável. Convém lembrar, porém, que a anulação não se confunde com a figura da revogação. A Súmula 473,[178] do Supremo Tribunal Federal, deixou isso bem claro: *A Administração revoga ou anula o seu próprio ato; o Judiciário somente anula o ato administrativo. Isso porque a revogação é o desfazimento do ato por motivo de conveniência ou oportunidade da Administração, ao passo que a anulação é a invalidação por motivo de ilegalidade do ato administrativo. Um ato inoportuno ou inconveniente só pode ser revogado pela própria Administração, mas um ato ilegal pode ser anulado, tanto pela Administração como pelo Judiciário.*

O ato administrativo de lançamento será declarado nulo, de pleno direito, se o motivo nele inscrito — a ocorrência de fato jurídico tributário, por exemplo — inexistiu. Nulo será, também, na hipótese de ser indicado sujeito passivo diferente daquele que deve integrar a obrigação tributária. Igualmente nulo o lançamento de IR (pessoa física), lavrado antes do termo final do prazo legalmente estabelecido para que o contribuinte apresente sua declaração de rendimentos e de bens.

Para a nulidade se requer vício profundo, que comprometa visceralmente o ato administrativo. Seus efeitos, em decorrência, são *ex tunc*, retroagindo, linguisticamente, à data do correspondente evento. A anulação, por outro lado, pressupõe invalidade iminente, que necessita de comprovação, a qual se objetiva em procedimento contraditório. Seus efeitos são *ex nunc*, começando a contar do ato que declara a anulabilidade.

---

178. Nota do editorial: a literalidade da Súmula 473 é: "A administração pode anular seus próprios atos, quando eivados de vícios que os tornam ilegais, porque deles não se originam direitos; ou revogá-los, por motivo de conveniência ou oportunidade, respeitados os direitos adquiridos, e ressalvada, em todos os casos, a apreciação judicial." Disponível em: portal.st.jus.br Acesso em: 10 jan. 2021.

Desejam alguns que a nulidade absoluta se equipare à própria inexistência do ato, como se ele jamais tivera existido. Além de impedimentos teóricos, um entrave de ordem prática, contudo, tolhe esse raciocínio. Como se poderia pretender que a declaração da nulidade de um lançamento tributário, proclamada, digamos, três meses depois da lavratura, tivesse o condão de decretar sua cabal inexistência, se por causa dele uma série de outros direitos surgiram, como, para exemplificar, a faculdade de impugná-lo, predicando a própria nulidade? De que maneira declarar inexistentes os deveres funcionais dos agentes públicos que se manifestaram no curso do procedimento que culminou com a nulidade absoluta? A Ciência do Direito não tem recursos técnicos para apagar os fatos jurídicos e materiais que se consumaram por força de ato nulo.

Acerca do lançamento tributário, conviria aduzir à classe dos atos irregulares, assim considerados aqueles eivados de pequenos vícios que, por irrelevantes, não justificariam a anulação do ato. O nome do contribuinte, ainda que permitindo a identificação, não está corretamente consignado. Nesses casos, a ordem jurídica admite, em obséquio ao princípio da economia do procedimento, que a própria Administração os retifique, não havendo interferência entre ela e o administrado.

É necessário registrar pequena advertência a propósito da distinção contida na Súmula do Supremo Tribunal Federal, que transcrevemos linhas acima. Para evitar perigosos equívocos, não convém falarmos em revogação de lançamento, visto que a revogação seria o desfazimento do ato por motivo de conveniência e oportunidade do Poder Público. Ora, se no plano das imposições tributárias, ao menos quanto ao ato de lançamento, estamos diante de atividade vinculada, e não discricionária, descabe qualquer alusão a critérios de conveniência ou oportunidade. Empreguemos, a bem da precisão da fraseologia jurídica, o termo *anulação*, único compatível com o reconhecimento, pela Administração ou pelo Judiciário, da ilegalidade do ato.

Por alterabilidade do lançamento não devemos nos cingir tão só às circunstâncias da nulidade absoluta ou da nulidade relativa (anulabilidade). Ocasiões há em que o lançamento sofre alterações que agravam a exigência anteriormente formalizada. No quadro das condições estipuladas, o direito positivo brasileiro assegura ao interessado o direito de impugnar a pretensão tributária consubstanciada no ato de lançamento. E o Código Tributário Nacional contempla a matéria da alterabilidade, estatuindo, no art. 145, que o lançamento regularmente notificado ao sujeito passivo só pode ser alterado em virtude de: I) impugnação do sujeito passivo; II) recurso de ofício; III) iniciativa de ofício da autoridade administrativa, nos casos previstos no art. 149. Os três incisos reportam-se à participação do sujeito passivo (I) e da Fazenda (II e III) na discussão sobre a validade do ato, prevendo ainda a iniciativa do fisco, quer para a efetivação de novos lançamentos, quer para a revisão daqueles já celebrados, ao remeter o leitor para o art. 149, que enumera os casos em que a iniciativa tem cabimento.

As hipóteses enunciadas no art. 149 são numerosas, mas vamos reproduzi-las.

> Art. 149. O lançamento é efetuado e revisto de ofício pela autoridade administrativa nos seguintes casos:
>
> I — quando a lei assim o determine;
>
> II — quando a declaração não seja prestada, por quem de direito, no prazo e na forma da legislação tributária;
>
> III — quando a pessoa legalmente obrigada, embora tenha prestado declaração nos termos do inciso anterior, deixe de atender, no prazo e na forma da legislação tributária, a pedido de esclarecimento formulado pela autoridade administrativa, recuse-se a prestá-lo ou não o preste satisfatoriamente, a juízo daquela autoridade;
>
> IV — quando se comprove falsidade, erro ou omissão quanto a qualquer elemento definido na legislação tributária como sendo de declaração obrigatória;
>
> V — quando se comprove omissão ou inexatidão, por parte da pessoa legalmente obrigada, no exercício da atividade a que se refere o artigo seguinte;

> VI — quando se comprove ação ou omissão do sujeito passivo, ou de terceiro legalmente obrigado, que dê lugar à aplicação de penalidade pecuniária;
>
> VII — quando se comprove que o sujeito passivo, ou terceiro em benefício daquele, agiu com dolo, fraude ou simulação;
>
> VIII — quando deva ser apreciado fato não conhecido ou não provado por ocasião do lançamento anterior;
>
> IX — quando se comprove que, no lançamento anterior, ocorreu fraude ou falta funcional da autoridade que o efetuou, ou omissão, pela mesma autoridade, de ato ou formalidade essencial.
>
> [...].

O parágrafo único acrescenta que a revisão só pode ser iniciada enquanto não extinto o direito da Fazenda Pública, que é de cinco anos, na conformidade das disposições sobre o instituto da decadência (art. 173, incisos e parágrafo único).

O rol do art. 149 é vasto, cobrindo, em boa parte, situações objetivas em que o Estado não pode ficar a mercê de providências que cabem, por lei, ao sujeito passivo. Realmente, não teria sentido comprometer o curso regular da atividade de gestão tributária, protegendo omissões do administrado, nem sempre interessado na eficiência do procedimento controlador que o Poder Público deve exercer com relação às suas prerrogativas. Abre-se, por isso, à Fazenda, uma gama de possibilidades que a habilitam a procurar seus legítimos interesses, a despeito da falta de colaboração do sujeito passivo.

Em verdade, quando Administração e administrado discutem sobre o índice de procedência legal do lançamento efetuado, o que de fato acontece é a instalação de um procedimento administrativo, que pretende ser contraditório, propiciando à Fazenda Pública o controle de legalidade de seus próprios atos. Assim, a decisão administrativa de primeiro grau, proferida pelo Delegado de Julgamento da Receita Federal, tratando-se de tributos da União, é ato que exerce controle de legalidade sobre o ato de lançamento. Da mesma maneira, a deliberação do órgão colegial — Conselho de Contribuintes

— controla a legalidade do ato exarado pelo Delegado de Julgamento. E o tema pode ser objeto de deliberação da Câmara Superior que, por sua vez, controlará a legalidade do acórdão prolatado por uma das Câmaras do Conselho, encerrando-se aqui o estádio contraditório do procedimento, que continua, se for o caso, encaminhando-se para o derradeiro e importantíssimo ato de apuração e inscrição da dívida tributária, exercitado pela Procuradoria da Fazenda Nacional. E utilizamos o superlativo *importantíssimo* porque, além de ser a última oportunidade de verificação da legalidade do lançamento, é a única promovida por agentes de formação especializada no campo jurídico. Os procuradores são, obrigatoriamente, bacharéis em Direito. É lamentável que expediente de tamanha magnitude tenha sido relegado à condição de procedimento automático, destituído do caráter interpretativo que o momento de controle estaria por justificar.

Retomando o fio do raciocínio, o procedimento administrativo que a lei prevê para a discussão de assuntos tributários é, em última análise, uma cadeia de atos e termos que se destina, primordialmente, a sucessivos controles de legalidade dos atos praticados pela Administração.

Há um critério que vem sendo amplamente observado, no que concerne aos limites da atividade modificadora dos atos de lançamento. A autoridade administrativa não está autorizada a majorar a pretensão tributária, com base em mudança de critério jurídico. Pode fazê-lo, sim, provando haver erro de fato. Mas como o direito se presume conhecido por todos, a Fazenda não poderá alegar desconhecê-lo, formulando uma exigência segundo determinado critério e, posteriormente, rever a orientação, para efeito de modificá-la. A prática tem demonstrado a frequência de tentativas da Administração, no sentido de alterar lançamentos, fundando-se em novas interpretações de dispositivos jurídico-tributários. A providência, entretanto, tem sido reiteradamente barrada nos tribunais judiciários, sobre o fundamento explícito no art. 146 do CTN: *A modificação introduzida, de ofício ou em consequência de decisão judicial, nos critérios jurídicos adotados pela autoridade administrativa no exercício do lançamento somente pode ser efetivada, em relação a um mesmo sujeito passivo, quanto a fato gerador ocorrido posteriormente à sua introdução.*

Nem sempre é fácil distinguir o erro de fato do erro de direito, entrepondo-se uma região nebulosa, uma área cinzenta, que a dogmática ainda não conseguiu suplantar. Isso não nos impede de aplicar a discriminação nos pontos que enxergamos nítidos. Figuremos um exemplo de erro de fato. O agente público, ao verificar o valor da operação, base de cálculo do imposto, toma-o a menor, promovendo a determinação da dívida em quantia inferior à que efetivamente é. Tempos depois, antes, naturalmente, que flua o prazo decadencial, procede a expediente de ofício, comunicando ao sujeito passivo a alteração havida no lançamento originário. Houve erro de fato e, portanto, é regular a iniciativa modificadora da Fazenda Pública. Noutro quadro, funcionário competente promove o cálculo do tributo devido, mediante a aplicação de certa alíquota, digamos 17%, em virtude da classificação que entende correta, para determinado produto industrializado, na tabela do IPI. Posteriormente, sem apontar qualquer aspecto material novo do bem que analisara, muda de opinião, passando a classificá-lo numa posição mais gravosa da tabela, em que a alíquota é de 23%, alegando que esse é o percentual juridicamente mais adequado àquele produto industrializado. A alteração não pode prevalecer, fundada que está em mudança de critério jurídico. O agente não poderia, segundo o direito, desconhecer a diretriz jurídica apropriada à escolha da alíquota. Houve erro de direito e o citado art. 146 só permite aplicar o novel critério para fatos jurídicos tributários subsequentes àquele que ensejou a tributação.

22. Modalidades de lançamento — crítica

Nos arts. 147 a 150, cuida a Lei 5.172/66 das modalidades de lançamento. Acolheu três: a) lançamento direto, ou por ofício; b) misto, ou por declaração; e c) por homologação.

A fonte inspiradora da tricotomia reside no índice de colaboração do administrado, com vistas à celebração do ato. Na primeira hipótese, a participação seria inexistente, uma vez que todas as providências preparatórias são feitas nos cancelos da Administração. Na segunda, colaboram ambas as partes, visando aos resultados finais do lançamento. Na última, quase todo o trabalho é cometido ao súdito, limitando-se o fisco a homologar os atos por ele praticados.

De ver está que, adotado o conceito de lançamento como ato jurídico administrativo, a citada classificação perde, totalmente, a correspondência com a realidade que pretende classificar. Se lançamento é ato jurídico administrativo, na acepção material e formal, consoante expusemos, não há cogitar-se das vicissitudes que o precederam, principalmente porque não integram a composição intrínseca do ato, nada dizendo com seus elementos estruturais. Sendo lançamento válido aquele que, como tal, foi recebido pelo sistema, nada acrescentam reflexões sobre as diligências que antecederam à formação do ato.

As modalidades de lançamento, estipuladas no Código Tributário Nacional, revelam, no fundo, singularidades procedimentais e, vimos de ver, o procedimento não é da essência do lançamento. É inteiramente possível haver lançamento sem qualquer procedimento que o anteceda, assim entendido o conjunto orgânico de atos jurídicos e materiais, unificados para expressar as finalidades desse documento. Desde que a autoridade lançadora tenha em mãos todos os dados relativos à ocorrência do fato jurídico tributário e à identificação do sujeito passivo, haverá condições suficientes para celebrar o ato jurídico administrativo de lançamento, independentemente de quaisquer outras providências suplementares. Além disso, mesmo nas conjunturas em que se desenvolve um procedimento, com o escopo de formalizar o crédito tributário, o lançamento será o derradeiro ato da série, com peculiaridades intrínsecas que o individualizam, razão pela qual as três espécies de que trata o Código são, na verdade, espécies de procedimento e não de lançamento.

Mais uma vez nota-se que o legislador pouco se atém ao aspecto científico, remetendo a tarefa ao plano da dogmática. Quisesse ele discriminar o lançamento em espécies, teria de consultar a tessitura jurídica do ato para, a partir dela, classificá-lo em função de seus elementos indispensáveis ou seus pressupostos de validade. Não o fez, escolhendo modalidades aceitas passivamente pela doutrina, mas longe de considerar tais aspectos.

De acordo com as espécies mencionadas, temos, no direito brasileiro, modelos de impostos que se situam nas três classes. O lançamento do IPTU é do tipo de lançamento de ofício; o do ITR, até a Lei 9.393, de 19 de dezembro de 1996, era por declaração, como, aliás, sucedia com o IR (pessoa física). O IPI, o ICMS, o IR (atualmente, nos três regimes — jurídica, física e fonte) são tributos cujo lançamento é feito *por homologação*, tudo, reitero, consoante a classificação do Código.

23. Aspectos do lançamento no Código Tributário Nacional

Comentamos alguns aspectos da disciplina jurídica do lançamento, extraída da Lei 5.172/66. Neste subcapítulo realçaremos outros, sobre os quais ainda não tivemos oportunidade de discorrer.

O art. 142, já mencionado, termina por dizer: *e, sendo o caso, propor a aplicação da penalidade cabível*. Tal disposição contribuiu decisivamente para sedimentar dois pontos prejudiciais à compreensão do instituto: um, atinente a servir o lançamento como ato de aplicação da norma tributária (regra-matriz de incidência) e, ao mesmo tempo, como ato de aplicação do preceito sancionatório; outro, alojado no verbo *propor*. Analisemo-los.

O legislador não diversificou a atividade de aplicação da regra que prevê a incidência tributária e a que descreve a infração, cominando sanções. Operou a equiparação, contrariando o que prescrevera no art. 3º e, principalmente, a fenomenologia que o sistema consagra. Não há como aplicar duas normas de conteúdos diferentes num único ato administrativo que deve conter motivo, objeto e finalidades específicas.

Sobre o verbo *propor*, sua inclusão no corpo redacional do artigo deu ansas a que a doutrina levantasse o argumento pelo qual o agente da Administração não impõe (no sentido de *aplica*) a penalidade cabível, mas tão somente *propõe*, a fim de que seu superior hierárquico a confirme. Estaríamos perante uma dualidade incompreensível. Aplica-se a norma relativa ao tributo, ao passo que, no que toca à penalidade, apenas se propõe seja ela aplicada. E a tese sustenta-se na premissa da possibilidade de contestação que o sujeito passivo pode acionar, com base no mandamento constitucional do devido processo legal (art. 5º, LV).

A posição é equivocada. O administrado que sofrer a imposição de sanções tem o mesmo direito a impugná-las que aquele alvo de exigências meramente tributárias. Aliás, as legislações dos tributos costumam atribuir até o mesmo prazo, tanto para a impugnação da exigência do tributo como da imposição de penalidades.

O ato de imposição de sanções, enquanto atividade de aplicação do direito ao caso concreto, reveste-se da mesma dinâmica do ato formalizador do crédito tributário. O agente público aplica uma e aplica a outra, embora o faça no âmbito do mesmo suporte material (auto de infração). Se não fosse desse modo, a impugnação do sujeito passivo seria formulada ao superior hierárquico do funcionário autor da proposta, *depois* que aquele a acolhesse, o que não ocorre.

Os arts. 143 e 144 do CTN dispõem que a conversão da moeda estrangeira (art. 143) e a legislação aplicável (art. 144) devem reportar-se à data do acontecimento tributário. É que, conforme discorremos anteriormente, por meio do lançamento relata-se um evento do passado, devidamente caracterizado no tempo e no espaço, constituindo-se o fato jurídico tributário.

Salientam os §§ 1º e 2º do art. 144 que a legislação que rege os critérios e métodos de fiscalização e apuração do crédito tributário, para fins de lançamento, pode ser posterior à ocorrência do evento tributário, excepcionando as regras que outorguem maiores garantias ou privilégios ao crédito, no que concerne à atribuição de responsabilidade a terceiros. Disso se dessume que, quanto ao contribuinte, devem ser observadas, mesmo que introduzidas no direito positivo em tempo posterior ao evento que fez surgir a obrigação, ao ser relatado em linguagem competente. Outra hipótese em que não se aplicam as regras novas, veiculadoras de modificações nos critérios de apuração e fiscalização dos tributos, ampliando os poderes de investigação das autoridades administrativas, é a dos impostos lançados por períodos certos de tempo, desde que a respectiva lei fixe expressamente a data em que o evento tributário se considere ocorrido.

O comando é salutar, na proporção em que preserva os impostos que incidem uma só vez, dentro de períodos determinados. A ressalva, entretanto, não se justifica. Toda lei tributária deve dizer o momento em que o evento típico se realiza, estipulando seu critério temporal. Se não o fizer, não terá descrito o evento que, ao ser relatado em linguagem competente, tem a força de fazer brotar a relação jurídica correspondente. Aquilo que muitas vezes se dá é o legislador chamar por outro nome o instante da ocorrência fáctica, como, por exemplo, no caso do ICMS, em que diz ser *a saída das mercadorias do estabelecimento*. Cremos que o entendimento correto do art. 144, § 2º, deve ser no sentido de excluir, pura e simplesmente, os impostos lançados por períodos certos de tempo.

A leitura do art. 150 e seus parágrafos sugere também dois temas que inspiram uma pequena digressão explicativa. Queremos nos referir ao § 1º e ao § 4º. Vamos pela ordem.

> Art. 150. [...]
>
> § 1º O pagamento antecipado pelo obrigado nos termos deste artigo extingue o crédito, sob condição resolutória da ulterior homologação do lançamento.

O legislador do Código intrometeu a figura do lançamento por homologação, imprimindo-lhe o caráter de condição resolutória, que subordinaria a eficácia das relações jurídicas correspondentes a certos tributos. Não é esse o meio mais objetivo de descrever o fenômeno jurídico que ocorre. Cremo-lo bem mais simples. A Fazenda Pública, no exercício de sua função fiscalizadora, deve acompanhar de perto o comportamento dos seus administrados, zelando pela observância das obrigações a que estão submetidos. O direito positivo estabelece prazo definitivo para que a entidade tributante proceda à formalização dos créditos a que tem direito. Dentro desse período e, ao controlar a conduta dos seus supostos contribuintes, estará habilitada a formalizar as exigências que bem lhe aprouverem, celebrando os respectivos atos de lançamento tributário. Então, o que de efetivo acontece, no caso dos chamados lançamentos por homologação, é que os agentes públicos visitam os possíveis contribuintes, fiscalizando-os. Na eventualidade de encontrar prestações não recolhidas ou irregularidade que implique falta de pagamento de tributos, havendo tempo (isto é, não tendo fluído o prazo de caducidade), constitui o crédito tributário e celebra o ato de aplicação da penalidade cabível em face do ilícito cometido. Pensamos que tal relato traduz a fórmula verbal utilizada no art. 150, § 1º.

Tem esta redação o enunciado do § 4º do art. 150:

> Art. 150. [...]
>
> [...]
>
> § 4º. Se a lei não fixar prazo à homologação, será ele de cinco anos, a contar da ocorrência do fato gerador; expirado esse prazo sem que a Fazenda Pública se tenha pronunciado, considera-se homologado o lançamento e definitivamente extinto o crédito, salvo se comprovada a ocorrência de dolo, fraude ou simulação.

Quanto à parte inicial, parece-nos clara, compreendida em sintonia com o que já expusera o pensamento legislativo esposado nesse Estatuto. Vale dizer, cabe à lei correspondente a cada tributo estatuir prazo para que se promova a homologação. Silenciando acerca desse período, será ele de cinco anos, a partir do acontecimento factual. Uma vez exaurido, não poderá a Fazenda Pública reclamar seu direito subjetivo ao gravame, extinguindo-se o crédito tributário. Temos para nós que esse lapso de tempo termina com o fato jurídico da decadência, como defende grande parte da doutrina especializada. O problema, porém, não se demora aí e sim na ressalva final: *salvo se comprovada a ocorrência de dolo, fraude ou simulação*.

A realidade cotidiana nos mostra que numerosas situações de falta de recolhimento de tributos, em termos parciais ou globais, no quadro de impostos que se sotopõem a esse regime, abrigam dolo, fraude ou simulação, muito embora diversas outras causas possam motivar o mesmo efeito. Pois bem, que prazo teria o Poder Público para deduzir suas pretensões tributárias, tomando-se como pressuposto que a legislação em vigor se mantém silente, omitindo-se sobre a hipótese? A questão é tormentosa e as soluções encontradas pelos autores são divergentes. Teria cabimento lançar mão dos prazos estipulados pelo art. 173 do Código? A exigência se perpetuaria, à míngua da instituição de qualquer limite? Seria admissível aplicar-se, subsidiariamente, o art. 177 do Código Civil, chegando-se ao período de vinte anos?

Para nós, diante da lacuna causada pela omissão do legislador ordinário em disciplinar esse prazo, entendemos que a regra que mais condiz com o espírito do sistema é a do art. 173, I, do CTN, isto é, havendo dolo, fraude ou simulação, adequadamente comprovados pelo fisco, o tempo de que dispõe para efetuar o lançamento de ofício é de cinco anos, a contar do primeiro dia do exercício seguinte àquele em que poderia ter praticado o lançamento. São, portanto, duas situações diferentes: a) falta de recolhimento do tributo, em termos totais ou parciais, todavia sem dolo, fraude ou simulação — o intervalo temporal, para fins de lançamento, é de cinco anos, a partir do instante da ocorrência do evento tributário; e b) falta de recolhimento, integral ou parcial, de tributo, cometida com dolo, fraude ou simulação — o trato de tempo para a formalização da exigência e para a aplicação de penalidades é de cinco anos, contados do primeiro dia do exercício seguinte àquele em que o lançamento poderia ter sido realizado.

24. A norma jurídico-tributária, individual e concreta produzida pelo sujeito passivo

A experiência da realidade jurídica brasileira é farta em exemplos de normas jurídicas, individuais e concretas, produzidas pelo administrado, no campo dos tributos. Ninguém ousaria ignorar que legislações de impostos como o IPI e o ICMS, importantes fontes de receita para a União e para os Estados federados, respectivamente, registram muitos preceitos disciplinadores da atividade do sujeito passivo na construção dessas regras. Cabem-lhe individualizar o evento tributário, constituindo-o como fato jurídico, e estruturar, denotativamente, todos os elementos integrantes da relação jurídica do tributo. Em outras palavras, a lei dá competência ao contribuinte para constituir o fato jurídico e a obrigação tributária que dele decorre, pelo fenômeno da *causalidade jurídica* (Lourival Vilanova).

É graças a esse procedimento do administrado que se torna possível o recolhimento do tributo devido, sem qualquer interferência do Estado-Administração.

Deixando entre parênteses as qualificações jurídicas inerentes à autoria, poderíamos mesmo dizer que, em substância, nenhuma diferença existe, *como atividade*, entre o ato praticado por agente do Poder Público e aquele empreendido pelo particular. Nas duas situações, opera-se a descrição de um acontecimento do mundo físico-social, ocorrido em condições determinadas de espaço e de tempo, que guarda estreita consonância com os critérios estabelecidos na hipótese de norma geral e abstrata (regra-matriz de incidência). Por isso mesmo, a consequência desse enunciado será, por motivo de necessidade deôntica, o surgimento de outro enunciado protocolar, denotativo, com a particularidade de ser relacional, vale dizer, instituidor de uma relação entre dois ou mais sujeitos de direito. Este segundo enunciado, como sequência lógica, *não cronológica*, há de manter-se, também, em rígida conformidade ao que for estabelecido nos critérios da consequência da norma geral e abstrata (regra-matriz).

Por sua extraordinária relevância, penso que não seria excessivo reiterar a insuficiência da norma geral e abstrata, em termos de regulação concreta da conduta tipificada. Por mais prático e objetivo que seja o súdito do Estado, vivamente empenhado em cumprir a prestação tributária que lhe incumbe, não poderá fazê-lo simplesmente com procedimentos mentais, alimentados por sua boa vontade. Terá de, impreterivelmente, seguir os comandos da lei, implementando os deveres instrumentais previstos, com o preenchimento de formulários e documentos específicos para, desse modo, estruturar a norma individual e concreta que lhe corresponda expedir. Somente assim poderá pagar aquilo que acredita ser devido ao fisco, a título de tributo.

Pois bem. Tendo consciência de que esse quadro há de estar presente no dinamismo de várias figuras impositivas, sendo até uma tendência uniforme nos sistemas tributários dos países modernos, creio que nada custaria ao legislador brasileiro chamar a ambos os atos — o praticado pelo fisco (lançamento) e o realizado pelo contribuinte — pelo mesmo nome. Estabeleceria uma paridade que se comprova, renovadamente, no plano das atividades concretas, sobre simplificar a compreensão da matéria, por si só já tão árida.

Não foi essa a opção do nosso sistema, que resolveu contornar o assunto, colocando num singelo ato de verificação (homologação) a força de selo confirmatório de que toda a atuosidade do particular se transformaria em ato jurídico administrativo. Caminho estranho e complexo, que somente se justifica na medida em que dá a conhecer uma tendência ideológica: expandir as iniciativas do Poder Público, invadindo, desnecessariamente, setores privativos da atividade do administrado.

Enquanto a maioria dos países latino-americanos, por exemplo, utilizam a *determinación*, para o ato da Fazenda, e a *autodeterminación*, para o ato de contribuinte, ou *liquidación* e *autoliquidación* (Espanha), nosso legislador chamou tudo à competência do Poder Público, aclamando o lançamento como "ato privativo e exclusivo" da Administração. Estevão

Horvath,[179] em lúcida intervenção, aduz: *La autoliquidación es el conjunto de operaciones mentales o intelectuales que el particular realiza en cumplimiento de un deber impuesto por la ley, y que reflejan el resultado de un proceso de interpretación del ordenamiento jurídico tributario y aplicación del mismo en el caso concreto, con el fin de obtener el quantum de una deuda de carácter tributario.*

Quero insistir na proposição segundo a qual o ato homologatório exercitado pela Fazenda, "extinguindo definitivamente o débito tributário", não passa de um ato de fiscalização, como tantos outros, em que o Estado, zelando pela integridade de seus interesses, verifica o procedimento do particular, manifestando-se expressa ou tacitamente sobre ele. Além disso, é bom lembrar que esse expediente se consubstancia num controle de legalidade, que o fisco pratica, iterativamente, também com relação a seus próprios atos. Os lançamentos celebrados pela Administração submetem-se, mesmo que o devedor não os impugne, a vários controles de legalidade, que, nem por isso, representariam novos lançamentos.

Mas, a demonstração *ad rem* de que o ato de homologação não dá caráter de lançamento à atividade realizada pelo sujeito passivo, está na circunstância de que, não reconhecendo adequados os atos praticados, os agentes do Poder Tributante instauram, imediatamente, o "procedimento de lançamento", isto é, elaboram um lançamento substitutivo daquele ("autolançamento" ou o nome que se queira dar) ato do contribuinte.

A Fazenda do Estado de São Paulo tem encaminhado para inscrição da dívida, no livro de registro da Dívida Pública, para efeito de cobrança executiva, as declarações do contribuinte do ICMS, em que o tributo correspondente não foi recolhido. É fácil perceber que o chamado "imposto declarado e não pago" consubstancia-se num documento veiculador de u'a norma individual e concreta, constituindo o fato

179. *La autoliquidación tributaria*, tese de doutoramento, Universidad Autónoma de Madrid, 1992, p. 249.

jurídico e a respectiva obrigação tributária. Tão carregado de suficiência é o documento, a juízo da própria Administração, que o texto "declarado" é sumariamente dirigido para as providências instauradoras da execução judicial. Ora, de ver está que, se alguma coisa faltasse, a indigitada declaração experimentaria outros trâmites, o que não acontece.

25. A linguagem produtora da norma individual e concreta e o momento em que ingressa no sistema positivo

O cumprimento dos deveres instrumentais ou formais, cometidos ao sujeito passivo das imposições tributárias, forma um tecido de linguagem que, na sua integridade, relata o acontecimento de eventos e a instalação de relações jurídicas obrigacionais. Poder-se-ia pensar, então, que o implemento desses deveres, já que se afiguram como linguagem competente em face da lei, bastaria para se dar por construída a norma individual e concreta.

Não é assim, contudo. A regra jurídica individual e concreta, quando ficar a cargo do contribuinte, há de constar de um documento especificamente determinado em cada legislação, e que consiste numa redução sumular, num resumo objetivo daquele tecido de linguagem, mais amplo e abrangente, constante dos talonários de notas fiscais, livros e outros efeitos jurídico-contábeis. O documento da norma há de ter, além da objetividade que mencionei, o predicado da unidade de sentido, uma vez que expressa enunciados prescritivos, a partir dos quais o intérprete fará emergir a norma individual e concreta.

Sobremais, recuperando a premissa de que *o direito se realiza no contexto de um grandioso processo comunicacional*, impõe-se a necessidade premente de que o documento de que falamos seja oferecido ao conhecimento da entidade tributante, segundo a forma igualmente prevista no sistema positivo. De nada adiantaria ao contribuinte expedir o suporte físico que contém tais enunciados prescritivos, sem que o órgão público, juridicamente credenciado, viesse a saber do expediente, afinal, como aponta Ugo Volli, a da mensagem é o ato decisivo da comunicação.[180] *O átimo dessa ciência marca o instante preciso em que a norma individual e concreta, produzida pelo sujeito passivo, ingressa no ordenamento do direito posto.*

De modo similar, nos casos em que a norma individual e concreta deva ser produzida pela Administração por meio do lançamento "de ofício" ou pelo chamado "lançamento misto", o ato decisivo para que se possa afirmar a entrada no ordenamento jurídico de tal norma haverá de ser não o da emissão do respectivo lançamento, mas aquele em que o sujeito passivo trava contato com a mensagem, sendo dela notificado.

---

180. *Manual de semiótica*, São Paulo: Loyola, 2007, p. 21.

CAPÍTULO XIII

SUSPENSÃO DA EXIGIBILIDADE DO CRÉDITO TRIBUTÁRIO

Sumário: **1.** A suspensão é da exigibilidade e não do crédito. **2.** As hipóteses do art. 151 da Lei 5.172/66. **3.** O instituto da moratória e sua disciplina jurídico-tributária. **4.** O depósito do montante integral do crédito. **5.** As impugnações e os recursos, nos termos das leis reguladoras do procedimento administrativo tributário. **6.** A concessão de medida liminar em mandado de segurança. **7.** A concessão de tutela de urgência ou de evidência, medida liminar ou de tutela antecipada em outras espécies de ação judicial. **8.** O parcelamento.

1. A suspensão é da exigibilidade e não do crédito

Nasce o direito de perceber o valor da prestação tributária no exato momento em que surge o vínculo jurídico obrigacional, equivale a dizer, quando for registrada em linguagem competente a realização daquele fato hipoteticamente descrito no suposto da regra-matriz de incidência. Aparece, então, para o sujeito ativo, o direito subjetivo de postular o objeto, e, para o sujeito passivo, o dever jurídico de prestá-lo. Contando de outra forma, afirmaremos que advém um crédito ao sujeito pretensor e um débito ao sujeito devedor.

Por exigibilidade havemos de compreender o direito que o credor tem de postular, efetivamente, o objeto da obrigação, e isso tão só ocorre, como é óbvio, depois de tomadas todas as providências necessárias à constituição da dívida, com a lavratura do ato de lançamento tributário. No período que antecede tal expediente, ainda não se tem o surgimento da obrigação tributária, inexistindo, consequentemente, crédito tributário, o qual nasce com o ato do lançamento tributário. Ocorrendo alguma das hipóteses previstas no art. 151 da Lei 5.172/66, aquilo que se opera, na verdade, é a suspensão do teor da exigibilidade do crédito, não do próprio crédito que continua existindo tal qual nascera. Com a celebração do ato jurídico administrativo, constituidor da pretensão, afloram os elementos básicos que tornam possível a exigência: *a*) identificação do sujeito passivo; *b*) apuração da base de cálculo e da alíquota aplicável, chegando-se ao *quantum* do tributo; e *c*) fixação dos termos e condições em que os valores devem ser recolhidos. Feito isso, começa o período de exigibilidade. A descrição concerta bem com os atributos que dissemos ter o ato jurídico administrativo do lançamento: presunção de legitimidade e *exigibilidade*. Com ele, inicia a Fazenda Pública as diligências de gestão tributária, para receber o que de direito lhe pertence. É o lançamento que constitui o crédito tributário e que lhe confere foros de exigibilidade, tornando-o susceptível de ser postulado, cobrado, exigido.

O direito positivo prevê situações em que o atributo da exigibilidade do crédito fica temporariamente sustado, aguardando nessas condições sua extinção, ou retomando sua marcha regular para ulteriormente extinguir-se.

2. As hipóteses do art. 151 da Lei 5.172/66

O título do Capítulo III do Código Tributário Nacional é "Suspensão do Crédito Tributário", mas o art. 151, dispondo acertadamente, refere-se à suspensão da exigibilidade do crédito. A seguir, indica seis hipóteses que teriam a virtude de sustá-la: a moratória (I); o depósito de seu montante integral (II); as reclamações e os recursos nos termos das leis reguladoras do processo tributário administrativo (III); a concessão de medida liminar em mandado de segurança (IV); a concessão de medida liminar ou de tutela antecipada, em outras espécies de ação judicial (V); e o parcelamento (VI). A par disso, preceitua, no parágrafo único, que *o disposto neste artigo não dispensa o cumprimento das obrigações acessórias dependentes da obrigação principal cujo crédito seja suspenso, ou dela consequentes.* Trata-se de uma constante no corpo desse Diploma. Sempre que o legislador cuida de possíveis alterações da figura obrigacional (que ele chama de obrigação tributária principal), faz questão de salvaguardar o cumprimento dos deveres instrumentais (que ele versa como obrigações acessórias). E a reiteração se explica, na medida em que o implemento dos deveres instrumentais é o meio pelo qual a Fazenda se certifica da real situação dos seus administrados, ingressando na intimidade das relações jurídicas que lhe interessam fiscalizar.

3. O instituto da moratória e sua disciplina jurídico-tributária

Moratória é a dilação do intervalo de tempo, estipulado para o implemento de uma prestação, por convenção das partes, que podem fazê-lo tendo em vista uma execução unitária ou parcelada.

Entrando em jogo o interesse público, como no campo das imposições tributárias, vem à tona o fundamental princípio da indisponibilidade dos bens públicos, razão por que o assunto da moratória há de ser posto em regime de exclusiva legalidade. Sua concessão deve ser estabelecida em lei e pode assumir caráter geral e individual. O diploma pode ser expedido por qualquer das pessoas políticas investidas de competência tributária, naturalmente reportando-se aos seus gravames. Contudo, assegura-se à União a prerrogativa de conceder moratória quanto a tributos estaduais e municipais, desde que, simultaneamente, também a conceda com relação aos seus, isto é, aos federais. Concebida em feição individual, a lei especificará a autoridade administrativa habilitada a proferir o despacho concessivo.

A lei que cria a moratória pode circunscrever sua aplicabilidade a determinada região do território da pessoa política que a expedir, ou a certa classe ou categoria de sujeitos passivos.

Tudo isso está expresso no art. 152, I, *a* e *b*, e II, bem como no seu parágrafo único.

Dois requisitos obrigatórios haverá de conter a lei que conceda moratória em caráter geral: o tributo ou os tributos a que se aplica e o prazo de duração da medida, com indicação do número de prestações e seus vencimentos. Sendo de feição individual, a lei apontará também os tributos que alcança, as condições necessárias para sua fruição pelo particular, o prazo e o número de prestações, com seus vencimentos, e as garantias que o administrado deve oferecer. A quantidade de pagamentos e respectivas datas poderão, se a lei assim o dispuser, ficar a cargo da autoridade administrativa, que os fixará de acordo com as particularidades circunstanciais de cada caso concreto, dentro dos limites legais. Tais disposições formam o conteúdo do art. 153, I, II e III, *a*, *b* e *c*.

Prescrições que suscitam comentários são as do art. 154 e seu parágrafo único. Dizem elas:

> Art. 154. Salvo disposição de lei em contrário, a moratória somente abrange os créditos definitivamente constituídos à data da lei ou do despacho que a conceder, ou cujo lançamento já tenha sido iniciado àquela data por ato regularmente notificado ao sujeito passivo.
>
> Parágrafo único. A moratória não aproveita aos casos de dolo, fraude ou simulação do sujeito passivo ou do terceiro em benefício daquele.

A regra mantém sincronia com o princípio segundo o qual a exigibilidade que se suspende é atributo do lançamento e, desse modo, o ato jurídico administrativo é pressuposto para sua aplicação. Pelos vocábulos *créditos definitivamente constituídos* devemos entender aqueles que foram objeto de lançamento eficaz, assim compreendido o ato regularmente notificado ao sujeito passivo. Como receber, então, a cláusula excepcionadora inicial — *salvo disposição de lei em contrário* — e, demais disso, a parte conclusiva da cabeça do art. 154 — *ou cujo lançamento já tenha sido iniciado àquela data por ato regularmente notificado ao sujeito passivo*? A exceção parece desmentir a premissa que tomamos. Procuremos explicá-la melhor.

A concessão de moratória é um fator ampliativo do prazo para que certa e determinada dívida venha a ser paga, por sujeito passivo individualizado, de uma só vez ou em parcelas. Requer-se, portanto, que o sujeito pretensor tenha perfeito conhecimento do valor de seu crédito, do tempo estabelecido para sua exigência e da individualidade da pessoa cometida do dever. Para o direito tributário brasileiro, o ato que realiza tais especificações é o lançamento. Todavia, querendo o legislador imprimir tom de maior operatividade ao instituto da moratória, que foi ditada, certamente, por elevadas razões de ordem pública, permite que outros devedores, ainda que não tenham seus débitos constituídos no modo da lei (pelo lançamento), possam enquadrar-se, postulando seus benefícios. Mas de que maneira? Apresentando à autoridade administrativa competente uma declaração em que tudo aquilo que o lançamento contém esteja claramente discriminado. É assim que ocorre nos casos em que o procedimento, que prepara a edição do ato, se haja iniciado por expediente notificado de forma regular ao sujeito passivo. Nessas condições, antecipa-se o devedor, oferecendo os dados integrais que seriam expressos no ato de lançamento, e predica sua inclusão para desfrutar dos prazos mais dilargados que a lei da moratória prevê. É precisamente a hipótese a que alude a parte final do art. 154. Esse é o único caminho possível para o funcionamento do instituto. Sem ele, seria ilógico pensar na sua aplicabilidade, a não ser em âmbito restrito, e cogitar de seus efeitos. E tal recurso à iniciativa do administrado acaba adquirindo a natureza de providência substitutiva do lançamento, para os fins da moratória. Não é preciso dizer que, de posse dos esclarecimentos básicos que o sujeito devedor oferece à apreciação do fisco, terá este condições prontas para iniciar as verificações necessárias e, independentemente de haver concedido a moratória, celebrar aquele ato administrativo.

A lei instituidora da moratória pode dispor de tal forma que não seja necessário o lançamento, à data em que entrar em vigor ou à do despacho que conceder a medida, e, ainda, no sentido de prescindir até do início de qualquer procedimento iniciador da constituição do crédito. É o permissivo que emana da ressalva inicial.

O parágrafo único desse preceito veda o aproveitamento da moratória, nos casos de dolo, fraude ou simulação do sujeito passivo ou de terceira pessoa em benefício daquele. A proibição é categórica e corresponde a um valor moral que o sistema prestigia. Não impedir a concessão, em comportamentos dolosos que visassem a obtê-la, significaria um tratamento paritário aos postulantes de boa-fé, estimulando a prática de condutas ilícitas.

Vamos ao art. 155.

> Art. 155. A concessão da moratória em caráter individual não gera direito adquirido e será revogada de ofício, sempre que se apure que o beneficiado não satisfazia ou deixou de satisfazer as condições ou não cumpria ou deixou de cumprir os requisitos para a concessão do favor, cobrando-se o crédito acrescido de juros de mora:
>
> I — com imposição da penalidade cabível, nos casos de dolo ou simulação do beneficiado, ou de terceiro em benefício daquele;
>
> II — sem imposição de penalidade, nos demais casos.
>
> Parágrafo único. No caso do inciso I deste artigo, o tempo decorrido entre a concessão da moratória e sua revogação não se computa para efeito da prescrição do direito à cobrança do crédito; no caso do inciso II deste artigo, a revogação só pode ocorrer antes de prescrito o referido direito.

O modificar o prazo de adimplemento das prestações tributárias, ampliando-o, não é um ato discricionário que a autoridade administrativa celebre de acordo com critérios de conveniência ou oportunidade. Não. Trata-se de um ato vinculado que há de ser presidido pelos ditames da lei, quer na moratória de caráter geral, quer na de caráter individual. Desse modo, certificando-se a Fazenda de que os antessupostos para o gozo da medida não foram observados, que o sujeito passivo não se encontrava, verdadeiramente, na situação que declarou estar, é evidente que deve anular o ato concessivo, passando a exigir seu crédito sem as influências que a moratória exerceria. Convém registrar que o legislador se utiliza do termo *revogar*, quando o correto seria *anular.* O não cumprimento dos requisitos legais, ou seu descumprimento, é tema de legalidade e motivo de anulação. Lembremo-nos que *revogação* é o desfazimento do ato por razões de conveniência ou oportunidade, e esse não é o caso da cassação do ato concessivo da moratória.

Por outro lado, deparando a autoridade legislativa com o ilícito, representado pela conduta dolosa do sujeito passivo, deve apená-lo na estrita observância das prescrições legais (inc. I). Inocorrendo infração, a exigência haverá de circunscrever-se ao valor do crédito, tão só acrescido dos juros de mora (inc. II).

O trato de tempo que medeia entre a concessão da moratória e a anulação do ato não se leva em conta para efeito de prescrição, quando acontecer a hipótese do inc. I, isto é, comportamento doloso por parte do sujeito passivo ou de terceiro em seu benefício. Assim não fora, e o intervalo temporal viria em benefício do infrator, orientação que o direito positivo não acolhe. Regime diverso, sob esse aspecto, é o que governa a situação do inc. II, em que houve inadaptação aos dispositivos da lei, sem que para isso concorresse o comportamento doloso do sujeito passivo. O ato anulatório da concessão, nessas condições, somente será lavrado se o prazo prescricional não se tiver exaurido.

Como escólio final, simplesmente a nota de que se esqueceu o legislador de incluir a figura da fraude na redação do inc. I. É intuitivo, porém, que a omissão é suprida pela análise sistemática, não sendo compreensível que as providências sancionadoras deixassem de ser aplicadas àquele que a cometeu.

4. O depósito do montante integral do crédito

O depósito, pelo sujeito passivo, da importância relativa ao crédito tributário, pode ser promovido em dois momentos distintos: *a*) no curso do procedimento administrativo; e *b*) no processo judicial. Não se configura uma diligência obrigatória e, na primeira eventualidade, tem unicamente o efeito de evitar a atualização do valor monetário da dívida (correção monetária). Na segunda hipótese, além do depósito impedir o ajuizamento da ação de execução, por parte da Fazenda Pública, manifestando seu efeito suspensivo da exigibilidade, também previne a incidência da correção monetária.

É somente quando efetuado na esfera judiciária que surge o depósito do montante integral da dívida como causa suspensiva da exigibilidade, posto que feito perante a Administração, seja ao impugnar o lançamento, seja ao interpor recurso aos órgãos superiores, a virtude suspensiva já está assegurada por tais expedientes.

Querem alguns, sobre o fundamento da letra fria da Lei n. 6.830/80, que a ação anulatória do débito tributário haja de ser precedida, forçosamente, pelo depósito do valor em litígio. A orientação, de cunho meramente literal, não encontra apoio jurídico no sistema, onde vigora o primado da universalidade da jurisdição (art. 5º, XXXV): *A lei não excluirá da apreciação do Poder Judiciário lesão ou ameaça a direito*. É bem de ver que a necessidade de promover o depósito é um empeço que muitas vezes tolhe o interessado, desencorajando-o de predicar a defesa dos direitos que sinta lesados. E acresce ponderar que a Fazenda não fica prejudicada, porquanto, não havendo causa suspensiva da exigibilidade, nada a impede de ingressar com a ação de execução, garantida pela penhora dos bens do devedor.

5. As impugnações e os recursos, nos termos das leis reguladoras do procedimento administrativo tributário

O lançamento tributário, ao ser lavrado pela autoridade administrativa competente, vem impregnado dos atributos da presunção de legitimidade e da exigibilidade. O sujeito passivo não se conformando poderá deduzir seus artigos de impugnação, suscitando, então, o pronunciamento de órgão controlador da legalidade daquele ato que, por sua vez, também abre ensejo a nova manifestação de insurgência do administrado, mediante recurso a órgãos superiores da Administração, quase sempre estruturados em colégio. O contraditório administrativo pode se prolongar, desde que as leis reguladoras da matéria, no âmbito federal, estadual e municipal, assim o estabeleçam. Tais diplomas fixam as condições do procedimento, disciplinando os requisitos formais, os prazos, as autoridades credenciadas a se manifestarem e tudo mais que assegure o caráter orgânico dessa sucessão de atos e termos, unificados em torno de um objetivo final, qual seja a derradeira deliberação da Fazenda, acerca da questão debatida.

Respeitados os pressupostos instituídos em lei para o ingresso no procedimento administrativo tributário, as impugnações e os recursos têm a força de sustar a exigibilidade do crédito. Não quer isso dizer que o procedimento fique estagnado, o que seria absurdo supor, mas que o Poder Público, na pendência da solução administrativa, ficará inibido de inscrever a dívida e procurar o Poder Judiciário para requerer seus direitos.

Na ausência de impugnação, ou de recurso próprio, como a exigibilidade não está trancada, a Fazenda passa, imediatamente (em tese), a formulá-la, ingressando com o instrumento adequado, que é a ação de execução.

6. A concessão de medida liminar em mandado de segurança

O art. 5º, LXIX, da Constituição prevê o *mandado de segurança* como providência judicial para proteger direito líquido e certo não amparado por *habeas corpus*, ou *habeas data* quando o responsável pela ilegalidade ou abuso do poder for autoridade pública ou agente de pessoa jurídica no exercício de atribuições do Poder Público. Trata-se de u'a medida eficaz de proteção aos direitos individuais, tolhidos ou ameaçados por atos abusivos. O magistrado, diante da iminência dos efeitos lesivos do ato, pode, com supedâneo no art. 7º, III, da Lei 12.016/2009, cautelarmente, expedir medida liminar, que tem por escopo impedir a irreparabilidade do dano, pelo retardamento da sentença. Com caráter autônomo, não exprime ainda a convicção do órgão jurisdicional sobre o mérito do pedido, tanto assim que pode ser cassada a qualquer momento.

Concedida a liminar, em processo de mandado de segurança impetrado contra ato jurídico administrativo de lançamento tributário, a exigibilidade do ato fica suspensa, de sorte que a Fazenda passa a aguardar a sentença denegatória, ou, então, que a medida venha a ser sustada. Recuperado, dessa forma, seu predicado de ato exigível, há plena condição jurídica de ser ajuizada a ação de execução ou de se prosseguir no seu curso, interrompido pela providência cautelar.

O Código Tributário Nacional limita-se à menção da medida liminar, mas é indisputável que, se a mera concessão do expediente cautelar tem essa força, com muito mais fundamento a sentença que aprecia o mérito do pedido. Uma vez proferida, mesmo no silêncio da Lei 5.172/66, há de ser trancada a exigibilidade do ato, ao menos até que se dê a manifestação do tribunal competente para decidir do recurso, modificando o decisório de primeiro grau.

7. A concessão de tutela de urgência ou de evidência, medida liminar ou de tutela antecipada em outras espécies de ação judicial

Até janeiro de 2001, o direito positivo fazia menção apenas à liminar em processos de mandado de segurança. A jurisprudência, contudo, já vinha sufragando, com apoio na doutrina dominante, o mesmo efeito suspensivo para os casos de provimentos dessa natureza em outras ações judiciais. E a Lei n. 104/2001 confirmou a tendência, tornando-a manifestação explícita, de tal sorte que medidas liminares e tutelas antecipadas em quaisquer ações suspendem a exigibilidade do crédito tributário, mantidas as características processuais de cada entidade.

Com a superveniência da Lei 13.105/2015, Código de Processo Civil, as medidas liminares e de tutela antecipada foram objeto de cuidadosa disciplina, tendo dado origem às chamadas *tutelas de urgência e de evidência*. As alterações não são caprichos terminológicos, havendo substanciosas razões para justificar novo tratamento processual e suas vantagens para o bom correr dos procedimentos judiciais. No entanto, no que diz respeito aos efeitos sobre a exigibilidade do crédito tributário, é certo que referidos instrumentos estão habilitados para provocar o mesmo efeito suspensivo dos expedientes que substituíram, mesmo na ausência das respectivas alterações no texto do Código Tributário.

8. O parcelamento

A inserção do inciso VI no art. 151 do CTN, realizada pela referida Lei Complementar 104/2001, acendeu as dúvidas sobre a especificação semântica da voz "parcelamento". Voltou-se a pensar na sua amplitude, tendo em vista o gênero "moratória", de tal maneira que se pode distinguir, com Christine Mendonça[181]: (i) o parcelamento previsto antes do nascimento da obrigação tributária; (ii) o parcelamento como espécie do gênero moratória; e (iii) aquele que se pode chamar de parcelamento *stricto sensu*. A despeito das possibilidades elucidativas que o termo possa propiciar e a utilidade de construções dessa natureza, pois, afinal de contas, "o jurista é o semântico da linguagem do direito", como bem assinalou Becker, o legislador fez questão de sublinhar que o parcelamento também suspende a exigibilidade do crédito tributário, a ele se aplicando as disposições atinentes ao instituto da moratória. Mais uma confirmação de que se trata apenas de espécie (parcelamento) do gênero (moratória), como vêm proclamando, entre outros, Sacha Calmon Navarro Coêlho, Mizabel Derzi e Leonor Leite Vieira.

181. Christine Mendonça, O regime jurídico do programa de recuperação fiscal — Refis: parcelamento *stricto sensu*, in *Refis, aspectos jurídicos relevantes*, São Paulo, Edipro, 2001, p. 90-4.

CAPÍTULO XIV

EXTINÇÃO DAS OBRIGAÇÕES TRIBUTÁRIAS

Sumário: **1.** Possibilidades teóricas de extinção das relações jurídicas. **2.** A extinção do crédito é concomitante ao desaparecimento do vínculo obrigacional. **3.** Causas extintivas no Código Tributário Nacional. **4.** Pagamento e pagamento indevido. **5.** Compensação. **6.** Transação. **7.** Remissão. **8.** Decadência. **9.** Prescrição. **10.** Conversão de depósito em renda. **11.** O pagamento antecipado e a homologação do lançamento. **12.** A consignação em pagamento. **13.** A decisão administrativa irreformável. **14.** A decisão judicial passada em julgado. **15.** A dação em pagamento em bens imóveis na forma e condições estabelecidas em lei.

1. Possibilidades teóricas de extinção das relações jurídicas

A relação jurídica, como nexo abstrato mediante o qual uma pessoa, chamada de sujeito ativo, tem o direito subjetivo de exigir uma prestação, enquanto outra, designada de sujeito passivo, está encarregada de cumpri-la, nasce, como vimos, da ocorrência do fato típico descrito no antecedente da proposição normativa. No percurso da sua existência pode experimentar mutações, que interferem nos elementos que a compõem ou nas gradações de sua eficácia. E depois se extingue, por haver realizado seus objetivos reguladores da conduta ou por razões que o direito positivo estipula.

Quadra examinar, no presente capítulo, o fenômeno jurídico que se opera na extinção de tais vínculos, para podermos bem compreender o desaparecimento das obrigações tributárias.

Se a unidade irredutível das relações jurídicas é formada por dois sujeitos (pretensor e devedor) e um objeto, presos entre si por nexos que conhecemos, parece-nos que o melhor caminho para sabermos da desintegração dessa entidade é procurarmos indagar o modo pelo qual desaparecem seus elementos integrativos, bem como as relações que os unem, posto que tais elementos e tais vínculos dão a compostura atômica dos liames jurídicos que fazem surdir direitos e deveres correlatos.

Retomemos a representação gráfica:

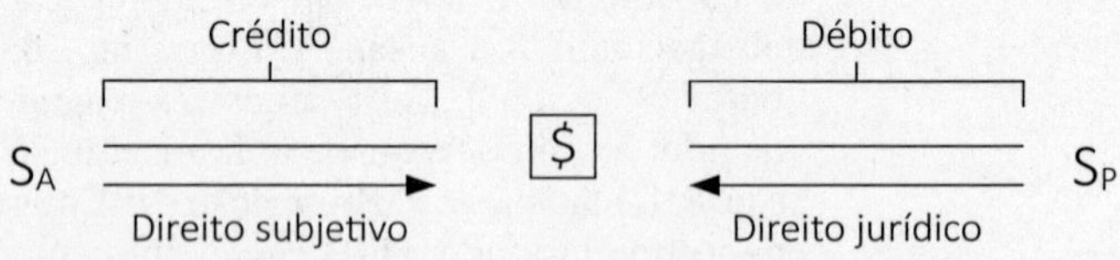

Decompõe-se a figura obrigacional que reproduzimos:

a) pelo desaparecimento do sujeito ativo;

b) pelo desaparecimento do sujeito passivo;

c) pelo desaparecimento do objeto;

d) pelo desaparecimento do direito subjetivo de que é titular o sujeito pretensor, que equivale à desaparição do crédito;

e) pelo desaparecimento do dever jurídico cometido ao sujeito passivo, que equivale à desaparição do débito.

Qualquer hipótese extintiva da relação obrigacional que possamos aventar estará contida, inexoravelmente, num dos cinco itens que enumeramos. Carece de possibilidade lógica imaginar uma sexta solução, precisamente porque esta é a fisionomia básica da existência de um vínculo de tal natureza.

Advertimos que no direito positivo brasileiro, no que se refere às obrigações tributárias, não há prescrições que contemplem a extinção do objeto prestacional, estritamente considerado. Entretanto, todos os demais casos de desaparecimento de elementos integrativos ou dos nexos que os enlaçam se encontram previstos, indicados pelo legislador pelos nomes técnicos correspondentes. Ao analisarmos as fórmulas extintivas gravadas no Código Tributário Nacional teremos a oportunidade de convocar a atenção do leitor, relembrando essa proposta teorética de enorme utilidade prática.

2. A extinção do crédito é concomitante ao desaparecimento do vínculo obrigacional

Depois de tudo o que dissemos, claro está que desaparecido o crédito decompõe-se a obrigação tributária, que não pode subsistir na ausência desse nexo relacional que atrela o sujeito pretensor ao objeto e que consubstancia seu direito subjetivo de exigir a prestação. O crédito tributário é apenas um dos aspectos da relação jurídica obrigacional, mas sem ele inexiste o vínculo. Nasce no exato instante em que irrompe a obrigação e desaparece juntamente com ela.

Lamentavelmente, disso não se apercebeu o legislador do Código, que resolveu sistematizar a disciplina jurídica da matéria em torno do conceito de extinção do crédito, quando cumpriria fazê-lo levando em conta a obrigação, que é o todo. Não importa, porém, o trajeto escolhido pela autoridade legislativa para descrever o fenômeno da extinção. Temos acesso a ele pelo recurso da reflexão, inspirada pelas categorias da Teoria Geral do Direito, embora isso não tenha a força de apagar os efeitos prejudiciais de uma elaboração normativa confusa.

Subproduto da orientação assistemática que presidiu a concepção do legislador, nesse campo, está logo no parágrafo único do art. 156, onde se diz que *a lei disporá quanto aos efeitos da extinção total ou parcial do crédito sobre a ulterior verificação de irregularidade da sua constituição, observado o disposto nos arts. 144 e 149.*

O dispositivo versa o problema de anulação do lançamento e dos efeitos que isso provoca no que tange à extinção do crédito. Permite concluir, no entanto, que seja possível dar-se a extinção do crédito, permanecendo íntegro o vínculo obrigacional, edução errônea, estruturada em frontal desapreço aos conceitos elementares sobre a figura da obrigação.

3. Causas extintivas no Código Tributário Nacional

O art. 156 enuncia onze causas extintivas: I) o pagamento; II) a compensação; III) a transação; IV) a remissão; V) a prescrição e a decadência; VI) a conversão de depósito em renda; VII) o pagamento antecipado e a homologação do lançamento nos termos do disposto no art. 150 e seus §§ 1º e 4º; VIII) a consignação em pagamento, nos termos do disposto no § 2º do art. 164; IX) a decisão administrativa irreformável, assim entendida a definitiva na órbita administrativa, que não mais possa ser objeto de ação anulatória; X) a decisão judicial passada em julgado; e XI) a dação em pagamento em bens imóveis, na forma e condições estabelecidas em lei.

Tanto o surgimento quanto as modificações por que passam durante sua existência, e assim também a extinção das obrigações tributárias hão de ocorrer nos precisos termos da lei. Nesse terreno, o princípio da estrita legalidade impera em toda a extensão e a ele se ajunta, em vários momentos, o postulado da indisponibilidade dos bens públicos.

Alguns autores pretendem reagrupar as onze causas extintivas que o art. 156 estabelece, dividindo-as em causas *de fato* e *de direito*. A prescrição e a decadência seriam modalidades *de direito*, enquanto todas as demais seriam *de fato*. Discordamos desse critério classificatório. As onze causas que o legislador arrolou são modalidades jurídicas no âmbito mais restrito que se possa dar à expressão. São acontecimentos que o direito regula, traçando cuidadosamente seus efeitos. Algumas delas adquirem até a configuração de verdadeiros institutos jurídicos, como o pagamento, a compensação, a transação, a remissão, a prescrição e a decadência, enquanto outras se apresentam como fatos carregados de juridicidade, como a decisão administrativa irreformável e a decisão judicial passada em julgado. As hipóteses de conversão de depósito em renda (item VI), de pagamento antecipado e homologação do lançamento (item VII) e a consignação em pagamento (item VIII), entendemos que sejam formas diferentes de u'a mesma realidade: o pagamento (item I). Como afirmar que tais ocorrências da vida real, regradas por insistentes disposições jurídico-normativas, tenham a proporção de causas de fato?

O que é possível divisar no catálogo do art. 156 é a ausência de outros motivos que teriam a virtude de extinguir o liame obrigacional, como a desaparição do sujeito passivo, sem que haja bens, herdeiros e sucessores, bem como a confusão, onde se misturam, na mesma pessoa, as condições de credor e devedor.

Para facilitar o discurso expositivo, vamos seguir a ordem que o legislador concebeu, deduzindo as críticas que estimarmos cabíveis.

4. Pagamento e pagamento indevido

Pagamento é a prestação que o devedor, ou alguém por ele, faz ao sujeito pretensor, da importância pecuniária correspondente ao débito do tributo. Sua regulamentação é farta no Código Tributário Nacional, que dedica ao assunto nada menos do que treze artigos, muitos deles subdivididos em incisos e parágrafos (incluindo-se o tema do pagamento indevido), quem sabe por tratar-se da modalidade normal e desejada para a extinção das obrigações tributárias.

Começa o art. 157 por prescrever que a imposição de penalidade não ilide o pagamento integral do crédito tributário. A multa infligida para punir o descumprimento da prestação não substitui o crédito tributário. Deverá o infrator recolher a quantia equivalente à penalidade pecuniária e, além disso, cumprir a prestação do tributo. A cobrança do crédito tributário é feita por força da realização do fato jurídico descrito no antecedente da proposição normativa. A exigência da multa traz como pressuposto outro motivo, qual seja o acontecimento de um fato definido como ilícito pelas leis fiscais. Tratando-se da incidência de duas regras diversas, por força da ocorrência de fatos distintos (fato jurídico tributário e fato ilícito — infração), não há por que uma possa vir a substituir a outra.

O implemento de uma prestação tributária não gera a presunção do cumprimento de outras, valendo a regra para um mesmo tributo ou de um com relação a outros. A mensagem desse dispositivo (art. 158, I e II) seria inteiramente dispensável. É óbvio que o pagamento da prestação de outubro não pode servir como fato presuntivo de que a prestação de novembro também foi paga, no quadro do mesmo tributo. Da mesma forma, a circunstância de alguém estar quite com o ISS não quer significar que não deva IPTU.

À falta de disposição em contrário, o pagamento da dívida tributária deve ser promovido na repartição competente do domicílio do sujeito passivo. Quase todas as leis dispõem em contrário, aproveitando a exceção aberta pelo preceito do art. 159, e os recolhimentos são feitos nas unidades da rede bancária do País.

Omitindo-se o legislador ordinário quanto ao prazo de vencimento das obrigações tributárias, o termo final dar-se-á trinta dias depois de o sujeito passivo haver recebido a notificação do lançamento (art. 160), podendo a legislação específica, nas condições que estabeleça, conceder desconto pelo pagamento antecipado (parágrafo único). Torna-se evidente que tal proposição não se aplica àqueles tributos que não têm no lançamento um requisito indispensável e aos quais o Código chama de tributos sujeitos a lançamento por homologação. Nestes, a lei oferece todas as indicações necessárias e suficientes para a regular satisfação das prestações devidas.

Inocorrendo a solução do débito, no vencimento próprio, será ele acrescido de juros de mora, seja qual for o motivo determinante da falta, sem prejuízo da imposição das penalidades cabíveis e da aplicação de quaisquer medidas de garantia previstas na Lei 5.172/66 ou nas demais leis tributárias (art. 161). Os juros serão calculados na base de 1% ao mês, se a lei não dispuser de modo diverso (§ 1º) e, ao contrário do que se dá com as obrigações de direito privado, não é preciso interpelação do devedor para que este seja constituído em mora. Havendo consulta, formulada pelo interessado dentro do prazo estabelecido para o pagamento e com observância das regras que a legislação estatui, os juros de mora não incidem, enquanto estiver pendente a resposta (§ 2º).

O pagamento é feito em moeda corrente, cheque ou vale postal (art. 162, I), mas, nos casos previstos em lei, pode ser efetuado em estampilha, papel selado ou mediante processo mecânico (art. 162, II). O sistema não admite a prestação *in natura*, contraditando aquilo que faz supor o art. 3º do Código Tributário Nacional, quando enuncia que pode ser em moeda *ou cujo valor nela se possa exprimir*. Todavia, com a Lei Complementar 104, de 10 de janeiro de 2001, tornou-se possível realizar a extinção do crédito mediante dação em pagamento em bens imóveis, na forma e condições previstas em lei ordinária de cada ente político.

O legislador ordinário está autorizado a determinar as garantias exigidas para o pagamento em cheque ou vale postal, desde que não o torne impossível ou mais oneroso que o pagamento em moeda corrente (art. 162, § 1º). No que concerne ao cheque, não há necessidade de garantias, uma vez que o § 2º desse mesmo artigo declara que o crédito pago por cheque só se considera extinto com o resgate deste pelo sacado.

As estampilhas acabaram caindo em desuso com o passar dos anos e com a emergência de novos meios de pagamento, mas merecem considerações, vez que o dispositivo que as prevê permanece vigente. Na circunstância do pagamento ser efetuado por elas, extinguir-se-á o crédito com a regular inutilização daquelas, resguardando-se ao fisco a prerrogativa de controle, na forma do que preceitua o art. 150, isto é, promovendo o chamado *lançamento por homologação* (art. 162, § 3º). A perda ou destruição das estampilhas, ou o erro no pagamento por tal modalidade, não dão direito à restituição, salvo nos casos expressamente previstos na lei tributária, ou naqueles em que o erro for imputável à autoridade administrativa (art. 162, § 4º) e o pagamento em papel selado ou por processo mecânico equipara-se ao feito em estampilhas (art. 162, § 5º).

Tendo o sujeito passivo dois ou mais débitos para com a mesma entidade tributante, relativamente ao mesmo gravame ou a diferentes exações, ou ainda provenientes de penalidades pecuniárias ou juros de mora, ficará a cargo da autoridade administrativa competente a imputação do pagamento, observadas as seguintes regras, na ordem em que enumeradas: *a*) em primeiro lugar os débitos por obrigação própria, e em segundo os decorrentes de responsabilidade tributária; *b*) primeiramente as contribuições de melhoria, depois as taxas e, de final, os impostos; *c*) terão preferência as dívidas mais antigas, na ordem crescente dos prazos de prescrição; e *d*) antes as de maior valor, em escala decrescente (art. 163, I, II, III e IV).

Da maneira em que os pagamentos são feitos, nos dias atuais, é muito difícil conceber-se hipótese de exercício desse direito de imputação. Todavia, em face da mutabilidade inerente às práticas administrativas, nada impede que, modificada a sistemática de arrecadação tributária, o dispositivo do art. 163 venha a ter aplicação efetiva.

Visto o pagamento pela óptica das possibilidades teóricas de extinção das relações jurídicas, temos que, por seu intermédio, se cumpre o dever jurídico cometido ao sujeito passivo, contranota do direito subjetivo de que está investido o sujeito credor, o qual simultaneamente desaparece. Um vínculo obrigacional jamais poderia remanescer sem os nexos correlatos (direito e dever), como assinalamos inicialmente.

Saliente-se, porém, que não é o evento do pagamento que extingue a obrigação. Esta desaparecerá tão somente quando aquele evento for relatado na linguagem prevista pelo ordenamento jurídico, surgindo aquilo que se chama de "documento de quitação" ou "recibo de pagamento". Tal documento contém os enunciados necessários e suficientes para a construção de uma norma individual e concreta, cujo antecedente descreve o fato da existência da dívida e cujo consequente prescreve um liame que, no cálculo das relações, anula o vínculo primitivo.

Pagamento indevido

A importância recolhida a título de tributo pode ser indevida, tanto por exceder ao montante da dívida real quanto por inexistir dever jurídico de índole tributária. Surge, então, a controvertida figura do *tributo indevido*, que muitos entendem não ser verdadeiramente tributo, correspondendo antes a mera prestação de fato. Não pensamos assim. As quantias exigidas pelo Estado, no exercício de sua função impositiva, ou espontaneamente pagas pelo administrado, na convicção de solver um débito fiscal, têm a fisionomia própria das entidades tributárias, encaixando-se bem na definição do art. 3º do CTN. A contingência de virem a ser devolvidas pelo Poder Público não as descaracteriza como tributo e para isso é que existem os sucessivos controles de legalidade que a Administração exerce e dos quais também participa o sujeito passivo, tomando a iniciativa ao supor descabido o que lhe foi cobrado, ou postulando a devolução daquilo que pagara indebitamente. Não sendo suficiente o procedimento administrativo que para esse fim se instale, terá o interessado acesso ao Poder Judiciário, onde poderá deduzir, com os recursos inerentes ao processo judicial, todos os argumentos e provas que deem substância aos seus direitos.

A Lei 5.172/66 regula a questão do pagamento indevido, e no art. 165 firma o conceito de que o sujeito passivo tem direito, independentemente de prévio protesto, à restituição total ou parcial do tributo, seja qual for a modalidade do seu pagamento, reportando-se ao disposto no art. 162, § 4º, que versa a hipótese de recolhimento por meio de estampilhas, que fica ressalvada. Os casos que produzem o direito à restituição vêm relacionados em três itens: I) cobrança ou pagamento espontâneo de tributo indevido em face da legislação tributária aplicável, ou da natureza ou circunstâncias materiais do evento efetivamente ocorrido; II) erro na identificação do sujeito passivo, na determinação da alíquota aplicável, no cálculo do montante do débito ou na elaboração ou conferência de qualquer documento relativo ao pagamento; e III) reforma, anulação, revogação ou rescisão de decisão condenatória.

Não poderia ser de outra maneira. Certificado que o ente tributante não era portador de direito subjetivo à percepção do gravame, ou que o seu direito se limitava simplesmente à parte do que efetivamente recebeu, há de devolver o valor total ou a parcela a maior que detém em seu poder, pois não tem título jurídico que justifique a incorporação daqueles valores ao seu patrimônio. E a restituição total ou parcial gera também a devolução dos juros de mora e das penalidades pecuniárias, na mesma proporção (art. 167). O legislador, desnecessariamente, abre exceção para as quantias relativas a infrações de caráter formal não prejudicadas pela causa da restituição. Não era preciso fazê-lo. Se o ilícito formal está caracterizado, não ficando comprometido pela causa que motivou a restituição, careceria de sentido imaginar que o valor atinente à multa pudesse vir a ser devolvido.

O art. 166 dá espaço a muita controvérsia:

> Art. 166. A restituição de tributos que comportem, por sua natureza, transferência do respectivo encargo financeiro somente será feita a quem prove haver assumido referido encargo, ou, no caso de tê-lo transferido a terceiro, estar por este expressamente autorizado a recebê-la.

Pelejam alguns com o argumento de que se a relação jurídica se instaura entre sujeitos determinados, provado o recolhimento indevido, nasce para o sujeito passivo o direito subjetivo de exigir de volta os valores pagos daquela forma, independentemente do seu relacionamento com terceiros a quem transferira o impacto financeiro do tributo.

Contra essa orientação sempre resistiram as Fazendas Públicas, alegando que sem a prova adequada de que o sujeito passivo houvera suportado o ônus do tributo, ou, em caso de transferência do encargo financeiro a outras pessoas, estar por elas expressamente autorizado a postular o retorno, não teria ele, sujeito passivo, título jurídico para pedir a devolução, uma vez que nada desembolsara.

Há súmulas do Supremo Tribunal Federal em dois sentidos: uma, a 71, estabelecendo que, *embora pago indevidamente, não cabe restituição de tributo indevido*; outra, a 546, proclamando que *cabe a restituição do tributo pago indevidamente, quando reconhecido por decisão que o contribuinte "de jure" não recuperou do contribuinte "de facto" o "quantum" respectivo.*

A Súmula 71, evidentemente, está ultrapassada, e a 546 guarda sintonia com o mandamento do art. 166.

Estamos em que, se não há fundamento jurídico que ampare o Estado, no caso de haver recebido valores indevidos de contribuintes que transferiram o impacto financeiro a terceiros, também não há justo título para que estes, os sujeitos passivos que não provaram haver suportado o encargo, possam predicar a devolução. E na ausência de títulos de ambos os lados, deve prevalecer o magno princípio da supremacia do interesse público ao do particular, incorporando-se as quantias ao patrimônio do Estado.

Quem tenha pagado tributo indevidamente dispõe do prazo de cinco anos para requerer sua devolução. É um prazo de decadência, que fulmina o direito de pleitear o retorno. Manifestada a inércia do administrado, durante aquele período, acontece, inapelavelmente, o fato jurídico da decadência ou caducidade, extintivo do seu direito. O prazo de cinco anos para pedir a devolução, na esfera administrativa, é contado do seguinte modo: *a*) a partir do momento em que se deu o pagamento espontâneo do tributo indevido ou a maior, em face da legislação tributária aplicável, ou da natureza ou circunstâncias materiais do evento efetivamente ocorrido; *b*) também a contar da data do recolhimento, quando houver erro na identificação do sujeito passivo, na determinação da alíquota aplicável, no cálculo do montante do débito ou na elaboração ou conferência de qualquer documento relativo ao pagamento; e *c*) da data em que se tornar definitiva a decisão administrativa ou passar em julgado a decisão judicial que tenha reformado, anulado ou rescindido a decisão condenatória. O art. 168, que veicula as normas disciplinadoras da extinção do direito e da contagem do prazo que culmina com a decadência, fala também em *revogação*, mas já sabemos que o termo é impróprio, de sorte que, na via administrativa, pode ocorrer, tratando-se de lançamento, tanto a reforma como a anulação; e na via judiciária, a reforma, a anulação e a rescisão da decisão condenatória.

Exercitando, porém, o seu direito, em tempo hábil, e vendo o sujeito passivo negada a devolução do tributo pago indevidamente, abre-se-lhe o prazo de dois anos para que ingresse com a competente *ação anulatória do ato denegatório proferido pela Administração.* Decorrido o tempo sem a iniciativa do interessado, opera-se o fato jurídico da prescrição, extinguindo-se a possibilidade de acesso ao instrumento processual que protege seu direito. Este é o conteúdo do art. 169 do CTN, que, no parágrafo único, prevê fato interruptivo do fluxo temporal.

Neste ponto se aloja um problema muito sério, porquanto o legislador, ao fixar a causa que interrompe o prazo prescricional, situando-a no ajuizamento da ação, e dizendo que recomeça o seu curso, por metade, a contar da citação (que ele designa *intimação*) validamente feita ao representante judicial da Fazenda, em termos práticos inibe a tutela jurisdicional do sujeito passivo, pois teria apenas um ano para ver definitivamente apreciado o seu pedido, tempo por demais exíguo para que se forme a convicção do magistrado, no âmbito de uma ação ordinária.

O enunciado normativo que se contém nesse parágrafo único é, no nosso entender, uma regra inconstitucional, por contrariar, grosseiramente, o art. 5º, XXXV, da Carta Magna. Se a lei não pode excluir da apreciação do Poder Judiciário qualquer lesão ou ameaça a direito, salta à mais pura evidência que o Código não poderia limitar o exercício do direito de ação a tal ponto que viesse a comprometê-lo no plano concreto.

5. Compensação

Por outras modalidades, além do pagamento, a obrigação tributária igualmente se extingue. A compensação é uma delas. Tem por pressuposto duas relações jurídicas diferentes, em que o credor de uma é devedor da outra e vice-versa. O Código Civil sobre ela dispõe no art. 368, definindo-a assim: *Se duas pessoas forem ao mesmo tempo credor e devedor uma da outra, as duas obrigações se extinguem, até onde se compensarem.*

Quatro requisitos são tidos como necessários à compensação: *a*) reciprocidade das obrigações; *b*) liquidez das dívidas; *c*) exigibilidade das prestações; e *d*) fungibilidade das coisas devidas (CC, art. 369).

Sempre em homenagem ao princípio da indisponibilidade dos bens públicos, o Código Tributário Nacional acolhe o instituto da compensação, como forma extintiva, mas desde que haja lei que a autorize. É a seguinte a redação do seu art. 170:

> Art. 170. A lei pode, nas condições e sob as garantias que estipular, ou cuja estipulação em cada caso atribuir à autoridade administrativa, autorizar a compensação de créditos tributários com créditos líquidos e certos, vencidos ou vincendos, do sujeito passivo contra a Fazenda Pública.

A compensação no direito tributário apresenta a particularidade de comportar o encontro de relações obrigacionais em que uma delas, a que tem o sujeito passivo por credor, seja vincenda. Em situações dessa natureza, segundo o parágrafo único do art. 170, a lei determinará a apuração do montante, não podendo conceder desconto que ultrapasse a taxa de 1% ao mês pelo tempo que decorrer entre a data da compensação e a do vencimento.

A lei que autoriza a compensação pode estipular condições e garantias, ou instituir os limites para que a autoridade administrativa o faça. Quer isso significar que, num ou noutro caso, a atividade é vinculada, não sobrando ao agente público qualquer campo de discricionariedade, antagônico ao estilo de reserva legal estrita que preside toda a normalização dos momentos importantes da existência das relações jurídicas tributárias.

No quadro da fenomenologia das extinções, a compensação ocupa o tópico de modalidade extintiva tanto do direito subjetivo como do dever jurídico, uma vez que o crédito do sujeito pretensor, num dos vínculos, é anulado pelo seu débito, no outro, o mesmo se passando com o sujeito devedor.

Significativa alteração, promovida pela Lei Complementar n. 104, de 10 de janeiro de 2001, dispôs que, no âmbito judicial, a compensação, mediante o aproveitamento de tributos indevidamente recolhidos, somente será autorizada após o trânsito em julgado da decisão.

6. Transação

Nos termos e nas condições estabelecidas em lei, os sujeitos da obrigação tributária podem celebrar transação, assim entendido o instituto mediante o qual, por concessões mútuas, credor e devedor põem fim ao litígio, extinguindo a relação jurídica. Tal é o alcance do art. 171 da Lei 5.172/66. A lei autorizadora da transação indicará a autoridade competente para efetivá-la, em cada caso (parágrafo único).

O princípio da indisponibilidade dos bens públicos impõe seja necessária previsão normativa para que a autoridade competente possa entrar no regime de concessões mútuas, que é da essência da transação. Os sujeitos do vínculo concertam abrir mão de parcelas de seus direitos, chegando a um denominador comum, teoricamente interessante para as duas partes, e que propicia o desaparecimento simultâneo do direito subjetivo e do dever jurídico correlato. Mas, é curioso verificar que a extinção da obrigação, quando ocorre a figura transacional, não se dá, propriamente, por força das concessões recíprocas, e sim do pagamento. O processo de transação tão somente prepara o caminho para que o sujeito passivo quite sua dívida, promovendo o desaparecimento do vínculo. Tão singela meditação já compromete o instituto como forma extintiva de obrigações.

Ao contrário do que sucede no direito civil, em que a transação tanto previne como termina o litígio, nos quadrantes do direito tributário só se admite a transação terminativa. Há de existir litígio para que as partes, compondo seus mútuos interesses, transijam. Agora, divergem os autores a propósito das proporções semânticas do vocábulo *litígio*. Querem alguns que se trate de conflito de interesses deduzido judicialmente, ao passo que outros estendem a acepção a ponto de abranger as controvérsias meramente administrativas. Concordamos com a segunda alternativa. O legislador do Código não primou pela rigorosa observância das expressões técnicas, e não vemos por que o entendimento mais largo viria em detrimento do instituto ou da racionalidade do sistema. Essa, aliás, foi a via estabelecida nos termos da Lei 13.988/2020 que admitiu, na esfera federal, o cabimento de transação também para débitos inscritos em dívida ativa e em contencioso administrativo (art. 2º, I e II).

7. Remissão

Remissão, do verbo remitir, é perdão, indulgência, indulto, diferente de *remição*, do verbo *remir*, e que significa resgate. No direito tributário brasileiro é forma extintiva da obrigação, se e somente se houver lei autorizadora. Está aqui, novamente, o primado da indisponibilidade dos bens públicos, que permeia intensamente todo o plexo das disposições tributárias. Nesse campo, o instituto ganhou expressão prescritiva no art. 172 e seu parágrafo único que estão redigidos da maneira seguinte:

> Art. 172. A lei pode autorizar a autoridade administrativa a conceder, por despacho fundamentado, remissão total ou parcial do crédito tributário, atendendo:

I — à situação econômica do sujeito passivo;

II — ao erro ou ignorância escusáveis do sujeito passivo, quanto a matéria de fato;

III — à diminuta importância do crédito tributário;

IV — a considerações de equidade em relação com as características pessoais ou materiais do caso;

V — a condições peculiares a determinada região do território da entidade tributante.

Parágrafo único. O despacho referido neste artigo não gera direito adquirido, aplicando-se, quando cabível, o disposto no artigo 155.

Na remissão, desaparece o direito subjetivo de exigir a prestação e, por decorrência lógica e imediata, some também o dever jurídico cometido ao sujeito passivo. Isso, naturalmente, se a remissão for total.

Não pode haver remissão de crédito tributário sem que o laço obrigacional tenha sido constituído por meio da linguagem prevista no ordenamento jurídico. É necessária, portanto, a prévia existência do ato jurídico administrativo do lançamento tributário ou, sendo o caso, da norma individual e concreta produzida pelo próprio sujeito passivo.

Remitindo, o Estado dispensa o pagamento do crédito relativo ao tributo e, pela anistia, dá-se o perdão correspondente ao ato ilícito ou à penalidade pecuniária. As duas realidades são parecidas, mas estão subordinadas a regimes jurídicos bem distintos. A remissão se processa no contexto de um vínculo de índole obrigacional tributária, enquanto a anistia diz respeito a liame de natureza sancionatória, podendo desconstituir a antijuridicidade da própria infração.

8. Decadência

A Fazenda dispõe de cinco anos para efetuar o ato jurídico administrativo de lançamento. Não o praticando, nesse período, decai o direito de celebrá-lo. Na redação do art. 173 estão consignados dois marcos iniciais para a contagem do prazo: do primeiro dia do exercício seguinte àquele em que o lançamento poderia ter sido efetivado (item I); e da data em que se tornar definitiva a decisão que houver anulado, por vício formal, o lançamento anteriormente efetuado (item II). E o parágrafo único do mesmo artigo acrescenta o terceiro: da data em que tenha sido iniciada a constituição do crédito tributário pela notificação, ao sujeito passivo, de qualquer medida preparatória indispensável ao lançamento. Eis a disciplina do Código a propósito da decadência do *direito* de lançar.

É oportuna uma digressão sobre o tema.

A decadência ou caducidade é tida como o fato jurídico que faz perecer um direito pelo seu não exercício durante certo lapso de tempo. Para que as relações jurídicas não permaneçam indefinidamente, o sistema positivo estipula certo período a fim de que os titulares de direitos subjetivos realizem os atos necessários à sua preservação, e perante a inércia manifestada pelo interessado, deixando fluir o tempo, fulmina a existência do direito, decretando-lhe a extinção. Só se observa o efeito extintivo da obrigação tributária, porém, quando o fato da decadência for reconhecido posteriormente à instalação da obrigação tributária. Surpreendemos, aqui, mais um momento de ambiguidade da palavra "decadência" no direito tributário.

No lidar com as figuras do lançamento, identificamos três ângulos significativos de uma e somente uma realidade: ato, procedimento e norma. Não sobreja lembrar que *o ato é, sempre, o resultado de um procedimento e que tanto ato quanto procedimento hão de estar, invariavelmente, previstos em normas do direito posto*.

Transportando essas reflexões para o quadro das formulações normativas da decadência, por intuição semântica, perceberemos que todas essas características se encontram nas diferentes situações em que se dá a constituição de norma pelo decurso do prazo. Senão, vejamos.

A ambiguidade dos signos jurídicos, por mais rigoroso que se apresente o plano semântico dessa linguagem, jamais desaparecerá, mesmo ao lidar com palavras que, aparentemente, mostram-se de simples compreensão. Já vimos que se atribui ao vocábulo "procedimento" duas perspectivas: (1) *"procedimento" como conjunto ordenado de atos administrativos e termos que evoluem, unitariamente, para a consecução de um ato específico, que é sua finalidade (exemplos: procedimento administrativo tributário, procedimento de consulta, procedimento de licitação etc.)*; e (2) *"procedimento" como qualquer atividade físico-material e intelectual para a produção de um ato jurídico administrativo.*

No direito tributário, nem sempre encontraremos o "procedimento" na sua acepção de "série de atos e termos" em sua concretude existencial, pois não está nessa atividade o fundamento do ato ou da norma, mas, justamente, naquel'outra ação físico-material e intelectual, que se volta para a produção de um ato jurídico administrativo e uma norma individual e concreta.

Um passo que nos parece importante nesse caminho é asseverar que a palavra "decadência" é usada para denotar esse procedimento completo, em que se observa o decurso de certo trato de tempo, sem que o titular do direito o exercite, e, quando traduzido em linguagem competente, tem o condão de instaurar a norma decadencial. Em outras palavras, o procedimento prevê desde o ponto que dá início à contagem do prazo decadencial (primeiro dia do exercício seguinte, do "fato gerador", da homologação), até as últimas providências normativas para a satisfação do direito subjetivo pelo ato que constitui o fato decadencial.

Diante desse quadro, aliás corriqueiro no sistema tributário, há necessidade premente de ater-se o exegeta à noção de que o direito posto não se satisfaz com a linguagem ordinária. Requer uma forma especial, para que o fato se dê por ocorrido juridicamente, que se dá mediante um procedimento específico, previsto por uma norma que lhe dê fundamento jurídico e transposto em linguagem de prova.

Com supedâneo em tais ponderações, entendemos que, para que a decadência ingresse nesse subsistema jurídico, deverá preencher os três requisitos, isto é, (i) expressar-se, linguisticamente, em senso jurídico; (ii) ser produzida por órgão competente; e, por fim, (iii) seguir procedimento específico previsto em norma geral e abstrata.

Como providência epistemológica de bom alcance, podemos tomar "procedimento da decadência" como processo ou atividade de preparação, que tem início no termo disposto em lei para a contagem do prazo e término no ato de produção do fato jurídico, com a expedição do documento competente; "ato da decadência" como o resultado final do procedimento, o fato jurídico decadencial, composto por enunciados de teor prescritivo, consubstanciados num documento que passa a integrar o sistema do direito positivo; e a "norma da decadência" como a previsão legal abstrata tanto do ato quanto do procedimento, postulada com a seguinte formulação: "dado o decurso de certo trato de tempo, sem que o titular do direito o exercite, com início no marco especificado em lei e término com a expedição do documento competente; então deve ser a extinção do direito".

A partir da leitura desses enunciados, reconstruindo a norma individual e concreta que os tem como suporte físico, receberemos a mensagem deôntica que representa a adequação do procedimento, do ato e da norma às exigências do ordenamento jurídico vigente.

Mas, no art. 173 do CTN, o legislador se refere à existência de um *direito de lançar*, que seria alcançado pela decadência quando decorrido o intervalo de cinco anos, sem que o ato de lançamento fosse regularmente realizado. A análise cuidadosa dá condições a uma indagação de superior importância: existe um direito de lançar? Sabemos que não. O ato jurídico administrativo de lançamento é vinculado e obrigatório, sob pena de responsabilidade funcional (CTN, art. 142, parágrafo único). Trata-se, na verdade, de um *dever* do Estado, enquanto entidade tributante, que se não confunde com o direito subjetivo de exigir a prestação, não podendo ser considerado, também, como pretende importante segmento doutrinário, um direito potestativo.

A teoria dominante, trabalhando em cima do texto escrito do direito positivo, não tem levantado certos aspectos relevantes que a matéria propicia. É o resultado quase sempre infrutífero da interpretação literal do direito posto. É a vã tentativa de prestigiar o texto em detrimento do sistema; de ler, para não refletir; de simplesmente enunciar, para não compor.

O equívoco nos leva ao perecimento de dois direitos: o de praticar o lançamento e o de perceber o valor pecuniário. A decadência, entendida assim, teria o condão de inibir a autoridade administrativa de lavrar o ato constituidor (perda do *direito* de lançar) e, simultaneamente, de fulminar o direito subjetivo de que esteve investido o sujeito pretensor.

Paralelamente, somos levados a concluir que a Fazenda Pública, que tem o *dever* de constituir o crédito, ver-se-ia liberada desse encargo com o decurso do tempo, isto é, acontecendo o fato jurídico da caducidade. O paradoxo é incontornável.

Prazo de cinco anos e início do lapso temporal da decadência

Prevê o Código o prazo de cinco anos para que se dê a caducidade do *direito* da Fazenda de *constituir* o crédito tributário pelo lançamento. Nada obstante, fixa termos iniciais que dilatam por período maior o aludido prazo, uma vez que são posteriores ao acontecimento tributário. O exposto já nos permite uma inferência: é incorreto mencionar prazo quinquenal de decadência, a não ser nos casos em que o lançamento não é da essência do tributo — hipóteses de *lançamento por homologação* — em que o marco inicial de contagem é a data do evento.

Demais disso, contrariando as insistentes construções do direito privado, pelas quais uma das particularidades do instituto da decadência está na circunstância de que o prazo que lhe antecede não se interrompe, nem se suspende, a postura do item II do art. 173 do Código Tributário Nacional desfaz qualquer convicção nesse sentido. Um lançamento anulado por vício formal é ato que existiu, tanto assim que foi anulado por vício de forma. Ora, a decisão final que declare a anulação do ato nada mais faz que *interromper* o prazo que já houvera decorrido até aquele momento. Digamos que a decisão anulatória do ato ocorra três anos depois de iniciada a contagem regular do item I ou do parágrafo único do art. 173. O tempo decorrido (três anos) será desprezado, recomeçando novo fluxo, desta vez quinquenal, a partir da decisão final administrativa. A hipótese interruptiva apresenta-se clara e insofismável, brigando com a natureza do instituto cujas raízes foram recolhidas nas maturadas elaborações do Direito Privado.

É certo que a legislação tributária pode modificar a definição, conteúdo e alcance dos institutos, conceitos e formas de direito privado, desde que não utilizados pela Constituição Federal, pelas Constituições dos Estados ou pelas Leis Orgânicas do Distrito Federal ou dos Municípios, para definir ou limitar competências tributárias (CTN, art. 110). Igualmente certo, também, que nada custaria à doutrina reconhecer que a decadência, no direito tributário, oferece aspectos estruturais que não se compaginam, por inteiro, com os do direito privado. E aqui vão dois que já bastam para justificar a proposição afirmativa: *a*) o termo inicial, no direito privado, coincide com o nascimento do direito subjetivo (no campo tributário isso acontece somente com os tributos sujeitos a *lançamento por homologação*); e *b*) o prazo que culmina com o fato jurídico da decadência não se interrompe nem se suspende (no direito tributário há causa — interruptiva — CTN, art. 173, II).

Seja como for, instalado o vínculo jurídico tributário e sobrevindo o fato decadencial, a decadência faz desaparecer o direito subjetivo de exigir a prestação tributária e, em contrapartida, também se extingue o débito do sujeito passivo, desintegrando-se o laço obrigacional.

9. Prescrição

Com o lançamento eficaz, quer dizer, adequadamente notificado ao sujeito passivo, abre-se à Fazenda Pública o prazo de cinco anos para que ingresse em juízo com a ação de cobrança (ação de execução). Fluindo esse período de tempo sem que o titular do direito subjetivo deduza sua pretensão pelo instrumento processual próprio, dar-se-á o fato jurídico da prescrição. A contagem do prazo tem como ponto de partida a data da *constituição definitiva do crédito*, expressão que o legislador utiliza para referir-se ao ato de lançamento regularmente comunicado (pela notificação) ao devedor.

No fundo, é isso que quer dizer o *caput* do art. 174 do CTN. Seu parágrafo único enumera quatro causas interruptivas do prazo prescricional: despacho do juiz que ordenar a citação em execução fiscal (I); protesto judicial (II); qualquer ato judicial que constitua em mora o devedor (III); e qualquer ato inequívoco, ainda que extrajudicial, que importe reconhecimento do débito pelo devedor (IV).

Iniciemos por nos precatar da locução — *A prescrição se interrompe* — que encerra uma flagrante impropriedade. A prescrição, como fato jurídico que é, não se interrompe nem se suspende. Aquilo que se interrompe é o intervalo de tempo que, associado à inércia do titular da ação, determina o surgimento do fato prescricional.

Este assunto também merece uma série de reflexões.

O instituto da prescrição já espertou vários estudos importantes para a dogmática jurídica brasileira. Antonio Luiz da Camara Leal,[182] numa investigação clássica, arrola quatro elementos integrantes do conceito, ou quatro *condições elementares da prescrição*:

1ª) existência de uma ação exercitável (actio nata);

2ª) inércia do titular da ação pelo seu não exercício;

3ª) continuidade dessa inércia durante um certo lapso de tempo;

4ª) ausência de algum fato ou ato, a que a lei atribua eficácia impeditiva, suspensiva ou interruptiva do curso prescricional.

---

182. *Da prescrição e da decadência*, 2. ed., Forense, 1969, p. 25.

Não é suficiente identificar no instituto da prescrição uma medida enérgica da ordem jurídica, no sentido de desestimular a omissão de certas pessoas, na defesa dos seus direitos, fazendo com que não prosperem situações indefinidas e não fiquem por muito tempo pendentes direitos e deveres que os fatos (descritos em normas) vão sistematicamente produzindo.

Para a devida compreensão de sua natureza é fundamental meditar sobre seus requisitos, a fim de conhecermos as possíveis mutações introduzidas pelo legislador tributário.

É fácil divisar, desde logo, que não se pode falar em curso da prescrição enquanto não se verificar a inércia do titular da ação. Todavia, o termo inicial do prazo, no Código Tributário, foi estipulado tendo em conta o momento em que o sujeito passivo é notificado do lançamento. Como aceitar que possa ter começado a fluir o lapso temporal se, naquele exato momento, e ao menos durante o período firmado no ato de lançamento, a Fazenda ainda não dispunha do meio próprio para ter acesso ao Judiciário, visando à defesa de seus direitos violados? O desalinho entre os pressupostos do instituto e o preceito do Código é indisfarçável. Não se preocupou o legislador em saber se havia possibilidade de exercício da ação judicial ou se o titular do direito se manteve inerte. Foi logo estabelecendo prazo que tem como baliza inicial um instante que não coincide com aquele em que nasce, para o credor, o direito de invocar a prestação jurisdicional do Estado, para fazer valer suas prerrogativas. Surpreende-se, neste ponto, profunda divergência entre a lógica do fenômeno jurídico e a lógica do fraseado legal. Com que ficamos?

Temos inabalável convicção de que as imposições do sistema hão de sobrepor-se às vicissitudes do texto. Este nem sempre assume, no conjunto orgânico da ordem jurídica, a significação que suas palavras aparentam expressar.

A solução harmonizadora está em deslocar o termo inicial do prazo de prescrição para o derradeiro momento do período de exigibilidade administrativa, quando o Poder Público adquire condições de diligenciar acerca do seu direito de ação. Ajusta-se assim a regra jurídica à lógica do sistema.

Interrupção do prazo prescricional

As causas previstas no parágrafo único do art. 174, uma vez ocorridas, têm a força de interromper o fluxo temporal que termina com a prescrição. Interrompido o curso do tempo, cessa a contagem, começando tudo novamente, isto é, computando-se mais cinco anos. Exemplifiquemos. A Secretaria da Fazenda do Estado de São Paulo, mediante decisão administrativa final, confirma a existência de seu crédito para com determinado contribuinte, sendo este notificado do inteiro teor do ato decisório. A partir desse instante começa a escoar o prazo prescricional. Admitamos que a entidade tributante se mantenha inerte e o devedor, passados três anos, venha a postular o parcelamento de seu débito, que confessa existente. A iniciativa do contribuinte, porque contemplada no item IV do art. 174, terá o condão de interromper a fluência do prazo, que já seguia pelo terceiro ano, fazendo recomeçar a contagem de mais cinco anos para que prescreva o direito de ação da Fazenda Estadual. Toda vez que o período é interrompido, despreza-se a parcela de tempo que já foi vencida, retornando-se ao marco inicial.

A Citação do Réu em Execução Fiscal e o Despacho que ordena a Citação: definição do termo final da contagem do marco prescricional e a alteração promovida pela Lei Complementar 118/2005

Dentre as hipóteses elencadas no parágrafo único do art. 174, figura, no inciso primeiro, o "despacho que ordenar a citação". Trata-se da citação proferida em Execução Fiscal, pleito judicial à disposição do Fisco para exigir a satisfação do crédito tributário.

No mais das vezes, será sobre esse marco temporal que se deve apurar o termo final do lapso de cinco anos e a ocorrência ou inocorrência da prescrição.

Ocorre que a atual redação somente sobreveio após a Lei Complementar 118/2005. Na redação originária, lia-se que a prescrição era interrompida "*pela citação pessoal feita ao devedor*", já a nova redação passou a considerar "*pelo despacho do juiz que ordenar a citação em execução fiscal*".

A experiência judicial brasileira revela que a distância entre essas marcas temporais – o despacho proferido e a citação realizada – não costuma ser desprezível, podendo ultrapassar meses e até mesmo alguns anos, impactando decisivamente os cálculos de prescrição.

Essa diferença na contagem do período prescricional faz surgir instigante problema de direito intertemporal: nos casos em que o crédito tributário fora constituído *antes* da vigência da Lei Complementar 118/2005 e o feito executivo foi proposto somente *após* a entrada em vigor desse Diploma, deve-se contar o prazo prescricional até a data do despacho que ordena a citação (como disposto nova redação) ou até o dia em que se dá a citação pessoal do executado (como previsto no texto original)?

A questão de direito intertemporal se resolve com a explicitação da "natureza" do fenômeno da prescrição: se se trata de fenômeno de *direito material*, relaciona-se diretamente ao direito que ela afeta e, portanto, devendo ser aplicada a legislação vigente na data da constituição do crédito; se, por outro lado, tratar-se de disposição *procedimental* ou *processual*, deverá respeitar-se a legislação vigente à época de realização do ato processual.

A esse respeito, deve-se registrar que doutrina e jurisprudência[183] vêm se manifestando no sentido de atribuir à prescrição a condição de *instituto de direito material*, uma vez que seu regramento particular se relaciona diretamente com a espécie direito que prescreve. A circunstância de ter como a disciplina legal elencado um ato processual como marco final desse intervalo não lhe retira a condição de direito material.

---

183. Confira-se do Superior Tribunal de Justiça o seguinte pronunciamento, feito em Recursos Repetitivos: "6. Distinção entre abandono da causa, fenômeno processual, e **prescrição, instituto de direito material**. 7. Possibilidade, em tese, de se declarar de ofício a prescrição intercorrente no caso concreto, pois **a pretensão de direito material** prescreve em três anos." (STJ. REsp nº 1593786/SC. Rel. Min. Paulo de Tarso Sanseverino. *DJe* 30.09.2016).

No direito tributário, as evidências desse relacionamento entre o instituto da prescrição e o crédito tributário se avolumam: (i) sua disciplina – à diferença do que ocorre com as disposições *procedimentais* de constituição de crédito ou *processuais* de execução – somente pode se dar por lei complementar, sendo inadmissível disposição de lei ordinária que sobre ela disponha;[184] (ii) para além disso, é certo que o Código Tributário Nacional atribui à prescrição o efeito de *extinguir o crédito* (art. 156, V) e não apenas o direito de ação.

Assim, sendo a prescrição inequivocamente fenômeno de direito material e não processual, a alteração promovida pela Lei Complementar 118/2005 no art. 174, parágrafo único, I, do CTN, não se aplica aos créditos constituídos antes da entrada em vigor dessa lei, devendo a contagem do intervalo prescricional ter como marco interruptivo a citação pessoal do devedor e não o mero despacho que a ordene.

Suspensão do prazo prescricional

Suspensão no curso do prazo prescricional não é a mesma coisa que suspensão da exigibilidade do crédito tributário. Frequentemente deparamos com a confusão das duas realidades jurídicas, nas obras de bons autores. Para que se suspenda o lapso de tempo que leva à prescrição é imperativo lógico que ele se tenha iniciado, e, nem sempre que ocorre a sustação da exigibilidade, o tempo prescricional já terá começado a correr. Modelo significativo dessa disparidade encontramos no caso de impugnações e recursos interpostos nos termos das leis reguladoras do procedimento administrativo tributário. Lavrado o ato de lançamento, o sujeito passivo é notificado, por exemplo, a recolher o débito dentro de trinta dias ou a impugná-lo no mesmo espaço de tempo. É evidente que nesse intervalo a Fazenda ainda não está investida da titularidade da ação de cobrança, não podendo, por via de consequência,

184. A esse respeito, confira-se a Súmula Vinculante nº 08: "São inconstitucionais o parágrafo único do artigo 5º do Decreto-lei nº 1.569/77 e os arts. 45 e 46 da Lei nº 8.212/91, que tratam da prescrição e decadência do crédito tributário."

ser considerada inerte. Se o suposto devedor impugnar a exigência, de acordo com as fórmulas do procedimento administrativo específico, a exigibilidade ficará suspensa, mas o prazo de prescrição não terá sequer iniciado.

Surge a dúvida em outras hipóteses, como a da moratória, do depósito do montante integral do crédito e da concessão de medida liminar em mandado de segurança. Muitas vezes pode coincidir que, à suspensão da exigibilidade do crédito, fique igualmente suspenso o seguimento do prazo prescricional. A coincidência, entretanto, exige que a suspensão da exigibilidade se dê em átimo subsequente àquele em que o sujeito ativo teve condições de acesso à ação judicial de cobrança.

A prescrição como forma extintiva da obrigação tributária

Foi oportuno o legislador do Código ao incluir a prescrição entre as modalidades extintivas da obrigação tributária. De fato, a todo o direito corresponde uma ação, que o assegura. Com o perecimento do direito à ação de cobrança, perde o credor os meios jurídicos para compelir o sujeito passivo à satisfação do débito. Acontecimento desse jaez esvazia de juridicidade o vínculo obrigacional, que extrapola para o universo das relações morais, éticas etc. E o efeito jurídico da impossibilidade de repetição, nos casos de pagamento de débito prescrito, em nada aproveita à tese oposta, uma vez que as dívidas de jogo têm o mesmo efeito, e não por isso assumiram dimensões de deveres jurídicos. Estes pressupõem, invariavelmente, um titular de direito subjetivo a quem o sistema normativo faculta, potencialmente, desencadear o aparelho coativo do Estado, para ver respeitado seu direito. Ali onde estiver ausente esta capacidade potencial, inexistirá um direito, na lídima significação jurídica do termo, mesmo que proposições prescritivas em vigor atribuam certos efeitos ao seu cumprimento espontâneo.

Outro deplorável equívoco repousa na teoria perante a qual, sendo paga uma dívida caduca, terá cabimento a repetição, porque desaparecera o direito do sujeito ativo (isto é, o crédito). Contudo, tratando-se de débitos prescritos, não caberia a restituição, porquanto, embora houvesse perecido a ação, o sujeito pretensor continuava titular do direito. De qualquer ângulo pelo qual se examinem as duas situações, o nexo obrigacional estará extinto. Até o Código Tributário o reconhece, catalogando o instituto entre as formas extintivas.

10. Conversão de depósito em renda

Ao ferirmos o tema da suspensão da exigibilidade do crédito tributário, pudemos verificar que o depósito do montante integral da exigência poderia ser promovido no curso do procedimento administrativo ou no âmbito do processo judicial. Feito junto aos órgãos da Administração Pública, seu papel é de evitar a atualização do valor monetário da dívida, pois o procedimento prossegue até decisão definitiva. O depósito, nessa conjuntura, não é causa de suspensão da exigibilidade, que já está sustada pela impugnação ou pelo recurso do administrado. Realizado, porém, na esfera do Poder Judiciário, sobre impedir a propositura da ação de cobrança, exibindo assim seu caráter de fato suspensivo da exigibilidade do crédito, previne a incidência da correção monetária.

Nas duas situações, dando-se o depositante por vencido, quer na discussão administrativa, quer na demanda judicial, os valores depositados são convertidos em renda do sujeito ativo. Se a decisão for jurisdicional, pura e simplesmente; se for de cunho administrativo, a conversão dar-se-á trinta dias após a notificação do devedor, desde que não recorra ele ao Poder Judiciário.

A conversão de depósito em renda não deixa de ser u'a modalidade de pagamento. Efetivada, extingue-se o dever jurídico cometido ao sujeito passivo, fazendo desaparecer, por correlação lógica, o direito subjetivo de que estivera investido o sujeito credor, decompondo-se a relação jurídica tributária.

11. O pagamento antecipado e a homologação do lançamento

Ao inscrever o pagamento antecipado e a homologação do lançamento no catálogo das causas extintivas, quis o legislador referir-se à situação daqueles tributos que não precisam do ato jurídico administrativo de lançamento, para que possa o devedor satisfazer a prestação. Sucedendo no mundo físico o evento jurídico tipificado no antecedente da norma tributária, o sujeito passivo terá, de pronto, todos os elementos que interessam à apuração do débito, bem como os prazos de recolhimento da quantia apurada. Limita-se a entidade tributante a fiscalizar as atividades de seu administrado, controlando, dessa maneira, o fiel cumprimento das obrigações tributárias. Podendo verificar a regularidade da conduta fiscal do devedor, que observou adequadamente os ditames da lei, a Fazenda dá-se por satisfeita, exarando ato no qual declara nada ter de exigir: é o que se chama de *homologação (expressa) de lançamento.* Nada obstante, certificando-se de que os deveres não foram rigorosamente cumpridos, lavra o ato de lançamento e, surpreendendo um ilícito, aplica a sanção cabível, tudo numa peça denominada *auto de infração.*

Em edições anteriores e na mesma linha adotada pela jurisprudência do Superior Tribunal de Justiça, afirmei que, a despeito do pagamento antecipado ser uma forma de pagamento, a legislação aplicável requer que ele se conjugue ao ato homologatório a ser realizado (comissiva ou omissivamente) pela Administração Pública. Apenas dessa maneira dar-se-ia por dissolvido o vínculo, diferentemente do que ocorre nos casos de pagamento de débito tributário constituído por lançamento de ofício, em que a conduta prestacional do devedor tem o condão de pôr fim, desde logo, à obrigação tributária.

Tal posicionamento, porém, dada a conformação do ordenamento jurídico tributário após a introdução da Lei Complementar 118/2001 ficou prejudicado. Com o advento do art. 3º do referido Diploma legislativo, deslocou-se o critério, entendendo-se ser o momento do pagamento antecipado, puro e simplesmente, o instante em que se dará a extinção do crédito tributário e o termo de contagem do prazo de decadência.

Oportuno fazer notar que, a despeito de ter o art. 4º da referida Lei feito expressa referência ao art. 106, I, do CTN, que apregoa a aplicação retroativa das disposições “meramente interpretativas”, não se deve adotar a orientação fixada na Lei Complementar 118/2001 para casos pretéritos à sua publicação.

Com efeito, havia entendimento do poder judiciário bem firmado no sentido de que o crédito era extinto somente com o ato de homologação, seja ele em sua forma expressa ou tácita (art. 150, § 4º, do Código). À legislação que altere esse critério, portanto, não se pode chamar de mera interpretação precisamente porque inova a ordem jurídica.

O motivo pelo qual, por ocasião do julgamento do EREsp n. 327.043-DF, iniciado em 23.03.2005, o Relator Ministro João Otávio de Noronha proferiu voto mantendo o atual entendimento da jurisprudência do STJ. Segundo ele, a tese dos “cinco mais cinco”, que considera a homologação como elemento imprescindível à extinção dos créditos tributários a ela sujeitos, está pacificada há 15 (quinze) anos. Não há falar, por conseguinte, em lei interpretativa ou em exegese autêntica. A despeito de ver hoje entendimento que estipula a data da entrada em vigor da LC 118/2005 como divisor de águas das diferentes hipóteses de início de contagem do prazo decadencial, creio que se deseja com esse novo comando *alterar* situação estabilizada, favorável ao contribuinte, desconstituindo-se tudo o que foi concretizado no passado. Aceitar essa espécie de determinação significaria dar um cheque branco ao Legislativo, para que este, discordando da interpretação realizada pelo Judiciário, possa modificá-la, como se fora uma instância de sobreposição.

De forma semelhante, manifestou-se o Ministro Peçanha Martins, que, após referir-se a todo o trabalho de construção jurisprudencial relativa ao tema, concluiu não vislumbrar, no art. 3º da Lei Complementar 118/2005, caráter interpretativo. Trata-se, a seu ver, de uma lei nova, que diz ser interpretativa, mas não é. Por conseguinte, não pode retroagir. Acompanharam o voto do relator, também, os Ministros José Delgado e Franciulli Neto, identificando, no dispositivo em exame, tentativa de pressionar o Judiciário, ao determinar que este altere seu modo de compreender aquele preceito legal.

Renovo a posição segundo a qual, abaixo da justiça, o ideal maior do direito é a segurança jurídica, sobreprincípio que se irradia por todo o ordenamento e tem sua concretização viabilizada por meio de outros princípios, tal como o da irretroatividade das leis. Com ela não se compatibiliza dispositivo que, além de determinar ao Judiciário que este modifique orientação pacificada, pretende ser aplicado retroativamente.

12. A consignação em pagamento

A ação de consignação em pagamento representa a consagração, pelo direito positivo, do princípio pelo qual a instituição de um dever jurídico pressupõe o direito de cumpri-lo. A Filosofia do Direito vê nessa imanência ingênita do direito embutido no dever jurídico um obstáculo intransponível à possibilidade teórica da escravidão absoluta, pois, ainda que suprimíssemos todos os direitos de uma pessoa, ao menos um haveria de remanescer: o direito de cumprir todos os seus deveres.

Quem deve tem o direito de efetuar a prestação que lhe cabe, na conformidade da lei. E a ação de consignação em pagamento é o remédio processual apropriado àquele que pretende pagar a sua dívida e não consegue fazê-lo em função da recusa ou de exigências descabidas do credor.

A Lei 5.172/66 disciplina a matéria no art. 164, I, II e III, bem como nos §§ 1º e 2º do mesmo dispositivo. A importância do crédito tributário pode ser consignada judicialmente pelo sujeito passivo, nos casos: de recusa de recebimento, ou subordinação deste ao pagamento de outro tributo ou de penalidade, ou ao cumprimento de dever instrumental (I); de subordinação do recebimento à satisfação de exigências administrativas sem fundamento legal (II); e de exigência, por mais de uma pessoa jurídica de direito público, de idêntico tributo, incidindo sobre o mesmo fato jurídico (III).

A ação de consignação não comporta outras questões que não aquelas ligadas aos requisitos formais e objetivos do pagamento que satisfaz o débito do sujeito passivo (art. 164, §

1º). Se julgada procedente, o pagamento se reputa efetuado, convertendo-se em renda do credor tributário a importância consignada; julgada improcedente, no todo ou em parte, o sujeito ativo terá direito a cobrar o que lhe é devido, com os acréscimos de juros de mora, além das penalidades que a legislação cominar para o caso (art. 164, § 2º).

Cumprida dessa forma a prestação, desaparece o dever jurídico e, com ele, o direito subjetivo que lhe é correlato, extinguindo-se a obrigação.

13. A decisão administrativa irreformável

A decisão administrativa irreformável, equivale a dizer, aquela da qual não cabe mais recurso aos órgãos da Administração, é posta como causa extintiva, consoante o item IX do art. 156 do CTN. Ao mencioná-la, agregou-se a cláusula — *que não mais possa ser objeto de ação anulatória*. Vem, então, a pergunta: teria a Fazenda Pública a possibilidade de predicar em juízo a anulação de ato por ela lavrado, depois de um ingente procedimento administrativo, que é, de fato, uma sucessão de atos controladores da legalidade do lançamento? Estimamos que não. Percorrido o *iter* procedimental e chegando a entidade tributante ao ponto de decidir, definitivamente, sobre a inexistência de relação jurídica tributária ou acerca da ilegalidade do lançamento, cremos que não teria sentido pensar na propositura, pelo fisco, de ação anulatória daquela decisão.

O ato administrativo irreformável, que favorece o sujeito passivo, pode consistir na negação da existência do vínculo que se supunha instalado, como também decretar a anulação do lançamento. Quanto à primeira hipótese, considerando-se que o fato jurídico tributário e a correlativa obrigação são constituídos pela linguagem que o sistema do direito positivo dá por competente, verifica-se que uma linguagem de sobrenível desconstituiu, juridicamente, linguagem de posição hierárquica inferior. Para aqueles que, ao contrário, imaginarem ser o fato tributário mero evento, fazendo nascer aquilo que se chama de "relação jurídica efectual", surgirá um contrassenso, uma vez que, se a decisão declara inexistente o crédito, não haveria que se falar em extinção, haja vista a impossibilidade de se extinguir o que não existe. Diante do exposto, resultam reforçadas as vantagens da concepção que considera surgido o fato e a obrigação por força de uma linguagem juridicamente prevista.

No que diz respeito à situação da decisão administrativa irreformável que ataca vícios de constituição do crédito, anulando-o, mas reconhecendo o direito da Fazenda, o entendimento administrativo volta-se para a ilegalidade do ato de lançamento. Nesse caso, opera-se a extinção da obrigação tributária outrora surgida com o lançamento que fora anulado, abrindo-se à entidade tributante o prazo de mais cinco anos, que é lapso decadencial, para constituir novamente a relação jurídica tributária.

14. A decisão judicial passada em julgado

A decisão judicial passada em julgado é aquela que consubstancia, em toda plenitude, a prestação jurisdicional do Estado, tendo em vista um caso concretamente considerado. Assume tal força quando dela não couber recurso algum ao Judiciário e está prevista no item X do art. 156 da Lei 5.172/66, como modalidade de extinção do crédito tributário.

O comentário que fizemos no subcapítulo anterior calha, à perfeição, para o exame desse fato extintivo. Isso porque, seja atacando vício formal, seja apreciando o mérito do feito, a linguagem da decisão judicial passada em julgado sobrepõe-se à linguagem que prevaleceu até aquele momento, extinguindo a relação jurídica tributária.

Ressalte-se porém que, diferentemente do que ocorre na esfera administrativa, a decisão judicial passada em julgado que anula a exigência tributária por vício formal não interrompe o prazo decadencial. Assim, uma vez passada em julgado a decisão judicial, a entidade tributante poderá empreender outro lançamento, em boa forma, apenas se ainda dispuser de tempo, computado dentro do intervalo de cinco anos atinentes à decadência, o que é muito difícil de verificar-se na experiência jurídica brasileira.

15. A dação em pagamento em bens imóveis na forma e condições estabelecidas em lei

A Lei Complementar 104, de 10 de janeiro de 2001, veiculou nova modalidade de extinção do crédito tributário, qual seja a dação em pagamento em bens imóveis, na forma e condições estabelecidas em lei. Enquanto não publicada a lei que introduz os requisitos de aplicação dessa hipótese extintiva, a norma prevista no art. 156, XI, do Código Tributário Nacional será ineficaz sintaticamente, porquanto ausentes regras no sistema que possibilitem construir a cadeia de positivação, cujo ponto terminal são as normas jurídicas de máxima concretude. Importa consignar, também, que a inserção desse novo enunciado extintivo do crédito não altera as cláusulas do art. 3º da Lei 5.172/66, especialmente quanto à prestação qualificar-se como estritamente pecuniária. Não há por que confundir a regra-matriz de incidência tributária, que, no espaço sintático de consequente, traz elementos de uma relação jurídica cuja prestação consubstancia a entrega de certa soma em dinheiro, e a norma jurídica extintiva, que prevê, no seu antecedente, a hipótese de realização da dação de imóveis — cumpridas as condições previstas em lei ordinária de cada ente político, na esfera de sua competência impositiva — e, no consequente, enunciados que serão utilizados para, no cálculo lógico das relações normativas, fazer desaparecer o crédito tributário. Vê-se que a regra-matriz de incidência continua veiculando o dever de pagar em pecúnia, jamais mediante a entrega de bens. A norma individual e concreta decorrente da regra-matriz também estipulará um valor pecuniário no interior da relação jurídico-tributária. Outra norma preverá a possibilidade de o contribuinte satisfazer a obrigação mediante a entrega de bem imóvel. Logo, a definição de tributo prevista no art. 3º do Código Tributário Nacional não sofreu modificações, valendo todos os comentários que empreendemos no Capítulo 2 deste *Curso*.

CAPÍTULO XV

"EXCLUSÃO DO CRÉDITO" TRIBUTÁRIO

Sumário: **1.** O significado da "exclusão do crédito" e as causas excludentes previstas no Código Tributário Nacional. **2.** Crítica às teorias sobre a isenção. **3.** Fenomenologia das isenções tributárias. **4.** As regras jurídicas sobre isenção no Código Tributário Nacional. **5.** Conceito jurídico de anistia fiscal. **6.** As prescrições do Código Tributário Nacional sobre anistia. **7.** Considerações finais.

1. O significado da "exclusão do crédito" e as causas excludentes previstas no Código Tributário Nacional

Vimos discorrendo, iterativamente, acerca do crédito tributário, não só visto pelo prisma do direito positivo brasileiro, como também na sua função lógica dentro da compostura formal da relação jurídica. Temos presente que o *crédito* é o equivalente nominal da expressão direito subjetivo de exigir o objeto, contraposto, no esquema relacional da obrigação, ao dever jurídico cometido ao sujeito passivo, e que se designa por *débito*. Procuramos representá-los, graficamente, por dois vetores de mesma intensidade, idêntica direção, porém de sentidos contrários, na tentativa de mostrar que as duas realidades jurídicas (crédito e débito) mantêm, entre si, uma correlação absoluta, de tal arte que qualquer mutação que se opere numa delas refletirá, de maneira automática, na outra. Satisfeito o dever jurídico, anula-se o direito subjetivo correspondente, e a recíproca é verdadeira.

Na tessitura dessas noções, colhidas no patamar da Teoria Geral do Direito e da Lógica Jurídica, vem implícita uma ilação peremptória: não há possibilidade lógica de existir obrigação, recebida aqui com a dimensão semântica de vínculo entre dois sujeitos, sem o binômio antagônico *crédito/débito*. Um e outro são da essência bilateral da categoria obrigação e integram o nexo jurídico com a mesma força compositiva das duas pessoas de direito — sujeito pretensor e sujeito devedor.

Pudemos registrar, em inúmeras passagens, que o legislador do Código Tributário emitiu suas proposições normativas sem tomar conhecimento dessas colocações fundamentais, transitando inteiramente alheio a meditações de tal natureza.

Quando submetemos a relação jurídica à análise, no item 2 do Capítulo IX, citamos a lição magistral do jusfilósofo Lourival Vilanova, ao afirmar que fica ao talante da autoridade legislativa imputar efeitos jurídicos aos fatos que livremente escolha, no plano da realidade social. No entanto, o domínio que exerce no campo da associação imputativa não se transporta para o seio da relação jurídica, regido por imposições lógicas que escapam à vontade do político investido de competência legiferante. E chegou a hora de aplicarmos o ensinamento, censurando a redação verbal dos dispositivos da lei, mas procurando identificar o fenômeno jurídico que se processa, efetivamente, com ou sem a participação volitiva de quem editou o texto legal.

Introduzido esse comentário, regressemos ao andar do direito positivo para focalizar o Capítulo V do Título III da Lei 5.172/66. A epígrafe é *exclusão do crédito tributário.*

Qual será o significado dessa locução? Que fenômeno jurídico as normas excludentes do crédito podem suscitar? Se raciocinarmos com os elementos de que dispomos a resposta será esta: *exclusão do crédito* quer dizer extinção da obrigação tributária. Sim, porque se retirarmos qualquer dos componentes do vínculo entre sujeitos — e o crédito é um deles — o liame se esfacelará, desintegrando-se como entidade do universo do direito. *Exclusão do crédito tributário* seria sinônima de *extinção da obrigação tributária.* Mas não é isso que a observação atenta das regras jurídicas, postas na qualidade de normas *excludentes do crédito tributário*, sugerem.

Antes de empreendermos um esforço compreensivo do fenômeno que acontece, sob essa denominação, no mundo das prescrições do direito positivo brasileiro, vejamos as *disposições gerais* contidas no art. 175, I e II, e parágrafo único, do Código Tributário Nacional.

> Art. 175. Excluem o crédito tributário:
>
> I — a isenção;
>
> II — a anistia.
>
> Parágrafo único. A exclusão do crédito tributário não dispensa o cumprimento das obrigações acessórias, dependentes da obrigação principal cujo crédito seja excluído, ou dela consequente.

Duas únicas modalidades excludentes foram indicadas — a isenção e a anistia — alertando-se, no parágrafo único, que a circunstância de o crédito ter sido *excluído* da obrigação tributária não quer significar que os deveres instrumentais a ela relacionados deixem de ser cumpridos. Exemplificando, não é porque as redes de dormir são isentas do IPI (obrigação tributária), que o industrial está dispensado de extrair a nota fiscal de saída (dever instrumental).

2. Crítica às teorias sobre a isenção

O instituto da isenção tem sido objeto de muitas construções científicas que se propuseram relatar a figura em todos os seus aspectos. A dogmática continental europeia desenvolveu várias propostas descritivas do fenômeno, procurando explicá-lo nas suas origens, na sua feição estática, na sua atuação dinâmica e na importância dos efeitos que produz na ordem jurídica e nas situações concretas do relacionamento social. No Brasil, algumas teorias foram apresentadas, por juristas da mais elevada reputação, com o fim de explicitar os fundamentos dessa realidade do direito positivo, que frequenta, assiduamente, o regime jurídico das mais diferentes espécies tributárias.

Enunciaremos, em estreita síntese, as que desfrutam de maior índice de aceitabilidade entre nós, para depois deduzir as críticas que entendemos procedentes.

Clássica é a tese de que a isenção é um favor legal consubstanciado na dispensa do pagamento do tributo devido. Sensível a reclamos de ordem ética, social, econômica, política, financeira etc., a autoridade legislativa desonera o sujeito passivo da obrigação tributária de cumprir o dever jurídico de recolher o gravame, mediante dispositivo expresso de lei. Toma-se como premissa que o fato jurídico ocorre, normalmente, nascendo o vínculo obrigacional. Por força da norma isentante, opera-se a dispensa do débito tributário. Essa posição doutrinária teve em Rubens Gomes de Sousa (o principal coautor do Anteprojeto do Código Tributário Nacional) seu grande patrono e, ainda que não tenha sido plasmada no texto, impregnou toda a disciplina jurídica da matéria naquele Estatuto.

Insurgindo-se contra os fundamentos da postura clássica, Alfredo Augusto Becker, inspirado na divisão das normas jurídicas de Pontes de Miranda (normas juridicizantes, desjuridicizantes e não juridicizantes) e em postulados da Teoria Geral do Direito, procurou demonstrar o inconsistente artifício sobre que se levantava a tese da isenção como favor legal que desobrigava o sujeito devedor do cumprimento da prestação tributária, dizendo que a lógica dessa definição estaria correta apenas no plano pré-jurídico da política fiscal, quando o legislador raciocina para criar a regra jurídica de isenção. Termina por afirmar que o preceito isentante tem por fim justamente negar a existência da relação jurídica tributária.

A regra de isenção incide para que a de tributação não possa incidir.[185]

José Souto Maior Borges[186] aprofundou as investigações de Becker, provando, por diversas maneiras, o descabimento jurídico da vertente tradicional. Em obra de tomo, fortalece suas convicções com o apoio das categorias fundamentais do Direito, sopesadas à luz da Lógica Jurídica. Sua proposta conduz o pensamento para ver nas isenções tributárias *hipóteses de não incidência legalmente qualificadas.*

Outra teoria científica de peso, no caminho descritivo das isenções tributárias, enxerga o instituto como *fato impeditivo*, encartado normativamente na regra isencional, e que teria a virtude de impedir que certas situações fossem atingidas pelo impacto da norma que institui o tributo. No cerne dessa proposição estão ideias desenvolvidas em Sainz de Bujanda e Salvatore la Rosa, apresentando-se como seus seguidores, respeitadas as variantes argumentais, Alberto Xavier e João Augusto Filho. Este último, em livro específico sobre o tema,[187] fez um estudo aporético do assunto, após o que expôs suas conclusões no sentido de considerar que o suposto da norma jurídica de isenção tem estrutura mais complexa que a hipótese da norma jurídica tributária, porque, além de abranger todos os aspectos desta, encerra um *fato impeditivo* que elide a eficácia da norma do tributo.

Os esclarecimentos a respeito da fenomenologia das isenções tributárias não se esgotam nas três teorias que, resumidamente, salientamos. Outras há elaboradas para o mesmo fim: isenção como delimitação negativa da hipótese de incidência tributária; como tutela jurídica do interesse do contribuinte; como limitação ao poder de tributar; como renúncia ao exercício da competência tributária etc. Selecionamos

185. Alfredo Augusto Becker, *Teoria geral*, cit., p. 277.

186. *Isenções tributárias*, cit., p. 182.

187. João Augusto Filho, *Isenções e exclusões tributárias*, Bushatsky, 1979, p. 160-2.

aquelas sobretudo pelo grau de relevância que assumiram em função dos rumos da Ciência do Direito Tributário no Brasil.

Crítica

A tese tradicional, inspiradora dos textos do direito positivo brasileiro, não resistiu aos primeiros ataques que lhe foram dirigidos. Desde a obra de Becker, passando pela de Souto Maior Borges, até hoje, os pontos vulnerados não encontraram justificação e ficaram sem resposta. Seus prógonos não chegaram a esboçar qualquer reação dotada de solidez necessária para impedir ou atenuar as fulminantes críticas de que foi alvo.

E, de fato, é insustentável a teoria da isenção como dispensa do pagamento de tributo devido. Traz o pressuposto de que se dá a incidência da regra-matriz, surge a obrigação tributária e, logo a seguir, acontece a desoneração do obrigado, por força da percussão da norma isentiva. O preceito da isenção permaneceria latente, aguardando que o evento ocorresse, que fosse juridicizado pela norma tributária, para, então, irradiar seus efeitos peculiares, desjuridicizando-o como evento ensejador de tributo, e transformando-o em fato isento. Essa desqualificação factual seria obtida mediante a *exclusão do crédito*, outra providência logicamente impossível. Traduz, na verdade, uma cadeia de expedientes imaginativos, para amparar uma inferência absurda e contrária ao mecanismo da dinâmica normativa.

Não há cronologia na atuação de normas vigorantes num dado sistema, quando contemplam idêntico fato do relacionamento social. Equivaleria a atribuir maior velocidade à regra-matriz de incidência tributária, que chegaria primeiro ao evento, de tal sorte que, quando chegasse à norma de isenção, o acontecimento do mundo real já se encontrasse juridicizado. Sobre ferir concepções elementares do modo como se processa a normatização dos fatos sociais pelo direito, a tese confere predicados à dinâmica de atuação das normas, que elas verdadeiramente não têm.

A isenção como favor legal é outro disparate que deve ser evitado. José Souto Maior Borges[188] o demonstrou fartamente. A decretação de isenções é ditada, primordialmente, pelo interesse público. Se acarretam vantagens ou benefícios aos súditos do Estado, é algo que não interfere na estrutura ou nos efeitos jurídicos do instituto.

Em quase todos os pontos sobre que discorreu na sua obra, a contribuição científica de Alfredo Augusto Becker é inestimável. Levantou problemas epistemológicos de extraordinária importância e estimulou a reflexão jurídica sobre as categorias básicas do Direito. É notável sua influência positiva alimentando as valiosíssimas e criativas meditações de Geraldo Ataliba, Souto Maior Borges e tantos outros cientistas. A propósito das regras de isenção, foi ele quem trouxe, efetivamente, o primeiro impulso no trajeto de reconstrução das linhas gerais do pensamento jurídico-tributário brasileiro, fomentando os acréscimos que a doutrina elaborou. Conduziu o raciocínio para o plano exclusivamente jurídico, afastando as detrimentosas consequências que considerações da Ciência das Finanças sempre determinaram.

Apesar disso, as conclusões a que chegou, especificamente no terreno das isenções tributárias, não parecem corresponder aos precisos termos do fenômeno que ocorre. Quando assevera que *a regra de isenção incide para que a de tributação não possa incidir*, outorga maior celeridade ao processo de percussão do preceito isencional, que deixa para trás a norma do tributo, na caça ao acontecimento do mundo físico exterior. Inverte, como se vê, a dinâmica de juridicização do evento que, ao invés de sofrer primeiramente o impacto da regra de tributação, como queria a tese tradicional, recebe a incidência da norma isentiva.

No curso do mesmo raciocínio, não entendemos que o conceito de isenção como *hipótese de não incidência legalmente qualificada* seja a mais adequada para exprimir o fenômeno

188. *Isenções tributárias*, cit., p. 58-61.

de que tratamos. Padece do vício da definição pela negativa e não explica como se dá a harmonização com a norma de incidência tributária, ainda que saibamos que nos fundamentos dessa ideia repouse a presteza da regra de isenção, que se antecipa à de tributação, para impedir que, do fato, exsurja o dever de recolhimento do tributo.

A teoria do *fato impeditivo*, de outra parte, desperta algumas observações que a tornam insatisfatória. A premissa de que o antecedente da regra isencional é mais complexo que o suposto da norma de incidência tributária não se verifica. Até, pelo contrário, as hipóteses dos preceitos de isenção apresentam âmbito mais restrito, alcançando apenas certas pessoas, situações ou coisas que estão genericamente previstas no descritor da norma que decreta o tributo. Além disso, é portadora de séria impropriedade terminológica, na medida em que define uma entidade normativa pela alusão a um fato, misturando o plano da linguagem prescritiva do direito com a realidade social que ela visa a disciplinar. As normas jurídicas descrevem fatos e prescrevem a conduta de seres humanos, como linguagem transmissora de ordens. E as isenções, antes de tudo, são proposições normativas do direito posto, assumindo, nessa condição, a arquitetura lógica que lhes é peculiar.

3. Fenomenologia das isenções tributárias

Iniciemos por observar que as isenções tributárias estão contidas em regras de estrutura e não em regras de comportamento. Lembremo-nos de que estas últimas, as regras que se dirigem diretamente à conduta das pessoas, são os elementos ou as unidades do sistema normativo, formando-lhe o repertório, enquanto as primeiras, isto é, as regras de estrutura, prescrevem o relacionamento que as normas de conduta devem manter entre si, dispondo também sobre sua produção e acerca das modificações que se queiram introduzir nos preceitos existentes, incluindo-se a própria expulsão de regras do sistema (ab-rogação).

A distinção é relevantíssima. Ambas têm a mesma constituição interna: uma hipótese, descritora de um fato, e uma consequência, que é o mandamento normativo. Só que, nas regras de conduta, o consequente ou prescritor expede um comando voltado ao comportamento das pessoas, nas suas relações de intersubjetividade, enquanto nas regras de estrutura o mandamento atinge outras normas, e não a conduta, diretamente considerada. O seguinte exemplo serve para elucidar: a norma jurídica "S" estatui certo dever jurídico. Pretendendo expulsá-la do sistema positivo, o legislador emite a norma "R", que tem como suposto o fato da existência de S no ordenamento em vigor, e como consequente o comando ab-rogatório. A edição da norma R não atinge, diretamente, a conduta tipificada em S. É algo que se passa, exclusivamente, no plano normativo, embora a revogação de S venha a repercutir na conduta, uma vez que, ocorrido o mesmo fato que outrora fazia nascer um dever jurídico, agora não desencadeia mais esse efeito.

Todo o processo legislativo é normatizado por regras de estrutura, que dizem como é preciso fazer para a produção de outras normas. E de idêntica natureza são os preceitos jurídicos que visam a modificar regras existentes no sistema, sem produzi-las ou extingui-las.

Esse preâmbulo tem um escopo bem determinado, porque as normas de isenção pertencem à classe das regras de estrutura, que intrometem modificações no âmbito da regra-matriz de incidência tributária, esta sim, norma de conduta.

Como são possíveis alterações na regra-matriz de incidência tributária, de tal modo que, para certos casos concretos, não irradie os efeitos que lhe são característicos? Essa é a grande problemática das isenções e aqui se demora o tema de sua fenomenologia.

Vamos trazer à tona, novamente, o arcabouço lógico da regra-padrão, o mínimo normativo, a unidade irredutível que define a incidência tributária. Recordemos que na sua hipótese há um critério material, formado por um verbo e seu complemento, um critério espacial e um critério temporal. No consequente normativo temos um critério pessoal (sujeito ativo e sujeito passivo) e um critério quantitativo (base de cálculo e alíquota).

De que maneira atua a norma de isenção, em face da regra-matriz de incidência? É o que descreveremos.

Guardando a sua autonomia normativa, a regra de isenção investe contra um ou mais dos critérios da norma-padrão de incidência, mutilando-os, *parcialmente*. É óbvio que não pode haver supressão total do critério, porquanto equivaleria a destruir a regra-matriz, inutilizando-a como norma válida no sistema. O que o preceito de isenção faz é subtrair parcela do campo de abrangência do critério do antecedente ou do consequente. Vejamos um modelo: estão isentos do imposto sobre a renda e proventos de qualquer natureza os rendimentos do trabalho assalariado dos servidores diplomáticos de governos estrangeiros. É fácil notar que a norma jurídica de isenção do IR (pessoa física) vai de encontro à regra-matriz de incidência daquele imposto, alcançando-lhe o critério pessoal do consequente, no ponto exato do sujeito passivo. Mas não o exclui totalmente, subtraindo, apenas, no domínio dos possíveis sujeitos passivos, o subdomínio dos servidores diplomáticos de governos estrangeiros, e mesmo assim quanto aos rendimentos do trabalho assalariado. Houve uma diminuição do universo dos sujeitos passivos, que ficou desfalcado de uma pequena subclasse.

Outro exemplo: o queijo tipo Minas é isento do IPI. Quer significar que u'a norma de isenção foi dirigida contra a regra-matriz daquele gravame federal, mutilando o critério material da hipótese, precisamente no tópico do complemento do verbo. Com isso, a amplitude do núcleo hipotético, que abarcava até aquele instante todos os produtos industrializados, perde um elemento do seu conjunto — o queijo tipo Minas.

Mais um: estão isentos do IPI os produtos industrializados na Zona Franca de Manaus. Neste caso, o critério atacado foi o espacial, do antecedente normativo. Sua extensão, que cobria o território nacional, viu-se diminuída daquela parcela geográfica.

E assim por diante, sempre o mesmo fenômeno: o encontro de duas normas jurídicas, sendo uma a regra-matriz de incidência tributária e outra a regra de isenção, com seu caráter supressor da área de abrangência de qualquer dos critérios da hipótese ou da consequência da primeira (regra-matriz).

Importa referir que o legislador muitas vezes dá ensejo ao mesmo fenômeno jurídico de recontro normativo, mas não chama a norma mutiladora de isenção. Não há relevância, pois aprendemos a tolerar as falhas do produto legislado e sabemos que somente a análise sistemática, iluminada pela compreensão dos princípios gerais do direito, é que poderá apontar os verdadeiros rumos da inteligência de qualquer dispositivo de lei.

É o caso da *alíquota zero*. Que expediência legislativa será essa que, reduzindo a alíquota a zero, aniquila o critério quantitativo do antecedente da regra-matriz do IPI? A conjuntura se repete: um preceito é dirigido à norma-padrão, investindo contra o critério quantitativo do consequente. Qualquer que seja a base de cálculo, o resultado será o desaparecimento do objeto da prestação. Que diferença há em inutilizar a regra de incidência, atacando-a num critério ou noutro, se todos são imprescindíveis à dinâmica da percussão tributária? Nenhuma. No entanto, o legislador designa de isenção alguns casos, porém, em outros, utiliza fórmulas estranhas, como se não se tratasse do mesmo fenômeno jurídico. Assim ocorre com supressões do critério temporal (suspensão ou diferimento do imposto) e do critério material, quando se compromete o verbo (chamada de *definição negativa da incidência*).

Ofereçamos uma visão sintética do entrechoque de duas normas jurídicas, uma das quais é a regra-matriz de incidência tributária e a outra a que chamamos de regra de isenção. Logo depois, mostraremos exemplos do direito positivo brasileiro, confirmadores das situações aventadas.

Consoante o entendimento que adotamos, a regra de isenção pode inibir a funcionalidade da regra-matriz tributária, comprometendo-a para certos casos, de oito maneiras distintas: quatro pela hipótese e quatro pelo consequente:

I — *pela hipótese*

a) atingindo-lhe o critério material, pela desqualificação do verbo;

b) atingindo-lhe o critério material, pela subtração do complemento;

c) atingindo-lhe o critério espacial;

d) atingindo-lhe o critério temporal;

II — *pelo consequente*

e) atingindo-lhe o critério pessoal, pelo sujeito ativo;

f) atingindo-lhe o critério pessoal, pelo sujeito passivo;

g) atingindo-lhe o critério quantitativo, pela base de cálculo;

h) atingindo-lhe o critério quantitativo, pela alíquota.

Vejamos, agora, que exemplos poderemos recolher de cada uma dessas situações, no direito positivo tributário brasileiro.

a) Não se considera operação de industrialização a fabricação de óculos, mediante receita (legislação do IPI).

Ao invés de declarar que estavam isentos os óculos fabricados à vista de receita médica especializada, preferiu o legislador *desqualificar o verbo* industrializar, prescrevendo que tal operação não se considera de industrialização. Então, ali onde se lê *industrializar óculos mediante receita*, o verbo industrializar sofre mutação semântica, para não caracterizar o suposto da norma de incidência do IPI. A regra de isenção mexeu no verbo contido no critério material da hipótese normativa, deixando intacto seu complemento. A situação é curiosa porque há um sensível desencontro entre as opiniões doutrinárias que procuraram descrever a trama jurídica subjacente, sem qualquer solução satisfatória.

> *b*) Estão isentos do IPI vários produtos, dos quais salientamos, a título meramente explicativo: as redes de dormir; os caixões funerários; o queijo tipo Minas.

Ao empreender subtrações no quadro das unidades que compõem o complemento do verbo, no critério material, o legislador nunca se corre de mencionar a isenção.

> *c*) Os produtos, quaisquer que sejam, fabricados na Zona Franca de Manaus, em princípio, estão isentos do IPI.

É nítido que foi diminuída a área de incidência do imposto, extraindo-se do critério espacial uma parcela de território. Aqui, também, invariavelmente, o legislador emprega o vocábulo *isenção*.

> *d*) Sai com *suspensão do imposto* a aguardente de cana, remetida em recipiente de capacidade superior a um litro, para industrialização ou comércio, pelo respectivo fabricante ou por atacadista, a estabelecimento industrial ou atacadista (legislação do IPI).

Ora, sabemos que o legislador do IPI toma o momento da saída como o critério temporal da hipótese de incidência desse imposto. Ao dizer que ocorre a saída e não nascem o fato e a obrigação correspondentes, terá comprometido a operatividade da regra-matriz, rigorosamente pela manipulação do condicionante de tempo (critério material). Todavia, emprega a palavra *suspensão*, conquanto a realidade do fenômeno normativo continue a ser idêntica.

> *e*) No quadro da ordem jurídica que precedeu a atual, permitia-se à União, mediante lei complementar e atendendo a relevante interesse social ou econômico nacional, conceder isenções de impostos estaduais e municipais. Hoje, porém, há vedação expressa, contida nos dizeres do art. 151, III, da Constituição Federal.

Não é difícil perceber que, naquela hipótese, exercitando a União a competência para a qual estava autorizada, operava-se automática supressão do critério pessoal do consequente, no que diz respeito ao sujeito ativo. Em casos dessa natureza o legislador nunca hesitou em usar o termo *isenção*. Falaremos, adiante, sobre a impropriedade que a circunstância encerra.

> *f*) A legislação do imposto sobre a renda e proventos de qualquer natureza proclama a isenção dos rendimentos do trabalho assalariado para os servidores diplomáticos de governos estrangeiros.

Uma porção do universo possível de contribuintes do IR (pessoa física) foi ressalvada. A regra-matriz desse imposto será inoperante, no que se refere à parcela extraída, por efeito de mutilação do critério pessoal, no tópico sujeito passivo. O direito positivo brasileiro considera ter havido isenção.

> *g*) Reduzindo-se a base de cálculo ao valor zero, qualquer que seja a alíquota o produto da composição numérica representará a supressão do objeto. Mantendo incólumes todos os demais elementos dos critérios da norma, o legislador tributário pode utilizar desse expediente para tolher a incidência tributária nos casos que especificar.
>
> *h*) Certos produtos industrializados recebem alíquota zero, segundo a legislação do IPI.

Como já dissemos, é uma fórmula inibitória da operatividade funcional da regra-matriz, de tal forma que, mesmo acontecendo o evento tributário, no nível da concretude real, não pode o fato ser constituído e seus peculiares efeitos não se irradiam, justamente porque a relação obrigacional não se poderá instalar à míngua de objeto. Segundo pensamos, é um caso típico de isenção: guarda-lhe a natureza e mantém-lhe as aparências.

Conclusões a propósito da fenomenologia das isenções

Pudemos certificar, nos esquadros da situação exposta, que a autoridade legislativa tem à sua disposição oito maneiras de conseguir um único objetivo: paralisar a atuação da regra-matriz de incidência tributária, para certos e determinados casos. O fenômeno se renova, sempre do mesmo modo, e por isso o chamamos de *isenção*.

Algumas advertências, contudo, devem ser aduzidas. A diminuição do campo de abrangência dos critérios, ou de elementos que os compõem, não pode ser total. O timbre de parcialidade há de estar presente. Se porventura o legislador vier a desqualificar, semanticamente, todos os verbos; se subtrair a integralidade dos complementos; se anular, por inteiro, toda a amplitude do critério espacial; ou se retirar todas as unidades da escala do critério temporal, evidentemente que o evento tributário jamais acontecerá no mundo físico exterior, o que equivale à revogação da regra-matriz, por ausência do descritor normativo. Também no consequente, se ficar totalmente comprometido o sujeito ativo; se extratarmos o conjunto global dos sujeitos passivos; se reduzirmos todas as bases de cálculo ou todas as alíquotas ao valor zero, é óbvio que nunca surdirá à luz uma relação jurídica daquele tributo, o que significa a inutilização cabal da norma-padrão de incidência.

Sendo assim, notamos que o exemplo (*e*), que registramos acima, ainda que se tenha em conta de isenção, como acentuamos, consubstancia hipótese de revogação temporária do tributo ou dos tributos dos Estados e dos Municípios. E a explicação é breve: como a redução da amplitude dos critérios, ou da classe dos elementos que os integram, há de ser parcial, formando o sujeito ativo um conjunto de um único elemento (como a teoria dos conjuntos admite), ficaríamos com um conjunto vazio, o que implica inexistência de sujeito ativo no polo da relação. Veríamos prejudicada a regra-matriz de incidência para a plenitude do seu campo possível de atuação, o que importa ab-rogação da norma.

Não se deve confundir a subtração do campo de abrangência do critério da hipótese ou da consequência com a mera redução da base de cálculo ou da alíquota que não as anule. A diminuição que se venha processar no critério quantitativo sem, com isso, fazer desaparecer completamente o objeto da obrigação tributária, não é isenção. Isso porque, de acordo com a fenomenologia da isenção, a situação prescrita pelo direito como isenta não está sujeita à incidência tributária, o que não ocorre com aquela outra, cuja base de cálculo ou alíquota foram apenas reduzidas, situação impropriamente denominada *isenção parcial* por setores da doutrina e da jurisprudência pátrias: ainda que o valor pareça menor que aquele diacronicamente percebido, há ali incidência tributária e, portanto, não há isenção.

Para finalizar, convocamos a atenção do leitor para um aspecto metodológico de grande interesse e importância científica: a descrição do fenômeno, que empreendemos, deu-se exclusivamente no plano normativo. Não foi preciso aludir ao nível dos eventos, misturando a linguagem do direito positivo com a realidade social que ele normatiza. Daí conseguirmos evitar o grande problema com que se defrontaram as três teorias criticadas, no sentido de saber se a regra-matriz de incidência chegava primeiro ao fato, juridicizando-o (tese tradicional), ou se, antecipando-se a ela, a regra de isenção surtia seus efeitos, de tal sorte que, à chegada da primeira, o fato já se encontrava isento (a regra de isenção incide para que a de tributação não possa incidir). Acreditamos haver respeitado, pelo caminho que escolhemos, o princípio da simultaneidade da dinâmica normativa.

4. As regras jurídicas sobre isenção no Código Tributário Nacional

O mecanismo das isenções é um forte instrumento de extrafiscalidade. Dosando equilibradamente a carga tributária, a autoridade legislativa enfrenta as situações mais agudas, em que vicissitudes da natureza ou problemas econômicos e sociais fizeram quase desaparecer a capacidade contributiva de certo segmento geográfico ou social. A par disso, fomenta as grandes iniciativas de interesse público e incrementa a produção, o comércio e o consumo, manejando de modo adequado o recurso jurídico das isenções. São problemas alheios à especulação jurídica, é verdade, mas formam um substrato axiológico que, por tão próximo, não se pode ignorar. A contingência de não levá-los em linha de conta, para a montagem do raciocínio jurídico, não deve conduzir-nos ao absurdo de negá-los, mesmo porque penetram a disciplina normativa e ficam depositados nos textos do direito posto. O intérprete do produto legislado, ao arrostar as tormentosas questões semânticas que o conhecimento da lei propicia, fatalmente irá deparar-se com resquícios dessa intencionalidade que presidiu a elaboração legal.

A isenção tem de ser veiculada por lei. Nem poderíamos imaginá-la, no contexto de sua fenomenologia, se assim não fosse. Seria aberrante inconstitucionalidade depararmos com uma regra isencional baixada por decreto do executivo. Di-lo muito bem o art. 176 do Código Tributário que a isenção, ainda quando prevista em contrato, é sempre decorrente de lei que especifique as condições e requisitos exigidos para a sua concessão, os tributos a que se aplica e, sendo caso, o prazo de sua duração. A experiência brasileira é rica em exemplos de contratos, celebrados entre a União, Estados e Municípios com particulares, nos quais há cláusulas estipulativas de isenção. À primeira vista, poderia parecer que o concerto de vontades que o contrato formaliza seria a fonte criadora, o foco ejetor das medidas isencionais. Entretanto, não é assim. As disposições do acordo serão juridicamente válidas, nesse ponto, se houver lei que as sustenha. Ao promover o cumprimento dos seus deveres contratuais, o Poder Público nada mais fará que tornar efetivos os ditames da lei, zelando pela correta observância dos requisitos, das modalidades, das condições e dos prazos que a lei estabeleceu.

O parágrafo único do art. 176 faculta ao legislador restringir a isenção tributária a parcela geográfica do seu território, tomando como base as peculiaridades que a região ostenta. Esse permissivo tem sido acoimado de inconstitucional, sobre o fundamento de que contraditaria o primado da uniformidade dos tributos federais, inscrito no art. 151, I, da Constituição. Cremos que a inferência é precipitada. O exegeta deve buscar, como objetivo primacial, a conciliação harmônica das regras, e destas com os princípios do sistema. O postulado da uniformidade das exações federais existe e há de ser acatado. Mas não podemos nos esquecer que ele convive com outros cânones de igual e até de superior hierarquia. Ao apreciá-lo, não desprezemos o princípio da igualdade, em obséquio do qual uma série de medidas legislativas hão de ser tomadas. Ao empregar o instituto da isenção para fomentar um fragmento regional de seu território, carente de forças produtivas, menos desenvolvido que os demais, dotado de precários recursos econômicos, a União Federal procura meios apropriados de estimular a igualdade, utilizando-se, muitas vezes, do canal jurídico das isenções.

Quer o art. 177 que as isenções não sejam extensivas às taxas e às contribuições de melhoria (item I), bem como aos tributos instituídos posteriormente à sua concessão (item II). Com isso, porém, nada acrescenta, pois abre condições (*Salvo disposição de lei em contrário*) para que o diploma instituidor promova a extensão aos tributos vinculados (taxas e contribuições de melhoria), e também aos tributos criados posteriormente à sua concessão. É que estando a isenção num regime de estrita reserva legal, o estatuto que a criar estabelecerá as prescrições necessárias ao seu implemento, sendo irrelevantes as palavras do art. 177.

Como criatura da lei que a isenção é, a qualquer momento, ao alvedrio do legislador, pode ser ab-rogada ou revogada parcialmente (derrogada), o que implica sua modificação redutiva. Visa o art. 178 a preservar aquelas que foram concedidas por prazo certo e em função de determinadas condições, ressalvando-as dessa prerrogativa de liberdade legiferante de que os Parlamentos são portadores, dentro dos limites constitucionais. Tais isenções, de conformidade com o texto escrito do Código Tributário Nacional, estariam a salvo de ab-rogações ou derrogações da lei. Apesar disso, temos para nós que, havendo a justa indenização advinda dos prejuízos do inadimplemento contratual, também as concedidas por prazo certo e mediante condições podem ser revogadas totalmente (ab-rogação) ou de forma parcial (derrogação). O interesse público deve prevalecer sobre o dos particulares (princípio implícito da supremacia do interesse público).

A isenção pode ser concedida em caráter geral, isto é, independendo de expedientes da Administração, ou sob condição de controle administrativo, em que o agente público competente apreciará o preenchimento dos requisitos básicos que a lei ou o contrato (nos termos da lei) estipular. Na segunda hipótese, como firma o art. 179 (CTN), o interessado deverá requerer, fazendo a prova do seu enquadramento nos pressupostos legais.

Nos tributos que incidirem uma só vez, dentro de períodos determinados de tempo, o ato administrativo concessório da isenção (criada por lei) deve ser renovado antes que o intervalo de tempo chegue ao fim, para que tenha valor no período subsequente. A iniciativa do interessado é fundamental, nos termos do § 1º do art. 179 do Código Tributário Nacional, para que não cesse, logo no primeiro dia do intervalo seguinte, o reconhecimento da isenção que fora concedida. Como é inerente aos atos administrativos dessa índole, o que concede ou reconhece a isenção não gera direito adquirido (CTN, art. 179, § 2º), podendo ser reformado, de ofício, toda vez que se verificar o descumprimento das condições ou dos requisitos estipulados na lei.

É questão assente que os preceitos de lei que extingam ou reduzam isenções só devam entrar em vigor no primeiro dia do exercício seguinte àquele em que forem publicados. Os dispositivos editados com esse fim equivalem, em tudo e por tudo, aos que instituem o tributo, inaugurando um tipo de incidência. Nesses termos, em homenagem ao princípio da anterioridade, o termo inicial de sua vigência fica diferido para o primeiro dia do próximo exercício.

Esse o conteúdo do art. 104, III, do CTN, se bem que restringindo a regra aos impostos sobre o patrimônio e a renda. A restrição, porém, prevaleceu apenas até o início da vigência da Carta de 1967, quando o constituinte retomou, com entusiasmo, a linha de primazia da anterioridade. A partir de então o âmbito de abrangência do citado art. 104, III, passou a ser pleno, estendendo-se a qualquer espécie de tributo.

5. Conceito jurídico de anistia fiscal

Anistia fiscal é o perdão da falta cometida pelo infrator de deveres tributários e também quer dizer o perdão da penalidade a ele imposta por ter infringido mandamento legal. Tem, como se vê, duas acepções: a de perdão pelo ilícito e a de perdão da multa. As duas proporções semânticas do vocábulo *anistia* oferecem matéria de relevo para o Direito Penal, razão por que os penalistas designam *anistia* o perdão do delito e *indulto* o perdão da pena cominada para o crime. Voltando-se para apagar o ilícito tributário ou a penalidade infligida ao autor da ilicitude, o instituto da anistia traz em si indiscutível caráter retroativo, pois alcança fatos que se compuseram antes do termo inicial da lei que a introduz no ordenamento. Apresenta grande similitude com a *remissão*, mas com ela não se confunde. Ao remitir, o legislador tributário perdoa o débito do tributo, abrindo mão do seu direito subjetivo de percebê-lo; ao anistiar, todavia, a desculpa recai sobre o ato da infração ou sobre a penalidade que lhe foi aplicada. Ambas retroagem, operando em relações jurídicas já constituídas, porém de índoles diversas: a remissão, em vínculos obrigacionais de natureza estritamente tributária; a anistia, igualmente em liames de obrigação, mas de cunho sancionatório. E, além disso, a anistia pode revelar o *esquecimento* da infração que fez irromper a medida punitiva, enquanto a remissão nunca incide no fato jurídico tributário, desconstituindo-o ou apagando-o pelo esquecimento expresso. Têm um ponto comum: as duas figuras encerram o perdão. E dois traços distintivos bem salientes: processam-se em relações jurídicas de diferentes teores, e uma delas, a anistia, endereça-se também ao evento que caracterizou a infração, tirando-lhe a mancha de antijuridicidade.

Ao colher o fato tipificado como infração, a lei de anistia pode fazê-lo de forma expressa ou tácita. Dá-se a expressa quando o legislador explicitamente indica os ilícitos tributários que ele remite. Ocorre a tácita, na eventualidade de modificação na ordem jurídica, em que as normas adventícias deixem de definir certo ato como infração, seguindo a regra do art. 106, II, *a*, do Código Tributário Nacional. Nesse caso, com o desaparecimento do ilícito, a partir da lei, beneficiam-se os atos ou fatos pretéritos, por força de sua aplicação retroativa. É a anistia tácita.

6. As prescrições do Código Tributário Nacional sobre anistia

O caráter retrospectivo da anistia está gravado na redação do art. 180, *caput*, do Código Tributário Nacional, em que se lê que apenas as infrações cometidas *anteriormente* à vigência da lei que a concede são por ela abrangidas. Sua aplicabilidade exclui os atos qualificados em lei como crimes ou contravenções e aos que, mesmo sem essa nota, sejam praticados com dolo, fraude ou simulação pelo sujeito passivo ou por terceiro em benefício daquele (inc. I). No que concerne às infrações resultantes de conluio, entre duas ou mais pessoas naturais ou jurídicas, também não se estende a anistia, salvo disposição de lei em contrário (inc. II).

Da análise desse dispositivo desprende-se a noção de que a anistia fiscal esteja circunscrita às infrações da legislação tributária. Entretanto, pela leitura dos artigos subsecutivos, concluiremos que a providência abarca igualmente a penalidade imposta, sem o que pouco adiantaria.

Outra ilação imediata é a de que a anistia instituída pela legislação tributária afasta do seu campo de irradiação jurídica os chamados *crimes fiscais*, isto é, as infrações tipificadas pela lei penal, que estão sujeitas, por isso mesmo, ao regime específico daquele ramo do direito.

Anuncia o legislador, no inc. I do art. 180, que ficam excluídas as infrações cometidas com dolo, fraude ou simulação, asseverando, no inc. II, que as resultantes de conluio também ficarão de fora, salvo disposição de lei em contrário. Vai aqui um contrassenso. Conluio é ajuste doloso entre duas ou mais pessoas, visando aos efeitos da fraude ou da sonegação. O dolo está na sua essência. De que modo imprimir-lhe tratamento mais favorável, permitindo que a lei disponha em contrário, se é ele uma infração dolosa? A interpretação mais racional do art. 180, I e II, cremos, é a que exclui os *crimes fiscais*, contudo admite que a lei instituidora da anistia possa incluir as infrações meramente tributárias praticadas com dolo, fraude ou simulação, entre elas o conluio.

A concessão da anistia pode ter feição geral, aplicando-se às infrações e às penalidades de todos os tributos, independentemente de qualquer condição (art. 181, I), ou assumir caráter limitado, atingindo as infrações e penalidades de um único gravame (art. 181, II, *a*). Sendo limitada, pode circunscrever-se às infrações punidas com penalidades pecuniárias até determinado montante, conjugadas ou não com sanções de outra natureza (inc. II, *b*); alcançar apenas certa região do território da entidade tributante, em função de condições a ela peculiares (inc. II, *c*); ou ainda sob condição do pagamento do tributo, no prazo fixado na lei que a conceder, ou cuja estipulação seja atribuída pela mesma lei, à autoridade administrativa (inc. II, *d*).

Posta no ordenamento com caráter limitado, efetivar-se-á por ato da autoridade administrativa que, a requerimento do interessado, sopesará as provas do preenchimento de todos os pressupostos que a lei da anistia previu (art. 182). O ato concessório, como já é sabido, não gera direito adquirido, podendo, a qualquer tempo, ser cassado, desde que se prove o descumprimento das condições ou o desaparecimento dos requisitos (art. 182, parágrafo único).

7. Considerações finais

A não ser para a compreensão do mecanismo jurídico da anistia, no plano teórico, não vislumbramos nenhuma consequência prática na distinção entre o perdão que retroage ao ilícito e aquele que dispensa a penalidade imposta ao infrator. De um ou de outro modo, a sanção tributária será extinta.

É bom que se diga existir certa desordem de conceitos, no que respeita à anistia, sobretudo porque nosso legislador reuniu o crédito do tributo e o crédito da penalidade fiscal numa só expressão: *crédito tributário*.

As leis de anistia, no Brasil, acabam perdoando multas e até tributos, sem sequer aludir ao instituto da remissão, que caberia quanto aos últimos.

As normas jurídicas que preveem a anistia fiscal são extintivas da relação jurídica sancionatória. Dispensado o dever jurídico de prestar o valor da penalidade pecuniária, desaparece o direito subjetivo correlato, esfacelando-se o vínculo. Tal efeito extintivo, porém, deixa intacta a relação jurídica tributária, propriamente dita, remanescendo o crédito do tributo e seu correspondente débito. Entendida dessa maneira, a anistia é uma modalidade de exclusão da dívida por penalidades tributárias, e, por ser excludente de um nexo fundamental à subsistência da obrigação, esta se extingue.

CAPÍTULO XVI

INFRAÇÕES E SANÇÕES TRIBUTÁRIAS

Sumário: **1.** Direito e coatividade. **2.** Sanção — acepções da palavra. **3.** Algumas palavras sobre a norma secundária. **4.** A estrutura lógica da regra sancionatória — infração e sanção. **5.** A infração como hipótese normativa da regra sancionatória — seu núcleo constante. **6.** Os crimes fiscais como hipótese normativa da regra sancionatória. **7.** Espécies de infrações tributárias. **8.** As figuras do "abuso de direito" e da "fraude à lei" no ordenamento jurídico tributário brasileiro. **9.** As infrações no Código Tributário Nacional. **10.** A sanção como consequente normativo. **11.** Espécies de sanções tributárias. **12.** Os excessos sancionatórios. **13.** Responsabilidade dos sucessores. **14.** Responsabilidade de terceiros. **15.** Responsabilidade por infrações. **16.** Tipicidade, vinculabilidade da tributação e denúncia espontânea.

1. Direito e coatividade

Traço característico do Direito, a *coatividade* é exercida nele, em último grau, pela execução forçada e pela restrição da liberdade. Mas enganam-se aqueles que apontam para a *coatividade* como sendo ela o aspecto que o individualiza de outros domínios normativos, tais quais a religião, a moral etc. Em linha de princípio, a coação é a característica determinante da *normatividade* de um conjunto sistemático. Todos os sistemas normativos são essencialmente coativos, não servindo, pois, tal aspecto, para diferençar o ordenamento jurídico de outros sistemas de normas. No subsolo desta análise é que se revelará ser a forma ou o modo com que a coatividade é exercida no Direito o elemento de base capaz de dissociá-lo de outros domínios do social. Só a ordem jurídica prevê, como consequência final do descumprimento de seus deveres, espécies de providências que ora coagem mediante emprego de força ora aplicam penas privativas de liberdade ou execução forçada. Nesta medida, o traço distintivo reside inteiramente na forma de coação.

Os seres humanos, exclusivos destinatários das regras jurídicas do Direito posto, encontram-se diante de diferentes caminhos no constante inter-relacionamento tecido pela vida em sociedade: ou cumprem os deveres estabelecidos nos dispositivos legais, ou não realizam tais comportamentos, incorrendo, por via de consequência, nas chamadas sanções. O ordenamento jurídico, como forma de tornar possível a coexistência do homem em comunidade, garante, efetivamente, o cumprimento das suas ordens, ainda que, para tanto, seja necessária a adoção de medidas punitivas que afetem a propriedade ou a própria liberdade das pessoas. Daí por que, ao criar uma prestação jurídica, o legislador enlaça concomitantemente uma providência sancionatória ao não cumprimento do referido dever. O Direito, por assim dizer, garante seu ato de vontade, mediante a pressão psicológica de sanções, associadas, uma a uma, a cada descumprimento de dever estabelecido. Mas o súdito, resistindo ao temor de punição do Estado, pode ser alvo do aparato coativo, inerente ao Poder Público, momento em que se desencadeia efetivamente o *procedimento sancionatório*. No corpo dessa temática, encontraremos os conceitos de coerção, sanção e coação, categorias imprescindíveis ao conhecimento da matéria jurídica.

2. Sanção — acepções da palavra

A linguagem ideal para o discurso científico seria aquela composta apenas por termos unívocos, não fossem as palavras todas elas vagas e potencialmente ambíguas, como salienta Alf Ross. O remédio está no processo de elucidação, mediante o qual as proporções significativas do signo linguístico crescem em determinação, segundo os objetivos comunicacionais do autor da mensagem. É a recomendação de Rudolf Carnap para assegurar o rigor do estilo descritivo, na linguagem da ciência.

No caso que faz aqui os meus cuidados, "sanção" experimenta mutações semânticas que variam conforme o momento da sequência prescritiva (Direito posto) ou expositiva (Ciência do Direito). Tanto é "sanção" a penalidade aplicada ao infrator, quanto a relação jurídica que a veicula, tratando-se de norma individual e concreta. Também é "sanção" o consequente da norma geral e abstrata, como a própria norma que tem como antecedente a tipificação do ilícito. E participa do mesmo nome, ainda, o ato jurídico-administrativo que encerra o processo de elaboração de certas leis.

A falta de univocidade já foi objeto de estudos de Eurico Marcos Diniz de Santi,[189] que sublinhou várias acepções distintas da palavra: "(i) a relação jurídica consistente na conduta substitutiva reparatória, decorrente do descumprimento de pressuposto obrigacional (de fazer, de omitir, de dar — genericamente prestações do sujeito passivo 'Sp'); (ii) relação jurídica que habilita o sujeito ativo 'Sa' a exercitar seu direito subjetivo de ação (processual) para exigir perante o Estado-Juiz 'Sj' a efetivação do dever constituído na norma primária e (iii) a relação jurídica, consequência processual deste 'direito de ação' preceituada na sentença condenatória, decorrente do processo judicial".

Para nós, a palavra comparece aqui na sua acepção estrita, equivale a dizer, "norma jurídica em que o Estado-juiz

189. *Lançamento tributário*, Max Limonad, 1996, p. 38-9.

intervém como sujeito passivo da relação deôntica, sendo sujeito ativo a pessoa que postula a aplicação coativa da prestação descumprida". Em outros termos, sanção é a providência que o Estado-jurisdição aplica coativamente, a pedido do titular de direito violado, tendo em vista a conduta do sujeito infrator. Por esse modo, estaria contida no consequente de norma individual e concreta, como traço identificador do jurídico.

Nada obstante, como vimos, o termo tem largo curso no universo do Direito e é muito empregado no âmbito do Direito Tributário.

3. Algumas palavras sobre a norma secundária

Convém sublinhar que as normas que põem no ordenamento sanções tributárias integram a subclasse das normas secundárias, pois, como já observado, são providências em que o Estado-jurisdição encontra-se em relação com o sujeito infrator para fins de aplicar-lhe coativamente uma sanção. Sob outro ponto de vista, mas ainda no intuito de identificar o quadro conceitual normativo da sanção, as normas sancionatórias são regras de conduta e ostentam a mesma estrutura lógica da regra-matriz de incidência: um antecedente, descritor de classe de fatos do mundo real, e uma consequência prescritora de vínculo jurídico que há de formar-se entre dois sujeitos de direito. A proposição-hipótese está ligada à proposição-tese ou consequência pelo conectivo dever-ser na sua função neutra, enquanto outro conectivo deôntico, modalizado nas formas obrigatório, proibido ou permitido, une os sujeitos da relação — pretensor e devedor. A diferença entre essa espécie normativa e as demais regras de comportamento está no antecedente, tendo em vista que a regra sancionatória descreve fato ilícito qualificado pelo descumprimento de dever estipulado no consequente da regra-matriz de incidência. Essa conduta é tida como antijurídica por transgredir o mandamento prescrito, e recebe o nome de "ilícito" ou "infração tributária". No consequente, estão previstas penalidades pecuniárias ou multas fiscais, impostas pelo Estado-jurisdição, configurando o objeto do dever a ser cumprido pelo autor do ilícito. Eis a sanção como liame de natureza obrigacional, e o pagamento do valor estipulado é promovido a título de sanção.

Convém assinalar que a referida estrutura normativa da regra sancionatória nem sempre foi tida da forma como descrita acima. Kelsen, já em seu *Teoria Pura do Direito*, dizia ser fato ilícito aquele enunciado convertido por uma norma em pressuposto de sanção para seu agente. Neste passo, para o autor, a norma primária descreveria a sanção, enquanto a secundária estabeleceria o comportamento desejado pela ordem jurídica. O critério adotado em sua classificação tomava em conta o caráter funcional da estrutura normativa. Com estes torneios, a formulação de Kelsen expressa-se da seguinte forma:

> norma primária — dado certo comportamento humano, deve ser a sanção (ato coativo por parte de um órgão do Estado, pena ou execução forçada);
>
> norma secundária — dado certo fato temporal, deve ser a prestação (ou comportamento que evite a consequência coativa).

Sob tais concepções kelsenianas, seria possível erigir um sistema normativo, perfeitamente válido e eficaz, tão só estabelecendo dispositivos sancionadores, isto é, normas de caráter primário, na terminologia do citado autor. Acontece, porém, que da norma primária poder-se-á sempre extrair, logicamente, a norma secundária que lhe corresponda. Desse modo, para Kelsen, ao estatuir o legislador uma norma primária que enlace determinada sanção ao descumprimento de certa prestação, estará, irremediavelmente, criando o dever de cumprir a aludida prestação. Extrai-se da norma primária, por um processo lógico, a correspondente norma secundária, configurando-se esta última expediente técnico para expor o Direito; enquanto aquel'outra, qual seja a norma descritora de providência sancionadora da ordem jurídica, concentraria a essência da forma coativa do ordenamento jurídico.

Lourival Vilanova, bem interpretando a concepção kelseniana, esclarece que o critério fundamental da distinção entre normas primárias e secundárias repousa na circunstância de estas últimas expressarem, no consequente, uma *relação de cunho jurisdicional*, em que o Estado participa como juiz para obter, coativamente, a prestação insatisfeita.

Lembremos que as qualidades — primárias e secundárias — acompanhando o termo "norma" não dizem respeito, como alguns autores o afirmam, à cronologia dos eventos, isto é, à ordem temporal em que se dá a positivação desses enunciados. Na mesma linha, não procede a relação dessas normas tomando-a como de causa e efeito, isto é, entendendo a primeira — primária — como o enunciado jurídico que dá o motivo da criação de outra norma — secundária. No falar cotidiano, reflexões como estas poderiam até ser aceitas. Contudo, cientificamente, a situação é outra. Norma primária, regra que estatui direitos e deveres, e norma secundária, aquela que positiva a hipótese sancionatória, guardam entre si tão só a relação de antecedente e consequente, conforme observaremos abaixo, produzindo, deste modo, aquilo que se entende por enunciado normativo completo.[190]

Como corolário, advém a necessidade de alojarmos as relações que não revestirem essa forma no quadro amplo das normas primárias (ou endonormas, no léxico de Cossio). É o caso das chamadas "sanções administrativas", projetadas para reforçar a eficácia dos deveres jurídicos previstos em outras normas, também primárias, estabelecendo multas e outras penalidades. Podem ter, como de fato muitas têm, finalidade punitiva, agravando o valor cobrado a título de tributo. Nada obstante, essa condição, por si só, não é suficiente para outorgar-lhes o caráter de norma sancionatória no sentido estrito (perinorma, em Cossio), exatamente por faltar-lhes

---

190. A este respeito, atentemos às palavras de Lourival Vilanova: "norma primária a que estatui direitos/deveres (sentido amplo) e norma secundária a que vem em consequência da inobservância da conduta devida, justamente para sancionar seu inadimplemento (impô-la coativamente ou dar-lhe conduta substitutiva reparadora). As denominações adjetivas 'primária' e 'secundária' não exprimem relações de ordem temporal ou causal, mas de antecedente lógico para consequente lógico" (*Estruturas Lógicas e o Sistema do Direito Positivo*, São Paulo, Noeses, 2005, p. 106).

a presença da atividade jurisdicional na exigência coativa da prestação, traço decisivo na sua identificação normativa. São normas primárias que se justapõem a outras normas primárias, entrelaçadas, lógica e semanticamente, a específicas normas secundárias, se bem que o legislador, em obséquio à economia do discurso jurídico-positivo, integre os valores cobrados em cada uma das unidades normativas, estipulando uma única prestação, a ser exigida coativamente pelo exercício da função jurisdicional do Estado.

Em síntese, a norma primária tem em sua hipótese a conotação de um fato de possível ocorrência, ao passo que a hipótese da norma secundária descreve a inobservância da conduta prescrita na consequência da primeira. E, enquanto aquela estatui direitos e deveres correlatos, esta prescreve a sanção mediante o exercício da coação estatal. *A norma primária estabelece relação jurídica de direito material (substantivo); a norma secundária, relação jurídica de direito formal (adjetivo ou processual).*

Analisando a arquitetura lógica interna das normas primária e secundária, observa-se que a primeira prescreve, em sua consequência, uma relação jurídica entre dois sujeitos de direito, perfazendo a seguinte estrutura formal $D [H \rightarrow R'(S',S'')]$.[191] A consequência da norma secundária, por sua vez, prescreve outra relação jurídica em que o sujeito ativo é o mesmo da primária, havendo, porém, um terceiro sujeito S''' integrando o polo passivo da relação jurídica: o Estado, exercitando sua função jurisdicional. Possui a norma secundária, por conseguinte, a forma:

$D [-R'(S',S'') \rightarrow R''(S',S''')]$.[192]

---

191. Explicando a fórmula: D é o functor de functor, que afeta a relação implicacional; H é a hipótese, descritora de um fato lícito de possível ocorrência; → é o functor implicacional, que denota o caráter condicional da fórmula; R'(S',S") é a consequência, prescritora de uma conduta subjetiva entre dois sujeitos de direito, onde R' é o relacional deôntico e S' e S" são os sujeitos da relação (sujeito ativo e sujeito passivo, respectivamente).

192. Interpretando a estrutura lógica: D é o functor de functor, que afeta a relação implicacional; -R(S',S") é a hipótese, que se caracteriza por descrever o não cumprimento

As normas primária e secundária, porém, não se apresentam simplesmente justapostas. O relacionamento entre ambas dá-se por meio de conectivos com função lógica, dos quais o mais adequado, segundo nossa opinião, é o disjuntor includente (v), que suscita um trilema: uma ou outra ou ambas. O emprego desse conectivo tem a propriedade de mostrar que tanto a norma primária como a norma secundária são válidas, mas que *a aplicação de uma exclui a da outra*, podendo assim ser representadas:

$$D \{[H \rightarrow R'(S',S'')] \vee [-R'(S',S'') \rightarrow R''(S',S''')]\}.$$

4. A estrutura lógica da regra sancionatória — infração e sanção

As normas jurídicas que põem no ordenamento as sanções tributárias integram a subclasse das regras de conduta e ostentam a mesma estrutura lógica da regra-matriz de incidência. Têm uma hipótese descritora de um fato do mundo real e uma consequência prescritora de um vínculo jurídico que há de formar-se entre dois sujeitos. A proposição-hipótese está ligada à proposição-tese ou consequência pelo conectivo *dever-ser* na sua função neutra, enquanto outro conectivo deôntico, modalizado nas formas *permitido, obrigado ou proibido*, une os sujeitos da relação — credor e devedor.

O antecedente da regra sancionatória descreve fato ilícito qualificado pelo descumprimento de um dever estipulado no consequente da regra-matriz de incidência. É a não prestação do objeto da relação jurídica tributária. Essa conduta é tida como antijurídica, por transgredir o mandamento prescrito, e recebe o nome de ilícito ou infração tributária. Anote-se: "ilícito" ou "infração tributária" são categorias relativas ao mundo fático. Novamente aqui estamos lidando com a dualidade

---

da conduta intersubjetiva prescrita pela norma primária; → é o functor implicacional, que denota o caráter condicional da fórmula; R"(S',S"') é a consequência, que prescreve uma relação jurídica R" entre S' e S"' (sujeito ativo da norma primária e o Estado exercitando sua função jurisdicional, respectivamente).

terminológica que tantos problemas já causou no campo das investigações científicas sobre o chamado "fato gerador".

Atrelada ao antecedente ou suposto da norma sancionadora está a relação deôntica, vinculando, abstratamente, o autor da conduta ilícita ao titular do direito violado. No caso das penalidades pecuniárias ou multas fiscais, o liame também é de natureza obrigacional, uma vez que tem substrato econômico, denomina-se relação jurídica sancionatória e o pagamento da quantia estabelecida é promovido a título de sanção.

Tratando-se de outro tipo de sanção, que não é multa ou penalidade pecuniária, a relação não se altera na sua estrutura básica, modificando-se apenas o objetivo da prestação, que será um *fazer* ou *não fazer*. Perde o nome de vínculo de cunho obrigacional, mas continua sendo uma relação jurídica sancionatória.

No terreno do estudo das infrações e sanções também é utilíssimo o esquema metodológico da regra-matriz, permitindo uma análise minuciosa do suposto, que traz a descrição hipotética do fato ilícito ou infração, e bem assim do consequente, que nos leva à prescrição dos elementos que compõem o nexo sancionatório. Tudo o que dissemos sobre os critérios da hipótese tributária vale para o antecedente da norma sancionatória, que tem o seu critério material — uma conduta infringente de dever jurídico —, um critério espacial — a conduta há de ocorrer em certo lugar — e um critério temporal — o instante em que se considera acontecido o ilícito. Na consequência, depararemos com um critério pessoal — o sujeito ativo será aquele investido do direito subjetivo de exigir a multa, e o sujeito passivo o que deve pagá-la — e um critério quantitativo — a base de cálculo da sanção pecuniária e a percentagem sobre ela aplicada.

A indagação pormenorizada de cada um desses critérios, do antecedente e do consequente, propiciará um elevado grau de aprofundamento teórico na pesquisa do tema das infrações e sanções tributárias.

5. A infração como hipótese normativa da regra sancionatória — seu núcleo constante

O suposto das regras sancionatórias, como já vimos, hospeda sempre a descrição de um acontecimento do mundo físico exterior, no qual alguém deixou de cumprir determinada prestação a que estava submetido, por força de outra norma jurídica de conduta. Tratando-se de matéria tributária, o ilícito pode advir da não prestação do tributo (da importância pecuniária), ou do não cumprimento de deveres instrumentais ou formais. Seja como for, haverá um constante e invariável traço que identifica, prontamente, estarmos diante de uma hipótese de ilícito tributário: é a não prestação (não p), presente onde houver fórmula descritiva de infração.

Definimos a infração tributária, portanto, como toda ação ou omissão que, direta ou indiretamente, represente o descumprimento dos deveres jurídicos estatuídos em leis fiscais.

Para o Direito Penal tem de haver a materialidade do evento, contrária aos desígnios da ordem jurídica (antijuridicidade), e, além disso, a culpabilidade, isto é, a imputação do resultado delituoso à participação volitiva do agente. Sem dolo ou culpa, numa de suas gradações, não é punível a conduta que ocasionou o acontecimento típico e antijurídico. Nos domínios do Direito Tributário, como estudaremos logo mais, a linha diretriz não é bem essa, penetrando outra sorte de indagações.

6. Os crimes fiscais como hipótese normativa da regra sancionatória

O comportamento violador do dever jurídico estabelecido em lei tributária pode revestir as características de meras infrações ou ilícitos tributários, bem como de crimes fiscais, dessa maneira definidos em preceitos da lei penal. Entre tais entidades existe uma distinção formal e, atrás disso, uma grande diferença de regime jurídico, posto que os crimes fiscais estão subordinados aos princípios, institutos e formas do

Direito Penal, ao passo que as infrações contidas em leis tributárias, de caráter não criminal, sujeitam-se aos princípios gerais do Direito Administrativo.

São poucos os crimes tributários no Brasil. O Código Penal resumiu as hipóteses previstas no diploma anterior, disciplinando somente a matéria atinente ao *contrabando* e ao *descaminho*, nos arts. 334 e 334-A. Por outro lado, permanece a equiparação de certas condutas, transgressoras de dispositivos tributários, ao crime de *apropriação indébita*, consoante arts. 168 e 168-A do Código Penal.

Recentemente, foram inseridas, entre esses ilícitos, condutas definidas como crimes contra a Fazenda Pública (MP 156), cujo sujeito ativo é o funcionário público federal que facilitar a prática de delitos contra a Fazenda Pública ou der causa ao não recolhimento de tributos devidos à União (Lei 8.026, de 12.04.1990).

A Lei 8.137, de 27 de dezembro de 1990, por sua vez, redefiniu os crimes contra a ordem tributária, reescrevendo aqueles delitos antes designados de "sonegação tributária" pela Lei 4.729/65. A referida legislação alargou o rol dos fatos típicos configuradores dos crimes contra a ordem tributária, redesenhando, outrossim, a figura da "apropriação indébita", definindo como crime o fato de deixar de recolher, no prazo legal, valor de tributo descontado ou cobrado de terceiro (art. 2º, II). Posteriormente, também a Lei 8.212/91 arrolou tal situação como crime (art. 95).

7. Espécies de infrações tributárias

As condutas que inobservam os deveres jurídicos tributários podem ser examinadas à luz de variadas classificações. Entre elas, das mais usadas por seu sentido prático, está a divisão que cogita das infrações à obrigação tributária e daquelas que violam simples deveres instrumentais ou formais. Exemplo da primeira: um comerciante deve pagar o ICMS por haver realizado o fato jurídico daquele tributo. Nos prazos estabelecidos na legislação estadual, deixa de promover o regular recolhimento da importância correspondente. Tal comportamento se caracteriza como infração à obrigação tributária do ICMS. Exemplo da segunda: pessoa física, contribuinte do IR, não oferece, em tempo oportuno, sua declaração de rendimentos e de bens, fazendo-o quinze dias após o termo final do prazo estabelecido. Descumpriu, por isso, dever instrumental ou formal do IR (pessoa física).

Também podem classificar-se as infrações tributárias, consoante haja ou não referência à participação subjetiva do agente, na descrição hipotética da norma. Teremos, assim, as infrações subjetivas e objetivas. Infração subjetiva é aquela para cuja configuração exige a lei que o autor do ilícito tenha operado com dolo ou culpa (esta em qualquer de seus graus). Caso de infração subjetiva é o comportamento do contribuinte do imposto sobre a renda que, ao prestar sua declaração de rendimentos, omite, propositadamente, algumas receitas, com o objetivo de recolher quantia menor do que a devida. As infrações objetivas, de outra parte, são aquelas em que não é preciso apurar-se a vontade do infrator. Havendo o resultado previsto na descrição normativa, qualquer que seja a intenção do agente, dá-se por configurado o ilícito. Situação típica é a do não pagamento de determinada quantia, a título de imposto predial e territorial urbano, nos prazos fixados na notificação de lançamento. Sendo irrelevante o ânimo do devedor, não realizado o recolhimento até o limite final do prazo, incorrerá ele em juros de mora e multa de mora.

Ainda que o princípio geral, no campo das infrações tributárias, seja o da responsabilidade objetiva, o legislador não está tolhido de criar figuras típicas de infrações subjetivas. São elas a sonegação, a fraude e o conluio, além daquelas em que se eleger a culpa (nos aspectos da negligência, imprudência ou imperícia), como ingrediente necessário do tipo legal.

A legislação do IPI chegou a definir os três ilícitos dolosos (sonegação, fraude e conluio).

> Lei 4.502/64
>
> Art. 71. Sonegação é toda ação ou omissão dolosa tendente a impedir ou retardar, total ou parcialmente, o conhecimento por parte da autoridade fazendária:
>
> I — da ocorrência do fato gerador da obrigação tributária principal, sua natureza ou circunstâncias materiais;
>
> II — das condições pessoais do contribuinte, suscetíveis de afetar a obrigação tributária principal ou o crédito tributário correspondente.

A delimitação do conceito, tal qual expresso no Direito positivo, dá ênfase ao acontecimento do fato jurídico tributário, encarecendo que o infrator haverá de proceder dolosamente, dirigindo sua vontade à materialização do fato infringente, impedindo que os agentes da Fazenda Pública tomem conhecimento ou retardem a identificação de sua ocorrência.

Bem parecida é a definição de fraude, também recolhida na legislação do IPI:

> Art. 72. Fraude é toda ação ou omissão dolosa tendente a impedir ou retardar, total ou parcialmente, a ocorrência do fato gerador da obrigação tributária principal, ou a excluir ou modificar as suas características essenciais, de modo a reduzir o montante do imposto devido, ou a evitar ou diferir o seu pagamento.

Nessa ideia de ilícito tributário subjetivo, temos o comportamento do infrator caracterizado pelo esforço deliberado no sentido de retardar ou impedir o acontecimento tributário, ou, ainda, tentando modificar ou excluir os traços peculiares à identificação daquele evento, tudo dirigido ao escopo de não pagar a quantia devida a título de imposto, de pagá-lo com redução, ou de diferir, no tempo, a prestação pecuniária. Para que se configure a fraude, o agente deve atuar de maneira dolosa. Consequentemente, identificado esse ilícito, a multa é agravada, dado o repúdio com que são tratadas as figuras nas quais o infrator age com intenção de se locupletar indevidamente, em prejuízo do Erário.

Observa-se que a sonegação pressupõe a ocorrência factual, ao passo que a fraude se opera em momentos que antecedem a efetivação do evento tributário.

A outra figura de infração subjetiva, de natureza dolosa, é o conluio, assim relatado pela legislação do IPI:

> Conluio é o ajuste doloso entre duas ou mais pessoas naturais ou jurídicas, visando qualquer dos efeitos da sonegação ou da fraude.

Não seria preciso referir ajuste doloso, uma vez que a sonegação e a fraude já encerram a intenção deliberada de obter o resultado ou de assumir o risco de produzi-lo. Em todo caso, para que haja conluio, necessária se faz a presença de dois ou mais agentes, com personalidades jurídicas distintas — pessoas físicas ou jurídicas, que concertam praticar a sonegação e a fraude, em benefício de uma, de algumas, ou de todas.

O quadro das infrações subjetivas não se exaure nos ilícitos que têm no dolo um elemento imprescindível da sua compostura típica. Sempre que o legislador introduzir a culpa, na modalidade da negligência, da imprudência ou da imperícia, dentro da descrição normativa da infração tributária, estaremos perante um fato infringente de caráter subjetivo.

O discrímen entre infrações objetivas e subjetivas abre espaço a larga aplicação prática. Tratando-se da primeira, o único recurso de que dispõe o suposto autor do ilícito, para defender-se, é concentrar razões que demonstrem a inexistência material do fato acoimado de antijurídico, descaracterizando-o em qualquer de seus elementos constituintes. Cabe-lhe a prova, com todas as dificuldades que lhe são inerentes. Agora, no setor das infrações subjetivas, em que penetra o dolo ou a culpa na compostura do enunciado descritivo do fato ilícito, a coisa se inverte, competindo ao Fisco, com toda a gama instrumental dos seus expedientes administrativos, exibir os fundamentos concretos que revelem a presença do dolo ou da culpa, como nexo entre a participação do agente e o resultado material que dessa forma se produziu. Os embaraços dessa comprovação, que nem sempre é fácil, transmudam-se para a atividade fiscalizadora da Administração, que terá a incumbência intransferível de evidenciar não só a materialidade do evento como, também, o elemento volitivo que propiciou ao infrator atingir seus fins contrários às disposições da ordem jurídica vigente.

É justamente por tais argumentos que as presunções não devem ter admissibilidade no que tange às infrações subjetivas. Como já pacificado pelo Primeiro Conselho de Contribuinte, o dolo e a culpa não se presumem: provam-se.

> Sanção tributária — Multa qualificada — Justificativa para aplicação — Evidente intuito de fraude — Conta bancária não contabilizada — Qualquer circunstância que autorize a exasperação da multa de lançamento de ofício de 75%, prevista como regra geral, deverá ser minuciosamente justificada e comprovada nos autos. Além disso, para que a multa qualificada seja aplicada, exige-se que o contribuinte tenha procedido com evidente intuito de fraude, nos casos definidos nos artigos 71, 72 e 73 da Lei n. 4.502, de 1964. A falta de registro na contabilidade de valores constantes nos extratos bancários (créditos/débitos) oriundos de conta bancária pertencente à empresa fiscalizada e movimentada por esta, caracteriza **falta simples de presunção de omissão de rendimentos e/ou pagamentos a beneficiários não identificados/pagamentos sem causa, porém, não caracteriza evidente intuito de fraude**, nos termos do inciso II do art. 992, do Regulamento do Imposto de Renda, aprovado pelo Decreto n. 1.041, de 1994 (Acórdão 104-19931 — grifei).

A mera ausência de recolhimento do tributo não é elemento suficiente para caracterizar infração subjetiva. Tem-se configurada a fraude ou a simulação apenas na hipótese de dolo comprovado. Esse é o motivo por que, como se depreende do r. Acórdão transcrito, eventual supressão de tributo em virtude de pagamento a beneficiários não identificados ou de pagamentos sem causa é tido por falta simples, de caráter objetivo: inexiste, em tais hipóteses — simulação, fraude ou dolo —, sendo inaplicável a multa qualificada ou qualquer preceito legal que tenha por pressuposto alguma atitude dolosa por parte do contribuinte.

As dificuldades a que nos reportamos, sejam as experimentadas pelo sujeito passivo, no caso de impugnar pretensões punitivas por ilícitos de natureza objetiva, sejam aquelas outras que os funcionários da fiscalização tributária enfrentam para certificar a infração subjetiva, nem sempre são adequadamente suplantadas. Com efeito, exemplificando, a autuação de empresa pela Fazenda Pública por porte de documentos falsificados é ilícita. De fato, tais documentos representam forte indício de procedimento doloso, mas esse indício não é suficiente para caracterizar a realização efetiva do ilícito atribuído à autuada, assinalando apenas o marco inicial de um processo de investigação mais profundo, que pode ou não culminar com a comprovação inequívoca da existência do elemento volitivo, atrelando o resultado à conduta da referida empresa fictícia. Sem a efetiva prova da ligação entre as materialidades, isto é, do *nexus* entre o presumido dolo do sujeito passivo tributário e o *factum* objetivo do dano ao erário não há que se falar em autuação. Nos autos de infração, o agente não poderá limitar-se a circunscrever os caracteres fácticos, fazendo breve alusão ao cunho doloso ou culposo da conduta do administrado. Isto não basta. Há de provar, de maneira inequívoca, o elemento subjetivo que integra o fato típico, com a mesma evidência com que demonstra a integração material da ocorrência fáctica.

É justamente por tais argumentos que as *presunções* não devem ter admissibilidade no que tange às infrações subjetivas. Repito, retomando exemplo anterior, o indício é expressivo, mas não chega ao absoluto, e a presunção não poderá suprir o esforço de prova que só à Administração compete desenvolver. O dolo e a culpa não se presumem, provam-se. Predicando contornar os obstáculos que adviriam à atividade de fiscalização dos tributos, tivesse ela de pautar-se dentro desses parâmetros estritamente legais, serve-se o legislador do apelo à *presunção*, que equipara, desatinadamente, as infrações subjetivas às objetivas. Tais preceitos brigam com a sistemática do nosso Direito positivo, que não comporta equiparação dessa índole, agredindo a sólida estrutura de institutos jurídicos seculares e maculando a inteireza de direitos fundamentais consagrados no texto do Estatuto Supremo.

Na trilha dessa orientação, que prestigia soberanamente o ordenamento jurídico como sistema, em detrimento da letra fria e isolada dos escritos da lei, já existem importantes manifestações do Poder Judiciário, emanadas, principalmente, do antigo Tribunal Federal de Recursos, repudiando peremptoriamente o emprego de interpretações presuntivas no plano de ilícitos que requerem os elementos subjetivos na integralidade do seu enunciado.

8. As figuras do "abuso de direito" e da "fraude à lei" no ordenamento jurídico tributário brasileiro

O conceito de abuso de direito vem sendo observado, no domínio tributário, na acepção que é apreendida pelos civilistas. Esta doutrina o considera como exercício anormal de um direito, que fará com que o ato abusivo seja considerado ato ilícito, devendo o seu autor reparar os danos daí advindos[193]. O mesmo acontece com a noção de fraude à lei, assumida por ato jurídico que, "para burlar princípio cogente, usa de procedimento aparentemente lícito. Ela altera deliberadamente a situação de fato em que se encontra, para fugir à incidência da norma".[194]

Com base nas considerações apontadas, muitos autores, sem ater atenção sobre as particularidades que subjazem ao subdomínio do Direito Tributário, aplicaram-nas de forma literal em matéria de imposição de tributo. Tomam por critério atributos extrajurídicos para desconsiderar o negócio particular, afrontando diretamente os princípios supremos que se assentam na Constituição.

Por este ponto de vista civilista, considera-se abuso de direito e fraude à lei toda forma contratual em "a) que existe,

193. Silvio Rodrigues, *Direito Civil — Parte Geral*, v. 1, 29. ed., São Paulo, Saraiva, p. 312.

194. Silvio Rodrigues, *Direito Civil — Parte Geral*, v. 1, 29. ed., São Paulo, Saraiva, p. 226.

em termos objetivos, uma vantagem do contribuinte e um consequente prejuízo do Fisco, sob a forma de menor renda; e b) que a finalidade única da operação é subtrair recursos ao Erário, reduzindo a base de cálculo ou evitando a realização do fato gerador através de uma atividade contratualmente fraudulenta, no plano civilístico".[195] Ora, sobre o primeiro aspecto, falar em vantagem do contribuinte e prejuízo do Fisco, sob a forma de menor renda, é considerar estritamente critérios econômicos e não jurídicos. A aproximação cognoscitiva que se pretende está fora do recorte que o Direito positivo atribui a seus fatos e, portanto, são notas que não podem ser consideradas como delimitadoras de um conceito jurídico.

Há que se tomar nota de que os antecedentes normativos, em qualquer subdomínio do direito, guardam, na multiplicidade de suas determinações, os recortes cognoscitivos que o próprio sistema normativo lhes imputa, não estando susceptíveis de interferências de outros universos, como o econômico. Aliás, oportuna a lição de Alfredo Augusto Becker:

> A doutrina da Interpretação do Direito Tributário, segundo a realidade econômica, é filha do maior equívoco que tem impedido o Direito Tributário de evoluir como ciência jurídica. Esta doutrina, inconscientemente, nega a utilidade do direito, porquanto destrói precisamente o que há de jurídico dentro do Direito Tributário.

Tudo no universo do Direito positivo, portanto, está sob a dependência dos critérios adotados pelo ordenamento jurídico que constrói o fato à sua maneira. Já em resposta ao item "b" apontado acima, pondera-se ainda que, no campo do Direito Tributário, todos os fatos vão seguir a gramaticabilidade própria deste subdomínio, respeitando imposições como Segurança Jurídica, estrita legalidade, tipicidade, todos orientados quanto à estrutura de repartição da competência tributária prescrita na Constituição Federal.

---

195. Franco Gallo, Elisão fiscal, economia de imposto e fraude à lei, in *RDT*, 52 (1990), p. 7.

Tomemos o princípio da estrita legalidade, princípio implícito que é, diretriz axiológica que vem acrescer os rigores procedimentais em matéria de tributo, dizendo mais do que isso: estabelece que a lei adventícia traga, no seu bojo, os elementos descritores do fato jurídico e os dados prescritores da relação obrigacional. Esse *plus* caracteriza a tipicidade tributária.

A tipicidade tributária significa a exata adequação do fato à norma, e, por isso mesmo, o surgimento da obrigação se condicionará ao evento da subsunção, que é a plena correspondência entre o fato jurídico tributário e a hipótese de incidência, fazendo surgir a obrigação correspondente, nos exatos termos previstos em lei. Não se verificando o perfeito quadramento do fato à norma, inexistirá obrigação tributária. Nesse percurso, ou ocorre a subsunção do fato à regra, ou não ocorre, afastando-se terceira possibilidade. Perfaz-se aqui a eficácia da lei lógica do terceiro excluído. Por outro lado, ocorrido o fato, a relação obrigacional que nasce há de ser exatamente aquela estipulada no consequente normativo. No tocante ao tema ora em análise, também foi este o entendimento exarado no Acórdão 102-47.181, proferido pela Segunda Câmara do C. Conselho de Contribuintes nos autos do Processo Administrativo 10865.002036/2002-81, *verbis*:

> Destarte, é absolutamente necessário **restar demonstrada a materialidade dessa conduta**, ou então que fique configurado o dolo específico do agente evidenciando não somente a intenção mas também o seu objetivo, isso porque **a fraude e a simulação não podem ser presumidas mas devem sim ser comprovadas através de elementos contundentes apuráveis**, inclusive através do devido processo legal. Entendem-se por **"prova" os meios de demonstrar a existência de um fato jurídico** ou de fornecer ao julgador o conhecimento da verdade dos fatos.

Guarde-se, por todo o exposto, que são três as condições necessárias para o estabelecimento de vínculo tributário válido: sem lei anterior que descreva o fato imponível, obrigação tributária não nasce (princípio da legalidade); sem subsunção do evento descrito à hipótese normativa, também não (princípio da tipicidade); havendo previsão legal e a correspondente subsunção do fato à norma, os elementos do liame jurídico irradiado devem equivaler àqueles prescritos na lei. O desrespeito a esses cânones fulminará, decisivamente, qualquer pretensão de cunho tributário.

Se considerarmos os valores máximos acolhidos por nosso Texto Constitucional, principalmente em termos de tributação — segurança e certeza — que sustentam os cânones da legalidade e da tipicidade, torna-se extremamente problemático captar a figura da desconsideração do negócio jurídico, em especial tomando como critério o "abuso de direito" e a "fraude à lei", aludindo a noções de ordem econômica. São procedimentos e conceitos que devem respeitar esses princípios, especialmente ao tratar de matéria de imposição tributária.

No corpo desta temática, observando-se quadro conceitual do termo, o abuso de direito significa, portanto, norma produzida por particular, constituída no exercício de competência que excede as atribuições jurídicas que o Direito autoriza ao sujeito, identificando-o como incompetente naquela função, ao mesmo tempo que atribui ao ato caráter de ilicitude. Fraude à lei, por outro lado, é a produção de norma ilícita, com feições de ato jurídico lícito, para fins de fugir à incidência normativa. A localização de um ou outro ilícito exige, como requisito essencial, norma válida no sistema, que, em termos objetivos, fundamenta a figura da ilicitude no Direito. A partir do enunciado normativo válido é que o exegeta vai encontrar substrato para depreender desrespeito aos princípios constitucionais de (i) segurança jurídica, (ii) certeza de direito, (iii) estrita legalidade e (iv) tipicidade, em afronta direta à estrutura de repartição de competências tributárias realizada pela Constituição. Estão nesses elementos a figura do ilícito do abuso de direito e da fraude à lei.

9. As infrações no Código Tributário Nacional

A ideia de infração ou ilícito, é bom recordar, relaciona-se com o não cumprimento de determinadas prestações. Por infração tributária ou ilícito tributário entende-se todo e qualquer comportamento (omissivo ou comissivo) que represente desatendimento de deveres jurídicos previstos em normas que cuidem da tributação, a ela aplicando-se a correspondente sanção.

Ao empreendermos análise mais apurada da figura da infração, o exegeta deverá percorrer seção por seção do Código Tributário Nacional, a fim de localizar os artigos que dizem respeito às infrações tributárias e será este o nosso próximo passo.

Iniciemos a análise pelo Livro Segundo — *Normas gerais de direito tributário* — para indicar, nas disposições gerais (Capítulo I), as referências que o Código faz ao *modus ponendi* da sanção no sistema jurídico tributário. Na Seção II, o primeiro enunciado que faz ao ato aplicador da sanção é o que institui o princípio da legalidade: art. 97, V, do CTN. Nestes termos, *somente a lei pode estabelecer a cominação de penalidades para as ações ou omissões contrárias a seus dispositivos, ou para outras infrações nela definidas*. Isto é, em domínios tributários, também a criação de normas sancionatórias submete-se aos ditames da legalidade, sendo necessária lei em sentido amplo para prescrever o ilícito e a consequência a ele imputável.

Além disso, a referência à legalidade em planos sancionatórios requer não só a presença de lei, como veículo introdutor, mas a estrita legalidade que se volta tanto para o momento da atividade legislativa, de criação de infrações ou crimes, no antecedente normativo, e de penalidades ou punições, no consequente da norma, quanto para o tempo de aplicação da norma no caso em concreto. Eis o princípio da tipologia da sanção que impõe de um lado, ao legislador, predeterminar todos os traços que compõem o fato-infração no antecedente e, no consequente, a relação jurídica sancionatória; assim como institui um dever aos agentes da Administração Pública, no exercício de suas funções de gestão tributária, de indicar, pormenorizadamente, todos os elementos do tipo normativo sancionatório existentes na concreção do fato-infração ou do fato-crime que se pretende tributar e, bem assim, dos traços jurídicos que apontam uma conduta como ilícita.

Ajuste-se, contudo, que não se pode ler o enunciado do art. 97, V, do CTN, sem levar em conta o parágrafo único do art. 100 que exclui a imposição de penalidades, incluindo-se a cobrança de juros de mora e atualização do valor monetário da base de cálculo do tributo. Prescreve o Código, em outros termos, que, quando "normas complementares"[196] ditarem penalidades com menor ônus que a própria lei específica tributária, prevalecerão os termos daquelas. Assim não fora e negar-se-ia o disposto nos arts. 106, II, e 112 do CTN, os quais, ao tratar da aplicação e integração da lei tributária, apontam, respectivamente, para a retroatividade da lei benéfica (retroatividade benigna) e interpretação *pro reo* (*in dubio pro reo*).

Nesta toada, vale dizer que, no tocante às infrações tributárias, o Código autoriza o intérprete a aplicar a lei a ato ou fato, ainda não definitivamente julgado, quando deixar de defini-lo como infração (a), quando deixar de tratá-lo como contrário a qualquer exigência de ação ou omissão, desde que não tenha sido fraudulento e não tenha implicado em falta de pagamento de tributo (b); ou, por último, quando lhe cominar penalidade menos severa que a prevista na lei vigente ao tempo da sua prática (c). Do mesmo modo, retroage a norma, em qualquer caso, quando seja expressamente interpretativa.

O Código determina ainda interpretação mais favorável ao acusado, em caso de dúvida quanto à capitulação legal do fato (I); à natureza ou às circunstâncias materiais do fato, ou à natureza ou extensão dos seus efeitos (II); à autoria, imputabilidade ou punibilidade (III); e à natureza da penalidade aplicável, ou à sua graduação (IV); valendo tal regra para fins de determinação de infrações ou verificação de penalidades cominadas.[197] Havemos de convir que a dúvida de que

196. (CNT) Art. 100. "I — os atos normativos expedidos pelas autoridades administrativas;
II — as decisões dos órgãos singulares ou coletivos de jurisdição administrativa, a que a lei atribua eficácia normativa;
III — as práticas reiteradamente observadas pelas autoridades administrativas;
IV — os convênios que entre si celebrem a União, os Estados, o Distrito Federal e os Municípios."

197. Sendo imprescindível a dúvida, como já bem anotou a Segunda Turma do STJ:

se fala no enunciado normativo refere-se ao plano factual e não ao legislativo. Não é a lei propriamente dita, como previsão hipotética, geral e abstrata, que está sendo questionada. A lei, quando integra o sistema jurídico, como norma válida, produz efeitos até que seja expulsa do sistema. Caso contrário, deverá ser aplicada. A dúvida, portanto, não estando na lei tributária, encontra-se ora na própria constituição do fato infracional praticado pelo contribuinte, isto é, nos meios de prova que compõem o enunciado factual da infração, ora no processo de subsunção do fato à norma, no qual se põe em dúvida o rigor do enquadramento legal produzido pelo agente competente.

Prosseguindo na enunciação das disposições legais do Código Tributário no assunto das infrações, veja-se o § 1º do art. 113.[198] Ao dizer sobre a *Obrigação Tributária no CTN*, teci algumas críticas sobre tal enunciado, principalmente em decorrência da expressão "*tem por objeto o pagamento de tributo ou penalidade pecuniária*". Vale asseverar que a equiparação de tributo com penalidade pecuniária para fins de cobrança conjunta desconsidera o conceito fundamental de tributo estipulado no art. 3º do Código, uma das premissas da palavra sendo, precisamente, não constituir a prestação pecuniária sanção de ato ilícito. Ora, mesmo tomando tributo na acepção de quantia em dinheiro, em face dos princípios da lógica, não deverá prevalecer a ideia de que a obrigação tributária possa ter por objeto o pagamento de penalidade pecuniária, ou multa, sob pena de desnaturar o próprio sentido jurídico do termo tributo. Obrigação tributária e relação jurídica sancionatória, a despeito de encontrarem-se no mesmo domínio — o direito tributário — e apresentarem-se com grande similitude — pois em ambas há de prestar o sujeito passivo um valor pecuniário ao Estado — são institutos intrinsecamente distintos, que se

---

2ª T., REsp 183.720/SP, Rel. Min. Aldir Passarinho Junior, jun./99.

198. "Art. 113. [...]
§ 1º. A obrigação principal surge com a ocorrência do fato gerador, tem por objeto o pagamento de tributo ou penalidade pecuniária e extingue-se juntamente com o crédito dela decorrente."

dissociam, de princípio, por seu antecedente: *fato lícito para a obrigação tributária e fato ilícito para a penalidade pecuniária*.

O mesmo artigo, mais à frente, prescreve em seu § 3º: *A obrigação acessória, pelo simples fato da sua inobservância, converte-se em obrigação principal relativamente à penalidade pecuniária.* Neste preceito, demoremo-nos num ponto: a figura da *conversão*. Entendo que a palavra nada traz de novo em planos jurídico-tributários. Não há procedimento específico com o nome de *conversão* no direito que trata de tributos. O que há é o enquadramento de um fato em uma hipótese, segundo os preceitos gerais de uma lei. Por outro giro, o descumprimento da obrigação acessória torna-se antecedente de uma norma que tem por consequente a aplicação de penalidade tributária (multa), esta última atribuída pelo Código com o nome de *obrigação principal* pelo § 1º do art. 113. *Conversão*, nesta linha de pensar, constitui verdadeira norma sancionatória, submetida aos ditames do regime de direito tributário, tornando o descumprimento de uma relação jurídica que é antecedente de uma norma sancionatória. Não foi outra a vontade do legislador ao pretender conferir ao procedimento sancionatório o mesmo tratamento tributário dado à instituição e cobrança de penalidades sobre tributos. Cabe salientar, a propósito, que o sistema constitucional brasileiro exige que quaisquer penalidades só podem ser aplicadas mediante o devido processo legal, sendo inadmissíveis imposições em que o contraditório e a ampla defesa não se verifiquem. É imperativo jurídico inarredável a observância do princípio do contraditório toda vez que se aplique, a qualquer pessoa, gravame pessoal ou patrimonial, a título de sanção. Nesse sentido, salienta Geraldo Ataliba[199] que o direito de punir do Estado não é irrestrito e ilimitado. Ao contrário, deve obedecer rigorosamente ao "regime jurídico punitivo", formado pelos preceitos constitucionais e legais que estabelecem limites

199. *Estudos e pareceres de direito tributário*, v. 2, São Paulo, Revista dos Tribunais, 1978, p. 262.

procedimentais, processuais e substanciais à ação do Estado no exercício do *ius puniendi*.

Como vimos, débito tributário, na terminologia empregada pelo Código Tributário Nacional, consiste no dever jurídico de pagar tributo ou penalidade. Se assim é, devido a título de tributo, multa e juros não podem ser considerados débitos diversos. Estes são, na realidade, componentes de um único débito. É o que esclarece Aliomar Baleeiro, em comentários à imputação do pagamento: *entende-se cada débito com seus acréscimos de juros moratórios e penalidades, embora a estes não se referisse a escala de prioridades: — o acessório segue a condição ou sorte do principal.*[200] Em consequência, não pode a Administração Pública considerar tais valores como se débitos autônomos fossem, instituindo imputações diversas para cada um deles.

O CTN também fala sobre o sujeito obrigado ao pagamento de penalidade pecuniária, quando dispõe: *Sujeito passivo da obrigação principal é a pessoa obrigada ao pagamento de tributo ou penalidade pecuniária*, podendo enquadrar-se como tal tanto o contribuinte quanto o responsável. Já me manifestei no sentido de que responsabilidade, em direito tributário, é instituto de cunho sancionatório *per se*, atribuindo a outrem, indiretamente ligado ao fato, o dever de pagar um *quantum* aos cofres públicos a título de tributo. Entendo que, rigorosamente analisada, a relação que envolve o responsável tributário não se trata de verdadeira "obrigação tributária", mas de vínculo jurídico com natureza de *sanção administrativa* uma vez que esta só se instaura com sujeito passivo que integre a ocorrência típica. O responsável não participa da relação jurídica tributária propriamente dita, ou seja, não integra a obrigação tributária, pois não se encontra relacionado com a prática do fato que a originou. Sua obrigação decorre tão só de imposição legal.

---

200. *Direito tributário brasileiro*, 10. ed., Rio de Janeiro, Forense, 1981, p. 554.

É nesta linha que as seções sobre responsabilidade, no capítulo V, entram também no rol das disposições do CTN que tratam sobre infração, penalidade e sanção tributárias, sendo elas de três tipos: dos sucessores (Seção II: arts. 129 a 133); de terceiros (Seção III: arts. 134 e 135) e por infrações (Seção IV: arts. 136 a 138). Sendo matéria de grande extensão científica, voltaremos ao assunto em itens subsequentes a fim de elucidar tais tipos de responsabilidades com precisão na análise.

Ingressemos agora no âmbito do *Crédito Tributário*, Título III do Código, para enunciar os artigos que tratam da matéria sancionatória e disciplinam sobre o procedimento de imposição de sanção pela Autoridade Administrativa. Verifica-se, já no plano da constituição do crédito tributário, que o Código, por equiparação, impõe o lançamento tributário como modalidade procedimental para compor a penalidade ou sanção administrativa, ao finalizar o texto do *caput* do art. 142 com a expressão *sendo caso, propor a aplicação da penalidade cabível*. Logo, a penalidade, tomada aqui como valor monetário imposto a título de conduta infracional, também é objeto de lançamento, sendo mais um dispositivo que visa a facilitar a atividade legislativa na imposição e arrecadação dos valores devidos. Vale dizer que, ao falar em lançamento em matéria de penalidades tributárias, estamos necessariamente no estrito domínio da modalidade *de ofício*, sendo sempre o auto de infração e imposição de multa (AIIM) o veículo competente para introduzir norma de sanção administrativa. A despeito da obviedade desta imposição, o art. 149, VI, enunciou expressamente esta exigência, legal e pragmática, sendo mais um exemplo de enunciado dispensável no Código. Com efeito, do enunciado do art. 142 é perfeitamente possível dizer que o procedimento administrativo para imposição de penalidades submete-se inteiramente ao mesmo regime jurídico do lançamento de obrigação principal, sendo, portanto, atividade vinculada e obrigatória, conforme disposto em parágrafo único do art. 142.

Ainda quanto ao crédito tributário, agora na hipótese de suspensão, o art. 155, I e II, dispõe sobre a possível aplicação de penalidades, em caso de revogação de ofício de moratória, sem ofensa a direito adquirido, prescrevendo-a na hipótese em que o beneficiado não satisfaça ou tenha deixado de satisfazer as condições; assim como também na situação de não cumprir ou deixar de cumprir os requisitos para a concessão do favor, cobrando-se o crédito acrescido de juros de mora. Nos seus incisos, o art. 155 prevê imposição da penalidade, quando o ato, omissivo ou comissivo, do sujeito infrator tenha sido feito com *dolo* ou *simulação*; ou sem imposição, nos demais casos. Vale a lembrança de que a ausência do termo *fraude* no inciso I do art. 155 não elide o culpado da infração tendo em vista que, apesar da omissão expressa do termo, é perfeitamente possível deduzi-lo do sistema jurídico tributário brasileiro, estando o mesmo incluído nas hipóteses do *caput* do art. 155 do CTN.

No capítulo da extinção do crédito tributário, apresentam-se quatro previsões apontando para a matéria ora tratada. Em resumo, prescreve o Código, em seu art. 157, não ilidir o pagamento integral do crédito tributário a imposição de penalidades. Há, portanto, cumulação de valores devidos pelo sujeito devedor: (i) o tributo, como contribuinte; e (ii) a penalidade, como sujeito infrator. Eis mais uma previsão legal criada para fins de facilitar a atividade administrativa.

Ainda quanto à extinção do crédito tributário, dá-se o permissivo pelo Código, em seu art. 161, de aplicar juros de mora ou quaisquer outras medidas de garantia previstas em lei tributária pelo inadimplemento do dever de recolher tributo, independentemente do motivo da falta. Em caso de pendência de consulta formulada pelo devedor dentro do prazo legal para pagamento do crédito não se lhe aplica o disposto, conforme se depreende do enunciado do § 2º do mesmo artigo. Se a lei não dispuser de modo diverso, os juros de mora são calculados à taxa de um por cento ao mês.

O inciso I do art. 164, por sua vez, protege os direitos do contribuinte, autorizando o cabimento de consignação judicial pelo sujeito passivo se a autoridade recusar o recebimento de tributo ou subordinar o mesmo ao pagamento de penalidade. No final, julgada procedente a consignação, o pagamento se reputará efetuado, e a importância consignada será convertida em renda; julgada improcedente a consignação no todo ou em parte, cobrar-se-á o crédito acrescido de juros de mora, sem prejuízo das penalidades cabíveis. *Vide* enunciado do § 2º do art. 164.

Na mesma linha garantidora dos limites da atividade administrativa e dos direitos subjetivos do contribuinte, ressalva o CTN, no art. 167, que a restituição total ou parcial do tributo dá lugar à restituição, na mesma proporção, dos juros de mora e das penalidades pecuniárias, salvo as referentes a infrações de caráter formal não prejudicadas pela causa da restituição. E em seu parágrafo único: *A restituição vence juros não capitalizáveis, a partir do trânsito em julgado da decisão definitiva que a determinar.*

Por fim, quanto às hipóteses de exclusão do crédito tributário, vale a lembrança dos arts. 180 a 182 que traçam os limites conceituais do instituto da anistia. Ajeita-se aqui uma observação bastante conhecida nesta temática, mas que nos parece procedente: a distinção entre remissão e anistia. Remissão é o perdão do tributo, nos termos do art. 172 do CTN; enquanto anistia dá-se nos estrito domínios das infrações à legislação tributária e respectivas sanções. Convém ainda insistir no caráter retrospectivo da anistia em que se a admite somente em face das infrações cometidas à vigência da lei que a concede, não se aplicando aos atos qualificados como crimes ou contravenções e aos que, mesmo sem essa qualificação, sejam praticados com dolo, fraude ou simulação pelo sujeito passivo ou por terceiro em benefício daquele. Da mesma forma, não é concedido o perdão às infrações resultantes de conluio entre duas ou mais pessoas naturais ou jurídicas. Tópico de profunda relevância para a análise do artigo ora observado é a expressão "salvo disposição em contrário" no corpo do inciso II do art. 180 do CTN. Vai aqui um contrassenso do legislador. Sendo conluio espécie do conjunto ato doloso, uma vez que é o próprio *ajuste doloso entre duas ou mais pessoas, visando aos efeitos da fraude ou da sonegação*, não poderia o texto legal autorizar tratamento mais benéfico às atividades praticadas com conluio, em detrimento das que sejam produzidas com dolo, fraude ou simulação pelo sujeito passivo ou por terceiro em benefício daquele. O dolo, estando na sua essência, atribui ao conluio, da hipótese do inciso II do art. 180, a mesma qualidade de ato doloso que se encontra integrante daqueles enunciados no inciso I deste mesmo artigo. Reafirmo que *a interpretação mais racional do art. 180, I e II, é a que exclui os crimes fiscais, contudo admite que a lei instituidora da anistia possa incluir as infrações meramente tributárias praticadas com dolo, fraude ou simulação, entre elas o conluio.*

Observe-se ainda o texto do art. 181, admitindo-se que pode ser concedida anistia em caráter geral ou limitadamente:

a) às infrações da legislação relativa a determinado tributo;

b) às infrações punidas com penalidades pecuniárias até determinado montante, conjugadas ou não com penalidades de outra natureza;

c) a determinada região do território da entidade tributante, em função de condições a ela peculiares;

d) sob condição do pagamento de tributo no prazo fixado pela lei que a conceder, ou cuja fixação seja atribuída pela mesma lei à autoridade administrativa.

Por último, o art. 182 do CTN estabelece o procedimento adequado pelo qual deve passar o sujeito infrator para ser anistiado, em caso de concessão geral, efetuando-se, em cada caso, por despacho da autoridade administrativa, em requerimento com o qual o interessado faça prova do preenchimento das condições e do cumprimento dos requisitos previstos em lei para sua concessão. O despacho, contudo, não gera direito adquirido e pode ser revogado de ofício, com ou sem imposição de penalidades, conforme praticado ou não, respectivamente, com dolo, simulação ou fraude.

10. A sanção como consequente normativo

Assim como se denomina *obrigação tributária* o liame jurídico que se estabelece entre dois sujeitos — pretensor e devedor — designa-se por *sanção tributária* a relação jurídica que se instala, por força do acontecimento de um fato ilícito, entre o titular do direito violado e o agente da infração. Além desse significado, obrigação e sanção querem dizer, respectivamente, o dever jurídico cometido ao sujeito passivo, nos vínculos obrigacionais, e a importância devida ao sujeito ativo, a título de penalidade ou de indenização, bem como os deveres de fazer ou de não fazer, impostos sob o mesmo pretexto.

A relação sancionatória vem mencionada no prescritor da regra, onde podemos colher todos os elementos necessários e suficientes para a sua identificação, num caso concreto. A norma que estipula a sanção descreve o fato antijurídico no seu antecedente, e a providência desfavorável ao autor do ilícito (sanção) no consequente.

Convém assinalar, conquanto já tenha sido anotado, que a relação jurídica sancionatória pode assumir feitio obrigacional, quando se tratar de penalidades pecuniárias, multas de mora ou juros de mora, como também veiculadora de meros deveres, de fazer ou de não fazer, sem conteúdo patrimonial. Incluem-se nessa rubrica uma série de atos cuja prática a Fazenda Pública impõe ao infrator, como também as proibições a que fica sujeito, toda vez que se formalizarem certos tipos de ilícito.

Estudar as infrações é pesquisar o suposto das regras sancionatórias, assim como indagar sobre as sanções é analisar o consequente daquelas normas. No mandamento normativo é que vamos conhecer o expediente assecuratório com que o legislador procurou resguardar o cumprimento de suas estipulações prescritivas.

Vale a lembrança final, porém de extrema importância, de que tratando-se de sanção, ainda que meramente material, a norma que delineia esse fato "antijurídico" não pode apresentar tipologia aberta. Arquétipo aberto é o que constitui as hipóteses das normas que regem o direito privado, já que as garantias e os direitos individuais hão de ser interpretados com amplitude semântica. Norma sancionadora com tipo aberto restringe, de maneira incontrolável, a liberdade e a propriedade, ferindo e comprometendo a segurança do sistema jurídico. Este, substancialmente, o motivo pelo qual o "tipo" das normas sancionadoras há de ser sempre preciso e restrito.

Transportando essas considerações para o universo fáctico, podemos tomar como exemplo a hipótese descritora do *factum* da distribuição disfarçada de lucros, que, em se tratando de tipo sancionatório, deve pautar-se em termos estritos, delimitados, rigorosamente, por critérios objetivos e de fácil determinação.

As indicações precisas dos sujeitos do vínculo e a forma de calcular-se o montante da penalidade aplicável ou a delimitação do dever infringido pela prática ilícita, tudo isso vamos encontrar nos critérios do consequente: pessoal — sujeito ativo e passivo; e quantitativo — base de cálculo e percentagem da multa, ou a quantia fixa prevista na lei, ou, ainda, as específicas formas de cumprimento do dever jurídico (de fazer ou de não fazer). Usamos quantitativo aqui nas acepções de quantificar o valor pecuniário e de quantificar a forma e a intensidade do dever.

11. Espécies de sanções tributárias

São variadas as modalidades de sanções que o legislador brasileiro costuma associar aos ilícitos tributários que elege. Teceremos considerações acerca das principais delas, elucidando os tipos conforme os nomes que se lhes veem atribuindo. No falar cotidiano, diferentes apelidos são dados a um mesmo instituto, sendo, portanto, as referências abaixo não uma lista taxativa das modalidades sancionatórias, mas uma relação das principais expressões que são associadas à matéria *Espécies de sanções tributárias*, que, por este motivo, pede reflexões mais atiladas. Vejamos algumas delas:

a) penalidades pecuniárias,

b) multa de ofício,

c) multa punitiva ou por infração,

d) multa isolada,

e) multa agravada,

f) multa de mora,

g) juros de mora,

h) acréscimos legais,

i) correção monetária, e

j) outras providências, como apreensão de mercadorias e de documentos, bem como dos veículos que os transportarem; e, da mesma forma, suspensão ou inclusão de contribuinte a regime fiscal especial etc.

Penalidades pecuniárias

As penalidades pecuniárias são as mais expressivas formas do desígnio punitivo que a ordem jurídica manifesta, diante do comportamento lesivo dos deveres que estipula. Ao lado do indiscutível efeito psicológico que operam, evitando, muitas vezes, que a infração venha a ser consumada, são o modo por excelência de punir o autor da infração cometida. Agravam, sensivelmente, o débito fiscal e quase sempre são fixadas em níveis percentuais sobre o valor da dívida tributária. A legislação do imposto sobre a renda e proventos de qualquer natureza, por exemplo, prevê até 150% do valor do imposto não pago. Nessa hipótese, o montante do tributo seria a base de cálculo e a percentagem corresponderia à alíquota, fazendo analogia com o critério quantitativo da regra-matriz de incidência tributária. Mas podem aparecer como uma importância já determinada, que não experimenta oscilações — são as penalidades de valor fixo, ou ainda estabelecidas entre dois limites, um mínimo e um máximo, cabendo à autoridade administrativa competente dosá-las segundo as circunstâncias de cada caso.

Multa de ofício

De fato, pensemos na premissa de que toda multa exerce função de apenar o sujeito a ela submetido, tendo em vista o ilícito praticado. É na pessoa do infrator que recai a multa, isto é, naquele a quem incumbia o dever legal de adotar conduta determinada e que, tendo deixado de fazê-lo, deve sujeitar-se à sanção cominada pela lei. As multas fiscais, portanto, possuem caráter pessoal, pois como assevera Temístocles Brandão Cavalcanti,[201] *podem ser consideradas indenizações, mas visam, antes de tudo, a coagir o contribuinte: é processo de intimidação. Mesmo a multa de mora pode ser assim considerada, para coagir o contribuinte a pagar com pontualidade o seu débito*. Essa linha de raciocínio levou o Supremo Tribunal Federal a sumular que *a multa fiscal moratória constitui pena administrativa, não se incluindo no crédito habilitado em falência* (Súmula 565).

Desse modo, qualquer que seja o nome que se lhe dê, toda multa tem, incontestavelmente, natureza de sanção, advinda da inobservância de um dever jurídico. Agora, ao falarmos de sua aplicabilidade *ex officio* pela Administração Pública, torna-se necessário subclassificar seu contexto sancionatório para identificar novo critério que a ordene dentro desta nova classe.

Multa de ofício é expressão que indica o procedimento para a constituição do consequente sancionatório: lançamento de ofício. Nesta medida, significa simplesmente que é uma espécie de sanção aplicada pela Autoridade Administrativa mediante lançamento de ofício ou Auto de Infração ou Imposição de Multa (AIIM). São geralmente da espécie punitiva, o que, por sua vez, não exclui as de caráter moratório. As multas de mora podem ser aplicadas mediante lançamento de ofício, da mesma forma que as espécies punitivas em sentido estrito. A diferença entre uma e outra, no âmbito procedimental, está em que as moratórias podem ser lançadas ora de ofício pela autoridade ora por homologação pelo sujeito infrator. Por outro lado,

201. *Teoria dos atos administrativos*, São Paulo, Revista dos Tribunais, 1973, p. 163.

contudo, as de cunho punitivo serão sempre de ofício. Razão esta que justifica sua denominação *multa de ofício*.

Multa punitiva ou por infração

Não é demasia repetir que o legislador nacional não distinguiu as multas chamadas "punitivas" das "moratórias"; no entanto, em razão do vasto uso desta expressão em domínios tributários, cumpre tecer comentários sobre as primeiras.

A multa punitiva encontra-se como espécie de sanção tributária consistente numa prestação pecuniária, compulsória, que sobrevém como decorrência da prática de determinadas infrações, ação ou omissão do sujeito infrator contrária à lei fiscal. É, pois, típica sanção de ato ilícito, de caráter essencialmente intimidatório, aplicada tão só por ato jurídico próprio e observados os ditames do devido processo legal.

Em direito tributário, a constituição do ilícito se dá em regra pelo Auto de Infração, como acima já mencionado, veículo normativo apto para constituir a infração no seu antecedente e, mediante vínculo deôntico, instituir, no consequente, a relação jurídica tributária sancionatória que irá impor a multa punitiva. É no consequente da referida norma que nascerá o direito subjetivo do Estado de exigir do sujeito infrator uma quantia em dinheiro devida a título de punição pelo ato ilícito. Dá-se, portanto, a um só tempo, a localização dos sujeitos da relação (sujeitos credor e devedor); assim como o surgimento da figura do crédito/débito, objeto mesmo da relação.

Multa isolada

Multa isolada é o nome que se dá ao procedimento sancionatório que, como o próprio nome indica, isoladamente exige a multa por algum motivo que a lei determina. Trata-se de um atributo que qualifica a forma de exigência da multa pelo Fisco. Assim, exemplificando, a multa será cobrada isoladamente, quando o tributo ou a contribuição houver sido pago após o vencimento do prazo previsto em lei. Esta era a hipótese do inciso II do § 1º do art. 44 da Lei 9.430/96, na redação anterior à Medida Provisória 303/2006, que prescrevia a forma de cobrança da multa isolada.

Em linha de princípio, entende-se por isolada a multa aplicada mediante cobrança tão só do valor, a título de penalidade. Agora, há que se tomar nota de que tais espécies, em regra, serão também de ofício, em decorrência do procedimento a que se submetem, e punitiva, em razão do seu específico intuito regulatório.

Ainda na amplitude da providência de se caracterizar a multa isolada no âmbito do sistema tributário, vale a lembrança de que, em face da sua própria natureza punitiva e de ofício, é inadmissível a sua exigência cumulativa com outra multa de ofício. Nesses termos, é o entendimento da Câmara Superior de Recursos Fiscais que consignou a exegese, no Acórdão CRSF/01-05.511[202], e em outros julgados do Conselho de Contribuintes.[203] A solução encontrada por este Órgão Administrativo é no sentido de dever-se cancelar multa de ofício lançada isoladamente, por caracterizar dupla pena relativa a uma mesma infração:

> Penalidade — Multa isolada — Lançamento de ofício — Falta de recolhimento — Pagamento por estimativa. Não comporta a cobrança de multa isolada por falta de recolhimento de tributo por estimativa concomitante com a multa de lançamento de ofício, ambas calculadas sobre os mesmos valores apurados em procedimento fiscal. (Ac. 101-94.155).

Não poderia ser outra a conclusão, já que tanto a multa de lançamento de ofício como a multa isolada decorrem da mesma situação fática, qual seja, ausência de recolhimento do tributo.

---

202. Aplicação concomitante de multa de ofício e multa isolada na estimativa — Incabível a aplicação concomitante de multa isolada por falta de recolhimento de estimativas no curso do período de apuração e de ofício pela falta de pagamento de tributo apurado no balanço. [...]

203. Multa isolada — Impossibilidade de cobrança cumulativa com a multa de ofício normal — Deve ser afastada a aplicação da multa isolada concomitantemente com a multa de ofício normal, incidentes sobre o tributo objeto do lançamento (Acórdão 102-4693.1).
Multa isolada — Cumulatividade com a multa de ofício — Contendo o artigo 44, I, da Lei n. 9.430, de 1996, norma que alberga a falta, genérica, de pagamento do Imposto de Renda, sua aplicação inibe a eficácia simultânea daquela contida no § 1º, III, desse artigo (Acórdão 102-46375).

Multa agravada

É a espécie de multa que tem por conteúdo a agravação de penalidade em decorrência de dolo, fraude ou simulação na prática do ato jurídico tributário. É aplicada quando a Administração Pública demonstra, por elementos seguros de prova, no Auto de Infração, a existência da intenção do sujeito infrator de atuar com dolo, fraudar ou simular situação perante o Fisco. Para caracterizar a multa agravada, é necessário, outrossim, a existência de fato doloso, fradulento ou simulado, devidamente provado, para se produzir a correta subsunção do fato infracional à norma autorizadora do agravamento da penalidade.

A constituição do crédito tributário sancionatório dá-se por ofício, sendo, portanto, também do tipo "multas de ofício". Decorrem da prática de determinadas infrações, ações ou omissões do sujeito infrator contrárias à lei fiscal, deste modo, também chamadas multas punitivas ou por infração.

É geralmente aplicada no percentual de 150%, objetivando com isso intimidar a prática da infração e, por fim, evitar situações dessa gravidade nos casos concretos. Por exemplo, quando dissonantes as informações na DCTF[204] e nos livros fiscais, entende-se por demonstrado na situação concreta o intuito de fraudar a Administração Pública, justificando-se a aplicação da multa agravada de 150%. Em termos de linguagem das provas, sendo as informações de valores na DCTF e DIPJ[205] diversas das dos livros fiscais dá-se por caracterizada a disposição de ludibriar o Fisco, de simular uma situação, o que fundamenta a aplicação da multa agravada, neste caso, nos termos do inciso II do art. 44 da Lei 9.430/96.

Multa de mora

As multas de mora são também penalidades pecuniárias, mas destituídas de nota punitiva em sentido estrito. Nelas predomina o intuito indenizatório, pela contingência de o

204. Declaração de Débitos e Créditos Tributários Federais.

205. Declaração de Informações Econômico-fiscais da Pessoa Jurídica.

Poder Público receber a destempo, com as inconveniências que isso normalmente acarreta, o tributo a que tem direito. A conduta omissiva (não pagamento) do sujeito contribuinte, independentemente de haver ou não culpabilidade, atinge certeira o direito subjetivo da Administração Pública ao crédito. O descumprimento da obrigação tributária, em razão do destempo, é causa que dá motivo a dano para o Erário Público, pressuposto de fato para a imposição da multa de mora. Eis aí a origem da sua função indenizatória. Muitos a consideram de natureza civil, porquanto largamente utilizada em contratos regidos pelo direito privado. Essa doutrina não procede. Tais multas são previstas em leis tributárias e aplicadas por funcionários administrativos do Poder Público, podendo, por isso mesmo, ser aplicadas *ex officio*.

Juros de mora

Os juros de mora, cobrados na base de 1% ao mês, quando a lei não dispuser outra taxa, são tidos por acréscimos de cunho civil, à semelhança daqueles usuais nas avenças de direito privado. Igualmente aqui não se lhes pode negar feição administrativa. Instituídos em lei e cobrados mediante atividade administrativa plenamente vinculada, distam de ser equiparados aos juros de mora convencionados pelas partes, debaixo do regime da autonomia da vontade. Sua cobrança pela Administração não tem fins punitivos, que atemorizem o retardatário ou o desestimulem da prática da dilação do pagamento. Para isso atuam as multas moratórias. Os juros adquirem um traço remuneratório do capital que permanece em mãos do administrado por tempo excedente ao permitido. Essa particularidade ganha realce, na medida em que o valor monetário da dívida se vai corrigindo, o que presume manter-se constante com o passar do tempo. Ainda que cobrados em taxas diminutas (1% do montante devido, quando a lei não dispuser sobre outro valor percentual), os juros de mora são adicionados à quantia do débito, e exibem, então, sua essência remuneratória, motivada pela circunstância de o contribuinte reter consigo importância que não lhe pertence. Após a edição da Lei 9.065, de 20 de junho de 1995, o valor correspondente aos créditos tributários federais é atualizado pela taxa SELIC — Sistema Especial de Liquidação e Custódia, cujo índice varia em função de critérios adotados pelo Banco Central do Brasil. Pouco a pouco, Estados e Municípios vêm adotando referida taxa para corrigir o valor dos créditos tributários de que são titulares, como fez o Estado de São Paulo com a Lei 10.619, de 20 de julho de 2000.

Acréscimos legais

A expressão "acréscimos legais" tem duas acepções: uma, estrita, utilizada para designar a correção monetária e os juros de mora; outra, em sentido amplo, empregada para mencionar tudo aquilo que aumenta o *quantum* do débito tributário a ser recolhido, compreendendo a correção do valor aquisitivo da moeda, juros de mora, multa de mora e sanção punitiva eventualmente aplicada. Enfim, o montante da importância exigida do administrado, menos o valor originário da exação.

Por outro prisma, a locução "acréscimos legais" postula cobrir toda a extensão das verbas que podem ser exigidas ao ensejo da apuração do débito, independentemente da abertura de prazo para o sujeito passivo defender-se. Abrangeria, desse modo, a correção monetária, juros de mora e multa de mora, não alcançando, porém, as penalidades punitivas, para a configuração das quais se torna necessário o respeito ao direito de defesa.

Claro está que essa instância de significação não afasta o direito subjetivo que todos têm de impugnar pretensões que entendam indevidas. O critério alude, apenas, ao modo como a exigência deve ser formulada, assumindo caráter procedimental.

Vale a ressalva de que, em muitos casos, toma-se correção monetária por acréscimo legal, ou mesmo por sanção, o que, a nosso ver, não parece a melhor concepção adotada. De fato, não é correto incluir entre as sanções que incidem pela falta de pagamento do tributo, em qualquer situação, a conhecida figura da *correção monetária* do débito. As leis tributárias, muitas vezes, referem-se a ela (correção monetária) como *acréscimo ou ônus* que agrava a prestação do tributo. Em termos aritméticos, não há dúvida, trata-se de majoração. Todavia, para o direito, o resultado corrigido traduz apenas o valor atual da dívida, sendo o montante da correção uma parte do próprio objeto prestacional. É por esse motivo que a dispensa da correção monetária do débito equivale à remissão, perdão parcial da dívida tributária, que só pode ocorrer nos termos de lei que expressamente a autorize.

Caso os índices corretivos não venham a significar, com exatidão, a precisa intensidade do desgaste da moeda, num dado intervalo de tempo, é questão de fato, que dependeria de prova adequada. Em princípio, presumem-se procedentes.

Correção monetária

A despeito de correção monetária não ser hipótese de sanção, como já mencionado em comentários ligeiros acima, tendo em vista sua vasta referência em planos sancionatórios, não sobeja traçar algumas de suas características para fins de identificá-la em planos jurídico-tributários.

A correção monetária representa atualização do valor da dívida, tendo em vista a desvalorização da moeda, em regime político-jurídico em que atua o problema inflacionário. O valor aquisitivo do dinheiro é corrigido, periodicamente, de acordo com índices estimativos, de modo que, em qualquer tempo, é possível saber-se da expressão econômica do débito ou do crédito em relação a determinado intervalo de tempo.

Essa recomposição do valor monetário encontra integral aplicação aos créditos de indébito tributário, pois a restituição dos valores indevidamente recolhidos só será completa se mantida sua real expressão econômica. Foi instituída pela Lei 4.357, de 16 de julho de 1964, e há muitos anos vem subsistindo a todas as investidas para suprimi-la.

A correção monetária não diz respeito à regra-matriz do imposto, não participa da incidência tributária, e não está jungida aos limites constitucionais da competência tributária. É, sim, instrumento de justiça e paz social que deve estar presente em qualquer relação obrigacional de cunho pecuniário, seja ela pública ou privada. A correção monetária nada acrescenta ao valor do principal, mas a ele incorpora as perdas sofridas, ao longo do tempo, em decorrência da espiral inflacionária. Revela uma garantia de propriedade, na medida em que resguarda o direito patrimonial de verdadeiros atos confiscatórios gerados pela inflação. Da mesma forma, não se enquadra como penalidade ao fisco, uma vez que é simples reposição do valor real da moeda, em decorrência da inflação, destituída, portanto, de qualquer caráter de sanção por ato ilícito.

O direito à correção monetária é consectário natural dos princípios constitucionais da propriedade, da estrita legalidade e tipicidade em matéria tributária, bem como da isonomia e da não confiscatoriedade. Nessa linha de raciocínio, qualquer restrição à correção monetária de indébitos tributários implicaria flagrante ilegalidade e inconstitucionalidade, pois acarretaria restituição a menor.

Outras providências penalizadoras

Providência até certo ponto comum é a apreensão de mercadorias e de documentos, bem como dos veículos que os transportarem, em função de irregularidades verificadas pela fiscalização. A devolução ficará condicionada ao pagamento do tributo devido, com as penalidades cabíveis, ou então, querendo discutir a legitimidade do procedimento fiscal, o interessado terá de oferecer fiança idônea ou depósito de valor correspondente à mais elevada multa aplicável à espécie. Todavia, acerca dessa medida sancionatória, consistente na retenção de bens para forçar o recolhimento do tributo ou da multa, já se manifestou o Supremo Tribunal Federal, entendendo que "é inadmissível a apreensão de mercadorias como meio coercitivo para pagamento de tributos" (Súmula n. 323).

As mercadorias estrangeiras encontradas em situação irregular serão apreendidas e seu proprietário, independentemente do processo penal a ser instaurado, perdê-las-á em favor da Fazenda Pública. Tais bens, posteriormente, serão levados a leilão e o produto arrecadado passará a constituir receita tributária. O infrator sofrerá duas sanções: a de caráter administrativo-tributário, em virtude da perda de mercadoria, e a de índole criminal, mediante a pena que lhe será infligida.

A sujeição a regime especial de controle é outro expediente sancionatório de que a Fazenda Pública se utiliza, com relação a certos impostos, como IPI e o ICMS. Aplica-se ao sujeito passivo que se mostra renitente quanto ao cumprimento de suas obrigações e deveres tributários. Consiste na rotulagem especial, na numeração ou no controle quantitativo dos produtos; no uso de documentos ou livros de modelos especiais; na prestação de informações periódicas sobre as operações de seu estabelecimento; e até na vigilância constante dos agentes do Fisco, que poderão fazer plantões à porta do estabelecimento.

A cassação de regimes especiais de pagamento do imposto, do uso de documentos ou de escrituração de livros específicos, concedida a certos contribuintes na conformidade da legislação em vigor, é outra medida punitiva aplicável ao sujeito passivo que procedeu de modo fraudulento, no gozo das respectivas concessões. Tais medidas sancionatórias, a propósito, são sentidas tanto quando infringida a obrigação principal de pagar, quanto aqueles *deveres instrumentais ditos de conformação de regime*. Tais incumbências conferidas aos contribuintes, vale dizer, voltam-se à fiscalização, controle e manutenção dos chamados "regimes especiais" concedidos perante a Administração tributária. Nesse sentido, é interessante verificar que a sanção pelo descumprimento de tais deveres é, justamente, a perda do benefício ao "regime especial" outorgado. Em franco contraste com aqueles *deveres de conformação fática*, que informam os regimes impositivos ou ordinários, os *deveres instrumentais de conformação de regime* visam tão somente a garantir a manutenção das condições necessárias para a fruição do regime especial, não se prestando, pois, a seguir a rotina de simplesmente documentar, passo a passo, os enunciados prescritivos que se congregam para determinar a incidência.

12. Os excessos sancionatórios

São numerosas as manifestações doutrinárias e jurisprudenciais contra sanções tributárias que exigem importâncias desproporcionadas com relação ao tributo. Os fundamentos sobre que se edificam tais insurgências são, substancialmente, dois: o princípio do respeito à capacidade contributiva e o da proibição de confisco.

Realmente, uma pretensão de 300% (trezentos por cento) do valor do tributo é algo sobremodo oneroso, que sufoca qualquer atividade econômica normal, tolhendo as possibilidades até da reeducação mental do contribuinte, para relembrar as categorias de Becker. Sabemos quais são os fins da arrecadação dos tributos. Nesse trajeto, não interessa ao Estado-Administração e à comunidade em geral que uma unidade econômica produtiva venha a desaparecer, em singela homenagem à afirmação de um princípio, por mais relevante que seja. Mesmo porque, ao lado das sanções de índole administrativa, como a de que tratamos, outras há de caráter penal, punindo os comportamentos que atentem contra valores fundamentais, entre eles o do recolhimento de tributos. Num país em que os índices inflacionários sejam relativamente módicos, como acontece no Brasil de hoje, convenhamos que, em termos práticos, a penalidade é insuportável. E juridicamente, com a força constitucional do primado do respeito à capacidade contributiva da pessoa, diretriz responsável pela concretização da própria igualdade em matéria tributária, fica muito difícil conceber a razoabilidade dessa sanção. As sanções figuram como expedientes empregados pelo Estado para desestimular as práticas indesejadas pelo Poder Público. Não devem desviar-se dessa finalidade estipulando percentual desarrazoado sob pena de contrariarem a vedação constitucional do confisco. Esses dois comandos constitucionais bastam para mostrar a incompatibilidade entre sanções desse tipo e a sistemática constitucional tributária que vigora no Brasil.

Vale a lembrança de que um dos princípios a serem seguidos pela Administração Pública é o da razoabilidade, segundo o qual o meio deve ser adequado ao fim almejado. Sua consecução exige proporcionalidade entre os meios de que se utilize a Administração e os fins que ela tem que realizar. Com supedâneo em tais definições, leciona Agustin Gordillo[206] que uma medida é irrazoável, dentre outras situações, quando "não guarde uma proporção adequada entre os meios que emprega e o fim que a lei deseja alcançar, ou seja, que se trate de uma medida desproporcionada, excessiva em relação ao que se deseja alcançar".

A aplicação desses princípios, entretanto, não se restringe à Administração Pública, devendo ser aplicados relativamente a todo raciocínio jurídico. Com efeito, o Supremo Tribunal Federal tem entendido imprescindível que a legislação discipline as condutas de modo razoável e proporcional ao que realmente cada conduta requer.[207] Disso conclui-se que as leis e atos do poder público submetem-se aos princípios da razoabilidade e proporcionalidade, devendo haver adequação entre a imposição e o fim que se pretende atingir.

A imposição de multas, por conseguinte, deve ficar dentro do limite da razoabilidade e da proporcionalidade, ou seja, precisa guardar adequação com o ilícito praticado, não podendo ser excessiva relativamente ao dano causado e ao benefício obtido com prática indevida, pois como leciona Odete Medauar,[208] não podem ser impostas aos indivíduos obrigações, restrições ou sanções em medida superior àquela necessária ao atendimento do interesse público, segundo critério de razoável adequação dos meios aos fins. Havendo distorção entre a medida exigida e o fim efetivamente nela previsto, *in casu*, entre a multa imposta e a finalidade de sua imposição, haverá inadmissível violação aos mencionados princípios.

---

206. *Princípios Gerais de Direito Público*. São Paulo, Revista dos Tribunais, 1977, p. 183-184.

207. Veja-se, a título de exemplo, a concessão da medida liminar na ADIn 1753/DF (DJU, 12.06.1998, p. 51) e na ADIn 855/PR (DJU, 1º.10.1993, p. 20.212).

208. *Direito Administrativo Moderno*. São Paulo, Revista dos Tribunais, 1996, p. 146.

13. Responsabilidade dos sucessores

Em rápida digressão, parece-me oportuno relembrar que as obrigações, enquanto gênero, são invariavelmente compostas por cinco elementos: (i) sujeito ativo; (ii) sujeito passivo; (iii) crédito; (iv) débito e (v) objeto. Que venha a faltar qualquer um desses elementos e restará prejudicada a ordem jurídica como um todo.

É certo, porém, que o desaparecimento de pessoa (seja pela morte, se pessoa física; seja pela dissolução, fusão, incorporação ou transformação societária, se pessoa jurídica), levando à consequente insubsistência das obrigações *dela* ou *por ela* exigíveis, resulta em indesejado estágio de incerteza quanto à continuidade de seu acervo patrimonial.

Como instrumento de estabilização dessas expectativas, o direito positivo prescreve uma série de dispositivos que regulamentam em quais condições poderá a obrigação, extinta pelo perecimento da pessoa, vir a ser substituída por outra, com *novos sujeitos* integrando o polo obrigacional deixado pela pessoa desaparecida. Eis o fenômeno denominado *sucessão*.

Sabemos também que o sujeito passivo da obrigação tributária é aquela pessoa que está em relação econômica com o fato jurídico tributário. Por outro lado, vezes há em que o Estado tem interesse ou necessidade de cobrar o tributo de pessoa diversa. É o que se entende por *sujeição passiva indireta*, que pode vir tanto como transferência, em uma de suas três hipóteses — solidariedade, sucessão e responsabilidade —, quanto como substituição. Tal classificação tomava em conta critérios extrajurídicos, principalmente de cunho econômico ou da ordem da pragmática administrativa. Cravadas estas premissas, não haveria, em termos propriamente jurídicos, a divisão dos sujeitos em diretos e indiretos. Parece, pois, com ares de evidência, que as hipóteses instituidoras de responsabilidade, estabelecidas pelo legislador, vinham maculadas como uma medida sancionadora destinada a garantir a boa fiscalização e arrecadação de tributos pelos entes políticos.

Tanto é assim que, a título exemplificativo, não haveria outra justificativa que não a sancionatória à hipótese de responsabilidade do tabelião quanto ao Registro e arrecadação de ITBI na transferência de bens imóveis. A sua falta seria tida por infringência de seu dever jurídico de "providenciar a cobrança do imposto, no ato de passar a escritura". Além de não ser essa a hipótese estabelecida pelo legislador estadual para o imposto de transmissão "inter vivos", parece, com ares de evidência, uma medida sancionadora destinada a garantir a vigilância dos tabeliães, ao ensejo da lavratura de escritos públicos que visem à transferência de propriedades imobiliárias.

Posto isto, cremos que, em termos técnico-jurídicos, não se deva falar em sujeito passivo indireto. Todas as pessoas colhidas pela endonorma tributária, para efeito de integrar o vínculo, na qualidade de devedores de prestação pecuniária, haverão de ser sujeitos passivos diretos. A distinção, repetimos, só é possível em termos extrajurídicos, em que se considerem dados econômicos. Sobremais, a categoria dos sujeitos passivos, em que aparece a transferência por responsabilidade, não deve ser estudada no campo das endonormas, mas sim das perinormas tributárias, já que se apresentam como elementos do suposto, ao qual se imputam sanções, por virtude da violação de deveres jurídicos.

Feita a digressão, voltemos ao tema da responsabilidade dos sucessores. *Sucessão* é vocábulo técnico-jurídico que compreende o conjunto de operações normativas que permitem a continuidade do acervo de direitos e deveres de uma pessoa (seu patrimônio), mesmo depois de sua extinção. Por meio desses procedimentos, o *sucedido*, é substituído por outra pessoa (o *sucessor*) tanto no polo ativo das obrigações que podia exigir, como no polo passivo daquelas em que figurava como devedor. Efetivamente, o que se observa não é, propriamente, a *continuidade das relações obrigacionais originárias*, que são extintas com o desaparecimento de uma das partes, mas a constituição de *novas relações*, em substituição às anteriores, colocando os sucessores no polo correspondente àquele antes ocupado pela pessoa extinta. Será, portanto, através desses novos liames, considerando os limites postos pelo ordenamento à sua constituição, que se dará a esperada continuidade ao patrimônio do sucedido. A ressalva é importante, pois as novas relações jurídicas de responsabilidade tributária por sucessão estão sujeitas a termos que não restringem as relações originárias por exemplo, a limitação quantitativa ao quinhão transmitido ao herdeiro.

No campo dos tributos, a matéria está disciplinada na Seção II, do Capítulo V sobre *Responsabilidade Tributária*, em especial nos arts. 129 a 133 do CTN. De saída, vale observar o papel de disposição geral que exerce o art. 129 do Código, prescrevendo comando aplicável a todas as disposições inseridas nessa mesma sessão. Do comando, importa destacar dois aspectos: (i) a aplicabilidade a créditos constituídos ou não na data da sucessão; e (ii) a abrangência das multas.

É feita referência, no art. 129, aos créditos que, na data da sucessão, estariam (i) já *definitivamente constituídos*, (ii) *em curso de constituição* e (iii) *constituídos posteriormente* ao evento sucessório. Com isso, quer-se dizer que as normas de responsabilidade dos sucessores serão aplicáveis tanto aos créditos tributários constituídos quanto àqueles que, todavia, ainda não o foram.

Nesse momento, é importante relembrar que as normas de responsabilidade tributária assumem o condão de *garantias*, condição que assume especial relevância diante do desaparecimento da pessoa do devedor, como acontece nos termos do art. 131, II e III, bem como naqueles do art. 132. Nesse contexto, a obrigação nova, instituída pela norma de responsabilidade, remanesce a despeito da insubsistência da obrigação tributária propriamente dita, ocasionada pela inexistência do contribuinte.[209]

---

209. Desde há muito, venho insistindo na tese de que não se trata de mera "substituição" do contribuinte pelo responsável por sucessão. Aquilo que se opera, com a incidência da norma de responsabilidade é a constituição de vínculo novo,

Assim, caso venha a ser constituído o débito somente após o evento sucessório, será preciso que a autoridade administrativa constitua o crédito tributário, pautando-se pela regra-matriz de incidência tributária, atentando para os limites decadenciais, e, *simultaneamente*, caracterize os preceitos da norma de responsabilidade, fazendo incidir as duas normas. Do contrário, caso venha a promover apenas a incidência do tributo, verificar-se-á a *ineficácia técnica semântica* da norma de lançamento, pois a pessoa extinta já não mais pode assumir direitos e deveres, assim na impossibilidade de exigência do débito.

Se, por outro lado, forem satisfeitos ambos pressupostos e constituídas normas individuais e concretas que documentem tanto a incidência da regra-matriz de incidência tributária como da norma de responsabilidade, a exigibilidade da última se sobreporá à ineficácia técnica semântica da primeira, permitindo que a administração dê seguimento às providências de cobrança contra os sucessores.

Evidentemente, a aplicação da norma de responsabilidade somente terá lugar quanto a acontecimentos ocorridos *antes* do evento sucessório. Isso porque, eventuais fatos jurídico-tributários sobrevindos *após* esse instante deverão dar fundamento para a incidência de tributos nos quais o sucessor já é devedor *em nome próprio*. Isso porque esses "fatos geradores" decorrem de *atos próprios dos sucessores*, a eles imputáveis diretamente nos termos da regra-matriz de incidência.

O segundo aspecto que importa observar no art. 129 é o de que a responsabilidade tributária por sucessão abrange não apenas o valor do tributo, mas também aquele relativo às multas, como reconhece expressiva tradição jurisprudencial.

No entanto, por mais que as cortes judiciais e administrativas venham reconhecendo sistematicamente que a sucessão

originado a partir do fato previsto na norma de responsabilidade (e não no fato gerador do tribute). Nesse sentido, confira-se meu *Direito Tributário, linguagem e método*. (São Paulo: Noeses, 2016. p.670) abrange *todas as multas tributárias*, sem fazer distinção quanto à sua natureza moratória ou punitiva, acredito que tal posicionamento destoa dos preceitos constitucionais relevantíssimos, notadamente a *pessoalidade da pena* (art. 5º XLV). Ao permitir que os sucessores respondam também pelas chamadas multas punitivas, além das moratórias, faz com que os efeitos negativos da sanção de uma conduta individual e ilícita sejam transmitidos aos sucessores do infrator.

E nem se diga que a parte final do art. 5º, XLV, autoriza a transferência da multa punitiva aos herdeiros: ali faz-se referência apenas à obrigação de "reparar danos", dever que estará integralmente satisfeito com o adimplemento da obrigação tributária e respectivos acréscimos moratórios. A multa punitiva, como bem se sabe, envolve a cominação de penalidade que ultrapassa os limites do ressarcimento ao Erário, não se incluindo, portanto, nos contornos do enunciado insculpido em nossa Carta Magna.

Para além da inconstitucionalidade desse entendimento, vale notar que a redação do art. 129 tampouco fornece qualquer elemento textual que ampare a sucessão das multas punitivas.

Por esses motivos, tenho a convicção de que tal diretriz jurisprudencial necessita de urgente revisão, para excluir as multas punitivas do escopo da sucessão, tal como já ocorre na prescrição do art. 134, parágrafo único, do CTN.

No corpo do enunciado do art. 130 do CTN, apresenta-se a sucessão por aquisição de imóvel, em que há verdadeira assunção do adquirente das obrigações anteriores do proprietário daquele bem. Mais à frente, prescreve o art. 131 do mesmo diploma a responsabilidade pessoal do adquirente ou remitente, pelos tributos relativos aos bens adquiridos ou remidos; do sucessor a qualquer título e do cônjuge meeiro, pelos tributos devidos pelo *de cujus* até a data da partilha ou adjudicação, limitada esta responsabilidade ao montante do quinhão do legado ou da meação; e do espólio, pelos tributos devidos pelo *de cujus* até a data da abertura da sucessão. No primeiro caso, o artigo cuida de outros bens que não aqueles do art. 130, isto é, bens em geral com exceção dos bens imóveis. Já na segunda hipótese, a sucessão decorre da morte do proprietário, passando-se a propriedade e os deveres que a ela se integram aos seus sucessores. Por último, no caso de espólio, verifica-se a responsabilidade pessoal antes mesmo da sucessão. Nesta medida, verificado o débito com o Fisco e realizada a partilha ou adjudicação, responde o espólio *pessoalmente* pelos débitos do *de cujus*.

Vale reiterar que não se opera uma mera substituição do contribuinte falecido pelo seu espólio. Cuida-se, isso sim, da materialização de uma segunda norma, a de responsabilidade tributária do espólio, cuja incidência pressupõe a prova tanto do óbito como da abertura da sucessão, eventos inegavelmente distintos do "fato gerador" do tributo. É precisamente a incidência dessa segunda norma que evita os efeitos negativos da ineficácia técnica semântica do lançamento, que tinha o *de cujus* no polo passivo.

O mesmo ocorre com a previsão do inciso II, que atribui aos *sucessores* e ao *cônjuge meeiro* a responsabilidade pelos débitos do *de cujus* que, após a partilha, não foram quitados pelo espólio ao longo do procedimento sucessório. Com efeito, aqui também deve registrar-se que não se trata de mera transposição de sujeição passiva para os herdeiros. É imprescindível que a autoridade administrativa fiscal, além das providências específicas da incidência tributária *em si*, faça a prova da realização da partilha e especifique a distribuição dos quinhões para cada um dos herdeiros.

É importante não se deixar confundir pelos diferentes requisitos probatórios dessas hipóteses: conquanto ambas estejam relacionadas com a sucessão de pessoas físicas, a responsabilização do espólio carece da prova do óbito do *de cujus* e da abertura de sua sucessão;[210] já a responsabilização dos herdeiros terá por pressuposto inafastável a prova da *partilha* e *recebimento dos quinhões* (ou de seu adiantamento).

210. Há situações em que não se prova o óbito, como é o caso da morte presumida (art. 26 e seguintes do Código Civil), dispensando-se tal prova também para a atribuição de responsabilidade tributária.

Ainda em relação ao art. 131, II, o preceito colocado ao final do dispositivo faz valer no campo dos tributos importante máxima do campo das sucessões: *o que se persegue com as normas de sucessão de dívidas é o patrimônio do sucedido e não a pessoa do sucessor*. De fato, fosse o caso de permitir que o sucessor respondesse para além do patrimônio por ele herdado, incorrer-se-ia em desarrazoada *confusão patrimonial*, ignorando a segregação patrimonial imposta pela autonomia de personalidades jurídicas entre o herdeiro e o autor da herança.

O limite da responsabilidade de cada herdeiro, portanto, corresponderá ao valor do quinhão por ele recebido com a partilha. Desse modo, ainda que os débitos tributários sejam superiores à quantia herdada, dos herdeiros não se poderá exigir mais do que o valor correspondente ao seu quinhão, daí a importância da prova dos quinhões transmitidos.

Finalmente, dispõe, o Código, sobre a sucessão empresarial de direito. Segundo dicção do art. 132, a pessoa jurídica de direito privado que resultar de fusão, transformação e incorporação é responsável pelo pagamento dos tributos devidos até a data do ato. Não é difícil verificar a pressuposição da Lei em trazer um dever de cooperação para que as prestações tributárias venham a ser satisfeitas, estabelecendo dever implícito de forçar a regularização do débito, antes da operação, ou de assumir o ônus na qualidade de responsável.

Vale dizer que, ao disciplinar a responsabilidade tributária decorrente de incorporação, prescreveu o legislador nacional que a pessoa jurídica resultante dessa operação societária (no caso, a incorporadora) fica obrigada a responder pelos valores devidos, pela incorporada, a título de "tributo". Quando o art. 132 atribui a responsabilidade tributária ao incorporador, o faz em relação aos "tributos". Não se refere a crédito tributário, ou a obrigação principal, o que poderia, eventualmente, dar margem a discussões acerca da inclusão, nesses conceitos, das quantias correspondentes a penalidades pecuniárias. Ao empregar o vocábulo "tributo", não deixou dúvida quanto aos valores cuja responsabilidade é passada ao incorporador, pois este exclui quaisquer exigências que configurem sanção por ato ilícito.

Dada a pessoalidade da pena em razão do seu nexo com as ações praticadas pelo infrator, o responsável somente responde por infrações quando para elas contribuir por ato próprio, não podendo assumir o polo passivo de imposições decorrentes de ilegalidades que jamais foram por ele pessoalmente praticadas.

O Supremo Tribunal Federal já se manifestou sobre o assunto, no seguinte sentido:

> ICMS. Multa punitiva. Não responde por ela o sucessor no negócio. O art. 133 do CTN responsabiliza solidariamente o sucessor do sujeito passivo pelos tributos que este não pagou, mas não autoriza a exigência de multas punitivas, que são de responsabilidade pessoal do antecessor (CTN, art. 137. Súmula n. 192). Esse art. 133 não comporta interpretação extensiva, que os arts. 106, 122, 134 e 137 do CTN, interpretados sistemática e analogicamente, condenam. Padrões que decidiram casos anteriores ao CTN e em antagonismo com a política legislativa deste não demonstram dissídio com interpretação desse diploma (art. 135, do Regimento Interno do Supremo Tribunal Federal). (...) Precedentes do Supremo Tribunal Federal. Recurso extraordinário não conhecido. (STF, 1ª T., RE 77.571/SP, Rel. Min. Rodrigues Alckmin, DJ, 04.04.1975).

As punições não são transferidas a terceiros mediante o vínculo da responsabilidade tributária, pois o dever de com elas arcar decorre de conduta pessoal, não coincidente com a obrigação tributária que, por sua origem lícita, é passível de transferência a quem a lei assim determine.

Não bastassem os relevantes argumentos expostos, registre-se que tanto o art. 132 do CTN, como o art. 5º, do Decreto-lei n. 1.598/77, que disciplinam a responsabilidade dos sucessores nas hipóteses de alterações societárias, referem-se apenas a "tributos", não cuidando da transferência dos créditos relativos a penalidades. Fosse intenção do legislador abranger a relação jurídica tributária e a relação jurídica sancionatória, a elas teria feito expressa menção. Em resumo, gravemos: as infrações são de responsabilidade pessoal de quem as praticou, sendo inadmissível sua transferência a terceiros, estranhos à relação delituosa.

Decorrendo o ilícito tributário de atos de determinada pessoa, física ou jurídica, somente ela responde pela sanção originada. A responsabilidade por sucessão abrange apenas os "créditos tributários", entendidos como valores devidos a título de "tributo", como expressamente referido no art. 132, que regulamenta as sucessões empresariais. Vale recordar que "tributo" não constitui sanção de ato ilícito (art. 3º do CTN), motivo por que penalidade alguma pode ser objeto de transferência ao incorporador, independentemente de já ter sido constituída ou não, no instante em que se verificou a mutação societária.

Estou convicto de que a exegese do art. 129 veda a aplicação de penalidade pecuniária ao sucessor, independentemente de a autuação ter sido efetivada antes ou depois da incorporação, razão pela qual a parte inicial da nota transcrita ("não tendo sido autuada esta empresa anteriormente à sucessão") não se mostra condizente com as normas integrantes do ordenamento posto.

Fiz essas considerações apenas para tornar clara a sistemática adotada pela legislação nacional, não deixando margem a dúvidas acerca da responsabilidade por sucessão, quaisquer que sejam as características da situação concreta.

14. Responsabilidade de terceiros

A figura da responsabilidade de terceiros, no Código, vem a aparecer nos arts. 134 e 135, admitida nas hipóteses de impossibilidade de exigência do cumprimento da obrigação principal pelo contribuinte. Os arts. 134 e 135 do Código Tributário Nacional denunciam, com força e expressividade, o timbre sancionatório que vimos salientando.

O art. 134 tem aplicabilidade em relação a *atos em que as pessoas indicadas intervierem ou pelas omissões de que forem responsáveis*, evidenciando a presença de um dever descumprido como requisito à exigência do débito, em caráter supletivo, dos sujeitos relacionados nos incisos I a VII. É intuitivo crer que, a despeito de se dizer expressamente solidária a responsabilidade, a frase "nos casos de impossibilidade de exigência do cumprimento da obrigação principal pelo contribuinte", que introduz o próprio texto do art. 134 do CTN, retoma o benefício de ordem, qualificando, deste modo, a responsabilidade por subsidiária. Nesta medida, cobra-se em primeiro do contribuinte; cessadas as formas de exigência do dever legal daquele, executa-se o responsável.

Vale a ressalva de que, em matéria de penalidades, a aludida responsabilidade subsidiária do *caput* do art. 134 do CTN só se aplica às de caráter moratório. Sendo assim, é vedado à Administração Pública autuar terceiros por infrações cometidas pelo contribuinte, exceto nas situações em que aquele agiu com dolo específico na produção do ato infrator.

O art. 135, não obstante também apresente caráter sancionatório, elege hipótese diversa, mais grave, cominando sanção igualmente mais severa: exige que tenham sido praticados *atos com excesso de poderes ou infração de lei, contrato social ou estatutos*, implicando a responsabilidade exclusiva e pessoal daquele que agiu desse modo. Semelhante é a prescrição veiculada pelo art. 137 do CTN, que, ao dispor sobre a figura da responsabilidade por infrações, atribui ao agente, de modo pessoal, a carga tributária decorrente das infrações que praticou de forma dolosa.

Havendo infração tributária subjetiva, praticada com dolo, quer dizer, intenção de fraudar, de agir de má-fé e prejudicar terceiros, aplicam-se as figuras da responsabilidade de terceiros e responsabilidade por infrações, prescritas nos arts. 135 e 137 do Código Tributário Nacional, respectivamente. As condutas que geram a responsabilidade exclusiva e pessoal são: excesso de poderes, infração de lei, infração do contrato social ou do estatuto.

Levemos em conta essas injunções para aplicar tais normas no caso do administrador (inciso III do art. 135 do CTN). O administrador deve sempre agir com cuidado, diligência e probidade. Deve zelar pelos interesses e pela finalidade da sociedade, o que se faz mediante o cumprimento de seu objetivo social, definido no estatuto ou no contrato social. Quando o administrador pratica qualquer ato dentro dos limites estabelecidos, o faz em nome da pessoa jurídica e não como ato particular seu. Mas quando o administrador, investido dos poderes de gestão da sociedade, pratica algo que extrapole os limites contidos nos contratos sociais, comete ato com excesso de poderes.

Tem-se infração à lei quando se verifica o descumprimento de prescrição relativa ao exercício da Administração. A infração do contrato social ou do estatuto consiste no desrespeito à disposição expressa constante desses instrumentos societários, e que tem por consequência o nascimento da relação jurídica tributária.

Trata-se de dispositivo que alcançará os sócios de uma pessoa jurídica quando comprovado (i) que tais indivíduos detenham poderes de gerência na condução dos negócios e das atividades empresariais e (ii) que agiram em desacordo com as finalidades inerentes ao cargo diretivo.

A singela indicação, no auto de infração, do nome de todos os sócios constantes no estatuto ou contrato social, sem indicar individualmente as condutas dolosas por eles praticadas em desalinho com a lei ou estatutos sociais, como ainda é infelizmente muito comum encontrar em autos de infração e certidões de dívida ativa, não satisfaz as diretrizes ordenadas pelo art. 135, III, e não pode ter o efeito de atribuir responsabilidade tributária a essas pessoas.

É preciso, portanto, que as autoridades fiscais empreendam esforço probatório para individualizar a conduta do responsável, reservando a aplicação das normas de responsabilidade para todos os componentes dos órgãos diretivos apenas na impossibilidade de fazê-lo. Por isso mesmo, ao Fisco é vedado imputar a responsabilidade tributária baseado numa ofensa ao "*dever geral de zelar pela administração da empresa*", restringindo-se a reproduzir o inciso III do art. 135 e/ou a descrever uma conduta não especificada que teria sido praticada, por exemplo, em sentido contrário ao Estatuto Social (sem sequer indicar a cláusula ferida) e à lei (sem também sequer indicar o Diploma atingido e qual dispositivo).

O Superior Tribunal de Justiça desde há muito reconheceu, por meio da sistemática dos recursos repetitivos[211] e enunciado de Súmula,[212] que a falta de pagamento do tributo não configura, por si só, evento que acarreta a incidência do art. 135, III, do CTN. É indispensável à caracterização da responsabilidade tributária a prova de que o administrador ou sócio-gestor tenha agido ilícita e dolosamente, impondo-se à entidade fazendária a individualização e comprovação da conduta dolosa que implique prejuízo ao Fisco. Trata-se de elementos – em especial o dolo – insuscetíveis de presunção, que devem estar bem caracterizados e apoiados em boas provas.

Na definição das condutas ensejadoras da responsabilidade tributária prevista no art. 135, deve-se ainda fazer uma nota especial sobre a *dissolução irregular de sociedades*.

De acordo com a legislação civil,[213] opera-se o procedimento de dissolução de empresas através do seguinte conjunto de atos: (i) a deliberação dos sócios de encerrar a sociedade; (ii) a liquidação, mediante a realização do ativo, pagamento das dívidas e distribuição entre os sócios de eventual capital excedente; e (iii) a efetiva extinção da pessoa jurídica por meio da sua averbação no registro comercial.

Toda vez que estas formalidades são ignoradas ter-se-á a figura da dissolução irregular da pessoa jurídica, o que se

---

211. REsp 1.101.728. Rel. Min. Teori Albino Zavascki. Primeira Seção. *DJe* 23.03.2009.

212. Súmula 430. "O inadimplemento da obrigação tributária pela sociedade não gera, por si só, a responsabilidade solidária do sócio-gerente" (*Dje* 13.05.2010).

213. Art. 206 e ss. da Lei nº 6.404/76 e art. 1.033 e ss. do Código Civil.

verifica, por exemplo, quando há a deliberação dos acionistas por extinguir a empresa, porém sem o pagamento das dívidas e comunicação ao órgão competente. Nessas hipóteses, é muito frequente o *desaparecimento de fato* da empresa, que não é localizada no endereço indicado no documento arquivado junto ao órgão cadastral. Trata-se de circunstância que serve de indício para identificar o encerramento irregular da sociedade, situação capaz de gerar a responsabilidade para diretores e gestores por débitos fiscais que deixaram de ser saldados pela empresa extinta.

Nesse contexto, foi editada pelo Superior Tribunal de Justiça a Súmula nº 435, segundo a qual "*presume-se dissolvida irregularmente a empresa que deixar de funcionar no seu domicílio fiscal, sem comunicação aos órgãos competentes, legitimando o redirecionamento da execução fiscal para o sócio-gerente*".

Quando o ato fundante do redirecionamento é a infração à lei consubstanciada pela dissolução irregular da empresa, o Poder Judiciário tem legitimado, na posição de sujeito responsável, o administrador ou sócio-gerente no período em que foi constatado o encerramento irregular das atividades do contribuinte.

A exegese sumular há de harmonizar-se com a previsão genérica de responsabilidade tributária contida no art. 135 do CTN, cuja força impositiva decorre da prova concludente da realização de fato ilício doloso, vedando-se qualquer iniciativa de, a partir deste dispositivo, construir-se fatos presumidos relacionados à prática de atos com excesso de poderes ou infração de lei, contrato social ou estatutos.

Ainda que "fechar as portas" de uma empresa sem promover a comunicação aos órgãos fiscais e comerciais competentes possa implicar a presunção de encerramento irregular de pessoa jurídica, seguramente não autoriza a presumir a prática das condutas dolosas enunciadas no *caput* do art. 135 do CTN. Para além disso, a autorização genérica para redirecionamento da execução fiscal, na forma preconizada pelo enunciado n. 435 da Súmula, acaba por destoar do ordenado por outra orientação sumular da Corte Superior, a de n. 430, que afasta a responsabilidade tributária por mero inadimplemento da obrigação tributária.

Mesmo que existam débitos tributários devidos pela empresa extinta, também nos casos de dissolução irregular faz-se notar a relevância de conjunto probatório que ateste o intuito doloso, por parte do representante legal, de comprometer as garantias patrimoniais da empresa para satisfazer os créditos tributários, atuando o sócio-gerente com objetivos estranhos aos interesses do contribuinte representado.

Decerto, as informações certificadas pelo oficial de justiça, no bojo do processo de que a pessoa jurídica executada não foi localizada no seu domicílio fiscal, não exprimem elementos suficientes para atestar a atuação dolosa dos administradores e sócios. Supor que um fato tenha acontecido ou que sua materialidade tenha sido efetivada não é o mesmo que exibir a concretude de sua existência, mediante prova, conferindo-lhe segurança e certeza.

A dissolução irregular da pessoa jurídica é evento contingente na caracterização da responsabilidade tributária do administrador e acionista. Há situações em que o encerramento das atividades empresariais, combinado com a impossibilidade de quitação de tributos devidos, estão dissociadas de qualquer má-fé do sócio na gestão da empresa com o fim de prejudicar o Erário.

A insuficiência ou inexistência de ativo social para satisfazer as obrigações tributárias pode derivar de fatores externos à administração e gestão de uma sociedade (por ex.: incêndio, furto, crises políticas e econômicas, oscilações de mercado, problemas com fornecedores, clientes e parceiros comerciais), logo, sem qualquer culpa do gestor pelo estado de insolvência da pessoa jurídica. A responsabilização do administrador prevista no art. 135, III, é de caráter *sancionatório* e *excepcional*, reclamando a prova de atos dolosos de dilapidação e distribuição do patrimônio em detrimento dos credores do contribuinte, tais como estruturas societárias e negócios jurídicos simulados, interpostas pessoas, esvaziamento patrimonial e criação de novas empresas.

As situações acima relacionadas desencadeiam as implicações jurídicas estipuladas pelo art. 135 do Código Tributário Nacional, respondendo o administrador pessoalmente pelos débitos tributários a cujo surgimento deu causa. Ainda que, eventualmente, a sociedade beneficie-se de tais atos, competirá ao administrador responder pessoalmente pela obrigação. A relação jurídica de responsabilidade tributária não se altera em função de a sociedade ter-se beneficiado do ato ilícito, pois inexiste previsão legal nesse sentido. Para os fins da relação existente entre o Fisco e o responsável, o benefício usufruído pela sociedade é irrelevante, não havendo solidariedade nem subsidiariedade, mas somente obrigação pessoal do administrador pelo pagamento do valor correspondente ao tributo e penalidades pecuniárias.

15. Responsabilidade por infrações

Salvo disposição de lei em contrário, a responsabilidade por infrações da legislação tributária independe da intenção do agente ou do responsável e da efetividade, natureza e extensão dos efeitos do ato (CTN, art. 136). Nota-se aqui uma declaração de princípio em favor da responsabilidade objetiva. Mas, como sua formulação não está em termos absolutos, a possibilidade de dispor em sentido contrário oferta espaço para que a autoridade legislativa construa as chamadas infrações subjetivas.

O art. 137 aponta os casos em que a responsabilidade é pessoal do agente: quanto às infrações conceituadas por lei como crimes ou contravenções, salvo quando praticadas no exercício regular de administração, mandato, função, cargo ou emprego, ou no cumprimento de ordem expressa emitida por quem de direito (item I); quanto às infrações em cuja definição o dolo específico do agente seja elementar (item II);

e quanto às infrações que decorram direta e exclusivamente de dolo específico: a) das pessoas referidas no art. 134, contra aquelas por quem respondem; b) dos mandatários, prepostos ou empregados, contra seus mandantes, preponentes ou empregadores; c) dos diretores, gerentes ou representantes de pessoas jurídicas de direito privado, contra estas (art. 137, III).

Modo de exclusão da responsabilidade por infrações à legislação tributária é a denúncia espontânea do ilícito, acompanhada, se for o caso, do pagamento do tributo devido e dos juros de mora, ou do depósito da importância arbitrada pela autoridade administrativa, quando o montante do tributo dependa de apuração (CTN, art. 138). A confissão do infrator, entretanto, haverá de ser feita antes que tenha início qualquer procedimento administrativo ou medida de fiscalização relacionada com o fato ilícito, sob pena de perder seu teor de espontaneidade (art. 138, parágrafo único). A iniciativa do sujeito passivo, promovida com a observância desses requisitos, tem a virtude de evitar a aplicação de multas de natureza punitiva, porém não afasta os juros de mora e a chamada multa de mora, de índole indenizatória e destituída do caráter de punição. Entendemos que as duas medidas — juros de mora e multa de mora — por não se excluírem mutuamente, podem ser exigidas de modo simultâneo: uma e outra.

16. Tipicidade, vinculabilidade da tributação e denúncia espontânea

O exercício do poder impositivo-fiscal, no Brasil, encontra-se orientado por uma série de diretrizes, dirigidas especialmente para organizar as relações que nesse setor se estabelecem. São os chamados "princípios constitucionais tributários", na maioria explícitos, e a que deve submeter-se a legislação infraconstitucional, sempre que o tema da elaboração normativa seja a instituição, administração e cobrança de tributos. Pois bem, entre tais comandos, em posição de indiscutível preeminência, situa-se o princípio da tipicidade tributária, que se define como a estrita necessidade de que a lei adventícia traga no seu bojo, de maneira expressa e inequívoca, os elementos descritores do fato jurídico e os dados prescritores da relação obrigacional.

A aplicação do princípio exige que os agentes da Administração, no exercício de suas funções de gestão tributária, indiquem, pormenorizadamente, todos os elementos do tipo normativo existentes na concreção do fato que se pretende tributar, além dos traços jurídicos que apontem uma conduta como ilícita.

De outra parte, o princípio da vinculabilidade da tributação, recortado do Texto Supremo e inserido no art. 142 do CTN, traduz uma conquista no campo da segurança dos administrados, em face dos poderes do Estado moderno, de tal forma que o exercício da administração tributária encontra-se tolhido, em qualquer de seus movimentos, pela necessidade de **aderência total aos termos inequívocos da lei**, não podendo abrigar qualquer tipo de subjetividade própria aos atos de competência discricionária. Para tanto, a mesma lei instituidora do gravame, juntamente com outros diplomas que regem a atividade do Poder Público, oferecem um quadro expressivo de providências, com expedientes das mais variadas espécies, tudo com o escopo de possibilitar a correta fiscalização do cumprimento das obrigações e deveres estatuídos.

E isto há de se aplicar integralmente à denúncia espontânea. Preenchidos os requisitos da hipótese de denúncia espontânea é vedado à Autoridade Administrativa aplicar multa de ofício. Eis dicção do Código Tributário Nacional, diploma normativo com força de lei complementar, que determina a inexigibilidade da multa, seja moratória ou punitiva, quando verificados os requisitos referidos em seu art. 138.

Sobre o assunto, veja-se o posicionamento do Primeiro Conselho de Contribuintes:

> IRPJ — Denúncia espontânea — Inexigibilidade da multa de mora — O art. 138 do CTN é norma de caráter nacional, veiculando norma geral de direito tributário dirigida, portanto,

> a todos os entes tributantes. Por isso que, consoante o art. 146, III, da Constituição de 1988, só lei complementar pode alterar seu conteúdo. O Código Tributário Nacional não distingue entre multa punitiva e multa simplesmente moratória; no respectivo sistema, a multa moratória constitui penalidade resultante de infração legal, sendo inexigível no caso de denúncia espontânea, por força do art. 138. Se inexigível a multa de mora, perde a causa a multa de ofício aplicada isoladamente pelo não recolhimento daquela quando da denúncia espontânea. Recurso voluntário conhecido e provido.[214]

Especificamente em relação à inaplicabilidade do art. 61 da Lei n. 9.430/96 na hipótese de denúncia espontânea, assim se manifestou aquela Egrégia Corte Administrativa:

> Multa de lançamento de ofício — Multa isolada — Tributo pago após vencimento, porém, antes do início de ação fiscal, sem acréscimo de multa de mora — É incabível a multa de lançamento de ofício isolada prevista no artigo 44, inciso I, § 1º, item II, da Lei n. 9.430, de 1996, sob o argumento do não recolhimento da multa moratória de que trata o artigo 61 do mesmo diploma legal, visto que, para qualquer dessas penalidades, impõe-se respeitar expresso princípio ínsito em Lei Complementar — Código Tributário Nacional — artigo 138. Recurso provido.[215]

A atividade administrativa é vinculada, devendo realizar-se nos exatos termos da lei. Isso não significa, contudo, ausência de interpretação dos dispositivos legais. Inconcebível pensar em aplicação do direito sem prévia atividade interpretativa. Cabe à Administração, portanto, examinar o ordenamento em sua totalidade, para, diante do sistema como um todo, identificar o dispositivo aplicável no caso concreto.

Sendo a atividade administrativa plenamente vinculada, a ela incumbe aplicar as regras que dispõem de modo específico sobre cada situação. Não se admite, por conseguinte, que se aplique lei ordinária em detrimento de lei nacional. Vale dizer a propósito,

---

214. 5ª Câm., Ac. 105-14349, Rel. Cons. José Carlos Passuello, j. 14-4-2004.

215. 1º Conselho de Contribuintes, 4ª Câm., Ac. 104-17933, Rel. Cons. Nelson Mallmann, j. 22-3-2001.

em comentários ligeiros ao art. 61 da Lei n. 9.430/96 acima mencionado na decisão do 1º Conselho de Contribuintes, que referido Diploma tem aplicabilidade somente quando ausente a figura da denúncia espontânea, pois nos casos em que esta se verificar a regra à qual se subsume o fato é outra: a do art. 138 do CTN.

No subsolo do direito posto, não sobeja repisar que, havendo denúncia espontânea, o art. 138 do CTN determina seja excluída a responsabilidade pela infração, exigindo-se apenas o valor do tributo devido, com os respectivos juros de mora. Apesar da clareza desse dispositivo, a fiscalização, muitas vezes, pretende o pagamento de multa de mora, alegando não possuir ela cunho punitivo. Tal argumentação, todavia, não se sustenta: primeiro, porque o legislador nacional não distinguiu as multas chamadas "punitivas" das "moratórias"; segundo, pelo fato de que toda multa exerce função de apenar o sujeito a ela submetido, tendo em vista o ilícito por ele praticado.

Para além do rigor, com o objetivo de esclarecer o que se incluiria na hipótese de denúncia espontânea, a multa fiscal, qualquer que seja sua modalidade, é espécie de sanção tributária consistente numa prestação pecuniária, compulsória, que sobrevém como decorrência da prática de determinadas infrações. É, pois, típica sanção de ato ilícito.

Seguindo semelhante linha de raciocínio, o Poder Judiciário, por diversas vezes, manifestou-se sobre o assunto. No Supremo Tribunal Federal, o ilustre Min. Cordeiro Guerra chegou a afirmar que as sanções fiscais são sempre punitivas. Na condição de Relator do RE 79.625-SP[216], assentou:

> De fato não disciplina o Código Tributário Nacional as sanções fiscais de modo a estremá-las em punitivas ou moratórias, apenas exige sua legalidade, art. 97, V.

Também o Min. Moreira Alves, acompanhando o voto do Relator Min. Cordeiro Guerra, posicionou-se, por ocasião do julgamento do RE 80.554, no sentido de que *"toda vez que, pelo simples*

---

216. RTJ n. 80, p. 104-113.

inadimplemento, e não mais com o caráter de indenização, se cobrar alguma coisa do credor, este algo que se cobra a mais dele, e que não se capitula estritamente como indenização, isso será uma pena", concluindo que as multas ditas moratórias não são impostas para indenizar a mora do devedor, mas para apená-lo.

Diante de tais considerações, conclui-se que todas as multas fiscais, incluídas as chamadas "moratórias", têm, incontestavelmente, a natureza de sanção, advindo da inobservância de um dever jurídico. São, portanto, inexigíveis, quando configurada a denúncia espontânea a que se refere o art. 138 do Código Tributário Nacional. É o que se depreende, inclusive, das decisões proferidas pelo Superior Tribunal de Justiça:

> I — A egrégia Primeira Seção desta Corte firmou o entendimento de que, inexistente procedimento administrativo prévio, visando a exigir o pagamento do tributo em atraso, resta configurada a denúncia espontânea, quando o contribuinte de per si o recolhe, sendo indevida a cobrança de multa moratória que, no sistema tributário vigente, tem o caráter de punição. Precedentes: REsp n. 499.652/SC, Rel. Min. Luiz Fux, *DJ* de 29.04.2003; REsp n. 306.716/SC, Rel. Min. Milton Luiz Pereira, *DJ* de 11.03.2002 e REsp n. 241.114/RN, Rel. Min. Humberto Gomes de Barros, *DJ* de 04.06.2001.[217]

> Agravo regimental em recurso especial — Art. 138 do CTN — Denúncia espontânea — Pagamento integral do débito — Exclusão da multa moratória — Possibilidade.
>
> Na hipótese dos autos, a empresa contribuinte procedeu ao recolhimento do débito antes de qualquer procedimento fiscal, de forma que se torna incabível a cobrança da multa moratória. Com efeito, é pacífico o entendimento deste Superior Tribunal de Justiça no sentido de que o contribuinte que, espontaneamente, denuncia o débito tributário em atraso e recolhe o montante devido, antes de qualquer procedimento administrativo ou medida de fiscalização, fica exonerado de multa moratória.
>
> Agravo regimental improvido.[218]

---

217. AgRg no REsp 690.628/PR, 1.a T., Rel. Min. Francisco Falcão, j. 3-5-2005, DJ, 6-6-2005, p. 209.

218. AgRg no REsp 610.847/RS, 2ª T., Rel. Min. Franciulli Netto, j. 21-9-2004, DJ, 21-2-2005, p. 147.

É esse, também, o caminho trilhado pela Câmara Superior de Recursos Fiscais:

> Denúncia espontânea — Multa moratória: Considera-se denúncia espontânea, portanto, abrigada pela exceção prevista no art. 138 do CTN, o recolhimento de tributos antes de qualquer procedimento da administração tributária. E, consequentemente, as parcelas recolhidas a título de multa moratória, em tal caso, devem ser repetidas.[219]

Nesta medida, é perfeitamente possível afirmar que todas as penalidades tributárias — pecuniárias ou não — são objeto de denúncia espontânea, conforme prevê o art. 138 do CTN; sendo o sujeito denunciante obrigado a pagar apenas o valor do tributo devido e os juros de mora. Logo, as penalidades pecuniárias, as multas fiscais, incluídas as chamadas "moratórias", tendo natureza sancionatória, não integram o *quantum* devido.

---

219. CSRF, 1ª T., Ac. 01-04.574, Rel. Cons. José Carlos Passuello, j. 10-6-2003.

CAPÍTULO XVII

GARANTIAS E PRIVILÉGIOS DO CRÉDITO TRIBUTÁRIO

Sumário: **1.** Garantias do crédito tributário. **2.** Garantias no CTN e outras garantias expressamente previstas em lei. **3.** Bens que respondem pelo pagamento do crédito tributário. **4.** Presunção de fraude na alienação de bens. **5.** Os privilégios do crédito tributário. **6.** O crédito tributário nos processos de falência do devedor. **7.** O crédito tributário nos processos de inventário, de arrolamento e na liquidação das pessoas jurídicas. **8.** Necessidade de quitação.

1. Garantias do crédito tributário

O Código Tributário Nacional reservou os arts. 183 a 193, em duas seções do Capítulo VI, para disciplinar as garantias e os privilégios inerentes ao crédito tributário. Por garantias devemos entender os meios jurídicos assecuratórios que cercam o direito subjetivo do Estado de receber a prestação do tributo. E por privilégios, a posição de superioridade de que desfruta o crédito tributário, com relação aos demais, excetuando-se os decorrentes da legislação do trabalho. Vê-se aqui, novamente, a presença daquele princípio implícito, mas de grande magnitude, que prescreve a supremacia do interesse público.

2. Garantias no CTN e outras garantias expressamente previstas em lei

Segundo dispositivo do art. 183 do CTN, a enumeração das garantias ao crédito tributário na Lei 5.172/66 não exclui a possibilidade de diplomas federais, estaduais e municipais, regulando os respectivos tributos, estabelecerem outras medidas assecuratórias, em função da natureza ou das características do gravame a que se reportem (art. 183, *caput*). E o crédito, com as garantias que reforçarem o teor de sua efetivação prática, não perde, por isso, a natureza tributária. É o que firma o preceito do parágrafo único do art. 183 do CTN, *in verbis*: *A natureza das garantias atribuídas ao crédito tributário não altera a natureza deste nem a da obrigação tributária a que corresponda.* A formulação nos parece desnecessária, sobre conter, outra vez, a dualidade entre crédito e obrigação, que tantas questões pode levantar. Não faria senso admitir que o crédito tributário, assegurado por garantia real ou fidejussória, tivesse alterada a sua índole, perdendo o caráter inicial. Pior ainda imaginar que a modificação se operasse no próprio vínculo obrigacional em que irrompeu o direito subjetivo do credor, que chamamos de crédito.

Interessante discussão que se vê às voltas do tema, e que adquire importância no instante mesmo de análise deste trabalho, é o instituto do *arrolamento de bens* no regime do direito tributário. Com efeito, valendo-se da competência para editar normas sobre o tópico, autorizado pelo enunciado *não exclui outras que sejam expressamente previstas em lei* no corpo do *caput* do art. 183, o Legislador ordinário entendeu por bem prescrever na Lei 9.532/97 o procedimento a ser observado pela Autoridade Administrativa para arrolar bens do contribuinte. De acordo com a redação do enunciado do art. 64 da referida lei, a Autoridade Administrativa está munida de competência para arrolar bens do contribuinte devedor *sempre que o valor dos créditos tributários de sua responsabilidade for superior a trinta por cento do seu patrimônio conhecido*. Estabelece a norma, portanto, um limite objetivo para traçar as possibilidades deste procedimento administrativo. Levantados os bens do contribuinte pelo Fisco e verificando-se que a dívida fiscal daquele encontra-se em patamar superior a 30% do seu patrimônio, deve a Administração Pública arrolar os bens, com o fim de assegurar a realização do crédito fiscal.

Há que se mencionar também outro requisito, cumulativo ao primeiro, que impõe novo limite objetivo: a soma de créditos deve ter valor superior a R$ 500.000,00 (quinhentos mil reais), conforme preceituado no § 7º do art. 64 da referida lei. Com efeito, o arrolamento só se aplica quando o valor total da dívida do contribuinte for superior a R$ 500.000,00, o que nos permite asseverar haver cumulativamente dois requisitos imprescindíveis para a autoridade fiscal competente proceder ao arrolamento de bens e direitos do sujeito passivo: o valor dos créditos tributários de sua responsabilidade (i) ser superior a trinta por cento do seu patrimônio conhecido; e (ii) ultrapassar o *quantum* de R$ 500.000,00. No plano lógico, frise-se, esse "e" funciona como conjuntor, sendo a ocorrência das duas referidas condições imprescindível para que se dê a Administração Pública por competente para proceder ao arrolamento dos bens. Inexistindo uma só dessas condições, ainda que ocorra a outra, não se tem por admissível a adoção do procedimento.

Convém esclarecer ainda que o assunto tem se mostrado bastante controverso, discutindo-se sobre a constitucionalidade deste artigo em face dos direitos individuais que protegem a figura do contribuinte em planos executórios. Segundo entendimento dos doutrinadores que defendem a constitucionalidade do art. 64 da Lei 9.532/97, o arrolamento não só traz benefício ao Fisco, garantindo a realização do crédito tributário, como também protege direitos de terceiros, sem que com isso viole as garantias da propriedade e os princípios da ampla defesa e do devido processo legal. O registro do arrolamento na matrícula do bem imóvel confere publicidade ao ato e, com isso, divulga a situação real do bem a terceiros, isto é, existência de dívidas tributárias gravando o objeto. Neste sentido, segundo esta percepção, o arrolamento nada mais seria que uma medida meramente acautelatória e de interesse público, que traz benefícios a todos, sem que implique indisponibilidade dos bens ao proprietário. Sobre viés diverso, é exatamente essa publicidade que macula de inconstitucionalidade o arrolamento de bens, já que expõe a situação patrimonial do contribuinte perante terceiros, podendo causar dificuldades na consecução de suas atividades negociais.

Partindo da premissa segundo a qual o arrolamento é um procedimento administrativo da ordem dos vinculados, este deve guardar estreita observância ao regime jurídico constitucional atribuído aos atos administrativos do Fisco. Posto isto, deverá observar os princípios do contraditório, da ampla defesa e do devido processo legal. E tal assertiva não encerraria qualquer curiosidade, uma vez que é cediço o princípio, segundo o qual, em toda aplicação de um novo ônus ao contribuinte, que toca os direitos patrimoniais deste, deve-se proceder a uma verificação contraditória, em consonância com inúmeros postulados, entre eles o da ampla defesa e do devido processo legal. Com supedâneo nesses ditames, apreendidos em toda a sua abrangência, é que emerge a necessidade de conferir-se ampla defesa ao administrado, não só como requisito erigido nos sistemas liberais, em homenagem à pessoa humana do particular, mas, sobretudo, como disposição técnica para assegurar a efetiva e correta aplicação da "legalidade objetiva", dando margem a que o contribuinte possa exibir o teor de juridicidade e o fundamento de justiça das pretensões deduzidas em Juízo. São preceitos que devem aplicar-se com assomas de princípio capital ao procedimento administrativo tributário e, maior especialidade, os de caráter vinculado como é o caso do arrolamento.

Cumpre enumerar, aqui, que são três os efeitos jurídicos concretos e imediatos do arrolamento:

(i) obrigar o contribuinte a declarar perante a Receita todo ato de alienação ou oneração de seus bens, sob pena de ajuizamento de medida cautelar fiscal;

(ii) dar publicidade ao gravame do bem arrolado, decorrência do próprio registro obrigatório; e mais;

(iii) certificar a existência do arrolamento nas certidões emitidas pela Receita Federal (§§ 3º a 6º do art. 64 da Lei 9.532/97).

Na primeira hipótese, se de um lado a Lei 9.532/97 institui o arrolamento, averbado nos órgãos públicos de registro dos bens imóveis para gravar bem do contribuinte em benefício da dívida fiscal; de outro, a Lei nº 8.397/92 prevê, ainda, a tutela de medida cautelar fiscal para assegurar o cumprimento do débito. São, portanto, duas formas de proteção, conferidas à Administração Pública, em face de um contribuinte que nada tem para resguardá-lo que não sejam seus direitos constitucionalmente declarados e protegidos. Com isso, vemos uma clara desigualdade assecuratória entre Fisco e contribuinte. Na esteira desse pensamento, temos que a isonomia opera justamente nessas situações, acionando a proporcionalidade e, com isso, temperando as desigualdades jurídicas entre os sujeitos de direito. A equidade, como critério de justiça, há de levar-se em conta também entre Fisco e contribuinte no procedimento administrativo, ao tratarmos de assunto tão complexo como este, com o intuito de que também os contribuintes vejam resguardados seus direitos.

Em meu entender, a previsão do arrolamento de bens, em sede administrativa, é causa de desigualdades na relação Fisco e contribuinte, ferindo os princípios da isonomia, da razoabilidade e da proporcionalidade. Restringindo de forma exagerada o patrimônio privado, o legislador ordinário, ao prever a figura do arrolamento, esqueceu-se de que o Fisco já tinha alternativas para preservar a dívida fiscal e esta se dava com a medida cautelar. Falemos um pouco sobre ela.

A tutela cautelar é medida processual que tem por objetivo garantir o resultado final de processo diverso ao dela, conferindo àquele eficácia e utilidade. Diferentemente das decisões declaratórias ou condenatórias, a cautelar não visa à declaração, constituição ou realização coativa do direito. Seu objetivo é garantir o resultado final de outro processo, de conhecimento ou de execução. Pressupõe, portanto, outra tutela, cujo efeito visa a resguardar. Essa modalidade de demanda justifica-se nas situações em que a demora para a solução da lide pode comprometer a efetividade da decisão. Por isso, diante de pedido de tal natureza, o julgador deve verificar se a tutela é realmente necessária, considerando a plausibilidade do direito alegado (*fumus boni iuris*), bem como o possível comprometimento do resultado final, demandando medida urgente para afastar algum perigo, incompatível com o tempo necessário para que a ação seja decidida definitivamente (*periculum in mora*).

São elementos característicos da tutela cautelar: (i) *instrumentalidade*, já que não possui um fim em si mesma, destinando-se a assegurar os efeitos advindos de outro processo; (ii) *provisoriedade*, pois não se reveste de caráter definitivo, durando somente até que se oportunize a prolação de decisão no processo principal; e (iii) *revogabilidade*, na medida em que a sentença no processo cautelar não forma coisa julgada material, podendo ser substituída, modificada ou revogada (arts. 10 e 13 da Lei nº 8.397/92), desde que os pressupostos fáticos o determinem.

Vê-se, pois, que a medida cautelar cumpre, no sistema tributário brasileiro, a função de garantir o crédito tributário, sem que com isso deixe de preservar os direitos e garantias individuais do contribuinte assentados na Constituição Brasileira de 1988. É despicienda a previsão de nova forma de onerar o contribuinte para a garantia do cumprimento da dívida fiscal. Nesta medida, a previsão do arrolamento de bens pela Lei 9.532/97 não só fere os direitos de propriedade do contribuinte, como também atinge os princípios da razoabilidade e da proporcionalidade, aplicados aos atos administrativos vinculados, segundo os quais deve haver adequação entre o meio empregado e o fim que se deseja alcançar, e que encontram aplicação em todo raciocínio jurídico.

E, no que pertine à modalidade *penhora on-line*, a ideia não diverge. Sendo meio, a penhora deve guardar relação com a sua finalidade, qual seja, tão só garantir a dívida fiscal em decorrência do inadimplemento. Com todos os efeitos que oneram e agravam a situação jurídica do contribuinte, vê-se, pois, que a *penhora on-line* é medida excessiva em relação ao fim almejado pela Administração Pública.

Sobre os efeitos do arrolamento de bens, vale registrar, ainda, que as certidões fiscais expedidas em nome do contribuinte, que se referem ao fato de se ter o bem arrolado, divulgam publicamente situação fiscal não consolidada em termos jurídicos, atribuindo ônus ao contribuinte antes mesmo que se tenha por definitiva a dívida fiscal. Eis aí outro atentado aos direitos constitucionalmente assegurados aos contribuintes.

3. Bens que respondem pelo pagamento do crédito tributário

Não traz novidades, também, o comando do art. 184 (CTN), no que atina à circunstância de que responde pelo crédito tributário a totalidade dos bens e das rendas, de qualquer origem ou natureza, do sujeito passivo, seu espólio ou sua massa falida. Até aqui chegam todos os créditos juridicamente formalizados. A particularidade está no restante da redação do art. 184, ao prescrever: *inclusive os gravados por ônus real ou cláusula de inalienabilidade ou impenhorabilidade, seja qual for a data da constituição do ônus ou da cláusula, excetuados unicamente os bens e rendas que a lei declare absolutamente impenhoráveis*. Já pontificam os privilégios do crédito tributário, que suplanta as garantias de crédito de outras origens, para alcançar os bens e as rendas do devedor, mesmo gravados por ônus real ou cláusula de inalienabilidade e impenhorabilidade. Esbarra, contudo, num obstáculo: não pode atingir os bens e as rendas que a lei declare absolutamente impenhoráveis. Mas, antes mesmo de enunciar a exceção, o legislador do Código Tributário já houvera aberto uma ressalva dentro dos bens excepcionados. Vejamos quais são os bens absolutamente impenhoráveis, segundo a relação do art. 833 do CPC:

> I - os bens inalienáveis e os declarados, por ato voluntário, não sujeitos à execução;
>
> II - os móveis, os pertences e as utilidades domésticas que guarnecem a residência do executado, salvo os de elevado valor ou os que ultrapassem as necessidades comuns correspondentes a um médio padrão de vida;
>
> III - os vestuários, bem como os pertences de uso pessoal do executado, salvo se de elevado valor;
>
> IV - os vencimentos, os subsídios, os soldos, os salários, as remunerações, os proventos de aposentadoria, as pensões, os pecúlios e os montepios, bem como as quantias recebidas por liberalidade de terceiro e destinadas ao sustento do devedor e de sua família, os ganhos de trabalhador autônomo e os honorários de profissional liberal, ressalvado o § 2º ;
>
> V - os livros, as máquinas, as ferramentas, os utensílios, os instrumentos ou outros bens móveis necessários ou úteis ao exercício da profissão do executado;
>
> VI - o seguro de vida;
>
> VII - os materiais necessários para obras em andamento, salvo se essas forem penhoradas;
>
> VIII - a pequena propriedade rural, assim definida em lei, desde que trabalhada pela família;
>
> IX - os recursos públicos recebidos por instituições privadas para aplicação compulsória em educação, saúde ou assistência social;
>
> X - a quantia depositada em caderneta de poupança, até o limite de 40 (quarenta) salários-mínimos;
>
> XI - os recursos públicos do fundo partidário recebidos por partido político, nos termos da lei;
>
> XII - os créditos oriundos de alienação de unidades imobiliárias, sob regime de incorporação imobiliária, vinculados à execução da obra.

No mesmo sentido, entoa-se o art. 30 da Lei de Execuções Fiscais (Lei n. 6.830/80):

> Art. 30. Sem prejuízo dos privilégios especiais sobre determinados bens, que sejam previstos em lei, responde pelo pagamento da Dívida Ativa da Fazenda Pública a totalidade dos bens e das rendas, de qualquer origem ou natureza, do sujeito passivo, seu espólio ou sua massa, inclusive os gravados por ônus real ou cláusula de inalienabilidade ou impenhorabilidade, seja qual for a data da constituição do ônus ou da cláusula, excetuados unicamente os bens e rendas que a lei declara absolutamente impenhoráveis.

A ressalva da exceção, que a bem da verdade já estava posta nas palavras que a antecederam, reside logo no item I e diz respeito aos bens declarados não sujeitos à execução (impenhoráveis), por disposição de vontade do devedor. Frise-se que, quanto a esses, de nada vale a arguição de que a cláusula de impenhorabilidade fora constituída anteriormente à formalização do crédito tributário e até mesmo ao seu nascimento, com a ocorrência do fato jurídico da exação. Firmemos, por outro lado, que, a despeito da identidade do texto do art. 833 do CPC e do art. 30 da Lei 6.830/80, é de suma importância notar que o último efetuou pequena ampliação, estendendo tais normas ao pagamento da dívida ativa como um todo, ou seja, tanto os créditos tributários como os não tributários inscritos em dívida ativa, mais uma forma encontrada pela lei para simplificar a cobrança e arrecadação de valores devidos aos cofres públicos.

São também impenhoráveis os bens públicos, conceito entendido aqui no seu sentido de origem, transportados do Direito Civil e Administrativo ao domínio do Direito Tributário. Entende-se, pois, por *bem público* aquela coisa material ou imaterial, com valor econômico, pertencente a um Ente — pessoa jurídica — de feitio público, isto é, integrante do domínio de direito público interno, podendo ser este de caráter Federal, Estadual, Distrital ou Municipal. Na Constituição, o bem público encontra-se disposto nos arts. 20 e 26. Porém, muitas outras normas dispõem sobre o assunto tais como o Decreto 24.643/34 que diz sobre as águas públicas; o Decreto-lei 7.841/45 que introduz o Código de Águas Minerais; o Decreto-lei 9.760/46 enumerando os bens da União; o Estatuto da Terra — Lei 4.504/64 — esclarecendo sobre as terras públicas rurais; a Lei 12.651/2012 (Código Florestal); o Decreto-lei 227/67 inserindo o Código de Minas; a Lei 9.636/98 que dispõe sobre regularização, administração, aforamento e alienação de bens imóveis de domínio da União; entre tantas outras que poderiam ser trazidas nesta lista, falando, direta ou indiretamente, sobre o termo *bem público*. Eis que, para o momento da análise ora empreendida, todos esses bens são considerados impenhoráveis.

Também estão no domínio dos impenhoráveis os bens de família, regulados de forma específica e minuciosa na Lei 8.009, de 29 de março de 1990. Referido Diploma fixou novas regras sobre a impenhorabilidade do bem de família, estipulando que: (art. 1º) *O imóvel residencial próprio do casal, ou da entidade familiar, é impenhorável e não responderá por qualquer tipo de dívida civil, comercial, fiscal, previdenciária ou de outra natureza, contraída pelos cônjuges ou pelos pais ou filhos que sejam seus proprietários e nele residam, salvo nas hipóteses previstas nesta Lei.*[220] Tal impenhorabilidade é oponível em qualquer processo de execução civil, fiscal, previdenciária, trabalhista ou de outra natureza (art. 3º, IV), ressalvados os casos previstos nos incs. I a VI desse mesmo artigo, especialmente o n. IV, que exclui os efeitos protetores sempre que tratar-se da cobrança de impostos, predial ou territorial, taxas e contribuições devidas em função do imóvel familiar.

Entre os vários dispositivos deste Diploma é bom chamar a atenção para o que dispõe o art. 4º: *Não se beneficiará do disposto nesta Lei aquele que, sabendo-se insolvente, adquire de má-fé imóvel mais valioso para transferir a residência familiar, desfazendo-se ou não da moradia antiga.* Verificada a circunstância, *poderá o Juiz, na respectiva ação do credor,*

---

220. Vide evolução jurisprudencial na Súmula 364 do STJ: "O conceito de impenhorabilidade de bem de família abrange também o imóvel pertencente a pessoas solteiras, separadas e viúvas".

transferir a impenhorabilidade para a moradia familiar anterior, ou anular-lhe a venda, liberando a mais valiosa para execução ou concurso, conforme a hipótese (§ 1º).

Nas hipóteses em que o contribuinte tenha em seu poder bem gravado por alienação fiduciária e por venda com reserva de domínio, não se aplica a garantia do crédito tributário sob comento, pois nesses dois casos somente a posse é transferida ao adquirente do bem (contribuinte), permanecendo o domínio em poder de terceiros.

Ainda sobre a Lei, para efeitos de impenhorabilidade, a noção de *residência* alcança tão só o imóvel utilizado pelo casal ou pela entidade familiar para moradia permanente (art. 5º) e, na hipótese de o casal, ou entidade familiar, ser possuidor de vários imóveis utilizados como residência, a impenhorabilidade recairá sobre o de menor valor, salvo se outro tiver sido registrado, para esse fim, no Registro de Imóveis e na forma do art. 70 do Código Civil de 1916, com correspondência no art. 1.711 de Código Civil de 2002. Tal é a ressalva do parágrafo único do art. 5º.

Valendo-se das modulações acima colocadas, em linha de princípio, é possível afirmar que bens absolutamente impenhoráveis a que se refere o art. 184 do CTN significam aqueles que decorrem direta e exclusivamente da lei, sendo independente de qualquer ato de vontade, isto é, são os bens:

a) impenhoráveis (art. 833 do CPC);

b) públicos (art. 67 do CC); e,

c) de família (arts. 70 a 73 do CC, art. 833 do CPC, Lei 8.009/90, e arts. 260 a 265 da Lei 6.015/73).

Não se incluem na lista, portanto, os bens impenhoráveis e os inalienáveis por cláusulas contratuais.

4. Presunção de fraude na alienação de bens

Inscrito o débito tributário pela Fazenda Pública, no livro de registro da dívida ativa, fica estabelecido o marco temporal, após o que qualquer alienação de bens ou rendas, ou seu começo, pelo sujeito devedor, será presumida como fraudulenta. Este é o teor do art. 185.

A presunção de fraude também não é absoluta, segundo acreditamos. Uma série de razões pode ser levantada para demonstrar que independeu da vontade do devedor. Todavia, a prova haverá de ser rigorosa e contundente. Caso contrário, prevalecerá o aspecto de fraude presumida.

Julgamos supérfluo o parágrafo único do art. 185 ao dizer que inexiste presunção de fraude quando o devedor, alienando bens ou rendas, reserva outros para garantir o total pagamento da dívida tributária. Sobressai à evidência que não houve nem poderia haver fraude em situações dessa natureza. Que fraude seria essa em que o sujeito passivo põe sob reserva bens suficientes para o implemento de seu débito?

É bom advertir que embora haja uma precisa unidade de tempo, a contar da qual emerge a presunção de fraude do devedor alienante de seus bens ou rendas, nem por isso estará vedado à Fazenda o caminho de comprovar que a operação anterior visou a defraudar o Fisco. A prova, certamente, não é fácil, mas teoricamente pode ser produzida.

Acerca do tema, Luciano Amaro[221] assevera que, do teor do art. 185, parágrafo único, do Código Tributário Nacional depreende-se não ser necessário que o devedor mantenha bens imóveis ou móveis, podendo despojar-se de todos os seus bens, desde que suas rendas sejam suficientes para o pagamento do débito. São suas as seguintes palavras: “Se alguém, devedor de 1.000, aliena o único imóvel que possui por 5.000, e aplica os recursos em depósitos bancários, não há por que falar-se em fraude, mesmo porque o próprio parágrafo único do art. 185 a afasta, nessa hipótese. O problema, porém, aparece se o devedor se desfaz de bens cuja propriedade é mais ‘ostensiva’ (bens com maior *rastreabilidade*, isto é, mais facilmente

221. *Direito tributário brasileiro*, 4. ed., São Paulo, Saraiva, 1999, p. 450.

identificáveis no seu patrimônio), trocando-os por dinheiro e ocultando o produto da venda".

Por outro lado, ocorrendo alienação de bens da qual resulte presunção de fraude à execução, deve a Fazenda Pública fazer uso da ação revocatória, com a finalidade de anular a alienação fraudulenta. Além disso, ocorrendo alienação patrimonial em fraude à execução, o ato realizado é ineficaz perante a Fazenda Pública, de modo que os bens assim alienados podem ser arrestados ou penhorados no processo de execução fiscal.

É preciso enfatizar, também, o problema concernente ao momento em que uma alienação pode ser caracterizada como fraudulenta. Nos termos do art. 185, pode-se entender que esse instante é o da inscrição do débito em dívida ativa. Inscrito o débito tributário pela Fazenda Pública, no livro de registro da dívida ativa, fica estabelecido o marco temporal, após o que qualquer alienação de bens ou rendas, ou seu começo, pelo sujeito devedor, será presumida fraudulenta.

A Lei Complementar 118, de 2005, acresceu ao Código Tributário Nacional o art. 185-A, cujo teor confere ao juiz titular da execução fiscal a prerrogativa de determinar a indisponibilidade dos bens e direitos do devedor, na hipótese de falta de pagamento ou ausência de indicação de bens à penhora. A ordem de arresto, que será emitida, preferencialmente, por meio eletrônico, poderá recair sobre bens imóveis e moeda em contas correntes bancárias.

5. Os privilégios do crédito tributário

Tirante os créditos provenientes da legislação trabalhista, vale dizer, as importâncias reclamadas com base na relação de emprego, ou fundadas em acidentes de trabalho, o crédito tributário prefere a qualquer outro, seja qual for sua natureza ou a data de sua constituição (art. 186). Além disso, sua cobrança judicial não está sujeita a concurso de credores ou habilitação em falência, recuperação judicial, concordata, inventário ou arrolamento (CTN, art. 187). É o que Aliomar Baleeiro[222] chama de *supremacia do executivo fiscal.* Normalmente, a ação de execução só prossegue regularmente se não houver concurso de credores, falência ou concordata. No caso da execução para a cobrança de crédito tributário, é irrelevante a existência de outros credores que postulem, ao mesmo tempo, a satisfação de seus direitos perante o devedor insolvente. Ela se inicia e tem seguimento normal, independentemente do concurso de credores, da falência, da recuperação judicial ou da concordata, inventário ou arrolamento.

O tacitamente revogado art. 187, parágrafo único, do CTN, prescrevia o seguinte:

> Art. 187. [...]
>
> Parágrafo único. O concurso de preferência somente se verifica entre pessoas jurídicas de direito público, na seguinte ordem:
>
> I — União;
>
> II — Estados, Distrito Federal e Territórios, conjuntamente e *pro rata;*
>
> III — Municípios, conjuntamente e *pro rata.*

Em edições anteriores, em face do dispositivo transcrito, argumentamos:

> *Sua inconstitucionalidade ressalta ao primeiro súbito de vista. É flagrante, insofismável e vitanda, sob qualquer ângulo pelo qual pretendamos encará-la. Fere, de maneira frontal e grosseira, o magno princípio da isonomia das pessoas políticas de direito constitucional interno, rompendo o equilíbrio que o Texto Superior consagra e prestigia. Discrimina a União, em detrimento dos Estados, e estes, juntamente com o Distrito Federal, em prejuízo dos Municípios, quando sabemos que estão juridicamente parificados, coexistindo num clima de isonomia. E, como se isso não bastasse, dá preferência aos Territórios, que não têm personalidade política, com*

222. *Direito tributário*, cit., p. 607.

> *relação aos Municípios. Lamentavelmente, a ordem preferencial que o art. 187, parágrafo único, cristaliza na redação de seu texto vem sendo passivelmente acolhida e cordatamente aplicada, sem que o meio jurídico nacional se dê conta da manifesta inconstitucionalidade que encerra no seu significado em face do sistema do direito positivo brasileiro. Exclamam algumas vozes, como as de Geraldo Ataliba, Michel Temer, Roque Carrazza e poucos mais, sem que delas façam eco os pronunciamentos do Poder Judiciário.*

Com a Lei Complementar 118, de 2005, não há mais essa ordem de preferência. Agora, os créditos tributários da União, dos Estados, do Distrito Federal e Municípios concorrem em igualdade de condições. O dispositivo corrigiu a flagrante aberração, valendo a crítica que adscrevemos nos textos das anteriores edições deste *Curso*. Fica a experiência sempre valiosa de que os enunciados legais que contrastam com a Constituição da República devem ser suprimidos, quer pelo Poder Judiciário, quer por novas disposições provenientes do Poder Legislativo.

6. O crédito tributário nos processos de falência do devedor

Sob a vigência do tacitamente revogado art. 188, §§ 1º e 2º, comentamos o seguinte:

> *No decurso do processo de falência, são prioritários a quaisquer outros encargos da massa falida os créditos tributários, vencidos ou vincendos, exigíveis assim que decretada a quebra. A prioridade é de tal ordem que mesmo as dívidas de cunho trabalhista cedem diante das prestações tributárias que a massa falida deve efetuar. O art. 188 contempla a hipótese de deveres tributários vencidos ou vincendos, mas depois de decretada a falência. Estes é que hão de ter preeminência sobre os débitos trabalhistas, não os devidos pela empresa antes da sentença declaratória. A situação ocorre toda vez que as atividades negociais da empresa não sofrerem solução de continuidade, produzindo novos fatos jurídicos tributários, com o nascimento de outras relações obrigacionais. Os débitos tributários que assumirem essa*

dimensão, isto é, vencidos ou vincendos após a decretação da falência, são considerados encargos da massa falida, usufruindo de privilégio total e absoluto.

Para contestá-los, quer a massa falida, quer o concordatário, terão de garantir a instância, depositando a importância equivalente ao débito. Se não puderem fazê-lo, o juiz remeterá as partes ao processo competente, mandando reservar bens suficientes à extinção total do crédito e de seus acrescidos, ouvindo, quanto à natureza e o valor dos bens reservados, o representante da Fazenda Pública interessada (art. 188, § 1º).

Quanto se dispõe no art. 188 e seu § 1º, aplica-se, igualmente, aos processos de concordata (art. 188, § 2º).

Quanto à possibilidade ou não de a Fazenda Pública requerer a falência do devedor, tem-se como argumentos favoráveis o fato de que a lei falimentar impede que o credor com garantia real requeira a falência, exceto se renunciar à referida garantia. Argumenta-se, assim, que a Fazenda Pública é mera quirógrafa, não possuindo garantia a renunciar, haja vista que seu privilégio só surge com a decretação da falência.

Tais argumentos, todavia, não procedem. O crédito da Fazenda Pública, conquanto não constitua uma verdadeira garantia real, apresenta particularidades que o aproximam desta, e, em certos aspectos, lhe conferem vantagem sobre ela. É o que se depreende do art. 184 do Código Tributário Nacional, segundo o qual o crédito tributário é garantido pela 'totalidade dos bens e das rendas, de qualquer origem ou natureza, do sujeito passivo, seu espólio ou sua massa falida, inclusive os gravados por ônus real *ou cláusula de inalienabilidade ou impenhorabilidade, seja qual for a data da constituição do ônus ou da cláusula, excetuados unicamente os bens e renda que a lei declare absolutamente impenhoráveis' (grifos nossos).*

Com tantas vantagens, é insustentável a opinião da equivalência entre os créditos pessoais comuns e o crédito tributário, pois este, embora pessoal, muito se aproxima do crédito com garantia real, e, por vezes, supera-o em privilégios.

Com a edição da Lei Complementar 118, de 2005, o crédito tributário, no processo de falência do devedor, continua a ter primazia em face de todos os demais, exceto diante dos créditos trabalhistas e decorrentes de acidente de trabalho, dos créditos extraconcursais, das importâncias susceptíveis de restituição, nos termos da lei falimentar, bem como dos créditos com garantia real, no limite do valor do bem gravado. Consideram-se "créditos extraconcursais", de acordo com o art. 84 da Lei n. 11.101/2005, as remunerações devidas ao administrador judicial e a seus auxiliares, os créditos decorrentes da legislação do trabalho ou derivados de acidentes de trabalho relativos a serviços prestados após a decretação da falência, as custas e demais despesas incorridas no curso do processo falimentar e os créditos tributários cujos eventos jurídicos ocorrerem depois da decretação da falência. Desse modo, é curioso notar que tais créditos tributários preferem aos créditos com garantia real. Por sua vez, as "importâncias passíveis de restituição" são as quantias emprestadas à massa pelos próprios credores. Com essas modificações, o crédito tributário perde um pouco de sua "força", diante da antiga redação do art. 188 do CTN.

7. O crédito tributário nos processos de inventário, de arrolamento e na liquidação das pessoas jurídicas

De modo diverso, o crédito tributário mantém posição privilegiada nos processos de inventário e de arrolamento. No quadro geral dos créditos habilitados, a dívida tributária prefere a qualquer outro encargo do monte, seja ela vencida ou vincenda, ensejada pelo autor da herança ou pelo espólio, exigível no curso do processo. As prescrições formam o conteúdo do art. 189 e seu parágrafo único.

Aberta a sucessão, cumpre ao inventariante relacionar todas as dívidas existentes, ficando pessoalmente responsável pelas prestações tributárias suscitadas pelo espólio. A título de providência acauteladora, o magistrado a quem está submetido o processo de inventário ou de arrolamento manda saber, dos órgãos da Administração Tributária, da possível existência de débitos fiscais, a fim de que se resguardem seus privilégios.

Repete-se a primazia do crédito tributário na liquidação judicial ou voluntária das pessoas jurídicas de direito privado. Vencidos ou vincendos, desde que exigíveis no decurso da liquidação, gozam de prioridade absoluta (CTN, art. 190).

8. Necessidade de quitação

A prova da quitação dos débitos tributários é imposição inarredável para que se conceda a recuperação judicial ou se declarem extintas as obrigações do falido. As prestações fiscais atinentes à atividade mercantil hão de estar saldadas, sem o que não se libera o falido (CTN, art. 191). O pretendente da recuperação judicial, para fazer jus ao privilégio, deve, pelo menos, portar a certidão positiva com efeitos "de negativa", em razão do parcelamento do crédito (CTN, arts. 191-A, 151, 155, 205 e 206).

Também a prolação da sentença de julgamento de partilha ou da adjudicação fica na dependência da prova de que se achem quitadas as obrigações tributárias relativas aos bens do espólio, ou de suas rendas (art. 192), o que significa que os trâmites formais da transferência do domínio dos bens não se opera sem que os interessados exibam os documentos de quitação. Tanto essa quanto a anterior são medidas de alcance prático considerável, no sentido de proteger os créditos tributários.

Nesta temática, excelente foi a decisão do acórdão do juiz Henrique Miranda, da 1ª Vara Cível de Ponta Grossa/PR, nos autos de Recuperação Judicial 390/2005, em que dispensou a apresentação de CND para fins de se deferir o pedido de recuperação judicial:

> a exigência de apresentação de certidões negativas — que, na prática, equivale a impor ao empresário estar em dia com as obrigações fiscais e previdenciárias — **inviabiliza a recuperação judicial**. Fazendo-o, conflita com o princípio constitucional da função social da empresa e com os outros que a ele se ligam, entre os quais o da dignidade da pessoa humana. E, na colisão de princípio e norma, prevalece aquele, **devendo ser dispensada a autora, destarte, da apresentação das certidões** [...].

> Se não há empecilho ao ajuizamento de execuções fiscais, ou ao prosseguimento de execuções já instauradas, **é desarrazoado exigir do devedor a regularização de sua situação perante o Fisco para ver deferido o pedido de recuperação judicial, considerando que esta, concedida, nenhuma limitação acarretará ao direito das Fazendas Públicas**. Embora não esteja escrito na Constituição, o princípio da razoabilidade está implícito nela, e, quando ferido injustificadamente, **autoriza relevar exigências desmedidas**, que não tenham outra finalidade senão a de impedir a realização de direitos".[223] (grifos nossos).

No quadro conceitual da referida relação jurídica de dever instrumental, que estipula ao contribuinte o dever de apresentar CND para fins de adquirir direito de recuperação judicial, sobreleva observar a presença inexorável do princípio da proporcionalidade, mais uma vez atuando em benefício do equilíbrio no vínculo tributário existente entre Fisco e contribuinte. Fator estrutural do direito tributário, o referido ditame é compreendido como a conjugação de três subprincípios: (i) o da pertinência, aptidão ou adequação do meio utilizado para alcançar determinado fim de interesse público; (ii) o da exigibilidade ou necessidade da medida para lograr tal fim; e, (iii) o da proporcionalidade *stricto sensu* na escolha do meio específico. É utilizado, precipuamente, para harmonizar valores e princípios, especialmente na ocorrência de tensão entre princípios. É o que se dá no caso em tela. No entrechoque entre *garantir a exigibilidade do crédito tributário* e a *função social da empresa*, atribui-se ao primeiro maior relevância, impondo ao contribuinte a prova de quitação das obrigações fiscais e previdenciárias, mediante apresentação de certidões negativas. Eis que, em considerando que a ausência de prova nada altera o direito das Fazendas Públicas e, por outro lado, muito onera o contribuinte, dificultando o acesso ao procedimento que tem por objetivo, justamente, a recuperação judicial da empresa, deve ler-se o enunciado do art. 191-A, em nome da proporcionalidade, com uma série de

223. José Eli Salamacha, *A recuperação judicial de empresas e as dívidas fiscais*, RET 47, jan.-fev./06.

cautela, buscando também atender ao preceito constitucional que visa a preservar a instituição empresarial.

Paralelamente, é vedado a qualquer órgão da Administração Pública da União, dos Estados, do Distrito Federal ou dos Municípios, ou de suas autarquias, celebrar contratos ou aceitar propostas em concorrência pública, sem que o contratante ou o proponente faça prova da quitação de todos os tributos devidos à Fazenda Pública interessada, relativos à atividade em cujo exercício contrata ou concorre, salvo disposição de lei que expressamente autorize a dispensa (CTN, art. 193). Também a Constituição Federal, em seu art. 195, § 3º, veda a contratação entre o Poder Público e a pessoa jurídica em débito com o sistema da seguridade social, bem como a concessão de benefícios ou incentivos fiscais creditícios a quem se encontre nessa situação.

Duas observações são colocadas, a respeito da disposição desse art. 193: uma, sobre a possibilidade que o legislador tem de não estipular a exigência da quitação, para que o contrato seja celebrado ou a proposta em concorrência pública seja recebida, desde que o faça de modo expresso; outra, que os tributos sejam correspondentes à atividade que é objeto do contrato ou da concorrência pública. Pela letra da lei, não se requer quitação geral de todos os tributos devidos pelo contratante ou pelo proponente, interpretação que não encontra obstáculos no espírito do sistema.

CAPÍTULO XVIII

ADMINISTRAÇÃO TRIBUTÁRIA

Sumário: **1.** A atividade de administração tributária em face da lei. **2.** A fiscalização do cumprimento das prestações tributárias. **3.** O dever de sigilo e o auxílio de força pública. **4.** Dívida ativa. **5.** Certidões negativas.

1. A atividade de administração tributária em face da lei

O princípio da legalidade rege, severamente, toda a atividade administrativa do Estado. Os atos administrativos exarados pelos agentes públicos mantêm-se dentro dos estritos termos da lei, assim os de competência vinculada, como os discricionários, em qualquer setor do vasto campo de sua atuação. Em matéria tributária, terreno sobremodo delicado, por tocar direitos fundamentais dos administrados, quais sejam o direito de propriedade e o de liberdade, as normas que disciplinam a atividade administrativa são especialmente rígidas, com seus momentos capitais regulados por expedientes que devem guardar cabal aderência aos mandamentos que o direito positivo institui. Nenhum ato pode ser praticado sem autorização expressa da lei e o funcionário não dispõe de liberdade de ação para inovar o quadro das providências legalmente possíveis.

Desnecessário salientar que o rigoroso cuidado do legislador não se detém na estipulação do conteúdo, dos pressupostos e das finalidades dos atos praticados pela Administração, traçando, demais disso, a estruturação dos órgãos e a distribuição das funções que hão de ser desempenhadas. O funcionário público que exerce atribuições na área da Administração Tributária está jungido ao plexo das regras genéricas do direito administrativo, a que se agregam as dispostas na legislação fiscal que, a rigor, são também normas de direito administrativo. E a distinção entre o trabalho exercitado externamente, ou no âmbito interno das repartições, em nada modifica o regime jurídico de sua atividade.

2. A fiscalização do cumprimento das prestações tributárias

Na linha do raciocínio que expusemos, diz o art. 194 do CTN que a legislação tributária, observado o disposto naquela lei, regulará, em caráter geral, ou especificamente em função da natureza do tributo de que se tratar, a competência e os poderes das autoridades administrativas em matéria de controle da sua aplicação, isto é, da observância das regras fixadas pela Lei 5.172/66. É confusa a redação do dispositivo, mas o princípio é este: a legislação tributária, assim compreendidos os atos normativos enumerados no art. 96 (CTN), regulará a competência e os poderes das autoridades administrativas incumbidas de fiscalizar a aplicação dos preceitos básicos estatuídos no Código Tributário Nacional.

Todo o feixe de normas jurídicas definidoras da competência e dos poderes das autoridades administrativas, para zelar pela observância das regras da Lei 5.172/66, estende-se, como obrigatório, à observância das pessoas naturais ou jurídicas, contribuintes ou não, inclusive às que gozem de imunidade tributária ou de isenção de caráter pessoal (art. 194, parágrafo único).

Não que os súditos do Estado, estranhos aos serviços públicos da Administração, estejam sujeitos a cumprir deveres contidos em atos meramente administrativos. Só hão de fazer alguma coisa se existir lei que o determine. Aquilo que o parágrafo único do art. 194 quer exprimir é que as pessoas públicas ou privadas que ele enumera devem acatar o regular exercício das competências que as autoridades administrativas recebem abstratamente da *legislação tributária* e tem especificamente delimitadas nos mandados que autorizam seus procedimentos de fiscalização. Por exemplo: um contribuinte de ICMS deve permitir que funcionários fiscais da Secretaria da Fazenda ingressem em seu estabelecimento e examinem seus livros fiscais. Isso no pressuposto de que sejam eles portadores de competência legítima, segundo as diretrizes jurídicas estabelecidas na *legislação tributária*.

Vem, nesse exato sentido, a advertência do art. 195 do CTN:

> Art. 195. Para os efeitos da legislação tributária, não têm aplicação quaisquer disposições legais excludentes ou limitativas do direito de examinar mercadorias, livros, arquivos, documentos, papéis e efeitos comerciais ou fiscais dos comerciantes, industriais ou produtores, ou da obrigação destes de exibi-los.

O comando não encerra conteúdo de autoritarismo: é uma imposição inafastável do exercício do *dever* que a lei atribui aos agentes da Administração Tributária, e se reflete num desdobramento do princípio da supremacia do interesse público ao do particular. Não pode, portanto, sofrer embaraços ou enfrentar obstáculos que não os próprios limites cravados na Constituição, no catálogo dos direitos e garantias individuais. Deve a fiscalização, por outro lado, ficar adstrita aos elementos de interesse, não podendo extravasar a sua competência administrativa. Nesse sentido, veja-se a Súmula 439 do Supremo Tribunal Federal: "Estão sujeitos à fiscalização tributária ou previdenciária quaisquer livros comerciais, *limitado o exame aos pontos objeto da investigação*" (grifos nossos).

Mas a atração pelo óbvio é algo que acompanha sempre a atividade legislativa, principalmente quando esta opera no campo das normas gerais e abstratas. E o § 1º, do art. 145, em sua segunda parte, ratifica de maneira curiosa esse cacoete do legislador constitucional. Como se fora auspiciosa novidade, exposta em tom imponente, próprio das prescrições inaugurais, facultou-se à Administração Tributária, *especialmente para conferir efetividade a esses objetivos, identificar, respeitados os direitos individuais e nos termos da lei, o patrimônio, os rendimentos e as atividades econômicas do contribuinte*. A referência expressa a tal *faculdade*, tão velha quanto o poder jurídico de exigir tributos, não constava das constituições anteriores, justamente por configurar um aspecto de essencial imanência ao desempenho da Administração Tributária. A experiência brasileira é testemunho eloquente do uso da *novel* faculdade, mas antes disso o depoimento histórico aponta para o abuso dessa permissão, muitas vezes desenvolvida em termos de violação aos direitos da cidadania. Estamos em que, se alguma providência houvesse de ocupar o importante tópico, no quadro dos princípios gerais do Sistema Tributário Nacional, certamente hospedaria conteúdo oposto, qual seja o de firmar critérios mais seguros para a delimitação daquela vetusta faculdade, fortalecendo os direitos individuais e impedindo grosseiros atentados à ordem jurídica nacional.

Fala-se, ordinariamente, que os sujeitos passivos de obrigações tributárias e de deveres formais, relativos a tributos, devem manter seus livros, documentos e efeitos fiscais durante o prazo de cinco anos. A proposição não é verdadeira. Assevera, com orientação diversa, o parágrafo único do art. 195 do CTN, que vamos reproduzir:

> Art. 195. [...]
>
> Parágrafo único. Os livros obrigatórios de escrituração comercial e fiscal e os comprovantes dos lançamentos neles efetuados serão conservados até que ocorra a prescrição dos créditos tributários decorrentes das operações a que se refiram.

Talvez pela circunstância de o legislador mencionar o instituto da prescrição, cujo prazo, genericamente considerado, é de cinco anos, tenham surgido interpretações como essa a que aludimos. Entretanto, o dever de guarda e manutenção dos livros, documentos e comprovantes, que interessem de modo direto ou indireto à caracterização das prestações tributárias, perdura pelo intervalo de tempo que vai do seu surgimento até o instante em que as respectivas obrigações forem colhidas pelo fato jurídico da prescrição. E sabemos que o advento de qualquer das causas interruptivas do curso prescricional tem o condão de tornar sem efeito o prazo já decorrido, iniciando-se nova contagem de cinco anos.

A atividade fiscalizadora será devidamente documentada. Sempre que se fizerem necessárias diligências de fiscalização, os agentes devem lavrar os termos próprios, que atestem o início, o término e as providências mais importantes que forem tomadas no decorrer dos trabalhos, como a apreensão de livros, documentos, mercadorias etc. Contudo, cumpre ressaltar que tais atitudes do Poder Público, que muito se aproximam dos modos sancionatórios alternativos já referidos no Capítulo XVI, encontram entraves precisos dados pelo próprio Texto Constitucional. Entre eles, citemos concisamente o direito de propriedade (art. 5º, XXII, da CR/88) ou mesmo a liberdade de associação (art. 5º, XVII, XVIII e XX, da CR/88). É salvaguardando esses e outros preceitos, e protegendo os direitos fundamentais dos contribuintes, que foram editadas pelo STF as Súmulas 70,[224] 323[225] e 547[226] conferindo contornos ao poder de fiscalizar diante de situações que podem se apresentar abusivas no cotidiano das práticas tributárias.

Com efeito, a administração pode ter fortes indícios de procedimento doloso do contribuinte, contudo, não deve, munida desse poder fiscalizatório, prejudicá-lo ou ainda inviabilizar suas atividades empresariais em face de meras desconfianças de ilicitude. Lembremos que os indícios descobertos

224. "É inadmissível a interdição de estabelecimento como meio coercitivo para cobrança de tributo."

225. "É inadmissível a apreensão de mercadorias como meio coercitivo para pagamento de tributos."

226. "Não é lícito a autoridade proibir que o contribuinte em débito adquira estampilhas, despache mercadorias nas alfândegas e exerça suas atividades profissionais."

pelo Fisco não devem ser suficientes para caracterizar a realização efetiva do ilícito atribuído ao sujeito autuado, assinalando apenas o marco inicial de um processo de investigação mais profunda, que pode ou não culminar com comprovação inequívoca da existência do elemento volitivo, atrelando o resultado à conduta da empresa. Faltando o elo, inexiste o *nexus* entre o presumido dolo do sujeito passivo tributário e o *factum* objetivo do dano ao erário. A caracterização do ilícito requer um trabalho de pesquisa que, se não for feito, não poderá dar ensejo a tributo e/ou penalidades. Repito que o indício é expressivo, mas não chega ao absoluto, e a presunção, como vimos em capítulos anteriores, não poderá suprir o esforço de prova que só ao Ente Público compete desenvolver.

A identificação da data de início do procedimento de fiscalização mostra-se relevante na medida em que o art. 138 do Código Tributário Nacional e seu parágrafo único dispõem que a denúncia espontânea de eventual infração, para fins de exclusão de responsabilidade, tem cabimento apenas se efetuada antes do início do procedimento fiscal que diga respeito à infração. É importante, outrossim, que o Fisco especifique os documentos solicitados, fixando o prazo para sua apresentação, e determine o objeto da matéria fiscalizada, visto que, com relação aos demais negócios e atividades, o contribuinte poderá fazer uso do art. 138 acima referido (denúncia espontânea) ou formular consulta às atividades fazendárias, suspendendo a exigibilidade do respectivo crédito tributário. A legislação dos vários tributos estabelecerá regras sobre o procedimento que deve ser adotado pelos funcionários credenciados, fixando o tempo máximo para a conclusão das diligências. Os termos serão lavrados em um dos livros fiscais exigidos e, quando celebrados em separado, deles se fará entrega de cópia autenticada pela autoridade administrativa à pessoa sujeita à fiscalização.

3. O dever de sigilo e o auxílio de força pública

Em princípio, todas as pessoas físicas ou jurídicas, públicas ou privadas, devem colaborar com as autoridades administrativas, prestando as informações de que dispuserem acerca de bens, negócios ou atividades de terceiros, quando instadas a fazê-lo. É da essência dos atos administrativos a finalidade de ordem pública, de modo que as colaborações prestadas aos agentes, no exercício regular de suas atribuições funcionais, se incorporam àquele objetivo que visa ao bem comum. Mas o legislador da Lei 5.172/66 imprimiu cunho prescritivo a esse dever, inscrevendo no seu art. 197:

> Art. 197. Mediante intimação escrita, são obrigados a prestar à autoridade administrativa todas as informações de que disponham com relação aos bens, negócios ou atividades de terceiros:
>
> I — os tabeliães, escrivães e demais serventuários de ofício;
>
> II — os bancos, casas bancárias, Caixas Econômicas e demais instituições financeiras;
>
> III — as empresas de administração de bens;
>
> IV — os corretores, leiloeiros e despachantes oficiais;
>
> V — os inventariantes;
>
> VI — os síndicos, comissários e liquidatários;
>
> VII — quaisquer outras entidades ou pessoas que a lei designe, em razão de seu cargo, ofício, função, ministério, atividade ou profissão.
>
> [...]

Trata-se de um dever instrumental ou formal que, descumprido, gera sanções ao infrator, por causar embaraços aos trabalhos de fiscalização. Convém aduzir que as outras entidades, a que alude o item VII, são aquelas que a lei designar, não podendo ser escolhidas por ato discricionário da autoridade administrativa. Mister se faz que haja lei designativa, que dite o dever em função do cargo, ofício, função, ministério, atividade ou profissão. Mas a ressalva vem pronta e incisiva: tal dever (que o legislador chama de obrigação) não pode ingressar no secreto vínculo que se estabelece no exercício de certas profissões, em que a própria lei que as regula veda terminantemente a quebra do sigilo. Se o Código Tributário Nacional deixasse de respeitar esse limite, estaríamos perante grotesca e incontornável contradição: uma regra proibidora da violação do segredo profissional, que é fato criminoso segundo a lei penal; e outra norma, de caráter administrativo, constrangendo o mesmo profissional a divulgar fatos sigilosos.

O psicólogo, o médico, o advogado, o sacerdote e tantas outras pessoas que, em virtude de seu cargo, ofício, função, ministério, atividade ou profissão, tornam-se depositárias de confidências, muitas vezes relevantíssimas para o interesse do Fisco, não estão cometidas do dever de prestar as informações previstas no art. 197.

Em contrapartida, é vedada a divulgação, para qualquer fim, por parte da Fazenda Pública ou de seus funcionários, de qualquer informação, obtida em razão de ofício, sobre a situação econômica ou financeira dos sujeitos passivos ou de terceiros e sobre a natureza e o estado dos seus negócios ou atividades. A proibição, cujo descumprimento perfaz um ilícito administrativo, não afasta o caráter delituoso com que a legislação criminal disciplina o mesmo fato (art. 198, *caput*), excluindo-se o intercâmbio de informações que a Fazenda Pública da União, dos Estados, do Distrito Federal e dos Municípios firme, por lei ou convênio, para a ajuda recíproca na fiscalização dos tributos de suas competências (CTN, arts. 198, § 2º, e 199). Não se admite, porém, que uma Fazenda Pública se utilize dos dados levantados e a ela informados por uma outra Fazenda para fins de autuação de contribuintes, como se fosse uma prova emprestada. Haja vista que a informação recebida não possui valor probatório, a Fazenda, baseada em tais dados, deve proceder à fiscalização própria e instaurar o devido processo administrativo.

Também excetuam-se da vedação referida no *caput* do art. 198 do CTN as hipóteses de requisição de autoridade judicial, no interesse da justiça, bem como solicitações de autoridade administrativa, no interesse da Administração Pública, desde que seja comprovada a instauração regular de processo administrativo, no órgão ou na entidade respectiva, com o objetivo de investigar o sujeito passivo a que se refere a informação, por prática de infração administrativa (CTN, art. 198, § 1º e incisos).

Já houve tentativas de difusão dos grandes devedores do Erário, com evidente desrespeito ao que dispõe o art. 198 do Código. O fato é grave, ensejando a possibilidade de indenização para o sujeito passivo e a responsabilidade criminal do funcionário que promove a divulgação, que, além disso, poderá ser apenado pela prática de ilícito administrativo. Vale registrar, porém, hipóteses em que, nos termos do art. 198, § 3º e incisos, do CTN, não se veda a divulgação de informações do sujeito passivo. São elas: as relativas a representações fiscais para fins penais, inscrições na Dívida Ativa da Fazenda Pública e parcelamento ou moratória.

Nem sempre se desenvolve em clima de cordialidade o relacionamento entre os agentes do Fisco e as pessoas sujeitas à fiscalização. Fatos podem ocorrer que embaracem os trabalhos de verificação, impedindo o bom curso da atividade administrativa. Pois bem. Quando for o caso, os funcionários federais, estaduais e municipais poderão requisitar força pública (federal, estadual ou municipal) para garantir o desempenho de suas funções, efetivando as providências administrativas que determinaram a diligência. Para tanto, não é necessário que haja a configuração de crime ou contravenção. O agente requisitará a força toda vez que entender em perigo a segurança do seu trabalho e dos objetivos que almeja executar. É o preceptivo que se contém no art. 200 do CTN.

4. Dívida ativa

Esgotados os trâmites administrativos, pela inexistência de recursos procedimentais que possam atender a novas iniciativas do sujeito passivo, e não havendo medida judicial que suspenda a exigibilidade do crédito tributário, chegou a hora de a Fazenda Pública praticar quem sabe o mais importante ato de controle de legalidade sobre a constituição de seu crédito: o ato de apuração e de inscrição do débito no livro de registro da dívida pública. Sempre vimos o exercício de tal atividade revestido da mais elevada importância jurídica. É o único ato de controle de legalidade, efetuado sobre o crédito tributário já constituído, que se realiza pela apreciação crítica de profissionais obrigatoriamente especializados: os procuradores da Fazenda. Além disso, é a derradeira oportunidade que a Administração tem de rever os requisitos jurídico-legais dos atos praticados. Não pode modificá-los, é certo, porém tem meios de evitar que não prossigam créditos inconsistentes, penetrados de ilegitimidades substanciais ou formais que, fatalmente, serão fulminadas pela manifestação jurisdicional que se avizinha.

Para o Código Tributário, constitui dívida ativa tributária a proveniente de crédito dessa natureza, regularmente inscrita na repartição administrativa competente, depois de esgotado o prazo fixado, para pagamento, pela lei ou por decisão final proferida em processo regular (art. 201). E a fluência de juros de mora não prejudica a liquidez do crédito (art. 201, parágrafo único). A inscrição em dívida ativa tem por escopo a constituição unilateral do título executivo que servirá de base para a cobrança judicial dos créditos não pagos à Fazenda Pública. Disso resulta que a certidão de dívida ativa é o único dos títulos executivos extrajudiciais em que não há necessidade da assinatura do devedor, existindo a partir de ato unilateral do credor.

O art. 202 do CTN enumera as indicações que obrigatoriamente deverão estar contidas no termo de inscrição da dívida, autenticado pela autoridade competente: o nome do devedor e, sendo caso, o dos corresponsáveis, bem como, sempre que possível, o domicílio ou a residência de um ou de outros (I); a quantia devida e a maneira de calcular os juros de mora acrescidos (II); a origem e a natureza do crédito, mencionada especificamente a disposição da lei em que seja fundado (III); a data em que foi inscrita (IV). Frisa o parágrafo único deste art. 202 que a certidão conterá, além dos requisitos enumerados, a indicação do número do livro e da folha de inscrição.

Assim, produz a Fazenda seu título executivo extrajudicial: extraindo do livro de registro da dívida ativa a certidão da inscrição.

A omissão de quaisquer dos requisitos previstos no art. 202, ou o erro a eles relativo, são causas de nulidade da inscrição e do processo de cobrança dela decorrente, mas a nulidade poderá ser sanada até a decisão de primeira instância, mediante substituição da certidão nula, devolvido ao sujeito passivo, acusado ou interessado, o prazo para defesa, que somente poderá versar sobre a parte modificada (art. 203).

Termina o art. 204 por afirmar que a dívida regularmente inscrita goza da presunção de certeza e liquidez e tem efeito de prova pré-constituída, esclarecendo o parágrafo único que tal presunção é relativa, podendo ser ilidida por prova inequívoca, a cargo do sujeito passivo ou do terceiro a que aproveite.

5. Certidões negativas

A lei poderá exigir que a prova da quitação de determinado tributo, quando exigível, seja feita por certidão negativa, expedida à vista de requerimento do interessado, que contenha todas as informações necessárias à identificação de sua pessoa, domicílio fiscal e ramo de negócio ou atividade e indique o período a que se refere o pedido (art. 205). E a lei frequentemente exige para uma série de atos. O próprio Código Tributário Nacional, nos arts. 191 a 193, indica três circunstâncias em que a exigência da prova de quitação de tributos é requisito para a prática de certos atos jurídicos. Dependem da prova de regularidade tributária: (I) a extinção das obrigações do falido; (II) a sentença de julgamento de partilha ou adjudicação de bens do espólio; e (III) a celebração de contrato ou aceitação de proposta em concorrência pública, salvo disposição legal em contrário.

Convém anotar que, tendo em vista o sistema constitucional brasileiro, o qual, entre outros preceitos, assegura o livre exercício de qualquer trabalho, ofício ou profissão e dispõe sobre uma ordem econômica fundada na livre-iniciativa, muitos doutrinadores questionam a própria constitucionalidade da exigência de certidões negativas de débitos fiscais como pressuposto para a realização de atos jurídicos. É esse o entendimento de Maria Sylvia Zanella Di Pietro:[227]

> O que não parece mais exigível, a partir da Constituição de 1988, é a documentação relativa à regularidade jurídico-fiscal, ou seja, (...) e prova de regularidade para com a Fazenda Federal, Estadual e Municipal, pois isto exorbita o que está previsto na Constituição; além disso, não se pode dar à licitação — procedimento já bastante complexo — o papel de instituto de controle de regularidade fiscal, quando a lei prevê outras formas de controle voltadas para essa finalidade.[228]

Tem prevalecido, porém, o entendimento de que a razão da exigência de tais certidões é oferecer ao crédito tributário certas garantias, sendo possível subordinar a realização de determinados atos jurídicos à prova da quitação de tributos. Essa imposição, no entanto, deve ser feita em harmonia com os princípios constitucionais, não se admitindo, por exemplo, que a exigência da apresentação das certidões sirva de instrumento indireto de arrecadação ou que seja veiculada em atos infralegais.

Note-se que o art. 205 não prescreve a apresentação de certidão negativa de débitos como condição à prática de atos jurídicos. Esse dispositivo estabelece, tão somente, a forma de produção da prova de regularidade fiscal e não, propriamente, a necessidade legal dessa prova. Nesse sentido, estipula o art. 205 do CTN que "*A lei poderá exigir que a prova da quitação de determinado tributo, **quando exigível**, seja feita por certidão negativa*". De tal preceito infere-se que, para a exigência de certidão negativa de débito fiscal, é preciso que haja duas disposições legais: uma, obrigando a prova do pagamento de determinado tributo; outra, impondo que essa comprovação seja feita por meio de certidão negativa.

---

227. *Direito administrativo*. 5. ed. São Paulo: Atlas, 1995, p. 284.

228. Nota do editorial: até o fechamento desta edição, aguardava-se a sanção da Nova Lei de Licitações, originária do PLS nº 4.253/2020.

A necessidade de tais previsões legais é decorrência direta do cânone da **legalidade**. Esse preceito, projetando-se sobre todos os domínios do direito e inserido no art. 5º, II, do Texto Constitucional vigente, dispõe: "*ninguém será obrigado a fazer ou deixar de fazer alguma coisa senão em virtude de lei*". Referida máxima assume papel de absoluta preponderância. E funde sua influência por todas as províncias do direito positivo brasileiro, não sendo possível pensar no surgimento de direitos subjetivos e de deveres correlatos sem que a lei os estipule. Como o objetivo primordial do direito é normar a conduta, e ele o faz criando direitos e deveres correlativos, a relevância do princípio da legalidade transcende qualquer argumentação que pretenda enaltecê-lo. Disso decorre a conclusão de que, inexistindo previsão legal, a certidão negativa de débitos não pode ser exigida.

Ademais, outro princípio a ser seguido pela Administração Pública é o da razoabilidade, segundo o qual o meio deve ser adequado ao fim almejado. Sua consecução exige proporcionalidade entre os meios de que se utilize a Administração e os fins que ela tem de realizar. Com supedâneo em tais definições, leciona Agustin Gordillo[229] que uma medida é irrazoável, entre outras situações, quando "*não guarde uma proporção adequada entre os meios que emprega e o fim que a lei deseja alcançar, ou seja, que se trate de uma medida desproporcionada, excessiva em relação ao que se deseja alcançar*".

Cabe consignar, ainda, que a aplicação desses princípios não se restringe à Administração Pública, devendo ser aplicado relativamente a todo raciocínio jurídico. Com efeito, o Supremo Tribunal Federal tem entendido imprescindível que a legislação discipline as condutas de modo razoável e proporcional ao que realmente tal conduta requer.[230] As leis e os atos do poder público submetem-se aos princípios da razoabilidade e proporcionalidade, devendo haver adequação entre a imposição e o fim que se pretende atingir.

---

229. *Princípios gerais de direito público*. São Paulo: Revista dos Tribunais, 1977, p. 183-184.

230. Veja-se, a título de exemplo, a concessão da medida liminar na ADIn 1753/DF (DJU, de 12-6-1998, p. 51) e na ADIn 855/PR (DJU, de 1º-10-1993, p. 20212).

A exigência de certidão negativa de débitos fiscais, por conseguinte, não está excluída da observância a esses princípios. Deve, ao contrário, ficar dentro do limite da razoabilidade e da proporcionalidade, ou seja, precisa guardar adequação com o ato jurídico que o contribuinte pretende praticar e o dano suscetível de ser causado ao Estado. Como leciona Odete Medauar,[231] não podem ser impostas aos indivíduos obrigações, restrições ou sanções em medida superior àquela necessária ao atendimento do interesse público, segundo critério de razoável adequação dos meios aos fins. Havendo distorção entre a medida exigida e o fim efetivamente nela previsto — *in casu*, entre a exigência de prova de quitação de créditos tributários, na qualidade de garantia destes, e a possibilidade de prejuízo ao Erário em virtude da prática de determinado ato jurídico —, haverá inadmissível violação aos mencionados princípios. É por essa e outras que, uma vez requerida, a autoridade competente deverá mandar expedi-la dentro de dez dias, a contar da data do recebimento do pedido no protocolo da repartição (art. 205, parágrafo único).

A obtenção de certidão é direito constitucionalmente assegurado (art. 5º, XXXIV, *b*), motivo pelo qual as repartições públicas ficam obrigadas a fornecer, àqueles que pleitearem, certidões acerca de sua situação enquanto contribuintes. Isto significa que não pode a autoridade fiscal simplesmente indeferir a expedição da certidão negativa de débitos, tendo o contribuinte o direito de ser informado das pendências que impediram a sua concessão. Somente pode ser indeferida quando a Administração tiver condições de relatar quais os créditos possui contra o contribuinte, a que se referem e quais seus valores. Assim, do mesmo modo que a Administração tem o poder de exigir a apresentação de certidão negativa de débitos, tem o dever de fornecê-la caso não haja crédito tributário constituído.

Desfruta do mesmo valor de certidão negativa de débitos tributários aquela de que constar a existência de créditos

231. *Direito administrativo moderno*. São Paulo: Revista dos Tribunais, 1996, p. 146.

ainda não vencidos, ou de créditos em curso de cobrança executiva, em que tenha sido efetivada a penhora, ou ainda de créditos cuja exigibilidade esteja suspensa (CTN, art. 206).

Muitas vezes a Fazenda Pública demora para inscrever o crédito tributário em dívida ativa e em executá-lo. Tal situação constitui óbice, ainda que temporário, à obtenção de certidão positiva com efeitos de negativa pelo contribuinte, pois, caso não houvesse a omissão da Fazenda na propositura da execução fiscal, ter-se-ia a garantia do crédito tributário por meio da penhora de bens. E, não obstante disponha de outros instrumentos legais para demonstrar a ilegitimidade do crédito tributário, com a suspensão da sua exigibilidade, como a ação declaratória ou anulatória acompanhada de depósito judicial, nesses casos precisará o contribuinte dispor de numerário para o depósito, ficando essa alternativa inviabilizada conforme a sua situação econômica e o valor do débito. Sugere Rafael Castegnaro Trevisan[232] que, em situações como a relatada, o contribuinte se utilize de ação cautelar visando à caução antecipatória de penhora.

Tratando-se da prática de ato necessário para evitar a decadência de um direito qualquer, pelo seu titular, mesmo sem disposição legal permissiva, é dispensável a prova da quitação de prestações tributárias. Todavia, todos aqueles que participarem do ato ficarão responsáveis pelo pagamento do tributo devido, juros de mora e penalidades cabíveis, salvo as (penalidades) relativas a infrações cuja responsabilidade seja pessoal do infrator (art. 207).

Se a certidão negativa contiver erro contra a Fazenda Pública, sendo expedida com dolo ou fraude, o funcionário que a exarou será responsabilizado pessoalmente, pelo crédito tributário e juros de mora acrescidos (art. 208). Vê-se aqui, claramente, que o valor a ser pago pelo agente, nessas

232. Penhora na execução fiscal, caução antecipatória de penhora e certidão positiva com efeitos de negativa (art. 206 do CTN), in *Certidões negativas de débito*, Porto Alegre, Livraria do Advogado, 1999, p. 257.

condições, corresponde ao do crédito tributário e seus acréscimos, mas tem a nítida feição de uma penalidade pecuniária. E, para além desta sanção que lhe é imposta, haverá de sofrer as medidas administrativas que couberem, em termos de responsabilidade funcional, persistindo a configuração criminal do ilícito que praticou (CTN, art. 208, parágrafo único).

REFERÊNCIAS

ADEODATO, João Maurício. *Ética e retórica. Para uma teoria da dogmática jurídica.* São Paulo, Saraiva, 2002.

ALESSI, Renato & STAMMATI, G. *Istituzione di diritto tributario.* Torino, UTET.

ALEXY, Robert. *Teoría de la argumentación jurídica.* Madrid, Centro de Estudios Constitucionales, 1989.

AMARO, Luciano. *Direito tributário brasileiro.* 4. ed. São Paulo, Saraiva, 1999.

ATALIBA, Geraldo. *Hipótese de incidência tributária.* 2. ed. São Paulo, Revista dos Tribunais, 1975.

________. *Proposições tributárias.* São Paulo, Resenha Tributária, 1975 (obra conjunta em homenagem a Rubens Gomes de Sousa).

________. *Sistema constitucional tributário brasileiro.* São Paulo, Revista dos Tribunais, 1968.

________. *Estudos e pareceres de direito tributário.* São Paulo, Revista dos Tribunais, 1978. v. 2.

________. *Apontamentos de ciência das finanças, direito financeiro e tributário.* São Paulo, Revista dos Tribunais, 1969.

AUGUSTO FILHO, João. *Isenções e exclusões tributárias*. Bushatsky, 1979.

BALEEIRO, Aliomar. *Limitações constitucionais ao poder de tributar*. 4. ed. Rio de Janeiro, Forense, 1974.

________. *Direito tributário brasileiro*. 10. ed. Rio de Janeiro, Forense, 1981.

BANDEIRA DE MELLO, Celso Antônio. *Elementos de direito administrativo*. São Paulo, Revista dos Tribunais, 1980.

________. *O conteúdo jurídico do princípio da igualdade*. São Paulo, Revista dos Tribunais, 1978.

________. *Natureza jurídica do Estado Federal*. São Paulo, Revista dos Tribunais, 1937.

________. Tributação dos bens, rendas e serviços das entidades da Federação. *Revista de Direito*. v. 9.

________. *Princípios gerais de direito administrativo*. Rio de Janeiro, Forense. v. 1.

________. *Curso de direito administrativo*. 4. ed. São Paulo, Malheiros Ed., 1993.

BANDEIRA DE MELLO, Oswaldo Aranha. *Natureza jurídica do Estado federal*. São Paulo, Revista dos Tribunais, 1937.

________. Tributação dos bens, rendas e serviços das entidades da Federação. *Revista de Direito*, *9*:124-5.

BARBON, Sandra A. Lopez. *Do IPTU*. Belo Horizonte, Del Rey, 1995.

BARBOSA, Rui. *Réplica*. Rio de Janeiro, Imprensa Nacional, 1904. v. 2.

BARRETO, Aires Fernandino. IPTU — base de cálculo e base calculada. Suplemento Tributário, *LTr*, *30*:81.

BARRETO, Paulo Ayres. *Imposto sobre a renda e preços de transferência.* São Paulo, Dialética, 2000.

________. *Contribuições: Regime jurídico, destinação e controle.* São Paulo, Noeses, 2006.

BASTOS, Celso Ribeiro. *Curso de direito constitucional.* São Paulo, Saraiva, 1980.

BECKER, Alfredo Augusto. *Teoria geral do direito tributário.* 5. ed. São Paulo, Noeses, 2010.

BERNARDO, Gustavo. *A dúvida de Flusser*. São Paulo, Globo, 2002.

BEVILÁQUA, Clóvis. *Teoria geral do direito civil.* 7. ed. Francisco Alves, 1955.

BLUMENSTEIN, Ernst. *Sistema di diritto delle imposta.* Trad. it. F. Forte. Milano, 1954.

BOBBIO, Norberto. *Teoria della scienza giuridica.* Torino, Giappichelli, 1950.

BORGES, Arnaldo. Artigo publicado na *Revista de Estudos Tributários*, IBET, 1979. v. 3.

BRAGHETTA, Daniela de Andrade. *Pressupostos da tributação do comércio eletrônico à luz da teoria comunicacional do direito*. Dissertação de Mestrado, São Paulo, PUC, 2002.

________. *Tributação no comércio eletrônico*. São Paulo, Quartier Latin, 2003.

BRANDÃO CAVALCANTI, Themístocles. *Tratado de direito administrativo.* Rio de Janeiro, Freitas Bastos, 1960.

BRANDÃO MACHADO. Fato gerador complexivo — uma questão terminológica. Suplemento Tributário, *LTr*, *73*:82.

BRITO, Edvaldo. 43º Congresso da "International Fiscal Association", 10 a 15 de setembro de 1989, Rio de Janeiro, Seminário "E". In: *El sistema tributario brasileño.*

CAIS, Cleide Previtalli. *O processo tributário.* 3. ed. São Paulo, Revista dos Tribunais, 2001.

CAMARA LEAL, A. L. da. *Da prescrição e da decadência.* 2. ed. Rio de Janeiro, Forense, 1969.

CAMPILONGO, Celso Fernandes. *Política, sistema jurídico e decisão judicial.* São Paulo, Max Limonad, 2002.

CAMPOS, Francisco. *Direito constitucional.* Rio de Janeiro, Freitas Bastos, 1956. v. 1.

CARNELUTTI, Francesco. *Teoría general del derecho.* Trad. F. X. Osset. Madrid, 1955.

CARRAZZA, Roque. *O regulamento no direito tributário brasileiro.* São Paulo, Revista dos Tribunais, 1981.

________. *Curso de direito constitucional tributário.* 12. ed. São Paulo, Malheiros Ed., 1999.

________. *ICMS.* 5. ed. São Paulo, Malheiros Ed.

________. *O sujeito ativo da obrigação tributária.* São Paulo, Resenha Tributária, 1977.

CARVALHO, Aurora Tomazini. *Curso de teoria geral do direito (o constructivismo lógico-semântico).* São Paulo, Noeses, 2009.

CARVALHO, Cristiano. *Ficções jurídicas no direito tributário.* São Paulo, Noeses, 2008.

CARVALHO, Paulo de Barros. *Teoria da norma tributária.* 2. ed. São Paulo, Revista dos Tribunais, 1981.

________. *Direito tributário — fundamentos jurídicos da incidência.* 9. ed. São Paulo, Saraiva, 2011.

________. *Derecho tributario*. Obra Internacional conjunta sob a direção de Paulo de Barros Carvalho. Lima, Palestra Editores, 2003.

________. *Congresso Internacional de direito tributário II*. São Paulo, Noeses, 12 a 15 de dezembro de 2005.

________. *Direito tributário, linguagem e método*. 4. ed. São Paulo, Noeses, 2011.

________. *Derivação e positivação no direito tributário*. São Paulo, Noeses, 2011. v. 1.

CASTELLANI, Fernando. *Contribuições especiais e sua destinação*. São Paulo, Noeses, 2009.

CASTRO JR., Torquato da Silva. *A pragmática das nulidades e a teoria do ato jurídico inexistente*. São Paulo, Noeses, 2009.

CAVALCANTI, Temístocles Brandão. *Teoria dos atos administrativos*. São Paulo, Revista dos Tribunais, 1973.

CHALHUB, Samira. *Funções da linguagem*. 5. ed. São Paulo, Ática, 1991.

CHIESA, Clélio. *A competência tributária do Estado brasileiro*. São Paulo, Max Limonad, 2002.

CIRNE LIMA, Ruy. *Princípios de direito administrativo*. Porto Alegre, Globo.

COELHO, Sacha Calmon Navarro. *Teoria geral do tributo e da exoneração tributária*. São Paulo, Revista dos Tribunais, 1982.

CONRADO, Paulo Cesar. *Introdução à teoria geral do processo civil*. 2. ed. São Paulo, Max Limonad, 2003.

CORREA, Walter Barbosa. Tensão entre poder de tributar e direito de tributar no direito tributário brasileiro. In: *Direito tributário — Estudos em homenagem ao Prof. Ruy Barbosa Nogueira*. São Paulo, Saraiva, 1984.

COSTA, Alcides Jorge. *Contribuição ao estudo da obrigação tributária* (Tese de doutoramento — USP).

COSTA, Antônio J. da. *Da regra-padrão de incidência do imposto sobre a propriedade predial e territorial urbana*. Rio de Janeiro, Forense, 1985.

COSTA, Ramon Valdes. *Estudios de derecho tributario latinoamericano*. Montevideo, Editorial Amalio M. Fernandez, 1982.

DÁCAMO, Natália De Nardi. *Hipótese de incidência do ISS*. São Paulo, Noeses, 2007.

DALLAZEN, Dalton Luiz. *Cisão e responsabilidade tributária*. Curitiba, Ed. Juruá, 1999.

DANTAS, San Tiago. *Programa de direito civil*, Parte Geral. 4. tir., Rio de Janeiro, Editora Rio.

DERZI, Misabel de Abreu Machado. *Direito tributário, direito penal e tipo*. São Paulo, Revista dos Tribunais, 1989.

________. *Modificações da jurisprudência: proteção da confiança, boa-fé objetiva e irretroatividade como limitações constitucionais ao poder judicial de tributar.* São Paulo: Noeses, 2009.

EMERENCIANO, Adelmo da Silva. *Procedimentos fiscalizatórios e a defesa do contribuinte*. 2. ed. Campinas, Ed. Copola, 2002.

________. *Tributação no comércio eletrônico*. Coord. Paulo de Barros Carvalho. São Paulo, IOB Thomson, 2002 (Coleção de Estudos Tributários).

ESTEVES, Maria do Rosário. *Normas gerais de direito tributário*. São Paulo, Max Limonad, 1997.

FALCÃO, Amílcar de Araújo. *Fato gerador da obrigação tributária*. 2. ed. São Paulo, Revista dos Tribunais.

FALCÃO, Raimundo Bezerra. *Hermenêutica*. São Paulo, Malheiros Ed., 1997.

FALEIRO, Kelly Magalhães. *Procedimento de consulta fiscal*. São Paulo, Noeses, 2005.

FANUCCHI, Fábio. *Curso de direito tributário*. 4. ed. São Paulo, Resenha Tributária, 1976.

________. *A decadência e a prescrição no direito tributário*. São Paulo, Resenha Tributária, 1976.

FERRAGUT, Maria Rita. *Presunções no direito tributário*. São Paulo, Dialética, 2001.

________. *Responsabilidade tributária e o Código Civil de 2002*. São Paulo, Noeses, 2005.

FIGUEIREDO, Lúcia Valle. *Curso de direito administrativo*. São Paulo, Malheiros Ed., 1994.

FLUSSER, Vilém. *Língua e realidade*. 2. ed. 1. reimpr. São Paulo, Annablume, 2004.

________. Para uma teoria da tradução. *Revista Brasileira da Filosofia*, XIX (73):16-21, jan./mar. 1969.

FONROUGE, Giuliani. *Derecho financiero*. 2. ed. Buenos Aires, Depalma, 1970.

FORTES, Marcelo Cerqueira. *Repetição de indébito tributário*. São Paulo, Max Limonad, 2000.

GALLO, Franco. Elisão fiscal, economia de imposto e fraude à Lei. *RDT*, 52 (1990).

GAMA, Tácio Lacerda. *Competência tributária: fundamentos para uma teoria da nulidade*. São Paulo, Noeses, 2009.

________. *Contribuição de intervenção no domínio econômico*. São Paulo, Quartier Latin, 2003.

GONÇALVES, José Artur Lima. *Faculdades da administração no lançamento tributário*. XVIII Jornadas Latinoamericanas de Direito Tributário. Montevideo, 1996.

________. *Imposto sobre a Renda — Pressupostos constitucionais*. São Paulo, Malheiros, 1997.

GORDILLO, Agustín. *Princípios gerais de direito público*. São Paulo, Revista dos Tribunais, 1977.

GREIMAS, A. J. *Semiótica e ciências sociais*. Trad. Álvaro Lorencini e Sandra Nitrini. São Paulo, Cultrix, 1981.

HABERMAS, Jurgen. *Teoría de la acción comunicativa: complementos y estudios previos*. Madrid, Ediciones Catedra, 1994.

HARET, Florence. *Teoria e prática das presunções no direito tributário*. São Paulo, Noeses, 2010.

________; CARNEIRO, Jerson (Org.). *Flusser e juristas*. São Paulo, Noeses, 2009.

HOFFMANN, Susy Gomes. *As contribuições no sistema constitucional tributário*. Campinas, Copola, 1996.

HORVATH, Estevão. *La autoliquidación tributaria*. Tese de doutoramento. Madrid, Universidad Autónoma de Madrid, 1992.

________. *Lançamento tributário e "autolançamento"*. São Paulo, Dialética, 1997.

ICHIHARA, Yoshiaki. *Imunidades tributárias*. São Paulo, Atlas, 2001.

________. *Princípios da legalidade tributária na Constituição de 1988*. São Paulo, Atlas, 1994.

IVO, Gabriel. *Norma jurídica: Produção e controle*. São Paulo, Noeses, 2006.

JARDIM, Eduardo Marcial Ferreira. *Instituições de direito tributário*. São Paulo, Aquarela, 1988.

________. *Manual de direito financeiro e tributário*. São Paulo, Saraiva, 1999.

JÉZE, Gaston. Artigo publicado na *Revista de Direito Administrativo*. v. 2.

KELSEN, Hans. *Teoria pura do direito*. Trad. João Baptista Machado. 3. ed. Coimbra, Arménio Amado Ed.

LACOMBE, Américo Masset. *Obrigação tributária*. São Paulo, Revista dos Tribunais, 1977.

LAPATZA, José Juan Ferreiro. *Direito tributário: teoria geral do tributo*. Barueri, Manole; Madrid, Marcial Pons, 2007.

LEITE, Geilson Salomão. *Do Imposto Territorial Rural — ITR*. São Paulo, Max Limonad, 1996.

LEITE JÚNIOR, Orlando. *A regra-matriz do IVVC: sua textualidade*. São Paulo, Ed. Gonçalves, 1993.

LESSA VERGUEIRO, Guilherme Von Muller. *Refis — Aspectos jurídicos relevantes*. Obra conjunta. São Paulo, Edipro, 2001.

LIMA, Reginaldo Ferreira. *Direito cooperativo tributário*. São Paulo, Max Limonad, 1997.

LINS, Robson Maia. *Controle de constitucionalidade — decadência e prescrição no direito tributário*. São Paulo, Quartier Latin, 2004.

LUNARDELLI, Pedro Accorsi. *Isenções tributárias*. São Paulo, Dialética, 1998.

MACHADO, Hugo de Brito. *Curso de direito tributário*. Rio de Janeiro, Forense, 1981.

MAIA, Mary Elbe Gomes Queiroz. *Imposto sobre a Renda e proventos de qualquer natureza*. Barueri (SP), Manole, 2003.

MARTINS, Ives Gandra da Silva. *O Estado de direito e o direito do Estado*. São Paulo, Bushatsky, 1977.

MASSANET, Juan Ramallo. Hecho imponible y quantificación de la prestación tributaria. *Revista Española de Derecho Financiero*, Ed. Civitas. v. 20.

MAXIMILIANO, Carlos. *Hermenêutica e aplicação do direito*. 3. ed. Rio de Janeiro, Freitas Bastos, 1941.

MAYNES, Eduardo García. *Introducción al estudio del derecho*. México, Porruá, 1971.

MEDAUAR, Odete. *Direito administrativo moderno*. São Paulo, Revista dos Tribunais, 1996.

MEIRA, Liziane Angeloti. *Regimes aduaneiros especiais*. Coord. Paulo de Barros Carvalho. São Paulo, IOB Thomson, 2002 (Coleção de Estudos Tributários).

MENDES, Sônia Maria Broglia. *A validade jurídica e o giro linguístico*. São Paulo, Noeses, 2007.

MENDONCA, Daniel. *Normas y sistemas normativos*. Barcelona, Ed. Jurídicas y Sociales S.A., 2005.

MICHELETTO, Paula. *Perfil constitucional das isenções tributárias*. São Paulo, Fiúza Editores, 2002.

MORAES, Bernardo Ribeiro. *Sistema tributário na Constituição de 1969*. São Paulo, Revista dos Tribunais, 1973.

MOREIRA, Cristina Lino. *Tributabilidade do serviço público*. São Paulo, Revista dos Tribunais, 1985.

MOTTA PACHECO, Ângela Maria da. *Sanções tributárias e sanções penais tributárias*. São Paulo, Max Limonad, 1997.

________. *Ficções tributárias — identificação e controle*. São Paulo, Noeses, 2008.

MOUSSALLEN, Tárek. *Fontes do direito tributário*. São Paulo, Max Limonad, 2001.

________. *Revogação em matéria tributária*: São Paulo, Noeses, 2005.

________. *Fontes do direito tributário*. 2. ed. São Paulo, Noeses, 2006.

NEVES, Luís Fernando de Souza. *Cofins — Contribuição Social sobre o Faturamento — LC 70/91*. São Paulo, Max Limonad, 1997.

NEVES, Marcelo. *Teoria da inconstitucionalidade das leis*. São Paulo, Saraiva, 1988.

________. *A constituição simbólica*. São Paulo, Acadêmica, 1984.

NOGUEIRA, Rubens. *O advogado Ruy Barbosa: momentos culminantes de sua vida profissional*. 5. ed. rev. São Paulo, Noeses, 2009.

NOGUEIRA, Ruy Barbosa. *Curso de direito tributário*. 5. ed. São Paulo, Saraiva, 1980.

________. *Teoria do lançamento tributário*. São Paulo, Resenha Tributária, 1973.

OLIVEIRA, Fábio Leopoldo. *Curso expositivo de direito tributário*. São Paulo, Resenha Tributária, 1976.

OLIVEIRA, Julio Maria de. *Internet e competência tributária*. São Paulo, Dialética, 2001.

OLIVEIRA, Yonne Dolacio. Princípios da legalidade e da tipicidade. In: *Curso de direito tributário*. Coordenação de Ives Gandra da Silva Martins. 2. ed. Belém, Cejup, 1993.

PEREIRA FILHO, Luiz Alberto. *As taxas no sistema tributário brasileiro*. Curitiba, Ed. Juruá, 2002.

PERIN JUNIOR, Ecio. *A globalização e o direito do consumidor.* Barueri (SP), Manole, 2003.

PESTANA, Márcio. *O princípio da imunidade tributária*. São Paulo, Revista dos Tribunais, 2001.

PINHO, Alessandra Gondim. *Fato jurídico tributário*. São Paulo, Max Limonad, 2001.

PONTES DE MIRANDA, F. C. *Tratado de direito privado*. Rio de Janeiro, Freitas Bastos. v. 4.

PUGLIESE, Márcio. *Conflito, estratégia e negociação*. São Paulo, WWC Editora, 2001.

REALE, Miguel. *Introdução à filosofia*. 3. ed. São Paulo, Saraiva, 1994.

RENCK, Renato Romeu. *Imposto de Renda da Pessoa Jurídica*. Porto Alegre, Livraria do Advogado, 2001.

RIBEIRO, Ernesto Carneiro. *Tréplica*; oficina dos dois mundos. Bahia, 1905.

ROBLES MORCHÓN, Gregorio. *Teoría del derecho (fundamentos de teoría comunicacional del derecho)*. Madrid, Civitas, 1998.

RODRIGUES, Silvio. *Direito civil* — parte geral, v. 1, 29. ed. São Paulo, Saraiva, 1991.

ROSS, Alf. *Sobre el derecho y la justicia*. Eudeba, 1963.

SALOMÃO, Marcelo Viana. *ICMS na importação*. São Paulo, Atlas, 2000.

SAMPAIO DÓRIA, A. R. *Da lei tributária no tempo*. São Paulo, Ed. Obelisco, 1968.

SAMPAIO FERRAZ JR., Tércio. *Teoria da norma jurídica*. Rio de Janeiro, Forense, 1968.

________. *Introdução ao estudo do direito*. São Paulo, Atlas, 1991.

SANTI, Eurico Marcos Diniz de. *Lançamento tributário*. São Paulo, Max Limonad, 1996.

________. *Decadência e prescrição no direito tributário brasileiro*. 2. ed. São Paulo, Max Limonad, 2001.

SEABRA FAGUNDES, Miguel. *O controle dos atos administrativos pelo Poder Judiciário*. Rio de Janeiro, Forense, 1967.

SERPA LOPES, M. M. *Curso de direito civil*. 3. ed. Rio de Janeiro, Freitas Bastos, 1960. v. 1.

SILVA, Felipe Ferreira. *Tributário — A relação entre a ordem jurídica & os tratados internacionais*. Curitiba, Ed. Juruá, 2002.

SILVA, Joana Lins e. *Fundamentos da norma tributária*. São Paulo, Max Limonad, 2001.

SILVA PEREIRA, Caio M. da. *Instituições de direito civil*. Rio de Janeiro, Forense, 1961.

SOUSA, Ercias Rodrigues de. *Imunidades tributárias na Constituição Federal*. Curitiba, Ed. Juruá, 2003.

SOUSA, Rubens Gomes de. *Compêndio de legislação tributária*. 2. ed. Rio de Janeiro, Ed. Financeiras, 1954.

________. *Estudos de direito tributário*. São Paulo, Saraiva, 1950.

SOUTO MAIOR BORGES, J. *Lei complementar tributária*. São Paulo, Revista dos Tribunais, 1975.

________. Lançamento tributário. In: *Tratado de direito tributário*. Rio de Janeiro, Forense, 1981. v. 4.

________. *Isenções tributárias*. 2. ed. São Paulo, Sugestões Literárias, 1980.

________. *Ciência feliz*. 2. ed. São Paulo, Max Limonad, 2000.

SOUZA DE QUEIROZ, Luís César. *Sujeição passiva tributária*. Rio de Janeiro, Forense, 1998.

________. *Imposto sobre a Renda — Requisitos para uma tributação constitucional*. Rio de Janeiro, Forense, 2002.

STRECK, Lenio Luiz. *Hermenêutica e(m) crise*. Porto Alegre, Livr. do Advogado Ed., 1999.

TÁCITO, Caio. *Direito administrativo*. São Paulo, Saraiva, 1975.

TEMER, Michel. *Elementos de direito constitucional*. São Paulo, Revista dos Tribunais, 1982.

TEUBNER, Gunther. *O direito como sistema autopoietico*. Lisboa, Fundação Calouste Gulbenkian, 1989.

TOMÉ, Fabiana Del Padre. *Contribuições para a seguridade social à luz da Constituição Federal*. Curitiba, Ed. Juruá, 2002.

________. *A prova no direito tributário*. 2. ed. São Paulo: Noeses, 2010.

TORRES, Heleno Taveira. *Pluritributação internacional sobre a renda das empresas*. 2. ed. São Paulo, Revista dos Tribunais, 2001.

________. *Direito tributário internacional*. São Paulo, Revista dos Tribunais, 2001.

________. *Direito tributário e direito privado — Autonomia privada / simulação e elisão tributária*. São Paulo, Revista dos Tribunais, 2003.

TRAIBEL, J. P. Montero. *Derecho tributario moderno.* Fundación de Cultura Universitaria, 1977. v. 2, t. 1.

TREVISAN, Rafael Castegnaro. Penhora na execução fiscal, caução antecipatória de penhora e certidão positiva com efeitos de negativa (art. 206 do CTN). In: *Certidões negativas de débito*. Porto Alegre, Livraria do Advogado, 1999.

ULHÔA CANTO, Gilberto de. *Temas de direito tributário.* Ed. Alba, 1964. v. 1.

VANONI, Ezio. *Opere giuridiche.* Milano, Giuffrè, 1961. v. 1.

VERNENGO, Roberto Jose. *Curso de teoría general del derecho.* Buenos Aires, Depalma, 1995.

VIEIRA, José Roberto. *IPI — a regra-matriz de incidência — texto e contexto.* Curitiba, Ed. Juruá, 1993.

VILANOVA, Lourival. *As estruturas lógicas e o sistema do direito positivo.* São Paulo, Revista dos Tribunais, 1977; São Paulo, Noeses, 2005.

________. Norma jurídica — proposição jurídica, *Revista de Direito Público*, n. 61.

________. *Lógica jurídica.* Bushatsky, 1976.

________. *Causalidade e relação no direito.* 2. ed. São Paulo, Saraiva.

________. *O problema do objeto na teoria geral do Estado.* Tese para a cátedra de Teoria Geral do Estado. Recife, Universidade Federal de Pernambuco, 1953.

________. *Escritos jurídicos e filosóficos.* São Paulo: IBET/Axis Mundi, 2003.

VILLEGAS, Hector. *Curso de finanzas*; derecho financiero y tributario. 2. ed. Buenos Aires, Depalma.

VOLLI, Ugo. *Manual de semiótica.* São Paulo: Loyola, 2007.

WARAT, Luis Alberto. *O direito e sua linguagem.* Porto Alegre, Sérgio A. Fabris Editor, 1964.

XAVIER, Alberto. *Do lançamento no direito tributário brasileiro.* São Paulo, Resenha Tributária, 1977.

________. *Conceito e natureza do acto tributário.* Coimbra, Livr. Almedina, 1972. Cap. 1.

________. *Manual de direito fiscal.* Lisboa, 1974. v. 1.

Impressão e acabamento
psi7 | book7
psi7.com.br book7.com.br